Geschichte des
öffentlichen Rechts in
Deutschland

II

德国公法史
国家法学说与行政学
（1800—1914）

［德］米歇尔·施托莱斯　著

雷勇　译

GUANGXI NORMAL UNIVERSITY PRESS
广西师范大学出版社
·桂林·

DEGUO GONGFA SHI: GUOJIAFA XUESHUO YU XINGZHENGXUE (1800-1914)

德国公法史：国家法学说与行政学（1800—1914）

Geschichte des öffentlichen Rechts in Deutschland, Band 2:
Staatsrechtslehre und Verwaltungswissenschaft 1800 bis 1914 by Michael Stolleis
Copyright © Verlag C.H.Beck oHG, München 1992

著作权合同登记号桂图登字：20-2018-025 号

图书在版编目（CIP）数据

德国公法史：国家法学说与行政学：1800—1914 ／（德）米歇尔·施托莱斯著；雷勇译. —桂林：广西师范大学出版社，2021.7
ISBN 978-7-5598-4034-9

Ⅰ．①德…　Ⅱ．①米…　②雷…　Ⅲ．①公法－法制史－研究－德国－1800-1914　Ⅳ．①D951.69

中国版本图书馆 CIP 数据核字（2021）第 143585 号

广西师范大学出版社出版发行

（广西桂林市五里店路 9 号　邮政编码：541004 ）

　网址：http://www.bbtpress.com

出版人：黄轩庄

全国新华书店经销

湖南省众鑫印务有限公司印刷

（长沙县榔梨街道保家村　邮政编码：410000 ）

开本：635 mm × 965 mm　1/16

印张：43.25　　字数：520 千字

2021 年 7 月第 1 版　　2021 年 7 月第 1 次印刷

定价：178.00 元

如发现印装质量问题，影响阅读，请与出版社发行部门联系调换。

作者中译本序

　　拙著《德国公法史》第二卷（1800—1914）由德国贝克出版社于 1992 年出版。雷勇教授当年在法兰克福马克斯·普朗克学会欧洲法律史研究所研读博士学位期间翻译了此书。他迻译该卷与其研究 19 世纪德意志国家学说有关，因为他当时正在撰写有关伯伦知理国家学说继受的博士论文。由于此机缘，我们不断进行全新的学术对话与交流。我常怀着极大愉悦的心情回忆起我们在一起的美好时光。

　　本卷论述的时间从拿破仑时代旧"德意志民族神圣罗马帝国"结束（1806）到 1914 年 8 月第一次世界大战爆发。首先讲述了两次同步发生的国家灾难：一是帝国的崩溃，这个从九个世纪中生长起来的有机体在法国革命和军事压力下解体了；二是专制主义的普鲁士同样在 1806 年寿终正寝，它必须通过深化改革才能焕然一新。

　　本卷描述开始于 1806 年的公法学史。其中，公法学与政治事件平行发展，它有时走在政治事件之前，有时也落在其后。大体上，1815 年到 1848 年的公法学文献明显比保守的政治更自由、更进步。在某种程度上，那些文献走在政治的前面，存在着"思想超前"，尤其在宪法、选举权、基本权利、分权和法律保护问题上，以及在新行政法的形成上更是如此。

　　19 世纪中叶，法国革命浪潮影响了 1830 年到 1848 年的德意志革命。德意志国民选举产生了国民议会，该议会制定了一部宪法，并授予普鲁士国王皇位。自由的和民族的希望却落空了。所谓"保罗教堂宪法"（该宪法以美因河畔法兰克福的保罗教堂的名字命名，议会就在该教堂举行）的失败导致德意志资产阶级的政治性抑郁。资产阶级总结政治失败，同时觉察到作为第四等级的工人阶级的兴起。同时，马克思和恩格斯在1848年发表《共产党宣言》，这并非偶然。

公法学回应着这些政治变化，转向政治温和与法学"实证主义"。此时，浪漫派也最终走向终结，政治现实主义取而代之。这时的国家法与哲学、历史、经济、政治相分离，变成了"科学的"。纯粹法律的"体系"代替了由各种关于"国家"的知识所组成的混合物。该体系内部由规范性原则进行"建构"。大约从1865年起，该流派在"法学方法"的旗帜下开始取得成功并占据了统治地位，一直持续到第一次世界大战。

在这种精神下，19世纪下半叶形成了行政法。以前"警察学"进行资料汇集的途径，经按照行政各部门（管辖范围原则）进行资料整理，一直发展到在"法学方法"影响下分离所有的非法学因素，最终形成了行政法"总则"。

19世纪下半叶，公法哲学（普遍公法、自然的国家法、一般国家学说）失去了意义。黑格尔死后，各种流派的唯心主义哲学（康德、费希特、谢林、黑格尔）解体了。相继出现唯物主义和经济学的去思辨化（费尔巴哈、毕希纳、马克思、施蒂纳）；与法律实证主义的胜利同步，自然法失去了政治动力。到1900年前后，当实证主义逐渐消退时，一般国家学说又开始重新回归（耶利内克）。

中欧之间只有经济合作还远远不够。持久的和平关系倚赖于文化间的相互理解和对思想力量的关注。在漫长的历史进程中，思想力量赋予了双方历史的进展特征。法学，尤其是作为高度"政治的"

法学领域的公法，只是整个文化的一部分，但却是具有核心意义的部分。一个国家对内对外拥有一张什么样的"面孔"，这主要取决于它的法文化。

倘若论者能看到他们的作品如何进入一个语言和法文化完全不同的国度，以及如何在那里得到继受并成为超越时空对话的一部分，那当属最美好的人生阅历。我们完全知晓，在本世纪"全球化"浪潮中，为了能够理解法权的共同基础，我们迫切需要这种对话。

本卷的中文译本已于 2007 年在中国出版，其间对该卷不断补充和完善注释文献，现以修订版形式忝列广西师范大学出版社的出版计划之中。为此，我不仅要感谢雷勇教授的辛苦劳作，还要感谢广西师范大学出版社决定悉数出版《德国公法史》四卷中文译本，感谢范新先生、曾威智先生和揭乐先生的鼎力协助。

米歇尔·施托莱斯

2018 年 12 月于克龙贝格

前　言

人们对《德国公法史》第一卷（1988 年出版）的反应激励我继续撰写 19 世纪的公法史。1806 年到 1914 年之间的重大历史转捩，使我们不难划分出这段公法史的时间界限。19 世纪中期，德意志进行了一次不幸的但并非无结果的尝试，并在那场半革命的基础上，尝试为民族统一创建一部自由宪法。本书的结构就按照这个时间段来划分：1848 年前后各五章。在这些章节中，题材的划分体现出一种妥协。在同时论述各个事件发展进程的情况下，不可能按照时间顺序来论述。而同时发生的事件，也只有先后讲述。另外，书中的论述需要一定的概括，要求前后照应。因此只有按照"领域"分解，再按时间顺序论述这些领域，对其进行评价。比如，对三月革命前的一般国家学说的论述相对靠前一些，因此占的篇幅就更多一些，论述到第二帝国才截止。在此，没有严谨的办法：若不费很大努力就能找到这些材料内容，并按时间顺序对它们分类，或许就足够了。其中，频繁提及某些作者仅为权宜之计。

另一些困难在于，与众多政治性题材本身存在冲突。19 世纪是革命和政治镇压的世纪，是比德迈耶（Biedermeier）*和无政府主

---

* 译者按：指 1815 年到 1848 年三月革命前复辟时期的德意志文学艺术流派，其含义是市民阶层讲究物质舒适、不问政治、知足常乐的闲情逸致，也就是我们通常所谓的"小资情调"。这个词后来带有贬斥小市民市侩和目光短浅的色彩。

义的世纪，是社会问题和工人运动的世纪，是贵族资产阶级化和资产阶级封建化的世纪，是工业革命和科学的世纪。不仅如此，它还是自由主义、宪法运动和民族主义的世纪。诚然，旧制度世界受到了削弱，但它仍在许多层面上继续存在。人们不再戴假发，也不留长辫了，但专制主义思想并非因此而消失。在法国大革命和革命战争的震撼下，18 世纪晚期的自由主义因素受到排挤，遭到禁锢。在1819 年、1830 年、1848 年之后都存在着"新专制主义"浪潮。社会受政治激荡，并与政府一直处于紧张关系之中。1848 年以前，在梅特涅领导下，政府竭力把社会控制在自己手中；1848 年以后，这种控制再度持续了十年之久（1850—1860）。

　　关于国家和社会的理论思考被高度情绪化和政治化，这不可避免地有公法学史论著相伴随。尤其是在 19 世纪上半期，对国家法发表的每一种见解都处在政治高压空间之中。无论在哪一个德意志同盟成员国内著书立说，都没有作者能够从中抽身而出。19 世纪下半期的政治气候平静一些，1848 年后的政治低迷逐渐让位于经济的和自然科学的进步乐观精神，以及帝国建立的民族兴奋。在帝国建立的每一个阶段，一般国家学说、国家法学说、行政法学说都与政治的和社会的发展过程进行着对话，发表的著作汗牛充栋。其中，德国的政治文献和国家法文献卷帙浩繁。[1] 另一方面，专业分化方兴未

---

[1]　由以下书目工具书提到：G. H. v. Berg, *Neue deutsche Staatslitteratur*, 12 部（Göttingen 1795）；G. Strelin, *Versuch einer Geschichte und Literatur der Staatswissenschaften* (Erlangen 1827); K. H. L. Pölitz, *Kritische Übersicht der neuesten Literatur der Staatswissenschaften*，第 1、2 卷（Leipzig 1835）；J. J. Rossbach, *Die Grundrichtungen in der Geschichte der Staatswissenschaft* (Erlangen 1848); R. v. Mohl, *Die Geschichte und Literatur der Staatswissenschaften*，3 卷本（1855–1858 Erlangen；再版，1960）。

以下著作给出了书目：J. S. Ersch, *Literatur der Jurisprudenz und Politik, mit Einschluß der Cameralwissenschaften, seit der Mitte des 18. Jahrhunderts bis auf die neueste Zeit* (科佩 [J. Ch. Koppe] 新版，Leipzig 1823); H. Th. Schletter, *Handbuch der juristischen Literatur in systematisch-chronologischer Ordnung seit der Mitte des vorigen Jahr-*（转下页）

艾；学科之间的界限比以前更为明确，公法的子学科更加明晰，还不乏学科内部的反思和公法学史的总述（如莫尔［R. v. Mohl，1799—1875］、伯伦知理［J. C. Bluntschli，1808—1881］、施廷青［R. v. Stintzing］和兰茨贝格［E. Landsberg］的著作）。

　　至于方法上的确信，我在第一卷的导言中已谈到过。在本书中，公法学史与宪法史、政治发展和社会发展之间的联系十分紧密，以至于在一般国家学说、国家法和行政法领域中的学科讨论都依赖于其外部条件，它们又相互影响。这自不待言。因此，公法学史的内容，换成另一种说法是"对方法和对象、学科研究规范中的独立地位以及专业人士之间的成果批判交流进行一致的研究定义"[2]，不是方法论贬义上的观念史。本书在某种程度上追寻了史料中独立的知识和影响、某种观念的兴衰。观念史也不单单是对政治史、社会史和经济史进行非自主的精神"反映"的历史。本书首先把过去的法学严肃地当作以前问题见解的文本资料。通过介绍前往 19 世纪国家学内部状态的入口，这些文本资料引向"问题自身"，这听起来或许自相矛盾。历史显然不能被理解为简单事实（factum brutum），

（接上页）*hunderts bis 1840* (Leipzig 1840；第 2 版，Leipzig 1851）；O. R. Walther, *Handbuch der juristischen Literatur des 19. Jahrhunderts* (Weimar 1854)。还有不可或缺的 R. v. Stintzing / E. Landsberg, *Geschichte der deutschen Rechtswissenschaft*。此处是由兰茨贝格修订的第 3 部分第 2 册（München, Berlin 1910；再版，1957）；尤其是 E. R. Huber, *Deutsche Verfassungsgeschichte seit 1789*，第 1—4 卷，以及 *Dokumentbänden*。

　　[2]　H. Mohnhaup，见 E. V. Heyen (Hg.), *Jahrbuch für europäische Verwaltungsgeschichte*，第 1 卷（1989），页 76；W. Diederich (Hg.), *Theorie der Wissenschaftsgeschichte* (1974)；T. S. Kuhn, *Die Struktur wissenschaftlichen Revolution* (1973)；C. Burrichter (Hg.), *Grundlegung der historischen Wissenschaftsforschung* (1979)；E. Ströker, *Wissenschaftsgeschichte als Herausforderung* (1976)；M. Fichan-Pecheux (Hg.), Überlegung zur Wissenschaftsgeschichte (1977)；W. Lepenies, »Wissenschaftsgeschichte und Disziplingeschichte«, *Geschichte und Gesellschaft*，第 4 卷（1978），页 437—451；G. Canguilhem, *Wissenschaftsgeschichte und Epistemologie. Gesammelte Aufsätze*, W. Lepenies (Hg.) (1979)；K. Bayertz (Hg.), *Wissenschaftliche Revolution* (Köln 1980)。

当然也不能主张一种被各种主观主义净化了的客观性，但事物在一定程度上是由语言构建起来的，对以前语言的分析可以帮助澄清，在语言上如何理解过去理性的与感性的世界解释和世界经验，以及"现实"。[3]19 世纪的宪法斗争在一定程度上是为了现实权力的斗争，但在有形暴力外部，它的媒质是话语。对人权、公民权、君主制原则、人民主权、大臣责任制、法治国（Rechtsstaat）、法律与法规、行政司法以及其他核心话题所谈论的东西，是引导行动的"现实"。这决定了君主和大臣，同样也决定了街垒上的革命者、资产阶级报刊读者、政治教授、议员及其选民。就此而言，公法学史显然只是挖掘已泛黄的文本中的隐晦解读，挖掘人们过去的真实行为态度方面。其中，或许还存在着"重新获得被遗忘的、受排挤的、被忽略的进路和问题的机会，重新获取被掩埋的研究视野"[4]。但这不是本书的显著动机。历史学家想从 19 世纪国家思想的关系中获取更多的了解，希望以间接的和历史传授的方式为当今定位做出贡献，这种好奇心和希望倒是本书的显著动机。

由于本书的内容比开初所安排的要多，因此有必要对几处框架中的界线进行说明。本书论述的核心问题是国家法、行政法和一般国家学说。因此取消了按照旧术语和对"公法"的广义理解仍被认为是公法的主要领域。这些领域是采邑法、正在消亡的学科分支[5]、

---

[3]　Joel R. Davitz, *The Language of Emotion* (New York 1969)；L. Febvre, »Sensibilität und Geschichte. Zugänge zum Gefühlsleben früherer Epochen« (1941), Cl. Honegger (Hg.), *Schrift und Materie der Geschichte* (1977)，页 313—334；R. De Sousa, *The Rationality of Emotion* (Cambridge 1987)。

[4]　O. G. Oexle, »Otto von Gierkes ›Rechtsgeschichte der deutschen Genossenschaft‹«, N. Hammerstein (Hg.), *Deutsche Geschichtswissenschaft um 1900* (1988), 页 195。

[5]　最后一本重要的论著，*Lehrbuch des Lehnrechts*（Göttingen 1808；第 2 版，1832），该书出自佩茨（Wilhelm Pätz，1781—1807）之手。见 Landsberg III/2，页 178—180。

王室法（Privatfürstenrecht）、总的诉讼法、刑法以及国际法。其中，王室法直到1918年仍存在，它与国家法学家，尤其是评阅专家有关。[6] 而对国际法来说，有能追溯到18世纪的奥普特达男爵（D. H. L. Frhr. v. Ompteda）和坎普茨（C. A. v. Kamptz，1769—1849）[7] 的文献概要，还有克吕贝尔（J. L. Klüber，1762—1837）的《国际法体系》（*System des Völkerrechts*），该书拥有丰富的参考文献。从那时起，就不再有纲要性的国际法著作，而是存在着完全独立的教科书传统，[8] 它淘汰了大多数由刑法学家参与论述的国际法。

还有一个重要的领域，本书也未论述，那就是天主教教会法和新教教会法；19世纪，教会尽管在总体上和它的下属单位一样冠有"公法社团法人"名称，但是教会法比以前更少地被理解为"公法"。19世纪的"公法"是国家的法，或者是被纳入国家效力意志中的法。从这个意义上讲，直到今天的国家教会法是纯粹的公法，它在19世纪还提供了扣人心弦的视角，其中有围绕宗教协定所进行的许多争论、"科隆动荡"、保罗教堂的相关讨论以及"文化斗争"。[9] 这在本书中没有述及，算是一个遗憾，而只有对整个内容进行实际考虑才能对此加以解释。

最后，如果在文献史上补进属于国家学的政治学、统计学、国民经济学、财政学、警察学专业，以及众多技术、医学和社会政治类型分支，那么，这将是对集中于"公法"的论述的过高要求。诚然，所有这些领域都与国家有关，如果不看这些内容，公法是不可

---

[6]　尤其强调的是策普夫尔（Heinrich Zöpfl，1807—1877）、舒尔策（Hermann Schulze，1824—1888）和雷姆（Hermann Rehm）。在其他相关地方还将谈到。

[7]　见本书第1章，注1。

[8]　W. Grewe, *Epochen der Völkerrechtsgeschichte* (Baden-Baden 1984).

[9]　E. R. Huber / W. Huber (Hg.), *Staat und Kirche im 19. und 20. Jahrhundert. Dokumente zur Geschichte des deustchen Staatskirchenrechts*，4卷本（1976–1990）。

理解的。但是，由专制主义国家思想聚集而成的"总国家学"天地在 19 世纪解体了。这些专业相互分离，并都拥有了自己的历史。[10]然而，只要牵涉到追寻从警察学以及从警察学到行政学说的转化中脱离出来的行政法，若不超越这些边界，也是不行的。

我只有在 1990—1991 学年才可能撰写这本书，因为州和大学批准了额外的研究时间。我获得了图书馆、大学档案馆以及许多人的支持。一群年轻的同事和助手们给出了意见，提供了帮助，他们为我安插便签，并设法获取图书，尤其在交谈中促进了我的工作（迪纳斯［Peter Dieners］博士、克里斯蒂安·凯勒［Christian Keller］、保利［Walter Pauly］博士、舒克［Gerhard Schuck］、和仁阳教授）。凯勒（Natalie S. Keller）在文献搜集和引文核查方面提供了大量帮助，尼克拉斯（Cornelia Nicklas）认真地检查了修改内容，并制作了索引。最后，我要特别感激两位读者的支持，他们是我的友人及同事：科隆大学的卢伊格（Klaus Luig）教授和贝克出版社的维肯贝格（Ernst-Peter Wieckenberg）博士。我感谢他们两人的热心参与。

米歇尔·施托莱斯

1992 年 7 月 20 日于法兰克福

---

[10]　H. Maier, *Die ältere deutsche Staats- und Verwaltungelehre*，第 2 版（München 1980），页 238 及以下；V. Hentschel, »Die Staatswissenschaften an den deutschen Universität im 18. und frühen 19. Jahrhunderts«, *Berichte zur Wissenschaftsgeschichte*，第 1 卷（1978），页 181—200；W. Bleek, *Geschichte der Politikwissenschaft in Deutschland* (München 2001)。

目 录

翻译说明

　　一、本书根据德国慕尼黑贝克出版社 1992 年的德文版译出。作者为中译本补充了注释内容，完善了正文和注释。

　　二、人名在原则上按照商务印书馆出版的姓名译名手册翻译，而约定俗成的人名仍按惯译。人名一般只翻译姓氏，姓氏相同的才译出名字或附上名字的第一个字母，以示区别。书中正文的人名，以黑体标出，并在首次出现时括注原文。地名则按照中国对外翻译出版公司的《世界地名翻译大辞典》翻译。

　　三、注释中的作者姓名、书名、文章名、报刊名、出版地等均保留原文，以便读者查阅相关文献。

　　四、重要的术语，括注原文，以对照说明。

译　者

常用缩略语表

ADB   Allgemeine Deutsche Biographie

《德国人物总传》

ALR   Allgemeines Landrecht für die preußischen Staaten

《普鲁士一般邦国法》

AöR   Archiv für öffentliches Recht

《公法档案》

ARSP   Archiv für Rechts- und Sozialphilosophie

《法哲学与社会哲学档案》

Bluntschli   J. C. Bluntschli, Geschichte des Allgemeinen Staatsrechts und der Politik

J. C. 伯伦知理：《一般国家法史与政治学史》

Böckenförde   E. W. Böckenförde, Gesetz und gesetzgebende Gewalt. Von den Anfängen der deutschen Staatsrechtslehre bis zur Höhe des Staatsrechtlichen Positivismus, 1958

E. W. 伯肯弗尔德：《法律与立法权：从德国国家法学说开端到国家法实证主义》，1958 年

Boldt	H. Boldt, Deutsche Staatslehre im Vormärz, 1975
	H. 博尔特：《三月革命前的德意志国家学说》，1975 年
Brandt	H. Brandt, Landständische Repräsentation im Vormärz, 1968
	H. 勃兰特：《三月革命前的等级代议制》，1968 年
BVerfG	Bundesverfassungsgericht
	联邦宪法法院
Coing	H. Coing (Hg.), Handbuch der Quellen und Literatur der neueren europäischen Privatrechtsgeschichte
	科英（编）：《近代欧洲私法史文献典籍手册》
Dennewitz	B. Dennewitz, System des Verwaltungsrechts, 1948
	B. 登内维茨：《行政法体系》，1948 年
DBA	Deutsche Bundes-Akte
	德意志联邦文件
Drüll	D. Drüll, Heidelberger Gelehrtenlexikon 1830–1932, 1986
	D. 德吕尔：《海德堡学者辞典（1830—1932）》，1986 年
DVG I–VI	Deutsche Verwaltungsgeschichte, hrsg. v. K. G. A. Jeserich, H. Pohl, G. Chr. v. Unruh，1983–1988
	K. G. A. 耶塞里希、H. 波尔、G. Chr. v. 翁鲁（编）：《德国行政史》，1983—1988 年
FS	Festschrift
	纪念文集

Geschichte	M. Stolleis, Geschichte des öffentlichen Rechts in Deutschland, Bd. 1, 1988
	M. 施托莱斯:《德国公法史》,第 1 卷,1988 年
GVBl	Gesetz- und Verordnungsblatt
	《法律法规公报》
Grünhuts Zeitschrift	Zeitschrift für das Privat- und öffentliche Recht der Gegenwart, hrsg. v. C. S. Grünhut, 1874ff.
	C. S. 格林胡特(编):《当代私法与公法杂志》,1874 年等
HdBStaatsWiss	Handwörterbuch der Staatswissenschaften
	《国家学简明词典》
Hg.	Herausgeber
	编者
HRG I–V	Handwörterbuch zur Deutschen Rechtsgeschichte, hrsg. v. A. Erler- E. Kaufmann, 1977ff.
	A .埃勒尔、E. 考夫曼(编):《德国法史简明词典》,1977 年等
Huber I–VIII	E. R. Huber, Deutsche Verfassungsgeschichte seit 1789, Bd. 1 (Nachdr. d. 2. Aufl. 1990), Bd. 2 (3. Aufl. 1988), Bd. 3 (3. Aufl. 1988), Bd. 4 (2. Aufl. 1982), Bd. 5 (1978), Bd. 6 (1981), Bd. 7 (1985), Bd. 8 (1991)
	E. R. 胡贝尔:《1789 年以来的德国宪法史》,第 1 卷(1990 年,第 2 版重印),第 2 卷(1988 年,第 3 版),第 3 卷(1988 年,第 3 版),第 4 卷(1982 年,第 2 版),第 5 卷(1978 年),第 6 卷(1981 年),第 7 卷(1985 年),第 8 卷(1991 年)

Huber, Dokumente 1–4	E. R. Huber, Dokumente zur deutschen Verfassungegeschichte, Bd. 1–4 (3. Aufl. 1978, 1986, 1990, 1991)
	E. R. 胡贝尔:《德国宪法史资料》, 第 1—4 卷（第 3 版, 1978 年, 1986 年, 1990 年, 1991 年）
Hist. Jahrb.	Historisches Jahrbuch
	《历史年鉴》
HZ	Historische Zeitschrift
	《历史杂志》
JöR	Jahrbuch des öffentlichen Rechts dev Gegenwart
	《当代公法年鉴》
JuS	Juristische Schulung
	《法律教育》
Kleinheyer / Schröder	G. Kleinheyer / J. Schröder, Deutsche und Europäische Juristen aus neun Jahrhunderten, 6. Aufl. 2017
	G . 克莱因黑尔、J. 施罗德：《德国和欧洲法学家九百年》
Klüber	J. L. Klüber, Öffentliches Recht des Teutschen Bundes und der Bundesstaaten, 1817, 4. Aufl. 1840 (Nachdr. 1970)
	J. L. 克吕贝尔：《德意志同盟公法和同盟国公法》, 1817 年; 1840 年, 第 4 版（1970 年重印）
MIÖG	Mitteilungen des Österreichischen Instituts für Geschichtswissenschaft
	《奥地利历史学所通报》

Mohl I–III	R. v. Mohl, Die Geschichte und Literatur der Staatswissenschaften, 3 Bde, Erlangen 1855–1858 R. v. 莫尔：《国家学史与文献典籍》，1855—1858 年，3 卷本
Mohl, Lebenserinnerungen	R. v. Mohl, Lebenserinnerungen, 2 Bde, 1902 R. v. 莫尔：《生平回忆》，1902 年，2 卷本
NDB	Neue Deutsche Biographie 《新德国人物传》
Nipperdey	Th. Nipperdey, Deutsche Geschichte 1800–1866, 4. Aufl. 1987 Th. 尼佩代：《德国史（1800—1866）》，1987 年，第 4 版
PrGS	Preußische Gesetzessammlung 《普鲁士法律汇编》
PrOVG	Preußisches Oberverwaltungsgericht 普鲁士高等行政法院
Pütter, Pütter / Klüber	J. S. Pütter, Litteratur des Teutschen Staatsrechts, Tl. 1–4, 1776–1791 J. S. 皮特：《德意志国家法文献》，1776—1791 年，第 1—4 部分
RegBl	Regierungsblatt 《政府公报》
RGBl	Reichesgesetzblatt 《帝国法律公报》

RJ	D. Simon (Hg.), Rechtshistorisches Journal, Bd.1–20, 1982–2001
	西蒙（编）：《法史期刊》，1982—2001年，第1—20卷
Staatsdenker	M. Stolleis (Hg.), Staatsdenker in der Frühen Neuzeit, 3. Aufl. 1995
	M. 施托莱斯（编）：《近代早期国家思想家》，1995年，第3版
Stintzing / Landsberg	R. v. Stintzing-E. Landsberg, Geschichte der deutschen Rechtswissenschaft, Teil III/2 (Landsberg), 1910
	R. v. 施廷青、E. 兰茨贝格：《德国法学史》，1910年，第3部分，第2分部
VjH	Vierteljahreshefte
	《季刊》
VSWG	Vierteljahresschrift für Sozial- und Wirtschaftsheschichte
	《社会史与经济史季刊》
VVDStRL	Veröffentlichungen der Vereinigung der Deutschen Staatsrechtslehre
	《德国统一国家法学说出版物》
Wieacker	F. Wieacker, Privatrechtsgeschichte der Neuzeit, 2. Aufl. 1967
	F. 维亚克尔：《近代私法史》，1967年，第2版
WSA	Wiener Schluß-Akte
	《维也纳会议最后议定书》

ZBLG   Zeitschrift für bayerische Landesgeschichte
《巴伐利亚州历史杂志》

ZGORh   Zeitschrift für die Geschichte des Oberrheins
《上莱茵地区历史杂志》

ZgStW   Zeitschrift für die gesamten Staatwissenschaften
《总国家学杂志》

ZHF   Zeitschrift für Historische Forschung
《历史研究杂志》

ZNR   Zeitschrift für Neuere Rechtsgeschichte
《近代法史杂志》

ZRG GA   Zeitschrift für Rechtsgeschichte, Germanistische Abteilung
《法史杂志》（日耳曼法分部）

第一章
1800 年前后的德意志公法

一、从德意志开明专制到宪治时代

（一）公法学史的重大转捩点

有关"公法"的反思、学说及论著的历史不能脱离社会条件，也不能脱离实现这些思想活动的共同体当时的"宪制"（Verfassung）。思想的历史分析是对过去精神现实的一种叙述。而只有通过对当时承载思想的现实进行回顾与思考，历史分析才见深刻。因此，在行文前有必要弄清楚从 19 世纪初到第一次世界大战爆发的公法学史论述，而首先要弄清楚 18 世纪末的公法及其解释者所处的政治和社会条件。

在宪法史上具有划时代意义的两个年份（即 1803 年和 1806年——后面要对此进行阐述 [1]）虽然成了帝国宪法的巨大转捩点，但同时也必须把它们看成帝国宪法发展的终结，而这种发展很早就能

---

[1] 之前的时间范围和研究状况，见 *Geschichte*，页 50—53。对该卷第 52 页所提到的皮特（Johann Sterhan Pütter）和克吕贝尔的作品进行的补充，见 J. Th. Roth, *Beiträge zum teutschen Staatsrecht und zur Literatur desselben* (Nürnberg 1791)；D. H. L. Frhr. v. Ompteda, *Litteratur des gesammten sowohl natürlichen als positiven Völkerrechts*，2 卷本（Regensburg 1785），对该书的补充见 K. A. Ch. v. Kamptz, *Neue Literatur des Völkerrechts seit dem Jahre 1784* (Berlin 1817)。

被认识到。这两个年份在经济史和社会史上几乎没有什么意义，因为在这两个年份之间几乎没有产生过值得注意的东西。诚然，经济自由主义逐渐取得了对晚期重商主义和重农主义的成功。[2] 同样，人们还观察到有利于"市民阶级"的社会阶层的转换、农民阶层 [3] 和犹太少数民族 [4] 的解放以及一定程度的贵族市民化 [5]。但是，这些都是长期的发展过程，而这些过程可能只是象征性地和历史日期联系在了一起。私法史、采邑法史以及刑法史也具有缓慢的、无间断的连续性：尽管帝国的各个领地保持着"它们"的法律，并被"共同法" [6] 所统摄，一些地方还积极着手立法改革，另一些地方不由自主地卷入法国大革命所引起的变革洪流之中，但无论如何，上面提到的法律领域并未发生巨大转捩，而出现更多的是大范围的阶层转换以及演变过程。[7]

---

　　[2]　H. Winkel, *Die deutsche Nationalökonomie im 19. Jahrhundert* (1977)，页 7—20。

　　[3]　G. Franz (Hg.), *Bauernschaft und Bauernstand 1500–1970* (1975)；同作者，*Geschichte des deutschen Bauernstandes vom frühen Mittelalter bis zum 19. Jahrhundert* (1976)；F. W. Henning, *Landwirtschaft und ländliche Gesellschaft in Deutschland*，第 2 卷：*1750–1976* (1978)；Ch. Dipper, *Die Bauernbefreiung in Deutschland 1790–1850* (1980)。

　　[4]　J. Toury, *Der Eintritt der Juden ins deutsche Bürgertum* (Tel Aviv 1972); M. Richarz, *Der Eintritt der Juden in die akademischen Berufe. Jüdische Studenten und Akademiker in Deutschland 1678–1848* (1974); R. Rürup, *Emanzipation und Antisemitismus. Studien zur »Judenfrage« der bürgerlichen Gesellschaft* (1975); H. Liebeschütz / A. Paucker (Hg.), *Das Judentum in der deutschen Umwelt 1800–1850. Studien zur Frühgeschichte der Emanzipation* (1977).

　　[5]　H. Gollwitzer, *Die Standesherren 1815–1918* (1957); R. Schier, *Standesherren. Zur Auflösung der Adelsherrschaft in Deutschland 1815–1918* (1975); H. Stekl, *Österreichs Aristokratie im Vormärz* (1973); H. U. Wehler (Hg.), *Europäischer Adel 1750–1950* (1990). 详见其 *Deutsche Gesellschaftsgeschichte*，第 1 卷（1987）。

　　[6]　H. Coing, *Europäisches Privatrecht*，第 1 卷：*Älteres Recht (1500 bis 1800)* (1985)；第 2 卷：*19. Jahrhundert. Überblick über die Entwicklung des Privatrechts in den ehemals gemeinrechtlichen Ländern* (1989).

　　[7]　在 1803 年发生深刻变革的年代，教会法和国家教会法是例外。比较 K. D. Hömig, *Der Reichsdeputationshauptschluß vom 25. Februar 1803 und seine Bedeutung für Staat und Kirche unter besonderer Berücksichtigung württembergischer Verhältnisse* (1969)。

　　宪法史 [8] 和公法学史反映了这两种情形，即与日期关联的突发性发展，以及长期的演变。没有这种长期的演变，就根本不可能发生能迅速产生影响的事件。在巴黎，1789 年 7 月 14 日象征性地开启了一个完全崭新的历史。在德意志，这个历史自**拿破仑**时代重要的《和平条约》以来便一直延续着，其间历经了 1803 年的《全帝国代表团会议主决议》（Reichsdeputationshauptschluß）、莱茵联盟*的建立、德意志**第一帝国的终结、普鲁士的兵败（1806）直到 1814年至 1815 年的维也纳会议。[9] 这些事件中的每一件都为公法学研究提出了反思和重新开始的全新任务，因为旧的法律基础崩塌了。

　　然而，不仅自身被纳入长时间的历史演进中，而且还在学科史

---

　　[8] 令人欣慰的是，新近出现了大量突出 19 世纪或把它当作主要论题的论著。这些论著，尤其是宪法史的外部事实，是以下论述的隐含前提。所涉及的论著有：H. Fenske, *Deutsche Verfassungsgeschichte. Vom Norddeutschen Bund bis heute*，第 2 版（1984）；H. Boldt, *Deutsche Verfassungsgeschichte*，第 2 版，第 1—2 卷（1990）；O. Kimminich, *Deutsche Verfassungsgeschichte*，第 2 版（1989）；Ch. F. Menger, *Deutsche Verfassungsgeschichte der Neuzeit*，第 7 版（1990）；K. Kröger, *Einführung in die jüngere deutsche Verfassungsgeschichte 1806–1933* (1988); D. Grimm, *Deutsche Verfassungsgeschichte 1776–1866* (1988)；D. Willoweit, *Deutsche Verfassungsgeschichte. Vom Frankenreich bis zur Teilung Deutschlands*，第 2 版（1991）。

　　在资料翔实方面，所有这些著作都不及 E. R. Huber, *Deutsche Verfassungsgeschichte seit 1789*，8 卷本（1957–1991；第 2 版，第 1、4 卷，1975, 1982；第 3 版，第 2、3 卷，1988）。补充见 *Dokumente zur deutschen Verfassungsgeschichte*，4 卷本（1961–1991），以及 E. R. Huber / W. Huber (Hg.), *Staat und Kirche im 19. und 20. Jahrhundert*，3 卷本（1973, 1976, 1983）。

　　* 译者按：德文为"Rheinbund"。或译为"莱茵同盟"。本书译为"莱茵联盟"，主要与后来的"德意志同盟"相区别。

　　** 译者按：本书原则上将 1871 年之前的"deutsch""Deutschland""deutscher Staat"分别译为"德意志的""德意志""德意志国家"或"德意志国"等。而把 1871 年之后的相关词语译为"德国的""德国"。另外需要说明的是，由于作者施托莱斯的公法史论著共有四卷，时间跨越 1600 年到 1990 年，因此在书名上不好区分"德意志"和"德国"。为了统一和符合习惯表达，书名译为"德国公法史"。台湾地区学者把书名译为"德意志公法史"（参见 Michael Stolleis：《德意志公法史》[卷三]，王韵茹译，台北：元照出版有限公司，2012 年），仅为参考。

　　[9] 杰出而又简洁的总结见 K. O. Frhr. v. Aretin, *Vom Deutschen Reich zum Deutschen Bund* (1980)。

方面，公法史也同时表现出自身是连续性的担当者，因为它跨越时代转折点，把自身全部的精神特质，在学科文献中积累的学说、信念以及教育传统带进 19 世纪，并以此为立足点对新形势做出反应。[10]

1740 年以降，帝国受奥地利－普鲁士的二元体制影响，这是导致宪法史长期迟缓发展的一个原因。那些中等邦国朝向两个中心吸引力中的一方，"像两块壳中的乌龟一样，夹在普鲁士和奥地利之间"[11]。帝国城市 [12]、帝国骑士团以及其他直属帝国统治的小地方 [13] 表现出对帝国的爱国情怀，它们主要是基于法律保护而投靠帝国皇家法院（Reichskammergericht）所在地韦茨拉尔和帝国宫廷参事院（Reichshofrat）所在地维也纳。[14] 大小领地上的臣民们感兴趣的是离他们贴近的东西、自己所处领地上行政管理的得失、农业改革和工商政策、学校教育状况以及司法和"警察"（Policey）*。只有当战争与和平、苛徭或入侵者逼近到了自家门口时，诸侯的臣民或帝国

---

[10]　E. Schmidt-Aßmann, *Der Verfassungsbegriff in der deutschen Staatslehre der Aufklärung und des Historismus* (1967)；Böckenförde, *Gesetz und gesetzgebende Gewalt. Von Anfängen der deutschen Staatsrechtslehre bis zur Höhe des staatsrechtlichen Positivismus* (1958)，页 65 及以下；F.-L. Knemeyer, *Regierungs- und Verwaltungsreformen in Deutschland zu Beginn des 19. Jahrhunderts* (1970)。

[11]　Jean Paul, »Friedens-Predigt an Deutschland (1808)«，第 4 节，N. Miller (Hrsgg.), *Werke*，第 5 卷（1963），页 886。

[12]　K. P. Schroeder, *Das Alte Reich und seine Städte. Untergang und Neubeginn. Die Mediatisierung der oberdeutschen Reichsstädte im Gefolge des Reichsdeputationshauptschlusses 1802/03* (1991); M. Stolleis (Hg.), *Recht, Verfassung und Verwaltung in der frühneuzeitlichen Stadt* (1991).

[13]　选自当时的文献 C. W. v. Lancizolle, *Übersicht der deutschen Reichsstandschafts- und Territorial-Verhältnisse vor dem französischen Revolutionskriege ...* (Berlin 1830)。

[14]　K. O. v. Aretin, *Das Reich. Friedensgarantie und europäisches Gleichgewicht 1648–1806* (1986).

*　译者按：这是一个比较复杂的术语。16 至 18 世纪，"Policey"意指"国内公共管理"，其含义很广泛，不是今天狭义上的"警察"。19 世纪，尤其是在 1830 年，莫尔从"警察学"（Policeywissenschaft）中发展出"警察法"和"行政法"，原来的"Policey"才被限定为防止危险的"警察"（Polizei）。为了体现德国公法学的传统特点，以及避免术语的混乱，本书仍将"Policey"译为"警察"，即传统广义概念。可参见本书第 5 章页 318 的译者按语，以及页 321 正文中对"警察"的广泛理解。

城市的市民才会从自己的角度去关注一下帝国政治。只有帝国等级阶层才有"帝国公民"身份，对于个人而言这种身份却不存在，因此，也不存在帝国公民意识，对帝国也无所谓公民责任。人们怀着一颗平静的心，其实就是抱着无所谓的冷漠心态去看待帝国长期遭受的苦难。但在知识界，这一情形却没有妨碍对"帝国爱国主义"进行一定程度的培育。[15] 帝国公法学用大量素材和看上去安然无恙的"体系"掩盖着帝国的衰落状况，就像"七年战争"末（1763）所体现出的状况一样。正是在帝国末期，帝国公法学却变成了在法学院系被重视的主导性学科。[16] 明智的思考者马上会认识到，神圣罗马帝国所讲授的宪法法律与其现实情况之间的差距多么遥远。而帝国公法学自身没有兴趣强调这种差距，这是可以理解的。当时，一位青年哲学家也明白个中缘由，他在帝国寿终正寝前的 1800 年就为帝国开具了死亡证明："德意志国不再是国家了……不再为人所理解，再也不能了……大厦已倾，国将不国。"[17]

（二）时代转折

然而，对帝国的这种诊断在重大事件即法国大革命爆发后，却存在了十年之久。[18] 所有同时代人都感觉到，法国大革命是一个时

---

[15]　M. Stolleis, »Reichspublizistik und Reichspatriotismus vom 16. zum 18. Jahrhundert«, G. Birtsch (Hg.), *Patriotismus, Aufklärung*，第 4 卷，第 2 期（1989），页 7—23。

[16]　N. Hammerstein, *Jus und Historie* (1972)；同作者，*Aufklärung und katholisches Reich* (1977)；*Geschichte*，页 309。

[17]　G. W. F. Hegel, »Die Verfassung Deutschlands 1800–1802«, *Frankfurter Theorie-Werkausgabe in zwanzig Bänden*，第 1 卷（1971），页 451 及以下。比较 H. Maier, »Hegels Schrift über die Reichsverfassung«, *Polit. Vierteljahresschrif*，第 4 卷（1963），页 334—349。

[18]　E. Schulin, *Die Französische Revolution* (1988)（内有索引节选）；H. Dippel, »Austritt aus dem Ghetto? Deutsche Neuerscheinungen zur Französischen Revolution«, *HZ*，第 252 卷（1991），页 339—394；B. Stollberg-Rilinger, »200 Jahre Französische Revolution. Bilanz einer historischen Gedenkfeier auf dem deutschen Buchmarkt«, （转下页）

代转折，它也应该会导致帝国寿终正寝。[19] 表态无论如何不可避免。那场革命触及了正当性的思想基础，并在突然间打开新的视角。旧秩序崩溃了，它的担当者丧失了权力，他们要么被处决，要么被驱逐。在德意志，这样的事件在领地上遇到部分非常先进的体制，但在帝国内却遭遇到腐朽的体制结构。所有反应者在两个层面上接受这场革命。在帝国层面上，人们认为需要革命，但在邦国层面上，却反对革命。同时人们能在支持实质上的变革要求与坚决反对法国的"残酷"革命之间进行区分。[20] 由此，人们试图寻求一种艰难的综合：努力争取革命所带来的积极成果，同时极大地维护还具有合法性的政治秩序。人们想在不必把世袭王朝推上断头台的情况下就能收获现代化果实，从而向公民宪治秩序过渡。

　　这样一来，德意志尽管受到法国大革命方式的多方面影响和改变，但在整体上它没有经历过自己的革命。临界量尚未形成，其原因有以下几点：（1）领地上的权力支离破碎，这也意味着革命力量支离破碎；（2）缺乏能够聚集大众行动的首都和能讨论公共事务的中心舞台；[21]（3）开明君主制进行了相对进步的改革，避免了像在法国那样累积那么多能引发革命的炸药；（4）德意志几乎完全是农业社会，并在这样的社会中确立了旧制度（Ancien Régime）的社会等级秩序，由此形成了相对和平的社会结构；（5）长期以来，通过

（接上页）*ZHF*，第 17 卷（1990），页 429—490。

　　[19]　R. Koselleck / R. Reichardt (Hg.), *Die Französische Revolution als Bruch des gesellschaftlichen Bewußtseins* (1988)，内有详细文献；K. O. Frhr. v. Aretin / K. Härter (Hg.), *Revolution und konservatives Beharren. Das Alte Reich und die Französische Revolution* (1990)。

　　[20]　D. Henrich, »Französische Revolution und klassische deutsche Philosophie«，见同作者, *Eine Republik Deutschland. Reflexionen auf dem Weg aus der deutschen Teilung* (1990)。

　　[21]　佚名, »Ist bey der Deutschen Staatsverfassung eine allgemeine Volksempörung möglich? In Beziehung auf Frankreich«（无出版地，1794）。比较 D. Simon (Hg.), *Akten des 26. deutschen Rechtshistorikertages* (1987)，页 1—18。

宗教和世俗的教化培养起人们对统治者及其"管理"的尊重，[22] 市民的和平与秩序意识，以及人们适应"各自等级"的意愿——无所谓叫"民族特性"与否。

尽管有这些"阻碍革命"的因素，1770 年到 1820 年的德意志对欧洲的所有思想影响完全是敞开的，它也相应地传播那些思想。当时的德意志经历了一个令同时代人都觉得震惊的"天才时代"，尤其在文学、音乐、科学领域，又特别是在哲学领域。文化上和知识上欣欣向荣，政治上四分五裂又举步维艰，地处欧洲中部，辽阔富饶，却没有参与世界贸易和殖民活动，头顶上还是一部古老的、由特权阶层享有特权的宪法——这些就是 18 世纪末在舆论中展现出来的德意志形象。

法国大革命对这些现实产生的影响完全不同。[23] 在从旧制度中逐渐成长出"市民社会"，这种到当时为止还只是思想的东西，现在似乎变成了"行动"。[24] 跨越地域、行会以及宗教间的限制而进

---

[22]　W. Sommer, *Gottesfurcht und Fürstenherrschaft. Studien zum Obrigkeitsverständnis J. Arndts und lutherischer Hofprediger zur Zeit der altprotestantischen Orthodoxie* (1988)；M. Stolleis, »Thron und Altar«, *HRG*，第 5 卷（1992）。

[23]　R. Vierhaus, »›Sie und nicht wir‹. Deutsche Urteile über den Ausbruch der Französischen Revolution«，见同作者，*Deutschland im 18. Jahrhundert* (1987)，页 202—215。亦见 H. Reinalter, *Der Jakobinismus in Mitteleuropa* (1981)；T. C. W. Blanning, *The French Revolution in Germany. Occupation and Resistance in the Rhineland 1792–1802* (Oxford 1983)；J. Voss (Hg.), *Deutschland und die Französische Revolution* (1983)；H. Berding (Hg.), *Soziale Unruhen in Deutschland während der Französischen Revolution* (1988)；A. Herzig / I. Stephan / H. G. Winter (Hg.), *Sie und nicht wir. Die Französische Revolution und ihre Wirkung auf Norddeutschland und das Reich. Politik und Recht, Literatur und Musik*，2 卷本（1989）；H.-O. Mühleisen (Hg.), *Die Französische Revolution und der deutsche Südwesten* (1989)。

[24]　G. W. F. Hegel, *Vorlesung über die Philosophie der Weltgeschichte*："只要太阳还悬在空中，行星围绕着它旋转，这样的事情就不会发生，即，人把自己置于头脑之上，也就是置于思想之上，并以此创建现实世界。"（*Frankfurter Theorie-Werkausgabe*，第 12 卷［Frankfurt 1970］，页 529）。有关这种思想，比较 R. Vierhaus, »Politisches Bewusstsein in Deutschland vor 1789«, *Deutschland*，前注 23，页 183—201。

入自由和平等，在所有领域开展理性改革，由法律和道德引导政府，
"基督教的欧洲"，纯粹对个人进行归属于人类的培养，国家的废除，
对革命和恐怖行动的极度恐惧，对合法王位的辩护，权利的合法获得，
以及出生、财产和教育的传统差异——凡此种种现在纷至沓来。很
少有像当时那样急速地撰写和发表出如此多的东西。[25] 由于在德意
志没有发生那样的革命，"德意志雅各宾派"很早就受到排挤并遭
逮捕，[26] 所以德意志人通过改良的方式来处理革命引发的压力，并
使国家结构适应新的社会关系。人们的反应自然各不相同，这要视
情况而论，因为这涉及普鲁士或奥地利、中等邦国或小邦国的关系，
涉及世俗国家或宗教国家，还涉及君主、帝国骑士团或帝国城市。
农民、商人、手工业者、国家官吏、教授、神职人员以及军人都有
各自的看法。但只有那些受过教育的上层人士才会用文字方式来表
达自己的观点。

在社会上层内部，法国大革命首先被当成人类的事件而受到大
多数人的欢迎。在知识分子的记忆中，那场革命还未失去它的光芒。
"它是绚丽多彩的日出，"**黑格尔**在 1830 年代的历史哲学讲演录中说，
"所有能思考的人都来庆贺这个时代。这个时代存在着一种崇高的
动人之情，精神激情震撼着这个世界，精神与现实之间的真正和谐

---

[25]　R. Brinkmann (Hg.), *Deutsche Literatur und Französische Revolution* (1974)，
尤其参见这几篇文章：R. Brinkmann, »Frühromantik«；G.-L. Fink, »Wieland«；W. Müller-Sei-
del, »Deutsche Klassik«；L. Ryan, »Hölderlin«，以及 K. Wölfel, »Jean Paul«。C. Träger
(Hg.), *Die Französische Revolution im Spiegel der deutschen Literatur* (1975)；Th. Stam-
men / F. Eberle(Hg.), *Deutschland und die Französische Revolution 1789–1806* (1988)。亦
见 *Katalog »Freiheit, Gleichheit, Brüderlichkeit 200 Jahre Französische Revolution« des German.
Nationalmuseums Nürnberg* (1989)。

[26]　H. Reinalter (Hg.), *Jakobiner in Mitteleuropa* (Innsbruck 1977)；同作者，前
注 23，内含德意志广大地区、美因茨、南德意志和北德意志、莱茵地区和哈布斯堡
王朝的详细地区分布索引。亦见 F. Dumont, *Die Mainzer Republik von 1792/93. Studien
zur Revolutionierung in Rheinhessen und der Pfalz* (1982)；W. Grab, *Ein Volk muß seine
Freiheit selbst erobern. Zur Geschichte der deutschen Jakobiner* (1984)。

仿佛现在才到来。"[27]

1792 年建立共和，同年革命的法国对外宣战、处决**路易十六**，1793 年向恐怖过渡并因 1794 年的"大恐怖"而升级，战争威胁不断，这些使人们又对"断头台"不寒而栗，并害怕被认为是合法的现存社会关系遭到破坏。人们希望以适度的宪治办法解决问题，不通过流血就能取得和平进步。这种希望得到了加强，并反映在新的帝国宪法框架中，反映在顺应时代的开明君主制的宪法文本中。

此外，对人类的激情还生生不息，它有时甚至还是反国家的。这种激情存在于那些乐观的启蒙者身上，存在于早期浪漫派或早期唯心主义哲学的圈子里："人类的观念向前行进——我想表明，"青年**黑格尔**（或者**谢林**［F. W. Schelling，1775—1854］）[28] 写道，"不存在国家的观念，因为国家是像机械一样的东西，所以它就像一台机械一样不会有观念。而只有自由的东西能被称作观念。因此，我们必须超越国家。因为每一个国家都势必把自由的人当作机械的齿轮来对待；它不应该如此；因此国家应该被废除。你们自己要明白，永久和平等等这样的观念不过是一些从属于更高级观念的观念。同时，我想在这里把人类历史的原则写下来，把国家、宪法、政府和立法这些完全贫瘠的人类作品体无完肤地暴露出来。"对人类与和平的关涉，尤其是废除国家这种终极希望[29] 是这种典型言论的一方

---

　　[27]　G. W. F. Hegel，前注 24，页 529。

　　[28]　A. Hollerbach, *Der Rechtsgedanke bei Schelling. Quellenstudien zu seiner Rechts- und Staatsphilosophie* (1957)，页 85 及以下，内有更多文献。罗森茨魏格（Franz Rosenzweig）在 1917 年认为黑格尔抄袭了谢林的话，还可在他那里发现荷尔德林的美学影响。这种观点现在再次被放弃了，而支持黑格尔的作者身份，见 O. Pöggeler, *Hegel-Studien*，第 4 册：*Hegel-Tage Urbino 1965* (1968)。引自 Hegel, *Werkausgabe*, 前注 17，第 1 卷，页 234—235。

　　[29]　Hollerbach，前注 28，页 88；前注 24 表明，费希特（J. G. Fichte，1762—1814）在 1794 年也有这样的有趣立场。

面。另一方面是对破坏自由的机械论国家 [30] 的反对，它是反启蒙的，并很快与器官学比喻一起抬头，越来越发挥着政治复辟的作用。"我们必须拥有一门全新的神话学"，这种要求纯粹是对统一体的渴望，这种统一体曾遭理性主义破坏，同时也为一种新蒙昧主义提供了后来出现的关键词。这种唯心主义的"系统纲领"起初还是开放的、反国家的，完全迷醉于自由，并以理想的无政府主义为目标，它还不是人们在 1815 年以后所理解的那样保守。相反，在一个更高的"有机"层面上寻找办法克服国家与臣民之间的分离，可以把这理解为市民社会变得成熟，理解为寻找一个符合市民社会利益的国家。如果说专制主义（Absolutismus）* 的错误在于它的独裁思想以及不信任臣民智识的话， [31] 那么人们现在则希望所有力量都能得到自由发挥，并能参与政治意志的形成。

由此可见，当初还同时存在着所有这些东西：开明君主制的改革热情，暴政的野蛮架势，对革命的恐惧，对人类的激情，有机进化论的概念，新兴的民族主义，对现状小心翼翼的维护，以及大范围的帝国爱国主义和小范围的地方分离主义。[32]

---

[30]　B. Stollberg-Rilinger, *Der Staat als Maschine. Zur politischen Metaphorik der absoluten Fürstenstaates* (1986).

　*　译者按："Absolutismus"也可译为"绝对主义""威权主义"，它指近代欧洲民族国家兴起后，教会权力旁落，以前与之抗衡的世俗王权日益独尊，尤其形成了君主乾纲独断的政治体制，追求全面的国家目的，它实际上是指绝对君主制。因为汉语表达习惯，本书译为"专制主义"或"专制"，在表述上更顺畅一些，同时也更容易理解。

[31]　见黑格尔在1801年左右对机械论思想的批判："机械论的、具有最高理智的、服务于贵族目的的等级制度表明对其人民丝毫不信任，对人民也没有什么可以期待的。"（Hegel, *Werkausgabe*，前注 17，第 1 卷，页 483；也可比较页 481—482。）

[32]　A. Müller, »Die Auseinandersetzung der Romantik mit den Ideen der Revolution«, *Romantik-Forschungen* (1929)，页 243—333；M. Boucher, *La révolutio de 1789 vue par les écrivains aalemands ses contemporains* (Paris 1954)；W. Malsch, »*Europa*«. *Poetische Rede des Novalis. Deutung der Französischen Revolution und Reflexion auf die Poesie in der Geschichte* (1965).

（三）社会历史条件

从 18 世纪的最后二十五年直到 19 世纪中期，德意志还是农业国家。[33] 旧制度的社会和经济模式还完好无损。家族和经济的基础仍然是以"户"为单位，[34] 它不仅统治着家族一代又一代，还控制着学徒、雇工[35] 以及其他没有自由身份的社会成员。从手工业者、以前的雇农或小农中逐渐形成了产业工人。他们的生存基础就不再是以户为单位的社会组织关系，而是个人与个人之间的生产合同关系。社会等级依附关系的密网还存在，在这张网中，每一个人都依附于这种等级关系，而不管他属于"农民阶层""市民阶层"，还是"贵族阶层"。[36] 阶层转换基本上不太可能，无论如何这是人们不愿看到的，但用强力方式改变它反而使其复杂。人们可以通过法律关系来打破因阶层依从关系所形成的静止状态。由戒规戒律、一系列义务以及刑法所形成的体系，把中下阶层的社会成员约束在自己的土地和产业上。尽管 1800 年以前就存在着许多自由化运动的尝试，如18 世纪启蒙运动的土地文化运动、取消或削弱农奴制运动、王室土地上的农民减税运动、[37] 允许在行业约束之外从事工商业以及旨在优先发展"现代"生产行业，[38] 但德意志社会在总体上仍然受等级

---

[33]　H. Aubin / W. Zorn (Hg.), *Handbuch der deutschen Wirtschafts- und Sozialgeschichte*，第 2 卷（1976）；W. Conze (Hg.), *Staat und Gesellschaft in deutschen Vormärz 1815–1848*，第 2 版（1970）；及同作者，»Sozialer und wirtschaftlicher Wandel«，*DVG*，第 2 卷，页 19—56。

[34]　O. Brunner, »Das ›ganze Haus‹ und die alteuropäische ›Ökonomik‹«，见同作者，*Neue Wege der Verfassungs- und Sozialgeschichte*，第 2 版（1968），页 103。

[35]　雇工在法律上也"被认为是一种家庭社会关系"。见 *ALR*，第 1 编，第 1 章，第 1、4 条。

[36]　1756 年的《巴伐利亚民法典》（Codex Maximilianeus Bavaricus Civilis），尤其是 *ALR*，第 2 编，第 7、8、9 章是调整这种等级结构的规范的社会模式。

[37]　详见 Dipper，前注 3，页 46 及以下。

[38]　K. H. Kaufhold, *Das Bewerbe in Preußen um 1800* (1978).

的划分，并受事实和规范的约束，在政治上还不成熟。地域和关税限制大行其道，没有统一的度量衡，也没有统一的货币。在 1800 年前后的德意志，可以和英国、法国或荷兰较量的且具有重要意义的资本积累和国际贸易寥寥可数。

　　表达"公民"意识的东西，主要通过教育和受法律保护的社会地位使自身正当化，而很少以财产，更不是以一种政治阶级的归属感和成就感的方式来促成。[39]

　　"资产阶级"（Bourgeoisie）和"有教养市民阶层"（Bildungs-bürgertum）的轮廓不明显，尤其当后者占主导地位时，更是如此。在1794 年《普鲁士一般邦国法》中的否定性定义尤为典型。这部法律把"公民"（Bürger）理解成"依出身，既不属贵族也不属农民等级，以后也不属于这些等级的人"[40]。服务业者、手工业者、小商贩、商人、店主、业主、工厂主、银行家、牧师、教师、医生、律师、艺术家以及其他"从事自由行业的人"加在一起都还不构成在政治上与"公民"同义的阶层，尽管大约自 1750 年以来，这些人的共同利益和共同行动能力的意识得到慢慢扩大和加强。[41] 而这种共同行动能力的意识只有通过参与政治意志形成，并具有一定的成功经历，自身才能得以逐渐巩固。这在 1800 年前后还没有制度上的可能性。存在等级会议的地方，以及召开等级会议的地方，人们把注意力集中在财政问题上，另外对完全是局部的利益进行管理。因此，在由著述、

---

　　[39]　H. H. Gerth, *Bürgerliche Intelligenz um 1800. Zur Soziologie des deutschen Frühliberalismus* (1976).

　　[40]　*ALR*，第 2 编，第 8 章，第 1 条。

　　[41]　R. Vierhaus (Hg.), *Bürger und Bürgerlichkeit im Zeitalter der Aufklärung* (Wolfenbütteler Studien zur Aufklärung，第 7 卷，1981). 详细文献见 J. Kocka (Hg.), *Bürgertum im 19. Jahrhundert. Deutschland im europäischen Vergleich*，3 卷本（1988），其中主要参见科卡（Kocka）写的序，页 11 及以下。也可比较弗雷弗特（U. Frevert）的详细评述，见 *Gesch. u. Gesellschaft*，第 16 卷（1990），页 491—501。

出版物和评论新构建起来的"公共领域"中产生对国家的信息知情和参与塑造的政治需求，就不言而喻了。[42]

在 1789 年前后的公共讨论中，教授、官员、法官、律师和牧师占多数，也就是说，所有这些人有着共同的大学教育关系。尽管 18 世纪的最后二十五年出现了令人瞩目的"大学死亡"，帝国大约四十所大学中半数成了牺牲品，[43] 但是德国典型的大学教育优势并没有什么变化。[44] 相反，在 19 世纪的**洪堡**教育改革之后，这种优势还进一步加强；"知识"成了权力因素。[45] 那些缺乏财产和特权的人通过考试跻身资产阶级，"有教养市民阶层"[46] 拥有了作为资产阶级的轮廓。

18 世纪后半期和 19 世纪早期典型的是，发表广泛政治讨论的文章主要来自大学，但在 1750 年以后，来自大学外的声音影响力不断，尤其是以下这些拥有很高权威的人士：**约翰·莫泽**（Johann Jakob Moser）和他的儿子**弗里德里希·莫泽**（Friedrich Carl von Moser）、**默泽**（Justus Möser，1720—1794）、**韦克林**（Wilhelm Ludwig Wekhrlin）、**多姆**（Christian Wilhelm von Dohm）、**加尔弗**（Christian Garve）、**门德尔松**（Moses Mendelssohn）、**齐默尔曼**

---

[42]　J. Habermas, *Strukturwandel der Öffentlichkeit. Untersuchengern zu einer Kategorie der bürgerlichen Gesellschaft* (1962 et al.); F. Schneider, *Pressefreiheit und politische Öffentlichkeit. Studien zur politischen Gesschichte Deutschlands bis 1848* (1966); R. Engelsing, *Analphabetentum und Lektüre. Zur Sozialgeschichte des Lesens in Deutschland zwischen feudaler und industrieller Gesellschaft* (1973); G. Jäger, J. Schönert (Hg.), *Die Leihbilibliothek als Institut des literischen Lebens im 18. und 19. Jahrhundert* (1980); O. Dann (Hg.), *Lesegesellschaften und bürgerliche Emanzipation* (1981).

[43]　*Geschichte*，页 331。

[44]　H. H. Gerth, *Bürgerliche Intelligenz um 1800. Zur Soziologie des deutschen Frühliberalismus*，内有乌尔里希·赫尔曼（U. Hermann）写的前言和文献补充。

[45]　P. Schiera, *Il laboratorio borghese. Scienza e politica nella Germania dell'Ottocento* (Bologna 1987; 德文版，1992).

[46]　这个概念所存在的问题，见 Kocka，前注 41，第 1 卷（1988），页 60 及以下；K. Vondung, *Das wilhelminische Bildungsbürgertum* (1976)。

（Johann Georg Zimmermann）、**克尼格**（Adolph von Knigge）、**雷贝格**（August Wilhelm Rehberg，1757—1836）、**J. G. 施洛瑟**（Johann Georg Schlosser）、**坎佩**（Joachim Heinrich Campe）、**雅各比**（Friedrich Heinrich Jacobi）、**福斯特**（Georg Forster）、**赫尔德**（Johann Gottfried Herder，1744—1803）、**维 兰 德**（Christoph Martin Wieland）、**威廉·海泽**（Wilhelm Heise）、**克莱斯特**（Heinrich von Kleist）、**弥勒**（Adam Müller，1779—1829）、**根茨**（Friedrich von Gentz，1764—1832）。此外，在 1750 年到 1810 年的两代人中，还有许多并未在大学讲坛上活动，尽管有时也在官府或教会供职的自由写作者。随着启蒙运动的发展，具有共和思想的知识分子内部交流早已向所有受过教育的人公开传播。人们尤其强调，在精神的王国里没有等级偏见，任何讨论都要受无偏见的检视，并要求每一个人能公开地运用自己的认识能力。

　　但对于法学著者来说还存在着限制。在有效法律的领域里（罗马 – 日耳曼帝国公法和领地公法），历史形成的材料内部活动空间较小。可是，理论推理在一般国家学说*（普遍公法）或在自然法体系中却得以自由发展。[47] 公开发表的形式也很重要：规模宏大的档案文件出版物、手册和教科书，完全比流通性更强的专著、传单或样式多种的书刊传统得多，其反应也慢得多。最终，从 1770 年到 1800 年普遍存在各种声音，出现百家争鸣景象。那是一个"激动

---

　　*　译者按：德文为"Allgemeine Staatslehre"。或译为"国家学说总论""国家学总论""一般国家学"，本书译为"一般国家学说"。德文"allgemein"的意思是"一般的""普遍的""共同的""总体上的"。"总论"这个词在汉语里一般与"分论"对应。就译者所知，在德国公法学中没有"国家学说分论"。相应地，本书将"Allgemeines Staatsrecht"译为"一般国家法"，"Allgemeines Landrecht"译为"一般邦国法"，"Allgemeines Verwaltungsrecht"译为"一般行政法"。此外，本书将"Staatslehre"译为"国家学说"，使其与"国家学"（Staatswissenschaft）和"国家理论"（Staatstheorie）相区分。

　　[47]　比较 A. L. Schlözer, *Allgemeines Statsrecht und Statsverfassungslehre* (Göttingen 1793)。

人心的时代"[48]。对每一种言论，我们都必须问一问自己，它在何种程度上卷入 1789 年以后的政治运动旋涡？它处在何种语境下：是涉及帝国还是领地？是涉及精神统治还是世俗统治？在雅各宾派与维护旧制度之间，它牵涉许多突然出现的政治可能性选择。作者在各自领地统治中的大部分职务地位特别具有影响力。"那当然是这样！"一位评论家在 1806 年写道，"因为现在的德意志国家法就是这么一回事儿，真理沾染着培育它的乡土的味道，就像葡萄酒一样，或者像甜菜一样。"[49]

二、帝国末期的帝国公法学

（一）传统和 1806 年的断裂

帝国只要一息尚存，就会有专业的帝国公法学，而它在 18 世纪末完全走上了哥廷根大学的研究模式道路。[50] 这一传统在莱茵联盟和德意志同盟*期间也没有中断过，恰恰相反，人们对它的延续还一直津津乐道。[51] 因为德意志没有发生过革命性的社会断裂，所以，不仅自然法，还有帝国公法学的理论原则都一直流传到 19 世纪。[52] 像历史

---

[48]　J. Görres, *Teutschland und die Revolution* (Coblenz 1819)，页 64。

[49]　*Jenaische Allgemeine Literatur-Zeitung*，1806 年 11 月 3 日第 259 期（= K. S. Zachariä）。

[50]　Hammerstein, *Jus und Historie*，前注 16；*Geschichte*，页 309 及以下。

　*　译者按：德文为 "Deutscher Bund"。本书译为 "德意志同盟"。或译为 "德意志联邦"，不甚准确，因为它还不是真正意义上的联邦，只是一个联盟。

[51]　比较艾希霍恩（K. F. Eichhorn）的反思，*Deutsche Staats- und Rechtsgeschichte*，第 1 卷（Göttingen 1808），导言。

[52]　Böckenförde, *Gesetz und gesetzgebende Gewalt. Von den Anfängen der deutschen Staatsrechtslehre bis zur Höhe des staatsrechtlichen Positivismus*，页 65 及以下；同作者编，*Moderne deutsche Verfassungsgeschichte (1815–1914)*，第 2 版（1981）；Schimdt-Aßmann，前注 10；Klippel，后注 65。

学 [53] 那样，法学把自身的方法和惯用语（loci communes）、案件汇编以及教科书一并带入新的政治关系之中。

在私法中容易有独立于政治连续性的幻想，这种幻想可以被当作一种防卫机制去抵御因政治变化而带来的危险。在公法中，对**拿破仑**时期政治社会大变革的依附关系却是众所周知的。"从 1803 年到 1806 年，一个帝国公法学家所收集的书籍在很大程度上变成了一堆废纸，他所拥有的学识也只是一种花哨的艺术罢了。" [54] 乍一看，"对公法学家来说，……随着帝国的衰落和衰亡，公法学题材也化为乌有" [55]。由于这些作者继续讲授公法和出版公法书籍，他们也把自己以前受到的影响传播到新的资料中去了。细看**皮特**所列的学生名单，我们就会发现上面有很多人在后来成了非常有影响的人物。[56]1848 年前最重要的公法学家——**莱斯特**（Justus Christoph Leist，1770—1858）、**根纳**（Nicolaus Thaddäus Gönner，1764—1827）、**黑伯林**（Carl Friedrich Häberlin，1756—1808）、**克吕贝尔**、**威廉·贝尔**（Wilhelm Joseph Behr，1775—1851）、**贝格**（Günter Heinrich von Berg，1765—1843）、**罗特克**（Karl von Rotteck，1775—1840）、**韦尔克**（Carl Theodor Welcker，1790—1868）、**莫尔**等——都有 18 世纪的思想根源。其中，**莫尔**是**约翰·莫泽**的曾孙。这些学者认识到，他们这些"政治教授"不但要传承一种学派传统，还要捍卫政治信念的根基。

---

[53]　N. Hammerstein, »Der Anteil des 18. Jahrhunderts an der Ausbildung der historischen Schulen des 19. Jahrhunderts«, *Historische Forschung im 18. Jahrhundert* (= K. Hammer / J. Voss [Hg.], *Pariser Historische Studien*，第 13 卷)(1976)，页 432—450。

[54]　R. Mohl II，页 239。

[55]　E. Forsthoff, *Lehrbuch des Verwaltungsrecht*，第 10 版（1973），页 41。

[56]　J. S. Pütter, *Literatur des Teutschen Staatsrechts*，第 2 部分（Göttingen 1781），第 6 章，"主要著作，这些人在哥廷根学习过，后来在哥廷根或其他地方详细撰写过德意志国家法著作"（第 296 节及以下）。

　　皮特的思想继承者**克吕贝尔**在海德堡度过了重要的十年。1817
年，在结束其十年生涯之际，**克吕贝尔**这样写道："现在或许还在
今后很长时间里重新思考德意志帝国和莱茵联盟时期所产生的大部
分公法及其文献典籍，这对一个政治家和法学家来说不单是有用的，
而且是不可或缺的。"[57] 这种说法尽管符合他的个人愿望，因为他
刚刚经历其政治学处女作已过时的遭遇，[58] 但是，他所说的在方法
上仍然是有意义的主张；因为若不这样，那又该如何研究和解释维
也纳会议新积累的材料、《德意志同盟条约》、《维也纳会议最后
议定书》以及各个邦国的新宪法呢？倘若公法还完全有机会进而成
为一门科学的话，那么，必须挽救自 17 世纪以来所发展出来的"超
时间"的基本要素，即自然法和国际法以及普遍公法（ius publicum
universale）的基本原理，[59] 同样还要搭救一般国家学的方法，尤其
是获取了普通法内容的法学教育。这个时期的每一个公法学者都经
受过这种法学教育；罗马法先进的论证方式被完整地接受了下来，
理所当然被传播到公法的提问中。[60]

　　在私法中，人们也会问，理性法的遗产在一门全新的法学领域
里如何发挥作用，如何能综合地克服对历史古老的法学研究和立法
的破坏，克服对理性法"思辨"的肢解，尤其要考虑到隐藏在这些
东西下面的政治选择。就像**皮特**在公法领域中把帝国史、自然法和

---

　　[57]　J. L. Klüber, *Öffentliches Recht des Teutschen Bundes und der Bundesstaaten*
(Frankfurt 1817)，页 16。

　　[58]　J. Klüber, *Einleitung zu einem neuen Lehrbegriff des deutschen Staatsrechts*
(Erlangen 1803)；同作者，*Staatsrecht des Rheinbundes. Lehrbegriff* (Tübingen 1808)。

　　[59]　见 *Deutschlands höchst nothwendige politisch-publizistische Regeneration, we-
gen der aus dem Entschädigungs-Systeme und dessen Folgen hervorgehenden Umwandlung
seiner wichtigsten staatsrechtlichen Verhältnisse* (Leipzig 1803)；J. F. Runde, *Über die
Erhaltung der öffentlichen Verfassung in den Entschädigungs-Landen, nach dem Deputa-
tions-Hauptschlusse vom 25. Februar 1803* (Göttingen 1805)。

　　[60]　M. Stolleis, »Rezeption (öffentlichrechtlich)«, *HRG*, 第 4 卷（1990），栏 984—995。

实证的帝国宪法[61]结合起来并一直影响到三月革命前[*]一样，**胡果**（Gustav Hugo，1764—1844）[62]创立了民法学。它的发展运行不仅是历史的，而且还是"哲学的"，并经由**萨维尼**（Friedrich Carl von Savigny）[63]和**艾希霍恩**发展成为所谓的"历史法学派"[64]。

（二）自然法学说与早期宪治主义

公法与私法的相似不仅仅是表面上的：自然法体系，尤其是普遍公法（ius publicum universale）、"依照理性的国家法"（Staatsrecht nach der Vernunft）这种公法表现形式形成了"哲学的"传统路线，而从这一传统路线中生长出了新的公法，并跨越已经消失的帝国宪法。1790 年到 1810 年[65]，当大量的**康德**自然法体系把宪治思想中的关键词汇纳入原来的自然法传统中时，人们越来越期盼：君主受成文宪法的约束，把作为私人的君主与作为国家"道德人格"（persona

---

[61]　Ch. Link, »Johann Stephan Pütter«, *Staatsdenker*，页 310—331。

[*]　译者按：德文为"Vormärz"，指 1815 年到 1848 年三月革命这段历史时期。

[62]　Landsberg III/2，页 1—48；G. Marini, *L'opera di Gustav Hugo nella crisi del giusnaturalismo tedesco* (1969)；J. Blühdorn, »Naturrechtskritik und ›Philosophie des positiven Rechts‹, Zur Begründung der Jurisprudenz als positiver Fachwissenschaft durch Gustav Hugo«, *Tijdschrift voor Rechtsgeschiedenis*，第 41 卷（1973），页 3—17；M. Diesselhorst, »Gustav Hugo (1764–1844) oder. Was bedeutetes, wenn ein Jurist Philosoph wird?«, F. Loos (Hg.), *Rechtswissenschaft in Göttingen* (1987)，页 146—165；J. Rückert, »›... daß dies nicht das Feld war, auf dem er seine Rosen pflücken konnte...‹ Gustav Hugos Beitrag zur juristisch-philosophischen Grundlagendiskussion nach 1789«, R. Dreier (Hg.), *Rechtspositivismus und Wertbezug des Rechts* (1990)，页 94—128。

[63]　H. Kiefner, »Savigny«, *HRG*，第 4 卷（1990），栏 1313—1323。

[64]　H. Schlosser, *Grundzüge der Neueren Privatrechtsgeschichte*，第 6 版（1988），页 119 及以下；补充见 M. Stolleis, »Die Historische Schule und das öffentliche Recht«, *Die Bedeutung der Wörter. Studien zur europäischen Rechtsgechichte, Festschr. f. Sten Gagnér* (1991)，页 495—508。

[65]　D. Klippel, *Politische Freiheit und Freiheitsrechte im deutschen Naturrecht des 18. Jahrhunderts* (1976)，内有更多文献。

moralis）[66] 代表的君主区分开，人权与公民权把国家干预可能性降
在"提供安全"的限度内，其干预必须受当事人同意的法律的约束，
警察必须与司法分离，以及有反抗"肆意专横"的法律保护。就这
些而言，"德意志原来国家学说中有关国家权力限制"[67] 的整个传
统，在以后的宪治运动中是可以被加以利用的。像在私法中一样，
作为 18 世纪政治学自然法"遗产"[68] 材料的"哲学"划分部分，对
19 世纪的"遗产"产生了影响。在公法中，一般国家法（allgemeines
Staatsrecht）和帝国公法学方法对三月革命前的公法学所起的桥梁作
用，相当于私法中"历史法学派的理性法遗产"（**维亚克尔**［Wieacker］
语）。[69]

　　以"依照理性的国家法""帝国历史"和整个国家学方法论学
说传统为指向的公法学对宪治运动所起的推动作用，往往被大多数
人低估。其原因似乎在于，与旧制度的分界线已被明显地划分了出来，
这符合 19 世纪的观点。实际上，这是一个连续发展的转化过程，而
这个过程之所以是连续发展的，是因为自由主义的宪法思想基础至
少是从 1750 年以来打下的，有的还要追溯到很久之前。[70]

（三）公法与私法

　　同样，从影响近代早期的法律秩序统一体的古老观念到公法与
私法的范畴性二分，也是一个连续发展的过程。大约从 1600 年以来，

---

[66]　P. Grossi (Hg.), *Storia sociale e dimensione giuridica* (Milano 1986).

[67]　Ch. Link, *Herrschaftsordnung und Bürgerliche Freiheit. Grenzen der Staatsge-
walt in der älteren deutschen Staatslehre* (1979).

[68]　F. Wieacker, *Privatrechtsgeschichte in der Neuzeit*，第 2 版（1967），页 373。

[69]　C. Schmitt, »Das ›Allgemeine Deutsche Staatsrecht‹ als Beispiel rechtswissen-
schaftlicher Systembildung«, *ZgStW*，第 100 卷（1940），页 5—24。

[70]　详见 Link，前注 67。

公法应该独立存在的学科内在意识尽管已经形成，但是这还不等于说人们必然把法律以二分法划分，事实情况完全相反。公法、采邑法、刑法、教会法以及私法形成了一个整体，只是为了传授和系统研究目的才对它们进行划分。[71] 只有到了（君主制的）"国家"和（市民的）"社会"在政治上发生抵牾的时代，实际上才会有公法和私法的划分，而这种划分恰恰也体现了政治领域的分离。

国家权力的理性法建立，决定了从前国家的（vorstaatlich）自然状态向"公民社会"（国家的）状态的关键转折。依照 1800 年左右的主流观点，把法律划分成市民之间关系的法律（私法）和涉及国家以及国家与被统治者之间关系的法律（公法），是一个国家法律内部的有效划分。这种观点与以前罗马法对法律所做的令人尊重的区分一致。那些在私人利益和公共福利的对立中发现标准的人寻求另一种主张，但不完全是另一种解决办法，即不把法律主体而是把规范的目的当作重要标准。**康德**提供的解决办法是，把私法归到自由的前国家状态之下，而把（被全面思考的）公法放到国家状态之下。这一独到的划分方法却未被大多数法学家采纳。[72]

人们时常引用**萨维尼**的相关语句，这些语句温和，并赞同公法与私法之间的"相通性"和"亲缘"关系："倘若我们综观整个法律，"他说，"我们可把它划分成两个领域，即国家法和私法。第一种法

---

[71]　Ph. Godding, «La distinction entre droit public et droit privé dans les Pays-Bas Méridionaux avant 1800», *Rapports belges au VIIᵉ Congrès international de droit comparé (Uppsala)* (Bruxelles 1966)；M. Bullinger, *Öffentliches Recht und Privatrecht* (1968)；S. Gagnér, »Über Voraussetzungen einer Verwendung der Sprachformel ›öffentliches Recht und Privatrecht‹ im Kanonistischen Bereich«, E. v. Caemmerer / K. Zweigert (Hrsgg.), *Deutsche Landesreferate zum VII. Internat. Kongreß für Rechtsvergleichung in Uppsala 1966* (1967)；D. Grimm, »Zur politischen Funktion der Trennung von öffentlichem und privatem Recht in Deutschland«, W. Wilhelm (Hg.), *Studium zur europäischen Rechtsgeschichte, Festschr. f. H. Coing* (1972)，页 224—242。

[72]　全部文献见 L. Björne, *Deutsche Rechtssysteme im 18. und 19. Jahrhundert* (1984)。

以国家为内容，是有机的民族现象；第二种法是法律关系的总和，这些法律关系关涉到个人，个人在其中可以开展自己的内在生活，并把自己塑造成某种类型。当我们在区分这两种法律时，不应该给人这样的感觉，好像它们之间缺乏相通性和相似性⋯⋯但是这两种法律存在着某种固有的矛盾：在公法中，社会整体被当作了目的，个体看上去是从属的；在私法中，个体的人是自身的目的，每一个法律关系只能被当成一种手段，它与个人的存在或个人的特殊状态有关。"[73] 因此，**萨维尼**不仅把国家法，而且把程序法和刑法归为公法。[74] 他的权威固然有影响，但是国家和社会的关系发生了深刻的变化，对后来进一步发展的法律划分起着决定性作用，而这种划分最终上升为一种思维的必然性。基本权利的保障、法律保护的发展、主张国家不干预经济领域发展的经济学信条[75]——这些都要求公法和私法拥有明确的界线，以便能划出保护不经议会批准就不受侵犯的领域。这个领域由"自由和财产"来刻画。此外，宪法法律对分权进行越来越清晰的描绘，这种分权要求划定"宪法"和"行政法"之间的界线。受唯心主义浸染的法理学以其系统思想和兴趣偏好，使术语区分在含义上绝对化了，它或多或少有意识地促进了政治发展。法律秩序被划分成各种法律领域，从这种附加性的划分中便慢慢形成了法律的二分法。1797 年，**蒂鲍特**（A. F. Thibaut，1772—1840）把法律分为"国家法"、"私法"、"行政法"（对内的和对外的）和"国际法"四类。[76]1830 年，**胡费兰**（Hufeland）把他在

---

[73] F. K. v. Savigny, *System des heutigen Römischen Rechts*，第 1 卷（Berlin 1840），页 22—23。

[74] Savigny，前引书，页 27。

[75] D. Grimm, »Entstehung- und Wirkungsbedingungen des modernen Konstitutionalismus«，见 D. Simon，前注 21，页 45—76。

[76] Björne，前注 72，页 52。

1796 年所做的分类稍微改动，从而把法律划分成三类："私法"（民法、采邑法、教会法）、"公法"（国家法、行政私法[77]、刑法、程序法）和"国际法"。[78]1807 年，**米伦布鲁赫**（Mühlenbruch）也这样划分，但是把私法中的教会法抽出来，放在"警察营造物"（Polizeyanstalten）之下。[79] 最清晰且逐渐成为主流[80]的划分，要数**胡果**的二分法，他谈到"每一套完整实证法的两大类"[81]，并把不属于私法的［国家法、行政管理法（即行政法）、教会法、国际法、程序法、刑法、财政法、警察法］都划为公法。这种分类逐渐成为主流。

　　罗马法中公法与私法的传统二分法，在 1800 年左右融入新的宪法政治和哲学氛围中。由来已久的并与专制国家保持明显距离的经济和政治市民社会，把私法打造成具有保护价值的、"国家无涉的"空间。对专制主义和革命的双重反对及其后果给予私法足够能量去反国家，目的是划定出"政治无涉的"（politikfrei）自治领域。而公法处于一个变革阶段。帝国宪法法律突然终结后，随着莱茵联盟和德意志同盟的形成，以及成员国的国家法与法治的行政法的逐渐形成，才慢慢出现一种新面貌。

　　与今天不一样，[82] 不能从具有优越地位并承载着价值的、实证

---

[77]　国家对私人法律关系进行主权干涉的法律总称。

[78]　Björne，前注 72，页 44—48。

[79]　Björne，前注 72，页 68。

[80]　法尔克（N. Falck, 1784—1805）在《法学百科全书》（*Juristische Encyklopädie*）中的分类和传统分类有出入，亦见 1821 年他在基尔大学做学术演讲时所进行的分类。他的分类法包括了与市民有关的法律领域（民法、教会法、警察法、刑法、诉讼法），以及与之相对的涉及国家和官吏的法律领域（国家法、行政法、财政 – 经济法、国际法）。有关这种分类，比较 Björne，前注 72，页 82—85，以及 K. Volk, *Die Juristische Enzyklopädie des Nikolaus Falck. Rechtsdenken im frühen 19. Jahrhundert* (1970)。

[81]　Björne，前注 72，页 38。

[82]　E. Molitor, *Über öffentliches Recht und Privatrecht* (1949)；H. J. Wolff, »Der Unterschied zwischen öffentlichem und privatem Recht«, *AöR*, 第 76 卷（转下页）

化的宪法秩序角度进行私法与公法的分类，而是由国家与社会之间距离的"远"和"近"来决定。18 世纪末不太流行"公法"（öffentliches Recht）这种说法，[83] 公法学家还完全按照传统方式与各自邦国的统治联系在一起。在思维模式上，大多数人与欣然改革的晚期开明君主制启蒙联系在一起，因此很少倾向于赞成国家与社会的激进分离路线，而这一路线认为此举可以阻挡国家干预主义。

（四）最后一批帝国公法学家

直到帝国结束为止，帝国公法学家们保持原来的结构，对于政治气候的变化，即便不是完全忽视，也是试图谨慎地回应，以此践行一种冷静的实证主义理论。只要没有其他紧迫的东西出现，对皇帝和帝国所进行的传统论述便仍然继续。为帝国创作肃穆的挽歌将之埋葬，抑或竭力支持帝国的保留，这些都不是教授们的事情。而完全相反，他们努力证明，德意志长久以来就有一部规范良好的、自由的、维护和平的"宪法"，因此也不用害怕发生革命。[84]

黑伯林在 1792 年撰写了题为《论德意志宪法之特性》（»Ueber die Güte der Deutschen Staatsverfassung«）的文章。[85] 他踌躇满志地记载

（接上页）（1950/1951），页 205—217；Ch. F. Menger, »Zum Stand der Meinungen über die Unterscheidung von öffentlichem und privatem Recht«, *Fortschritte des Verwaltungerechts, Festschr. f. H. J. Wolff* (1973)，页 149—166；O. Bachof, »Über öffentliches Recht«, *Verwaltungsrecht zwischen Freiheit, Teilhabe und Bindung. Festg. z. 25jähr. Bestehen des Bundesverwaltungsgerichts* (1978)，页 1—21。这些作品含有更多文献。

[83] G. Hugo, *Lehrbuch eines civilistischen Cursus*，第 5 版，第 1 卷（Berlin 1817）。第 6 章认为，人们说"öffentliches Recht"，而不只是说"Staatsrecht"（= droit politique）大概有 30 年时间了。比较 Björne，前注 72，页 115。

[84] D. Grimm, »Verfassung II«, Brunner / Conze / Koselleck (Hg.), *Geschichtliche Grundbegriffe*，第 6 卷（1990），页 870—871。

[85] *Deutsche Monatsschrift* (1793)，页 3 及以下。该问题可参见 G. H. v. Berg, *Ueber Deutschlands Verfassung und die Erhaltung der öffentlichen Ruhe dahin* (Göttingen 1795)。

道："德意志人已开始比以往更关心自己祖国的宪法了。"他全然不顾帝国已崩溃这一大家都认识到的事实，而发表自己的著作《根据内务法学家皮特体系的德意志国家法手册：为德意志知识阶层共同使用，并参考最新重大事件》（*Handbuch des Teutschen Staatsrechts nach dem System des Herrn Geheimen Justizrath Pütter. Zum gemeinnützigen Gebrauch der gebildetern Stände in Teutschland, mit Rücksicht auf die neuesten merkwürdigsten Ereignisse*）。[86] 该著作洋洋洒洒，收集了这个方向所有的优秀论著。与**莫尔**所表达的一样，该书宣扬道："根本性的东西要用大家都能明白和适宜的形式来表达。"[87] **黑伯林**正好赶上帝国的终结，但他对此毫无反应。他在 1796 年创办的《国家档案》（*Staatsarchiv*），在出刊了四十七期后于 1807 年停刊了。他最后工作的地方黑尔姆施泰特大学，在其死后翌年也遭关闭。

与**黑伯林**的著作并行的，还有**施马尔茨**（Theodor v. Schmalz，1760—1831）在 1805 年写的《德意志国家法手册》，但其背景完全不同。[88] **施马尔茨**在自然法上转移了**康德**主义者对功利主义和幸福主义（Eudämonismus）的谴责，[89] 因此把国家目的降为保障安全。但他同时也是开明君主制的政治代表和积极国家经济理论的追随者，[90]

---

[86]　1794 年（第 1、2 卷）和 1797 年（第 3 卷）。见 *Geschichte*，页 319。有关黑伯林的法律概念和他对立法权的论证，比较 Böckenförde，页 61—62。

[87]　Mohl II，页 238。

[88]　Th. Schmalz, *Handbuch des teutschen Staatsrechts. Zum Gebrauch academischer Vorlesungen* (Halle 1805). 施马尔茨，1760 年生于汉诺威，1787 年在林尼尔恩任编外教授，1789 年在柯尼斯堡任教授，1793 年任东普鲁士战争及土地委员会顾问，1797 年任国王顾问，1801 年任柯尼斯堡大学校长，1803 年任内务司法顾问、哈雷大学校长，1809 年任柏林大学首席法律教授。比较 E. Landsberg, *ADB*，第 31 卷（1890），页 624—627；及同作者，*Geschichte* III/1，页 514—515；III/2，页 254—255。

[89]　Th. Schmalz, *Das Recht der Natur* (1791；第 2 版，Königsberg 1795–1804；再版，1969)。同见 L. H. v. Jakob, *Aus dem Naturrechte* (Halle 1796)。

[90]　施马尔茨是一个"不幸的人"（Landsberg III/2，页 254），他在柏林大学期间攻击"道德协会"，把它压在德意志国家统一这个"急迫"目标和（转下页）

赞成把国家公民权利更严格地限制在地产上，竭力反对代议制宪法和分权。和他的上课教案一样，**施马尔茨**在这部手册当中首先论述帝国和领地宪法、帝国疆域和"民族"、领地和帝国的管理者及政府，紧接着在第二部分讲述被分成三部分的国家权力（司法权、立法权和行政权）、对内主权（最高的司法权和财政权）[91] 以及对外主权。**施马尔茨**思考的是"普鲁士式"宪法，因此他强调领地权力，其政治视野也停留在后**腓特烈二世**时代的普鲁士范围内。[92] 在这个范围中，改革思想虽然触动了旧制度的社会与国家模式，但不会有原则的改动。[93]

从 1800 年到 1806 年撰写国家法教科书的年轻一辈，尚能在书中考虑到最新发生的大事。[94] 举一个例子，当时哥廷根大学教授**莱斯特** [95] 所写的《德意志国家法教科书》仍沿袭传统模式，此书在 1803 年发行第一版，1805 年发行第二版。[96] 还在印刷第一版的时候，《吕内维尔和约》的签订震惊了作者。而这个和约导致了《全帝国代表团会议主决议》的产生。因此，作者必须修改第一版。"这位作者，"

（接上页）宪法追求之下，他因此受到舆论的谴责。比较"沙伊德勒博士"（Dr. Scheidler）的相关报道：»Tugendbund«, Rotteck / Welcker, *Staatslexikon*，第 2 版，第 12 卷（1848），页 585—590。

[91] 它们又被分为最高警察权（国家经济、包括教学和教会在内的国民教育意义上的警察）以及最高财政权（土地、国王财产权、税收、国家债务）。

[92] G. Landwehr / H. Hattenhauer (Hg.), *Das nachfriderizianische Preußen 1786–1806* (1988).

[93] R. Koselleck, *Preußen zwischen Reform und Revolution*，第 2 版（1975）。

[94] 见 J. L. Klüber, *Einleitung zu einem neuen Lehrbegriff des deutschen Staatsrechts* (Erlangen 1803)。他在该书 6 章篇幅中只论述了概念，德意志国家法的划分和方法，国家法的渊源、效力范围以及宪法秩序的基础。该导言因政治发展而终止，在 1807 年又被用做论述莱茵联盟法的大纲。

[95] F. Frensdorff, *ADB*，第 18 卷（1883），页 226—227；Landsberg III/2，注释，页 81—82。莱斯特是"受君主支持的人"，是解雇"哥廷根七君子"的文件起草人。他没有出版过好著作。

[96] J. Ch. Leist, *Lehrbuch des teutschen Staatsrechts* (Göttingen 1803；第 2 版，1805).

卡尔·察哈里埃（Carl Salomo Zachariä，1769—1843）[97]这样评价道，
"似乎很少遭受后来人的痛斥。"[98]尽管如此，该教科书中的宪法
部分先论述领地，但仍以传统方式论述帝国宪法——国家教会法除
外，看上去宛如"一幅相当完整的历史画卷"[99]。因此，这本教科
书还在出版印刷时就几乎是一堆废纸了。[100]

　　帝国公法学晚期的第三个例子是**根纳**[101]在1804年撰写的《德意
志国家法》。[102]该书内容丰富全面。**皮洛蒂**（Robert Piloty）说，在
它上面躺着"死产的悲剧"[103]，并认为**根纳**力图"仍以最严格的单
一制方式构建德意志宪法，而不过问每天在他眼前消失的、令人眼
花缭乱的信号"。实际上，**根纳**竭力把领地主权解释成为派生的、
从属于帝国权力的，同时赋予帝国等级下的臣民以"帝国公民"身份，
这尽管与现实不相符，也不可能再相符。[104]这是把领地看成"整体
的整合部分"的一种尝试，[105]以此对抗现实存在的不可忽视的离心
力。在理论上，从所构建的"帝国公民"那里可以引导出一条通向
未来参与政治的直接道路来。可见，该书还是停留在帝国公法学的

---

　　[97]　佚名。比较 K. Bulling, *Die Rezensenten der Jenaischen Allgemeinen Literatur-zeitung im ersten Jahrzehnt ihres Bestehens 1804–1813* (Weimar 1962)。

　　[98]　*Jenaische Allgemeine Literatur-Zeitung*，1806年11月3日第258期，页216。

　　[99]　前引书，页216。

　　[100]　Andreas Joseph Schnaubert, *Lehrbuch des deutschen Staatsrechts* (Jena 1806)，第1部分，»Verfassungsrecht«，见后注113。

　　[101]　Landsberg III/2，页145及以下，注73及以下；Ullmann, *ADB*，第9卷（1879），页367；L. Schaffner, *NDB*，第6卷（1964），页518；H. Holzhauer, *HRG*，第1卷（1971），栏1752—1755。有关国家法，比较 J. B. Koch, *Nikolaus Thaddäus von Gönners Staats-lehre, eine rechtshistorische Studie* (1902)；R. Piloty, »Ein Jahrhundert bayerischer Staats-recht-Literatur«, *Festgabe f. P. Laband*，第1卷（1908），页205—282（页219及以下）。

　　[102]　N. Th. Gönner, *Teutsches Staatsrecht* (Landshut 1804)。

　　[103]　Piloty，前注101，页219。比较 Landsberg III/2，页149。

　　[104]　K. O. Frhr. v. Aretin, *Heiliges Römisches Reich 1776–1806*，第1卷（1967），页453及以下。

　　[105]　Gönner，前注102，页6。

传统之中，但它也因此向人们表明其失败的特征，因为它在这里向那些有前途的思想展示了这个错误主题。

但是，这些思想传播到领地国家时，却在巴伐利亚人那里迅速获得了**根纳**所谈的意义。在那里，旗帜鲜明地发展主权，[106]与父权分离，特权与普遍适用的法律相分离，对官吏 * 进行公法分类，[107]这些都完全符合**蒙热拉**（Montgelas）大臣的政治路线。**根纳**的思想变得非常成功。

根纳最初的基本方向被认为是"旧帝国公法学意义上的国家法"[108]，他在 1804 年多大程度地由机械论的国家观转向有机体论的国家观，[109]在此不论。尽管如此，从 1803 年起，**谢林**对他的影响却是明显的。[110]但是，在脱离启蒙的理性主义和功利思想的大背景下，大约从 1800 年起的政治原因主要导致了从"机械"到"有机体"的比喻转变。[111]我们还将谈到这个问题。

---

[106]　Böckenförde，页 62。他正确强调，根纳把从主权派生出来的最高权利任意地看成是国家目的的功能，结果最高权利只是国家权力的现象而已。

　*　译者按：德文为"Beamtentum"。这个词也可译为"公务员"。考虑到"公务员"这个词含有更多的宪治因素，本书译为"官吏"。在个别地方，尤其在涉及 19 世纪后期的文献时，则将它译为"公务员"。

[107]　根纳最初在 1804 年的《德意志国家法教科书》第 425 节中否定建立官吏关系的契约特征。后来在 1805 年的《国家官吏规则》（Erscheinen der Pragmatik）出现之后，在第 300 页中也同样反对：N. Th. Gönner, Der Staatsdienst aus dem Gesichts-punkt des Rechts und der Nationalökonomie betrachtet, nebst der Hauptlandespragmatik über die Dienstverhältnisse der Staatsdiener im Königreiche Baiern (Landshut 1808)。详见 H. Hattenhauer, Geschichte des Beamtentums (1980)，页 182—193。

[108]　Landsberg III/2，页 147。

[109]　比较 Landsberg III/2，注 75。

[110]　Landsberg III/2，注 75—76。

[111]　比较 Johann Baptist Nibler, Der Staat aus dem Organismus des Universums entwickelt (Landshut 1805)，以及谢林圈子中的强烈反启蒙和反革命的瓦格纳（Johann Jakob Wagner，1775—1841）写的小书：Ueber die Trennung der legislativen und execu-tiven Staatsgewalt. Ein Beitrag zur Beurtheilung des Wethes landständischer Verfassungen (München 1804)。见 Heinze, ADB，第 40 卷（1896），页 510—515。

最后一个例子要提到**施瑙伯特**（Andreas Joseph Schnaubert，1750—1825）写的《德意志国家法教科书》。[112] 该书比较简洁。**施瑙伯特** [113] 当时还是耶拿大学有威望的教授，他留下了在时间上的终结性论述。和**根纳、施马尔茨、莱斯特**一样，**施瑙伯特**把帝国（Reich）解释成"国家"（Staat），创设独特的帝国公民权利，并把帝国公民理解为"民族"（Nation）。[114] 帝国和它的领地拥有各自的宪法，而这些宪法（Verfassungen）可以被描述成"宪治法律"（Konstitutionsrecht），这对**施瑙伯特**来说是顺理成章的。[115] 书中充斥着一些古老的东西，如详细描述皇帝的选举与登基仪式，还有一些早期的宪治内容等。作为今天的旁观者的我们都好像不曾知道，那时的帝国离终结已经不远了——按**施瑙伯特**在书中的教导，人们仿佛觉得帝国完全是值得保留的，也完全是可以进行改良的。

上面介绍的著作写于 1806 年前的帝国最后三年，它们在风格和细节内容上都不一样；从远处看，它们之间的一致性却明显：在方法上都受到**施毛斯**（Schmauss）、**皮特、阿亨瓦尔**（Achenwall）、**施勒策**（August Ludwig Schlözer，1735—1809）等"哥廷根学术风格"的影响。这些著作都认为，只要帝国存在，这样的思想路线——在对每个最新的国家法之发展尽最大可能研究的条件下——是可以

---

[112]　A. J. Schnaubert, *Lehrbuch des deutschen Staatsrechts* (Jena 1806).

[113]　有关施瑙伯特，见 Eisenhart, *ADB*，第 32 卷（1891），页 83—84。施瑙伯特出生于宾根，在美因茨学习天主教神学，从 1776 年起在吉森大学学习法学。皈依新教后，1783 年任吉森大学编外教授，1784 年在黑尔姆施泰特任教授，1785 年在耶拿大学担任国家法、采邑法和教会法教授，并成为系领导。他最重要的著作是教科书：*Grundsätze des Kirchenrechts der Katholiken und Protestanten in Deutschland*，2 卷本（Jena 1805–1806）。

[114]　Schnaubert, *Lehrbuch*，前注 112，"存在有一般的德意志民法"，"所有的帝国公民因此组成一个民族"，德意志帝国是一个"国家"（第 44 节）和"一个完全自由的选举帝国"（第 51 节）。

[115]　有关帝国的一般宪法，前引书，第 149 节及以下。

被实现的，即这些著作雄心勃勃地想在全面的国家学意义上，先描述性地了解帝国宪法和领地宪法的结构，然后在自然法的指引下，发展出彼此相关联的重要原则，并以此在整个德意志国家中找到"德意志国家法"。

我们由此看出它们与以前帝国国家法学说有明显的区别。因为以前的著作大部分局限于帝国之内，而把领地宪法当作单独的资料加以论述。[116] 但现在的著作把帝国和领地的宪法都被专门统一为"德意志国家法"。大多数著作都把领地宪法放在前面，据说这是受帝国晚期怀旧的帝国爱国主义的影响，是一种因外部危机而产生的民族感的表达，并受自然法的激励而尝试改造帝国的混乱结构，这有利于国家权力统一思想和作为法律渊源的主权思想。**康德**主义的自然法理论在 1790 年到 1806 年间扮演了重要角色。[117]18 世纪中期以降，继受**孟德斯鸠**思想，[118] 分权被大力强调，分权所具有的分散风险和

---

[116]　比较 J. J. Moser, *Allgemeine Einleitung in die Lehre des besonderen Staats-Rechts aller einzelnen Stände des Heil. Röm. Reichs* (Frankfurt, Leipzig 1739)；以及皮特写的序，»De utilitate et praestantia iuris publici specialis singulorum Germaniae territoriorum«, W. C. F. Sames, *Delineatio iuris publici Münzengergensis* (Gießen 1781)。除约翰·莫泽的大量论述外（比较吕鲁普［R. Rürup］在该书中提供的索引，*J. J. Moser. Pietismus und Reform* [1965]，页 262，第 2 卷，*Territorialstaatsrecht*，第 1—20 号），还有以下例子：J. G. Esto, *Origines juris publici Hassiaci* (Jena 1738)；*Jus publicum Hassiacum hodiernum* (Jena 1739)；W. X. Frhr. v. Kreittmayr, *Grundriß des allgemeinen deutschen und bayerischen Staatsrechtes* (München, Leipzig 1769)。有关最后一本著作，比较 D. Willoweit, »Das Staatsrecht Kreittmayrs«, *Freiherr von Kreittmayr. Ein Leben für Recht, Staat und Politik* (1991)，页 101—117。

[117]　Klippel, 前注 65；更为准确的，见 J. Rückert, »Kant-Rezeption in juristischer und politischer Theorie (Naturrecht, Rechtsphilosophie, Staatslehre, Politik) des 19. Jahrhunderts«, M. P. Thompson (Hg.), *John Locke und Immanuel Kant. Historische Rezeption und gegenwärtige Relevanz* (1991)，页 144—215。吕克特（J. Rückert）把康德的直接影响一直划到约 1820 年。

[118]　R. Vierhaus, »Montesquieu in Deutschland, Zur Geschichte seiner Wirkung als politischer Schriftsteller im 18. Jahrhunder«, 见同作者，前注 23，页 9—32；F. Herdmann, *Montesquieu-rezeption in Deutschland im 18. und beginnenden 19. Jahrhundert* (1990)。

平衡权力的作用早已成了通识。国家财产与父权财产的分离、诸侯国家公职人员的分离、在市民与国家权力关系中规定的人权和公民权的核心领域不可支配的分离等，同样如此。最后，具有标志性的是宪法与管理法（行政法意义上的）的分离。[119] 尽管这些著作还是按照旧的主权学说把管理法放在宪法后面，并根据各自的资料以有效的法律加以填充，但因此形成了一种论述传统，即宪法法律优先于行政法律，并根据主权或者——就像 19 世纪所流行的那样——根据职权对宪法法律进行划分。

三、帝国的衰落与普鲁士的失败

1806 年 7 月 12 日成功建立莱茵联盟，8 月 1 日宣布退出帝国联盟，8 月 6 日**弗朗茨二世**退位，[120] 这些被同时代大多数人认为是期待已久的、不可挽回的结局，而这个结局很早就清晰可见。[121] 这些事件既没有激起爱国主义的共鸣，也没有引起社会的动荡。把帝国比喻成"哥特式废墟"不只激发人们的历史想象，这座废墟也似乎越来越不能居住了。帝国已变得不合时宜，人们怀着悲痛的心情思念帝国的某些人，想念帝国法律的、和平的以及自由的特征，[122] 也痛心

---

[119]   如 A. L. Schlözer，前注 47，页 14—15；N. Th. Gönner，前注 102，页 4—5；Leist，前注 96，第 2 版（Göttingen 1805），页 1—2。

[120]   Huber I，第 2 版（1967），第 2 章，页 75 及以下。评注见 Huber, *Dokumente 1*，第 5 号。

[121]   John G. Gagliaedo, *Reich and Nation. The Holy Roman Empire as Idea and Reality, 1763–1806* (Bloomington, London 1980)；H. Angermeier, »Deutschland zwischen Reichstradition und Nationalstaat. Verfassungspolitische Konzeptionen und nationals Denken zwischen 1801 und 1815«, *ZRG GA*，第 107 卷（1990），页 19—101，内有更多文献。

[122]   详见 Aretin，前注 14 及前注 9，页 94 及以下。

于帝国臭名昭著的政治活动的软弱。说德意志人普遍都"蔑视"它，认为它的结束是"可耻的"，[123] 这难免言过其实。帝国为帝国骑士团、帝国城市和宗教领地提供过保护，帝国法院的声望也很高。[124] 帝国公法学家、帝国法院的高级职员、帝国议员以及其他帝国人士对帝国的终结表示惋惜，这自有道理。

自普鲁士的《巴塞尔和约》（1795 年 4 月 5 日）[125]、《坎波福尔米奥和约》（1797 年 10 月 17 日）[126]、拉施塔特会议、《吕内维尔和约》（1801 年 2 月 9 日）以及之后 1803 年 2 月 25 日的《全帝国代表团会议主决议》[127] 以来，人们再也不可否认，帝国的解体已是不可阻挡的了。帝国上层等级的大多数人，甚至连皇帝本人也在促使它的瓦解。宗教领地、大多数帝国城市以及帝国骑士团是输家。[128] 而长

---

[123]　G. Roellecke, »Kalte Verachtung und obszöner Respekt. Politische Layouts nach 1806 und nach 1945«, 见 *Frankfurter Allgemeine Zeitung*, 1988 年 7 月 14 日，页 6，以及 *RJ*，第 7 卷（1988），页 401—411；菲尔豪斯（R. Vierhaus）对此进行了驳斥，见 R. Vierhaus, »›Si tacuisses …‹ Bemerkungen zu Roelleckes ›politischen Layouts‹«, *RJ*, 第 7 卷（1988），页 412—416；勒莱克（Roellecke）的回应见 *RJ*, 第 8 卷（1989），页 369—380。

[124]　F. Hertz, »Die Rechtsprechung der höchsten Reichsgerichte im römisch-deutschen Reich und ihre politische Bedeutung«, *MIÖG*，第 69 卷（1961），页 331；B. Diestelkamp, *Das Reichskammergericht im Rechtsleben des Heiligen Römischen Reiches Deutscher Nation* (1985)；A. Laufs, »Reichskammergericht«, *HRG*, 第 4 卷（1990），页 655—662。

[125]　Huber I (1957)，页 29—30；H. Hausherr, »Hardenberg und der Friede von Basel«, *HZ*, 第 184 卷（1957），页 292—335。

[126]　Huber I (1957)，页 32。

[127]　A. Scharnagel, »Zur Geschichte des Reichsdeputationshauptschlusses von 1803«, *Hist. Jahrb.*，第 70 卷（1950），页 238—259；Hömig，前注 7。

[128]　对宗教统治的批判性舆论，比较 P. Wende, *Die geistlichen Staaten und ihre Auflösung im Urteil der zeitgenössischen Publizistik* (1966)；K. O. Frhr. v. Aretin，前注 14，页 403 及以下（页 419 及以下）。有关世俗化问题见 Hömig，前注 7，以及 Huber I (1957)，第 4 节；J. G. Weiß, »Die Reichsritterschaft beim Ende des alten Reichs«, *ZGORh*，第 47 卷（1893），页 289 及以下；H. Müller, *Der letzte Kampf der Reichsritterschaft um ihre Selbständigkeit* (1910)；E. v. Waechter, *Die letzten Jahre der deutschen Reichsritterschaft*, Württ. *VjH*, 第 40 期（1935），页 243 及以下；R. Vierhaus, （转下页）

久力争主权的中等邦国在《普雷斯堡和约》（1805 年 12 月 26 日）之后是赢家，它们（巴伐利亚、符腾堡、巴登、黑森－达姆施塔特、拿骚）对巩固帝国没有兴趣，现在发誓效忠"领地宪法精神"。[129] 因此从 1795 年到 1803 年，舆情慢慢发生了变化。年轻一代中的一部分人成为**拿破仑**迷，一部分人渴望废除帝国，并消除与帝国结合在一起的封建和神权状态，从而推动现代化进程。由于缺乏在政治上活跃的第三等级，因此只有跨越在开明君主制传统中各个邦国所坚持的主权政治，才能获取这种现代化的推动力；而这种主权政治的承担者主要是高级官吏。[130] 但这些指望等级社会渐进发展，并在原则上拥护帝国的人也明白，帝国本身再也没有进行改革的能力。因此，人们起初对莱茵联盟的建立寄予了很高的期望。[131]

人们普遍认为，在外部压力下，帝国这座无法重建的大厦倒塌了。这种观点很少关注宣布退出帝国和 1806 年 8 月 6 日的皇帝退位在法理上的可疑性问题。[132] 虽然不存在脱离帝国的法律程序，皇帝没有帝

（接上页）»Eigentumsrecht und Mediatisierung. Der Kampf um die Rechte der Reichsritterschaft, 1803–1815«, *Eigentum und Verfassung. Zur Eigentumsdiskussion im ausgehenden 19. Jahrhundert* (1972)，页 229—257。有关帝国城市，见 Schroeder，前注 12。

[129]　比较 K. S. Zachariä, *Geist der deutschen Territoriolverfassung* (Leipzig 1800)；J. Fr. v. Epplen, *Ueber das Princip der deutschen Territorialverfassung* (Frankfurt a. M., 1803)；N. Th. Gönner, *Ueber das rechtliche Princip der deutschen Territorialverfassung* (Landshut 1804)。亦见 R. Freiin v. Oer, *Der Friede von Preßburg. Ein Beitrag zur Diplomatiegeschichte des napoleonischen Zeitalters* (1965)。

[130]　K. O. Freiherr von Aretin (Hg.), *Der aufgeklärte Absolutismus* (1974).

[131]　H. Berding, *Napoleonische Herrschafts- und Gesellschaftspolitik im Königreich Westfalen 1807–1813* (1973)；W. Schubert, *Französisches Recht in Deutschland zu Beginn des 19. Jahrhunderts* (1977)；E. Fehrenbach, *Traditionale Gesellschaft und revolutionäres Recht. Die Einführung des Code Napoléon in den Rheinbundstaaten*，第 2 版（1978）；详见 *Vom Ancien Régime zum Wiener Kongreß* (1981)，页 76 及以下，页 170 及以下；E. Weis (Hg.), *Reformen im rheinbündischen Deutschland* (1984)。

[132]　Huber I (1957)，页 71 及以下；G. Walter, *Der Zusammenbruch des Heiligen Römischen Reiches deutscher Nation und die Problematik seiner Restauration in den Jahren 1814/15* (1980)。

国议会也不能处理问题，而皇帝退位后也应该设立帝国代理人，并运行选举程序，但这些都只是思想小把戏。"帝国濒临破产，它只还有一个影子。"[133] 这时，保留帝国所需的参与者，要么是那些已经是莱茵联盟的成员，要么是马上要加入的成员。像 1806 年 11 月 11 日的萨克森就是这样。为正常状况而设计的法律程序不再起作用。而帝国的自我保存意志也销声匿迹。[134]

普鲁士的景况不同。由于 1806 年 10 月 14 日在耶拿和奥尔施泰特的两场失败战役，这个邦国崩溃了。它的崩溃绝非自暴自弃，而是被自己的力量规模所迷惑。

普鲁士在**威廉二世**统治时期（1786—1797）停止了发展，尤其在**比朔夫韦尔德**（J. R. v. Bischoffwerder，1741—1803）和**韦尔纳**（J. Ch. v. Wöllner，1732—1800）任首相时期，国家由于害怕革命而走向了反动。与此同时，市民阶层力量在壮大，在国家机构中形成了一支年轻的改革力量，他们在**威廉三世**（1797 年至 1840 年在位）的领导下早在 1806 年之前就计划和引导改革。

1806 年的兵败触发了这场具有深远影响的改革。这场改革是在《提尔西特和约》（1807 年 7 月 9 日）之后，更准确地说，是在委任**卡尔·施泰因**帝国男爵（Reichsfreiherr Karl vom und zum Stein，1757—1831）[135] "管理国内所有事务"之后推行的。[136] 人们习惯称之为

---

[133]　Nipperdey I，页 12。

[134]　U. Rameil, »Restitutio Imperii? Betrachtungen zu Sinclairs Entwurf einer Verfassung Deutschlands mit Rücksicht auf Hegels Verfassungsschrift«, Ch. Jamme / O. Pöggeler (Hg.), »Frankfurt aber ist der Nabel dieser Erde«. Das Schicksal einer Generation der Goethezeit (1983)，页 135—167。

[135]　R. Hoke, »Friede von Tilsit«, HRG，第 5 卷（1991），页 241—244；A. Erler, »Karl Frhr. vom Stein«, HRG，第 4 卷（1990），栏 1938—1942，内有更多文献。

[136]　G. Chr. v. Unruh, »Preußen. Die Veränderung der Preußischen Staatsverfassung durch Sozial- und Verwaltungsreformen«, DVG，第 2 卷（1983），页 399—470；B. Vogel (Hg.), Preußische Reformen 1807–1820 (1980)。

"**施泰因 – 哈登贝格改革**"（Stein-Hardenbergsche Reformen）。这场改革的基本思想是，不仅要重新组织国家，而且要使臣民变成国家公民，通过参与政治生活来唤醒他们的能量，并赋予他们自由的机会。而这种自由是由自我负责所形成的。[137]改革试图通过由独裁管制向自由思想转变的方式来控制国家危机，建立起人民对自己国家的认同，开发潜在的思想和经济资源。从 1806 年到 1814 年，普鲁士出现了惊人的飞跃，并正从专制主义向公民时代转变，确立起了普鲁士在 19 世纪舆论中的积极形象；也正是这个时候充满了复辟的倾向。自由主义者一向希望普鲁士把**施泰因 – 哈登贝格**改革推向宪治运动的顶峰，胜过**梅特涅**统治的奥地利，完成（宪治的和自由的）民族国家大业。

这次改革的基本思想来自一群公职人员，但主要来自**卡尔·施泰因**。担任威斯特法伦州长时，**卡尔·施泰因**就已经是重要的现代化的积极推动者了。他废除了边疆劳役，把教会财产世俗化。接着从 1804 年起，他担任普鲁士的"经济大臣"[138]，废除国内的关税壁垒，设立统计署。[139]在 1806 年的普鲁士灾难以及 1807 年 1 月他与国王失和之后，普鲁士从 1807 年 10 月到 1808 年 11 月推行**卡尔·施泰因**在《拿

---

[137]　可参见 J. G. Fichte, *Die Grundzüge des gegenwärtigen Zeitalters* (Berlin 1806)。但是，费希特的自由主义立场并不始终如一。在《封闭的商业国家》（*Der geschlossene Handelsstaat* [Tübingen 1800]）中，他设计的国家模式是，实行等级划分和绝对的经济控制，其目的是在经济上自给自足，阻止对外商业活动。他明确强化国家作为教育者的地位——姑且不谈与道德联系在一起的民族主义。他的这种明确态度也体现在《对德意志民族的演讲》（*Reden an die deutsche Nation* [Berlin 1808]）中。

[138]　税务、海关、盐、工厂、金融大臣（Minister des Akzise-, Zoll-, Salz-, Fabrik- und Kommerzialwesen）。最新描述，见 G. Chr. v. Unruh, »Heinrich Friedrich Karl Reichsfreiherr vom und zum Stein (1757–1831)«, K. G. A. Jeserich / H. Neuhaus (Hg.), *Persönlichkeiten der Verwaltung* (1991)，页 65—69。

[139]　H. Klueting, *Die Lehre von der Macht der Staaten. Das außenpolitische Machtproblem in der »politischen Wissenschaft« und in der praktischen Politik im 18. Jahrhundert* (1986).

骚备忘录》（1807 年 7 月）中所设计的改革方案：合作式领导的专业职能部门应该代替过时的内阁体制。这个新举措，正如被公正评说的那样，"不仅是行政史上的一座里程碑，而且也是一件划时代的宪法法案"[140]。州长（Oberpräsident）取代了省长（Provinzialminister）。[141]在地方上，只在 1808 年 11 月 19 日出台了《普鲁士国家城市条例》——但它的意义重大，[142]而《县、乡镇、村新条例》直到 19 世纪中期才出台。最重要的改革内容是农业改革和社会改革，开始把领地上的农民提升为完全拥有财产的所有者，接着在 1807 年 10 月 9 日颁布了《关于农民解放的敕令》，[143]最后在 1811 年补充了晚到的《关于调整土地生产经营的敕令》。[144]

哈登贝格（K. A. v. Hardenberg，1750—1822）[145]在任首相期间采取更有力的措施解放犹太人，[146]改革工商业和财政，[147]并在"国家所有居民生来就是国家的捍卫者"（**沙恩霍斯特**［Scharnhost］语）这一信条指引下改革军队，[148]最后还进行了所谓的**洪堡**教育改革，

---

[140] Huber II (1960)，页 150。

[141] K. Schwabe, *Die preußischen Oberpräsidenten 1815–1945* (1985)；M. Stolleis, »Oberpräsident«, *HRG*, 第 3 卷（1984），栏 1153—1156。

[142] 详见 G. Chr. v. Unruh, *DVG*, 第 2 卷（1983），页 416 及以下。

[143] Huber, *Dokumente 1*, 第 7 号。

[144] N. Habermann, »Die preußische Gesetzgebung zur Herstellung eines frei verfügbaren Grundeigentums«, H. Coing / W. Wilhelm (Hg.), *Wissenschaft und Kodifikation des Privatrechts im 19. Jahrhundert*, 第 3 卷（1976），页 3—43；Dipper, 前注 3，页 55 及以下。

[145] P. G. Thielen, *Karl August von Hardenberg, 1750–1822. Eine Biographie* (1967)；A. Erler, »Karl August von Hardenberg«, *HRG*, 第 1 卷（1971），栏 2004—2007；G. Chr. v. Unruh, *DVG*, 第 2 卷（1983），页 435 及以下，内有更多文献。

[146] »Edikt betr. die bürgerlichen Verhältnisse der Juden v. 11. 3. 1812«, *PrGS*, 页 17。

[147] 改革包括废除国内关卡（1805、1818），实行工商自由（»Gewerbesteueredikt v. 28. 10. 1810«, *PrGS*, 页 79），废除行会强制（»Gesetz über die polizeilichen verhältnisse der gewerbe v. 7. 9. 1811«, *PrGS*, 页 263）。

[148] 详见 Huber II (1960)，页 216 及以下，立法主要有：»das Wehrgesetz （转下页）

其中重要的是改善全民义务教育和教师培养，并在 1809 年 8 月 16 日建立了柏林大学。[149] 国王本人言简意赅地表达了建立这所大学的想法，即"用思想力量弥补国家在物质上所失去的东西"（**梅默尔**［Memel］1807 年语）。

在 1806 年以后，普鲁士的政治争论自然地集中在最紧迫的问题上。像讨论公民缺乏国家认同感的深层原因一样，检讨造成国家崩溃的军事、政治和行政原因成为人们关注的焦点。而行政原因是问题的关键。针对这个问题，**卡尔·施泰因**男爵着手消除等级限制和经济障碍，并促进自治[150]。[151]1814 年 8 月 28 日，**格奈泽瑙**（Gneisenau）在给**阿恩特**（Ernst Moritz Arndt）的信中这样写道："武器、宪治、科学这三样重要的东西就足以使我们在列强环伺中立于不败之地。"[152]

从 1806 年到 1814 年，激烈讨论都针对实际问题和当前境况。

（接上页）v. 3. 9. 1814«（见 Huber, *Dokumente 1*，第 18 号），»die VO über die Organisation des Landwehr v. 17. 3. 1813«（见 *PrGS* [1816]，页 36），»die Landsturmordnung v. 21. 4. 1813«（见 *PrGS* [1816]，页 79）。这些立法统一在 »die Landwehrordung v. 21. 11. 1815«中（见 *PrGS* [1816]，页 77）。

[149] S. A. Kaehler, *Wilhelm von Humboldt und der Staat*，第 2 版（1963）；P. Berglar, *Wilhelm von Humboldt mit Selbstzeugnissen und Bilddokumenten* (1970, 1985)；C. Menze, *Die Bildungsreform Wilhelm von Humboldts* (1975)；Huber I (1957)，第 17 节。

[150] 对所谓施泰因－哈登贝格改革的全面研究，可参见 W. Hubatsch, *Die Stein-Hardenbergschen Reformen* (1977)；R. Koselleck, *Preußen zwischen Reform und Revolution*；*Allgemeines Landrecht, Verwaltung und soziale Bewegung von 1791 bis 1848* (1967；第 2 版，1975)；D. Schwab, *Die »Selbstverwaltungsidee« des Freiherrn vom Stein und ihre geistigen Grundlagen* (1971)；v. Unruh，»Preußen«，*DVG*，第 2 卷（1983），页 399—470。梗概见 G. Kleinheyer / J. Schröder，页 272—278。

[151] W. Hubatsch, *Stein-Studien. Die preußischen Reformen des Reichsfreiherrn Karl vom Stein zwischen Revolution und Restauration* (1975)；E. Klein, *Von der Reform zur Restauration. Finanzpolitik und Reformgesetzgebung des preußischen Staatskanzlers Karl August von Hardenberg* (1965).

[152] G. H. Pertz / H. Delbrück, *Das Leben des Feldmarschalls Grafen Neithardt v. Gneisenau.*，第 4 卷（Berlin 1880），页 279—280。

此时的"国家"问题主要是行政问题，在长时期内也还是这个问题，而不是"宪法"问题。普鲁士还继续着它那历史悠久的行政传统，通过行政服务和法律保护在一定方式上弥补了公民参与政治抉择的愿望。典型的是，这个时期有许多文章都集中于行政问题。[153] 向人们许诺的"宪法"还没有出现。旧等级中的反对势力、封地上的地主贵族、一部分敌视改革的官僚、1815 年之后的舆情转变，以及来自**梅特涅**的外部政治压力，这些阻碍宪法产生的原因都汇聚在了一起。[154]

四、莱茵联盟及其文献典籍

（一）政治形势与文献典籍情况

在**拿破仑**扩张权力的那些年，普鲁士和奥地利维护了它们自身的统一，尽管普鲁士交出了大约一半的土地。自 1803 年以来，莱茵联盟国家的情况则完全两样。帝国再也不能保护那些小领地不受中等邦国（巴伐利亚、符腾堡、巴登、黑森）的侵占。为了自身的生

---

[153]　A. W. Rehberg, Über die Staatsverwaltung deutscher Länder und die Dienerschaft des Regenten (Hannover 1807)，有关雷贝格，见 U. Vogel, *Konservative Kritik an der bürgerlichen Revolution. August Wilhelm Rehberg* (1972)；比洛（F. v. Bülow）对雷贝格的回答，见 *Bemerkungen, veranlaßt durch das Hn. Hofraths Rehberg Beurtheilung der königlich preussischen Staatsverwalung und Staatsdienerschaft* (Frankfurt, Leipzig 1808)；F. Buchholz, *Gemälde des gesellschaftlichen Zustandes im Königreich Preussen, bis zum 14.October des Jahres 1806* (Berlin, Leipzig 1808)，有关布赫霍尔茨（Buchholz），见 Muther, *ADB*，第 3 卷（1876），页 480；O. Tschirch, *Geschichte der öffentlichen Meinung im Friedensjahrzehnt vom Baseler Frieden bis zum Zusammenbruch des Staates 1795–1806*，2 卷本（1933/1934）；W. Haacke, *NDB*，第 2 卷（1955），页 701；F. v. Cölln, *Vertraute Briefe über die neuern Verhältnisse am preussischen Hofe seit Friedrichs II. Tode* (Leipzig 1807–1809)。

[154]　见本书第 4 章，第 2 部分，第 12 节。

存和整合新增加的领土，中等邦国坚决主张"国家主权"，并把它当作推动现代化进程的出发点。一方面，这些邦国以开明君主制的方式追赶上**腓特烈二世**和**约瑟夫**改革所取得的成就；另一方面，人们还看到，在这些邦国中有了一种全新的受法国影响的国家思想。[155] 这种国家思想的核心是国家全能的主权，它与受个人影响的专制主义和公民参政不一样。莱茵联盟要解决的问题与普鲁士和奥地利所要解决的问题有本质的区别。它要解决的一系列急迫问题有：莱茵联盟宪法对各个成员国家的主权、莱茵联盟的或各成员国的改革、"附庸国"和新臣民在国家中的划分、继受法国法或对自己的法律的法典编纂、行政结构的现代化以及世俗化后国家与教会关系的新秩序问题等。

从这些问题中形成所谓的莱茵联盟文献典籍是当时局势不稳的真实写照，里面有政治的、国家学的和国家法的问题讨论。它是政治、统计、国家法文献论述等不同内容的大剧团，这些文献论述只是由于与那个存在于 1806 年到 1813 年的结构有着共同关系而暂时结合在了一起。而那个结构在一个超强的宗主国下把追逐不同利益的中小国

---

[155]　F. L. Knemeyer, *Regierungs- und Verwaltungsreformen in Deutschland zu Beginn des 19. Jahrhunderts* (1970); »Die Rheinbundstaaten bis 1814«, *DVG*, 第 2 卷（1983），页 333 及以下。更早的文献：Th. Bitterauf, *Geschichte des Rheinbundes und der Untergang des alten Reiches*, 第 1 卷（1905；再版，1983）；H. A. L. Fisher, *Studies in Napoleonic Statesmanship* (Oxford 1903); M. Doeberl, *Rheinbundverfassung und bayerische Konstitution*, Sitz. Ber. d. Bay. Akad. d. Wiss. Philos.–Philolog. Hist. Kl., 第 5 部分（1924）；E. Hölzle, »Das Napoleonische Staatensystem in Deutschland«, *HZ*, 第 148 卷（1933），页 277—293; *Württemberg im Zeitalter Napoleons und der deutschen Erhebung* (1937); M. Dunan, *Napoléon et l'Allemagne. Le système continental et les débuts du royaume de Bavière 1806–1810* (Paris 1942); K. v. Raumer, »Préfecture française«, *Festausgabe Braubach* (1964), 页 636; 详见 E. Weis (Hg.), *Reformen im rheinbündischen Deutschland* (1984), 以及 E. Fehrenbach, *Vom Ancien Régime zum Wiener Kongress*, 第 2 版（1986）。

家联合在一起。[156] 领土的扩张和地位的提高把那些大一点的国家弄得服服帖帖，它们不去招惹**拿破仑**而力图保全自己的既得地位和主权。[157] 莱茵联盟首席大臣、法兰克福大公、阿莎芬堡－雷根斯堡大主教及康斯坦茨主教**达尔贝格**（Karl-Theodor von Dalberg，1744—1817）心地善良却手无实权，[158] 他希望有一部莱茵联盟宪法以及进行改革。对于那些小的乃至最小的领地，没有被询问意图，但很清楚，由于连反对的机会都没有，忠诚于联盟对他们来说倒是更明智之举。

同时代的公法学作者们表达出相当不同的观点：有些人喜形于色，因为可以放下帝国历史和帝国公法学千年的历史负担，终于有可能在宗主国的保护下粉碎反对改革的国内政治势力，而这场改革早就该进行了。[159] 这些作者指望主权、新领土的整合和积极立法。另一些人则小心翼翼地表达自己的观点，有时受到来自**拿破仑**和自己领主的双重审查限制。当不能通过沉默而回避时，他们就对自明之事泛泛而谈，对敏感的问题则轻描淡写。还有一些学者投身于莱茵联盟，因为他们认为莱茵联盟适合把帝国公法学传统带到一个新的时代。而民族希望因此也能被聚集起来：人们希望，从莱茵联盟

---

[156]　W. v. Groote (Hg.), *Napoleon I. und die Staatenwelt seiner Zeit* (1969); H.-O. Sieburg (Hg.), *Napoleon und Europa* (1971); A. v. Reden–Dohna (Hg.), *Deutschland und Italien im Zeitalter Napoleons* (1979); M. Wierichs, *Napoleon und das »Dritte Deutschland« 1805/1806. Die Entstehung des Großherzogtümer Baden* (Berg, Hessen 1978).

[157]　P. Sauer, *Napoleons Adler über Württemberg, Baden und Hohenzollern. Südwestdeutschland in der Rheinbundzeit* (1987)，内有全面的参考文献。

[158]　A. Freyh, *Karl Theodor von Dalberg. ein Beitrag zum Verhältnis von politischer Theorie und Regierungspraxis in der Endphase des aufgeklärten Absolutismus* (1978); K. Rob, *Karl Theodor von Dalberg 1744–1817. Eine politische Biographie für die Jahre 1744–1806* (1984); K. M. Färber, *Kaiser und Erzkanzler Carl von Dalberg und Napoleon an Ende des Alten Reiches* (1988).

[159]　E. Weis, *Montgelas. 1759–1799. Zwischen Revolution und Reform*，第 2 版，第 1 卷（1988）；第 2 卷，*Der Architekt des modernen bayerischen Staates*。

产生的德意志共同国家法能够替代帝国所失去的议会功能。[160] 有这种想法的人觉得自己是国家统一的辩护者，而此外，好像就再也没有人对国家统一负责似的。[161]

由于主题尚未成形，这些文献典籍没有设计出方案，但随着时间的推移，产生了大量为方案而斗争的文献。[162] 这是当时所有文献的特点。对莱茵联盟来说，教科书、手册或者成"体系"的东西基本上不是合适的出版方式，而期刊、论文集、研究时局问题的大学文章[163]，甚至传单倒成为合适的方式。莱茵联盟是所有刊物开展公开讨论的话题。在这些讨论中迅速出现了社会的政治化。这些文章特别集中在这些真正的核心刊物上，如温科普（P. A. Winkopp）的《莱茵联盟》（*Der Rheinische Bund*，1806—1831）杂志、每日发行的《莱茵联盟报》（*Die Rheinische Bundes-Zeitung*）[164]、《莱茵联

---

[160]　J. G. Pahl, *Über das Einheitsprincip in dem Systeme des Rheinischen Bundes* (Nördlingen 1808). 这部作品引起过极大反响，如格贝尔（C. F. v. Gerber，1823—1891）在《论公法权利》（*Ueber öffentliche Rechte* [Tübingen 1852]）第 8 页中写道："一部分老帝国公法学家十分恭顺地决定把几乎无法报答帝国的力量奉献于论述莱茵联盟的法律。"

[161]　M. Friedrich, »Die Erarbeitung eines allgemeinen deutschen Staatsrechts seit des Mitte des 18. Jahrhunderts«, *JöR*，第 34 期（1985），页 1 及以下。

[162]　保罗（Jean Paul）在回顾维也纳会议时（»Nachdämmerungen für Deutschland«, *Politische Fastenpredigten während Deutschlands Marterwoche* [1816]），半讥讽地写道："此外，就在 1809 年议和之后，最好的法学和政治学论文都转向拿破仑的联盟条约，并从中得出令人信服的结论，而那些论文越来越文不对题，因为条约本身根本就没有实现过。就像利希滕贝格（Lichtenberg）提出的可能性——观星者花费数年持之以恒地观察和研究的那些恒星，其实早就熄灭了，不过它们的光芒还照在我们漫长的道路上。"

[163]　可参见 A. H. Meisel, *Quaestiones de jure civitatum foederi Rhenano adscriptarum* (Leipzig 1811). 他在博士论文中论述与帝国法律有关的私法在莱茵联盟国家中继续有效的问题。

[164]　Mannheim 1808–1809，由海德堡大学国家学教授埃申迈尔（Heinrich Eschenmayer，1763—1820）领导。

盟档案》（*Archiv des rheinischen Bundes*）[165]、《莱茵联盟战争档案》
（增刊）（*Kriegsarchiv des rheinischen Bundes*，1806—1807）、《日
耳曼人》[166]、《智慧女神》[167]、《欧洲大事记》[168]、《欧洲国家
关系》（*Europäischen Staats-Relationen*）[169]、《德意志民族编年史》
（*National-Chronik der Teutschen*）[170]、《耶拿文学总报》（*Jenaischen
Allgemeinen Literatur-Zeitung*）等。其中《莱茵联盟》无论在质量上，
还是在改革和民族方面，为非自愿缔结成的莱茵联盟获得最好的发
展而付出的心血，都出类拔萃。

　　大多数刊物——直到**拿破仑**垮台为止——都被启蒙的驱动力所
支配，包含了消除偏见、传播有用知识（尤其是统计学知识）和讨
论改革，总之，让公共事务服从于公共理性。[171]其中，或多或少地
介入政治的"统计学"，被当作政治、法学以及历史记载的连接点，
并扮演着重要角色。政府也逐渐承认舆论的力量，利用报刊传播官
方消息、公布法律、宣传自己认可的观点。但消极承认"舆论"乃
政治权力的最粗暴的形式是，让各种官僚机构旋即又进行反动的书
报审查。[172]

----

[165]　Bamberg 1806–1808，由厄斯特赖歇尔（Paul Oesterreicher）主编。

[166]　*Germanien*，这是一份德意志国家法、政治学和统计学杂志，由克罗默（A. F. W. Crome，1753—1833）、尧普（K. Jaup，1781—1860）主编，第 1—4 卷（Gießen 1808–1811）。1812 年改为《欧洲与日尔曼人》（*Europa und Germanien*）。

[167]　J. W. v. Archenholtz (Hrsgg.), *Minerva. Ein Journal historischen und politischen Inhalts* (Berlin, Jena 1792–1858).

[168]　*Europäische Annalen* (Tübingen, Stuttgart 1795–1820). 波塞尔特（E. L. Posselt）任主编至 1804 年。

[169]　从 1804 年到 1809 年由福格特（Niklas Vogt，1756—1836）主编。有关福格特，见 H. Weber, *Vogt* (1984)。

[170]　从 1801 年到 1809 年由帕尔（J. G. [v.] Pahl）主编，*Gmünd* (1801–1809)。

[171]　U. A. J. Becher, *Politische Gesellschaft. Studien zur Genese bürgerlicher Öffentlichkeit in Deutschland* (1978); Klueting，前注 139。

[172]　E. Büssem, *Die Karlsbader Beschlüsse von 1819* (1974); J. Marx, *Die österreichische Zensur im Vormärz* (1959).

（二）新主权

因 1806 年 7 月 12 日的《莱茵联盟条约》而出现了一系列问题，其中的一个是立法法（Gesetzgebungsrecht）的适用范围问题。这个问题——这要追溯到古代传统[173]——既是莱茵联盟的主权核心问题，又是各个成员的主权核心问题。正像"所有到现在能约束皇帝和君主的德意志帝国法律规范崩溃了"一样，[174] 帝国宪法的主权失去约束之后，领地的立法者似乎自由了。而所有问题都取决于，人们如何考虑联盟中央权力关系以及成员主权的未来关系。如果莱茵联盟颁布一个实质性的宪法而成为一个真正的联邦国家，那么成员未受损伤的主权就不能与之协调；**达尔贝格**毫无意义的领导和协调作用，或许还能为各个成员国所容忍。但只要**拿破仑**还重视莱茵联盟，并认为它还有扩大能力，人们就必须格外小心谨慎。

根纳以前还认为帝国要统一，并且领地的国家权力是派生的，现在却变成最迅速回应成员国主权的代表，[175] 尽管他是从《莱茵联盟条约》中推导出这种主权，并在一定程度上阻止退回到旧的、还继续存在着的状况上去。这具有深刻见解的法学思想特别符合**蒙热拉**统治下的巴伐利亚的利益。[176]**根纳**阐述道，再也没有共同的德意志私法了，他以此为清除具有贵族和教会特权的地方立法扫清了障碍。为了新土地的整合和国债的"宪法化"，后一种观点似乎是有

---

[173]　M. Stolleis, »Condere leges et interpretari. Gesetzgebungsmacht und Staatsbildung in der frühen Neuzeit«, 见同作者, *Staat und Staatsräson in der fühen Neuzeit* (1990), 页 167 及以下。

[174]　《莱茵联盟条约》第 2 条（见 Huber, *Dokumente 1*，第 2 号）。

[175]　匿名（= N. Th. Gönner）, *Ueber den Umsturz der teutschen Staatsverfassung und seinen Einfluß auf die Quellen des Privatrechts in den neu souveränen Staaten der rheinischen Conföderation* (Landshut 1807). *Archiv für die Gesetzgebung und Reforme des juristischen Studiums*，第 1 卷（1808），页 1，根纳承认自己是该书的作者。

[176]　W. Quint, *Souveränitätspolitik in Bayern. Von der Mitte des 17. bis zur 1. Hälfte des 19. Jahrhunderts* (1971)；E. Weis, *Montgelas*，前注 159。

意义的和必然的道路。[177]

由高等法院律师**青特尔**（Joseph Zintel）很快写成的《一般国际法基本原则下的莱茵联盟国家法草案》（*Entwurf eines Staatsrechts für den Rheinischen Bund nach den Grundsätzen des allgemeinen Völkerrechts*）[178] 走的也是这样的政治路线。人们认为这本书"因其罕见的浅薄而引人注目"。[179] 事实上，这本书在反思中围绕成员国家主权这一问题，四平八稳，但含混不清，[180] 没有明显的顺序。在**青特尔**看来，国际法是唯一的法律基础，他在此基础上立论，认为莱茵联盟所进行的每一个主权限制都需要一个国际法协议。与**根纳**的区别在于，**青特尔**拒绝莱茵联盟宪法对主权进行限制，而**根纳**则把它看成是唯一的主权来源。但二者都非常想巴伐利亚政府拥有行动自由，**根纳**企图通过对内改革以达到目的，而**青特尔**则以向外提出高要求为目标，但这并不妨碍他赞美"最伟大的君主……欧洲曾见到过的"。总之，**青特尔**所提供的东西，由于其思想不足而未被同时代的人所接受："因为**青特尔**先生……迫不及待，而是想在他于第 8 页中所谈到的'翻天覆地时期'往上翻腾，但他不能品尝未来实证立法的滋味；因此他用他那一般国际法的基本原则编织空中楼阁；他在编织时不用其他任何辅助材料，只用他的基本原则，一

---

[177] H. P. Ullmann, *Staatsschulden und Reformpolitik. Die Entstehung moderner öffentlicher Schulden in Bayern und Baden 1780–1820*，2 卷本（1986）；»Die öffentlichen Schulden in Bayern und Baden 1780–1820«, *HZ*, 第 242 卷（1986），页 31—67；同作者，»Überlegungen zur Entstehung des öffentlichen verfassungsmäßigen Kredits in den Rheinbundstaaten (Bayern, Württemberg, Baden)«, H. Berding (Hg.), *Napoleonische Herrschaft und Modernisierung* (1980)，页 500—522；W. Demel, *Der bayerische Staatsabsolutismus 1806/08–1817* (1983)。

[178] 作序的时间是 1807 年 1 月 1 日。

[179] K. A. H. Chr. v. Kamptz, *Beyträge zum Staats- und Völkerrecht*, 第 1 卷（Berlin 1815），页 18。

[180] 但他反罗马天主教的立场是明确的。他想让一个严厉的国家君主去管教罗马天主教（页 103—115）。

且不能从脑袋中拿出东西的时候，他就像蜘蛛一样，用一堆糟糕且
腐朽的纤维编织；他自娱自乐，同时根据自己的幻想吐出自己的一
套主权原则，并给它穿上外衣。"[181] 莫尔后来言简意赅地说道，"青
特尔写的东西令人生厌"[182]。

（三）作为联邦的莱茵联盟

　　威廉·贝尔[183] 在哥廷根的施勒策和皮特那里求过学，然后开始
了他的职业生涯。1799 年，他成为维尔茨堡大学杰出的采邑法教授，
从 1800 年起还是一般国家学说教授[184]。从 1802 年到 1805 年他是
巴伐利亚的臣民，从 1806 年到 1814 年因维尔茨堡大学搬迁而成为
同样是莱茵联盟成员的托斯卡纳大公国的臣民。[185] 所以，在这里姑
且称他为"巴伐利亚的"作者。[186] 他有关莱茵联盟的著作[187] 针对的

---

[181]　J. L. A. Seidensticker, *Jenaische Allgemeine Literaturzeitung*，1807 年 12 月
3 日第 282 期，栏 436—437。

[182]　Mohl II，页 481。

[183]　Heigel, *ADB*，第 2 卷（1875），页 286; Angermann, *NDB*，第 2 卷（1955），
页 10—11; Landsberg III/2， 注 83、84; L. Grösser, »Der gemäßigte Liberalismus
im bayerischen Landtag von 1819–1848«,（哲学博士论文，München 1929); F. Merz-
bacher, *ZBLG*，第 40 卷（1977），页 303 及以下; M. Domarus, *Bürgermeister Behr.
Ein Kämpfer für den Rechtsstaat*，第 3 版（1985）; U. Wagner (Hg.), *Wilhelm Josef
Behr* (1985)。

[184]　W. J. Behr, *System der allgemeinen Staatslehre zum Gebrauche für seine Vor-
lesungen* (Bamberg 1804).

[185]　A. Chroust, *Geschichte des Großherzogtums Würzburg (1806–1814)* (1932); W.
Bilz, »Die Großherzogtümer Würzburg und Frankfurt«（哲学博士论文，Würzburg 1968)。

[186]　皮洛蒂称他为巴伐利亚人，这没有问题，因为他与路德维希一世的关系紧
密，他后来的命运也可以说明这一点。见前注 101。

[187]　D. J. W. B. Pr. in W. (= 威廉·贝尔博士，维尔茨堡大学教授), *Der Orga-
nismus des rheinischen (deutschen) Bundes, zum Behufe seines Zwecks, soweit er bis jetzt
positiv bestimmt ist, und Materialien zur nähern Bestimmung jenes Organismus* (Altona
1807); *Das Teutsche Reich und der Rheinische Bund. Eine publicistisch-politische Parallele
zur Ausmittelung der Vorzüge, welche der Rheinische Bund vor dem Römischen Reiche der
deutschen Nation darbietet und darbieten wird* (Frankfurt 1808); *Systematische*（转下页）

也不是联邦国家的对外主权和对内主权，而是严肃对待人们起初还信任的莱茵联盟的要求，也就是想让莱茵联盟成为一个联邦立宪制国家。**威廉·贝尔**是改革的坚定代表，他希望通过改革形成公民对国家更强烈的认同感，这完全和**卡尔·施泰因**一样。从内部全新的莱茵联邦国家的一致性中可以形成一个联邦的民族国家，各个成员国应该是拥有"人民代表机构"的君主立宪制国家。[188] 因此，**威廉·贝尔**的问题首先在于，通过大家期望的未来的莱茵联盟宪法，在各个成员国的主权要求与对这个要求来说是必然的联合之间找到一种平衡。[189] 他呼吁德意志人关注莱茵联盟的现代化机会，实现自由与平等，把对法国和**拿破仑**作为榜样的尊重，同民族和自由的立场联系起来。这种立场就像在 1814 年以前，至少对具有唯心主义思想品性的人来说显得合乎情理。**威廉·贝尔**要求行政和君主受法治约束，要求言论、出版和科学自由以及经济自由，要求废除贵族特权，尤其让第三等级参与议会决策。[190] 他在 1804 年写的《体系》一书被**皮洛蒂**认为是"划时代的、激昂的、用血写成的作品，它充满激情，具有

（接上页）　*Darstellung des rheinischen Bundes aus dem Standpunkt des öffentlichen Rechts* (Frankfurt 1808).

　　[188]　W. J. Behr, *Versuch des Grundrisses einer Constitution für Monarchien* (Bamberg 1816).

　　[189]　比较 *Systematische Darstellung des rheinischen Bundes* (1808)，尤其参见第 5 章（Verhältnis der Mitglieder des Rheinbundes untereinander）、第 6 章（Stellung des Protekors）和第 7 章（Rechte und Pflichten, nach außen und innen）。

　　[190]　主要在 *System der allgemeinen Staatslehre* (1804)，以及 *System der angewandten allgemeinen Staatslehre oder Staatskunst* (Frankfurt 1810)；同作者，*Darstellung der Bedürfnisse, Wünsche und Hoffnungen deutscher Nation* (Aschaffenburg 1814)。详见威廉·贝尔的著作：*Staatswissenschaftliche Erörterung der Fragen. 1. Inwieferne ist der Regent eines Staats an die Handlungen seines Regierungsvorfahren gebunden?...* (Bamberg, Leipzig 1818)；*Die Lehre von der Wirthschaft des Staats, oder pragmatische Theorie der Finanzgesetzgebung und Finanzverwaltung* (Leipzig 1822)；*Bedürfnisse und Wünsche der Baiern, begründet durch freimüthige Reflexionen, über die Verfassung, die Gesetzgebung und Verwaltung des Baierischen Staats* (Stuttgart 1830).

大无畏信念和令人振奋的个性力量"。**皮洛蒂**接着还说："**威廉·贝尔**是德意志的革命喉舌。他在有一百段篇幅的文章中所阐发的法治国理念，简直是对地球上所有民族为自我解放而发出的号召。"[191]

若把目光放得更深远一些，我们便可以看到，在莱茵联盟结束前这种设想都不是现实的。**拿破仑**把联盟当作招兵买马的地盘加以利用，他很快就对莱茵联盟宪法失去了兴趣。大的莱茵联盟国成员无论如何也不愿意在**达尔贝格**领导下的莱茵联盟中显山露水。1815年之后的复辟力量是如此的巨大，以至于在**拿破仑**的改革压力下所实现的东西也部分倒退了。

威廉·贝尔是一个"纯粹的国家唯心主义者，头脑中完全充满了**卢梭－康德－谢林**的国家思想"[192]，他不能也不愿关注事实。他后来的人生道路给人们留下深刻印象，其晚年道路坎坷。从 1819 年起，**威廉·贝尔**担任巴伐利亚第一次等级会议的反对派领袖，从 1821 年起又担任维尔茨堡市长。在卡尔斯巴德决议（Karlsbader Beschlüsse）之后，**威廉·贝尔**和慕尼黑政府的关系在紧张的国内政治气氛中恶化了。1831 年，他被取消了议会代表席位，这导致了抗议和"护宪"运动。[193] 结果**威廉·贝尔**被人采取卑劣的手段告了密，后被革职（1832），并遭逮捕（1833），1836 年以叛逆罪和辱君罪受到无限期的羁押，同时还要在国王画像前公开谢罪。1848 年 3 月 6 日大赦，**威廉·贝尔**才重获自由，并成为保罗教堂国民议会的代表，但此时的他已是风烛残年。[194]

---

[191] Piloty，前注 101，页 224。

[192] Piloty，前注 101，页 222。

[193] 最后导致 1832 年 5 月 26 日盖巴赫城堡公园集会。该集会的起因是建立纪念 1818 年 5 月 16 日《巴伐利亚宪法》生效的"宪法石碑"。详见 Domarus，前注 183，页 167 及以下。翌日，即 1832 年 5 月 27 日在普法尔茨爆发了"汉巴赫游行集会"。

[194] Heigel，前注 183；Domarus，前注 183。

如果人们同时关注到来自巴登的作者，[195] 会发现类似的矛盾植根于政治环境之中。巴登对行使自己的主权以及整合新领土同样感兴趣，但比巴伐利亚更受法国的影响，新闻审查也更严格。人们只能小心翼翼地讨论这样的问题：**拿破仑**现在是否真是联盟"成员"，或者他的权力是否凌驾于联盟之上。接受法国法律以及结束等级统治者的法律关系是敏感问题。

然而，至少在维也纳会议之前，思想气氛还非常宽松。新兴的、迅速吸引人的海德堡大学尤其如此。从 1803 年起，这所大学吸引了许多英才，尤其是像**蒂鲍特**、**马丁**（Ch. R. D. Martin，1772—1857）、**克吕贝尔**、**G. A. 海泽**（G. A. Heise，1778—1851）以及**卡尔·察哈里埃**等这些人物。[196] 个中原因很明显："生活丰富多彩、自由自在，所有信仰融合在一起，建立在广泛富裕基础上的舒适生活，要求按科学规范进行全新的国家和法律教育。这所大学欣欣向荣的环境符合这些要求，在由杰出人物所组成的团体中充满着激烈的竞争，还有惊心动魄的政治事件！"[197] "法学——这所新高校的明珠"[198]——

---

[195]　Zachariä，比较前注 129；J. N. F. Brauer, *Beyträge zu einem allgemeinen Staatsrecht der Rheineischen Bundes-Staaten* (Karlsruhe 1807)；J. L. Klüber, *Staatsrecht des Rheinbundes*，前注 58。

[196]　J. Rückert, »Heidelberg um 1804, oder. die erfolgreiche Modernisierung der Jurisprudenz durch Thibaut, Savigny, Heise, Martin, Zachariä u. a.«, F. Strack (Hg.), *Heidelberg im säkularen Umbruch. Traditionsbewußtsein und Kulturpolitik um 1800* (1987)，页 83—116。

[197]　Landsberg III/2，页 104。比较 W. Leiser, »Die Juristische Fakultät und die Heidelberg-Romantik (1805–1820)«, *Semper Apertus* (1985)，页 84—104。

[198]　L. Gall, »Die Heidelberger Jahrbücher. Geschichte und Neubegründung«, *ZGORh*，第 111 卷（1963），页 307—331（页 316）。里面还有 1814—1815 年围绕自由主义的刑法学家和诉讼法学家马丁所发生的院系冲突，这场冲突显然是因蒂鲍特"害怕革命"引起的（见 F. Lautenschlager, »Die Universität Heidelberg und der Fall Martin. Mit ungedruckten Briefen aus dem Nachlaß des Juristen Georg Arnold Heise«, *ZGORh*，第 85 卷［1933］，页 636—663）。马丁、克吕贝尔和哲学家弗里斯（Fries）在 1816—1817 年离开了海德堡大学。

像一块磁铁那样具有吸引力。在 1809 年的夏季学期，有一半以上的学生学习法学。巴登邦国真正的改革家赖岑施泰因（Sigismund von Reitzenstein）[199] 从 1806 年到 1807 年担任该大学的基金管理负责人。

在此种情形下迅速开设莱茵联盟公法课程，几乎就是理所当然的了。卡尔·察哈里埃和克吕贝尔是适合向大家介绍的学者。卡尔·察哈里埃[200] 于 1807 年来自维滕贝格，写过的作品几乎涉及所有法律领域。[201] 他开设了巴登莱茵联盟公法学课程，[202] 使用他的莱茵联盟国家公法拉丁文教学大纲。他那本献给听众的近七十二节的小书是该流派的第一本作品。卡尔·察哈里埃描述了莱茵联盟的形成，并给"公法"下了一个独具个人特点的定义，讲述了它的法律渊源；另

---

[199] F. Schnabel, *Sigismund von Reitzenstein, der Begründer des Badischen Staates* (= *Schr. reihe der Ak. Mitt. Heidelberg*), F. Lautenschlager / H. Mitgau (Hrsgg.)，第 6 卷（1927），页 81 及以下；Th. Schnabel, »Sigismund Karl Johann von Reitzenstein (1766—1847)«，见 *Jeserich-Neuhaus*，前注 138，页 79—83，内有文献。

[200] 其生平见 Mohl I，页 131—132；II，页 512—513；J. C. Bluntschli, *Geschichte des Allgemeinen Staatsrechts und der Politik* (1864)，页 596—597；G. Jellinek, »Die Staatsrechtslehre und ihre Vertreter«, E. I. Bekker (Hg.), *Heidelberger Professoren aus dem 19. Jahrhundert, Festschrift zur 500-Jahrfeier der Universität*，第 1 卷（1903），页 262—263；W. Fischer, *ADB*，第 44 卷（1898），页 646—647；Landsberg III/2，页 110—112，及其注释，页 52—54；R. B. Weigle, *Die Staatsrechtslehrer an der Heidelberger Universität im 19. Jahrhundert. Lebensbilder und Forschungsbeiträge* (1986)，页 31—38；Drüll，页 307；Th. Lang, *Die Staats- und Verfassungslehre Carl Salomo Zachariaes* (1996)。他的儿子 K. E. 察哈里埃（K. E. Zachariä v. Lingenthal, 1812—1894）成为拜占庭法律史的创始人（比较弗根［M. Th. Fögen］的文章，*RJ*，第 9 卷［1990］，页 278—286）。

卡尔·察哈里埃的公法作品有：*Iuris publici Germanici in artis formam redacti delineatio* (Leipzig 1797)；*Über die vollkommenste Staatsverfassung* (Leipzig 1800)；*Geist der Deutschen Territorialverfassung* (Leipzig 1800)；*Über die Erziehung des Menschengeschlechts durch den Staat* (Leipzig 1802)；*Janus* (Leipzig 1802)；*Die Wissenschaft der Gesetzgebung als Einleitung zu einem allgemeinen Gesetzbuche* (Leipzig 1806)；*Vierzig Büchern von Staate*，见本书第 3 章，第 2 部分，第 4 节。

[201] Landsberg III/2，页 100—110；Weigle，前注 200，页 31—38。

[202] C. S. Zachariä, *Jus publicum civitatum quae foederi rhenano adscriptae sunt* (Heidelberg 1807)；同作者，*Das Staatsrecht der rheinischen Bundesstaaten und das rheinische Bundesrecht, erläutert in einer Reihe von Abhandlungen* (Heidelberg 1810)。

外，他的论述也建立在区分宪法与行政法的基础上。接着论述联盟成员、它们的对外主权以及联盟条约对它们的限制、领地宪法及等级会议[203]、对内主权（立法权、司法权、行政权），并对基本的最高权力进行简单的设计；最后讲述莱茵联盟的共同宪法，以及相关的联盟条约内容（六十四节）。凡是条约存在漏洞的地方，**卡尔·察哈里埃**这位**康德**主义者便毫不犹豫地用自然法规范对其加以补充。[204] 对他来说，法学任务就是在材料底下形成"体系"，必要时还要进行"构建"。

在此思路下，**卡尔·察哈里埃**接着进一步论述莱茵联盟法律的各个要点，并在 1810 年总结出了内容丰富的成果。[205] 此外，他还在这一年推出大量重要的已出版和翻译的《法国民法手册》[206]。这表明，这位有些古怪[207]、在政治上自相矛盾的人在孜孜不倦地发表作品。他的作品与莱茵联盟国家法的关系是众所周知的。人们后来一直在说，他内心接受了莱茵联盟和法国法。人们有这样的印象，即还有其他论者也出于拥护改革和个人抱负的混合心态，特别迅速

---

[203] 等级会议是否与"世俗精神"和主权原则相一致，卡尔·察哈里埃对此不置可否（第 31 节）。他另参考了佚名作品：*Lösung des Staats-Problems. Ist mit dem Begriffe der Souveränität der Begriff der Landstände vereinbar?* (1806)，无出版地（海德堡大学图书馆）。

[204] 兰茨贝格对此进行过多批评，到了无法理喻的地步。见 Landsberg III/2，页 104："他这样做得到了好处，能迎合大大小小权贵的政治愿望，迎合不明朗的主权和外来者，这总比用那个历史的帝国公法学方法所具有的可能性要好得多。"

[205] C. S. Zachariä, *Staatsrecht*，前注 202。比较 Mohl II，页 512—528。

[206] C. S. Zachariä, *Handbuch des französischen Civilrechts*，第 2 卷（Freiburg 1808；第 2 版，4 卷本，1811/1812；第 3 版，1827/1828；第 4 版，1837。至 1894 年共 8 版）。注释的法文和意大利文，见 Landsberg III/2，注 55、56。比较 A. B. Schwarz, »Einflüsse deutscher Zivilistik im Auslande« (1935)，同作者，*Rechtsgeschichte und Gegenwart, Ges. Schr.* (1960)，页 26—72（页 40—41）；H. Coing, *Europäisches Privatrecht*，第 2 卷（1989），页 33。

[207] R. v. Mohl, *Lebenserinnerungen*，第 1 卷（1902），页 107—108。

地为德意志读者编辑 1804 年的《法国民法典》，[208] 尤其是为兰茨胡特 [209]、卡尔斯鲁厄 [210]、海德堡 [211]、科布伦茨 [212]、吉森 [213]、美因茨 [214]、威斯巴登 [215] 和科隆 [216] 这一条莱茵联盟国家的地理和政治沿线的德意志读者。

---

[208]　详细文献见德勒迈尔（B. Dölemeyer）文，见 H. Coing (Hg.), *Handbuch* III/2 (1982), 尤其参见页 1461 及以下。

[209]　关于巴伐利亚人，详见 Dölemeyer, 前注 208, 页 1472—1491。尤见 N. Th. Gönner (Hg.), *Archiv für die Gesetzgebung und Reforme des juristischen Studiums,*, 4 卷本（Landshut 1808–1814）; P. J. A. v. Feuerbach, *Themis oder Beyträge zur Gesetzgebung* (Landshut 1812)。

[210]　Dölemeyer, 前注 208, 页 1143—1449。

[211]　C. S. Zachariä, »Die Einführung des Code Napoléon in den Staaten des Rheinischen Bundes, betrachtet aus den Gesichtspunkten des Staatsrechts«, *Staatsrecht*, 前注 202, 页 43—44。

[212]　拉绍尔克斯（F. v. Lassaulx, 1781—1818）, *Napoleon I. Code Civil* (Koblenz 1805), 他把该法典注译成了德文；同作者, *Introduction à l'étude du Code Napoléon* (Koblenz 1812); 同作者, *Der Code Napoleon, dargestellt und kommentiert*, 4 卷本（Koblenz 1809–1815）。他的儿子恩斯特·拉绍尔克斯（Ernst von Lasaulx, 1805—1861）是保罗教堂国民议会代表。比较 L. Just, *Franz von Lasaulx* (1926)。有关科布伦茨法律学校（1806 年建立）的法律讲习, 见 L. Mallmann, *Französische Juristenausbildung im Rheinland (1794–1814). Die Rechtsschule von Koblenz* (1987); H. Coing, »Die Französische Rechtsschule zu Koblenz«, *Festschrift für F. Wieacker* (1978), 页 195—208; E. François, *Koblenz im 18. Jahrhundert. Zur Sozial- und Bevölkerungsstruktur einer deutschen Residenzstadt* (1982)。

[213]　K. L. W. v. Grolman, *Ausführliches Handbuch über den Code Napoléon zum Behufe wissenschaftlich gebildeter deutscher Geschäftsmänner* (Gießen 1810–1812)。

[214]　F. Bodmann, *Code de police administrative. Sammlung sämmtlicher Gesezze in Betreff des Polizeiamtes der Prefecten, Unterprefecten, Maire*, 3 卷本（Mainz 1810–1812）; N. Vogt / J. Weitzel, *Rheinisches Archiv für Geschichte und Literatur* (Mainz 1810–1815)。

[215]　有关拿骚公国, 见 Dölemeyer, 前注 208, 页 1456—1457。有关阿尔门丁根（L. Harscher von Almendingen, 1766—1827）, 见 Göppert, *ADB*, 第 1 期（1875）, 页 351—352; Landsberg III/2, 页 144—146。

[216]　有关 "为莱茵法而战", 见 Fehrenbach / Schubert, 前注 131; Dölemeyer, 前注 208, 页 1504—1518。还可参见 W. Blanchard, *Übersetzung des Kommentars von Maleville*, 4 卷本（Köln 1808–1809）; G. v. Sandt / K. A. Zum Bach (Hg.), *Niederrheinisches Archiv für Gesetzgebung, Rechtswissenschaft und Rechtspflege*, 4 卷本（Köln 1817–1819）; G. v. Sandt / F. J. Hanf (Hg.), *Archiv für Civil- und Criminalrecht der königlich Preußischen Rheinprovinzen* (Köln 1819–1914)。

除了**卡尔·察哈里埃**，**克吕贝尔**也是从 1807 年起在海德堡任公法教授。他那时已经是外交官和国家高级官员了。[217] 在《莱茵联盟国家法》（*Staatsrechts des Rheinbundes*）[218] 中，他那伟大的"学说概念"接着继续论述另一个主题。1803 年，他在《德意志国家法新学说概念导论》（*Einleitung zu einem neun Lehrbegriff des deutschen Staatsrechts*）中开始谈到这个主题，后来又在《德意志同盟及联邦国家公法》（*Öffentliches Recht des Teutschen Bundes und der Bundesstaaten*，1817）这本具有重要影响的著作中修正过。以这些作品和维也纳会议的半官方出版资料 [219] 以及两卷《欧洲公法》[220]，**克吕贝尔**成为三月革命前显赫的公法权威。人们不断赞扬他的优点，认为他的论述清晰明白，文章有理有据，结论令人信服，实证法细节丰富，文献翔实。**克吕贝尔**这样刻画他的方法："德意志公法不是理性的科学，它是部分历史的、部分实证的科学，这样的科学才

---

[217]　其生平见 K. E. Morstadt, *Nekrolog, statt einer Vorrede zu der vierten Ausgabe Öffentliches Recht des Teutschen Bundes und der Bundesstaaten* (Frankfurt 1840)，页 III—XVI；Mohl II，页 473—487；Eisenhart, *ADB*，第 16 卷（1882），页 235—236；Jellinek，前注 200，页 260—261；Landsberg III/2，页 165—169，及其注释，页 84—87；W. Mager, *NDB*，第 12 卷（1980），页 133；Weigle，前注 200，页 23—30；Drüll，页 139。克吕贝尔的大部分遗作收藏在卡尔斯鲁厄州总档案馆，小部分在巴登 – 巴登城市档案馆。

[218]　Tübingen 1808.

[219]　J. L. Klüber, *Akten des Wiener Congresses, in den Jahren 1814 und 1815*，8 卷本（Erlangen 1815；补充卷，Erlangen 1835）；*Ausgabe der Schlußakte und der Bundesakte*, Erlangen 1815（第 2 版，Erlangen 1818；第 3 版，Erlangen 1830，改为 *Quellensammlung zu dem öffentlichen Recht des deutschen Bundes*；续版，1833）；*Übersicht der diplomatischen Verhandlungen des Wiener Kongresses überhaupt und insonderheit über wichtige Angelegenheiten des Deutschen Bundes*，3 卷本（Frankfurt 1816）；同作者编，*Staatsarchiv des Deutschen Bundes*，第 1—4 册（Erlangen 1816），第 5—6 册（Erlangen 1817）；也可比较 C. Th. Welcker, *Wichtige Urkunden für den Rechtszustand der deutschen Nation mit eigenhändigen Anmerkungen von Johann Ludwig Klüber, aus dessen Papieren mitgetheilt und erläutert* (Mannheim 1844)。

[220]　J. L. Klüber, *Droit des gens moderne de l'Europe*，2 卷本（Stuttgart 1819）；德文版是 *Europäisches Völkerrecht*，2 卷本（Stuttgart 1821）。

能弥补自然的国家法和国际法的漏洞。因此，思辨科学的理性形式在这里是完全不能适用的……为了尽可能地达到整体的体系统一，我们要根据深思熟虑的方案有选择地对基本原则进行简明的、有相互关联的描述，整理要简易自然，塑造起公法的独特性和多样性。"[221]

克吕贝尔以这样的方法来论述《莱茵联盟国家法》。首先——尽可能简洁地——讲述联盟国家法，接着以联盟国家的国家法进行总结。后者在 1815 年后可以不成问题地继续下去。人们正确指出，**克吕贝尔**的做法虽然和**卡尔·察哈里埃**有着外在的相似，但实际上完全不同。也就是说，**克吕贝尔**论述问题带有更强的历史性，不论是对自然法"思辨"的论断，还是对明确的政治见解都持很大的保留态度。他特有的冷静谨慎也保证他不对**拿破仑**抱有幻想。他对莱茵联盟实证有效法律进行原原本本的阐释，尽可能透明清晰，结构安排也令人信服，这时他的任务似乎也算完成了："……体系全面，语句精当，聚焦于法律文献本身即纯粹的文献典籍，**克吕贝尔**走在所有人的前面。"[222] 他很愿意看到莱茵联盟有光明的宪治前途，他的主要观点是主张君主立宪制内的"公民自由"。但在早期，他还未坚定地赞成破坏旧制度及其等级会议。在**克吕贝尔**看来，《莱茵联盟条约》和后来的联盟条约一样是法律的基础，他希望联盟国家在这些法律基础上能形成宪治状态。他讲授各个邦国国家法中起连接作用的内容，而这些内容以自由主义的要求为目标，并回到原来的帝国统一上。在一定程度上，**克吕贝尔**优先考虑民族层面问题。他这种不动声色的做法有利于他的领导地位，然而这并未能阻止他

---

[221]　J. L. Klüber, *Öffentliches Recht des Teutschen Bundes und der Bundesstaaten* (Frankfurt 1840)，第 4 版，第 14 节。比较 *Staatsrecht des Rheinbundes* (Tübingen 1808)，页 11—14（＝第 9—10 节）和 *Einleitung zu einem neuen Lehrbegriff* (Erlangen 1805)，第 9 节。前一本和后两本出入不大。

[222]　Mohl II，页 481。

在 1822 年以后也成为"激烈的政治诽谤对象"和"有计划的追捕对象"。[223]

从**克吕贝尔**采取历史化的、理性的和中庸的论述方式看，他实际上是帝国公法学的精神继承人，尤其是**皮特**的继承人。他是一位典型的南德意志的自由主义者，同时也是一位正派严谨的法学家，并以**约翰·莫泽**那种"坚持主见"的精神为楷模。[224] **莫尔**在美好回忆中对他这样评价道："他的教义就像诺亚方舟，洪水灾难席卷德意志，在洪水之后它挽救了必要的东西，使必要的知识能继续下去……我们感激**克吕贝尔**所做的承前启后的贡献。"[225]

卡尔·察哈里埃和**克吕贝尔**在莱茵联盟时期主要以科学手段力图公正地对待新的宪法状况。与这二者并驾齐驱的是**布劳尔**（Johann Nikolaus Friedrich Brauer，1745—1813）。[226] 从 1774 年起，**布劳尔**就在巴登的国家机构里工作，同时也是一位"老式的帝国公法学家"。[227] 他先在行政中飞黄腾达，后来在莱茵联盟时期和**赖岑施泰因**一起成为重要的改革者。**布劳尔**是 1803 年十三本《组织法令》（*Organisationsedikte*）和 1807 年《宪法法令》（*Konstitutionsedikte*）[228]

---

[223]　克吕贝尔自己在《公法》第 3 版的序中如此描述（*Öffentliches Recht* [1831]，见前注 221；影印第 4 版［1840］）。

[224]　*Geschichte*，页 258—267。

[225]　Mohl II，页 479。其影响，见 Friedrich，前注 161，页 15—21。

[226]　F. v. Weech, *ADB*，第 3 卷（1876），页 263; W. Andreas, *NDB*，第 2 卷（1955），页 542；K. Schenkel, F. v. Weech et al., *Badische Biographien*，第 1 部分（Heidelberg 1875–1935），页 117—118；Landsberg III/2，页 100，以及注 51、52；L. Gall, *Der Liberalismus als regierende Partei. Das Großherzogtum Baden zwischen Restauration und Reichsgründung*，1968，页 15—16。

[227]　Landsberg III/2，注 52，参考 3 卷本 *Abhandlungen zur Erläuterung des Westphälischen Friedens* (Offenbach/M. 1782–1785)。

[228]　R. Goldschmit, *Geschichte der Badischen Verfassungsurkunde 1818–1918* (1918); Landeszentrale f. politische Bildung (Hrsgg.), *Badische Geschichte. Vom Großher-zogtum bis zur Gegenwart* (1979)。

的作者。他对《拿破仑法典》进行了约五百条的补充，使它与巴登的国情相适应，并作为巴登的国法（1810—1900）而得以施行。[229]

从 1806 年秋到 1807 年 2 月，**布劳尔**撰写《莱茵联盟国国家法总论五十句》（*Beyträge zu einem allgemeinen Staatsrecht der Rheinischen Bundes-Staaten in Funfzig Sätzen*）[230]。他在书中对莱茵联盟"内部国家法"的一些急迫问题做了简要的评价。这些问题包括附庸国"等级领主"的权利、旧私法中称号的效力、德意志教会团体的财产、新边境线的确定、国家财产和君主的私人财产、采邑法、森林法、徭役、税务特权、土地的使用、教会权力、警察权力、债务管理、"因现在国家变化而引起的"退休金问题、新国家的外交关系调整问题等。在**布劳尔**看来，核心问题是强调新获取的、受《莱茵联盟条约》支持的主权问题。他把这种主权称为"完整且有力的至高主权，而非不完整且无力的帝国主权"[231]。通过它，**布劳尔**去掉对"非理性的"旧法律名称的称呼，确立了一部"理性的"新法典，并把等级领主变为享有很多特权的高地位阶层。因此，在所有政治务实论那里，**布劳尔**都是一位主张自上而下改良的改革家，像**蒙热拉**那样，利用来自**拿破仑**的外部压力，从而在内部形成一个更具同一性的国家公

---

[229]   《拿破仑法典》及补充和商业法作为巴登大公国国法于 1810 年 1 月 1 日实 施；J. N. F. Brauer, *Erläuterungen über den Code Napoléon und der großherzoglich Badenschen bürgerlichen Gesetzgebung*, 6 卷 本（Karlsruhe 1809–1812）。 比 较 R. Carlebach, *Badische Rechtsgeschichte*, 第 2 卷（1909），页 19 及以下；W. Andreas, »Die Einführung des Code Napoléon in Baden«, *ZRG GA*, 第 31 卷（1910），页 182；J. Federer, »Beiträge zur Geschichte des Badischen Landrechts«, K. S. Bader (Hg.), *Baden im 19. und 20. Jahrhundert*, 第 1 卷（1948），页 81 及以下；Fehrenbach, 前注 131, 页 104 及以下；Schubert, 前注 131, 页 193 及以下；总结及所有参考文献见 Dölemeyer, 前注 208, 页 1403（页 1443 及以下）。

[230]   Karlsruhe 1807.

[231]   前引书，页 73—74（第 8 章关于《莱茵联盟条约》第 26 条）。

民社会。[232]

（四）小结

从旧帝国结束到德意志同盟建立，尽管作者们竭力强调他们"没有偏见的"立场，但公法文献典籍在很大程度上被政治化了。与革命前社会情况千丝万缕的重联、各种现实的希望、牵涉自己领地的利益，尤其是著述的不同特征，形成了错综复杂的景象。政治迫使作者对核心问题进行回答。

在未来莱茵联盟宪法语境中的"主权"是什么东西？保护国是联盟的成员还是无法无天的军事独裁者？各个联盟国现在因有主权能否超越原有的合法头衔，尤其是"附庸"的地位，或者他们是否至少必须努力为维护过渡阶段而奋斗？[233] 莱茵联盟是否走上了联邦立宪制国家的道路，进行明确的改革和建立起联盟成员国相互间的一致性，或者它就是一个松散的议会制国家联盟？莱茵联盟最终是否成为一个救生筏，在上面，旧帝国公法学的学问传统在新的"帝国宪法"[234] 屋檐下得以幸存？对这些问题的回答，体现了德意志公法学学者、国家学学者以及能形成舆论的作者的专业反应。

可以把他们划分成三派：（1）致力于使莱茵联盟的中等成员国成为主权国家的事业（**根纳、青特尔、卡尔·察哈里埃、布劳尔**）；（2）为了政治上的进步，或因为在莱茵联盟上看到一个合时宜的"第

---

[232]　当时人们害怕"自上而下的革命"（Revolution von oben）。见 J. A. L. Seidensticker, *Jenaische Allgemeine Literaturzeitung*，1807 年 12 月 29 日第 304 期，栏 613，以及 G. H v. Berg, *Abhandlungen*，后注 235。

[233]　最后一种情况，尤其参见温科普的文章，见 *Rheinischen Bund*，前注 164。

[234]　比较佚名作品，*Grundzüge zu einem Entwurfe einer Deutschen Reichsverfassung* (1814；法兰克福大学图书馆和前德国联邦文献图书馆）；C. S. Zachariä, *Entwurf zu dem Grundvertrage des durch den Pariser Frieden vom 30. Mai 1814 verheissenen deutschen Staatenbundes* (Heidelberg 1814)。

三德意志"的结构形式，而希望建立一个"宪治的莱茵联盟"（**威廉·贝尔、温科普**）；（3）为了整理法律材料而尽可能地不带政治色彩，并致力于晚期帝国公法学实证主义研究的法学家（**克吕贝尔、贝格**）。

对第三派，我们该好好介绍一下**贝格**及其著作《莱茵联盟条约解释文集》（*Abhandlungen zur Erläuterung der rheinischen Bundesacte*）[235]，因为作为汉诺威国家职员的**贝格**没有直接参与政治，受哥廷根帝国公法学传统的影响。他只想研究这样一些问题，"在目前状况下**法**是**什么**，它如何以及向何处去，法在以前是什么，它**按照公正改变了什么**"[236]，**贝格**实际上也实现了他的这一意图。他借用帝国公法学家（**普芬道夫**[Pufendorf]、**蒂蒂乌斯**[Titius]）的论据，使莱茵联盟具有国家联盟的资格，并阐述解释了联盟条约的主要原则；同样也是在吸收原来国家法学说的情况下，[237]他详细探讨了帝国衰亡的法律后果，并在《文集》最重要的文章[238]中集中讨论莱茵联盟国家的主权问题。他提供了一种没有偏见的、彻底的、材料翔实的论述，[239]此非偶然，恰好与**克吕贝尔**的东西不谋而合。

如果人们再把这些文献过目一遍，[240]那么首先必须纠正对19

---

[235]   Hannover 1808. 其生平见 Merzdorf, *ADB*，第 2 卷（1875），页 363：贝格在图宾根大学学习，在韦茨拉尔待过一段时间后，曾一度任奈佩格伯爵（Grafen von Neipperg）的秘书，后经皮特介绍成为哥廷根大学教授（1793—1800）。接着成为汉诺威宫廷顾问，并担任司法大臣至 1810 年，1811 年任绍姆堡－利珀的政府主席，从 1815 年起任奥登堡高等上诉法院主席和同盟议会大使。1823 年，他成为奥登堡政府内务顾问，1842 年成为国家和内阁大臣。有关他的著作 *Handbuch des Teutschen Policeyrechts* (Hannover 1799–1809)，见 H. Maier, *Staats- und Verwaltungslehre* (1980)，页 207—219；*Geschichte*，页 388—390。

[236]   *Abhandlungen*，页 III—V。

[237]   *Abhandlungen*，页 45—46。

[238]   *Abhandlungen*，页 60—286（第 1—118 节）。

[239]   一般主权（第 1—18 节），莱茵联盟国主权（第 29—47 节），旧帝国法律的后果（第 48—66 节），各个邦国法的后果（第 67—107 节），私法的后果（第 108—14 节）。

[240]   K. A. Chr. v. Kamptz, *Beiträge zum Staats- und Völkerrecht*，第 1 卷（转下页）

世纪文献典籍的典型评价。该评价认为，19 世纪的文献是法国式的，因此也是民族藐视的、被政治化的日常产物，里面没有严肃的法律内容。[241] 在众多"档案"和手册 [242] 中，已完成了可靠的历史学、统计学以及国家学工作。在德意志西部和南部，进行了从旧制度到公民劳动和经济社会的艰难转化，具体的改革方案在莱茵联盟文献资料中也进行了广泛的展示和讨论。[243] 在我们的语境中，这些调整性的工作成就才是最重要的，它在**拿破仑**的干预下必然会产生一种已变得老旧的、在材料文献丛中几乎被扼杀的帝国公法学。这表明，在 18 世纪末受哥廷根影响并占主流地位的历史－教义的方法足够灵活，完全能与现代内容结合起来。在 1806 年到 1814 年的风云变化中，只要这种方法完全有可能，它便在法学上令人信服地迅速成功把握

（接上页）（Berlin 1815），页 3—48。其中有一篇《关于在拿破仑统治下欧洲国际法繁荣变化》（»über die Veränderungen, welche das Europäische Völkerrecht unter Napoleons Herrschaft erduldet hat«）的文献报告（第 1 卷，页 95—112）；同作者，*Neue Literatur des Völkerrechts seit dem Jahr 1784* (Berlin 1817)。坎普茨在哥廷根大学学习完法学和国家学后，先在梅克伦堡－施特里茨大公国供职（1790—1794），1805 年成为帝国法院成员。1811 年成为柏林高等法院法官，从 1812 年起在普鲁士内务部工作，从 1817 年起在警察部工作，1819 年之后成为"追捕煽动分子"骨干人员，1822 年在文化部工作，1832 年任修律大臣。其生平见 Wippermann, *ADB*，第 15 卷（1882），页 66 及以下；P. Baumgart, *NDB*，第 11 卷（1977），页 95—97。

　　[241]　比较 Mohl II，页 243："商讨莱茵联盟法作品似乎没多大必要。"

　　[242]　G. G. Keyser, »Der Rheinbund, unmittelbar nach seinem Abschlusse, statistisch dargestellt«, E. L. Posselt, *Staats-Geschichte Europas*，第 6 卷（Tübingen 1808）；P. Oesterreicher (Hg.), *Denkwürdigkeiten der Staaten-Kunde Teutschlands, besonders des Rheinischen Bundes* (Bamberg 1809); K. L. H. Pölitz, *Geschichte und Statistik des Rheinbundes* (Leipzig 1810); *Der Rheinbund, historisch und statistisch dargestellt* (Leipzig 1811); *Handbuch der Geschichte der souveränen Staaten des Rheinbundes* (Leipzig 1811); *Handbuch der Geschichte und Statistik des Rheinbundes* (Leipzig 1816)。有关珀利茨（Karl Heinrich Ludwig Pölitz，1772—1838），见 Mataja, *ADB*，第 26 卷（1888），页 389—392；Lippert, *HdBStaatsWiss*，第 2 版，第 6 卷（1901），页 106—108；Boldt, *Staatslehre*，页 126—189；Brandt，页 214—223。

　　[243]　见 Kamptz，前注 240，页 12 及以下，其中有关于行会、警察、大学组织和法院组织、犹太解放运动以及货币铸造方面的文献。

新现象。在大学法学家和国家官吏中，以任何方式与 1806 年前的国家法理论保持着联系的人，以及那些开明并勇于改革的人尤为突出。这些人在普鲁士、巴登、巴伐利亚、符腾堡以及威斯特法伦邦国中，通过顶层设计来干预社会环境，这个方向是正确的："19 世纪的德意志国家法学说是 18 世纪的继续……作为哲学一部分的理性法统治了 18 世纪，其传统还在继续发挥作用；德意志帝国国家法学说传统，以及历史生成的、多样的、不成体系的德意志公法传统也同样如此。"[244]

---

[244] Böckenförde，页 65。

第二章
维也纳会议与德意志同盟（1815—1848）

一、维也纳会议与德意志同盟的建立

"德意志同盟的建立和德意志各邦国的重新组合最终开启了公法学的第三纪元……同盟法取代了帝国国家法，主权国家的公法代替了自由邦国的法律，宪治的法律替代了等级团体或者不受限制的君主统治的法律，还发展出一个成体系的行政法。而这个行政法几乎完全建立在崭新的基础之上。"[1]

这实际上是在帝国和莱茵联盟解散后给公法布置的"第三个"任务。在国家经历了灾难之后，重新开始的老问题故态复萌。再次要在短期内为国家法的"零点时刻"找到一个虚构的**阿基米德**支点，建立起一种新的法律秩序，使其作为新正当性的连接点。人们又一次看到，已经形成的信念和思维习惯有多么根深蒂固，学说传统和利益关系以及那些遗老又有多么顽固。旧与新就这样相互排斥着，哪些力量能取得成功，暂时未见分晓。

维也纳会议过程十分复杂。首先，公众几乎关注不到它的开会过程。这次会议在 1815 年初曾陷入僵局。**拿破仑卷土重来**，这惊醒

---

[1] Mohl II，页 239—240。

了列强，会议才很快在妥协中宣告结束。[2] 同盟原来计划的关键之处落空了，却产生了一个奇怪的东西——原因主要是受萨克森支持的南德意志的抗议。那些希望旧帝国继续存在的人深感失望，同时那些期盼帝国权力宪治化、第三等级能参与政治、允许有邦国宪法、政治和经济上能自由以及废除所有形式的特权的人也感到失望。[3] 无论从民族角度还是从自由主义角度看，那些参加解放战争的人，其雄心壮志都没有得到实现。《同盟条约》像一个最小公分母：一方面，在普鲁士－奥地利二元结构下的人们能接受；另一方面，处在同盟国家结构与新取得主权的中等国家的紧张关系中的人们也赞同。德意志同盟这个邦联与联邦的阴阳人有整合能力，或者说得更明白一点：从 1819 年起人们就总是批评它，甚至憎恨它。[4] 人们今天或许因它起到了安全保障作用，而把它积极评价为**梅特涅**"复辟联邦体制"[5] 的手段，后者借助这一手段差不多成功地压制了人民的自由主义和民族主义。[6] 但这是一种回溯式的和反自由主义的想法，它把社会安宁和秩序放在首要位置，这比同时代大多数人还明显。

　　很显然，德意志同盟的建立结束了一个动乱时代。它尽管为人们开启了新的希望，[7] 但它既没有在大多数市民所希望的方向上有明

---

　　[2]　Huber I (1957)，第 31 节。

　　[3]　尤其是有关出版自由，见 U. Eisenhardt, »Die Garantie der Pressefreiheit in der Bundesakte von 1815«, *Der Staat*，第 10 卷（1971），页 339—356。

　　[4]　R. Darmstadt, *Der Deutsche Bund in der zeitgenössischen Publizistik* (1971)，内有更多文献；H. Rumpler (Hg.), *Deutscher Bund und deutsche Frage 1815–1866. Europäische Ordnung, deutsche Politik und gesellschaftlicher Wandel im Zeitalter der bürgerlich-nationalen Emanzipation* (1990)，亦称 *Wiener Beiträge zur Geschichte der Neuzeit*，第 16、17 卷，主要参见 F. Fellner, *Perspektiven für eine historiographische Neubewertung des Deutschen Bundes*，页 21—30。

　　[5]　Huber I (1957)，页 542。

　　[6]　Nipperdey I，页 355 及以下。

　　[7]　比较 A. H. L. Heeren, *Der Deutsche Bund in seinen Verhältnissen zu dem Europäischen Staatensystem; bey Eröffnung des Bundestags dargestellt* (Göttingen（转下页）

显突破，也没有完全退回到革命前的社会状态。形势仍悬而未决，未见分晓。大多数人的政治愿望与这个软弱的形成物之间的紧张关系没有得到解决。这个形成物既非旧帝国，也非现代国家。"复辟"在当时大行其道。1806 年以后，进行改革的人逐渐被排挤掉。对革命深怀恐惧的保守势力占据了他们的位置。而保守势力建立起来的政治公共秩序决定了三月革命前的内部政治气候。[8]

很快有了舆情骤变的明显外部征兆。[9] 在**拿破仑**从厄尔巴岛重新返回的情势下，普鲁士国王在 1815 年 5 月 22 日通过法令重新许诺"为国家实质性地建立地方的和全国的代表大会"，[10] 但这个许诺由于**梅特涅**和普鲁士保守者从中作梗而未能实现。在维也纳会议期间承诺制定"等级会议宪法"[11] 的《同盟条约》第 13 条被掺了水，并被有意保持含糊性，其前景暗淡。在巴伐利亚，启蒙者和改革家**蒙热拉**在 1817 年 2 月 2 日被革职。[12] 当 1817 年秋天举行瓦特堡游行

（接上页）1816）。在该书中，德意志同盟被赞扬为"欧洲的和平国家"与政治均势的保障。

[8]　W. Obenaus, *Die Entwicklung der preußischen Sicherheitspolizei bis zum Ende der Reaktionszeit* (1940); W. Siemann, *Deutschlands Ruhe, Sicherheit und Ordnung. Die Anfänge der politischen Polizei 1806–1866* (1985); A. Lüdtke (Hg.), *»Sicherheit« und »Wohlfahrt«. Polizei, Gesellschaft und Herrschaft im 19. und 20. Jahrhundert* (1992).

[9]　K. G. Faber, *Deutsche Geschichte im 19. Jahrhundert. Restauration und Revolution* (1979)，页 24 及以下，页 54 及以下，页 82 及以下；D. Langewiesche, *Europa zwischen Restauration und Revolution 1815–1849*，第 2 版（1989）。这两本书提供了极好的概要和文献。

[10]　1810 年 10 月 27 日的财政敕令（Finanzedikt v. 27. 10. 1810）。比较 E. W. Zeeden, *Hardenberg und der Gedanke einer Volksvertretung in Preußen 1807–1812* (1940); H. Obenaus, *Anfänge des Parlamentarismus in Preußen bis 1848* (1984)。

[11]　详细文献，见 H. Zöpfl, *Grundsätze des gemeinen deutschen Staatsrechts*，第 5 版，第 2 部分（Leipzig, Heidelberg 1863；再版，1975），第 330—338 节。

[12]　E. Weis, *»Die Begründung des modernen bayerischen Staates unter Kg. Max I. (1799–1825)«*, M. Spindler (Hg.), *Handbuch der bayerischen Geschichte*，第 4 卷，第 1 期（1974；修订再版，1979），页 3—86，内有更多文献。

集会（Wartburgfest）时，[13] 当 1815 至 1816 年对普鲁士"道德协会"
（Tugendbund）[14] 的政治告密激起民愤时，尤其当**科策比**（Kotzebue）
遭暗杀（1819 年 3 月 23 日）和有人试图暗杀拿骚政府主席、自由主
义者**伊贝尔**（Karl von Ibell）（1819 年 7 月 1 日）[15] 时，"追捕煽动者"
的气氛空前紧张。**梅特涅**利用统治阶层普遍害怕革命的气氛，对抗
议会统治和大臣责任制的潮流，想以此化解对君主制原则的威胁。

---

[13]　G. Steiger, *Aufbruch. Urburschenschaft und Wartburgfest*, 1967；H. Tümmler, »Wartburg, Weimar und Wien. Der Staat Carl Augusts in der Auseinandersetzung mit den Folgen des Studentenfestes von 1817«, *HZ*, 第 215 卷（1972），页 49；H. Asmus (Hg.), *Studentische Burschenschaften und bürgerliche Umwälzung. Zum 175. Jahrestag des Wartburgfestes* (1992)。

[14]　Th. Schmalz, *Berichtigung einer Stelle in der Bredow-Venturinischen Chronik für 1808. Über politische Vereine und ein Wort über Scharnhorsts und meine Verhältnisse zu ihnen* (Berlin 1815)；而尼布尔（B. G. Niebuhr）有不同观点，见其 *Ueber geheime Verbindungen im preußischen Staat und deren Denunciation* (Berlin 1815)；F. Schleiermacher, *An den Herrn Geheimrat Schmalz* (Berlin 1815 et al.)。哈登堡政府在 1816 年 1 月 6 日依据《秘密社团条例》，禁止评论此事。比较 Rotteck / Welcker / J. Voigt, *Geschichte des sogenannten Tugend-Bundes oder des sittlich-wissenschaftlichen Vereins* (Berlin 1850) 中的 »Tugendbund« 一文；G. Baersch, *Beiträge zur Geschichte des sogenannten Tugendbundes* (Hamburg 1852)；A. Lehmann, *Der Tugendbund. Aus den hinterlassenen Papieren des Mitstifters H. F. G. Lehmann* (Berlin 1867)。特别有帮助的文献见：G. Küntzel (Hg.), *B. G. Niebuhr, Politische Schriften in Auswahl* (1923), 页 346 及以下；D. Gerhard / W. Norvin (Hg.), *Die Briefe Barthold Georg Niebuhrs* (1929)，尤其是页 508、650、654；K. A. Varnhagen von Ense, *Denkwürdigkeiten des eignen Lebens*，第 2 版（1810–1815），K. Feilchenfeldt (Hrsgg.) (1987), 页 768—770。晚近的研究，见 O. Dann, »Geheime Organisierung und politisches Engagement im deutschen Bürgertum des frühen 19. Jahrhunderts. Der Tugendbund-Streit in Preußen«, P. Chr. Ludz (Hg.), *Geheime Gesellschaften* (1979), 页 399—428。

[15]　这次谋杀搅乱了伊贝尔的政治前途（比较 Oesele, *ADB*, 第 13 卷［1881］, 页 737—738），并导致拿骚的政治镇压。斯内尔（Ludwig Snell, 1785 年出生在伊德施泰因［Idstein］, 1854 年死于苏黎世的屈斯纳赫特［Küsnacht］）也遭逮捕。斯内尔对瑞士 12 个州的宪法改造影响巨大，比较 A. Kölz, »Der Verfassungsentwurf von Ludwig Snell als Quelle der Regenerationsverfassungen«, *Festschrift für U. Häfelin* (Zürich 1989), 页 299—322；A. Kölz, *Neuere Schweizerische Verfassungsgeschichte* (Bern 1992), 页 246 及以下；以及斯内尔自己写的 *Handbuch des schweizerischen Staatsrechts*, 2 卷本（Zürich 1837–1845）。

1819 年 9 月 20 日，臭名昭著的卡尔斯巴德决议[16]及其在各个同盟国的实施细则，主要力图消除"因实行人民代表会议制度而对国家安宁构成的威胁，尽管对这种人民代表会议制度在形式上做出了最大可能的限制"[17]。这无异于对人民的精神和政治生活进行警察式的压制。[18]此外，大学教师因"滥用对青年品行的法定影响力，传播腐朽学说，敌视公共秩序和安宁或颠覆现行国家机关的基础，明显偏离自己的职责义务或者逾越自己的工作界限"，而被褫夺了职务。[19]

这恰恰导致了歇斯底里的反应。那位写信安慰暗杀**科策比**的凶手母亲的神学家，因此付出了丢掉职务的代价。有人起诉像**施莱尔马赫**（Schleiermacher）和**阿恩特**那样的社会名流服劳役。在普鲁士，学校不经诉讼就开除有嫌疑的学生。"仅到 1836 年，就有二百零四名学生被法院判有企图颠覆国家罪，其中三十九名被判处死刑；但被判处死刑的依照法律受到宽大处理，一般被处以三十年监禁。"[20]

---

[16]　Huber, *Dokumente 1*，第 31—33 号。E. Büssem, *Die Karlsbader Beschlüsse von 1819. Die endgültige Stabilisierung der restaurativen Politik im Deutschen Bund nach dem Wiener Kongreß von 1814/15* (1974)；K. Griewank, *Der Wiener Kongreß und die europäische Restauration 1814/15*，第 2 版（1954）。

[17]　1819 年 8 月 13 日的同盟大会文件（*Protokolle der Bundesversammlung*）。

[18]　D. E. Emerson, *Metternich and the Political Police. Security and Subversion in the Hapsburg Monarchy (1815–1830)* (Hague 1968)；W. Siemann, *»Deutschlands Ruhe, Sicherheit und Ordnung«. Die Anfänge der politischen Polizei 1806–1866* (1985)；A. Lüdtke, *»Gemeinwohl«, Polizei und »Festungspraxis«. Staatliche Gewaltsamkeit und innere Verwaltung in Preußen, 1815–1850* (1982)；同前注 8。比较出版史，如 D. Fouquet-Plümacher, *Jede neue Idee kann einen Weltbrand entzünden. Georg Andreas Reimer und die preussische Zensur während der Restauration* (1987)；K. Hertel, *Der Politiker Johann Friedrich Cotta. Publizistische verlegerische Unternehmungen 1815–1819* (1978)；M. Neugebauer-Wölk, *Revolution und Constitution. Die Brüder Cotta. Eine biographische Studie zum Zeitalter der Französischen Revolution und des Vormärz* (1989)。

[19]　»Provisorischer Bundesbeschluß über die in Ansehung der Universitäten zu ergreifenden Maßnahmen v. 20. September 1819«（即所谓大学法［Universitätsgesetz］），*Protokolle der Bundesversammlung 1819, 35. Sitzung*，第 220 节（Huber, *Dokumente 1*，第 31 号）。

[20]　A. Erler, »Demagogenverfolgung«, *HRG*，第 1 卷（1971），栏 677—680（栏 678）。

与 18 世纪末反启蒙运动中对光照派的迫害 [21] 一样，此时由意识形态激发起来的政治警察得到了发展，担当起全力镇压逮捕的任务。撰写政治文章是如此危险，以至于**伯尔内**（Ludwig Börne）对当时噤若寒蝉的情形讽刺道，只要一拔下用来撰写颠覆国家文章的鹅毛，马上就会被视为一种"预备行为"。[22] 因此，这些经历是三月革命前典型的"法律保护"呼声的根源。

资产阶级的民众被激怒了，或忍气吞声，或到处抗议，[23] 毫不掩饰对 1814 年以来整个社会发展的极度失望。维也纳会议结束和《同盟条约》被宣布之后，人们隐藏的担心成为现实。旧势力在**梅特涅**的领导下很快达成共识并取得了谅解，他们下定决心维护君主制原则，只有在不可避免的情况下才跟随时代精神，"行使某些权利要与等级阶层的参与"联系起来。[24] **根茨**在卡尔斯巴德会议提交的评估报告中，把等级制宪法和代议制宪法宣布为互不相容的新型宪法。**根茨**认为，代议制宪法"始终是建立在人民最高主权这个走样的概念的基础上"，或至少导致这样的后果，即"人民最高主权这个无意义的根本原则"将被承认。[25]

对那些传统统治形式的拥护者来说，民族运动和建立在人民主权之上的代议制宪法一样危险。民族运动浪潮会损害世袭的统治王朝，尤其会损害最新建立的王朝。这种统治王朝建立在**塔列朗**

---

[21]　M. Agethen, *Geheimbund und Utopie. Illuminaten, Freimaurer und deutsche Spätaufklärung* (1984).

[22]　C. U. Schminck, »Hochverrat«, *HRG*，第 2 卷（1978），栏 179、185。

[23]　R. Wirtz, »*Widersetzlichkeiten, Exzesse, Crawalle, Tumulte und Skandale*«. *Soziale Bewegungen und gewalthafter sozialer Protest in Baden 1815–1848* (1981).

[24]　1820 年 5 月 15 日《维也纳会议最后议定书》第 57 条（Huber, *Dokumente 1*，第 31 号）。

[25]　F. v. Gentz, »Über den Unterschied zwischen den landständischen und repräsentativen Verfassungen« (1819), C. v. Welcker (Hg.), *Wichtige Urkunden über den Rechtszustand der deutschen Nation* (Mannheim 1844).

（Talleyrand）所讲的"正当性"[26]基础之上。民族运动浪潮尤其对才建立起来的哈布斯堡王朝这种多民族国家的平衡构成干扰。学生们努力奋争德意志民族统一，这在**根茨**看来，是"最大和最恐怖的革命"[27]。对他来说，维护代议制宪法如同踏上一条恐怖的陡峭之路，而这条道路的尽头只能是人民的暴虐统治。根据法兰西的例子，这种人民统治将会把君王推上断头台。

维也纳会议结束后，革命和反革命的前沿理论开始深入人心，并决定了后来的纷争。这些年的公法学讨论也因此遭受原则性痛苦：一方面充满了极大的恐惧，另一方面也充满了极大的失望。18世纪意义上的启蒙改革的支持者们，与敦促宪法保障的民族主义自由派们一样，对社会发展不满。1815年以后，德意志同盟成员国所施行的政策，其政治基本路线不仅在反对派看来是反动的，在事实上也是如此。

贵族们所丧失的权利又得到了全面恢复，[28] 犹太解放运动受到

---

[26]　H. W. A. Graf von Kalkreuth, *Die Legitimität* (Leipzig 1823)；Malte-Conrad Bruun, *Traité de la légitimité, considerée comme base du droit public de l'Europe chretienne* (Paris 1825)；也可参见罗特克写的有关"正当性"的言辞激烈的文章，见 *Staatslexikon*，第8卷（1840），页476—481。

[27]　G. Mann, *Friedrich von Gentz, Geschichte eines europäischen Staatsmannes* (1947；新版，1972)，页284。

[28]　W. Conze, »Adel, Aristokratie«, Brunner / Conze / Koselleck(Hg.), *Geschichtliche Grundbegriffe*，第1卷（1972），页1及以下；J. Rogalla v. Bieberstein, *Adelsherrschaft und Adelskultur in Deutschland* (1989)；H. H. Hofmann, *Adlige Herrschaft und souveräner Staat. Studien über Staat und Gesellschaft in Franken und Bayern im 18. und 19. Jahrhundert* (1962)；H. Reif, *Westfälischer Adel 1770–1860* (1979)；R. Schie, »Standesherren. Zur Auflösung der Adelsvorherrschaft in Deutschland 1815–1918« (法学博士论文，Bonn 1975)；A. J. Mayer, *Adelsmacht und Bürgertum. Die Krise der europäischen Gesellschaft 1848–1914* (1984)；R. M. Berdahl, *The Politics of the Prussian Nobility. The Development of a Conservative Ideology 1770–1848* (Princeton 1988)；F. L. Carsten, *Geschichte der preußischen Junker* (1988). ——H. U. Wehler (Hg.), *Europäischer Adel 1750–1950, Geschichte und Gesellschaft*，特刊第13卷（1990）。该书中特别有帮助的文献是如下相关文章：R. Braun, »Konzeptionelle Bemerkungen zum Obenbleiben. Adel（转下页）

了限制，[29] 这正有点像**卡尔·朗**（Karl Heinrich Ritter von Lang，1764—1835）描述的 1813 年慕尼黑的景象："那些年轻的伯爵和男爵在咖啡馆和宴席旁找到他们的法国朋友，在他们面前诉说自己的委屈和不满。如今凭借上帝的帮助，在我们付出许多鲜血的代价下，原来的美好时光又回来了，有领主法院、保有土地、印章、税收特权、不可转让和不可分割的新的贵族财产、重新确认的人身财产依附关系、神圣的共同体秩序、朝圣和乞讨的僧侣。"[30] 这显然是辛辣的挖苦和讽刺，是**卡尔·朗**的惯用手法，但这体现了一个坚定的启蒙者的潇洒性格，很快他发现自己身处失败的一方。

格雷斯（Joseph von Görres）在卡尔斯巴德决议时期回顾维也纳会议时的发言特别典型。他在 1819 年写道，那个《同盟条约》"最后在苍白的、没有色彩的一致性中通过，它召集了一次不被历史所知的议会，这个议会不是多数人的同意，而完全是集体决定。那是一次地道的民主会议，但由来自不同观念、不同利益和不同权力关系的达官贵人所组成；它是一个权力中心，但不处在成员国之上而是位居其下；它是一种执行权力，但软弱无力，因为它对不愿服从的人无计可施，完全处于什么事都干不了的境地，因为它执行任务总得不到足够的同意；它是一种立法权力，但从来就没有形成自己的权能；它是一种司法权力，但其结果得不到任何人的遵守，它通

（接上页）im 19. Jahrhundert«，页 87 及以下；K. Möckl, »Der deutsche Adel und die fürst-lich-monarchischen Höfe 1750–1918«，页 96 及以下；F. L. Carsten, »Der preußische Adel und seine Stellung in Staat und Gesellschaft bis 1945«，页 112 及以下；W. Demel, »Der bayerische Adel von 1750 bis 1871«，页 126 及以下；H. Stekl, »Zwischen Machtverlust und Selbst-behauptung. Österreichs Hocharistokratie vom 18. bis ins 20. Jahrhundert«，页 144 及以下。

[29]   D. Preissler, *Frühantisemitismus in der Freien Stadt Frankfurt und im Großher-zogtum Hessen (1810 bis 1860)* (1989). 该书是经典文献。

[30]   H. Haussherr (Hg.), *Die Memoiren des Ritters von Lang, 1774–1835* (1957)，页 251。

过永恒的外交途径一直在寻找权威条约，但从来就没有找到过。这样一部宪法，如果要成功的话，对所有民族来说，它必定变成具有说服力的证据，证明所有政府都完全是不必要的。而只有永不缺乏希望的德意志人才愿意努力做这样的事情"。[31]

二、三月革命前的国家法学说

大多数国家法学家感觉到自己身处上文所揭示的那种紧张关系之中。作为实证国家法学者，他们也愿意接受 1815 年 6 月 8 日的《同盟条约》和 1820 年 5 月 15 日的《维也纳会议最后议定书》[32]，并对它们进行国家法研究。他们想提供新教科书和新的法律文献作品，用于"同盟法"和"同盟国法"教学。然而作为政治的国家公民，他们主要批评德意志同盟、同盟宪法或至少是它所施行的政策，尤其是在 1819 年之后更是如此。他们受学校管理委员会的管理，上课被监视，还直接受书刊审查措施的牵连。[33] 就是对同盟会议的同盟法律进行解释，也必须宣称不做实质性涉及。[34] 另外，他们与同

---

[31]　J. Görres, *Teutschland und die Revolution*，第 2 版（Teutschland [Coblenz] 1819），页 19。有关格雷斯，比较拉布（H. Raab）的文章，见 B. Poll (Hg.), *Rheinische Lebensbilder*，第 8 卷（1980），页 183—204，内有更多文献。

[32]　Huber, *Dokumente 1*，第 29、30 号。

[33]　如比较 1819 年 11 月 18 日普鲁士关于派驻大学全权代表的指导意见，见 *PrGS* (1819)，页 233（Huber, *Dokumente 1*，第 35 号）。E. Weber, *Die Mainzer Zentraluntersuchungskommission* (1970).

[34]　1823 年 12 月 11 日，德意志同盟大会宣布，"新的同盟教学和作家的错误理论不得对《同盟条约》施加权威影响，也不得商讨《同盟条约》"（J. L. Klüber, *Quellen*，第 3 版［1830］，第 26 号，页 309—310）。公法学家们认为，该决议极大地损害了德意志同盟；只有毛伦布雷歇尔认为，"取消知识界对把同盟立法解释为法律渊源的流俗看法，是天经地义的"（Landsberg III/2，页 399）。见 R. Maurenbreche, *Grundsätze des heutigen deutschen Staatsrechts* (Frankfurt 1837)，（转下页）

乡会和大学生协会的学生社团保持经常性的接触，[35]他们很难真正建立起对同盟宪法的认同感。大学公法教学已经有了结果。1819年以后，讲授公法的人在主观上和客观上都潜在地处于不安全的境地。不少人同政府关系紧张。**克吕贝尔**、**威廉·贝尔**、**约尔丹**（Sylvester Jordan，1792—1861）、**罗特克**、**韦尔克**或"哥廷根七君子"的情况只不过是冰山一角。于是，天资更聪颖的人便转而研究罗马法、商法、刑法、教会法或法律史等没有危险的法律领域。同时代人对这种转向已经无法等闲视之。

1829年，**黑夫特尔**（August Wilhelm Heffter）对当时的情形进行了描述：旧帝国消失了，莱茵联盟法昙花一现，德意志同盟法再一次给公法文化带来了希望，同样也为宪治国家的宪法带来了希望，从中开始进一步产生共同的德意志国家法。为此，科学研究能够，也应该在这里收集整理，把新旧东西进行有意义的结合，"然后根据内在的法律本质对现存的东西进行解释"[36]，补充漏洞，为法律进一步形成发展做好准备。但是缺乏帝国档案文献，没有一个核心的宣传机构，也没有一份法律报刊。尤其在大学，"公法学术对其他事情和激动人心的东西普遍讳莫如深，而很少有一个计划或一篇博士论文打破这种沉默"——其原因可以解释为，"也许私法学派在寻求新的主流思想并要求拥有许多力量时，压制了公法学研究，

（接上页）第100节注h（比较第115节注i）。

[35]　H. Haupt, *Quellen und Darstellungen zur Geschichte der Burschenschaft und der Deutschen Einheitsbewegung*，17卷本（1911-1940）；H. Haupt / P. Wentzke (Hg.), *Darstellungen und Quellen zur Geschichte der Deutschen Einheitsbewegung im 19. und 20. Jahrhundert*，第1卷及更多（1957 et al.）。贝格尔（G. Berger）、奥兰德（D. Aurand）修订，*Weiland Bursch in Heidelberg ...* (1986)。

[36]　A. W. Heffter, »Zustand der publicistischen Studien in Deutschland; Aussichten und Anforderungen derselben«，作为前言，见 *Beiträge zum deutschen Staats- und Fürstenrecht* (Berlin 1829)，页 IV。

至少不能为它提供很多空间"。[37]

　　另一方面，对同盟法律进行科学挖掘工作刚开始就显示出它是一项开创未来的工作。同盟宪法完全为其进一步发展提供了机会，也有可能为同盟本身镶入一些宪治要素，或许还能把《同盟条约》中含义模糊的第 13 条 [38] 往宪治方向解释，尽管它的官方名称是"国际法协会"（《维也纳会议最后议定书》第 1 条）。在害怕革命和"追捕煽动者"的当时，公开外交秘密、严格限制于法律本身、竭力强调自己的公允立场等，都是自由主义立场的标志，同时也为那些了解自己背后舆情的作者提供了一顶保护伞。[39]

（一）J. L. 克吕贝尔

　　维也纳会议之后，**克吕贝尔** [40] 就是以这种方式来进行研究，并由此发展成为三月革命前在公法学领域占据统治地位长达二十多年的人物。"毋庸置疑，**克吕贝尔**是当今作品流传最广的国家学学者，被认为是权威，并使其他理论家黯然失色。他撰写的《公法》（*Oeffentliches Recht*）流传成千上万册……他的《维也纳会议文件》

---

[37]　Heffter，前引书，页 X。

[38]　《德意志同盟条约》第 13 条："所有同盟国将召开等级会议。"等级会议在德意志早期宪治运动中处于核心地位，在维也纳会议最后议定书中为了君主权力而被削弱和"简化"了（见《维也纳会议最后议定书》第 53 条至第 62 条）。比较本书本章，第 3 部分，第 2 节，以及 W. Mager, »Das Problem der landständischen Verfassungen auf dem Wiener Kongreß 1814/15«, *HZ*，第 217 卷（1973），页 296。

[39]　例如，德雷施（Georg Leonhard von Dresch，1786—1836）在《德意志同盟与德意志同盟国的公法》（L. v. Dresch, *Öffentliches Recht des deutschen Bundes und der deutschen Bundesstaaten*, Tübingen 1820）的序中让读者特别注意，他因考虑到"调查法"（»Beschluß betreffend die Bestellung einer Centralbehörde zur nähern Untersuchung der in mehreren Bundesstaaten entdeckten revolutionären Umtriebe v. 20. 9. 1819«, Huber, *Dokumente 1*，第 33 号）而将不谈论政治观点。

[40]　见本书第 1 章，注 217，以及 A. Deutsch, *Ein Geheimbund mit Lizenz zum Töten. Der Anti-Illuminaten-Orden des Johann Ludwig Klüber. Edition der Geheimbundsatzung mit Einleitung* (Stuttgart 2010)。

被官方使用……他的《欧洲国际法》（*Europäisches Völkerrecht*）被翻译成多种文字，并在两个半球出版发行。"[41] 像**莫尔**这样的行家如此说道。**海因里希·察哈里埃**（Heinrich Albert Zachariä，1806—1875）在 1841 年还证实道，**克吕贝尔**"是对当今公法状况进行公法学洗礼的见证人"[42]。

　　克吕贝尔一贯运用他在 1806 年前就形成的方法论基本原则。从根本上说，他是"帝国公法学家"，拥有丰富的文献知识，并具有对大量资料进行可靠简化整理的能力。他不是教义式或系统领域的法学发明者，而是一位对现行法律做精确处理的研究者，一位文风朴实的作家，一位具有独立精神的自由主义者。他和普鲁士首相**哈登贝格**之间的友好个人关系使他处于 1814 年到 1815 年的舞台中心，并有机会被委以重任。由于少有维也纳会议官方发布的完整文件资料，同时同盟会议的文件也很少在法律报刊上连续公布，**克吕贝尔**以他的九卷本《维也纳会议文件》满足了公众的迫切需要。[43] 他撰写的不可缺少的《维也纳会议外交谈判概要》[44] 作为资料来源也是如此。从而诞生出一本简短的《德意志同盟公法资料汇编》，并被三月革命前的法学家一直使用到 1840 年代。[45] 在这个时期，**克吕贝尔**再一次

---

[41]　Mohl II，页 473。

[42]　H. A. Zachariä, *Deutsches Staats- und Bundesrecht*，第 1 分部（Göttingen 1841），页 18。

[43]　J. L. Klüber (Hg.), *Acten des Wiener Congresses in den Jahren 1814 und 1815*, 第 1—4 卷（Erlangen 1815–1835）。

[44]　J. L. Klüber, *Übersicht der diplomatischen Verhandlungen des Wiener Kongresses überhaupt und insonderheit über wichtige Angelegenheiten des Deutschen Bundes*, 3 卷本（Frankfurt 1816）；同作者编, *Staatsarchiv des teutschen Bundes* (Erlangen, Frankfurt 1816–1818)。

[45]　J. L. Klüber, *Quellensammlung zu dem öffentlichen Recht des deutschen Bundes* (Erlangen 1816; 第 2 版, 1817; 第 3 版, Erlangen 1830; 新版, 1970; 续版, Erlangen 1833); Wichtige Urkunden, 前注 25。

身处德意志同盟的政治中心法兰克福，这使他能进一步利用他的良好社会关系和个人声望获取文件资料。[46]

他被大家广泛称赞的主要著作是那部伟大的教科书《德意志同盟和同盟国公法》。[47] 莫尔说这本巨著"几乎无法估量地盖过了他的前辈"[48]。这本教科书出版于 1817 年，**克吕贝尔**当时对未来、对创建"法律状态"、对大学重新兴起公法研究都满怀希望。他还写了功底深厚的教学大纲，为大学能重新兴起公法研究打下基础。他建立起了与帝国公法学以及莱茵联盟之间的联系。《莱茵联盟国家法》（1808）提供了一个纲要，**克吕贝尔**运用给人印象深刻的文献资料知识充实了这个纲要。在其扩充的《导论》（第 1—103 节）[49] 中，他进行了最为重要的公法与私法的划分，解释了"教义－历史的"（dogmatische-historische）方法，历史地描述了德意志同盟是如何产生的。接着，他讲述了莱茵联盟法以及同盟成员的国家法渊源，并对同盟自身的特征包括属于它的主权，进行了简要的描述。

《莱茵联盟国家法》的第一部分（第 104—237 节）论述了"联盟法律"，包括联盟、机构、联盟大会和联盟议会、联盟与内部成员之间的法律关系，以及在外部与其他国家之间的法律关系等。

第二部分（第 238—585 节）内容非常丰富，包括所有君主制的同盟成员国家以及国家法共同的基本框架；在脚注中注明了具体邦

---

[46]　J. L. Klüber, *Droit des gens moderne de l'Europe; avec un supplément contenant une bibliothéque choisie du Droit des Gens*，第 1、2 卷（Stuttgart 1819）；*Europäisches Völkerrecht* (Stuttgart 1821)；第 2 版（Heidelberg 1847）由莫施塔特（Karl Eduard Morstadt，1792—1850）注疏。对第 2 版，莫尔认为，"没有哪一本书比此书更乱、更无知识"（第 2 卷，页 485）——莫尔用当时流行的形容词表扬克吕贝尔的作品：清楚明了、完整、文献翔实、聚焦于实证法，是哲学性不强的著作。

[47]　1817；第 2 版，Frankfurt 1822；第 3 版，1831；第 4 版，1840。

[48]　Mohl II，页 266（在该卷页 473 中详细地赞扬了克吕贝尔）；比较 Landsberg III/2，页 165—178。

[49]　章节数按第 3 版（Frankfurt 1831）计。

国宪法的详细情况。通过对这些问题的论述，**克吕贝尔**成功地运用原来"帝国国家法历史 – 教义学派"（莫尔语）的方式，把能在大多数邦国中找到的、起联系作用的内容提高到德意志共同国家法的地位，并由此赋予这些内容以规范地位。在一定程度上，国家法学怀着爱国主义的意图弥补了其缺乏统一的局面，[50] 同时有可能在国家灾难中挽救公法学的法律文化。后一种情况对学习"德意志共同法"专业，并可以顺利地转学的学生来说，具有特殊意义。因此，必须对偏离德意志共同国家法标准进行论证，而在很多种情况下参考历史其实已足够，譬如对于还存在的四个自由（帝国）市的处理就是如此。**克吕贝尔**进行宪法比较，过滤出重要元素，必要时还借用自然法原则去填补一些小漏洞，他就通过这些方式促成了德意志的共同国家法。但这种方法却受到人们尤其是**莫尔**的批评。[51]

克吕贝尔的强项在于资料汇编、文献知识和论述的系统性。他的学术箴言是，应该明确区分开政治观点和法学论述。但对他来说，讲出政治观点也不是问题。他这样宣扬道："我们时代盛行的政治品格（时代精神，即同时代人中具有影响的主要观念）是从所有阶级中大多数人都赞同的政治教养中形成的，它追求一个以文件和契约方式加以稳固的共同体秩序；它追求：（1）符合宪法规定的公民自由，国家成员享有符合法律规定的公民的法律平等；（2）通过全体人民代表会议、良心自由、理性的出版自由、认真听取舆论、人民多数同意的表决等方式来确保这种自由和平等。"[52]**克吕贝尔**坚信，这个时代精神所追求的东西会实现。尤其是鉴于等级会议转变

---

[50]   M. Friedrich, »Die Erarbeitung eines allgemeinen deutschen Staatsrechts seit des Mitte des 18. Jahrhunderts«, *JöR*，新系列第 34 期（1985），页 1 及以下。

[51]   Mohl II，页 286 及以下。

[52]   *Öffentliches Recht des Teutschen Bundes*，第 3 版（1831），第 93 节。

成为"真正"议会的情况，他接着提出了一系列政治自由主义的急迫希望和要求。[53]1822 年，**克吕贝尔**的朋友**哈登贝格**逝世后，他的这些观点就变得危险了。在这之前不久，《公法》第二版也出版了。作为普鲁士在法兰克福的全权代表，**克吕贝尔**在处理解散大公爵号的时候被人揭发。有人对他进行了长时间的秘密调查，并有一份官方证据。面对这些揭发，**克吕贝尔**提出辞职请求。1824 年，他被革职。从此，他成为一位自由的法学写作者，一位恪守基本原则的模范，一位独立的公法学家，并以此谋生。

（二）法律文献、纲要

1815 年和 1819 年以后，人们普遍需要关于德意志同盟法律基础和同盟国家宪法变化的信息。不单是大学教学需要新的教材课本，行政实践管理和政治辩论也因没有相应的书籍和解释论著而不能正常进行。**克吕贝尔**对莱茵联盟所试行的研究方法发挥着典范作用：首先尽可能完整地收集资料，然后对德意志同盟的法律以及成员国和谐一致的法律进行描述。大量的文献著作、简练的纲要以及翔实的教科书都效仿这种方法。

在这些尝试论述新法律状况的不同文献著作中，除了已经提到的**克吕贝尔**的著作和**兰茨措勒**（Carl Wilhelm von Lancizolle，1796—1871）简单的图表式概要[54]外，我们先提及**格雷韦尔**（Maximilian C. F.

---

[53] 前引书，第 279—300 节，尤其是第 280 节 »Politischer Gesichtspunct«。

[54] C. W. v. Lancizolle, *Uebersicht der deutschen Reichsstandschafts- und Terri-torial-Verhältnisse vor dem französischen Revolutionskriege, der seitdem eingetretenen Veränderungen und der gegenwärtigen Bestandtheile des deutschen Bundes und der Bun-desstaaten* (Berlin 1830).

W. Grävell，1781—1860）所著的简短文献汇编。[55] **格雷韦尔**以前是普鲁士的国家官吏，曾和政府发生过冲突。这个汇编很快就过时了，但由于**格雷韦尔**后来不幸 [56] 成为保罗教堂国民议会的法律执笔人，还短时间地担任过"帝国内政大臣"，所以这个汇编还是引人注目的。具有同样情形的是来自曼海姆的律师及革命者**施特鲁韦**（Gustav von Struve，1805—1870）所著的汇编，[57] 尽管它带有另一种政治特征。该汇编由一个引人注目的批判性前言、相应的具体内容和后注组成。在里面，**施特鲁韦**认为，同盟大会已成为"所谓的君主制原则听话的女仆。它自己不超越党派，而是让自己成为君主制原则这一最极端党派的女仆"。**施特鲁韦**断定，德意志同盟"在德意志人心中没有扎下根，而只被那些先进人士视为一种障碍"，其结果是：它"肯定要么垮台，要么在内部出现新的生命元素"。[58] 这样的论调毫无疑问是危险的：1845 年，**施特鲁韦**遭监禁，而在 1846 年遭监禁的时间更长。

在这些文献汇编中，具有最高价值的是梅克伦堡的立法委员**菲**

---

[55]　M. C. F. W. Grävell, *Die Quellen des allgemeinen deutschen Staatsrechts seit 1813–1829* (Leipzig 1820). 有关格雷韦尔，见 Teichmann, *ADB*，第 9 卷（1879），页 613—615。1821 年以前的文献见所谓的 Karlsruher Sammlung，*Quellen des öffentlichen Rechts der deutschen Bundesstaaten, oder Sammlung der wichtigsten Urkunden, die zur Kenntniß des allgemeinen deutschen Bundesstaatsrechts dienen, von 1800–1821*，3 部分（Carlsruhe 1821 et al.）。

[56]　Huber II (1960)，页 631，页 857—858。

[57]　G. v. Struve, *Das öffentliche Recht des deutschen Bundes*，2 部分（Mannheim 1846）。劳贝（Heinrich Laube）称施特鲁韦为"一个不学无术、冥顽不化的信徒，一位具有社会民主思想的空谈家和素食主义者"（见 *Erinnerungen* [Wien 1882]，页 96）。有关施特鲁韦，见 Wippermann, *ADB*，第 36 卷（1893），页 681—687；F. X. Vollmer, *Vormärz und Revolution 1848/49 in Baden. Strukturen, Dokumente, Fragestellungen. Modelle zur Landesgeschichte* (1979)；现可参见 M. Kunze, *Der Freiheit eine Gasse, Traum und Leben eines deutschen Revolutionärs* (1990)。

[58]　Struve，前注 57，第 2 部分，页 578。

利普·迈尔（Philipp Anton Guido von Meyer）所著的汇编，[59]其包括国家契约（第一部分），德意志同盟的宪法和直到 1864 年为止的所有同盟会议决议（第二、三部分），且为实践提供了大量引用的基本原则。其他规模小的汇编[60]要么因为只包括重要资料的一部分而很快就过时了，要么就像**施蒂韦**（Johann Carl Bertram Stüve，1798—1872）那样[61]怀有特定目的。

从政治角度看，**施马尔茨**刚好相反，[62]其纲要前面的自然法部分尽管在一定程度上建立在**康德**思想的基础上，[63]但他竭力反对宪治，并把矛头指向**克吕贝尔**"堕落的基本原则"。然而，这并不妨碍他充满激情地宣称："那是伟大神圣的自由之物，是我所捍卫的。"但他同时又警告，"在最近好几部德意志宪法中引入了明显启蒙的

[59]　Ph. A. G. v. Meyer (Hg.), *Corpus juris Confoederationis Germanicae* (Frankfurt 1822–1824)；Ph. A. G. v. Meyer 补充，*Repertorium zu den Verhandlungen der Bundesversammlung in einer systematischen Uebersicht*，第 1 卷，*Verhandlungen von 1816–1819* (Frankfurt 1820)；第 2 版 改 为 *Staatsakten für Geschichte und öffentliches Recht des deutschen Bundes*，第 1—3 卷（Frankfurt 1833–1839）；第 3 版（Frankfurt 1858, 1859, 1861, 1865）由策普夫尔补续。

[60]　G. Emminghaus, *Corpus iuris germanici, tam publici quam privati, academicum*，2 卷 本（Jena 1824）；Chr. F. Elvers, *Die Hauptquellen des deutschen Bundes-Staatsrechts* (Göttingen 1824)；A. Michaelis (Hg.), *Corpus iuris publici germanici academicum* (Tübingen 1825)；Th. v. Schmalz, *Grundgesetze des deutschen Bundes* (Berlin 1825)。亦见 Mohl II，页 247，内有更多文献。

[61]　J. K. B. Stüve, *Aktenstücke zur neuesten Geschichte Deutschlands (mit besonderer Beziehung auf Hannover)* (Hannover 1848)。该书讲述奥斯纳布吕克（Osnabrück）的市长和重要的汉诺威政治家。比较 G. Stüve, *ADB*，第 37 卷（1894），页 84—94。

[62]　Th. v. Schmalz, *Das teutsche Staats-Recht. Ein Handbuch zum Gebrauche academischer Vorlesungen* (Berlin 1825). 有关施马尔茨，比较本书第 1 章，注 88 以下。

[63]　比较 1814 年 10 月 2 日尼布尔写给施托尔贝格伯爵（Graf F. L. Stolberg）的信。他写道："施马尔茨已经……撰写了一本自然法的书，因此在康德哲学时期颇获声望；但他却是一位思想十分浅薄的教授，他的自然法也不怎么样，当然和其他大学教授所讲授的自然法相比也不是最坏的。"（*Briefe*，前注 14）。J. v. Eichendorff, *Erlebtes*，1857，该书同样写道："他是积极追捕煽动分子的枢密院顾问，他曾在柯尼斯堡短暂听过康德讲哲学，他力图以他那肤浅的方式把康德哲学弄得优雅起来。"

和自由主义的政治形式，这些形式不为大家熟悉，就连人民对这些形式评价也很低，倘若还不至于愤恨它的话"。[64] 他因此不想在教科书中提到这些新现象。

施马尔茨纲要的历史导言（第一部分）特别长，接着是"德意志邦国共同国家法"（第二部分）和"德意志同盟法"（第三部分）——紧紧围绕着最重要的问题展开，但不深入论述，也不对问题进行讨论，即便在论述卡尔斯巴德决议时也是如此。尽管如此，这本书还是有其政治指向。一方面，国家的目的被降为安全保障和对自由的保护，这一点完全是自由主义的。另一方面，**施马尔茨**把公民权利和政治参与严格地限制在土地财产上。他说，这是德意志古老的基本原则，而现在被鼓吹的代议制与它背道而驰。[65] 总之，根据他自己的评价，**施马尔茨**属于"国王的朋友"，这在当时的柏林也没有人怀疑。

在 1840 年之前没有一部伟大的教科书能与**克吕贝尔**的著作分庭抗礼。[66] 他提供的文献资料为后来的简要论述奠定了基础，对旧帝国和莱茵联盟历史进行了或详或略的强调。此外有一个问题，即

---

[64] 序，页 V。

[65] 前引书，第 334—336 节。

[66] 除文中论述的作品外，还见 A. Michaelis, *Entwurf einer Darstellung des öffentlichen Rechts des Deutschen Bundes und der Deutschen Bundesstaaten* (Tübingen 1820)，该书仅仅目录就达 29 页；E. H. de S. (Schwarzkopf), *Exposé du droit public de l'Allemagne* (Genf, Paris 1821)；K. E. Schmid, *Lehrbuch des gemeinen deutschen Staatsrechts*，第 1 部分（Jena 1821），该书未完成，有关作者见本书第 3 章；F. J. Haas, *Grundriß des Deutschen Staatsrechts. Zum Gebrauch bei Vorlesungen. Nebst einem Abdrucke der deutschen Bundesacte und der Wiener Schlussacte vom 15. Mai 1820* (Bonn 1827)，该书目录也有 12 页；F. Frhr. v. Lindelof, *Grundriss des deutschen Staatsrechts mit beigefügten Quellen- und Litteratur-Belegen, zum Gebrauch bei academischen Vorlesungen* (Gießen 1828)；A. W. Heffter, *Beiträge zum deutschen Staats- und Fürstenrecht*，第 1 分册（全部，Berlin 1829）；H. G. Reichard, *Monarchie, Landstände und Bundesverfassung in Deutschland, nach der historischen Entwickelung und auf den gegenwärtigen Standpuncten der Staaten- und Bundesgesetzgebung beleuchtet*，第 1 卷（全部，Leipzig 1836），该书的资料丰富，但没有学术水平。

人们是否认为有必要把德意志同盟的实证法发展为一种一般国家学说，并在一定程度上把它作为塑造同盟及其成员国的标准。**蒂特曼**（Friedrich Wilhelm Tittmann）在**克吕贝尔**著作之后不久出版了一本短篇纲要，在此纲要中他就是这样做的。[67] 他首先把德意志同盟归到联邦和邦联这种模式（接受了后一种），接着讨论同盟内部和外部的法律问题。其中具有特点的段落是，论述《同盟条约》第 13 条，以及论述是否该把维护这一条款的保障义务交给同盟。人们从中觉察到当时政治不安全；卡尔斯巴德决议和《维也纳会议最后议定书》仍没有成为现实。

受**克吕贝尔**影响并具代表性的还有**约尔丹**。[68] 他那未完成的《德意志国家法总论教科书》（*Lehrbuch des allgemeinen und deutschen Staatsrechts*）[69] 也含有德意志同盟法的实证法部分。作者说，他"严格遵照相关法律条文，甚至是语句本身的意思"论述问题，"我的书在许多地方和**克吕贝尔**的作品有几乎一样的语句。众所周知，**克吕贝尔**也经常使用法律条文上的语句"。[70] 事实上，他的教科书在结构上也完全和**克吕贝尔**的相符。但这不仅是由于受**克吕贝尔**的榜样影响，同时也有同盟宪法的原因，这部宪法的结构肯定也起了影响作用。和其他作者一样，**约尔丹**必须论述的问题从同盟的法律性质、同盟成员、同盟的领土范围，到同盟的权力及其对内和对外的各个

---

[67] F. W. Tittmann, *Darstellung der Verfassung des deutschen Bundes* (Leipzig 1818).

[68] Wippermann, *ADB*，第 14 卷（1881），页 513—520；R. Bovensiepen / Sylvester Jordan, J. Schnack, *Lebensbilder aus Kurhessen und Waldeck, 1830–1930*，第 3 卷（1955），页 163—186; Huber II (1960)，页 68 及以下；W. Klötzer, *NDB*，第 10 卷（1974），页 603—605。

[69] Kassel 1831. 该书第 1 部分以约尔丹的著作 *Versuche über allgemeines Staatsrecht in systematischer Ordnung und in Bezug auf Politik* (Marburg 1828) 为基础。

[70] 前言，页 VII。

功能、同盟的机构特别是同盟大会的机构，最后到财政、同盟行政以及"战争宪法"。而这些问题都是"按照科学顺序从文献资料中发展出来的，简短而又清晰"（第177节）。他的纲要简练，资料丰富，真正做到了言简意赅，条理清晰明了。

在年纪稍长的**德雷施**[71]那里，情况也相似。我们在讲巴伐利亚国家法的时候还要提到他。**德雷施**一开始就是研究同盟法的作者，并持续到1830年。[72]他的《德意志同盟公法》（*Oeffentliches Recht des deutschen Bundes*）是未写完的三部曲的第一部分。其三部曲是：（1）同盟法；（2）同盟成员的国家法；（3）"所有行政的总法律原则以及不同德意志国家的行政形式"。和**克吕贝尔**一样，**德雷施**在论述"旧德意志国家法和近七年的莱茵联盟法"之后，紧接着论述同盟法。[73]但是，**德雷施**放弃了大量的历史论述，而是首先简要论述一般国家学说，[74]然后论述德意志同盟的形成及其成员，以及它的目的（第16、25节）。他紧接着描述了同盟的内部结构、机构

----

[71]　德雷施，1786年生于福希海姆（Forchheim），1808年在海德堡大学完成教授资格论文，1810年成为图宾根大学的历史和法哲学编外教授，1816年任大学图书馆馆长，1817年任教会法教授，1822年调往兰茨胡特大学法律系，1826年又调往慕尼黑，1827年任图书馆总长，并成为院士，1831年任大臣顾问。Wasserschleben, *ADB*，第5卷（1877），页395—396；K. Klüpfel, *Die Universität Tübingen in ihrer Vergangenheit und Gegenwart* (Leipzig 1877)，页371；Mohl, *Erinnerungen*，第1卷，页90—91；R. Piloty, *Festgabe für Laband*，第1卷（1908），页239；Landsberg III/2，注186、187。

[72]　L. v. Dresch, *Betrachtungen über den Deutschen Bund* (Tübingen 1817); *Öffentliches Recht des deutschen Bundes und der deutschen Bundesstaaten* (Tübingen 1820)；同作者，*Die Schlussakte der über Ausbildung und Befestigung des deutschen Bundes zu Wien gehaltenen Ministerial-Conferenzen in ihrem Verhältnisse zur Bundesakte betrachtet* (Tübingen 1821)；同作者，*Beiträge zu dem öffentlichen Rechte des deutschen Bundes* (Tübingen 1822)；*Abhandlungen über Gegenstände des öffentlichen Rechts sowohl des deutschen Bundes überhaupt, als auch einzelner Bundesstaaten* (München 1830)。

[73]　序，页 IX。

[74]　比较 L. v. Dresch, *Naturrecht* (Tübingen 1822)。

以及对内和对外的能力，还论述了战争宪法。整个论述尽管没有特别深入，但简洁实用。另外，他的著作还竭力避免政治上犯忌，但毋庸置疑，它属于受南德意志影响的温和的宪治自由主义作品。

　　萨克森－魏玛在 1816 年 3 月 5 日拥有了宪法，因此属最早的宪法国家。在**卡尔－奥古斯特**（Karl-August，1815 年至 1828 年在位）大公的统治下，国内政治气氛自由。在这种情况下，萨克森－魏玛政府议员**布伦奎尔**（August Brunnquell，1781—1827）在 1824 年出版的《德意志同盟和同盟成员国家法》（*Staatsrecht des Teutschen Bundes und der Bundesstaaten*）中公开拥护宪治运动和自由主义的基本原则。[75] **布伦奎尔**认为，"**克吕贝尔**内容丰富的杰作"为他减少了很多工作。他不仅用不着再对一般国家学说进行详细论述，同时也用不着对相关问题进行历史描述，而是简洁地论述整个同盟法。[76] 在第二部分，他采取国家主权划分和阐释的流行方法写出《德意志共同国家法》，但更加提纲挈领，也未提示成员国家的实际情况。

　　此时要提到的保守著作是**毛伦布雷歇尔**（Romeo Maurenbrecher，1803—1843）[77] 撰写的《当今德意志国家法的基本原则》（*Grundsätze*

---

[75]　前引书，第 9 章。Mohl II，页 265，认为该书"承载了德意志思想"，但指责它混淆法律与政治，在方法上不确定，漏洞百出，"没有思想，也没有政治家的气度"。有关生平见 *Neuer Nekrolog der Deutschen*，第 5 卷（1827），页 830；以及布吕克纳（Brückner）的简短介绍，载 *ADB*，第 3 卷（1876），页 449。

[76]　对德雷施《文集》（*Beiträge*，前注 72）的争论与各个问题有关（第 1 部分，第 10 章和第 12 章）。

[77]　毛伦布雷歇尔，1822 年起在波恩大学、马堡大学、哥廷根大学学习，是著名的学生会成员，1826 年在格赖夫斯瓦尔德大学获得博士学位，1827 年在慕尼黑大学完成教授资格论文，1828 年在波恩大学任讲师，1833 年任国家法编外教授，1838 年任教授。他是波恩大学历史法学派的日耳曼法学家，研究莱茵地方法，并出版了一本《当今德意志共同法教科书》（*Lehrbuch des heutigen gemeinen deutschen Rechts* [Bonn 1832]）。1841 年，他因病离开大学，于 1843 年逝世。见 Landsberg III/2，注 189；W. M.，*ADB*，第 20 卷（1884），页 693（页 695）。

des heutigen deutschen Staatsrechtes）[78]。**毛伦布雷歇尔**是莱茵天主教有教养市民阶层的代表，但他绝不是自由主义者。在他眼里，国家是"对男女进行管教的机构，并使其达到最高神性，实现道德法则"[79]。他因此只使用广为流传的唯心主义式表述。**毛伦布雷歇尔**从宗教、历史、理性的角度去论证国家权力的正当性，他反对分权，不赞成法律约束王权，[80] 当然也反对人民的反抗权和革命权利。就像他所说的，他难以接受"我们时代无数所谓的解放思想"[81]。他完全是带有等级会议的君主立宪制代表——与那些有关他的传奇相反，尽管这是出于实际的原因，"因为或者说到现在还没有为政府找到另外一条认识真正民族利益的道路"[82]。他也尽最大可能不对国家进行"私法"论证，而是从国家法归类的角度把国家理解成为"道德人格"（moralische Person），把官吏理解成公法的法律关系。

　　该著作的篇章结构符合流行的教学顺序。第一部分是导言，论述一般国家学说，第二部分是简要介绍旧帝国的国家法纲要，第三部分讲莱茵联盟，第四部分讲德意志同盟。其重点放在同盟成员国共同的德意志国家法上，采取法律比较方法[83]，但是里面没有像同类著作中所具有的那种典型的自由主义腔调。反对者所反对的，与其说是带有政治色彩，不如说是德意志私法教科书的作者尤其明显易见的私法类比的使用。[84] 此种情形特别符合这种思想："按照财

---

[78]　Frankfurt 1837（再版，1842, 1847）。

[79]　*Grundsätze*，第 26 节。

[80]　*Grundsätze*，第 38、43、58 节。

[81]　*Grundsätze*，第 57 节，第 k 条。

[82]　*Grundsätze*，第 49 节，第 b 条。

[83]　*Grundsätze*，第 128 节。莫尔在谈到这本书时，强烈反对认为通过法律比较能形成实证法规范的想法，见 Ae. L. Richter (Hg.), *Kritische Jahrbücher für deutsche Rechtswissenschaft*，第 1 卷（1837），页 452—468（页 455 及以下），该书附有毛伦布雷歇尔的反驳，前引书，页 854—860。

[84]　*Grundsätze*，第 145—147 节。

产类比，德意志主权属于某种支配权（dominium）和某种占有权（possessio），几乎和私人之于权利与公正一样。"[85] 君主因此是主权的所有者。

如果在《哥廷根教学简报》（*Göttingische Gelehrten Anzeigen*）中不谈论**阿尔布雷希特**（Wilhelm Eduard Albrecht，1800—1876）[86] 所采取的划时代的方法的话，他那本带有许多注解的讲课大纲基本上就会被大家继续遗忘。[87] 就像他所看到的学术前沿一样，**阿尔布雷希特**在评述总结道：以前国家的"私法"观念，其政治后果是反动落后的，是和新的公法观念相对立的，新的公法观念认为国家是从君主和人民这种二元结构中产生出来的，目的是把国家抬高到独立的**法人**（juristische Person）高度，并把它中立化。教义的中心点因此被改变了。君主在法律上不再是国家（私有）所有人——从根本上说在整个近代早期就已经不是了——而是法人机构，从国家伦理上讲，他是宪治体制下全体国民的仆人。[88] 要不是**阿尔布雷希特**的莱比锡学生**格贝尔**从 1851 年在许多作品[89]中真正贯彻这些评论的基本思想，估计这些评论也会被人们忘记。

---

[85] *Grundsätze*，第 145 节。

[86] 阿尔布雷希特，1818 年在柯尼斯堡学习，1819 年师从哥廷根大学的艾希霍恩。1822 年获得博士学位，1824 年在柯尼斯堡完成教授资格论文，1825 年任柯尼斯堡大学编外教授，1829 年任德意志法、国家法和教会法教授。1830 年到 1837 年，在哥廷根大学教书，直到被汉诺威政府革职。从 1868 年起在莱比锡大学教书。有关他参加保罗教堂国民议会和研究日耳曼法的成就（*Die Gewere als Grundlage des älteren deutschen Sachenrechts* [Königsberg 1828]），比较 R. Hübner，*ADB*，第 45 卷（1900），页 743—750；Landsberg III/2，页 318—327；H. Schönebaum，*NDB*，第 1 卷（1953），页 185—186。

[87] E. A. (= Wilhelm Eduard Albrecht)，*Rezension in den Göttingischen gelehrten Anzeigen* (1837；再版，1962)，页 1489，页 1492—1493，页 1496—1497。

[88] 见后注 174。

[89] C. F. v. Gerber，*Über öffentliche Rechte* (Jena 1852)；»Über die Teilbarkeit deutscher Staatsgebiete«，L. K. Aegidi (Hg.)，*Zeitschr. f. Deutsches Staatsrecht*（转下页）

不是君主而是国家才是主权者，**毛伦布雷歇尔**再一次尖锐地反对这样的观念。[90] 他与时代精神背道而驰，再一次力图正当化君主主权。在 1830 年七月革命后近十年时间，维护君主主权很明显再也行不通了。"几乎没有哪一本书，"**莫尔**写道，"在法律、政治和道德上比这本书更不被大家接受。这毫不奇怪……"[91]

（三）K. E. 魏斯、H. 策普夫尔

克吕贝尔死后，其巨著的第四版在 1840 年出版。这一版在形式上就不能再有什么新东西了，因此人们需要一本相符且全面的教科书和手册。一年后即 1841 年，同时出版了两本关于德意志国家法和同盟法的教科书。这两本书都是年轻教授撰写的，一位是**策普夫尔**，另一位是**海因里希·察哈里埃**。这两部著作"长时间都是论述德意志国家和同盟法的代表"[92]。

接着，吉森大学教授**魏斯**（Karl Eduard Weiß, 1805—1851）在 1843 年出版了《德意志国家法体系》。[93] **莫尔**称这本书自成一家，"连贯、透彻、法学功底深厚，但同时也犯一些原则性错误"[94]。人们赞扬**魏斯**不仅摈弃了详细的历史论述，还摈弃了一般国家学说的论述，而是集中于生效法律。**魏斯**说，历史体现在法律史和研究

（接上页）*und Deutsche Verfassungsgeschichte*，第 1 卷（1867），页 5—24；比较 C. F. v. Gerber, *Grundzüge eines Systems des deutschen Staatsrechts* (Leipzig 1865；第 3 版，1880)。比较 W. Wilhelm, *Zur juristischen Methodenlehre im 19. Jahrhundert*, 1958，页 88 及以下；P. v. Oertzen, *Die soziale Funktion des staatsrechtlichen Positivismus*, 1974，页 163 及以下，尤其是页 196 及以下，以及本书第 8 章，注 83 以下。

[90]　R. Maurenbrecher, *Die deutschen regierenden Fürsten und die Souveränität* (Frankfurt a. M. 1839).

[91]　Mohl II，页 302—303。

[92]　Böckenförde，页 119。

[93]　K. E. Weiß, *System des deutschen Staatsrechts* (Regensburg 1843). 其生平文献，见本书第 4 章，注 147。

[94]　Mohl II，页 266。

法哲学的"自然的国家法"（natürliches Staatsrecht）之中，它为国家法学家保留了实证法教义。[95] 莫尔那一半带有法学色彩、一半带有爱国主义色彩的批判与这样的事实有关，即魏斯证明德意志同盟具有"宪法国家"性质，试图因此发展出一种德意志同盟行政法。[96] 然而，魏斯在此表达一种同样是爱国主义的企图，即希望在一个真正的宪法方向"有机地发展"出德意志同盟。这是一种比那些在教科书中竭力贬低不受人喜爱的德意志同盟要乐观一些的爱国主义。魏斯以自己希望进一步发展德意志同盟的方式表达了大多数人的愿望，他对有普遍约束力的德意志国家法也是如此描述。而这种德意志国家法应被当作德意志统一的框架。[97] 总之，这本书扎实而条理清晰，但没有什么独到之处。它很快就被其他更成功的著作超过，并在 1848 年之前就已经被人们忘记了。

海德堡大学教授策普夫尔 [98] 受到后世的非议，其政治观点随时局摇摆不定。他在 1848 年时还"在腰间佩带一把长剑，在礼堂的讲坛上悬挂三色布带"，发表"慷慨激昂的自由思想的讲话"，[99] 后来却越变越保守，甚至成为高级贵族的国家法评论家 [100]。兰茨贝格说："策普夫尔最后成为德意志同盟和法兰克福同盟议会的坚定拥护者，在

---

[95]　Weiß，前引书，第 23—24 节。

[96]　Weiß，前引书，第 63 节及以下 »Allgemeines inneres Bundesregierungsrecht«，第 106 节及以下 »Besonderes inneres Bundesregierungsrecht«。

[97]　Weiß，前引书，第 7 节，第 II 条。

[98]　据笔者所知，还未有更新的文献。比较 Mohl II，页 264，页 267，页 304，页 306，页 328，页 384；同作者，*Lebenserinnerungen*，第 1 卷，页 231—232；v. Schulte，*ADB*，第 45 卷（1900），页 432—434；G. Jellinek，*Heidelberger Festschr. von 1905*，第 1 卷，页 268—269；Drüll，页 312；有关策普夫尔的国家最高权利观念，见 Böckenförde，页 119—122；Boldt，各处。

[99]　Mohl，*Lebenserinnerungen*，第 1 卷，页 231。

[100]　H. Zöpfl, *Die Regierungsvormundschaft im Verhältnisse zur Landesverfassung* (Heidelberg 1830); *Über Mißheiraten in den deutschen regierenden Fürstenhäusern überhaupt und im Oldenburgischen Gesammthause insbesondere* (Stuttgart 1853);（转下页）

他看来，同盟议会通过的法律能缔造正常的德意志国家生活，因此他无法理解 1866 年的根本性变化，更谈不上喜欢了。"[101]

但在 1841 年时，这些还很少被察觉到。**策普夫尔**的《德意志国家法总论的基本规范》[102] 第一版包括对同盟国家法进行传统的和实证主义的收录（第一部分），以及同盟成员国共同国家法（第二部分）。这本书对德意志同盟头二十年发生的戏剧性政治事件只字未提，把**克吕贝尔**强调历史因素而努力和 18 世纪保持的联系也一笔勾销。**策普夫尔**只了解"今天生效的公法"；他的视野几乎追溯不到 1815 年以前。因此，他出版的著作越来越完整，信息也越来越多。就连挑剔的**莫尔**也承认这一点。[103] 与上面提到的**魏斯**以及其他许多人一样，**策普夫尔**把他研究"共同"德意志国家法的工作理解成科学的和政治的工作。尽管法律存在着地方分离的局面，但德意志国家法学说应该保持精神上的紧密联系。同时，还应保持这种意识，即超越国家界限的德意志民族应该"在国家法关系中塑造和保护一个民族思想圈"[104]。从根本上说，这是国家法对民族精神学说的回应，尽管没有早期浪漫主义的激情和反对**萨维尼**捍卫法典编纂的姿态很

（接上页）*Über hohen Adel und Ebenbürtigkeit* (Stuttgart 1853). 详见 v. Schulte，前注 98。

[101]　Landsberg III/2，注 239。策普夫尔，生于班贝格，在维尔茨堡大学学习，1828 年在海德堡大学完成教授资格论文。1839 年任编外教授，1842 年任国家法教授。1850 年成为巴登上院的大学代表。对兰茨贝格谈到策普夫尔向保守主义的转变，舒尔特（v. Schulte）（见前注 98）指出这是受了林德（J. J. B. v. Linde）的影响。

[102]　Zöpfl，第 1 版（Heidelberg 1841；名称是 *Grundsätze des allgemeinen Staatsrechtes, nebst einem kurzen Abrisse des deutschen Bundesrechts*）；第 3 版（Heidelberg 1846）；第 4 版（"因最新时局而进行了大幅度修改"），第 1 卷（Heidelberg, Leipzig 1855），第 2 卷（Leipzig 1856）；第 5 版（Leipzig 1863）改为 *Grundsätze des gemeinen deutschen Staatsrechts mit besonderer Rücksicht auf das Allgemeine Staatsrecht und auf die neuesten Zeitverhältnisse*，第 1 部分和第 2 部分。

[103]　Mohl II，页 267。

[104]　Zöpfl，第 4 版，前言，页 VIII。

久了，而国家法的"民族思想圈"要更多地通过法律比较来加以确定。大多数国家都已有的和显得举足轻重的东西转变成德意志共同国家法律的内容，以此充当"基本特征"的作用。依照这个方法，有可能把建立宪治而逐渐生成的东西统一起来，并以此去解释全体德意志的现存状况。但是对全体德意志共同拥有的元素进行实证的筛选，只能跟随历史的发展，而受自然法激励对未来的设计并没有建立在历史发展的基础上。因此不要指望那些汇报"过去有效的"东西的手册有什么创新。[105]

策普夫尔的第二个伟大成就是对法律史资料的收集和筛选。[106]那些由**艾希霍恩**第一次真正把政治史和法律史统一起来的论述在**策普夫尔**那却消失了。认为这两者是有机发展的思想退隐了，政治史转到历史学家那里，而法史学家**策普夫尔**越来越变成撰写德意志法律制度教科书的作者，尽管他告诉人们国家法的发展仍然是"框架"。

（四）H. A. 察哈里埃

上面已经谈到，同时期有关同盟及同盟成员国家法的作品是**海因里希·察哈里埃**撰写的著作。[107]**海因里希·察哈里埃**起初是**胡果**

---

[105] Böckenförde，页119。伯肯弗尔德（E. W. Böckenförde）认为，"在策普夫尔那里，比在海因里希·察哈里埃那里能更明显地发现新观念与新方法的萌芽"。这种想法虽然对伯肯弗尔德解决法律与法规的区别问题来说是对的，但对策普夫尔的整个著作来说却不正确。

[106] H. Zöpfl, *Deutsche Staats- und Rechts-Geschichte. Ein Lehrbuch in zwei Bänden* (Heidelberg 1834–1836)；在第2版（Stuttgart 1844–1847）中，策普夫尔把它分成政治史（第1卷）和法律史（第2卷）；在第3版（1858）中，把政治史删除了，改为《德意志法律史》（*Deutsche Rechtsgeschichte [Quellengeschichte, öffentlichrechtliche und privatrechtliche Rechtsinstitute]*）；第4版（1871/1872）未改动。比较 H. Zöpfl, *Altertümer des deutschen Reichs und Rechts*，3卷本（Leipzig 1860, 1870）。

[107] F. Frensdorff, *ADB*，第44卷（1898），页617—632；Landsberg（转下页）

学派的私法学家，他在国家法上深受**艾希霍恩**的影响。^[108] 他刚开始工作时是刑法学家，^[109] 在 1837 年的"哥廷根七君子"事件，尤其是**阿尔布雷希特**被解职之后，临时转为研究国家法。为了准备教案，他趁假期前往法国议会进行调研，接着撰写了三卷教科书《德意志国家法和同盟法》（1841—1845）^[110]。该教科书采取一种介于旧帝国公法学与从 1850 年起逐渐形成的"法学方法"（juristische Methode）[*]之间的折中方式。这种有趣的方式不但是历史的，也是方法论上的。

在其基本信念中，**海因里希·察哈里埃**首先在方法上强调"帝国公法学－哥廷根的"内容："真正的国家法学术论文要求与实际的哲学方法和历史方法相统一。"^[111] 这无外乎将历史学派与自然法

（接上页）III/2，页 658—664，注 283—286；D. Bandemer, *Heinrich Albert Zachariä. Rechtsdenken zwischen Restauration und Reformation* (1985)；Chr. Starck, »Heinrich Albert Zachariä (1806–1875). Staatsrechtslehrer in reichsloser Zeit«, F. Loos (Hg.), *Rechtswissenschaft in Göttingen. Göttinger Juristen aus 250 Jahren* (1987)，页 209—228。

[108] H. A. Zachariä, »Johann Stephan Pütter und Karl Friedrich Eichhorn«, *Göttinger Professoren* (Göttingen 1872).

[109] H. A. Zachariä, *Über die rückwirkende Kraft neuer Strafgesetze* (Göttingen 1834)；*Geschichtserzählungen aus Kriminalakten* (Göttingen 1835)；*Die Lehre vom Versuche der Verbrechen* (Göttingen 1836, 1839)；*Grundlinien des gemeinen deutschen Criminal-Processes, mit erläuternden Ausführungen und mit besonderer Rücksicht auf die neuern deutschen Legislationen* (Göttingen 1837)，该书后来改为 *Handbuch des deutschen Strafprocesses*（第 2 版，1861, 1868).

[110] H. A. Zachariä, *Deutsches Staats- und Bundesrecht*，第 1 分部：*Allgemeine Lehren und Verfassungsrecht der Bundesstaaten* (Göttingen 1841)；第 2 分部：*Das Regierungsrecht der deutschen Bundesstaaten und zwar. Von der Regierung im Allgemeinen und vom Staatsdienste. – Gesetzgebung, Oberaufsicht und vollziehende Gewalt. – Justiz und Polizeihoheit* (Göttingen 1842)；第 3 分部：*Schluß des Staatsrechts der deutschen Bundesstaaten und zwar. Das Finanz- oder Staatswirthschaftsrecht, die Lehre von der Militärhoheit und das auswärtige Staatsrecht. – Das deutsche Bundesrecht* (Göttingen 1845)；第 2 版，2 卷本，1853, 1854；第 3 版，2 卷本，1865, 1866).

  * 译者按：也可以译为"法律方法"。按一般习惯，本书仍译为"法学方法"。

[111] 第 1 版，第 1 分部（Göttingen 1841），第 11 节，页 26.

传统的结合降至不需要多少理论水平，而务实地对现行法律进行确定。在**海因里希·察哈里埃**看来，旧帝国和莱茵联盟都已是历史现象而该被淘汰，"现今的"法律才是重要的，但必须研究整理它的历史，"这样，它才能对存在的东西进行解释和确定"[112]；"哲学观点"，如**海因里希·察哈里埃**所说，在于发现"更高原则"，但"更高原则"并不拥有法律渊源的地位，而是有效的法律渊源的秩序准则。正如凌驾在生效的实证法上的思辨原则之于**海因里希·察哈里埃**是陌生的，之于哥廷根传统也是如此。

　　海因里希·察哈里埃认为，国家用当时的时髦话来说是一个"有机的营造物"（organische Anstalt），它建立在事物的本质和理性基础之上，它应该是法治国，而法律应该根植于普遍的法律信念之中。因此，**海因里希·察哈里埃**既不是18世纪意义上的自然法学家，也不是浪漫派国家学说意义上的有机理论代表。为了有助于加强法律基础的正当化力量，他寻求历史的和"实证的"法律基础，并从中建起一座"理性的"但绝非思辨的大厦，而这座大厦听凭于立法者的秉性。这是**艾希霍恩**的理性国家法思想，是"一种实证主义传授的思想，但又具有强烈的历史特点，还和自然法理论有相似之处"[113]。**兰茨贝格**这种看似具有模糊风格的评价事实上也是精准的。**海因里希·察哈里埃**首先是一个实证主义者、一个反对法律与政治相纠缠的阐释家，其次是一个很鲜明的折中主义者。在他那里还谈不上后来新**康德**主义意义上的"纯方法"理论。

　　但是，当人们在完全论述德意志同盟法时，**海因里希·察哈里埃**《国家法和同盟法》的结构还停留在传统道路上，尽管这是出于

---

[112]　序，页VII。

[113]　Landsberg III/2，页660。

实际原因。依据 1830 年后仍广泛传播的成员国宪法，他制订出了再一次旗帜鲜明地捍卫传统的《德意志国家共同法》。不过，该著作结合了各个成员国公布的国家法，并把它们附加地放在一起。他把真正的同盟法放在最后，人们或许在那里能看到他表明政治观点的论述。

至于**海因里希·察哈里埃**的重要立场，他在思想上是温和的自由主义者，其中带有明显的保守特征。[114] 他既强调基本权利、议会制的必要性、君权受宪法限制，也注重司法控制的必要性，还特别提出具有前瞻性的思想，即帝国法院的司法审判具有宪法权能。[115] 在他那里，主权既不属于君主，也不属于人民，而是属于国家。所有这些都是 19 世纪中期温和自由主义的普遍思想，在政治上和人道主义上特别值得尊重，但几乎没有多少新意。这位汉诺威大学教师小心谨慎：他在 1841 年第一版中提到 1837 年的宪法冲突，但没有妄议。他的职务还得间接归功于那次宪法冲突。二十年后他才下定决心对那次事件明确表达自己的看法，认为宣布那部宪法失效和《维也纳会议最后议定书》第 56 条相抵触。[116] 另一方面，莫尔证实道，**海因里希·察哈里埃**"公开地、有大丈夫气概地一贯坚持民族思想，不因权力斗争的诡秘变幻而动摇，也不沉迷于个人得失"，他坚信"德意志民族有能力制定一部更好的属于全体人民的国家宪法，有能力获取更大的自由；他直言不讳地指责法律现存基础固有的谬误与不

---

[114]   这在他最著名的著作中也很清楚：*Die Gebrechen und die Reform des deutschen Strafverfahrens, dargestellt auf der Basis einer consequenten Entwicklung des inquisitorischen und des accusatorischen Prinzips* (Göttingen 1846)。

[115]   见 Starck，前注 107，页 216—217。

[116]   H. A. Zachariä, »Besitz, staatsrechtlicher«, Bluntschli / Brater (Hg.), *Deutsches Staats-Wörterbuch*，第 2 卷（Stuttgart, Leipzig 1857），页 94 及以下。见 Starck，前注 107，页 219—210。

足，谴责人们迟迟不对法律制度进行完善和修补；他提醒有的人曾做的让步和许诺，尽管这些提醒不受欢迎。遗憾的是，这种政治思想使他丧失了对涉密法律资料的使用"。[117]

三、基本的教义立场

（一）"德意志共同国家法"的可能性

自克吕贝尔的范例性著作以来，到现在为止所提到的著作，其前提假设都认为，除从《同盟条约》《维也纳会议最后议定书》以及后来收集的议定书中发展出来的德意志同盟实证法外，还有同盟成员国的"共同法律"。这种思想并不新颖。早在旧帝国时代，人们就试图在帝国宪法之下发展出一种各个领地法都共同拥有的东西，并从中描述出邦国主权、从邦国主权派生出来的君主权利、等级会议权利、贵族权利、教会权利以及臣民权利。[118]当时的问题还在于，"德意志共同国家法"不是生效的法律，从根本上说它只是国家法学家们的书桌产物。它没有稳定的效力基础，也没有明确的内容。大家赞同，应该通过比较找出对所有邦国国家法都是"典型的"东西，并把它解释成为规范。按照自然法思维方式思考问题的人，倾向于把这种"典型的"东西尽可能靠近"理性的"东西，使它能不动声色地与改革意图联系在一起。[119]而明显按照历史－经验思维方式进

---

[117] Mohl II，页 266—267，该处暗示政府不会把文件给海因里希·察哈里埃，因为认为他是自由主义者。

[118] J. J. Moser, *Von der Landeshoheit in Policeysachen* (Frankfurt, Leipzig 1773).

[119] C. Schmitt, »Das ›Allgemeine Deutsche Staatsrecht‹ als Beispiel rechtswissen-schaftlicher Systembildung«, *ZgStW*, 第 100 卷（1940），页 5—24（页 10—11）。在私法中的同步发展，见 K. Luig, »Die sozialethischen Werte des römischen und（转下页）

行思考的人，则力图对成员国历史生成的法律状况进行实际比较，从而找出典型原则。

这种情况在德意志同盟时期继续存在，尽管政治形势发生了变化，并出现一种新的思想氛围。大多数人认为德意志同盟的建立令人失望。相对于 1806 年之前来说，之后支持"德意志共同国家法"的动机非常强烈。国家法学家们对实证的德意志同盟公法的兴趣一般，这是由于政治上的排斥，因为"民族自身还没有生命活力"[120]，其原因还在于规范性的东西仍不稳定，不适合往宪治方向进一步发展。小邦国的国家法对生活在那里的学者来说常常不重要，对大学里的大多数听众也不够有吸引力。

而德意志共同国家法却是另一番景象。解放战争、体操运动（Turnbewegung）、大学生协会的民族希望在国家法中转化成这样的愿望，即希望获取一个民族统一的国家法框架，忽略个别因素，并在一定程度上在理想王国里研究在现实王国里无法实现的东西。[121] 此外，作为一种学科内部动机，通过这样的方式能够维护 1806 年以前领地法律层面的连续性。德意志共同国家法可以进一步起到填补各种不完整的邦国实证国家法漏洞的作用，它是一种政治尺度，可以用来批评指责落后状况。尤其它是一块在学科上充满吸引力的领域，在里面可以对德意志内部国家法进行法律比较。

（接上页）germanischen Rechts in der Privatrechtswissenschaft des 19. Jahrhunderts bei Grimm, Stahl, Kuntze und Gierke«, *Wege europäischer Rechtsgeschichte, Festschrift für K. Kroeschell* (1987)，页 281—307。

[120]   Mohl II，页 286。

[121]   S. Jordan, *Lehrbuch*，前注 69。该教科书认为，"deutsches Staatsrecht"这个术语包含了"Bundesrecht"和"Einzelstaatsrecht"，因此在人们的最新记忆中，它在学术中所含的德意志统一思想的基础比在政治中的基础要深（第 8 节）。K. E. Schmid, *Lehrbuch des gemeinen deutschen Staatsrechts* (Jena 1821)，该教科书也这样认为。见本书第 3 章，注 294。

然而，就像德意志私法一样，[122] 追问德意志共同国家法的有效基础更为困难。显而易见，它本身并不关涉实证的有效法律。[123] 人们由于不愿舍去锚地，就求助于"传统"和"理性"。传统主要被粗浅地理解为与 1806 年前学科实践之间的一致性，但这并不足以作为法律的有效基础。这显然是采取历史学派的方法去寻求存在于"民族精神"中的共同基本原则，并以此为这些基本原则提供不可动摇的地位。[124] 然而，如果国家法律关系在某一时期或多或少被革命化，这种做法就困难了。宪治的新产物就其本身而言并不来自民族精神，而是体现法国大革命之后的一种政治妥协。受历史学派影响的公法作者也不试图从民族精神中完整地推演出宪治的国家法基本原则，而通常满足于——和他们的政治观念一致——更强烈地强调与旧制度的连接线，也就是强调上帝的恩典和君主制原则，强调行政权和军权由君主掌握，强调人民代表会议的旧等级特征，以及强调宪法大体上是君主"赋予"的这一宪法特点等。此外，凡是有历史理由和捍卫等级制度机会的地方，都会被利用。比如在附庸的领主权利问题上就是如此。

　　然而，三月革命前大多数公法学者更多指向理性法传统，这一

---

　　[122]　Jordan, *Lehrbuch*, 前注 69, 第 173 节, 第 III 条: "因此……要树立起与自己名称相符的德意志共同法，使它具有适用性，就像德意志共同私法那样。"有关"当代德意志共同私法"学术主张的形成，见 K. F. Eichhorn, *Einleitung in das deutsche Privat-Recht* (Göttingen 1824); C. F. v. Gerber, *Das wissenschaftliche Princip des gemeinen deutschen Privatrechts* (Jena 1846); *System des Deutschen Privatrechts* (Jena 1848/1849)。

　　[123]　Maurenbrecher, *Grundsätze*, 前注 34, 第 6 节把一般领地法恰当地"类比为各个德意志国所有的国家法，因此它不是直接实践着的，而只能作为学术而存在，并仅仅作为各个德意志国的国家法导言而存在"。

　　[124]　见 M. Stolleis, »Die Historische Schule und das öffentliche Recht«, *Die Bedeutung der Wörter. Studien zur europäischen Rechtsgeschichte, Festschr. f. Sten Gagnér* (1991), 页 495—508。

传统现在和自由主义的政治主张结合在了一起。他们强调新的符合自然法的宪治特征。在他们的眼里，大家同意的宪法，而不是"赋予"的宪法，也不是强迫式的宪法，才是真正可欲的和正确的宪法。对他们来说，"宪法"是对自然法中长期流传下来的、统治者与被统治者之间的契约的延续。德意志共同国家法原则必须首先通过它的"理性精神"来证明自己。但这并不排除它和历史思想相妥协，而是完全相反。[125] 三月革命前的国家公法学说正处于艰难时期，它需要在历史正当化立场与舆论要求之间做调和。[126] "历史－教义方法"这一术语 [127]，以及存在于其中的对严谨逻辑推论的放弃，就体现了这种紧张的协调工作。[128] "因此，我们与国家法有关的法学任务是，"**格特纳**（Gustav Gaertner）在 1839 年这样写道，"找出我们国家的历史关系，并依照法律原则去确定所发现的关系形态。" [129]

莫尔明确反对这一普遍的信念，即认为存在着"德意志共同国家法"并相信它有科学价值。[130] 他首先强调，共同的基础已经被

[125]　Jordan, *Lehrbuch*，前注 69，第 173 节，第 III 条。

[126]　见 H. Zöpfl, *Grundsätze des gemeinen deutschen Staatsrechts*，第 5 版，第 1 部分（Leipzig 1863），第 74 节 »Von der praktischen Anwendbarkeit des allgemeinen Staatsrechts in Deutschland«。

[127]　J. L. Klüber, *Öffentliches Recht des Teutschen Bundes*，前注 47，第 14 节。

[128]　Maurenbrecher, *Grundsätze*，前注 34，第 11 节。对方法多元论进行了正面的强调。

[129]　G. Gaertner, *Ueber die wissenschaftliche Behandlung des deutschen Staatsrechtes* (Bonn 1839)，页 24。莫尔（Mohl II，页 297）对此无理由地说，该作品"完全无法让人理解。人们几乎弄不明白作者想阐述什么东西……"但人们知道该作品具有自由主义和民族主义思想，对一位波恩大学教授来说明显是小心翼翼避免那些普鲁士的论题。青年马克思在 1837 年 11 月 10 的一封信中还对格特纳进行了批判性评论（*Marx-Engels Werke*，修改版，第 1 部分［1981］，页 11），认为格特纳写的有关地方法典的著作平淡无奇，并说他是黑格尔主义者。可参见 G. Gaertner, *Die Rechts- und Staatslehre* (Bonn 1839)。这是一部带有些怪异和激情色彩的著作。

[130]　Mohl II，页 286—295。莫尔的立场，主要参见 *(Richters) Kritische Jahrbücher für deutsche Rechtswissenschaft* (1837)，页 454 及以下。

1789 年和 1814 年大规模巨变所摧残殆尽，极度活跃的主权邦国立法者们还在天天扩大分歧。法哲学上的语句不是实证法律条文，这在他看来是不证自明的，正如不可能通过单纯的添加手段就形成德意志共同国家法条文一样。[131] 由于牵扯"帝国"再也不会产生什么结果，所以就只有一条路，即"从众多邦国立法的一致性中找出德意志共同国家法，采取的办法是寻找这种一致性在历史或教义上得以建立的基础观点，并把它们作为所有德意志国家的准则列举出来，而这些国家没有明确规定有什么偏离自己的"[132]。**莫尔**最终非常有限地承认德意志共同国家法，并且其承认从根本上来说还是支离破碎的。这在方法上无疑是正确的，但和大多数人的动机，尤其是大学的教学需要相抵牾。

结果，三月革命前的国家法学者们大体上达成了一致。德意志共同国家法尽管不是有效法律，但它是"现存的"，它来自民族精神、民族历史、科学传统和思维必然性——人们对它寄予了两方面的愿望：一方面出于维护德意志共同的国家法学，克服狭隘的小国政制；另一方面出于民族运动，能在其中发现它充分的国家法表达。同样，人们认为在繁多的特殊国家法中，"尽管存在着巨大的多样性，但还是能发现某些统一的基本思想"[133]。**莫尔**也必须承认，大多数国家法学者认为"同盟国的一般国家法理论大厦"是必要的；"大多数人甚至把这个理论大厦看成主要的东西，而把同盟法更多地推到幕后。无论如何，由于不同的德意志邦国结合在一起，大多数大学在讲授共同国家法。"[134]

---

[131]　G. Gaertner，前注 129，页 3 同样认为："……国家在独立的历史基础上已经形成了，而我们还只有一个一般的、哲学的国家学说，并且还有这么多国家法。"

[132]　Mohl II，页 293。

[133]　W. E. Albrecht, *Maurenbrecher-Rezension*，前注 87，页 1490。

[134]　Mohl II，页 291。

（二）"宪法"

在从旧制度到充分发展的君主立宪制 [135] 这个漫长的转变过程中，国家法学说围绕着"宪法"这个谜一样的词汇展开。在这个过程中，不仅统治权的论证与限制的理论问题在增多，而且自法国大革命以来，在德意志表达的政治希望也在增加。[136] 专制主义外表上的宪治状态似乎是良好状态。然而，德意志宪治运动的基本思想不同于美国和法国。在美国，一个新生的从"原始状态"中形成的社会达成了一个基本契约，在这之前没有遭遇过社会革命；在法国，摧毁旧制度则被摆在首要地位。宪法本身是革命的成果，而且保障了革命的胜利果实。[137] 在德意志，宪法思想和统治权力的自然法同帝国宪法限制之间的联系，比其他任何地方都紧密。[138] 向宪法国家的过渡分阶段地由南向北缓慢进行。君主制维护着自己的正当性，该正当性尽管受到愤怒与害怕的动摇，但并未被打破。君主制在进入讨论时已受到一定程度的法律约束，以至于贬斥它们不合法，并鼓动自然法的反抗权去对抗它们的可能性向来就不大。[139] 旧的联系元素只能转化成某种基本法文本，然后效法英美和法国，对那些旧元素进

---

[135]　E. W. Böckenförde, »Der deutsche Typ der konstitutionellen Monarchie im 19. Jahrhundert« (1967)，见同作者，*Recht, Staat, Freiheit* (1990)，页 273—305；同作者，»Probleme des Konstitutionalismus im 19. Jahrhundert«, *Der Staat*，第 1 卷（1975）；同作者编，*Moderne deutsche Verfassungsgeschichte (1815–1914)*，第 2 版（1981）。

[136]　D. Grimm, Verfassung I, *Geschichtliche Grundbegriffe*，第 6 卷（1990），尤其是页 868 及以下。比较 F. Bülau, »Constitution und Constitutionelle«, F. Bülau (Hg.), *Neue Jahrbücher der Geschichte und Politik*，第 2 卷（1843），页 519—553。

[137]　U. K. Preuß, *Revolution, Fortschritt und Verfassung. Zu einem modernen Verfassungsverständnis* (1990).

[138]　G. Stourzh, »Vom aristotelischen zum liberalen Verfassungsbegriff«, Engel-Janosi / Klingenstein / Lutz (Hg.), *Fürst, Bürger, Mensch* (1975).

[139]　M. Köhler, *Die Lehre vom Widerstandsrecht in der deutschen konstitutionellen Staatsrechtstheorie der 1. Hälfte des 19. Jahrhunderts* (1973).

行现代化。[140]

由此可见，德意志的法律切入点与美国和法国不一样：德意志宪法绝对不是在革命零点时刻由公意（volonté générale）构建的创造物，而是最高权力的赋予物，其中君主权力自愿被施加限制。在君主与等级会议之间达成一致的宪法只是一种例外（如《符腾堡宪法》）。后期专制主义思想推行"自上而下改革"的现代化运动。在这种思想语境下，宪法同时也是革新、君主制自我维护、整合新获取的领土以及在德意志同盟内部捍卫自己主权的一种政治考量手段。在所谓早期宪治主义期间（1814—1824）出现的第一波宪法尤其如此；在1830年和1848年国内骚乱之后被迫制定宪法或修改宪法也是如此。在关键位置总有君主权力的参与，这是前提。19世纪的德意志宪法思想与君主有关。西方思想中的自由、进步、人类激情在这里都不见踪影，但在与民族国家思想有特别的联系中，又可以部分地发现它们。

此外，经济与政治分离是德意志宪法的典型特征。经济和社会改革取得了进步，工业革命也出现了明显苗头，但国民的政治诉求十年来还停留在德意志同盟所建立的体制框架内。议会生活的发展和公共讨论受到多方面削弱，首先把它们限制在邦国层面上，然后有意建立起牵制力量（上院、国家资政院*、财产审查选举权），利用警察镇压反对派，进行书报审查和开除公职。这样一来，德意志的宪治运动举步维艰，障碍重重，但另一方面它能产生统治关系法律化的重要传统，带来优良的行政管理，并产生统治者的社会责任

---

[140] G. Chr. v. Unruh, »Die amerikanische Verfassung und europäisches Verfassungsdenken – Ausstrahlung und Vergleich. Polen, Norwegen, Deutschland«, *Amerika-Studien*，第34卷（1990），页135—148。

* 译者按：德文为"Staatsrat"。该机构不是真正意义上的议会，实际上是一个咨议机构。本书试译为"国家资政院"。

伦理。[141]

　　这个时期与"比德迈耶"[142]这一无足轻重的名称连在一起，而这个时期的社会紧张关系恰恰就体现在宪法思想当中。坚持旧制度的人害怕宪法，因为宪法是革命的产物，并在公开的宪章中不可逆转地废除特权，甚至强迫国王签字画押。保守派人士完全正确地看到，宪治运动最终是一个斜坡，君主制将从上面往下滑落，直到被完全废除为止。在以古老而神圣的纽带和不平等为标志的的旧制度的想象世界中，"自由"和"平等"宣言必定被看成真正的梦魇。真正的输家是那些精神领袖、附庸国的领主以及贵族。他们本来已经受到专制主义国家的压迫，现在又处在市民阶层的压力之下。这种发展过程在三月革命时期受到了阻止，甚至还有重新封建化的趋势，但宪法问题的情绪化并未丝毫减弱。

　　这段时期典型的是，激烈的政治问题发展成了宪法问题，这不可避免导致国家法讨论被政治化。政治理性和法律理性之间的界限常常不明显。在作者们明确拒绝这二者可分的地方，历史学家起码没有权利指责他们将之混为一谈。三月革命时期的公法学家必须进行政治思考，必须对自己国家的宪法政治和德意志同盟的政治表达自己的观点，必须以自己的利益明确表示自己要在讲台上主张什么。

　　这样一来，每一个"宪法概念"都承载着自身的政治前提。对"概念"讨论得越深入，人们必定越会认为，这实际上是政治内容的词意拼斗。因此，人们对宪法有不同理解。随着旧等级关系逐渐转变成为一种新的宪治秩序[143]，相关理论也得到了发展，有的超前，有

---

　　[141]　H. Maier, *Ältere deutsche Staatslehre und westliche politische Tradition* (1966)，页 23 及以下。

　　[142]　F. Sengle, *Biedermeierzeit. Deutsche Literatur im Spannungsfeld zwischen Restauration und Revolution 1815–1848*，第 1 卷（1971），页 118 及以下。

　　[143]　H. Gangl, »Der deutsche Weg zum Verfassungsstaat im 19. Jahrhundert. （转下页）

的与时代同步，有的则落后于时代。[144] 不同论调的传单、书籍、报刊等伴随着宪法运动纷至沓来。除了简单的宪法汇编和评论[145]之外，还有首批纲要、教科书和专著，报刊也是百花齐放。但这些报刊在19世纪中期后才开始特别致力于公法。[146]

　　维也纳会议后出现的宪法讨论的主要倾向区分如下：

　　（1）宪法建立在人民主权之上并从中产生，是在统治与被统治契约的自然法传统中建立统治的"基本秩序"。其核心内容是人权、分权以及人民代表制度。

　　（2）宪法在形式上是君主与人民代表会议分享主权的二元模式的基本契约，在一定情况下这种主权又汇聚在"国家主权"概念之中。

（接上页）Eine Problemskizze«, E. W. Böckenförde (Hg.), »Probleme«, 前注 135, 页 23；K. Bosl (Hg.), *Der moderne Parlamentarismus und seine Grundlagen in der ständischen Repräsentation* (1977)；G. Oestreich, »Zur Vorgeschichte des Parlamentarismus. Ständische Verfassung, landständische Verfassung und landschaftliche Verfassung«, *ZHF*, 第 6 卷（1979），页 63；E. W. Böckenförde, »Geschichtliche Entwicklung und Bedeutungswandel der Verfassung«, A. Buschmann et al. (Hrsgg.), *Festschrift für R. Gmür z. 70. Geb.* (1983), 页 7—19；H. Hofmann, »Zur Idee des Staatsgrundgesetzes«, 见同作者, *Recht – Politik – Verfassung* (1986), 页 261 及以下；G. Dilcher, »Zum Verhältnis von Verfassung und Verfassungstheorie im frühen Konstitutionalismus«, *Gedächtnisschrift für H. Conrad* (1979), 页 65—84；G. Dilcher, »Vom ständischen Herrschaftsvertrag zum Verfassungsgesetz«, *Der Staat*, 第 27 卷（1988）, 页 161 及以下；D. Grimm, »Entstehungs- und Wirkungsbedingungen des modernen Konstitutionalismus«, D. Simon (Hg.), *Akten des 26. Deutschen Rechtshistorikertages* (1987), 页 45—76。

[144]　E. Schmidt-Aßmann, *Der Verfassungsbegriff in der deutschen Staatslehre der Aufklärung und des Historismus* (1967)；Th. Würtenberger, »An der Schwelle zum Verfassungsstaat«, P. Krause (Hg.), *Aufklärung*, 第 3 年卷, 第 2 期（1988）, 页 53—88, 内有更多文献；H. Dippel (Hg.), *Die Anfänge des Konstitutionalismus in Deutschland. Texte deutscher Verfassungsentwürfe am Ende des 18. Jahrhunderts* (1990)。

[145]　当时人们对宪法运动进行过研究，如见 K. H. L. Pölitz, *Die europäischen Verfassungsurkunden seit dem Jahre 1789 bis auf die neueste Zeit*, 第 2 版（Leipzig 1847）；G. W. Hugo, *Die Grundgesetze und Verfassungsurkunden älterer und neuerer Zeit* (Karlsruhe 1836)；G. L. v. Zangen, *Die Verfassungsgesetze deutscher Staaten in systematischer Zusammenstellung*, 3 卷本（Darmstadt 1828, 1829, 1836）。

[146]　M. Stolleis / I. Schmitt, »Zur Entstehung der öffentlichrechtlichen Zeitschriften nach 1848«, *Quaderni Fiorentini*, 第 13 期（1984）, 页 747—761。

（3）宪法是"被赋予的"根本法，它限制君主权力的运行，而君主权力是在宪法之外建立起来的，并被看成不可分割。[147]

此外，还存在着极右的声音，它把宪法大体上理解成对绝对不可剥离的君主原则的非法侵犯。[148] 而这符合极左的共和要求。

因此，在 1815 年到 1848 年这段时期不存在明确界定的统一的宪法概念。不仅两大阵营之间根本的政治差异与此相悖，而且宪法国家的差别本身，以及 1819 年卡尔斯巴德决议前后和对德意志产生深刻影响的 1830 年巴黎七月革命之后摇摆不定的民意，也是造成这种局面的原因。因此，后来的所有评论都存在不应有的简单化缺陷，对具体发展缺乏考虑。但那些评论更多地也是为了构建起激活文献的基本问题，而较少地进行文献史区分。

（三）"君主制原则"

1848 年前整个国家法学说的主导性问题是，在自法国大革命以来被深深地动摇并被去神圣化的专制主义[149] 与还未获取的人民主权之间建立一种法律平衡。这是君主、贵族、教会的一方与迅速成长为"民族"的第三等级之间的平衡。法国大革命后，尤其是战胜**拿破仑**后，世界发生了变化。简单地倒退到专制主义政府的道路行不通，但同时旧势力还足够强大，能把第三等级控制住，或至少能强迫他们顺从。

---

[147]　R. Wahl, »Der Vorrang der Verfassung«, *Der Staat*，第 20 卷（1981），页 485—516。

[148]　K. L. v. Haller, *Restauration der Staatswissenschaft oder Theorie des natür-lich-geselligen Zustands, der Chimäre des künstlich-bürgerlichen entgegengesetzt*，第 2 版，6 卷本（Winterthur 1820–1834；再版，1964）。

[149]　O. Brunner, »Vom Gottesgnadentum zum monarchischen Prinzip«，见同作者，*Neue Wege der Verfassungs- und Sozialgeschichte*，第 2 版（1968），页 160—186。该文令人信服地把 19 世纪的君主制原则解释为真正君权神授的意识形态替代物。

1814 年 7 月 4 日的宪章序言谈到的法国妥协对欧洲影响深远。它一方面力图"保留我们君主的特权"，另一方面提出必须"根据不同时代修正权力的行使"。波旁王朝在国外协助下复辟，但这是建立在与第三等级分享权力的基础上，"过去和现在联系在了一起"。革命成果得到保护，尤其是自由权和平等权（宪章第 1—12 条）。国王掌握行政权力，但必须和两院"共同行使"立法权（第 15 条）；最高司法权也由国王掌握（第 57 条），但法官实行"终身制"（第 58 条）。国王享有主权（第 14 条），但在"行使"主权时要受宪法约束。

这是一种经典的折中办法，从 1818 年到 1848 年所有的德意志宪法都建立在这个办法之上。首先是《巴伐利亚宪法》（1818 年宪法第 2 章第 1 条）、《巴登宪法》（1818 年宪法第 5 条）和《符腾堡宪法》（1819 年宪法第 4 条）。根据君主主权"既有的基本概念"，1820 年 5 月 15 日的《维也纳会议最后议定书》宣布，"整个国家权力必须统一到国家元首那里，等级会议宪法只有在行使特定的权利时才能把主权者和等级成员的参与结合起来"（第 57 条）。[150]

但其中隐藏着一个未解决的问题：把宪治的新开端理解成自然法传统意义上的社会契约的人给予社会契约以建立统治的力量，并在契约遭到破坏时保留解除的权利。这是反君主制的关键所在，同时也为未来的政治参与设下了伏笔。与此相对的一方，如 1820 年在维也纳集会的大臣们却只看到了妥协，必须把君权神授弄成时代精神。因此，在那里人们采取捍卫君权的方针路线，阻止外面力量侵

---

[150] 有关君主制原则，见 E. Kaufmann, »Studien zur Staatslehre des monarchischen Prinzipes« (1906)，见同作者，*Gesammelte Schriften*，第 1 卷（1960），页 1—49；H. O. Meisner, *Die Lehre vom monarchischen Prinzip im Zeitalter der Restauration und des Deutschen Bundes* (1913)；O. Hintze, »Das monarchische Prinzip und die konstitutionelle Verfassung«, *Gesammelte Abhandlungen*，第 2 版，第 1 卷（1962）；Boldt，页 15 及以下。

入"君主制原则"，维护其在所有情形下的自身权利，顶多在"某些"
（即受限制）权利上向第三等级让步。从这个角度看，宪法不是通
过合约达成的，而是被"赋予"的。[151] 君主进行自我约束。人们从
中能看出，享有主权的统治者不仅受神法和自然法的约束，而且受"根
本的"宪法的约束这一古老脉络的延续。[152] 这一方面是对旧制度的
突破，另一方面也是对它的延续。这两方面都清楚地表明，在这里
牵涉的不是理论的形成，而是在政治冲突中捍卫等级制度。

因此，"君主制原则"的提出是一种富有创造性的法律奇想，[153]
是一种遮遮掩掩地解决冲突的立场，它对传统统治的代表们有明显
的论证好处。但这一表述也允许反对方把承认君主制和时代要求结
合起来，在还没有实现的地方寄希望于未来。

这一时期国家法的所有争论问题，都为隐藏在宪治妥协中的优
柔寡断，甚至是心怀叵测所浸染。争论双方互不信任。在《维也纳
会议最后议定书》中，各国政府保证相互协助，反对"臣民犯上作乱"，
抵制"如火如荼的运动蔓延开来"。他们相互承诺，如果一个政府
受到失控的威胁，其他政府（同盟）要进行干预（《维也纳会议最
后议定书》第25—34条）。自由主义的舆论和大多数国家法教师一
样不受信任。大多数国家法教师身处充满矛盾的官府，这些矛盾冲
突使国家法学者们常常在忠诚和叛逆之间摇摆。因此，在充满紧张

---

[151]　比较 A. Mirus, *Uebersichtliche Darstellung des Preußischen Staats-Rechts nebst einer kurzen Entwicklungs. Geschichte der Preußischen Monarchie* (Berlin 1833)。第 21 节："只有从主权那里才能合法地产生出一部新宪法。主权者负责维护和完善国家机构，而历史向我们展示了那种认为人民意志可以改变现行宪法的流俗看法所带来的令人痛心的后果。"

[152]　主要参见 Ch. Link, *Herrschaftsordnung und Bürgerliche Freiheit* (Wien 1979); H. Mohnhaupt, »Die Lehre von der ›Lex Fundamentalis‹ und die Hausgesetzgebung der europäischen Dynastien«, J. Kunisch (Hg.), *Staatsverfassung und Mächtepolitik* (1979), 页 3 及以下。

[153]　Boldt, 页 27—28。

气氛的三月革命前，所有的国家法文献资料等同于政治文献资料。当一个人在谈君主制原则时，他必须知道自己属于哪一个阵营。[154] 所有基本概念，诸如人民主权、君主主权、国家主权、宪法、等级会议、国家公民与臣民、正当性、人民统治、分权、代议制、预算法、法律创制、大臣责任制、法治国、基本权利等本身都带有政治矛盾冲突的痕迹，在政治讨论中被加以利用，并被改头换面。[155]

至于"君主制原则"，它一开始就是1819年后**梅特涅**政治的基础，并形成了德意志同盟内部和平的牢固支柱。因此，对《维也纳会议最后议定书》第57条的解释，成了三月革命前宪法讨论的政治分界线。这种解释最终也决定了同盟国，在塑造批准或强加给他们的"等级会议宪法"（《德意志同盟条约》第13条）时可以走多远。在**梅特涅**看来，从1815年到1820年同盟国已经走得太远了，至少应该为进一步妥协插上门闩。因此，每一位作者对君主制原则的原则性前提应该清楚：君主权力有什么样的法律依据？它是神授的，抑或世袭的统治和职位，还是在和人民订立统治契约的基础上转让的、受限的并可以撤回的权力？它在一定程度上是君主自己的"财产"，还是君主为抽象的"国家"而行使这一权力？还有，君主是家长（Patrimonialherr），还是国家机构？政治上的预判（Vorentscheidungen）隐藏在这些可能性变数之中，作者们对这些预判完全清醒，同时这些预判还影响了对那些事件的历史解释。[156]

---

[154] 比较 K. v. Rotteck, »Monarchie, monarchisches System, monarchisches Prinzip, Monarchismus«, *Staatslexikon*，第 1 版（Altona 1834–1843），第 10 卷（1840），页 658—677，以及 K. v. Rotteck, »Demokratisches Prinzip«，见同前，第 4 卷（1837），页 252—263。

[155] 有关这一著名现象，见 T. D. Weldon, *The Vocabulary of Politics* (London 1953)。

[156] Boldt，页 28 提示参考 K. G. Hugelmann, »Zur Lehre vom monarchischen Prinzip«, *Österr. Zeitschr. f. öff. Recht*，第 2 卷（1915/1916），页 472—486；E. Hubrich, »Das monarchische Prinzip in Preußen«, *Zeitschrift für Politik*，第 1 卷（1908），（转下页）

从 1804 年到 1806 年，**施莱格尔**（Friedrich Schlegel）第一次谈到"君主制原则"，[157] 然后 1814 年在法国以及维也纳会议谈及这一原则。这个关键词囊括了君主制的反革命愿望——"逐渐通过多种方式重复使用这种表达：在各种国家文书、外交照会、谈判和文件中使用'君主制'，很快在那些讨好权贵的作品中有这样的语句，人们尊重或捍卫这些原则，或者把它当作欧洲公法的主要条款，并使它得到更广泛的认可，但这一原则没有真正的法律基础……应该为它提供真正的法律基础"[158]。实际上，这涉及一个揭示性的和核心的政治"概念"。

谁完全拒绝对君主进行宪法约束，就表明他坚持专制主义；[159]像大多数人那样，谁赞成君主立宪制，就表明他具有在宪治和分权妥协表述意义上的灵活"原则"。[160]

（四）大臣责任制、副署制

人们对政府意义上的君主制原则了解越多，在舆情压力下就越是要建立起内部制衡力量。这在于重新调整君主和高级官吏之间的关系。18 世纪以降，统治者直接向他的官吏发布命令的旧体制越来越失灵，原因是公务变得越来越复杂，昏庸的统治者失去了掌控能力，于是"专家大臣"（Fachminister）这一新体制应运而生。掌管各个机构的最高官吏应该负责任。这样一来，不可侵犯的君主的任务便减

（接上页）页 193—218；H. O. Meisner, *Die Lehre vom monarchischen Prinzip im Zeitalter der Restauration und des Deutschen Bundes* (1913)。

[157]　Boldt，页 15。

[158]　K. v. Rotteck, »Monarchie«，前注 154，见第 2 版，第 9 卷（1847），页 161—174（页 169）。

[159]　如 K. L. v. Haller，前注 148。

[160]　Boldt，页 15—54，内有更多文献。

轻了（大臣责任制 [Ministerverantwortlichkeit]）。[161] 与此紧密联系的是副署（Gegenzeichnung）制度。该制度规定，如果大臣在以君主名义颁布的最高文件上签字，那他就要负责任。但通过这种方式，大臣相对于君主也获得了责任上的回旋余地。[162] 君主在解除大臣职务时必须考虑政治损失，因而他在实际问题上要做出让步；大臣在拒绝副署时同样要考虑风险。[163]

　　因此，在专制主义向宪治国家转变的过程中，国家公仆（Staatsdiener）的地位变化比乍看上去要大得多。君主慢慢由"国家和人民"的家长向越来越抽象的国家机构转变，他的"仆人"（Diener）也慢慢转变成国家公务员（Staatsbeamte）。[164] 结果是，1800 年前后的理论开始把他们的工作关系解释为纯粹的公法法律关系。[165] 尽管大

---

[161]　(Buddeus,) *Die Ministerverantwortlichkeit in constitutionellen Monarchien* (Leipzig 1833)；R. Mohl, *Die Verantwortlichkeit der Minister in Einherrschaften mit Volksvertretung* (Tübingen 1837)；F. Murhard, »Ueber die Ministerverantwortlichkeit in der repräsentativen Erbmonarchie«, *(Bülau's) Neue Jahrbücher der Geschichte und Politik*，第 2 卷（1839），页 289—334，页 409—433。

[162]　K. Frhr. Schenck zu Schweinsberg, »Die ministerielle Gegenzeichnung«（博士论文，Bonn 1960）；J. Kastner, »Die Gegenzeichnung im deutschen Staatsrecht«（博士论文，Münster 1962)；R. Herzog, »Entscheidung und Gegenzeichnung«, *Festschrift für G. Müller* (1970)，页 117 及以下；K. Kröger, *Die Ministerverantwortlichkeit* (1971)；A. Schulz, *Die Gegenzeichnung* (1978)。

[163]　Boldt，页 111 及以下。

[164]　Maurenbrecher, *Grundsätze*，前注 34，第 160 节，第 d 条。文中典型地谈到，"国家公仆"这一表述证明接受了"哲学的国家法"。因此，官吏作为"道德人格"而服务于国家，他们的职务"完全是一种国家法关系"（前引书，第 161 节）。

[165]　J. M. Seuffert, *Von dem Verhältnisse des Staats und der Diener des Staats gegen einander im rechtlichen und politischen Verstande* (Würzburg 1793)；Fr. A. von der Becke, *Von Staatsämtern und Staatsdienern* (Heilbronn 1797)；N. Th. Gönner, *Der Staatsdienst aus dem Gesichtspunkt des Rechts und der Nationalökonomie betrachtet, nebst der Hauptlandespragmatik über die Dienstverhältnisse der Staatsdiener im Königreich Bayern* (Landshut 1808)；A. W. Rehberg, *Über die Staatsverwaltung deutscher Länder und die Dienerschaft der Regenten* (Hannover 1807)；F. v. Bülow, *Bemerkungen veranlaßt durch des Herrn Hofraths Rehberg Beurtheilung der Königl. Preussischen Staatsverwaltung und Staatsdienerschaft* (Frankfurt, Leipzig 1808)；F. Meisterlin, *Die Verhältnisse der*（转下页）

臣仍由君主任命和撤换，但他们负有刑法责任，在政治上也越来越依靠人民代表会议和舆论，同时与君主的依从关系也变得松弛了。这之间是相互关联的。

在这里，我们不对政体（Regierungsform）和大臣地位的发展，以及三月革命前现代官吏法的形成多加描述。[166] 能刻画出基本立场，并最低限度地揭示它们给整个国家构造带来的后果，这就够了。

（五）国家主权与"法人"

和提出"君主制原则"一样，上文已描述过的两难问题，即在专制主义的君主主权和民主的人民主权之间寻找出路，人们把希望寄托在"国家主权"上，这也是一种具有创造性的发明。领地国家在其漫长的历史中已被清除掉个人因素，并被中立化，以至于"国家"这个抽象物可以当作基准点。17 世纪以降，人们熟悉了国家的词义 [167]，对国家功能逐渐进行分异，禁止独断统治者的干预 [168]，对国家财政（以及债务）和统治者私人财政进行了区分 [169]。在迈向 19

（接上页）*Staatsdiener nach rechtlichen Grundsätzen entwickelt* (Cassel 1838)；A. W. Heffter, »Einige Bemerkungen über die Rechtsverhältniße der Staatsdiener«, 见 *Beiträge*, 前注 36, 页 106—167。比较 H. Hattenhauer, *Geschichte des Beamtentums* (1980), 页 134 及以下, 161 及以下；H. Henning, *Die deutsche Beamtenschaft im 19. Jahrhundert. Zwischen Stand und Beruf* (1984)；B. Wunder, *Geschichte der Bürokratie in Deutschland 1780 bis 1986* (1986)。

[166] Boldt, 页 111 及以下；B. Wunder, *Privilegierung und Disziplinierung. Die Entstehung des Berufsbeamtentums in Bayern und Württemberg (1780–1825)* (1978)；Hattenhauer, 前注 165。

[167] P. L. Weinacht, *Staat. Studien zur Bedeutungsgeschichte des Wortes von den Anfängen bis ins 19. Jahrhundert* (1968)；W. Conze, »Staat und Souveränität«, Brunner / Conze / Koselleck (Hg.), *Geschichtliche Grundbegriffe*, 第 6 卷（1990）, 页 7—25。

[168] 尤其是 18 世纪中期司法事务与警察事务的分离。见 P. Preu, *Polizeibegriff und Staatszwecklehre. Die Entwicklung des Polizeibegriffs durch die Rechts- und Staatswissenschaften des 18. Jahrhunderts* (1983)。

[169] H. P. Ullmann, »Öffentliche Finanzen im Übergang vom Ancien （转下页）

世纪时，这些同已形成的国家与社会的分离碰在一起。社会在社团、经济、科学以及宗教层面上越是要求和实践"自治"，[170] 其对立面即官僚机构国家（Anstaltsstaat）*的轮廓也就越明显。作为超越个人之上的抽象物，机构国家进而又获得了人格特征，成为一种超越的存在（Überwesen）；从道德角度上看，它是伦理机构，是关怀备至的福利国家，是威慑性的警察机关。在法律上，它现在可以——和原来的家长式国家相反——纯粹由公法进行构造。而对它进行建构的法律关系在原则上是最高的。因此，人们把所争议的主权提高到一个抽象的层面上，从而摆脱君主与人民之间的二元困境。这种思想比较明显了。

这同时也是一种中间的政治立场。那些强调"国家"抽象物并赋予其主权的人摈弃了"私法上的国家观念"，这种国家观念把土地和人民看成君主的家庭可继承财产（patrimonium），并从中推导出专制主义结论。但同时也有民主理解的契约理论，把共同体理解成为满足大多数人利益的公共营造物（Veranstaltung），在有不可克服的反对意见时可以解散它。这种理论对所有制度和拥有财产的等级人员都具有威胁。这两种观念在 19 世纪上半期都还不被人们接

（接上页）Régime zur Moderne. die bayerische Finanzreform der Jahre 1807/08«, *Archiv für Sozialgeschichte*，第 23 卷（1983），页 51—98；H. P. Ullmann, »Badische Finanzreformen in der Rheinbundzeit«, *Geschichte und Gesellschaft*，第 8 卷（1982），页 333—366；H. P. Ullmann, *Staatsschulden und Reformpolitik. Die Entstehung moderner öffentlicher Schulden in Bayern und Baden 1780–1820*，2 卷本（1986）；Ch. P. Kindleberger, A *Financial History of Western Europe* (London 1984)，页 158 及以下；A. Wildarsky / C. Webber, *A History of Taxation and Expenditure in the Western World* (1986)。

[170]　M. Stolleis, »Selbstverwaltung«, *HRG*，第 4 卷（1990），栏 1621—1625。

*　译者按：这是德意志 19 世纪公法学上的国家概念，它把国家理解成由君主、官吏、军士、外交官、大臣等构成的机构营造物（Anstalt），而把公民排除在外。总之，这是专制主义政治语境下的国家概念，因此可以把它理解为专制主义国家。或译为"理性国家"，本书试译为"机构国家"。

受。而在理论和实践上对国家进行令人满意的解释必须满足许多条件：构成国家目的的利益必须是"更高的"，必须是独立于经验上的人民意志的利益；君主和议会不应对特权进行争论，而是作为一个整体的"机构"共同发挥作用，而这个整体是超越于其他之上的；国家机构部门应该受摆脱了王朝的偶然因素与不足的国家理念的影响；国家应该——由于国家与社会的分离逐渐上升为一种信条——扫除私法上的残余，并在公法上加以建构。

赋予国家以"法人"资格的主张越发彰显。[171] "法人"这种新表述把法律行为能力经由自然人延伸到"完全通过拟制的人为假定的主体"上。[172] 它起初似乎只和私法有关系，并且只和私法中的财产有关系。至少**萨维尼**是这样认为的，他的权威决定了进一步讨论所谓的拟制理论，也决定了后来**基尔克**（Otto von Gierke，1841—1921）提出现实的联合体人格（reale Verbandsperson）理论。[173]

---

[171] "法人"（juristische Person）这个用语出现在 G. A. 海泽的著作 *Grundriss eines Systems des gemeinen Civilrechts* (Heidelberg 1807) 后，便取代了旧的（普芬道夫意义上的）"道德人格"（persona moralis）（单数形式或复数形式）表述，但起初只在私法中出现。G. Jellinek, *Allgemeine Staatslehre*，第 3 版（第 6 次印刷，1959），页 169—170；U. Häfelin, *Die Rechtspersönlichkeit des Staates* (1959)。

[172] F. C. v. Savigny, *System des heutigen Römischen Rechts*，第 2 卷（1840；第 2 次重印，1981），第 85 节。比较 W. Flume, »Savigny und die Lehre von der Juristischen Person«, *Festschr. Wieacker* (1978)，页 340—341；F. Wieacker, »Zur Theorie der Juristischen Person des Privatrechts«, *Festschr. E. R. Huber* (1973)，页 339—383（页 361—362）；M. Diesselhorst, »Zur Theorie der juristischen Person bei Carl Friedrich von Savigny«, *Quaderni Fiorentini*，第 11/12 期（1982/1983），页 319—337。

[173] 见 E. Zitelmann, *Begriff und Wesen der sog. juristischen Personen* (Leipzig 1873)；Chr. Meurer, *Die juristischen Personen nach deutschem Reichsrecht* (1901)；W. Henkel, »Zur Geschichte der Juristischen Person im 19. Jahrhundert. Geschichte und Kritik der Fiktionstheorien«（法学博士论文，Göttingen 1973）；C. Tietze, »Zur Theorie der juristischen Person in der deutschen Rechtswissenschaft des 19. Jahrhunderts«（法学博士论文，Göttingen 1974）；M. Lipp, »›Persona moralis‹, ›Juristische Person‹ und ›Personenrecht‹. Eine Studie zur Dogmengeschichte der ›Juristischen Person‹ im Naturrecht und frühen 19. Jahrhundert«, *Quaderni Fiorentini*，第 11/12 期（1982/1983），页 217。

但限制于私法的观点是站不住脚的，这种限制在**萨维尼**那里也没有得以进一步论证。因此，在公法里出现"法人"，就有可能排除掉父权制国家因素，并赋予君主以机构品质，在法律上使其融入国家结构和宪法秩序中。哥廷根的国家法学家**阿尔布雷希特**[174]由此在谈到"法人"问题时说，"这是对国家观念中的基本表述的正确理解……是真正从国家法上来称呼它"[175]。事实上，**阿尔布雷希特**在**毛伦布雷歇尔**的《当今德意志国家法的基本原则》（1837）中不引人注意的评论中找到了这个澄清问题的词汇。它不仅使人们所说的对君主进行约束成为可能，而且允许把国家目的建立在超越人（君主和臣民）的更高利益的基础之上，并在这种更高利益之上来确定议会人员。这些议会人员因此成为宪治理论意义上的真正议员，而不再是旧制度用语上的"等级会议"成员。君主和议会现在明确是一种"机构"，而官吏既不是君主的奴仆，也不是人民的仆人，而是中立的、对更高整体负责的"国家公仆"。这也表明，所有现存的私法元素（采邑法、领主司法审判、土地税、贵族家族不可分割财产、君主的私权）属于以前发展阶段上的东西，应该被长期取消。这样一来，在汉诺威，君主的行为对他的继任者是否有约束力这一现实问题最终就迎刃而解了：如果君主是一个"国家机构"，那么"国家"法人就负有责任，所以继任者也要受到约束。宪法不能再被理解成"臣民合法获得的权利"，因为这样在紧急情况下就会被取消。它是国家作为法人具有普遍约束力的出生证明。被**毛伦布雷歇尔**明确"依照财产类比"理解成"财产拥有者的私人权利"的主权，[176]

---

[174]　R. Hübner, *ADB*，第 45 卷（1900），页 743—750；H. Schönebaum, *NDB*，第 1 卷（1953），页 18—19。

[175]　前引书，前注 87，页 1492。

[176]　Maurenbrecher, *Grundsätze*，前注 34，第 145 节。

现在落到这个法人的身上。因此，按照家长式国家学说对国家进行继承法上的占有变得不可能了。从现在起，国家和人民彼此在财产法上的主张权有了一个明确的基准点，那就是**萨维尼**所说的"能拥有财产的人为假定的主体"。

（六）人民代表会议及其权利

19 世纪整个宪法争论的核心问题是人民代表会议的地位问题。[177] 这个问题聚焦在君主连同与之休戚相关的第一等级和竭力要求政治参与的第三等级之间的权力问题上。第四等级的工人在 1850 年以前暂时只像具有威胁性的阴影那样，还不引人注意。

君主权力、教会、贵族之间的关系并非就不紧张：教会财产的世俗化，普鲁士与天主教教会之间的"科隆动荡"[178]，巴伐利亚的"下跪争论"[179] 和其他许多事件都表明，他们之间也存在着紧张矛盾关系，这和要求把原来的帝国骑士团和所谓"附庸国"的君主们推到国家主权[180]之下，以及与之相关的财政争执所表明的情况一样。尽管如此，但在面临巨大问题，即出现于第三等级中的"人民"要

---

[177] U. Bermbach, »Über Landstände, Zur Theorie der Repräsentation im deutschen Vormärz«, C. J. Friedrich / B. Reifenberg (Hg.), *Sprache und Politik, Festschr. D. Sternberger z. 60. Geb.* (1968)，页 241 及 以 下；H. Brandt (1968); F. Mögle-Hofacker, *Zur Entwicklung des Parlamentarismus in Württemberg* (1981); H. Obenaus, *Anfänge des Parlamentarismus in Preußen bis 1848* (1983); B. Wunder, »Landstände und Rechtsstaat. Zur Entstehung und Verwirklichung des Artikels 13 DBA«, *ZHF*，第 5 卷（1978），页 139 及以下；Grimm, *Deutsche Verfassungsgeschichte 1776–1866* (1988)，页 116 及以下；V. Press, »Landstände des 18. und Parlamente des 19. Jahrhunderts«, H. Berding / H.-P. Ullmann (Hg.), *Deutschland zwischen Revolution und Restauration* (1981)，页 133; D. C. Umbach, *Parlamentsauflösung in Deutschland. Verfassungsgeschichte und Verfassungsprozeß* (1989)。

[178] Huber II (1960)，第 3 章，内有更多文献。

[179] 1839 年的国王敕令强行规定，巴伐利亚军队的士兵必须到天主教教堂做礼拜，并向天主行下跪礼，引发了一场政治和神学争论。该争论直到 1845 年才被解决。

[180] H. H. Hofmann (Hg.), *Die Entstehung des modernen souveränen Staates* (1967).

求参与政治权力时，君主权力、教会以及贵族们则达成一致：要从根本上避免这种"危险"，或者至少努力考虑到时代精神，但不能触及根本立场。他们采取的办法之一上文已经提到了，就是把主权的所有与主权的行使分离开，在主权的行使层面上允许一定的让步。

1830年以后，在德意志同盟的宪法国家中，人民代表会议的存在完全不受争议了，而争论转移到这样的问题上来，即"等级会议"和"议院"应该拥有何种权能。人们已经对词义进行了激烈的争论。

1. 等级会议或议会？

像根茨和其他人在使用"等级会议"（Landstände）、"等级团体"（Standschaft）以及"邦国议会"（Landtage）这些词汇时，[181] 喜欢在旧制度的意义上[182]来阐释人民代表会议（Volksvertretung），也就是把它解释成"臣民团体，由于领主的土地自由和世袭之缘故，在一些领地事务上为了征求他们的意见和同意，必须和他们商量，对其他一些与福利有关的领地事务进行管理和组织，或在管理和组织这些事务时提出一些意见"。[183]这意味着，人民代表会议不是立

---

[181]　Gruner, »Ueber deutsche Landstände«, *Der rheinische Bund*, 第22卷（1812），页112—153；M. K. Fr. W. v. Grävell, *Der Regent*, 第1卷（Stuttgart 1823）, 页476及以下；Ch. Ch. Dabelow, *Über Souverainität, Staats-Verfassung und Repräsentativ-Form mit Berücksichtigung der Ancillonschen Grundsätze und in Anwendung auf die deutschen Staaten* (Marburg 1816)；Th. Schmalz, *Das teutsche Staats-Recht*, 第4部分（Berlin 1825）；A. Müller, *Meine Ansichten wider das deutsche Repräsentativsystem, und über die Hauptursachen der zunehmenden Volksunzufriedenheit, insbesondere über manches, was päbstelt* (Ilmenau 1828)；C. Vollgraff, *Über die Täuschungen des Repräsentatif-Systems, oder Beweis. dass dieses System nicht das geeignete, rechte und zeitgemässe Mittel ist, den Bedürfnissen unserer Zeit zu begegnen* (Marburg 1832)；A. W. Rehberg, *Die Erwartungen der Teutschen von dem Bunde ihrer Fürsten* (Jena 1835), 页17及以下。

[182]　V. Press, »Landtage im Alten Reich und im Deutschen Bund«, *Zeitschr. f. württ. Landesgeschichte*, 第39卷（1980）, 页100及以下。

[183]　J. J. Moser, *Compendium Juris Publici Moderni Regni Germanici* (Frankfurt, Leipzig 1738), 页602；J. J. Moser, *Von der teutschen Reichs-Stände Landen* (Frankfurt, Leipzig 1769)；D. G. Strube, »Von Landständen«, *Nebenstunden*, 第2部分（转下页）

法机构，只是为了君主而维护好领地和君主的臣民的权利，尤其从财政角度上看更是如此。它们的组成也和一般的国民地位不相称，只是代表"等级阶层"（骑士团、高级教士、市政府），市民和农民仍然被大范围排除在外。[184] 人民代表会议的功能在于批准收税、通过国家预算和参与立法，但只有建议权，而没有独立的法律创制权。[185] 但是，一方面，因"动议"或者"请愿"而存在着事实上的法律创制权，通过这些可以形成某些法律；另一方面，政府自身不必参与这种活动，可是政府通过选择法规形式能够撤销议会的重要法律内容。这是 19 世纪在理论上努力完善法律（Gesetz）和立法权概念，并使其更加明确的原因，以此可以确保人民代表会议的权限。[186]

在人民代表会议传统的"等级会议"模式中，君主制原则得到了完整的保护。君主是立法者，接受他人建议，同时也是政府首脑和掌握军权的人，在新教国家中，甚至还是国家教会的领袖。1818年《巴伐利亚宪法》便是典型例子。该宪法在序言中宣布，赋予等级阶层"共同建议权、同意权、批准权、请愿权、在宪法权利遭到侵害时的申诉权……旨在增添公共大会中咨议机构的英明，不削弱政府的力量"。

与之相反，那些谈论"议院"（Abgeordnetenhaus）或"议会"（Parlament）的人理解的却是另一种完全不同的模式。[187] 在这里，"人

（接上页）（Hannover 1789），页 136—186。

[184] O. Hintze, »Typologie der ständischen Verfassungen«, O. Hintze, *Staat und Verfassung*，第 2 版（1962），页 120 及以下。

[185] W. Reinhard, *Die Bundesakte. Über Ob, Wann und Wie Deutscher Bundesstände* (Heidelberg 1817)；其他政治意图，见 Ch. Ch. Dabelow，前注 181。

[186] 主要参见 Böckenförde (1958)。为了法律保护而对法律和法规进行区分的意义，比较 R. Ogorek, »Richterliche Normenkontrolle im 19. Jahrhundert. Zur Rekonstruktion einer Streitfrage«, *ZNR*，第 11 期（1989），页 12。

[187] C. v. Rotteck, »Ideen über Landstände« (Karlsruhe 1819), *Sammlung kleinerer Schriften*，第 2 卷（Stuttgart 1829）。

民"（Nation）出现在代表会议之中，尽管在形式上受到财产审查选举法的严格限制。[188] 人民通过这样的方式可以自己立法，既可涉及各种能想象的东西(不受限制的法律创制权)，也可涉及"自由和财产"的东西（法律保留权）。人民能批准收税、确定国家的开支，从而对政治施加决定性影响，在发生冲突的情况下或许能对这些进行阻挠。当议会化发展更深入推进时，人民代表会议甚至还能推翻政府(不信任案投票、大臣责任制)。[189] 但大臣责任制还完全停留在理论上，因为在 19 世纪的德意志宪法中，大臣责任制的历史变化无常，这表明：政府虽然事实上越来越依附于议会，但政府的任免还完全是君主的事务。[190] 在库尔黑森，对大臣弹劾的失败[191] 清楚地表明了君主

---

[188]　R. Smend, »Massstäbe des parlamentarischen Wahlrechts in der deutschen Staatstheorie des 19. Jahrhunderts«, *Staatsrechtliche Abhandlungen*，第 2 版（1968），页 19—38；P. M. Ehrle, *Volksvertretung im Vormärz. Studien zur Zusammensetzung, Wahl und Funktion der deutschen Landtage im Spannungsfeld zwischen monarchischem Prinzip und ständischer Repräsentation* (1979)；U. Bermbach，前注 177；H. Boberach, *Wahlrechtsfragen im Vormärz. Die Wahlrechtsanschauung im Rheinland 1815–1849 und die Entstehung des Dreiklassenwahlrechts* (1959)；S. Aeppli, *Das beschränkte Wahlrecht im Übergang von der Stände- zur Staatsbürgergesellschaft. Zielsetzungen des Zensuswahlrechts* (Zürich 1988)。

[189]　B. Constant, *De la responsabilité des Ministres* (Paris 1814). 该书是研究的切入点。比较前注 161。

[190]　H. Bischof, *Ministerverantwortlichkeit und Staatsgerichtshöfe in Deutschland* (Gießen 1859)；A.Samuely, *Das Prinzip der Ministerverantwortlichkeit in der constitutionellen Monarchie* (Berlin 1869)；F. Hauke, *Die Lehre von der Ministerverantwortlichkeit* (Wien 1880)；F. Thudichum, »Die Ministeranklage nach geltendem deutschem Recht und ihre Unräthlichkeit in Reichssachen«, *(Hirths) Annalen des Deutschen Reichs* (1885), 页 637 及以下；A. Lucz, *Ministerverantwortlichkeit und Staatsgerichtshöfe* (Wien 1893)；H. v. Frisch, *Die Verantwortlichkeit der Monarchen und höchsten Magistrate* (1904)；P. G. Hoffmann, *Monarchisches Prinzip und Ministerverantwortlichkeit. Eine politische Studie* (1911)；R. Passow, *Das Wesen der Ministerverantwortlichkeit in Deutschland* (1904)；F. Frhr. Marschall v. Bieberstein, »Die Verantwortlichkeit der Reichsminister«, Anschütz / Thoma (Hg.), *Handbuch des Deutschen Staatsrechts*，第 1 卷（1930），页 520 及以下；F. Greve, *Die Ministerverantwortlichkeit im konstitutionellen Staat* (1977)，内有以前的博士论文文献。

[191]　Huber II (1960)，页 72 及以下。

权力和议会相冲突的僵局。这同时表明，那时刑法和国家法上的大臣责任制还几乎相互交织在一起；为了努力建立一个在政治上更令议会多数接受的政府，也会对破坏宪法的行为进行指责。认为议会多数党领袖有权组建政府的思想还完全不切实际。那时还不存在真正的议会体制。

2. 两院制、选举权、国家资政院

作为牵制君主制原则的政治力量，人民代表会议的内部结构、由选举权控制会议组成以及与其他国家机构的关系，对它至关重要。

首先，"等级会议"按规定划分成两院。其中一个议院通过选举方式使其正当化，另一个议院则通过君主权力来召集。人民大多数的政治声音因此受到了限制。把由选举产生的会议称作"第二"议院（下院），这已经象征地表明了其地位的差异。第一议院（上院、等级领主议院、资政院）由世袭成员、"王室王子、诸侯和伯爵家族首领……国王所封的享有世袭或终身爵位的成员"组成。最后一种成员从"最受尊敬的公民"中筛选出来。[192]这样一来，王子、领主、大贵族、国家主教及高级神职人员、从拥有土地的贵族和大学代表中选举出来的议员、被任命的人员等形成了一个保守派的集团。正如设想的那样，两院在与君主复杂的周旋中起到了限制作用。[193]在上院中，选举权的作用微不足道，因为它的成员组成完全被固定好了，或者至少被操纵了，不会出现什么意外。但就在这样的第一议院中

---

[192] 《符腾堡宪法》（1819），第129—131节。也可比较《巴伐利亚宪法》（1818），第6章，第1—6节；《巴登宪法》（1818），第27—32节；《黑森－达姆施塔特宪法》第5条（1820）；《萨克森宪法》（1831），第63—67节；《汉诺威宪法》（1840），第84节；《普鲁士宪法》（1850），第65节；《库尔黑森宪法》（1830）的一院制，第63—105节。

[193] 卡尔·察哈里埃在巴登议会中公开说，"扶持发挥阻挠作用的原则实际上就是上院的目的"。比较 W. Fischer, *ADB*, 第44卷（1898），页641—652（页648）。

甚至还有其他保障措施，它有较大的被选举年龄（二十五岁以上）和最低财产等限制。

在三月革命前，对下院的选举权与仍存在着的社会等级结构和君主的显著影响相符合。它通过许多限制（选举人程序、财产审查、年龄限制、居住期限、宗教信仰、城乡户口等）力图筛选出下院议员，以至于出现了特定的议院类型。其目的是建立一个由社会名流组成的议院，在该议院中，做出了纳税贡献并得到社会认可的人员占有一定分量，他们对市民的安全、安宁和秩序感兴趣。早在 1789 年，**西哀士**（Emanuel Joseph Sieyès）就谈过，那些依附于他人、在财政上或其他方面对国家没有贡献的人也就不该参与政治抉择。这种简单的基本思想与自由市民阶层的自我认识相符合。他们认为，根据贡献来确定差异是理所当然的。在政治上，他们试图与第四等级的社会成员区分开来。因此，贫困的受济者、破产者、欠税者应该和广大妇女一样被排除在选举之外。按照传统观念，妇女在人身和经济上都不自由，因此不能参加选举。为了剔除不受欢迎的政治倾向，不仅简单限定一部分选民尤其是下层选民的进路，[194] 而且男性选民还要受更严苛的财产审查，也就是说须是富裕者。

然而，市民阶层在政治上感兴趣的利益与君主权力的利益只有很少部分相一致。整个三月革命前不断聚积的紧张气氛就表明了这一点。所以，从君主角度出发的选举机制根本无法发挥人们所希望的作用。巴伐利亚国王**路德维希一世**的郁闷就是君主不满的典型例子，

---

[194] 在 1848 年以前，享有选举资格的平均只约占总人口的 1%。如果考虑到只有成年男子才享有选举资格，那么，40% 至 70% 的成年男子才有选举权，这是欧洲的平均数。巴伐利亚的数据尤为消极，比较迪特尔·格林（D. Grimm）提供的巴伐利亚在 1843 年的数据（享有选举权利：城市人口比例为 0.57%，农村人口比例为 1.4%；享有被选举为选举人的权利：城市人口比例为 0.5%，农村人口比例为 0.02%）。见 D. Grimm, *Deutsche Verfassungsgeschichte 1776–1866* (1988)，页 127。

在与下院发生芥蒂时，他就已经和他早期的宪法热情渐行渐远了。

国家资政院制度对人民代表会议起到类似的牵制效果。18世纪，国家资政院起初是支持君主而设立的高级幕僚机构（奥地利在1760年设立，普鲁士在1781年设立），其功能主要是对重要的法律进行咨议，**拿破仑**政府体制中的国家参政院（Conseil d'état）也有这样的功能。但这在宪治框架内情况有所变化：在当时还没有宪法的普鲁士，由**卡尔·施泰因**设计的国家资政院[195]是最高的行政机构，但随着向由专家大臣组成内阁的政府方式转变，国家资政院就不能与这种政府方式真正协调一致了。所以，普鲁士设立的资政院最终在1817年转变为立法和重要国家事务的咨议机构。[196]随着普鲁士向宪法国家转变，国家资政院便失去了它的意义；1852年，它实际成为国家部级的下属机构。[197]它的地位在宪法国家中无法被人们接受，以及它在设置该机构的所有领地中（1819年的符腾堡[198]、1821年的库尔黑森、1825年的巴伐利亚、1831年的萨克森、1844年的巴登）[199]占据着最保守的位置，都证明它是一个体现"君主制原则"精神的国家机构。

3. 法律保留与基本权利

对人民代表会议地位至关重要的是赋予它的参与权。参与权在一定程度上是分享国家内部权力的一种简短表述。因为旧形式的专

[195]　»Organisationsedikt v. 24. 11. 1808«.

[196]　»Kabinettsordre v. 31. 3. 1810«；»VO über die veränderte verfassung aller obersten Staatsbehörden in der preußischen Monarchie v. 27. 10. 1810«, *PrGS* (1810)，页3。

[197]　详见 H. Schneider, *Der preußische Staatsrat 1817–1918* (1952)。

[198]　有"枢密院"（Geheimer Rat）字样。比较《符腾堡宪法》（1819）第54节及以下。

[199]　M. W. Francksen, »Die Institution des Staatsrats in den Deutschen Staaten des 19. Jahrhunderts«, *Zeitschr. f. Neuere Rechtsgeschichte*，第7期（1985），页19—52；P. Conring, Staatsrat, *HRG*，第4卷（1990），栏1832—1836。这两篇文章都有更多文献。

制主义不能再存在下去，而具有前途的议会模式在 19 世纪还没有真正实现，所以一切还停留在妥协性的中间状态。

在税收批准权上，冲突尤为明显。自 16 世纪以来，君主和等级会议围绕这个问题就争论不休。1791 年、1793 年、1795 年以及 1799 年的法国宪法都规定了议会的税收批准权和开支决定权，而 1814 年宪章却只规定税收批准权，即在收入方面的批准权，它还宣布这要经两院同意和君主的批准。1814 年以后的德意志学者坚持这种非常温和的路线。[200] 正如**弗里奥夫**（Friauf）深入调查所表明的，三月革命前的德意志宪法根本没有遵循这种简单模式，即在 1848 年以前邦国议会可能只拥有税收批准权（巴伐利亚体制），而不拥有预算权（普鲁士体制），1848 年到 1850 年的《普鲁士宪法》才是第一部赋予邦国议会拥有预算权的宪法。[201] 事实上，三月革命前的情况要复杂得多。税收批准权与预算权之间的区分不以 1848 年为分界线，而更多是小国与大国之间的区别。在小国中，人们在早期就与人民代表会议就税收的使用达成了一致。而所有大国受德意志同盟支持，[202] 德意志同盟又以干预相威胁，所以它们重视不让人民代表会议参与决定税收的使用，尤其涉及军事开支时更是如此。这事实上是政府政治活动能力的核心问题，对此的文献讨论相当激烈。[203]

---

[200] K. H. Friauf, *Der Staatshaushaltsplan im Spannungsfeld zwischen Parlament und Regierung*，第 1 卷，*Verfassungsgeschichtliche Untersuchungen über den Haushaltsplan im deutschen Frühkonstitutionalismus* (1968)，页 34 及以下。

[201] 1850 年 1 月 31 日《普鲁士宪法》，第 99、100 条。

[202] »Bundesbeschluß über Maßregeln zur Aufrechterhaltung der gesetzlichen Ruhe und Ordnung in Deutschland vom 28. 6. 1832«, Huber, *Dokumente 1*，页 117。

[203] F. Murhard, »Budget«，第 2 版，第 2 卷（Rotteck / Welcker 1846），页 689—703；K. v. Rotteck, *Lehrbuch des Vernunftrechts und der Staatswissenschaften*，第 4 卷（Stuttgart 1835），页 460—461；P. A. Pfizer, *Das Recht der Steuerverwilligung nach den Grundsätzen der würtembergischen Verfassung, mit Rücksicht auf entgegenstehende Bestimmungen des Deutschen Bundes* (Stuttgart 1836)，页 44—47 及各处；现主要见 W. Heun, *Staatshaushalt und Staatsleitung* (1989)。

对 1848 年前的整个宪法状况来说，基本权利的宪法法律保障同样具有启迪意义。[204] 它的作用首先是通过废除特权和消除妨碍平等地位的旧障碍，保障第三等级拥有经济发展机会，并受法律保护，从而取得政治抉择权。其中平等地位主要体现在公共税务领域、担任公职和服兵役等方面。而经济发展则针对土地和工商业流通，[205] 但国家为了公共利益而保留进行干预的可能。

基本权利保障的第二个作用在于，它指明国家官僚对于社会进行相应的自愿的自我限制。其中变得明显的是，德意志国家着重优待自由的经济方面，目的在于提高税收业绩。[206] 但涉及政治基本权利（言论和出版自由 [207]、结社和集会自由）的地方就显得异常敏感。比如，1818 年《巴登宪法》用谨慎而又含糊的语言说，"出版自由根据将来同盟大会的规定处理"。[208]

和宪法完全一样，基本权利始终是"赋予物"。它不是以革命

---

[204]　在丰富的文献中有关基本权利和自由权利的形成，见 R. Schnur (Hg.), *Zur Geschichte der Erklärung der Menschenrechte* (1964)；G. Oestreich, *Geschichte der Menschenrechte und Grundfreiheiten im Umriß*，第 2 版（1978）；G. Birtsch (Hg.), *Grund- und Freiheitsrechte im Wandel von Gesellschaft und Geschichte* (1981)；G. Birtsch (Hg.), *Grund- und Freiheitsrechte von der ständischen zur spätbürgerlichen Gesellschaft* (1987)；W. v. Rimscha, *Die Grundrechte im süddeutschen Konstitutionalismus* (1973)；U. Scheuner, »Begriff und rechtliche Tragweite der Grundrechte im Übergang von der Aufklärung zum 19. Jahrhundert«, *Der Staat*，第 4 卷（1980），页 105 及以下；D. Klippel, »Die Theorie der Freiheitsrechte am Ende des 18. Jahrhunderts in Deutschland«, H. Mohnhaupt, *Rechtsgeschichte in den beiden deutschen Staaten (1988–1990)* (1991)，页 348—386。

[205]　J. C. Leuchs, *Gewerb- und Handelsfreiheit; oder über die Mittel, das Glück der Völker, den Reichthum und die Macht der Staaten zu begründen* (Nürnberg 1827).

[206]　Ullmann，见前注 169。

[207]　G. Birtsch, »Gemäßigter Liberalismus und Grundrechte. Zur Traditionsbestimmtheit des deutschen Liberalismus von 1848/49«, W. Schieder (Hg.), *Liberalismus in der Gesellschaft des deutschen Vormärz* (1983)；W. Siemann, »Kampf um Meinungsfreiheit im deutschen Konstitutionalismus«, J. Schwartländer / D. Willoweit (Hg.), *Meinungsfreiheit. Grundgedanken und Geschichte in Europa und USA* (1986)，页 173 及以下。

[208]　《巴登宪章》，第 17 节。

手段取得的"天赋"的自然权利，而是领主赠送给国家一部分人的。"国家为每个居民提供人身、财产以及权利安全"[209]，以及，"国家保障每个公民的人身自由、良心和思想自由、财产自由与迁徙自由"[210]。这给德意志三月革命前的基本权利以典型家长式的和政治狭隘的腔调，同时也表明了与旧等级阶层使命的联系，这一使命是保障臣民的财产和自由（"财物和鲜血"［Gut und Blut］）不受统治者的侵犯。因此，对公民基本权利的保护处于显著位置，并把它和这样的使命联系在一起，即在触及"自由和财产"时能引发议会的参与权。正如有人恰当地指出的，在三月革命前的德意志，基本权利的重要性在于，"它保障一部分改革，把旧的国家权力本身引到人们所期望的道路上，并能加以实施，向前推进"[211]。有意识的含混阐述、法律保留或者德意志同盟的指点，都削弱了基本权利的效果。但在实际的实现过程中，主要是不可打破的行政支配地位削弱了它的效果。只要社会压力不上升到一定程度，那么基本权利就不是新社会之光，而是向一个在本质上愿意服从的社会所做的妥协让步。

在今天有效实施基本权利的背景下，这些基本权利的法律功能尤显微弱。与它有限的法律功能相反，我们要高度评价三月革命前语境下的基本权利的宪法政治意义。它是一种重要的进步，在以简洁的、大家都能理解的方式所撰写的文件中，人们首次可以查阅法律基础和共同体的一系列价值。在这种状况下，政府往回走就有很大的政治风险。人们可以对政府甚至君主违反宪法的行为进行谴责，政府或君主因此会在道德上失去非常大的信誉，因为违宪行为触犯

---

[209]　《巴伐利亚宪章》（1818），第 4 章，第 8 节。
[210]　《符腾堡宪章》（1819），第 24 节。
[211]　Grimm，前注 194，页 133。

了宪法文字和庄严宣告的神圣性。汉诺威的宪法争论和库尔黑森的宪法争执都清楚地表明了这一点。就此而言，三月革命前的基本权利的意义远远超过它软弱的法律内容，它对政治发展，对议会自我意识的逐渐培育以及对整合公民的"宪法意识"都具有重大意义。[212]

（七）第三种权力

"司法权来自国王。"[213] "法院在自己的职权范围内自主独立。"[214] "以国王的名义，以同事般的合作关系建立法院，在上级的监督下依照法院审判机构的法律顺序管理司法审判。民事法庭和刑事法庭在审判活动范围内独立自主。"[215] 宪法保障就以这些或类似这些的方式进行规定。宪法保障力图保持平衡：一方面，司法权是国王的最高权力；另一方面，司法独立并受法律约束。

因此，从主权推导出最高司法权似乎有必要，因为 19 世纪早期的德意志国家还在把家族司法审判和教会司法审判融进统一的国家法院组织。[216] 其主要原因是想在传统的主权领域内完整无损地维护君主的权力地位。[217] 它根本没有考虑议会对司法的干预。

然而，对司法的不同强调具有启发性：一些人谈论"君主的司法

---

[212]　见典型文章 P. Pfizer, »Urrechte oder unveräußerliche Rechte«, Rotteck / Welcker, *Staatslexikon*，第 2 版，第 12 卷（1848），页 689—706。晚近的文献，尤其参见 W. v. Rimscha，前注 204；R. Wahl, »Rechtliche Wirkungen und Funktionen der Grundrechte im deutschen Konstitutionalismus des 19. Jahrhunderts«, *Der Staat*，第 18 卷（1979），页 321 及以下；G. Kleinheyer, »Aspekte der Gleichheit in den Aufklärungskodifikationen und den Konstitutionen des Vormärz«, *Von der ständischen Gesellschaft zur bürgerlichen Gleichheit, Der Staat*，第 4 册（1980），页 7—31；G. Birtsch，前注 204。

[213]　《巴伐利亚宪章》（1818），第 8 章，第 1 节。

[214]　《巴登宪章》（1818），第 14 节，第 I 条。

[215]　《符腾堡宪章》（1819），第 92—93 节。

[216]　有关当时讨论最重要的文献，见 Klüber，第 3 版（1831），第 368—372 节。

[217]　Maurenbrecher, *Grundsätze*，前注 34，第 189—190 节。

权"，[218] 而另一些人则强调"所有公共的司法来自国家"。[219] 在对最高司法权进行宪法限制时也有类似分歧。对法官和司法独立进行法律保障 [220]，禁止以权判案，把司法与行政分离开 [221]，这些从 18世纪中期以来就已经在慢慢进行了。但在三月革命前恶化的政治气氛中，司法一直受到个人干预的威胁。[222] 除了在国家法院对官员进行控告 [223]、普通法院对剥夺财产和非法限制自由进行审查 [224] 以及递交请愿书 [225] 这些有限的可能性之外，对行政活动进行真正的司法控制还不可能。所实行的"行政司法"（Verwaltungsrechtspflege）不是司法审判，而是行政内部控制。人们对行政内部控制的优缺点开始了长时间的讨论。从 1863 年起，这些讨论汇合到行政审判的讨论中去了。[226]

司法的宪法和法律保障是 19 世纪的中心话题。国民可以直接看到法院判决的质量，知道在自己的国家中如何进行司法审判。对全

---

[218]　Maurenbrecher, *Grundsätze*，前注 34，第 189 节。

[219]　Klüber，前注 47，第 3 版（1831），第 366 节，第 VII 条。

[220]　D. Simon, *Die Unabhängigkeit des Richters* (1975); R. Ogorek, *Richterkönig oder Subsumtionsautomat? Zur Justiztheorie im 19. Jahrhundert* (1986).

[221]　比较《帝国宪法》（1849），第 181 节："司法与行政应分离，并相互独立。"

[222]　比较 J. L. Klüber, *Die Selbstständigkeit des Richteramtes und die Unabhängigkeit seines Urtheils im Rechtsprechen; im Verhältnis zu einer Preußischen Verordnung vom 25. Januar 1823* (Frankfurt 1832); H. Simon, *Die Preußischen Richter und die Gesetze vom 29. März 1844* (Leipzig 1845)。这部优秀和大胆的著作反对因"违纪"（Disziplinarvergehen）撤销法官，其反对观点产生了影响。比较 H. Simon, *Mein Austritt aus dem preußischen Staatsdienst* (1846)。有关他的生平，见 Huber II (1960)，页 401。

[223]　《符腾堡宪章》（1819），第 195—205 节；有关"高级"国家官吏，见《巴伐利亚宪章》（1818），第 10 章，第 6 节。

[224]　符腾堡的特别规定见《符腾堡宪章》（1819），第 60 节，第 3、30 号。

[225]　《巴伐利亚宪章》（1818），第 7 章，第 21 节："每个国民个人和每个乡镇因宪法权利遭到破坏可以向等级大会申诉……"《帝国宪法》（1849），第 159 节对请愿权进行了特别详细的规定。

[226]　《帝国宪法》（1849），第 182 节："废除行政司法；所有违法行为由法院判决。"有关行政审判的来历，见本书第 5 章，第 1 部分，第 4 节。

体国民来说，"谁在司法？"这个问题对消除等级残余而迈向平等的公民社会以及产生新的经济和政治公正来说至关重要。从审判公开 [227]、陪审法庭 [228]、国家检察官和律师 [229] 到法院建筑 [230]，都是人们激烈讨论的话题。而这些话题表明，按照宪法所宣布的内容去改造传统的司法结构有多困难，在此基础上把宪法具体化又会遭遇到何种抵抗。因此，公法的文献资料也大范围地卷入这些斗争，而这些斗争从根本上说是宪法政治斗争。

（八）宪法与军队

军队地位的公法论述也体现了国家组建问题和宪法问题是如何交织在一起的。[231] 专制主义的宪法结构延伸进 19 世纪，奥地利和普鲁士尤为突出。尽管这两个地方为回应革命性的全民动员（levée en masse）而进行了军队改革，[232] 但军权还是传统地掌握在君主手里：

---

[227] M. Th. Fögen, *Der Kampf um Gerichtsöffentlichkeit* (1974).

[228] C. Th. Welcker, *Die letzten Gründe von Recht, Staat und Strafe* (1813)；C. J. A. Mittermaier, *Die Mündlichkeit, das Anklageprinzip, die Öffentlichkeit und das Geschworenengericht* (Stuttgart 1845；再版，1970). 比较 E. Schwinge, *Der Kampf um die Schwurgerichte* (1926)；E. Sjöholm, *Rechtsgeschichte als Wissenschaft und Politik* (1972)；H. Rüping, *Grundriß der Strafrechtsgeschichte*，第 2 版（1991），页 76 及以下。

[229] Carsten, *Die Geschichte der Staatsanwaltschaft in Deutschland* (1932；再版，1971)；Blankenburg-Treiber, »Die Einführung der Staatsanwaltschaft in Deutschland«，*Leviathan*，第 6 卷（1978），页 169 及以下；Katerberg, »Vom Fiscalat zur Generalstaatsanwaltschaft«，*75 Jahre OLG Düsseldorf* (1981)，页 117 及以下。

[230] P. Landau, »Reichsjustizgesetze und Justizpaläste«，E. Mai / H. Pohl / S. Waetzold (Hg.), *Kunstpolitik und Kunstförderung im Kaiserreich* (1982)，页 197 及以下。

[231] Klüber，第 3 版，第 545—559 节；Maurenbrecher, *Grundsätze*，前注 34，第 205 节；Zöpfl，前注 126，第 2 部分，第 492 节；H. A. Zachariä，前注 110，第 3 部分，第 21 节及以下。

[232] E. R. Huber, *Heer und Staat in der deutschen Geschichte*，第 2 版（1943）；R. Höhn, *Scharnhorst. Soldat, Staatsmann, Erzieher*，第 3 版（1981）；同前, *Revolution, Heer, Kriegsbild* (1944)；G. Ritter, *Staatskunst und Kriegshandwerk. Das Problem des »Militarismus« Deutschland*，第 1 卷：*Die altpreußische Tradition (1740–1890)*，第 4 版（1970）。

"在国家和军队中，君主拥有不受限制的制定法规的权力；军队统帅的绝对指挥权和国家统治者的主权相符合。统治国家的政治领导层和军队的领袖层相一致。"[233]

但只要是宪法状态，人们就会问，专制主义的军队状态和宪治是否能协调一致？**韦尔克**这样写道："宪治下的国民要求进行战争的国民军队和军官是国家的国民阶层，全体人民都有权利和义务。"[234] 比如，是维持一支（国王的）"常备军"还是建立一支"人民军队"这样的基本问题，[235] 以及是预备役体制还是国防体制[236]，还有招募军队、一般兵役的服役期限、军费预算的批准，允许人民代表会议在多大程度上参与决定这些？是否允许它通过法律的方式废除贵族特权[237]、推行兵役的平等化？但首要问题是：军队应该归属君主，还是归属人民？它是向"旗帜效忠"还是向"宪法效忠"？赞成向"宪法效忠"的话，那就赞成在紧急情况下有借宪法名义进行反抗的权利。这种权利对君主制原则是一种侵害，而君主制的最后一种可能性就是用军队权力镇压革命，保护自己。[238] 探讨这些敏感而又迫切的问题的国家法学家们如履薄冰。**威廉·贝尔因**赞成军

---

[233]　Huber I (1957)，页 219。

[234]　C. Welcker, »Heerwesen«（附录），Rotteck / Welcker, *Staatslexikon*，第 2 版，第 6 卷（1847），页 596。

[235]　H. W. Pinkow, »Der literarische und parlamentarische Kampf gegen die Institution des stehenden Heeres in Deutschland in der ersten Hälfte des XIX. Jahrhunderts (1815–1848)«（博士论文，Berlin 1912）；R. Höhn, *Verfassungskampf und Heereseid. Der Kampf des Bürgertums um das Heer (1815–1850)* (1938)；R. Höhn, *Die Armee als Erziehungsschule der Nation. Das Ende einer Idee* (1963)。

[236]　K. v. Rotteck, »Ueber stehende Heere und Nationalmiliz« (1816)，见同作者，*Kleine Schriften*，第 2 卷；C. Th. Welcker, *Begründung er Motion für eine constitutionellere, weniger kostspielige und mehr sichernde Wehrverfassung* (Karlsruhe 1831)。

[237]　E. Sossidí, *Die staatsrechtliche Stellung des Offiziers im absoluten Staat und ihre Abwandlungen im 19. Jahrhundert* (1939)；K. Demeter, *Das deutsche Offizierskorps in Gesellschaft und Staat 1650–1945*，第 4 版（1965）。

[238]　R. Höhn，前注 235；Huber I (1957)，页 364 及以下。

队向宪法效忠而被送进了监狱。他的命运就说明了问题。

（九）国家法学说与政治

三月革命前的公法论述在很大程度上都被政治化了。人们对构建国家的所有问题都争论不休。这些问题包括君主的、政府的、军队的和官吏的地位，国家和教会的关系[239]，人民代表会议的权限，地方自治的范围，以及国民权利的范围（言论和出版自由、集会自由、结社自由、工商自由、土地自由、公民平等）。当时宪法不可避免的高度政治化，可能促使了对国家法进行纯粹的法律构建的呼吁。19 世纪中期以降，这种呼声就越来越强烈，并最终得以实现。

这与 1815 年到 1848 年许多国家法学家参与人民代表会议有关，他们的参与几乎是理所当然的。学术层面上的政治立场不可避免。邦国议会一旦建立，政治立场就会迫使他们进行实际活动。我们发现，所有著名的国家法学家同时也是议会议员，一部分是大学的代表[240]，一部分是从选区选出来的议员。他们在那里积累的经历生动而又深刻地反作用于他们的文章。他们坚信演讲和著述能发挥一些作用，他们深感有责任把自己的聪明才智贡献给共同的善。宪法引导的政治突然又牵扯到所有人，它在邦国议会中找到了公共论坛。因此，这个时期国家法辩论的政治语境明显不同于帝国公法学时代，也不同于 1870 年以后国家法实证主义疏远政治的气氛。

由于对各个问题都存在着激烈争论，所以在内容上很难对它们进行派别划分。但是，迄今为止对三月革命前德意志国家（法律）学说的研究已表明，国家法学家们所创立的"德意志共同国家法"

---

[239]　Huber I (1957)，页 387 及以下。

[240]　F. Gackenholz, *Die Vertretung der Universitäten auf den Landtagen des Vormärz* (1974).

远不只是教学辅助工具。实际上存在着某种类似于原型的东西，它作为典范始终处在各种变化的背后，尤其在非宪治国家中，它显示为墙上的秘密警语，而这又恰好暴露了非宪治国家的缺陷。

人们把这种原型解释为"一元论"还是"二元论"，这要取决于对民主发展机会的评估，人们把民主发展机会赋予这种原型。"一元论"的观念认为，君主享有不可分割的主权，给人民代表会议局部的行使权限；而"二元论"的解释则是从人民选举的自身根源中寻求议会的正当性。但必须承认，上院和国家资政院不分享这样的正当性，而三月革命前议会权利的有限性总会导致不均衡，这有利于君主。[241]

但所有争辩对手的基本观点在一定程度上是共同的，对我们的目的来说，这一认识比类型学上的划分更为重要。他们都知道，粗暴形式的专制主义已崩溃了。任何地方还想恢复这样的专制主义，像在库尔黑森那样，人们都可预见它的失败。他们还达成共识，认为民主－共和状态极其危险。[242] 君主制和君主不仅在外部不可侵犯，在思想上也是神圣不可侵犯的——这更为重要。绝大多数接受过教育的上层人士希望建立起君主立宪制（君主世袭），平衡权力，使公民拥有"有机"的自我发展的可能性，同时还希望建立起"法治国"，在适当地方推行国家福利。他们希望在保持历史生成物的情况下建立起联邦制民族国家，使历史与进步和谐统一，不希望出现极端主义，不希望有街垒和流血冲突，不希望出现中央集权主义和构建理性的国家，不希望有全权官僚的监管，也不希望自由放任。国家应该保持现状，但不能起压制作用，它应该让公民有发言权，在危急关头

[241] Grimm，前注 194，页 138—141。

[242] P. Wende, *Radikalismus im Vormärz. Untersuchungen zur politischen Thoerie der frühen deutschen Demokratie* (1975).

应该行动有力。

这些相互矛盾的愿望在积极的自由主义代表那里组合成了一幅生动的公民国家理想画卷。这些愿望也包含了政治的比德迈耶运动的成分。在比德迈耶运动的背后是市民阶层，而这个阶层还很孱弱，不能摆脱身上的枷锁，他们在自己所处的景况下打点自己，并以强大的君主制国家为后盾去应付不断上升的第四等级的威胁。

第三章
三月革命前的"一般国家学说"

一、保守主义、浪漫派与复辟

（一）引言

公法思想与著述的核心是国家形象。每个时代都要树立其神话和模范形象，它们可能建立在本能的直觉基础上，是"前科学的"，也可能是在较高理论水平上形成的国家法基础。伴随这些模范形象，并与之盘根错节的，是各种偏离思潮和反对思潮。因此，谁要想回顾 1750 年到 1850 年对国家一般认识的基本路线，那他必须认识到，那些流行的标签——它们或许太迎合秩序的需要了——常常会遮蔽我们的视线。这个时期不是简单地从革命跳跃到反动、从理性启蒙跳跃到政治浪漫派[1]，国家理论的反思道路也不是简单"从虔信派，经历感伤主义和狂飙突进，到**歌德**的青年游记，再到古典主义和浪漫派高潮"[2]。就是某些国家理论设想的清晰形态在其发展为"主流意见"的道路上也会被大大削弱，而且结合了其他思想，以至于人

---

[1]　U. Scheuner, »Der Beitrag der deutschen Romantik zur politischen Theorie«, *Rhein-Westfäl. Ak. d. Wiss.*, Vorträge G248 (1980).

[2]　R. Smend, »Politisches Erlebnis und Staatsdenken seit dem 18. Jahrhundert« (1943), *Staatsrechtliche Abhandlungen*，第 2 版（1968），页 346（页 347—348）。

们在复调中充其量能提炼出典型的和具有代表性的东西。而且要确定"主流意见"所主张的东西，在三月革命前比在其他任何时候都要艰难。在思想上，流传广泛的、在专制主义和共和主义之间寻求温和中间路线的思潮占据主流。这种中间路线被称为"拥有代议制宪法的世袭统治"。因此，这是大大褪了色的自由主义，其目的是想在宪法保障的基础上同世袭统治王朝达成妥协。而"舆论"主要支持这种思想。[3]

实际上与之相反，君主制原则占据着主导地位。其公法学代表的背后是官员、军队、贵族以及教会这些实际权力，并受到根源于德意志的旧观念的神圣化与支持，这一旧观念相信当权者行为的合法性。

1. 术语

从启蒙时代到三月革命前，对理论和政治观点的逐渐转变来说，术语变动是富有启发性的。17 世纪晚期发展出了从属于一般自然法学说的普遍公法（ius publicum universale），[4] 其创始人被认为是荷兰的**乌尔里希·胡贝尔**（Ulrich Huber，1636—1694）。[5] 而普遍公法和古老的**亚里士多德**的"政治智慧"（prudentia civilis）相结合发展成为一门法律学科。[6]18 世纪中期以来，出现了"自然的国家法"

---

[3]　F. Valjavec, *Die Entstehung der politischen Strömungen in Deutschland 1770–1815* (1951, 1978); D. Langewiesche, *Liberalismus in Deutschland* (1988), 页 12 及以下。

[4]　有关发展，比较 H. Kuriki, »Die Rolle des Allgemeinen Staatsrechts in Deutschland von der Mitte des 18. bis zur Mitte des 19. Jahrhunderts«, *AöR*, 第 99 卷（1974），页 556—585; Ch. Link, *Herrschaftsordnung und bürgerliche Freiheit* (Wien 1979), 页 46 及以下; M. Friedrich, »Die Erarbeitung eines allgemeinen deutschen Staatsrechts seit der Mitte des 18. Jahrhunderts«, *JöR*, 第 34 期（1985），页 1, 页 15 及以下; *Geschichte*, 第 1 卷，页 291 及以下。

[5]　T. J. Veen, *Recht en Nut, Studien over en naar aanleiding van Ulrik Huber (1636–1694)* (Zwolle 1976).

[6]　如比较 J. N. Hertius, *Elementa prudentiae civilis* (Gießen 1679 et al.); F. Schmier, *Jurisprudentia publica universalis* (Salzburg 1722); J. F. L. v. Schrodt, *Systema iuris publici universalis* (Bamberg 1765)。

（natürliches Staatsrecht）[7]、"依照理性的国家法"（Staatsrecht nach der Vernunft）或"一般国家法"（allgemeines Staatsrecht）[8] 这些名称。其起源在当时就很清楚了，海德堡大学 1796 年的课程表把它称作"应用于国家的自然法（一般国家法）"。[9] 其实，18 世纪已经出现了"国家学说"和"国家宪法学说"。[10]19 世纪，"自然法"专业变成了"法哲学"专业，[11] 而"自然的国家法"或"一般国家法"再一次分化：一方面分化成联系所有德意志邦国的"德意志共同国家法"，[12] 另一方面分化成在用语上与生效法律形成对比的哲学上的"一般国家学说"。[13]

在这些术语变化的背后是整个学科的发展史。首先，18 世纪的公法学科在总体上取得了巨大进展，以至于能在形式上从自然法中发展出自己的理论基础，并呈现出"一般国家法"这一特别专业。[14] 进入 19 世纪，它与自然法的相似性变得更加微弱。1830 年代以后，

---

[7]　K. H. Heydenreich, *Grundsätze des natürlichen Staatsrechts und seiner Anwendung* (Leipzig 1795).

[8]　H. G. Scheidemantel, *Das Staatsrecht nach der Vernunft und den Sitten der vornehmsten Völker betrachtet* (Jena 1770–1773)；同作者，*Das allgemeine Staatsrecht überhaupt und nach der Regierungsform* (Jena 1775)。

[9]　Kuriki，前注 4，页 557。

[10]　G. F. Lamprecht, *Versuch eines vollständigen Systems der Staatslehre* (Berlin 1784); A. L. Schlözer, *Allgemeines StatsRecht und StatsVerfassungsLere* (Göttingen 1793).

[11]　G. W. F. Hegel, *Naturrecht und Staatswissenschaft im Grundrisse (Grundlinien der Philosophie des Rechts)* (Berlin 1821). 该书名称就体现了这种转变。

[12]　比较本书第 2 章，第 3 部分。

[13]　Kuriki，前注 4，页 559。根据作者的观察，19 世纪上半期一般国家学说是所有国家学的导言，接着在 19 世纪最后 30 多年和 20 世纪初期成为独立课程，并且大多和"政治学"结合在一起（海德堡大学于 1875 年到 1876 年，弗莱堡大学于 1897 年，柏林大学于 1899 年，图宾根大学于 1902 年到 1903 年，莱比锡大学于 1908 年，维也纳大学于 1911 年到 1912 年，哥廷根大学于 1914 年，慕尼黑大学于 1918 年把它设置为独立课程）。

[14]　D. Klippel, *Politische Freiheit und Freiheitsrechte im deutschen Naturrecht des 18. Jahrhunderts* (1976)，页 178—179；同作者，»Politische Theorien im Deutschland des 18. Jahrhunderts«, *Aufklärung*，第 2 卷（1987），页 57 及以下。

它们之间的相似性就完全消失了。其中最重要的原因是，自然法、启蒙和革命之间有内在关系，而自然法在这时背负着这种内在关系。

还有一个特别的问题：哲学上的"一般国家法"和处于各个邦国之上的"德意志共同国家法"会发生混淆。此外，这两个词汇后面的"法"这个术语还暗示着一种实证法效力。因此，为了避免这一混淆，人们在国家法前面加上"哲学的"或"理想的"，[15] 或者干脆去掉"法"字，改为"一般国家学说"。这样一来，它有可能在根本上恢复与"政治学"的原有关系。[16] 事实上，19 世纪末的"一般国家学说"这门课程是和"政治学"以及法哲学一起开设的。[17]

2. 从"机械"到"有机体"

人们或许看到，18 世纪国家理论的思想面貌可谓千姿百态，但它们的方法基础却是一样的：当时是启蒙、自然法或理性法的时代。人们对国家的形成、正当性以及目的达成了广泛共识。国家建立在自由人拟制的合约的基础上，而拟制这一合约的动力是由于人性的弱点，如果不把大家联合在一个共同批准的法律制度之下，并使大家服从于一个最高统治，人们就不可能解决前国家的（vorstaatlich）冲突问题，这确乎有道理。[18] 合约有哪些具体内容？当合约遭到破

---

[15] F. Schmitthenner, *Grundlinien des allgemeinen oder idealen Staatsrechts* (Gießen 1843). 比较后注 401 及以下。

[16] K. Plog, »Die Krise der Allgemeinen Staatslehre in der Wissenschaftsgeschichte der Politik «（博士论文，Hamburg 1969）；尤其参见 J. Rückert，*Kant-Rezeption*（见本书第 1 章，注 117）。

[17] Kuriki（见前注 4），页 559—560，内有更多文献；1900 年以后，见 P. Badura, *Die Methoden der neueren allgemeinen Staatslehre* (1959)。

[18] J. W. Gough, *The Social Contract. A critical study of its development*，第 2 版（Oxford 1957）；R. Schottky, *Untersuchungen zur Geschichte der staatsphilosophischen Vertragstheorien im 17. und 18. Jahrhundert* (1962)；P. Badura / H. Hofmann (Hg.), *Der Herrschaftsvertrag* (1965)；H. Höpfl / M. P. Thompson, "The History of Contract as a Motif in Political Thought", *The American Historical Review*，第 84 卷（1979），页 919-944；H. Hofmann, »Zur Lehre vom Naturzustand in der Rechtsphilosophie （转下页）

坏时，通过反抗权是否可以解除合约？人们对这些问题都有争议。[19]
但是，通过自愿、合意、理性的方式建立国家权力这一原则却得到
了人们的承认。[20] 早期的**费希特**就是这样认为的，在他之后所有三
月革命前的第二、第三代**康德**主义者也这样认为。[21] 人们还一致认
为，通过这种方式建立起来的统治权力不会是专制独裁的，而是受
到"约束的"，其部分受高级超验规范（启示、神法）的约束，部
分受自然法规范的约束，部分受以历史或合意方式建立起的基本法
的约束，正如人们不合时宜地说的，统治者必须尊重这些基本法的"宪
法特征"。[22]

统治权的构建模式不仅是理性的，而且是机械的；[23] 把国家比

（接上页）der Aufklärung«, R. Brandt (Hg.), *Rechtsphilosophie der Aufklärung* (1982)，
页 12—46。

[19]　A. Kaufmann / L. E. Backmann (Hg.), *Widerstandsrecht* (1972).

[20]　具有代表性的，见 J. H. G. v. Justi, *Die Natur und das Wesen der Staaten, als
die Grundwissenschaft der Staatskunst, der Policey, und aller Regierungs-Wissenschaft*
(Berlin, Stettin, Leipzig 1760)。

[21]　J. G. Fichte, *Grundlage des Naturrechts nach Prinzipien der Wissenschaftslehre*
(Jena, Leipzig 1796, 1797). 在多大程度上回到了康德，尤其是回到了"哪个康德"，
这是一个单独的研究领域。比较克吕格尔（H. Krüger）不完整的论述：»Kant und die
Staatslehre des 19. Jahrhunderts«, J. Blühdorn / J.Ritter (Hg.), *Philosophie und Rechtswis-
senschaft. Zum Problem ihrer Beziehung im 19. Jahrhundert* (1969)，页 49—56，以及其
中基夫纳（H. Kiefner）和瑙克（W. Naucke）研究民法和刑法的文章；瑙克对它又
进行了深入探讨：»Die Dogmatisierung von Rechtsproblemen bei Kant«, *ZNR*，第 1 期
（1979），页 3—20；有关民法，见 H. Coing, *Kant und die Rechtswissenschaft (Frank-
furter Univs. reden, 12)* (1955)。

[22]　Ch. Link, *Herrschaftsordnung und bürgerliche Freiheit. Grenzen der Staatsge-
walt in der älteren deutschen Staatslehre* (Wien et al. 1979)；H. Mohnhaupt, »Die Lehre
von der ›Lex Fundamentalis‹ und die Hausgesetzgebung der europäischen Dynastien«, J.
Kunisch (Hg.), *Der dynastische Fürstenstaat* (1982)，页 3 及以下。

[23]　W. Röd, *Geometrischer Geist und Naturrecht* (1970)；H. W. Arndt, *Methodo
scientifica pertractatum. Mos geometricus und Kalkülbegriff in der philosophischen The-
orienbildung des 17. und 18. Jahrhunderts*, 1972；H. Eichberg, »Geometrie als barocke
Verhaltensnorm«, *ZHF* (1977)，页 17—50。

喻成"机械"或者"钟表"是主流想法。[24] **施勒策** [25] 在 1793 年就尖锐地写道："首先，国家是一种发明创造——人为了自身的利益而进行的发明创造，就像火灾保险等。探讨国家理论最具启发意义的方式是，人们把国家看作一台人工制造的、完全由各种零部件组成的、应该为某一目的而运行的机器。其次，这是古老的发明创造——我们在历史最初的地方就已经发现它了。"[26]

可是，机械论的国家观一直遭人反对。对帝国公法学家们的历史且务实的研究来说，无论如何也不能接受机械论的国家观。不能依照机械和"几何"原理来解释帝国宪法。在这里，"帝国身体"或"躯干与四肢"这种自然化的器官学比喻更容易被人们理解。撇开普鲁士不论，在领地专制主义语境下，机械比喻也非完全畅通无阻。这种比喻与一直富有生机的基督教 – 父权式的官职理解相抵触，并强有力地排斥着在 18 世纪逐渐被赋予了更多意义的历史因素。有机体的观念 [27] 还停留在人们的意识深处，因而还存在着这样的认识，认为共同体有一个生机勃勃的历史，它不支配个体，而是赋予个体自己的尊严，这种尊严是理性构建的机械论所无法主张要求的。**孟德斯鸠**对各个共同体进行个体化和历史化的考察，并且，他劝导不能机械

---

[24]　B. Stollberg-Rilinger, *Der Staat als Maschine. Zur politischen Metaphorik des absoluten Fürstenstaates* (1986).

[25]　M. Stolleis, »Schlözer«, *HRG*, 第 4 卷（1990），栏 1442 及 1443。

[26]　A. L. Schlözer，前注 10，页 3。对 18 世纪末自然法的总结性研究，见 D. Klippel, »Von der Aufklärung der Herrscher zur Herrschaft der Aufklärung«, *ZHF* (1990)，页 193—210（页 202 及以下）。

[27]　W. Melchior, *Der Vergleich des Staates mit einem Organismus* (1935); G. Frühsorge, *Der politische Körper* (1974); G. Dohr van Rossum, »Organ«, Brunner / Conze / Koselleck (Hg.), *Geschichtliche Grundbegriffe*, 第 4 卷（1978），页 555; D. Peil, *Untersuchungen zur Staats- und Herrschaftsmetaphorik in literarischen Zeugnissen von der Antike bis zur Gegenwart* (1983)，页 302 及以下; E. W. Böckenförde, »Der Staat als Organismus. Zur staatstheoretisch-verfassungspolitischen Diskussion im frühen Konstitutionalismus«，现可参见同作者，*Recht, Staat, Freiheit* (1991)，页 263—272。

地立法，而是要顾及实际条件，这对逐渐被引导的氛围变化尤为重要。[28] 在这个意义上，**默泽** [29] 和 **J. G. 施洛瑟** [30] 都反对非历史的、非有机的、总有暴政趋向的立法统一。[31]

贵族、等级成员和教会反对"机械的"专制主义，所有这些反对都以"习传"的权利和自由为基础，因此都进行历史的论证。后来的人们喜欢按照评价称之为"自由的"或者"反动的"，而事实上这种思想的基础并不是启蒙的进步乐观主义，而是一种更加从容的"发展"观念。这种发展观念可以建立在基督教受上帝意志保护和地位相对低一级的人为活动的基础上。它也可以从泛神论角度把国家理解成和植物一样生长的自然物。但这一观念还可以来自一种保守的怀疑主义，这种怀疑主义不愿意为乌托邦的未来而牺牲困苦的今天。"有机体"的形象对所有这三种变体的吸引，远远强于受中央控制的"无灵魂"的机械。这种机械只是管理人的"利益"。**柏克**（Edmund Burke）在 1790 年写道："国家不应被当作胡椒、咖啡、

---

[28]　H. Trescher, »Montesquieus Einfluß auf die Geschichts- und Staatsphiloso-phie bis zum Anfang des 19. Jahrhunderts«, *Schmollers Jahrb.*，第 42 卷（1918），页 267—304；H. Trescher, »Montesquieus Einfluß auf die philosophischen Grundlagen der Staatslehre Hegels«, 前引书，第 2 册，页 49—79；第 3 册，页 77—114；R. Vierhaus, »Montesquieu in Deutschland«, 见同作者，*Deutschland im 18. Jahrhundert* (1987)，页 9—32；F. Herdmann, *Montesquieurezeption in Deutschland im 18. und beginnenden 19. Jahrhundert* (1990)；H. Mohnhaupt, »Montesquieu und die legislatorische Milieu-Theorie während der Aufklärungszeit in Deutschland«, *Deutsches Recht zwischen Sachsenspiegel und Aufklärung, Rolf Lieberwirth z. 70. Geb.* (1991)，页 177—191。

[29]　E. W. Böckenförde, *Die deutsche verfassungsgeschichtliche Forschung im 19. Jahrhundert. Zeitgebundene Fragestellungen und Leitbilder* (1961)，页 23—41；J. Schrö-der, Justus Möser, *Staatsdenker*，第 2 版（1987），页 294—309，内有更多文献。亦见后注 36。

[30]　J. G. Schlosser, *Vier Briefe über die Gesetzgebung überhaupt und den Entwurf des preussischen Gesetzbuches insbesondere* (Frankfurt 1789).

[31]　主要参见 K. Mannheim, *Konservatismus. ein Beitrag zur Soziologie des Wis-sens*, D. Kettler (Hg.) (1984)。

印花布或烟草生意协议中的伙伴关系，或者当作其他更低级的东西，去谋取一点眼前利益，又因双方过错就废除这个协议。"[32]

对机械论和低级的个人利益的反感，也影响了 1806 年以后活跃在普鲁士的改革家。**腓特烈二世**的"机械"体制在他们眼前崩溃后，他们指望能调动起"有生机的"和"有机的"力量。他们把共同体理解成有机体，以便把国民变成国家的器官，并促进国民与"他的"国家在所有层面上的认同。在与法国革命军交锋之后，普鲁士的军队也需要如此。军中的改革家**沙恩霍斯特**和**格奈泽瑙**力图克服把军队当成机械这种观念。[33] **克劳塞维茨**（Carl von Clausewitz，1780—1831）大约在 1808 年也这样写道："要抛弃这种看法，认为新的战争技艺会是这样的趋势，即把人纯粹当作机器来利用。并非如此。新的战争技艺必须使武器发挥出它的性能，把个人的能力激发出来。"[34] 在这种情况下，机械比喻的转变表明这并不具有保守作用，而是具有一种现代化作用。与"机械"相比，"有机体"有这样的优势：它能灵活反应变化了的环境条件，能通过部分与整体之间更高级的协同而调动机械所缺乏的后备力量。它能更好地处理内部张力，由于有更强的牺牲意愿，在遭受失败之后也能更快地恢复元气。

3. 反理性主义和反个人主义

在"感伤主义"和"狂飙突进"的文学背景下，法国大革命爆

---

[32]　E. Burke, *Reflections on the French Revolution, 1790* (Everyman's Library) (London 1953), 页 93。

[33]　文献见 Huber I (1957), 页 216—217（第 16 节）。

[34]　引自 W. Hahlweg, *Carl von Clausewitz. Soldat, Politiker, Denker*, 第 2 版（1969）, 页 34—35。比较 J. Kunisch, »Von der gezähmten zur entfesselten Bellona. Die Umwertung des Krieges im Zeitalter der Revolutions- und Freiheitskriege«, 见同作者, *Fürst - Gesellschaft – Krieg* (1992), 页 203—226。

发前就已经滋生了反启蒙思潮。[35] **默泽**的浓厚历史保守主义 [36]、**克劳迪乌斯**（Matthias Claudius，1740—1815）的基督教怀疑主义 [37]、**赫尔德**的与"民族精神"有关的诗歌理论和历史形而上学 [38]、18 世纪晚期迅速转变成为激烈的民族精神崇拜的帝国爱国主义 [39] 等，都是反启蒙思潮的信号。反启蒙思潮在一定程度上是在寻找一个具体的动因去反抗深感压制性的教育，反对"平庸浅薄的"幸福哲学，反对专制主义进行的反历史的"数学式"社会和行政改革。[40]

　　这个动因就是法国大革命。随着雅各宾派上台，早期对自由、平等激情的一切保留的态度，似乎得到了确证。那些起初还热烈欢迎革命的人大为失望："向法兰克人承诺的美好与高贵全无 / 所有这一切都落空 / 只是兴高采烈夸夸其谈 / 激情澎湃，而用最激烈的语言来形容所发生的 / 那就是恐怖……"1795 年，**克洛普施托克**（Klopstock）在成为法国"公民"三年之后如此写道。[41]1800 年，

---

　　[35]　H. Zimmermann (Hg.), *Der deutsche Roman der Spätaufklärung. Fiktion und Wirklichkeit* (Neue Bremer Beiträge，第 6 卷，1990); J. Garber, *Spätabsolutismus und bürgerliche Gesellschaft. Studien zur deutschen Staats- und Gesellschaftstheorie im Übergang zur Moderne* (1990).

　　[36]　J. B. Knudsen, *Justus Möser and the German Enlightenment* (Cambridge 1986); J. Schröder, *Justus Möser als Jurist* (1986); J. Rückert, »Historie und Jurisprudenz bei Justus Möser«, *Die Bedeutung der Wörter. Studien zur europäischen Rechtsgeschichte. Festschr. f. Sten Gagnér* (1991), 页 357 及以下；以及前注 29。

　　[37]　R. Görisch, *Matthias Claudius und der Sturm und Drang* (1981).

　　[38]　Th. Würtenberger, »J. G. Herders Bedeutung für die Rechtsgeschichte«, *JZ* (1957)，页 137—141；G. Sander (Hg.), *Johann Gottfried Herder 1744–1803, Studien z. achtzehnten Jh.*，第 9 卷（1987）。

　　[39]　M. Stolleis, »Reichspublizistik und Reichspatriotismus vom 16. zum 18. Jahrhundert«, G. Birtsch (Hg.), *Patriotismus, Aufklärung* (1991).

　　[40]　1789 年前后保守主义的发展，主要参见 P. Kondylis, *Konservativismus. Geschichtlicher Gehalt und Untergang* (1986)。

　　[41]　J. Droz, *Deutschland und die Französische Revolution* (1955); R. Cobb, *Reactions to the French Revolution* (1972); K. Epstein, *Die Ursprünge des Konservativismus in Deutschland. Der Ausgangspunkt. Die Herausforderung durch die Französische Revolution 1770–1806* (1973).

席勒在《新世纪的开始》（»Antritt des neuen Jahrhunderts«）也写道：
"尊贵的朋友！和平在何处开启？／自由在何处才能找到避风港？／
旧世纪因受风暴别离，／而新世纪却以谋杀开场。"

　　许多人害怕地退缩了，其他人则把"真正的启蒙"与革命实践
区分开来，而大多数人调整了他们最初设定的高远目标，把宪治的、
受限制的世袭君主制作为改革目标。[42] 其中存在着一个问题：一方
面要保留自由幻想，另一方面不能使法国处决国王正当化，并把这
个问题置于德意志的政治关系语境中。知识分子中的一小群人最后
完全动摇了，转变成了坚定的保守者，一些人甚至还有些极端。人
们可以猜测，他们由于受青年时代理想的诱惑而必须平息遭受打击
的良知。在这时能够证明启蒙的"果实"是有毒的。

　　但革命不只造成牺牲，它还引发了思想变化。更为重要的是，
习传的秩序快速崩溃引发了集体恐惧感。显而易见，启蒙运动促
成了秩序的崩溃。因此，方兴未艾的反启蒙思潮最初来自那些受
到威胁的人群。他们是旧等级会议成员，这个阶层现在不单单害怕
独断的统治者，还畏惧有均平化倾向的大众统治。除了这个阶层
外，还有那些拥有地产的贵族。在法国进行的无情的"废除封建体
制"使他们感到恐惧。[43] 这种恐惧在一定程度上有物质上的原因，
因为从土地上获取利益的方式崩溃了，这至关重要。但具有决定

---

　　[42]　A. Müller, »Die Auseinandersetzung der Romantik mit den Ideen der Revoluti-
on«, *Romantik-Forschungen* (1929)，页 243—333；H. W. Kuhn, *Der Apokalyptiker und
die Politik. Studien zur Staatsauffassung des Novalis* (1961)；W. Malsch, »*Europa*«. *Poe-
tische Rede des Novalis. Deutung der Französischen Revolution und Reflexion auf die Po-
esie in der Geschichte* (1965)；R. Brinkmann, »Deutsche Frühromantik und Französische
Revolution«, *Deutsche Literatur und Französische Revolution* (1974)，页 172—191。

　　[43]　如见杰出的汉诺威官吏雷贝格的著作：*Untersuchungen über die Französi-
sche Revolution nebst kritischen Nachrichten von den merkwürdigsten Schriften welche
darüber in Frankreich entstanden sind*，2 卷本（Hannover, Osnabrück 1793）。

性的是贵族们的基本情感，他们进入一个以金钱和绩效原则为特点的全新世界。**阿尼姆**（Achim von Arnim）在《地主老爷》（*Die Majoratsherren*，1819）中的最后一句话把此种情形浓缩为这样的用语："信用制代替了采邑法。"[44]

长期以来，教会正统派代表敌视启蒙运动，因为他们感觉到，启蒙运动尽管本身不敢效仿法国模式而公开自己的无神论，但它带有"宽容"主张的自然神论和理性倾向至少会威胁破坏稳定的制度结构。[45]在德意志，受教会批评的启蒙运动虽然没有动摇真理信仰的根基，但它把矛头指向僵化的新教正统派，并反对天主教宗教统治的阴暗面。因此，矛盾交锋很早就显现出来。当恐怖开始吞噬革命者时，便爆发了公然反对启蒙和革命（千万不要错误地把革命和启蒙牵扯在一起）的抗议。

或多或少无意识地充满的基本情感，强化了对保障地位的兴趣和对革命的害怕。生活在 1780 年到 1810 年的人肯定深切地感受到自己生活在一个日新月异的时代：物理学和化学年年都有新发现；机械更新换代，1790 年出现了第一台蒸汽动力机床；1799 年在柏林出现了第一台蒸汽机；1804 年起火车投入到采矿行业；1796 年发明了天花疫苗；接着在 1802 年发明了电气灯；1809 年发明了电报；

---

[44]　B. Duncan, "Some Correspondences between Arnim's 'Majoratsherren' and Fichte's Concept of the 'Ich'", *Monatshefte für deutschen Unterricht, deutsche Sprache und Literatur*，第 68 卷（1976），页 51—59；B. Haustein, *Romantischer Mythos und Romantikkritik in Prosadichtungen Achim von Arnims* (1974)；J. Knaack, *Achim von Arnim—Nicht nur Poet* (1976)。

[45]　如比较来自慕尼黑和兰茨胡特、喜爱研究启蒙运动的神学家扎拉特（Jakob Salat）所撰写的著作，*Auch die Aufklärung hat ihre Gefahren ...* (München 1801)；*Auch ein paar Worte über die Frage. Führt die Aufklärung zur Revolution?* (München 1802)。这两本书及其他著作都遭到黑格尔的否定性评论，还受到谢林的批判。比较 G. Bacherer, »Dr. J. Salat«, *(Bülau's) Neue Jahrbücher der Geschichte und Politik*，第 1 卷（1839），页 543—547。

1810 年发明了快速印刷机。1783 年人们开始乘坐热气球，并在 1784 年开始用降落伞了。

与此同时，被认为坚如磐石的法律和政治秩序的旧支柱也土崩瓦解了。告别旧制度比革命本身对大众心理产生的影响还深远：劳役、酷刑、对巫术的惩罚消失了，在教会外缔结婚姻也成为可能。而主要引起人们注意的是，以神圣方式建立起来的正当性在内部崩溃了：在处决国王和王后之后，新强人获取了王位。一位市民出身的革命将军亲手为自己戴上新打造的皇冠，并立刻强行"国家联姻"[46]，回到旧的王朝窠臼，任命国王、诸侯和大公，为他的追随者浇灌新头衔和荣誉称号，还千方百计为自己和家人寻找旧王朝和神圣徽记的光环。[47] 对具有强烈道德情操和民族情感的**克莱斯特**来说，**拿破仑**是一个"弑父的幽灵，在自然的庙宇里到处游荡，晃动着庙宇里的所有石柱，他被铸造在这些石柱上"。[48] 历经数个世纪才形成的世袭魅力、国王家族神圣而又神秘的血统思想，以及由此形成的神圣能力[49] 都遭受到了破坏。因此，革命不仅导致了恐怖，还引发了医治遭受破坏的世界的欲望。在启蒙和革命大旗下的专制主义和理性主义所造成的破坏，现在只有重新回到过去遥远的"统一"时代才能恢复回来。然而，重新回到过去的办法一开始并不是一剂自然处方，而是一种人为方法；断裂是不能被真正愈合的。

---

[46]　M. Stolleis, »Staatsheirat«, *HRG*, 第 4 卷（1990），栏 1822—1824。

[47]　新强人的动机是作为王位继承者还是作为王位篡夺者，比较 M. Stolleis, »Der Ranzen, das Hütlein und das Hörnlein«, H. Brackert (Hg.), *Und wenn sie nicht gestorben sind ... Perspektiven auf das Märchen*, 第 2 版（1982），页 153—164。

[48]　H. v. Kleist, *Katechismus der Deutschen* (1809), 第 7 章。亦见 B. Allemann, »Der Nationalismus Heinrich von Kleists«, B. v. Wiese / R. Hentz (Hg.), *Der Nationalismus in Germanistik und Dichtung* (1967), 页 305—311。

[49]　M. Bloch, *Les rois thaumaturges* (Straßburg 1929)；亦见 A. Erler, »Königsheil«, *HRG*, 第 2 卷（1978），栏 1040—1041。

中世纪看上去是一个统一各种矛盾的时代。[50] 那是自尊和信奉理智时代的前一个时代。它为人们各自的欲望提供了一个平台。思潮变化所附带的典型现象是天主教内容的知识彰显，以及 1800 年之后数量惊人的作家和艺术家皈依天主教。他们当中有**施托尔贝格伯爵**、**弥勒**、**维尔纳**（Zacharias Werner）、**J. F. 施洛瑟** [51]、**哈恩 – 哈恩伯爵夫人**（Gräfin Hahn-Hahn）、**施莱格尔姐弟**（Friedrich und Dorothea Schlegel）[52]、**哈 勒 尔**（Karl Ludwig von Haller，1768—1854）[53] 以及**雅尔克**（Carl Ernst Jarcke，1801—1852）[54] 等。1801年，**克莱斯特**在莱比锡写道："唉，只消一滴忘忧酒，我便带着欲望皈依天主教。"[55] 新教的启蒙神学似乎已穷途末路了。总的看来，新教是清心寡欲、严苛、重返中世纪的压抑组织。[56] 机构组织的分裂、臭名昭著的神学争论都使新教明显不适合代表统一不可分的真理。反之，从**约瑟夫**主义和 1803 年的世俗化运动以来，尽管天主教教会似乎自身也是开明君主制的牺牲品，现在还开始了新的精神化运动，但是天主教教会却是中世纪历史特征的庇护所，是伟大的母

---

[50] Novalis, *Die Christenheit oder Europa* (1799), A. Kelletat (Hrsgg.)，页 389—408。该书于 1826 年首次印刷，这里参考的是 1962 年的版本。

[51] O. Dammann, »Johann Friedrich Heinrich Schlosser auf Stift Neuburg und sein Kreis«, *Neue Heidelberger Jahrbücher*，新系列（1934），页 1—128。

[52] 他甚至分两步才完成，先从犹太教皈依新教，再改为天主教。比较 C. Stern, »*Ich möchte mir Flügel wünschen*«. *Das Leben der Dorothea Schlegel* (1990)，页 221 及以下。

[53] K. L. v. Haller, *Lettre à sa famille, pour lui déclarer son retour à l'Eglise catholique* (Paris 1821). 他的信仰改变"在某种程度上是一桩欧洲事件"（Blösch, *ADB*，第 10 卷［1879］，页 433），这导致他丢掉了在伯尔尼的公职。

[54] Mohl II，页 578—592。先可全面参见 H.-Ch. Kraus, »Carl Ernst Jarcke und der katholische Konservatismus im Vormärz«, *Historisches Jahrbuch*，第 110 卷（1990），页 409—445；H.-Ch. Kraus / Carl Ernst Jarcke, *Criticón* (1991)，页 54 及以下。

[55] H. v. Kleist，1801 年 5 月 21 日致岑格（Wilhelmine von Zenge）的信。

[56] Ch. Link, *Die Grundlagen der Kirchenverfassung im lutherischen Konfessionalismus des 19. Jahrhunderts, insbesondere bei Theodosius Harnack* (1966)，页 17—30。

亲，她把通向理性主义和功利主义道路上所有被扰乱的东西重新收拾起来。[57] 天主教教会把人理解成具有七情六欲之物，让人回到宗教改革和革命以前的传统中去，在一个崇高的世界共同体中给人一种受上帝保护的感觉，用人性化仪式减轻个人的负罪感。通过历史学、文学和新的艺术史对中世纪的重新发现，"新哥特式"建筑风格、拿撒勒人画派 [58]，以及绘画艺术和文学对中世纪宗教精神生活的笼统展现，这些都是统一的脱离进程的侧面：脱离 18 世纪，脱离认为对世界可以进行在原则上没有限制的理性塑造的想法，脱离专制主义监管，同时也是脱离对启蒙、自由和平等的狂热。[59]

（二）走向"同一性"的思路

然而，要愈合显而易见的断裂，历史地回溯到神圣的中世纪不是唯一的办法。纯粹的思想似乎也能"调和"世界与意识、主观和客观之间的分裂。

1. J. G. 费希特

费希特接受**康德**的思想后，[60] 在多次起草的《全部知识学的基础》中就想达到这种目的。[61] 他把主观和客观统一在"自我"及其

---

[57]   J. v. Eichendorff, »Erlebtes« (1857), C. G. Baumann (Hg.), *Neue Gesamtausgabe*，第 3 版，第 2 卷（1978），页 1071："在几乎完全接受新教教育的犹太人中，大部分人实际上是通过浪漫派的门堂回到天主教教堂。"——"天主教简直成了一种时髦"（同作者，页 1072）。

[58]   *Die Nazarener, Katalog Städel* (Frankfurt 1977)，内有更多文献。

[59]   J. Görres, *Teutschland und die Revolution* (Coblenz 1819). 该书是典型论述国家宗教精神化的文献。

[60]   佚名，*Versuch einer Kritik aller Offenbarung* (Königsberg 1792)。个人的发挥受他人限制，法律的功能是作为相互限制自由的形式，以及通过契约建立起国家权力。尽管现在以科学的学说术语来表达，但对这些问题的论述也是同样的，见 *Grundlage des Naturrechts nach Prinzipien der Wissenschaftslehre* (Jena, Leipzig 1796, 1797)。

[61]   J. G. Fichte, *Grundlage der gesamten Wissenschaftslehre* (Jena, Leipzig 1794/1795); 同作者，*Die Wissenschaftslehre. Vorgetragen im Jahre 1804* (Bonn（转下页）

对立面"非我"中，在从感性到法和道德的更高层面上消除二者之间的分裂。他的这些观念和宗教观念，以及把科学看作是"绝对确凿的观察"[62]的观念，受到当时寻找安全并统一各种分裂世界的对立这一流行愿望的影响。但**费希特**很少被人们当作有机国家思想的先辈。[63]他的法概念在**康德**思想意义上以理性确定物为前提条件，在这些理性确定物中，"一物自由受他物自由的限制，在此条件下，前者的自由受后者的自由可能性概念限制"[64]。国家建立在理性的、同意的基础上，它保障财产和自由，尤其通过国家提供的调解私人纠纷的法院来保障自由。[65]

费希特既不是有机历史的国家思想的代表，但也不是自由主义者。他的经济思想和民族教育主张，包括大学改革思想等，都清楚地显示出反自由和独裁的特性。他起草的严格规划带有**罗伯斯庇尔**的无条件性质，并且他把这种规划作为不容置疑的国家强制措施的前提。他想象中的大学具有修道院式的森严，不与外界接触，还要统一着装。

2. F. W. 谢林

谢林把统一对立的愿望提升到"浪漫"的同一性哲学的高度。

（接上页）1834）；同作者，*Das System der Sittenlehre nach den Prinzipien der Wissenschaftslehre* (Jena, Leipzig 1798)。

[62]　J. G. Fichte, *Die Bestimmung des Menschen* (Berlin 1800)；同作者，*Die Anweisung zum seligen Leben oder auch die Religionslehre* (Berlin 1806)。

[63]　A. Hollerbach, *Der Rechtsgedanke bei Schelling* (1957)，页145。

[64]　J. G. Fichte, *Naturrecht* (1796)，页52。见 R. Zaczyk, *Das Strafrecht in der Rechtslehre J. G. Fichtes* (1981)，页35 及以下；以及 M. Kahlo / E. A. Wolff / R. Zaczyk (Hg.), *Fichtes Lehre vom Rechtsverhältnis* (1992)。

[65]　比较鲍曼（P. Baumann）的精当论述，*J. G. Fichte. Kritische Gesamtdarstellung seiner Philosophie* (1990)，页115 及以下，页120 及以下；J. Braun, *Freiheit, Gleichheit, Eigentum. Grundfragen des Rechts im Lichte der Philosophie J. G. Fichtes* (1991)。

这种哲学起源于图宾根大学"神学和哲学奖学金获得者"（**荷尔德林、黑格尔、谢林**）的讨论圈子。1797 年到 1799 年的自然哲学最先表达了这种思想。[66] 自然哲学以正负力的相互作用、吸引与排斥过程、正极和负极等其他表述解释有机和无机自然现象（磁、电、化学、植物、动物）。按照严格的现代自然科学，这些理论是否具有认识论价值还有待证实，[67] 但至少体现在**谢林**晚年历史哲学、艺术哲学以及宗教哲学继续统一理想与现实、主观与客观的趋势之中，就像在历史中统一自由和必然性一样。[68] 其基础不仅有德意志学院派哲学建立全面"体系"的典型偏好，而且还有因时代状况受"破损"而对和谐与宗教超越的不断需求，无论宗教超越是来自个人的上帝概念，还是像**谢林**一样使用泛神论表述。[69]

　　人们需要把明显被分割成部分的世界粘连成一个整体，并把它扩展为一个充满精神的宇宙。**诺瓦利斯**（Novalis，1772—1801）在

---

[66]　F. W. Schelling, *Ideen zu einer Philosophie der Natur* (Leipzig 1797)；同作者，*Von der Weltseele. Eine Hypothese der höheren Physik* (Hamburg 1798)；同作者，*Erster Entwurf eines Systems der Naturphilosophie* (Jena, Leipzig 1799)。比较 I. Görland, *Die Entwicklung der Frühphilosophie Schellings in der Auseinandersetzung mit Fichte* (1973)；H. Baumgartner (Hg.), *Schelling. Einführung in seine Philosophie* (1975)；H. M. Pawlowski et al. (Hg.), *Die praktische Philosophie Schellings und die gegenwärtige Rechtsphilosophie* (1989)。

[67]　就连黑格尔在 1814 年也说，"自然哲学令人昏头转向，它没有用想象力对知识进行哲学化，其思想充满着空洞无物的奇想，甚至是荒唐的想法"（J. Hoffmeister [Hg.], *Hegels Briefe*，第 2 卷 [1953]，页 31）。也可比较利比希（Justus Liebig）："自然哲学的做法及影响是瘟疫，是这个世纪的黑死病。"引自 W. Prandtl, *Deutsche Chemiker in der ersten Hälfte des 19. Jahrhunderts* (1956)，页 10。

[68]　F. W. Schelling, *System des transzendentalen Idealismus* (Tübingen 1800)；同作者，*Philosophie der Kunst (1802/1803, 1804/1805)* (Stuttgart, Augsburg 1859)；同作者，»Vorlesungen über die Methode des akademischen Studiums« (1803), *Sämtliche Werke*，第 5 卷（Stuttgart, Augsburg 1856–1861），页 306 及以下；同作者，*Philosophische Untersuchungen über das Wesen der menschlichen Freiheit und die damit zusammenhängenden Gegenstände* (Landshut 1809)。

[69]　F. W. Schelling, *Bruno oder über das göttliche und natürliche Princip der Dinge. Ein Gespräch* (Berlin 1802).

1798 年写的《花粉》（*Blütenstaub*），或弥勒在 1804 年写的《对立论》[70] 都体现了这种需要有多流行。为了在不同层面上使个体发展成为可能，美学、道德、法律以及政治在启蒙运动中都曾被分化出来，而现在要重新寻找一个共同的重心。因此，人们力图重新为**亚里士多德**的《政治学》（*Politik*）正名——在一定程度上反对**康德**对幸福主义的破坏——这绝非偶然。1798 年 **J. G. 施洛瑟**翻译的《政治学》出版了，[71] 几年后又出版了**加尔弗**的译本。[72]

　　谢林有关国家和法的哲学图景大体上并未立刻产生理论和政治影响，因为当时还是 1806 年以及 1814 年到 1819 年的政治转折时期，而人们在这一时期看到，人类激情转变为民族狂热，理想的自由转变为“真正”的自由，共和思想转变为坚持温和的君主立宪制。[73] 众所周知，**谢林**的政治观从几乎是无政府的、所谓“体系规划”[74] 的狂热发展成为一种“处于两条阵线间”[75] 的保守主义。

　　这里较少涉及**谢林**自己的重要观点，而多谈一些当时法学著者对其思想的回应。因为“许多来自**谢林**自然哲学文章中的关键性论述为转换到社会哲学恰好提供了契机”[76]。对**萨维尼**和**普赫塔**（Georg Friedrich Puchta，1798—1864）的重要影响自不待言，单单大约自 1800 年以来，至少在公法史领域也能找到一张很长的法学家名单。[77]

---

[70]　A. Müller, *Die Lehre von Gegensätzen, I. Der Gegensatz* (Berlin 1804).

[71]　M. Riedel, *Studien zu Hegels Rechtsphilosophie* (1969；第 2 版，1970)，页 141—142。

[72]　M. Stolleis, *Staatsräson, Recht und Moral in philosophischen Texten des späten 18. Jahrhunderts* (1972).

[73]　主要参见 A. Hollerbach，前注 63，页 263 及以下，在补充中有关于谢林的政治观。以前的论著，尤其比较 J. Kampffmeyer, »Schelling und Deutschland« (哲学博士论文，Heidelberg 1939)。

[74]　见本书第 1 章，注 28。

[75]　Hollerbach，前注 63，页 272。

[76]　Hollerbach，前注 63，页 143。

[77]　有关萨维尼和普赫塔，见 Hollerbach，前注 63，页 275 及以下；（转下页）

在此要提及一下维尔茨堡的哲学家**瓦格纳**[78]。他写有一本反启蒙、反宪法、反分权和反代议制的著作，[79] 还著有《国家学和政治学大纲》（*Grundriß der Staatswissenschaft und Politik*）[80] 和《国家》（*Der Staat*）[81]。**瓦格纳**认为，国家是"真正的有机躯体"或"活生生的有机体"。[82] 对这些词汇的编造要追溯到最初与**谢林**同龄的追随者那里。在**瓦格纳**这里，每一个国家都体现了与民族发展阶段相适应的"有机"形式，这样就克服了国家与民族的分离。但这也并不妨碍**瓦格纳**主张出版自由，要求公开政府文件，捍卫某些自由内容。他的文章没有什么新颖之处，顶多是折中的综合哲学的典型作品，而这种哲学在专业领域里就是半吊子哲学。[83] **尼布勒**（Johann Baptist Nibler）撰写的关于国家有机理论的著作也是如此。当年同样受**谢林**熏陶的**根纳**还为这部著作写了前言。[84]

（接上页）S. Gagnér, *Studien zur Ideengeschichte der Gesetzgebung* (Uppsala 1960)，页 24 及以下；Wieacker，页 355 及以下，页 381 及以下，页 399 及以下。本文要研究的其他作者（Stahl、Steffens、Wagner、Eschenmeyer、Oken、Troxler、Franz v. Baader、Bachofen、Engels、Bakunin、Rodbertus、A. Müller、Krause、Görres、C. Frantz、Gönner、Roßbach、v. Buß、Huschke、Ahrens、O. v. Gierke），略见 Hollerbach，页 11—14。

[78]　W. G. Stock, »Die Philosophie Johann Jakob Wagners«, *Zeitschr. f. philos. Forschung*，第 36 卷（1982），页 262 及以下，内含瓦格纳已发表的和未发表的丰富作品以及二次文献。

[79]　J. J. Wagner, *Ueber die Trennung der legislativen und executiven Staatsgewalt. Ein Beitrag zur Beurtheilung des Werthes landständischer Verfassungen* (München 1804；再版，Leipzig 1971).

[80]　Leipzig 1805.

[81]　Würzburg 1815；第 2 版，Ulm 1848。

[82]　J. J. Wagner，前注 79，页 11。

[83]　Hegel, *Werkausgabe*，第 2 卷（1970），页 542："这是最粗糙的经验主义，带有用材料和极点组成的形式主义，并用非理性的类比和酩酊大醉时的奇思怪想对它进行修饰。"这一评论可谓话粗而理在。

[84]　J. B. Nibler, *Der Staat aus dem Organismus und Universum entwickelt* (Landshut 1805)，根纳为该书写了前言《论正确的国家观对历史、政治、统计、国家经济和国际法的影响》(»Über den Einfluß einer richtigen Ansicht vom Staate auf Geschichte, （转下页）

3. G. W. F. 黑格尔

想在公法学史中避开"像黑格尔这样的家伙"（恩格斯语），
要做出巨大努力。他提供了"他所处时代的世界哲学"（马克思
语）。继受黑格尔著作的文献史论述，以及仍然只能被黑格尔专家
们掌握的二次文献是哲学史的一部分，也是 19 世纪和 20 世纪精
神通史的一部分。[85] 公法也被卷入这两者之中。但在公法当中真正
继受黑格尔的却十分有限，[86] 充其量在处理概念时给它穿上哲学外
衣，而这些概念的处理动机却是另外一回事。正像在民法中要谈到
甘斯（Eduard Gans，1797—1839）和基鲁尔夫（Friedrich Kierulff,
1806—1894）一样，[87] 在公法里传统上要谈及洛伦茨·施泰因（Lorenz
von Stein，1815—1890）[88]、拉松（Adolf Lasson）[89]，以及处于边
缘的奥托·迈耶（Otto Mayer，1846—1924）[90]。他们的深远影响我

（接上页）Politik, Statistik, Staatswirtschaft und Völkerrecht«）。见 Landsberg III/2，页
149、150。有关根纳和谢林的关系，比较 J. B. Koch, *Nikolaus Thaddäus von Gönners
Staatslehre. Eine rechtshistorische Studie* (1902)(*=Staats- und völkerrechtliche Abhandl.*, G.
Jellinek / G.Meyer [Hrsgg.]，第 4 卷，第 1 期），以及 Landsberg III/2，注 75。见注 17。

[85] 有关黑格尔的生平，见经典著作：K. Rosenkranz, *Georg Wilhelm Friedrich
Hegels Leben* (Berlin 1844；新版，1963)，以及 W. Dilthey, *Die Jugendgeschichte He-
gels*, Berlin 1905（*=Ges. Werke*，第 4 卷）。

[86] 首先必须提到的是艾泽伦（Johann Friedrich Gottfried Eiselen）撰写的、完
全带有黑格尔式抽象文风的简要著作，*Handbuch des Systems der Staatswissenschaften*
(Breslau 1828)，该书共 325 页。此外还有：K. M. Besser, *System des Naturrechts* (Hal-
le 1830); J. E. Erdmann, *Philosophische Vorlesungen über den Staat* (Halle 1851)；C.
Roessler, *System der Staatslehre. A. Allgemeine Statslehre* (Leipzig 1857)。

[87] K. W. Nörr, *Eher Hegel als Kant. Zum Privatrechtsverständnis im 19. Jahrhun-
dert*, 1991 (= *Rechts- und Staatswiss. Veröff. d. Görres-Ges.*，新系列第 58 卷).

[88] M. Stolleis,»Lorenz von Stein«, *HRG*，第 4 卷（1990），栏 1942—1945。

[89] K. Lüderssen,»Genesis und Geltung im Völkerrecht. am Beispiel der Theorie
des Hegelianers Adolf Lasson«, A. Böhm / K. Lüderssen / K. H. Ziegler (Hg.), *Idee und
Realität des Rechts in der Entwicklung internationaler Beziehungen, Festg. f. W. Preiser*
(1983)，页 133—151。

[90] E. V. Heyen,»Positivistische Staatsrechtslehre und politische Philosophie. Zur
philosophischen Bildung Otto Mayers«, *Quaderni Fiorentini*，第 8 期（1979），页 275—
305；A. Hueber, *Die »juristische Methode« im Verwaltungsrecht* (1982)，页 160—161。

们将在适当的地方再论述。在这里，我们先来谈谈**黑格尔**本人，尤其是他从 1820 年到 1821 年写的《法哲学原理》[91]。尽管同时代人对这本著作的反应相当消极，[92] 但毫无疑问，它仍是一本十分重要的著作，特别是 1821 年版，同时代许多人都曾提到它。《法哲学原理》包含了对法概念以及国家和市民社会关系的主要看法，是学习国家哲学和社会哲学的著作，但也招致了激烈的攻击。

今天人们认为《法哲学原理》所包含的市民社会理论（第 182—256 节），其重要意图"不是塑造一个以劳动和享受为基础的社会，也不是塑造一个在旧的政治地位、统治和依附下，以旧欧洲的社会组织结构的自然元素为基础的社会，而是想促成自大革命以来已解放了的欧洲人类世界的'社会'存在，而这个世界拥有其'政治'秩序、法律秩序和道德秩序。在这个促成过程中把这些秩序提高到一个新的概念高度"[93]。

---

[91]　G. W. F. Hegel, *Grundlinien der Philosophie des Rechts oder Naturrecht und Staatswissenschaft im Grundrisse* (Berlin 1821)。有的引用年代是 1820 年，这是由于该书的交付时间是 1820 年的秋季。由霍夫迈斯特（J. Hofmeister）审编的版本最具权威性（Hamburg 1955）。从发表内容与讲稿之间的区别是否能断定黑格尔如何思考政治问题，以及是否能观察到他在 1818 年到 1820 年的敏感时期"迁就"于普鲁士政府，这些问题是近年来黑格尔研究的热点。伊尔廷（K. H. Ilting）、里德尔（M. Riedel）、亨里希（D. Henrich）以及珀格勒（O. Pöggeler）的波鸿研究组从 1973 年到 1983 年相继推出了讨论文章。比较 D. Suhr, »Hegels Vorlesungen über Rechtsphilosophie«, *Rechtstheorie*, 第 5 卷（1974），页 175—188；H. Ottmann, »Hegels Rechtsphilosophie und das Problem der Akkomodation. Zu Iltings Hegelkritik und seiner Edition der Hegelschen Vorlesungen über Rechtsphilosophie«, *Zeitschr. f. philos. Forschung*, 第 33 卷（1979），页 227—243；R. Dreier, *Recht – Moral – Ideologie. Studien zur Rechtstheorie* (Frankfurt 1981), 页 319；G. Lübbe-Wolff, »Hegels Staatsrecht als Stellungnahme im ersten preußischen Verfassungskampf«, *Zeitschr. f. philosoph. Forschung*, 第 35 卷（1981），页 476—501。

[92]　M. Riedel (Hg.), *Materialien zu Hegels Rechtsphilosophie*, 2 卷本，第 1 卷（1975），页 53—205。

[93]　M. Riedel, *Studien zu Hegels Rechtsphilosophie* (1969), 页 159（新版书名是 *Zwischen Tradition und Revolution. Studien zu Hegels Rechtsphilosophie* [1982]）；D. Henrich / R. P. Horstmann (Hg.), *Hegels Philosophie des Rechts. Die Theorie der*（转下页）

　　这种尝试有其渊源。共同福祉和私人利益这种二分法一直是西方国家的传统，而这个传统要追溯到罗马法最初的政治思想，以及公法与私法的划分。自 18 世纪晚期以来，这个传统又迈进崭新的政治语境，担负着反专制主义的重任。人们逐渐习惯在思想上把旧的、被全面思考的"共同体"（Gemeinwesen［societas civilis］）——早期的**黑格尔**还称其为"国家社会"（Staatsgesellschaft）——分离成最高权力的统治范围和私人与私人之间的利益范围。在这里，我们提及一下**维特**（Samuel Simon Witte）[94] 和**施勒策** [95] 这两个人。他们是经济自由主义和资产阶级启蒙"公开化"思想的代表人物，这并非偶然。他们认为，应该限制专制主义的侵犯权力，并把市民力量从国家中解放出来。

　　这样一来，**黑格尔**的思想就从个人经过家庭和社会，最后上升到了国家，并包括与此相联系的概念区分。这已是旧的社会哲学和自然法思想。[96] **黑格尔**主要从 18 世纪最后二十年出现的自然法体系和一般国家学说来认识这种思想。[97] 然而，在这本著作中，他却强调了另一个重要的东西：一部分带有革命思想，它使社会占领国家，并使其以新的形式出现；一部分带有温和与渐进的思想，其目的是让社会在国家中享有政治参与权；一部分降低国家对经济活动的看管，而这仅仅是经济上的思考。

　　大革命似乎已经过去了，作为哲学家和政治家的**黑格尔**现在寻

（接上页）*Rechtsformen und ihre Logik* (1982)；A. v. Bogdandy, *Hegels Theorie des Gesetzes* (1989)，尤其是页 119 及以下是最新研究。

　　[94]　D. Klippel，前注 26，页 207。

　　[95]　U. Scheuner, »Hegel und die deutsche Staatslehre des 19. und 20. Jahrhunderts«，见同作者，*Staatstheorie und Staatsrecht, Ges. Schriften* (1978)，页 81 及以下。

　　[96]　M. Riedel, »Der Begriff der ›Bürgerlichen Gesellschaft‹ und das Problem seines geschichtlichen Ursprungs«，见同作者，*Studien*，前注 93，页 135 及以下。

　　[97]　D. Klippel, *Politische Freiheit*，前注 14，内有更多文献。

找能使君主权力和市民社会两者共生的形式。这对于他来说显然并非务实的妥协，而是思想上的"调和"，在"更高层面上"有力地克服对立。他的思路是，从受利益驱使的个人经过家庭到市民社会，再从市民社会到国家这样一个自下而上的阶梯道路。[98] 每一个阶段比它前一个阶段有更高的尊严。在每一阶段上，通过更强烈的客观化观念去克服狭隘的利益观。因此，市民社会包含（仅仅）人生存的物质部分，即包括经济关系（第 189—208 节，"需求体系"）、受法律保护的私人联系（第 209—229 节），以及社会功能不可缺少的低级形式的秩序结构，也就是对工商行为和公司的结构进行警察监督。

在这里还谈不上对国家的政治参与；市民社会不是由"公民"形成的，它仅仅包括私人关系网和国家之下的统一体，通过道德和警察来约束它们。因此，与社会相分离的最高权力因素集中在国家范围里（第 257—360 节）。正如自由主义者所认为的，此时的目的不是从晚期专制主义的监管中解放出经济社会，而是从社会中解放出具有最高权力特性的国家。[99] 这正像亨里希精当地谈到的那样，应该"在理性国家中消除市民社会的破坏。理性国家是这样的国家，它能协调市民社会的对立，并给市民社会成员实质统一的意识，尽

---

[98]　G. Lübbe-Wolff, »Die Sittlichkeit in der bürgerlichen Gesellschaft. Hegels Weg-weisung durch das Nadelöhr«, *ARSP* (1982), 页 223—254；同作者，»Über das Fehlen von Grundrechten in Hegels Rechtsphilosophie«, H.-Chr. Lucas / O. Pöggeler (Hg.), *Hegels Rechtsphilosophie im Zusammenhang der europäischen Verfassungsgeschichte* (1986), 页 421—446。其中亦见基默勒（Kimmerle）、雅默（Jamme）、卢卡斯（Lucas）、耶施克（Jaeschke）、格拉韦特（Grawert）、珀格勒和西普（Siep）的文章，以及耶尔曼（Ch. Jermann）主编的文集，*Anspruch und Leistung von Hegels Rechtsphilosophie* (1987)。

[99]　J. Keane, »Despotismus und Demokratie. Über die Unterscheidung zwischen bürgerlicher Gesellschaft und Staat 1750–1850«, J. Kocka (Hg.), *Bürgertum im 19. Jahrhundert*, 第 1 卷（1988），页 303 及以下。

管市民社会有它的特殊性"[100]。国家凌驾在社会之上，并驯服社会的对手，也就是说不能用纯粹武力，而是要用"理性"去引导。这样的国家当然不仅仅是理智的国家、开明的处理紧急问题的机构，而且是一个依靠自身、担负着自身目的的"有机体"，通过它来"消除"个人主义对自由的渴望与自由受到的压制性破坏之间的对立。[101]

从**黑格尔**在世之时就已开始争论，并一直延续到现在的问题是，**黑格尔**是不是"普鲁士哲学家"、前法西斯的（präfaschistisch）独裁思想者、一只隐藏在革命中并保护青年理想的"鼹鼠"，或者是一个不过问日常政治的天才综合家？[102] 对一部含有多重含义而又晦涩的著作进行解释的人可以从各自的意识角度——从革命的到反革命的——去解释这些问题，尤其可以从国家与社会相区别这个含糊角度去解释。国家与社会的区别不仅意味着社会获取了自由，同时也意味着国家权力得到了加强。就像人们所说的，如果大家坚持以1821 年的印刷版本去重塑普鲁士立宪希望落空和**威廉三世**镇压反对派的历史场景，那么，**黑格尔**法哲学会在纯粹复辟的宪治和自由主

[100] D. Henrich, »Karl Marx als Schüler Hegels«，见同作者，*Hegel im Kontext* (1971)，页 203。

[101] M. Wolff, »Hegels staatstheoretischer Organizismus«，*Hegel-Studien*，第 19 卷（1984），页 147—177。

[102] K. R. Popper, *The Open Society and its Enemies*，第 2 卷（London 1945；第 2 版，德语版，Bern 1970）页 41；E. Topitsch, *Die Sozialphilosophie Hegels als Heilslehre und Herrschaftsideologie* (1967)；H. Kiesewetter, *Von Hegel zu Hitler. Eine Analyse der Hegelschen Machtstaatsideologie und der politischen Wirkungsgeschichte des Rechtshegelianismus* (1974)；驳斥 Popper W. Kaufmann, »Hegel. Legende und Wirklichkeit«，*Zeitschr. f. philos. Forsch.*，第 10 卷（1956），页 191—226；E. Weil, *Hegel et l'État* (Paris 1950)；J. Ritter, *Hegel und die französische Revolution* (1957)，内含格林德尔（K. Gründer）的政治理论文献；O. Negt (Hg.), *Aktualität und Folgen der Philosophie Hegels* (1970)；G. K. Kaltenbrunner (Hg.), *Hegel und die Folgen* (1970)；D. Losurdo, *Zwischen Hegel und Bismarck. Die achtundvierziger Revolution und die Krise der deutschen Kultur* (1992)。

义宪治两大阵线间完全以最温和的中间立场[103]的面目出现。而对宪法运动的理性法代表来说，拒绝个人主义的自然法[104]和社会契约理论，以及"有机的"国家学说当然是眼中刺。[105]在这部著作中，对分权的理解也是反自由的，它讲的分权不是对权力的控制和制衡，而只是一种权力的分配方式而已；维护君主制原则也是同样的道理：**黑格尔**认为，君主代表整体来行使国家权力，而行政部门服务于这个"整体"的代表。等级阶层参与议政，但没有抉择权，也没有法律创制权。

如果人们追问一般国家学说的直接政治含义，那么 1820 年左右流行的普鲁士实践模式是一种完全典型的解释[106]：一个强有力的君主制；承认社会对议会的政治参与，而议会是被团体筛选过的，享有很少权利；国家权力不受真正的分权约束；着重强调"理性的"和廉洁的官僚体系的中立化功能，这种官僚体系不仅忠实捍卫君主制，而且还保障市民的自由——在这个问题上也同样模棱两可。[107]

同时代许多人以近似的方式论述这样的立场，当然主要是**甘斯**[108]，但他们没有使用这样的暗示性语言，在思想上也不这样令

---

[103]　这关系到公法学的整个领域，不要错以为自由主义者的著作"由于国家理论中含有非自由主义和保守反动成分，就会在同代人中引起完全负面的甚至是彻底否定性的反响"（R. Dreier, *Recht-Moral-Ideologie* [1981]，页 320）。

[104]　P. Landau, »Das Unrecht als Stufe des abstrakten Rechts in Hegels Rechtsphilosophie. Zugleich zum Verhältnis Hegels zu Kants ›Metaphysischen Anfangsgründen der Rechtslehre‹«, L. Philipps / H. Scholler (Hg.), *Jenseits des Funktionalismus. A. Kaufmann zum 65. Geb.* (1989)，页 143—162。

[105]　比较 K. H. 沙伊德勒（Karl Hermann Scheidler）具有攻击性的文章：»Hegel'sche Philosophie und Schule« 和 »Hegel (Neuhegelianer)«, Rotteck / Welcker, *Staatslexikon*，第 2 版（1846），页 606—664，尤其是页 625 及以下有关法哲学的文章。

[106]　同 Dreier，前注 91，页 322。

[107]　S. Avineri, *Hegels Theorie des modernen Staates* (1976).

[108]　Landsberg III/2，页 354—69；H. G. Reissner, *Eduard Gans. Ein Leben im Vormärz* (1965). H. Schröder (Hg.), *Eduard Gans. Philosophische Schriften* (1971). 甘斯在 1828 年到 1829 年冬季开设有"自然法"讲座，还在 1834 年夏季讲授与（转下页）

人费解。符合时代的东西似乎是"必然的",而从主观到客观再到绝对的道路似乎也是不可避免的,它为读者展示一场辩证运动的概念金字塔表演。如此霸道的哲学姿态想把万事万物都弄明白(**波普尔语**),它必然会走向分崩离析的境地。"国家是神圣的理念,犹如在地球上所存在的一样。"人们应该对"尘世 – 天国"的国家加以崇敬,国家是"上帝在尘世"的存在,这些著名的表述证明了形形色色所谓**黑格尔**权利的吸引力。[109] 从**施特劳斯**(David Friedrich Strauss)、**鲍尔兄弟**(Edgar und Bruno Bauer)、**赫斯**(Moses Hess)、**鲁格**(Arnold Ruge)到**马克思和恩格斯**,这些所谓**黑格尔左派**[110]的思想从**黑格尔**那里剥离出来,[111]对20世纪产生了深刻影响。尽管以他们的启蒙、意识形态批判和解放为出发点,但他们最终却在类似压制性地否定个人的和政治的自决那里被接受了下来。

倘若哲学——那又是哪一种哲学呢?——的"现实化"真的存在的话,那么第二代孙辈们的集权现实化最终如此相似,以至于历史学家不遗余力地在继受**黑格尔**的文献史瓦砾中找出一个真实的**黑格尔**。就像有人所辩护的那样,**黑格尔**不应该对另一些人的所作所为

(接上页)**魏茨**(Georg Waitz)一起撰写的《德意志国家法》(*Deutsches Staatsrecht*)开头部分。从中可以看出甘斯赞成世袭君主制、大臣责任制、代议制和两院制、公开化和出版自由。他拒绝社会契约学说和分权,不赞成君主受宪法约束。国家是"自由的顶峰",是"道德理念的实现"。它不需要宪法,自由也是通过行政来加以保障,"再也没有比普鲁士更好的官吏行政管理"(前引书,页132)。现可全面参见 R. Blänkner, »»Der Absolutismus war ein Glück, der doch nicht zu den Absolutisten gehört«. Eduard Gans und die hegelianischen Ursprünge der Absolutismusforschung in Deutschland«, *HZ*, 第 255 卷(1992)。

[109]　G. Mayer, »Die Junghegelianer und der preußische Staat«, *HZ*, 第121卷(1920),页 413—440;H. Lübbe (Hg.), *Die Hegelsche Rechte* (1962)。

[110]　K. Löwith (Hg.), *Die Hegelsche Linke* (1962);同作者, *Von Hegel zu Nietzsche*, 第 9 版(1986)。

[111]　Karl Marx, »Zur Kritik der Hegelschen Rechtsphilosophie«, *MEW*, 第 1/2 卷(Berlin, Ost 1958),页 378—391,该文为经典论述;见 D. Henrich, *Karl Marx*, 前注 100。

承担责任。直到 1831 年，对**黑格尔**的严格历史重构才首先从这样的问题中解脱出来，即追随者、活动家甚至政治家的所作所为是由于他的哲学造成的。但仍有一个问题悬而未决：为什么恰恰是**黑格尔**才会被人们如此利用，而其他哲学家如**康德**却没有呢？这在一定程度上是正确的。1831 年以后的思考者不能回避这个问题。这或许表明，**黑格尔**的思想风格，他的语言及主张、认识论、科学理论、社会理论、历史理论以及世界理论都统一到了一个体系中，这对非常专业的解释者有吸引力。在某种程度上，每一个哲学家是其后世的见证人。"**黑格尔**哲学本身相对（！）不受损害地经受住了**黑格尔**右派的解释——就像经受住其左派的解释一样"[112]，这种大胆的说法只有在严格历史意义上才正确；因为随着时间的推移，文献史会损害一部著作，还会引起双重含义和危险，而哲学家们以及他们的同时代人却还不知道。

4. 政治语境中的同一性哲学

在这里，我们回想一下从**康德**经由**费希特**和**谢林**到**黑格尔**这一所有哲学史著作都熟悉的人物序列，目的是在论述一般国家学说的同时，在从法国大革命到卡尔斯巴德决议后这段时期的政治变化关系中了解这个人物序列。一般国家学说不是从这个政治转变中推演出来的，它处于政治语境之下对其做出反应，并对其时代问题予以回答。当欧洲获悉革命的恐怖消息时，"渊源于**柏拉图**思想的连续的统一哲学"[113]开始大放光芒，它宣扬"克服对立""统一"和"爱"的思想，激情凝聚成为"体系"，客观因素逐渐取代**费希特**的主观因素。当政治运动随着维也纳会议而平静下来时，凌驾于反抗者之上的国家又向前推进了一步，它维护稳定和理性，在同样受控制的

---

[112] R. Dreier, »Julius Binder«, F. Loos (Hg.), *Rechtswissenschaft in Göttingen. Göttinger Juristen aus 250 Jahren* (1987)，页 455。

[113] D. Henrich, 前注 100，页 13。

市民社会的参与下控制着进步发展。就此而言，在从**康德**的批判哲学到**费希特**和**谢林**的主观唯心主义，再到**黑格尔**的客观唯心主义的序列中，不仅存在着哲学家们经常为之操劳的思想必然性，在这种思想必然性中后一个体系已"克服"了前一体系，而且这个序列还与从革命到复辟、从沉醉自由的主观到客观秩序的历史路线相符合。

同一性哲学有意利用概念上的模糊并拒绝"平庸"的理性批判，它趋向于反个人主义和反自由主义，但不必然反平等。这种哲学可能追求平等的强制性体制，但也通过接纳历史因素而发挥保守作用。它的命运典型地随着社会环境发生如下变化。

在晚期专制主义的政治环境下，要求克服"对立"的呼吁发挥着革命性作用，因为这种呼吁有意消除等级限制和经济限制，尤其预示市民们的政治参与。在军队中，它意味着告别军队是一台听从命令的完美机器这种观念，这有助于建设一支建立在普遍平等基础之上的人民军队，这种军队被理解为思想统一的军队。

在处于危机时，呼吁克服对立常常只是统治阶层向低等阶层发出的求助呼声，好使自己不至于在紧要关头成为孤家寡人，从而建立起一个超越党派的斗争共同体。其中隐藏着对那些坚持个体化和个性的人的威胁。**费希特**的《封闭的商业国家》及其《对德意志民族的演讲》就表明了这一点。在处于危机的时候，"扬弃对立"也意味着被统治阶层的解放，意味着参与市民生活以及担负起对国家的责任。1806 年开始的普鲁士改革就证明了这一点。

最后，在政治风平浪静时期，"神话哲学和启示哲学"[114] 与镇

---

[114]　F. W. Schelling, »Philosophie der Mythologie und Philosophie der Offenbarung«, *Sämmtliche Werke*，第 2 分部，第 1—4 卷（1856–1858）。见 W. Schulz, *Die Vollendung des deutschen Idealismus in der Spätphilosophie Schellings* (1955)；W. Kasper, *Das Absolute in der Geschichte. Philosophie und Theologie der Geschichte in der Spätphilosophie Schellings* (1965)；K. H. Volkmann-Schluck, *Mythos und Logos.*（转下页）

压反抗者联系在一起，就像在三月革命前那样。这些哲学也被当作知识分子走向不受攻击的非理性地带的逃亡道路，倘若这不被当作政治上寂静主义的小市民悠闲生活的话。因此，人们必须提防，不要把 1790 年后的思想变化单一地解释为令人难过的背离启蒙理性而转向潜在的镇压性的有机论。早期唯心主义哲学和早期浪漫派完全表明，它们与专制主义的政治改革目标和法国大革命目标之间的联系，似乎比解释者们回顾的——1819 年初以后的——还要紧密。[115]

（三）政治浪漫派

人们是把那一代的许多文学家、公法学家以及法学家划为**康德**之后的早期唯心主义阵营，还是划为政治浪漫派，或"复辟主义"阵营？这是一场有许多变因的游戏，它主要取决于以前的范畴形成。[116] 尽管如此，把**弥勒**、**威廉**（August Wilhelm）、**施莱格尔**、**诺瓦利斯**、**阿尼姆**、**艾兴多夫**（Joseph von Eichendorf）以及**格林兄弟**（Jakob und Wilhelm Grimm）[117] 等人划为"浪漫派"却是相当容

（接上页）*Interpretationen zu Schellings Philosophie der Mythologie* (1969)。

[115]　R. Brinkmann，前注 42。

[116]　C. Schmitt, *Politische Romantik*，第 4 版（1919, 1982），反驳该书的二次文献收集在 *Kindlers Literaturlexikon* (1991), »Schmitt«，页 1009—1010; Scheuner, 前注 1; 对浪漫派的分类取决于"前理解"（Vorverständnissen），见 K. H. Bohrer, *Die Kritik der Romantik* (1989)，内含从海涅到施米特（Carl Schmitt, 1888—1985）众多浪漫派的批判家和解释者。

[117]　H. Conrad, »Aus der Entstehungszeit der historischen Rechtsschule. Friedrich Carl von Savigny und Jacob Grimm«, *ZRG GA*，第 65 卷（1947），页 261—283; F. Wieacker, »Savigny und die Gebrüder Grimm«, *ZRG GA*，第 72 卷（1955），页 232—244; T. S chuler, »Jacob Grimm und Savigny. Studien über Gemeinsamkeit und Abstand«, *ZRG GA*，第 80 卷（1963），页 197—305; W. Ebel, *Jacob Grimm und die deutsche Rechtswissenschaft* (1963); G. Marini, *Jacob Grimm* (Napoli 1972); D. Henning / B. Lauer (Hg.), *Die Gebrüder Grimm. Dokumente ihres Lebens und Wirkens* (1985), 其中尤其参见 G. Dilcher, »Jacob Grimm als Jurist«, 页 25—41; W. Ogris, *Jacob Grimm. Ein politisches Gelehrtenleben* (Graz 1990)。

易的。但我们把明显非政治的浪漫派**布伦塔诺**（Clemens Brentano）和他或许有些自鸣得意但也绝不是非政治浪漫派的妹妹 B. **阿尼姆**（Bettine von Arnim）划为浪漫派，那情形将如何呢？[118] 除了**弥勒**，我们也可以把**克莱斯特**囊括进浪漫派吗？他的政治兴趣毋庸置疑，但把他划为"浪漫的"就不值得怀疑吗？[119] **恩斯特·霍夫曼**（E. Th. A. Hoffmann）在文学上毫无疑问是"浪漫派"，但他的政治思想却更多是自由主义的。[120] 对**保罗**如何归类？[121] 他写有不少重要的政治作品，[122] 还写有一篇《诗性的共和主义》（»poetischen Republikanismus«），赞成君主立宪形式下的公民国家。最后，**谢林**在这里扮演何种角色——尤其是在**萨维尼**那里？无论如何，人们在这一点上是一致的，即**根茨**和**安西永**（Friedrich Ancillon，1767—1837）不属于"浪漫派"，而更多是立足于理性基础上的保守主义者。**哈勒尔**尤其如此。

从 1795 年到 1815 年这二十年内的政治情况，以及处在其中的参与者的观念看法变化剧烈，对他们进行归类因此变得复杂。围绕

---

[118]　B. v. Arnim, *Dies Buch gehört dem König*, I. Staff (Hrsgg.) (1982)，内有更多文献。

[119]　M. Emmrich, *Heinrich von Kleist und Adam Müller. mythologisches Denken* (1990).

[120]　U. Mückenberger, »Ernst Theodor Amadeus Hoffmann (1776–1822) ›Das Literarische macht frei ...‹«, *Streitbare Juristen. Eine andere Tradition* (1988)，页 19—32；对此进行的批判见 Ch. Bergfeld, »E. T. A. Hoffmann – ein streitbarer Jurist?«, *Die Bedeutung der Wörter. Studien zur europäischen Rechtsgeschichte, Festschr. f. S. Gagnér* (1991)，页 15—32。

[121]　H. G. Helms, »Jean Paul, ein politischer Autor« 和 B. Lindner, »Politische Metaphorologie«，均见 H. L. Arnold (Hg.), *Text + Kritik, Sonderband Jean Paul* (1970)；W. Harich, *Jean Pauls Revolutionsdichtung. Versuch einer neuen Deutung seiner heroischen Romane* (1974)；H. Bade, *Jean Pauls politische Schriften* (1974)；K. Wölfel, *Jean-Paul-Studien* (1989)，尤其参见页 140 及以下，页 171 及以下。

[122]　*Friedenspredigt an Deutschland* (1808); *Dämmerungen für Deutschland* (1809); *Mars' und Phöbus Thronwechsel* (1814); *Politische Fastenpredigten* (1817).

在**施莱格尔**姐弟、**蒂克**和**诺瓦利斯**周围的耶拿大学早期浪漫派起初还充满着革命激情，并以**康德**为向导，[123] 从 1800 年起气氛骤变，自由激情接纳了反法国的和民族主义的泛音，这在**克莱斯特**那里尤其如此。最后，中世纪等级国家、教会和封建农业社会占了上风。

但原因并不在于浪漫派思想缺乏特殊的政治特征，而在于一群受到没有联结能力威胁的知识分子的心理气质，另外还在于历史发展的异常速度，而所有这些知识分子都屈从于这样的速度。恰恰是他们中的"热心者"受强烈的风云变幻左右，那些原来受人类理想激励的年轻人完全远离了启蒙的出发点，而在晚年即便不是变得反动，也是变得保守（这些人有**弥勒**、**施莱格尔**、**根茨**、**布伦塔诺**、**维尔纳**、**格雷斯**、**巴德尔**［Franz von Baader］、**谢林**），如果他们不是英年早逝（如**诺瓦利斯**、**瓦肯罗德**［Wackenroder］），或者不像**克莱斯特**、**荷尔德林**和**莱瑙**（Lenau）那样不幸殒命的话。另一些人，如**萨维尼**、**雅各布·格林**和**阿尼姆**等一开始就趋于保守。正如**胡赫**（Ricarda Huch）强调的，浪漫派根本上是一场"青年运动"。[124]

因此，人们在"政治浪漫派"界限模糊的地方一定要注意其中掺杂的动机。反启蒙一方面来自反法情绪，法国是一个理性主义和集权主义国家，是"放肆的"**伏尔泰**和百科全书派的国家。另一方面，它反对自身的开明君主制，这是从等级阶层、贵族和教会的眼光来看的。这场反专制主义的气氛也和反**拿破仑**的民族情绪联系在了一起。大家达成共识，即历史生成物和"发展"的有机思想优越于人为的、

---

　　[123]　Brinkmann，前注 42；C. Träger (Hg.), *Die Französische Revolution im Spiegel der deutschen Literatur* (1975)；Stern，前注 52，页 137 及以下。

　　[124]　R. Huch, »Romantische Lebensläufe«，见同作者，*Die Romantik. Blütezeit, Ausbreitung und Verfall* (1951；引自 1985 年版，页 467—503)，亦可比较 J. v. Eichendorff, *Erlebtes* (1857)。

危及生存的和革命的产物,而安宁和秩序体现更高的善,[125] 要以不信任的态度去思考所有的专制主义治理方式。但有争议的是,如何面对资产阶级世界和资本主义世界的挑战。在国家和社会中寻找"有机"的解决方法导致了典型的反平等建议,以及已经存在了一个世纪的邪恶的"等级学说"(**格雷斯**语),这种学说把民族身体结构描绘成明显受到威胁的和"自然的";进而导致根据教会社会学说制定的国民经济模型(**弥勒、巴德尔**),导致回归自然经济的强烈愿望,以及对发行纸币的激烈争论。[126] 由此形成了一条双重抵抗战线:抵抗"机械"的专制主义及其"管理嗜好",同时还要抵抗兴起的资产阶级世界和资本主义世界。

国家不应该再是"机械"了。机械比喻从此被人抛弃。而在一般国家学说中,这意味着理性的契约建构逐渐被器官学表述排挤。在直接谈到**施勒策**以及他那"二十年前还拥有如此众多公众的不幸学说"时,**弥勒**[127] 在1808年到1809年的德累斯顿讲课中解释说:"国家不是一个纯粹的加工厂、乳品厂、保险机构或者商业社团;

---

[125] K. Lüderssen, »»ich will lieber eine Ungerechtigkeit begehen, als Unordnung ertragen«. Notizen über Goethes Verhältnis zum Recht«, *Neue Rundschau* (1983), 页 47—64。

[126] 众所周知,《浮士德》第二部(第一幕,御苑)体现了在萨克森 – 魏玛使用纸币的情形:"这样的一张纸币代替黄金和珠宝,真惬意:人们一下子就晓得自己拥有了什么东西。"1793年,歌德就货币政治问题写了一篇评语。见 F. Hartung, *Das Großherzogtum Sachsen unter der Regierung Carl Augusts, 1775–1828* (1923),页 26;亦 见 H. Chr. Binswanger, *Geld und Magie. Deutung und Kritik der modernen Wirtschaft anhand von Goethes »Faust«* (1985)。

[127] R. Aris, *Die Staatslehre Adam Müllers in ihrem Verhältnis zur deutschen Romantik* (1929); J. Baxa, *Adam Müller. Ein Lebensbild aus den Befreiungskriegen und aus der deutschen Restauration* (1930); L. Sauzin, *Adam-Heinrich Müller (1779–1829): Sa vie et son œuvre* (Paris 1937); V. Schepelern, *Edmund Burke, Friedrich Gentz, Adam Müller. Et Bidrag til Revolutionsog Napoleonstidens politiske Idéhistorie* (Kopenhagen 1953); 更多文献,见 M. Stolleis, »Adam Müller«, *HRG*, 第3卷(1984),栏 723—726。

它是物质和精神全部的需求，是物质和精神的全部财富，是一个民族内部和外部全部生活的内在联系，是一个有着巨大能量的、永不停息的、生机勃勃的整体。"[128] 国家不是人为的发明创造，而是"人类事务的总合，与一个生机勃勃的整体相联系"。[129] **柏克**——其《法国革命论》（*Reflection on the Revolution in France*，1790）是**弥勒**的主要依据[130]——在政治浪漫派的语境下置身于激情和理想化的光辉之中，而这光辉对这位现实主义思想家来说却是完全陌生的。[131] **弥勒**的《治国艺术原理》（*Elemente der Staatskunst*）是一部思想丰富（他本人也沾沾自喜）并引起激烈争论的著作，其论题具有格言式的尖锐深刻，其中"活思想"的"死概念"、"庄严共同体"的"僵化"分权，以及具有活力的统一的机械论碰撞在一起。

在这里，政治虽然被美学化了，[132] 但**弥勒**在政治上绝非天真幼稚。他在教书时是王子的老师。他对真正的贵族进行神圣化，并把这种神圣化与这样的思想信念联系在一起，即他"关心国家现在受压制的宗教精神因素和封建主义因素，比关心当下取得辉煌胜利的

---

[128]　A. H. Müller, *Die Elemente der Staatskunst. Oeffentliche Vorlesungen vor Sr.Durchlaucht dem Prinzen Bernhard von Sachsen-Weimar und einer Versammlung von Staatsmännern und Diplomaten, im Winter von 1808 auf 1809, zu Dresden, gehalten* (Berlin 1809)，3 卷本的 3 部分；权威版本，见巴克萨（J. Baxa）在 1922 年所作，以及 1926 年的手写附录。下文引自 1936 年在梅尔斯堡和莱比锡出版的完整版，页 27（第 2 讲）。

[129]　Müller，前引书，页 33。

[130]　很可能是弥勒的朋友根茨翻译的：*Betrachtungen über die französische Revolution. Nach dem Englischen des Herrn Burke neu bearbeitet ... von Friedrich Gentz*，2 卷本（Berlin 1793；第 2 版，1794；第 3 版，1838）。

[131]　F. Braune, *Edmund Burke in Deutschland* (1917)；H. Barth, »Edmund Burke und die deutsche Staatsphilosophie im Zeitalter der Romantik«, *Die Idee der Ordnung* (Zürich 1958)；D. Hilger, *Edmund Burke und seine Kritik der Französischen Revolution* (1960)；P. Alter, »Edmund Burke«, *Geschichte und politisches Handeln. Studien zu europäischen Denkern der Neuzeit. Th. Schieder z. Gedächtnis* (1985)，页 70—84。

[132]　B. Koehler, *Ästhetik der Politik. Adam Müller und die politische Romantik* (1980).

因素还热心"。[133]1805 年，**弥勒**皈依了天主教，他希望国家思想的宗教精神化，希望把建立在"对立"[134]基础上的所有存在都协调为统治者与被统治者之间的个体自由和有机统一。[135]这就意味着消极地排斥目的理性的计算，普遍压制国家目的学说，遏制自私自利的"市民小算盘"[136]以及所有"人为分离"。而"人为分离"不仅反对有利于英国式"生成"关系的分权，而且旨在消除私法和国家法的划分[137]，以便消除国家与社会之间保障自由的距离。《原理》给人的总体印象尽管是典型的明暗不清，在修辞上明暗两条线交织其中，但其倾向性很清楚，那就是反启蒙和保守，拥护贵族和教会，[138]是反自由的[139]和反宪治的。"我们时代所有的宪治小玩意儿，"他认为可以这样说，"与寻找中世纪等级关系的替代品的不幸努力没有什么两样。"[140]这不仅是历史的倒退，还清楚地表明，这位后来越来越转变为代表旧制度利益的"浪漫派"，没有足够重视最重要的时代趋势。[141]

整整十年之后，也就是在卡尔斯巴德决议之后以及在"追捕煽动者"期间，**施莱格尔**从 1820 年到 1823 年分三阶段出版了《时代

---

[133] 前引书，跋。

[134] A. Müller，前注 70。

[135] H. A. Korff, *Geist der Goethezeit*，第 10 版，第 4 卷（1979），页 293 及以下。

[136] 前引书，页 165。

[137] 前引书，页 199。

[138] E. Hänisch, »Der ›vormoderne‹ Antikapitalismus der politischen Romantik. Das Beispiel Adam Müller«, R. Brinkmann (Hg.), *Romantik in Deutschland* (1978)，页 140—141。

[139] "法治国"在此首次出现（第 8、10 讲，"有机的法治国"，前引书，页 123），但也未改变其反自由主义趋向。比较 M. Stolleis, »Rechtsstaat«, *HRG*，第 4 卷（1990），栏 367—375，内有更多文献。

[140] 前引书，页 117。

[141] F. Engel-Jánosi, »Die Theorie vom Staat im deutschen Österreich 1815–1848«, *Zeitschrift für öffentliches Recht*，第 2 卷（1921），页 360—394（页 381—385）。

的标志》（*Signatur des Zeitalters*）。[142] 这部著作描述了 1763 年到
1789 年、1789 年到 1814 年以及这之后的不同舆论思潮，展现了从
世界公民到民族思想，从理性法"建构"到国家思想中的有机"发展"，
从"纯粹数学和机械的国家观与国家论述"[143] 到家庭的、教会的和
行会的"有生命力的积极的"社团主义等观念的变化。但对**施莱格
尔**来说，最重要的是由他和其他人所发展的全新的宗教观，这种宗
教观不仅仅具有个人信仰抉择的特征，而且像老一辈如**布伦塔诺**所
主张的那样，似乎是从根本上解决时代问题的良方。在**施莱格尔**的《和
谐》中有一篇文章，[144] 其中人权和人民主权被认为是破坏欧洲的真
正因素而受到指责。他补充道，"国家的真正宪法是它的宗教"[145]。
而那个"有生命力的积极的"东西现在不再是历史和诗歌艺术，而
是上帝了。[146]

（四）国家学的复兴

1. K. L. v. 哈勒尔

抵抗专制主义和资产阶级世界的战线虽然遍布浪漫派，但这
条战线也包括那些顽固的、非浪漫派的、贵族利益的代表者，以及

---

[142]　F. Schlegel (Hg.), *Concordia. Eine Zeitschrift*，第 1—6 期（Wien 1823），
页 3—70，页 164—190，页 343—398。保守主义者如雷贝格也认为施莱格尔是一个
有问题的人物，认为他已经堕落成"玩弄形而上学、宗教、道德是非和政治的人，
不负政治责任"（见 *Die Erwartungen der Deutschen von dem Bunde ihrer Fürsten* [Jena
1835], 页 10）。亦见瑞典人阿特布姆（Per Daniel A. Atterbom）的著作，*Reisebilder
aus dem romantischen Deutschland, Jugenderinnerungen eines romantischen Dichters und
Kunstgelehrten aus den Jahren 1817 bis 1819* (1970)，他认为施莱格尔是"放纵者，具
有政客的矫情和冷酷的天主教思想"。现在权威的批判著作由贝勒（Ernst Behler）等
人编辑（1958 et al.）。

[143]　*Concordia*，前注 142，页 358。

[144]　H., »Ueber den Grundvertrag der Gesellschaft«, *Concordia*，前注 142，页
337—342。

[145]　前引书，页 339。

[146]　见 F. Engel-Jánosi，前注 141，页 368—381。

其他来自自由市的保守主义者。一直是"复古"思想带头人的**哈勒尔** [147] 属于最后一类。他出生于带有特别保守气氛的伯尔尼城市贵族家庭，为共和国效命至 1798 年底，后来在奥地利国家机关工作，1806 年又回到伯尔尼担任国家学教授（直至 1817 年）。他开始这项工作时便主张有计划地重新建立一般国家法，[148] 随后很快就出版了第一本大纲 [149]，该大纲立即引起了轰动，成为那个时代的标志。[150] 作为一个雄心勃勃并受大革命经历消极影响的贵族，**哈勒尔**是**卢梭**和"市民社会"思想的坚定反对者。他发誓，如他自己所说，"推翻公民契约偶像，在科学的皇冠上重新兴起对自然界神灵的崇敬" [151]，以及"把符合公理的科学抬上王座" [152]。法国七月革命后，**哈勒尔**扮演着预言家角色。他信誓旦旦地说，按照上帝的召唤，必

---

[147]　Blösch, *ADB*，第 10 卷（1879），页 431—436；E. Bonjour, *NDB*，第 7 卷（1966），页 549—550；E. Reinhard, *Karl Ludwig von Haller. Ein Lebensbild aus der Zeit der Restauration* (1915)；同作者，*Karl Ludwig von Haller, der »Restaurator der Staatswissenschaft«* (1933)；C. Guggisberg, *Carl Ludwig von Haller* (= *Die Schweiz im deutschen Geistesleben*，第 87/88 卷）(Frauenfeld, Leipzig 1938)；H. R. Liedke, "The German Romanticists and Karl Ludwig von Haller's Doctrines of European Restoration", *Journal of English and German Philology*，第 57 卷（1958），页 371—393；H. Boldt, »Zwischen Patrimonialismus und Parlamentarismus. Zur Entwicklung vorparlamentarischer Theorien in der deutschen Staatslehre des Vormärz«, G. A. Ritter (Hg.), *Gesellschaft, Parlament und Regierung. Zur Geschichte des Parlamentarismus in Deutschland* (1974), 页 77—100；H. Boldt, *Deutsche Staatslehre im Vormärz* (1975), 页 60—61；Ch. Pfister, *Die Publizistik Karl Ludwig von Hallers in der Frühzeit 1791–1815* (1975)。

[148]　K. L. v. Haller, *Ueber die Nothwendigkeit einer andern obersten Begründung des allgemeinen Staatsrechts* (Bern 1807).

[149]　K. L. v. Haller, *Handbuch der allgemeinen Staatenkunde, des darauf gegründeten allgemeinen Rechtes und der allgemeinen Staatsklugheit nach den Gesetzen der Natur* (Winterthur 1808).

[150]　K. L. v. Haller, *Restauration der Staatswissenschaft oder Theorie des natürlich-geselligen Zustandes der Chimäre des künstlich-bürgerlichen entgegengesetzt*，第 1—4 卷（Winterthur 1816–1825；第 2 版，6 卷本，1820—1822；第 5 卷，1824；第 6 卷，1825；再版，1964）。

[151]　Blösch, *ADB*，第 10 卷（1879），页 431（页 434）。

[152]　Haller, *Restauration*，前注 150，序。

须和摆脱掉枷锁的时代精神的撒旦力量进行一场世界末日的殊死搏斗。[153] 他的思想有着"罕见的时代怪异，人们几乎可以说，它有着化石一样的特点"[154]，显然和"自然主义的权力思想"有联系，而这种自然主义的权力思想还不能被称作是真正保守的。因此，对**哈勒尔**的继受更多在于摘录其个别论据，使用其受所有反革命者欢迎的关键词。

在《国家学的复兴》（*Restauration der Staatswissenschaften*）这本书中，**哈勒尔**区分了以土地为基础的父权国家、以实施有形暴力为基础的军权国家、以信仰为纽带的神权国家和以平等者的联合为基础的自由共和国，其中把特别重要的父权国家放在显著的位置上。**哈勒尔**对自然法的契约理论展开了批评。他认为，国家不是"公民社会"（societas civilis）理性的人为产物，即在这种公民社会的帮助下建立起权力，并使它受到约束，而是在经验上同时也是在规范上合乎自然的"强者的统治"。上帝赋予谁权力，谁就获得国家，他把它当作世袭财产"拥有"，他可以卖掉它，当他的权力减弱时，他也将失去它。自然状态因此继续存在下去，它是"上帝的秩序"。君主在某种意义上是上帝安排的大地主；行政权——**哈勒尔**进而把它划分成不同的功能，并赋予司法权特殊地位——作为财产归属于君主。他取消了国家权力和君主权力的划分，因为官吏处于为君主服务的个人关系之中，而臣民也处于受君主保护的关系之中。他当然也不允许有臣民的全体代表会议，充其量允许有传统意义上的"等级会议"，[155]但它仅仅是咨议机构，作为表达愿望和表示同意的团体，它不"代表"什么，而是为自己的权利行事。

---

[153]   C. L. v. Haller, *Satan und die Revolution* (Luzern, Augsburg 1834；第 3 版，1835).

[154]   Brandt，页 59。

[155]   详见 Brandt，页 61—64。

哈勒尔以这种"国家权力的自然学说"提出被许多人援用的论据去反对可恨的契约建构，反对分权，反对基本权利，反对有利于人民代表制度的主权分离，更反对人民主权和反抗权。其积极而明确的表述是："要重新建立古老的父权统治、封建体制、人治、特权制以及父权司法制度等。把国家简单地重新融入父权的农庄和机构组织之中去。"[156]这种反现代化立场不仅返回到了旧制度的窠臼，而且最终否定了历史发展。自由宪治主义的代表们对此义愤填膺。康德教职的继任者克鲁格（Wilhelm Traugott Krug，1770—1842）[157]的声音虽然没有多少分量，但很典型。黑格尔对哈勒尔的讽刺性评价就一目了然了，他强调指出，哈勒尔的观点有很明显的矛盾，并缺乏对经验陈述和规范陈述的区分。[158]

2. F. v. 根茨

从一个青年康德主义者转变成为梅特涅体制的象征，特别典型的例子是毁誉参半的根茨。[159]根茨绝不是"浪漫派"，而是一位理

---

[156]　C. Vollgraff, *Ueber den heutigen Begriff, Umfang und Gegenstand der Staatswissenschaften* (Marburg 1825)，页 13。

[157]　W. T. Krug, *Die Staatswissenschaft im Restaurazionsprozesse der Herren von Haller, Adam Müller und Consorten* (Leipzig 1817)；同作者，*Dikäopolitik oder neue Restaurazion der Staatswissenschaft mittels des Rechtsgesetzes* (Leipzig 1824)，有关克鲁格，比较 Prantl, *ADB*，第 17 卷（1883），页 220—222；Brandt，页 223—226；亦见黑格尔对克鲁格著作的激烈批判，见 *Krit. Journal der Philosophie*，第 1 卷，第 1 部分（1802）；H. Escher, *Ueber die Philosophie des Staatsrechts, mit besonderer Beziehung auf die Haller'sche Restauration* (Zürich 1821)，有关埃舍尔（Heinrich Escher，1789—1870），见 Brie, *ADB*，第 6 卷（1877），页 355—357；A. F. J. Riedel, *Hallers staatsrechtliche Grundsätze, nach der Restauration der Staatswissenschaft bearbeitet und beleuchtet* (Berlin 1842)。

[158]　Hegel, *Rechtsphilosophie*，第 258 节，注释 *。

[159]　Mohl II，页 488—511；P. R. Sweet, *Friedrich von Gentz. Defender of the Old Order* (Madison 1941)；G. Mann, *Friedrich von Gentz. Geschichte eines europäischen Staatsmannes* (1947；第 2 版，1972 [文献]）；J. Baxa, *Friedrich von Gentz* (Wien 1965)；G. Kronenbitter, *Wort und Macht. Friedrich Gentz als politischer Schriftsteller* (1994)；R. Cahen, *Friedrich Gentz 1764–1832. Penseur post-Lumières et acteur du nouvel ordre européen* (2017)。

性的、现实政治的保守主义者。起初，他在布雷斯劳圈子中与**加尔弗**（Christian Garve，1726—1806）关系密切，[160] 后来在哥尼斯堡深受**康德**的影响，[161] 并从那时起成长为那个时代的主要政治作家，尤其以反**拿破仑**的文章名噪一时。[162]1802 年，他离开普鲁士官场到了奥地利。在那里，维也纳会议之后他就变成了右派，成为**梅特涅**的公法学代言人。作为个人，**根茨**可谓春风得意。他的公法学路线完全是反革命的，[163] 但他还是赞成要求一部"组织完美的宪法"。[164] 他坚信，"要永远避免……叛乱需求，至少要竭力加以制止，最好的办法是……有一部良好的宪法，即通过宪法的良好组织，最高权力就不可能被滥用了"[165]。在这个意义上，他还倡导出版自由，[166] 但在维也纳会议之后他变得越来越保守落后。"他过着高枕无忧的舒适生活，手挽舞女，撰文反对德意志、法兰西和波兰人民争取自

[160]　K. G. Schönborn (Hg.), *Briefwechsel zwischen Garve und Gentz (1789–98)* (Breslau 1857)；F. C. Wittichen (Hg.), *Briefe von und an Friedrich von Gentz*，4 卷 本（1909–1913）；M. Stolleis，前注 72，页 86 及以下。

[161]　F. Gentz, »Ueber den Ursprung und die obersten Principien des Rechts«, *Berlinische Monatsschrift*, J. E. Biester (Hrsgg.)，第 1 卷（1791），页 370—396。

[162]　F. Gentz, *Ueber den Ursprung und Charakter des Krieges gegen die französische Revolution* (Berlin 1801)；同作者，*Ueber den politischen Zustand von Europa vor und nach der französischen Revolution*，2 部 分（Berlin 1801, 1802）；同作者，*Authentische Darstellung des Verhältnisses zwischen England und Spanien, vor und bey dem Ausbruche des Kriegs zwischen beiden Mächten* (Petersburg, Riga, Leipzig 1806)。

[163]　*Betrachtungen über die französische Revolution. Nach dem Englischen des Herrn Burke neu bearbeitet ... von Friedrich Gentz*，2 卷 本（Berlin 1793；新版，1967，由亨里希撰写导言）；J. Mallet du Pan, *Ueber die französische Revolution und die Ursachen ihrer Dauer. Uebersetzt von Friedrich Gentz* (Berlin 1794)；J. J. Mounier, *Entwickelung der Ursachen, welche Frankreich gehindert haben, zur Freiheit zu gelangen. Mit Anmerkungen von Friedrich Gentz*，2 卷本（Berlin 1794）。

[164]　D. Henrich (Hg.), *Kant, Gentz*，见雷贝格的文章 »Über Theorie und Praxis«（1967），页 108。

[165]　Gentz，见 Henrich，前注 164，页 107。

[166]　»Sendschreiben«, *Seiner K. M. Friedrich Wilhelm III. bei der Thronbesteigung allerunterthänigst überreicht von Friedrich Gentz* (Berlin 1797)。

由和民族权利。"[167] 其中最重要的文章是那篇写于 1819 年的著名报告《论等级会议制宪法与代议制宪法的区别》，[168] 该文尝试对《同盟条约》第 13 条进行严格的旧等级解释，以此遏止议会制蔓延。

从改良的"资产阶级"立场到坚定维护现存状态，这种流行变化在**根茨**那里最为典型。作为政论家和修辞学家，他显然有着非典型的高水准；在这里，可以毫无问题地把他归入**格雷斯**、**伯尔内**和**海涅**之列。

3. F. 安西永

安西永也走过同样的道路，起初坚持理性和宪治观念，后来走向越来越保守。[169] 顺便提及，他是**根茨**的亲戚。**安西永**在普鲁士经历了显赫的职业生涯，1792 年担任军事学院教授，1805 年担任科学院教授，1810 年成为**威廉四世**的老师，1817 年在国家资政院任职，最后在 1832 年成为外交部领导。就像人们所说，他的作品[170] 读起来"一气呵成，赏心悦目：但在整体上温和又平庸"[171]，"广度甚于深度"[172]。大家给他的评价是，自鸣得意、工于辞藻，"过分热情

---

[167]　Mohl II，页 509。

[168]　见本书第 2 章，注 25。

[169]　佚名，*ADB*，第 1 卷（1875），页 420—424；F. Hartung，*NDB*，第 1 卷（1953），页 264—265；P. Haake，*Johann Peter Friedrich Ancillon und Kronprinz Friedrich Wilhelm IV von Preußen* (1920)；W. Bußmann，*Zwischen Preußen und Deutschland. Friedrich Wilhelm IV* (1990)，页 44—48。

[170]　F. Ancillon，*Ueber Souveränität und Staats-Verfassungen. Ein Versuch zur Berichtigung einiger politischen Grundbegriffe* (Berlin 1815；第 2 版，1816)；同作者，*Über die Staatswissenschaft* (Berlin 1820)；同作者，*Nouveaux essais de politique et de philosophie*，2 卷本（Paris, Berlin 1924）；同作者，*Ueber den Geist der Staatsverfassungen und dessen Einfluß auf die Gesetzgebung* (Berlin 1825)；同作者，*Zur Vermittlung der Extreme in den Meinungen* (1828/1831)；同作者，*Pensées sur l'homme, ses rapports et ses intérêts* (Berlin 1829)。

[171]　Mohl III，页 399。

[172]　Hartung，前注 169。

乐观，文风一本正经，带有教堂神坛上的逻辑风格"[173]。就连同时
代的重要人物如**洪堡**、**施莱尔马赫**和**黑格尔**也做如此评价。即使在
今天看来，人们也得同意这样的评价，尽管像兰克（Ranke）那样的
权威人物对其进行了更多正面的评价；[174] 在文风和思想上都不能拿
安西永和**根茨**相比较。尽管**安西永**与**威廉四世**有紧密的个人关系，[175]
但他不太像浪漫派，不太像理性的启蒙者，也不太像如**哈勒尔**那样
反革命的基督教作家。他更像是一位折中主义者，以对话形式编撰
一些流行的名言警句。他以一种矛盾但又优雅的方式把尊敬**腓特烈**
大王和反对启蒙结合在一起。他的观点如同人们所期望的那样随形
势变化而变化。在普鲁士预备立宪时期，他支持全体代表大会，而
在1820年以后，他却完全服膺**梅特涅**体制，并鼓吹贵族特权。他认为，
经过谨慎改良的地方等级会议完全符合"时代精神"，而他自己自
然拒绝把它当作规范机构。[176] 他憎恶全体理性的国家建构，厌恶人
民主权、人民代表会议、分权和基本权利，而宪法运动对他来说完
全是一种"流行病"。[177] 但他所反对的却几乎不是对宗教和爱国的

---

[173]　*ADB*，前注 169。

[174]　L. v. Ranke, »Zur eigenen Lebensgeschichte«, *Sämtliche Werke*，第 53/54 卷
（Leipzig 1890），页 51。

[175]　F.-L. Kroll, *Friedrich Wilhelm IV. und das Staatsdenken der deutschen Roman-
tik* (1990); D. Barclay, *Anarchie und guter Wille. Friedrich Wilhelm IV. und die preußische
Monarchie* (1995).

[176]　Ancillon, *Ueber Souveränität*，前注 170，页 68—76。他在"道德协会"一
案中扮演的角色不十分清楚。但尼布尔在给亨斯勒（Dore Hensler）的信（约 1816 年
1 月 10 日）中认为，"安西隆是整个事件的主要支持者，这毋庸置疑……我感到遗憾，
此人还影响了王储"。尼布尔在给格奈泽瑙的信（1815 年 12 月 18 日）中同样认为，
"安西永从一开始就是谣言的罪魁祸首"。

[177]　Alexander Müller, *Meine Ansichten wider das deutsche Repräsentativsystem,
und über die Hauptursachen der zunehmenden Volksunzufriedenheit, insbesondere über
manches, was päbstelt* (Ilmenau 1828)，页 3—38。米勒（Alexander Müller）也谈到"宪
法怒气大发"，他费了很多修饰笔墨把理想化的君主制原则同宪法和等级会议的现实
缺陷相对照。他赞成大多数德意志人同意的"纯粹君主制"（页 23）；"明君不需
要宪法……"（页 36）。K. L. Berneys, *Deutschland und seine fränkischen*（转下页）

强调，也不是对公共精神的空洞呼唤。

4. C. E. 雅尔克

雅尔克受过**哈勒尔**的影响，[178] 但这位刑法学家是一位现实和保守的国家理论家。1825 年起他在柏林任教授，但他在皈依（1825）后离开大学（1830—1831）成为一名记者。他写了一部反对七月革命的作品[179]，之后被派到维也纳接任**根茨**的工作。他的著作主要发表在报刊上（《政治周刊》[*Politisches Wochenblatt*]、《天主教德意志的历史政治文刊》[*Historisch-politische Blätter für das katholische Deutschland*]）。[180] 需要强调的是他撰写的《等级制宪法和德意志宪法》（*Die ständische Verfassung und die deutschen Constitutionen*）[181]，该书与我们的论述有关。

和**哈勒尔**一样，**雅尔克**也认为革命是毁灭法律和宗教的深渊。与**根茨**一样，他宣称，代表议会制和君主立宪制不能相互统一。为了防止革命，**雅尔克**主张，宗教上超越的权利绝对不可侵犯，应由神圣的君主来掌握不可分割的主权。他认为存在着前国家的（vorstaatlich）共同幸福，而国家有义务服务宗教和教会。**雅尔克**的

（接上页）*Repräsentativ-Verfassungen* (Mannheim 1841)，该书也持同样观点，但带有民族主义的思想变化。

[178]　Mohl II，页 578—592；F. Engel-Jánosi，前注 141，页 387—390；Brandt，页 73—84，内有更多文献。

[179]　C. E. Jarcke, *Die französische Revolution von 1830, historisch und staatsrechtlich beleuchtet* (Berlin 1831).

[180]　C. E. Jarcke, *Vermischte Schriften*，3 卷本（München 1839）；同作者，*Prinzipienfragen. Politische Briefe an einen deutschen Edelmann, nebst gesammelten Schriften* (Paderborn 1854)（= *Vermischte Schriften*，第 4 卷）。比较 Weinberger, »K. E. Jarcke«, *Histor. Jahrbuch*，第 46 卷（1926），页 563—593；F. Peters, *Carl Ernst Jarckes Staatsanschauung und ihre geistigen Quellen* (1926)；W. Scheel, *Das »Berliner politische Wochenblatt« und die politische und soziale Revolution in Frankreich und England* (1964)；其他所有文献见 H.-Ch. Kraus，前注 54，该作者提供了唯一现代的、全面的和具有说服力的论著。

[181]　Leipzig 1834.

思想不是坚定地反对自由：尽管他反对国家契约和代议制，但他主张国家不要进行广泛的干预，尤其是在宗教问题上；他还支持（现代化的）等级会议 [182] 和自治。他毫无迟疑地赞同以上帝的委托去约束君主，但对各个议员的约束被他贬斥为意识形态的。这在理论上有问题，但在政治上却能保持稳定连续。

雅尔克既不是国家专制主义者，也不是真正的自由主义者，而是坚定的反民主和反个人主义者，他受"有机的"基督教保守的国家观念影响，而这种观念在最后保留得模糊不清。从他的理论著述来看，雅尔克被自由主义者评价为"在学科上不重要" [183]，但他在公法学上对强化威廉三世时期普鲁士的保守主义却举足轻重，对梅特涅直到 1848 年的地位和三月革命前天主教的民众运动也很重要。

除雅尔克外，我们还必须提到莱奥（Heinrich Leo，1799—1878）。莱奥也属于普鲁士的极端保守主义者，他著有《国家自然学说之研究及描述》（Studien und Skizzen zu einer Naturlehre des Staates）[184]。就像《自然学说》所揭示的那样，国家是原始生成物，出自上帝之手。如果它是"有机的"，那么其中的精神元素和物质元素就像在人体器官里一样运动，如果它是"机械的"，那么在国家内部起作用的是暴力、抽象思维和金钱。在"系统的"国家里混合着这些元素，这样的国家为有机方面和机械方面提供秩序。在一本与《自然学说》相符合的纲要中，莱奥按照国家形式的主要运作力量，对整个历史中的国家形式进行了归类（军事国家、教会国家

---

[182]   Kraus，前注 54，页 431 及以下。

[183]   Mohl II，页 588。

[184]   Halle 1833. v. Wegele, *ADB*，第 18 卷（1883），页 288—294；Chr. Frhr. v. Maltzahn, *NDB*，第 14 卷（1985），页 243—245；同作者，*Heinrich Leo (1799—1878). Ein politisches Gelehrtenleben zwischen romantischem Konservativismus und Realpolitik* (1979)；C. R. Henderson, *Heinrich Leo: A Study in German Conservativism* (Ann Arbor, Mich. 1977)。

和商业国家）。

（五）保守的一般国家学说

弥勒、施勒格尔和其他浪漫派，如**哈勒尔、根茨、安西永、雅尔克**等，主要在大学外活动。他们是现代意义上的"公法学家"，并活跃于权力前台。**比洛－库梅罗**（Ernst Georg G. v. Bülow-Cummerow，1775—1851）[185]、**佐尔姆斯－利希**（Ludwig Fürst zu Solms-Lich，1805—1880）[186]、**蒂尔凯姆**（Johann von Türckheim，1778—1847）[187] 以 及 **拉 多 维 茨**（Joseph Maria Radowitz，1797—1854）[188] 是真正的政治家，他们在理论上的观点表达相似。

与之相对，1848 年前的大学于在学科领域宣扬保守主义立场方面远远落在后面。真正公法学家的狭小圈子——按照当时的术语是指这些教授，他们讲授一般国家学说和政治学、德意志同盟国家法和同盟国共同法、邦国国家法和行政法以及国际法——更多站在自由主义阵营。在专业上特别受人尊敬，同时又受大众喜欢的是自由主义者。人们在保罗教堂中又会发现他们。

在法律院系内部，严格保守主义的例子也比外边少。虽然杰出

---

[185]　E. G. G. v. Bülow-Cummerow, *Preußen, seine Verfassung, seine Verwaltung, sein Verhältniß zu Deutschland*，2 卷本（Jena 1842–1843）。

[186]　L. Fürst zu Solms-Hohensolms-Lich, *Deutschland und die Repräsentativverfassungen* (Gießen 1838)；对他的驳斥，见 K. Buchner, *Der Herr Fürst Ludwig zu Solms-Lich und die Repräsentativverfassungen* (Damstadt 1838)，以及 v. Weber, »Die teutschen Repräsentativverfassungen, insbesondere nach den Ansichten des Fürsten zu Solms-Lich und der Gegenschrift Karl Buchners«, *(Bülau's) Neue Jahrbücher der Geschichte und Politik*，第 1 卷（1839），页 67—87。有关佐尔姆斯－利希，比较 Brandt，页 93—101。

[187]　Brandt，页 93 及以下，页 100 及以下。

[188]　J. M. v. Radowitz, »Das patrimoniale Princip« (Berlin 1851), *Ges. Schriften IV* (Berlin 1853)，页 238—242。其生平见 H. Holborn (Hg.), *Aufzeichnungen und Erinnerungen aus dem Leben des Botschafters Joseph Maria von Radowitz*，2 卷本（1925），尤其参见第 1 卷（1839—1877）。

的**施塔尔**（Friedrich Julius Stahl）是议会演说家，同时也是国家理论家，但在 1848 年之前，在他的周围几乎还没有著名代表。在此，我们必须再一次首先提及撰写《当今德意志国家法的基本原则》一书的**毛伦布雷歇尔**。[189] 但他把重点更多放在莱茵地区的法律和德意志共同私法方面。[190] 他几乎不被人们认为是自成一家的一般国家学说的理论家。[191] 他基本上是在转述主流意见；为数不多但很快出名的片段在一定程度上也仅仅是为**哈勒尔**的基本论点提供一个法律化形式而已。而在那几个片段中，他与**哈勒尔**的基本论点也有出入。

毛伦布雷歇尔尝试着把主权解释为君主的某种财产，支持君主制原则，并把德意志同盟领导权的公共政策转变成国家法教义。他的这些尝试遭到广泛反对。**莫尔**就表明了舆论反对有多激烈，他还在 1867 年就断然宣布："**毛伦布雷歇尔**那可怜的糟糕文笔不会引起人们的注意。"[192] 在口诛笔伐的交战中，人们忽略了**毛伦布雷歇尔**的保守主义观点表达得有多节制。"一种能调和矛盾的国家学说，"**毛伦布雷歇尔**说，"是我们这个时代的真正任务"；[193] 在 1819 年后那段充满危机的时期，压制异己学说虽然是合理的，但现在（1837）已经不合时宜了；"对公法学家来说，卡尔斯巴德决议已经不存在

---

[189]　见本书第 2 章，注 78。

[190]　B. Urbaschek, *Empirische Rechtswissenschaft und Naturrecht. Der Beitrag Romeo Maurenbrechers zur Rechtslehre des 19. und 20. Jahrhunderts* (1966).

[191]　M. Riedel, *Studien zu Hegels Rechtsphilosophie*，第 2 版（1970），页 136。里德尔称他为"1850 年前最重要的德意志国家法学家"，这令人费解。

[192]　R. Mohl, »Bemerkungen über die neuesten Bearbeitungen des allgemeinen deutschen Staatsrechts«, *Zeitschrift f. Deutsches Staatsrecht und Deutsche Verfassungsgeschichte*, L. K. Aegidi (Hrsg.), 第 1 卷（Berlin 1867），页 354—384（页 360）。

[193]　R. Maurenbrecher, »Ueber den gegenwärtigen Stand des staatsrechtlichen Studiums in Teutschland«, *Jahrbücher der Geschichte und der Politik*, K. L. H. Pölitz (Hrsgg.), 第 2 卷（1837），页 1—26（页 21）。

了”[194]。因此，现在是起草宪法、研究国家法、引导学生学习东西的时候了，其目的是为了结束“国家考试不考国家法”以及“没有德意志学生”想过要“学习国家法”的状态。

除了**毛伦布雷歇尔**，柏林的法史学家和国家法学家**兰茨措勒**[195] 也属于这个圈子，圈子的成员是坚定反自由的普鲁士保守主义者，他们主要以收集数据和法律文献并对其进行历史描述，[196] 同时也以强烈反对宪法和代议制原则而崭露头角。[197] **兰茨措勒**的历史著作与政治观点和虔诚的新教联系在一起，我们在这里不评价这些著作的价值。他是**威廉四世**内部圈子的典型人物。从 1825 年到 1830 年，**兰茨措勒**还为当时的王储授课，因此他的地位并非完全不重要。[198]

最后，我们应提及马堡大学的国家学家**福尔格拉夫**（Karl Friedrich Vollgraff，1794—1863）。他起初是带有自由主义痕迹的君主立宪制代表，[199] 接着他特别赞同等级领主的权利。[200] 他撰文反对库尔

---

[194]　Maurenbrecher，前注 193，页 18。

[195]　E. Friedländer, *ADB*，第 17 卷（1883），页 583—584；Landsberg III/2，页 315—318 和各处，及其注释，页 144。

[196]　C. W. v. Lancizolle, *Geschichte der Bildung des preußischen Staates*，第 1 卷（Berlin 1828）；同作者，*Grundzüge der Geschichte des deutschen Städtewesens* (Berlin, Stettin 1829)；同作者，*Uebersicht über deutsche Reichsstandschafts- und Territorial-Verhältnisse vor dem französischen Revolutionskriege, die seitdem eingetretenen Veränderungen* (Berlin 1830); 同作者，*Über Königtum und Landstände in Preußen* (Berlin 1846); 同作者，*Rechtsquellen für die gegenwärtige landständische Verfassung in Preußen* (Berlin 1847)。

[197]　C. W. v. Lancizolle, *Ueber Ursachen, Charakter und Folgen der Julitage* (Berlin 1831)，尤其参见 »Ueber die öffentliche Meinung«，页 141—172。

[198]　W. Bußmann, *Zwischen Preußen und Deutschland. Friedrich Wilhelm IV.* (1990)，该书未提到兰茨措勒。

[199]　K. Vollgraff, *Ueber den heutigen Begriff, Umfang und Gegenstand der Staatswissenschaften* (Marburg 1825)；同作者，*Die Systeme der praktischen Politik im Abendlande*，第 1—3 部分（Gießen 1828）；第 4 部分（Gießen 1829）；同作者，*Die historisch-staatsrechtlichen Grenzen moderner Gesetzgebungen* (Marburg 1830)。

[200]　K. Vollgraff, *Gibt es noch einen hohen deutschen Adel in dem Sinne und Begriffe, den man damit doctrinell bis zur Auflösung des deutschen Reiches verband?* (Darmstadt 1823)；同作者，*Die deutschen Standesherren* (Gießen 1824)；同作者，（转下页）

黑森的 1831 年新宪法，因此在地方上颇有些声望。[201] 由于没有引起
多大的反响，他最后把精力投入到对历史思辨的法民族学（Rechts-
ethnologie）的详细论述中，而这种法民族学以生物学原理为基础。[202]
这在当时为他带来了声誉，使他成为"德意志土地上最早的种族政
治家"。[203] **福尔格拉夫**从四种基本心理气质推导出四大"主要人种"
和人类社会的四个发展阶段（童年阶段、青年阶段、中年阶段和老
年阶段）。接着他区别了野蛮民族、游牧民族、工业民族和人文民族，
其中欧洲人属于工业民族。按照他的观点，在欧洲人中，法国人是"一
个堕落和道德败坏的民族"。他认为，"这是解释他们疯狂的新国
家原理的人类学、民族学和政治学钥匙。"[204] 人们不能仅仅发现这
些思想保守的一面，在**卡尔·察哈里埃**和**伯伦知理**那里也体现了这
一点。

　　福尔格拉夫有一篇饶有趣味的檄文，其标题很长，叫《代议制

（接上页）*Über die Unverletzbarkeit der standesherrlichen Eigenthums-Rechte* (Marburg 1837)。

　　[201]　见本书第 4 章，注 132。

　　[202]　K. Vollgraff, *Erster Versuch einer (wissenschaftlichen) Begründung sowohl der allgemeinen Ethnologie durch die Anthropologie, wie auch der Staats- und Rechts-Philosophie durch die Ethnologie oder Nationalität der Völker*，3 部分，*Anthropognosie, Ethnognosie und Ethnologie, Polignosie und Polilogie* (Marburg 1851–1855)。其生平，见 Eisenhart, *ADB*，第 40 卷（1896），页 248—249；K. W. Justi, *Grundlage zu einer Hessischen Gelehrten-, Schriftsteller- und Künstler-Geschichte vom Jahre 1806 bis zum Jahre 1830* (Marburg 1831)，页 662—670（自传），补充见 O. Gerland, *Grundlage ...* (Kassel 1868)，页 149—150。福尔格拉夫的出生年被说成是 1792 年或 1794 年，在 K. W. 尤斯蒂（K. W. Justi）的书中，福尔格拉夫本人说是 1794 年。现全面参见 W. Speitkamp, »Karl Vollgraff. Konservative Staatstheorie und Gesellschaftskritik zwischen Restauration und Reaktion«, 载同作者编，*Staat, Gesellschaft, Wissenschaft* (1994)，页 245—279。

　　[203]　A. Günther, »Karl Friedrich Vollgraff, Kämpfer im Vormärz für Rasse, Volk und Staat«, *Schmollers Jahrb. f. Gesetzgebung, Verwaltung und Volkswirtschaft im deutschen Reiche* (1935)，页 59—82；同作者，»Karl Vollgraff«, I. Schnack (Hg.), *Lebensbilder aus Kurhessen und Waldeck 1830–1930*，第 1 卷（Marburg 1939），页 286—292（页 288）。

　　[204]　前引书，第 3 部分，第 443 节，页 943。

的欺骗，或证明：要对合适、正确和合时宜的改革进行解释，这一制度对满足我们时代的需要不是合适、正确和合时宜的手段》（»Die Täuschungen des Repräsentatif-Systems, oder Beweis: dass dieses System nicht das geeignete, rechte und zeitgemäse Mittel ist, den Bedürfnissen unserer Zeit zu begegnen, mit Andeutung der geeigneten, rechten und zeitgemäsen Reformen« ）[205]，这已经说明了在库尔黑森新宪法斗争期间，**福尔格拉夫**为何坚持这样的看法：代议制不"适合"自然法确定的民族性格，它"不是德意志性的（teusch-thümlich）"。[206] 相反，等级制宪法才符合日耳曼人的民族性格，这正如他所谓的"法权民族"（Rechtsvölker）倾向于君主 - 贵族统治形式一样。**福尔格拉夫**不把日耳曼人算作真正的国民。对日耳曼人来说，代议制是"反自然的"，因为它将导致平等的人民统治，而这种统治——一种完全正确的思想——进而会陷入困境，倘若人们把它扣在一个不平等社会的头上。[207] **福尔格拉夫**担心，这种由享有"自由委托权"的代表来行使权力的人民统治会导致不负责任的多数人暴政，而代表不受约束的寡头制会剥夺人民的政治权利。因此，**福尔格拉夫**被认为是"日耳曼 - 历史的、具体 - 自然的等级体制的捍卫者"。[208] 但在 1831 年以后，他逐渐变为一位局外人，并离开了大学。他那丰富的法民族学也是曲高和寡，无人响应。

（六）F. J. 施塔尔

施塔尔研究一向是学术和政治特别感兴趣的话题。近年来，这

---

[205]　Marburg 1832.

[206]　前引书，第 3 节。

[207]　前引书，第 21 节。

[208]　前引书，第 66 节。

种兴趣越来越浓，人们对于**施塔尔**的学说、教会政策以及他对议会的影响的研究也越来越多，特别是在**菲斯尔**（Wilhelm Füssl）细致周密的著作中，**施塔尔被**描写得比其他"反动者"更加务实与深思熟虑。[209]

与**哈勒尔、根茨**和**雅尔克**等人不一样，**施塔尔**以传统经典的方式成功地发展了 19 世纪中叶的保守立场，并把它和政治实践结合起来。他的学说"影响德意志的保守主义一直到第一次世界大战，部分影响还更为深远"[210]。1827 年，他完成了关于古罗马诉讼法的教授资格论文，然后以《历史观下的法哲学》[211] 一书登上了政治舞台。1830 年起，他编辑亲政府的巴伐利亚报纸《国王和人民之友》（*Der Thron- und Volksfreund*）。1837 年，他代表新教的埃朗根大学教授团出席巴伐利亚议会。1840 年，他应新国王**威廉四世**的个人要求赴

---

[209]　主要参见 G. Masur, *Friedrich Julius Stahl. Geschichte seines Lebens. Aufstieg und Entfaltung 1802–1840* (1930); P. Drucker, »Friedrich Julius Stahl. konservative Staatslehre und geschichtliche Entwicklung«, *Recht u. Staat*, 第 100 期（1933），该文只是一个概要。更新的文献是：D. Grosser, *Grundlagen und Struktur der Staatslehre Friedrich Julius Stahls* (1963); Brandt, *Landständische Repräsentation*, 页 106—112; Ch. Link, *Die Grundlagen der Kirchenverfassung im lutherischen Konfessionalismus des 19. Jahrhunderts* (1966); H. Heinrichs, »Menschenbild und Recht bei Friedrich Julius Stahl« (国民经济学博士论文, Innsbruck 1969); Boldt, *Deutsche Staatslehre*, 页 196—215; H.-J. Wiegand, *Das Vermächtnis Friedrich Julius Stahls. Ein Beitrag zur Geschichte konservativen Rechts- und Ordnungsdenkens* (1980); Ch. Wiegand, *Über Friedrich Julius Stahl 1802–1861* (1981); A. Nabrings, *Friedrich Julius Stahl – Rechtsphilosophie und Kirchenpolitik* (1983); W. Bußmann, »Friedrich Julius Stahl«, *Gestalten der Kirchengeschichte*, 第 9 卷: *Die neueste Zeit*, I., Martin Greschat (Hrsgg.) (1985), 页 325—343; W. Füssl, *Professor in der Politik. Friedrich Julius Stahl (1802–1861). Das monarchische Prinzip und seine Umsetzung in die parlamentarische Praxis* (1988)。

[210]　Ch. F. Menger, *Deutsche Verfassungsgeschichte der Neuzeit*, 第 7 版（1990），边码 223。

[211]　F. J. Stahl, *Die Philosophie des Rechts nach geschichtlicher Ansicht*, 3 卷本（Heidelberg 1830–1837）; 第 2 版（1845–1846）; 第 3 版（1854–1856）; 第 4 版（1870–1871）; 第 5 版（1878; 新版, 1963）。

柏林任职。他的论文《论君主制原则》[212]让他跨界而迈向政治实践，由此开始"发展成为他那个时代受大多数人欢迎的大学教授、政治家、政党领袖和教会政治家"[213]。在此，我们先不谈他作为 1848 年之后普鲁士保守主义思想的先锋和执牛耳者所扮演的角色。更重要的是，要首先注意这位保守主义者在 1848 以年前就已经成功地把不可动摇的"君主制原则"和自由主义最重要的要求（代议制、法治国）融合成了"宪治的保守主义"[214]。

施塔尔哲学深受谢林和黑格尔的影响，其基本观点是信奉人格化的上帝，上帝是历史的驾驭者。受上帝的驾驭，"人格"作为个体在宗教和道德领域里得以发展，作为信徒在教区中得以发展，作为公民在"道德世界"的市民秩序中得以发展，而作为"道德王国"的国家凌驾于"道德世界"之上。这最后一种情形受基督教的规范确定。[215]在施塔尔那里，国家当然不由契约建构，而是上帝设置的权力机构。和个体的人一样，作为人格的国家也追求道德性。这表明，"基督教国家"不会认同黑格尔对国家和社会的分离。而国家"按照其存在类型与形式是统治（专制）下的人民联合。根据其内容和意义，它是一个道德王国"[216]。这个王国因君主的权威而生，但其本身并不是神权专制。君主受到"约束"，就像路德的整个国

---

[212] F. J. Stahl, *Das monarchische Princip. Eine staatsrechtlich-politische Abhandlung* (Heidelberg 1845).

[213] Füssl，前注 209，页 108。

[214] Füssl，前注 209，页 356。

[215] 如见《普鲁士宪法》（1850）第 14 条："尽管第 12 条保障宗教信仰自由，但基督教是与宗教活动有关系的国家机构的基础。"F. J. Stahl, *Der christliche Staat und sein Verhältniß zu Deismus und Judenthum. Eine durch die Verhandlungen des Vereinigten Landtags hervorgerufene Abhandlung* (Berlin 1847)，施塔尔在准备撰写这本著作时就遇到这个问题，即是否应该根据其本性划出宗教区别和政治区别。他当时的辩论，就像他自己所看到的那样，和普鲁士联合邦国议会中的主流意见几乎完全相左。

[216] Stahl, *Philosophie des Rechts*，前注 211，II/2，页 131。

家学起初所认为的那样。[217] 无论如何，**施塔尔**伦理化的法律概念在口头上把权威与自由、君主制原则和观念中的“人民”协调了起来。按照他的“人格”哲学思想，**施塔尔**还能论证对个体进行法律保障的必要性、把国家塑造成为“法治国”[218]、承认代议制原则以及自由委托权 [219] 的理由。

这种综合的工作使普鲁士的保守主义者们不仅能抵制自己的极端思想，也能改造对宪法、人民代表制、基本权利以及法治国等符合时代精神的要求，并以此为民族自由主义者的“保守的宪治主义”做好了思想准备，使**俾斯麦**从 1866 年起能利用它。

（七）小结

从起初对法国大革命的反应到保守的**施塔尔**国家哲学这一条漫长之路，向人们展现了一个从自发到“体系”的发展历程。政治关系逐渐稳定，君主制原则取得实际成功，君主在行使权力时受宪法限制，这些都使形成连贯的理论立场成为可能。但这些立场仍然受到 1789 年大革命恐怖的长期影响，而 1830 年的七月革命再一次加深和延续了这种恐惧。与自由和民族的时代精神相抵牾的意志，和其他不同立场聚在一起。在此涉及的主要是“反动”的、维护旧制度财产地位的“党派”。**韦尔克**在 1847 年还打算与对手做斗争，他说，“若没有**弥勒**、**施莱格尔**和**哈勒尔**，没有**富凯**（Fouqué）骑士，没有贵族和柏林人的周报，没有天鹅骑士团，没有浪漫派、神秘的哲学与国家学说的大议长的光彩集会，没有耶稣会会士，没有自治和公爵，也没有**约瑟夫**皇帝和**腓特烈**大王到处保留的教会土地”的话，

---

[217]   Ch. Link，前注 4，各处。

[218]   Grosser，前注 209，页 82 及以下；Füssl，前注 209，页 32。

[219]   Brandt，页 109—112。

作为运动的自由主义还有可能受到阻碍。[220] 尽管如此，对手派别却掌握着实际权力，或许更重要的是，对手还显示出足够的灵活性去打破人们的缄默，并接受基本立场（君主受宪法约束、人民代表大会的参与、代议制原则、议员的自由委托权、法治国等），还在理论上对它们进行整合。

但这整个"党派"所具有的异质性也意味着存在着各种暗流。正如人们在回顾时所看到的，这些暗流后来获得了巨大意义。**哈勒尔**就是一个例子，他对他那个时代的思想界产生了异国情调式的影响。**哈勒尔**独具特色的生物体学说的基本原则是，国家权力归属于每一个强者。这一基本原则离这样的规范叙述的步伐不是很大了，即国家权力应该归属于每一个强者，它促成了受人们青睐的正当性。在 1830 年代，不管是体现在所谓的"诗学现实主义"（**伊默曼**［Immermann］、**德罗斯特**［Droste］、**施蒂夫特**［Stifter］、**亚历克西斯**［Alexis］、**奥尔巴赫**［Auerbach］、**戈特黑尔夫**［Gotthelf］）的文学中，[221] 还是体现在偏离历史学派的唯心主义因素并转向"严格的概念形式主义"[222] 的法学——主要是由**普赫塔**来完成，[223] 反浪漫派的"现实主义"越有成效，那么在思考国家时这样的思想所获取的空间就越多，即真正"现实的东西"是合乎自然的权力。这有利于"国家自然学说"的形成。[224]

如果物质上的权力不仅提供国家兴衰的经验解释且产生一种特

---

[220]　Welcker, »Grundgesetz, Grundvertrag«, *Staatslexikon*, 第 2 版, 第 6 卷（1847），页 164。

[221]　F. Sengle, *Biedermeierzeit. Deutsche Literatur im Spannungsfeld zwischen Restauration und Revolution 1815–1848*, 3 卷本（1971–1980）。

[222]　Wieacker, 页 399。

[223]　Wieacker, 页 399—402; J. Bohnert, *Über die Rechtslehre Georg Friedrich Puchtas (1798–1846)* (1975).

[224]　H. Leo, *Studien und Skizzen*, 前注 184。

有的正当性的话，那么一般国家学说的真正答案便存在于生物学类比之中。这种观念认为，国家权力与各自的"民族特征"[225] 有关系，有时甚至与种族特性有关系，[226] 这就为社会哲学继受**达尔文**主义准备好了土壤，正像自 1870 年代起人们所广泛看到的那样。[227] 因此，从**哈勒尔**写《国家学的复兴》以来就存在着一种生物学的国家思想潮流，它在 1848 年之前还没有得到完全发展，但在随后十年变得越来越强大。这种国家思想——来源于有机体学说——已经先天地突出优胜劣汰理论，于是开始坚定不移地把对国家权力的宪法约束，攻击为胆小怕事的资产阶级为了保障自己的地位而进行的建构，而把国家权力理解成为合乎自然的。像**海克尔**（Ernst Haeckel，1834—1919）[228] 和**张伯伦**（Houston Steward Chamberlain，1855—1927）这样的著名人物在这方面提供了丰富的资料。

　　自然科学的胜利使生物论的权力国家理论泛滥。与之相比，尝试新建立的一种真正的基督教国家学说——从政治浪漫派代表人物如**弥勒**、**施莱格尔**、**巴德尔**，经过**雅尔克**一直到**施塔尔**——还停留在狭义的"保守"上。这是一种固化的思想，其核心是，在宗教上和道德上回到与启示信仰的联系上来，并与启示信仰所确定的道德

---

[225]　Vollgraff，前注 199。

[226]　Comte J. A. de Gobineau, *Essai sur l'Inégalité des Races Humaines*，4 卷本（Paris 1853–1855；见德文版，L. Schemann, *Über die Ungleichheit der Menschenracen* [1898–1901]）。

[227]　H. G. Zmarzlik, »Der Sozialdarwinismus in Deutschland als geschichtliches Problem«，见其注，*Wieviel Zukunft hat unsere Vergangenheit* (1970)，页 56—85；G. Mann (Hg.), *Biologismus im 19. Jahrhundert* (1973)；G. Altner (Hg.), *Der Darwinismus. Die Geschichte einer Theorie* (1981)。

[228]　E. Haeckel, *Natürliche Schöpfungsgeschichte* (Berlin 1868)，同作者，*Die Welträhsel. Gemeinverständliche Studien über monistische Philosophie* (Bonn 1899)；同作者，*Die Lebenswunder. Gemeinverständliche Studien über biologische Philosophie* (1904)。

法联系在一起。我们不能说这种思想不灵活，尤其是考虑到**施塔尔**时，但它依存于那种重新与宗教和伦理相联系的信仰力，而这种联系在19世纪变得越发微弱，因为，尽管基督教生活深入到资产阶级的公共领域，但反对力量变得更加强烈。启蒙思想对教会的批判影响深远（**施特劳斯、费尔巴哈、马克思**），正在形成的工人阶层也摈弃了教会，而与自然科学相结合的各种力量正好从摆脱神学和唯心主义残余思想的"自由"解放中看到了自己的成功保证。

这种去唯心主义与转向"实证的"事实和"现实政治"联系在一起，长时间地挖空了保守主义的基础。正如我们将要看到的，自由主义掀起了完全类似的适应时代的运动，它也一样受唯心主义哲学衰落现象的困扰，各种力量因此而重新组合。

保守主义和自由主义阵营中的温和派代表，对世袭君主制与人民代表制相妥协的二元制宪法国家达成了共识。若撇开政治上无足轻重的小邦国不论，最后只有普鲁士和奥地利还在这种宪法国家之外。1830年到1848年，国家学说潮流再没有超过这种二元制理论。这个问题在实践中看来没法得到解决，因此这种理论显得软弱无力。保罗教堂的争论向人们表明：派别有多强大；哪种解决方法能得到大家的同意；理论和实践又如何相互竭力解决这个问题。而这种争论在某种程度上是一种实验室实验，我们在后面还将谈到它。

二、自由主义

（一）派别
三月革命前，与他们的保守主义对手一样，聚集在自由主义旗帜下的一般国家学说的作者和思想流派存在着差异。[229] 人们——经历了相当长的过程——首先能描绘出一条始于**卢梭**和**康德**的启蒙－理性法路线。[230] 从 1819 年起这个派别发生了分裂：一方面我们看到少数人不为德意志同盟和复辟的形成所动而坚持自己的目标，即代议制、扩大选举权、共和国的国家形式；另一方面，我们还看到多数人不同程度地选择了君主立宪制。

除理性法路线外，人们还大谈特谈"有机－浪漫的"或"历史－有机的"宪治制度。[231] 他们是指那些从 18 世纪最后十年起就大体上告别法国模式和启蒙，但并未因此转向浪漫保守主义的自由主义者。其代表人物要么从**孟德斯鸠**那里，要么从英国那里，但主要从弥漫着激情的自身历史中得到激励；"日耳曼式的自由"开始再次散发出它那耀眼的光芒。[232] 人们希望在解放战争的风潮中获取大家都同意的解决宪法问题的办法，并力图在国家理论上促成带有宪治主张的历史学派的基本思想。与**罗特克**那种始终明确强调理性原则不同于历

---

[229]　K. Eder, *Der Liberalismus in Altösterreich* (1955)；H. Rosenberg, *Politische Denkströmungen im deutschen Vormärz* (1972)；K. G. Faber,»Strukturprobleme des deutschen Liberalismus im 19. Jahrhundert«, *Der Staat*, 第 14 卷（1975），页 201—227；W. Schieder (Hg.), *Liberalismus in der Gesellschaft des deutschen Vormärz* (1983)；J. J. Sheehan, *Der deutsche Liberalismus. Von den Anfängen im 18. Jahrhundert bis zum ersten Weltkrieg 1770–1914* (1983；英文版，1978)；L. Gall / R. Koch (Hg.), *Der europäische Liberalismus im 19. Jahrhundert. Texte zu seiner Entwicklung*, 4 卷本（1981）；总结见 Langewiesche，前注 3。

[230]　如比较来自罗斯托克的哲学家贝克（J. S. Beck）的著作，*Grundsätze der Gesetzgebung* (Leipzig 1806)。贝克完全在康德的意义上支持公开政府文件、出版自由、公民参与立法。C. S. Zachariä, *Die Wissenschaft der Gesetzgebung als Einleitung zu einem allgemeinen Gesetzbuche* (Leipzig 1806)，该书也是如此。

[231]　A. Neumeister, *Romantische Elemente im Denken der liberalen Führer des Vormärz* (1931)；Huber II (1960)，第 31 节；E. W. Böckenförde, *Die deutsche verfassungsgeschichtliche Forschung* (1961)，页 74 及以下，页 92 及以下；Brandt，页 199 及以下。

[232]　K. v. See, *Deutsche Germanen-Ideologie. Vom Humanismus bis zur Gegenwart* (1970).

史法的理性法学家不一样，主流思想认为，历史形成的立场与时代要求可以进行原则的、"有机的"统一。**伯肯弗尔德**精当地评价道："这种思想追求一种和谐的统一，在世袭君主制和新生的人民自由之间追求一种宪治平衡，力图维持历史传统和已生成的政治秩序之间的关系，并排斥极端的或野蛮的解决办法……但人们所追求的人民自由不是获取解放的、在政治上得到释放的劳动社会的'消极'自由，而是受约束的、被理解为权利和义务的'积极'自由，是一种和谐的想象秩序中的公民地位，而古老的日耳曼领主国家为这种秩序提供了自己创造的典范。遵守法律、政治上的代议制、参与法律制定、批准税收、陪审法院、乡镇自治以及结社自由都是这种秩序的要素。"[233]

"历史－有机的"思想路线在 1819 年后分成了两支：一支把希望寄托在"发展"上，并得到历史哲学原理的支持，认为日耳曼原始的自由道路经过君主统治时期的衰落后必然会重新向上走向民主自由，或至少会走向消除君主制原则的代议制，而另一支则和君主制原则相妥协，逐渐变得更加保守。国家主权这种表述只是为了克服君主制与人民代表制之间的二元制，在这种二元制还没有得到解决时，他们坚持君主制原则直至 1848 年。

迄今为止，通过建立派别的方式形成了自由主义的广阔领域，这种尝试在取得广泛认同的同时，实质上还是显示出了某种程度的随意性。谁把三月革命前主要的宪法类型（钦定、君主制原则、下院的参与权受到限制的两院制、财产审查的选举权、国家资政院）[234]

---

[233]　E. W. Böckenförde, *Die deutsche verfassungsgeschichtliche Forschung* (1961)，页 93—94。

[234]　对这些主要思想的透彻论述，见 D. Grimm, *Deutsche Verfassungsgeschichte 1776–1866* (1988)，页 110—141。

当作符合时宜的且在一定时期内还将存在的解决方案而加以接受的话，[235] 那么他将把那些围绕这种宪法类型的人划为中间派，并相应地划出极端派（**哈勒尔**、**根茨**、**雅尔克**、**施塔尔**，以及晚期的雅各宾派、民主派和共和派）。相反，谁认为三月革命前的宪法是君主的正当性与长远来看成功的人民主权思想和议会民主之间最终不稳定的妥协，那他更趋向于支持未来的获胜者。

另外，加入了不同层面的比较，尤其是在"内容"和"方法"的取向上。谁考虑到君主制原则和公民政治参与这种二元制的政治核心问题，那他就会越过彼此之间的障碍，把一些在其他地方相互陌生的人物放在一起。相反，谁强调思想结构和方法，那他将相应突出前面提到的两种国家认识路线，即理性法的和历史－有机的国家理论路线的不同归属。前一种路线把国家建立在自由个体的契约思想模式上，而后一种则认为国家是超越个体之上的、历史－有机的、有自己尊严的存在。这两种思想路线显然在政治上被加以运用。理性主义者思考问题"更有原则性"，更着眼于议会民主制这一目标——当然，大多数和君主立宪制有联系，而历史－有机的思考方式的代表人物，尤其是"日耳曼学者"，[236] 则更倾向于和君主制原则相妥协，并根据"现存状态"（**达尔曼**［Dahlmann］语）逐渐进行"现实政治"的调整。

---

[235]　一方面见 Huber III (1963)，页 4 及以下；另一方面见 E. W. Böckenförde, »Der deutsche Typ der konstitutionellen Monarchie im 19. Jahrhundert«, *Recht, Staat, Freiheit* (1991)，页 273 及以下。

[236]　E. W. Böckenförde, *Die deutsche verfassungsgeschichtliche Forschung* (1961)，页 74 及以下；G. Dilcher / B. R. Kern, »Die juristische Germanistik des 19. Jahrhunderts und die Fachtradition der Deutschen Rechtsgeschichte«, *ZRG GA*, 第 101 卷(1984)，页 1—46。

（二）发展阶段

这些归类只是粗略的辅助构造。随着更为准确的思考，这些辅助构造将会丧失其功能。更何况，从 1814 年到 1848 年它们也经历了巨大的变化；因为就是那些国家的理论阐述在理论上还远远不及这些变化所提供的多。学者们对所发生的事件进行回应，而他们的观念看法也随着年龄变化而发生变化。

"1814 年到 1819 年这段时间，"正如人们正确所说，"在很大程度上还是一个自由主义宪法公法学的实验时期，其概念形成还不明确。"[237] 自由主义者们指望宪治状态，以便保护先前的改革，并对征服**拿破仑**所明显达成的共识进行汇编整理。他们在民族问题中寻求共识，并力图摆脱对雅各宾派和**拿破仑**的记忆，这是容易理解的。[238]

那时打着"德意志"旗号的并不全都是自由主义的。人们常用"德意志本质"和"日耳曼式的自由"这两个表达，它们看上去相似，并且容易被混淆，但趋向往往大不相同。"老德意志本质"意指浪漫的、社会被划分为等级的中世纪，它有宗教和道德的约束，同时也意味着有机地协调社会紧张关系，因此不仅仅是退回到法国大革命以前，而且是退回到专制主义以前。"日耳曼式的自由"则让人想起君主和贵族统治以前的前中世纪时代，以实现"真正的人民统治"和"所有自由人平等"为目的。[239] 这是一种反法尝试，但核心并不是以自

---

[237]　Brandt，页 166。

[238]　G. Neumann, »Geschichte der konstitutionellen Theorie in der deutschen Publizistik von 1815–1848« (哲学博士论文，Berlin 1931); K. Wolff, *Die deutsche Publizistik in der Zeit der Freiheitskämpfe und des Wiener Kongresses 1813–1815* (1934).

[239]　如见雅各布·格林在保罗教堂国民议会上提交建议时的阐述："德意志民族是一个自由的民族，在德意志的土地上不能容忍奴役，它把盘踞在上面的、外来的不自由变为自由。"见 L. Denecke (Hg.), *Jacob Grimm, Antrag zur Beratung über die Grundrechte des deutschen Volkes in der Nationalversammlung zu Frankfurt*（转下页）

己特有的民族历史正当性掩埋法国大革命成就的反革命尝试。

维也纳会议和对自由激情与民族热情的禁锢，使自由主义在 1819 年以后站在十字路口面临着选择。如果它让民族希望行进起来，那么它自身至少能继续按照《同盟条约》第 13 条在成员国宪法领域内全神贯注于实现自由主义的要求，同时民族希望的火焰继续静静地燃烧，以便从 1830 年起重新获取滋养。如果自由主义在 1819 年以后放弃自由主义要素，那它很快会转到保守主义的阵营，因为对这种背弃没有付出民族补偿的代价。

在此意义上，我们把"理性主义者"作为论述的开始，将**阿雷廷男爵**（Johann Christoph Freiherr von Aretin，1773—1824）、**威廉·贝尔**和**克吕贝尔**放在一起论述，[240] **罗特克**则作为他们的主要代表，接着论述不太重要的**穆哈德**（Friedrich Murhard，1779—1853）以及鲜为人知的 **K. E. 施密德**（Karl Ernst Schmid，1774—1852）和**约尔丹**[241]。难于安排的只有介于理性法和历史学派阵营之间的**海因里希·察哈里埃**和**莫尔**。这两者以各自的方式回溯到 18 世纪晚期，并且最终都转向了议会制的政府体制。

（接上页）*am Main* (Kassel 1848) (= *Brüder Grimm-Museum*)；Ogris，前注 117，页 31；D. Henning, *200 Jahre Brüder Grimm. Dokumente ihres Lebens und Wirkens* (1985)，页 621 及以下。

[240]　顺便值得一提的是格斯特克（Karl Friedrich Wilhelm Gerstäcker，1773—1852）。他是莱比锡的律师和讲师。他虽然回避正当性问题，并摈弃契约建构国家的思想，但他把存在着的国家确立在"实现法理念"的康德思想的基础上，并把国家目的确定为保障法的安全，他以此想和自然法的和历史 – 有机的自由主义握手言和（*System der innern Staatsverwaltung und der Gesetzpolitik*，3 分部［Leipzig 1818, 1819, 1820］）。他的著作重复太多，文风激昂，不精炼，因此难具欣赏性。有关他的简要介绍，见 G. Ch. Hamberger / J. G. Meusel, *Das gelehrte Teutschland*，第 5 版（Lemgo 1820）；*Deutsches Biogr. Archiv 386*，页 123—127，内有更多文献。

[241]　Brandt，页 199 及以下。勃兰特（Hartwig Brandt）理由充分地把约尔丹和达尔曼、韦尔克、海因里希·察哈里埃以及比劳（F. Bülau，1805—1859）一起归到 1820 年以后的"有机"浪漫派的宪治主义者之列。见后注 306。

属于第二派即"历史 – 有机的"自由主义的主要是**韦尔克**、
普菲策尔（Paul Achatius Pfizer，1801—1867）、**达尔曼**（Friedrich
Christoph Dahlmann，1785—1860）和**施米特黑纳**（Friedrich Sch-
mitthenner，1796—1850）。在此不论述**阿恩特**和**雅各布·格林**。

（三）理性法的自由主义

1. K. v. 罗特克

我们多次谈到 18 世纪晚期的理性法主张与所谓的早期自由主
义 [242] 主张之间的连接线，这在**罗特克** [243] 那里体现得尤为明显。**罗特
克**成长和受教育的地方在远离维也纳的奥地利边境，而这个地方受
约瑟夫二世启蒙和亲法气氛的影响。他从 1789 年起在弗莱堡大学任
世界史教授，1818 年转入法律系，以便在那里研究理性法和国家学，
一直到 1832 年和**韦尔克** [244] 一起被解职为止。作为巴登地区自由主义

---

[242]　R. Vierhaus，»Aufklärung und Reformzeit. Kontinuitäten und Neuansätze in
der deutschen Politik des späten 18. Jahrhunderts und beginnenden 19. Jahrhunderts«，见
同作者，*Deutschland im 18. Jahrhundert. Politische Verfassung, Soziales Gefüge, Geisti-
ge Bewegungen* (1987)，页 249—261。

[243]　罗特克的生平见 K. v. Rotteck, *Gesammelte und nachgelassene Schriften*,
5 卷本（Pforzheim 1841–1843），第 4 卷（生平描述）；L. v. Rochau / F. v. Weech,
»Rotteck«, *Badische Biographien*, F. v. Weech (Hrsgg.)，第 2 版，第 2 部分（Karlsruhe
1881），页 211—217。有关该著作，见 Bluntschli，页 523—535；H. Jobst, »Die Staat-
slehre Karl v. Rottecks«, *ZGORh*，第 103 卷（1955），页 468—498；H. Ehmke, *Karl
von Rotteck, der »politische Professor«* (1964)，内有旧文献；Brandt，页 255—266；
Boldt，页 156—161；U. Herdt, »Die Verfassungstheorie Karl von Rottecks«（哲学博士论文，
Heidelberg 1967）；H. Kopf, *Karl von Rotteck* (1980)；A. Hollerbach, »Rechtsphilosophie
in Freiburg (1805–1930)«, *Festschrift f. Th. Würtenberger* (1977)，页 15—16；同作者，
»Art. Rotteck«, *Staatslexikon*，第 7 版，第 4 卷（1988），栏 944—945。其经济学观
点，见 W. Roscher, *Geschichte der National-Oekonomik in Deutschland* (München, Berlin
1874；第 2 版，1924)，页 825—826。

[244]　K. Wild, *Karl Theodor Welcker. ein Vorkämpfer des älteren Liberalismus*
(1913); H. Müller-Dietz, *Das Leben des Rechtslehrers und Politikers Karl Theodor Welcker*
(1968); R. Schöttle, *Politische Freiheit für die deutsche Nation. Carl Theodor Welckers po-
litische Theorie* (1985).

中或许是最著名的代表人物，**罗特克**从1814年到1819年任上院议员，1831年到1840年任下院议员。他的《通史》[245]、由他最后完成的**阿雷廷**的教科书[246]、他自己写的《理性法和国家学教科书》[247]，尤其是和**韦尔克**一起主编的《国家辞典》[248]，都取得了巨大成功。《国家辞典》成了自由市民阶层的宣传书，它洋洋洒洒、重点突出，并受自由希望的影响，是真正意义上的政治－国家学刊物。其中共有二百九十八篇出自主编之手。它们表达了对自由状态、大胆实践人权和公民权、法律保护、代议制以及分权等的广泛向往。一言以蔽之，人们在寻找从专制主义解放出来的启蒙与顺应时代的君主立宪制国家形式之间的联系。

这些主张在巴登引起了广泛响应，并使这个以前在**弗里德里希**

---

[245] K. v. Rotteck, *Allgemeine Geschichte vom Anfang der historischen Kenntnis bis auf unsere Zeiten, für denkende Geschichtsfreunde*，9卷本（Freiburg 1812–1826）。

[246] J. Chr. Frhr. v. Aretin, *Staatsrecht der constitutionellen Monarchie*，第1—3卷（Altenburg 1824–1828）；第2卷（1828），其中第1、2部分由罗特克撰写。见Mohl I，页301—302，但由于康德思想以及对"社会有机体"的错误认识，莫尔和阿雷廷保持着距离。

[247] K. v. Rotteck, *Lehrbuch des Vernunftrechts und der Staatswissenschaften*，第1—4卷（Stuttgart 1829–1835）；第2版，第2卷（1840）；第1卷：*Allgemeine Einleitung in das Vernunftrecht. Natürliches Privatrecht* (1829)；第2卷：*Lehrbuch der Allgemeinen Staatslehre* (1830)；第3卷：*Lehrbuch der materiellen Politik* (1834)；第4卷：*Lehrbuch der ökonomischen Politik* (1835；再版，1964)。反驳他的是 C. Trummer, *Anti-Rotteck. Eine Reihe von Fragmenten über des Professoren von Rotteck Lehrbuch des Vernunftrechts* (Hamburg 1836)；而对此进行反驳的是 Schröder (Hrsgg.), *Chinesen in Hamburg! oder Trummer contra Rotteck* (Stade 1837)。

[248] C. v. Rotteck / C. Welcker (Hg.), *Das Staatslexikon. Encyklopädie der sämmtlichen Staatswissenschaften für alle Stände*，15卷本（Altona 1834–1843），补充4卷本（1846–1848）；第2版（1845–1848；再版，1991，内有勃兰特撰写的前言）；第3版（Leipzig 1856–1866）。比较 H. Zehnter, *Das Staatslexikon von Rotteck und Welcker* (1929)；Cl. M. Igelmund, *Frankreich und das Staatslexikon von Rotteck und Welcker. Eine Studie zum Frankreichbild des süddeutschen Frühliberalismus* (1987)；R. Grawert, »Die Staatswissenschaft des Rotteck-Welcker'schen ›Staatslexikon‹«, *Der Staat*，第31卷（1992），页114—128。

（1728—1811）大公领导下的开明君主制的典范邦国，成为德意志南部自由主义的楷模。[249] 尽管在**路德维希**（1818 年至 1830 年在位）大公统治时期的巴登，政治冲突更多，更为保守，但仍存在着改良的官僚机构国家（Anstaltsstaat）与富有活力的资产阶级 – 自由主义运动的相互作用，而后者还带有大量为专制国家的继续存在而殚精竭虑的唯心主义。直至 1840 年，作为巴登自由主义代言人的**罗特克**游离于两极之间：一极是赞同把由机构 – 官僚组织起来的统治当作改革手段，另一极是希望社会领导力量占取这样的统治。**罗特克**希望"理性地"并按照充满其政治愿望的"理性法"去实现，这需要有国家，这个国家本身不是在草纸上形成的，而是根源于历史之中。然而，自那篇上任演讲《关于自然的法律原则或理想政治与历史形成关系的争论》[250] 以来，**罗特克**却坚定地选择了"理性"。

　　罗特克的《理性法和国家学教科书》[251]第二卷(《一般国家学说》)包含了他的基本立场：他假设人民服从公意（Gesamtwillen），理想状态下统一的国家权力因人民公意而得以正当化。而人格化的国家权力被分成"自然的"代表机关（即议会）和"人为的"政府机构及君主。自然的机构形成中心；议员应该严格地受事实上的（非假设的）选民意志的约束，但并不掌握真正的强制性权力，以便在同一性原则和代表原则之间保持一定的回旋余地。[252] 不应该有发挥"刹车器"作用的上议院。他顾及三月革命前的宪法状况，接受财产审查选举权，并宣称让渡给行政机关的政府权力不得撤回，这使他的这

---

[249]　L. Gall, »Gründung und politische Entwicklung des Großherzogtums bis 1848«, *Badische Geschichte. Vom Großherzogtum bis zur Gegenwart* (1979)，页 11—36。

[250]　C. v. Rotteck, *Sammlung kleiner Schriften meist historischen oder politischen Inhalts*，5 卷本（Stuttgart 1829–1837）；第 2 卷（1829），页 42—70。

[251]　前注 247。

[252]　见 Brandt，页 264—265，该处非常清楚。

些话语大打折扣。其中存在着某种矛盾，但这并未改变**罗特克**很早就特别鲜明地敦促国家生活议会化、排斥君主制原则、实现公共生活受基本法保护的立场。当时的外部条件也成全了他："没有比巴登更能为**罗特克**的学说提供有利土壤的德意志国家了。"[253]

罗特克的影响，尤其通过《国家辞典》的传播，从该辞典第二版一直持续到 1848 年革命。之后，自由进步的乐观主义发生巨大变化；这一流派最后的代表们再也找不到知音了。但《国家辞典》并未变样，它更多地成了德意志南部选择君主立宪制的自由主义的蓄水池，无论其带有理性法痕迹还是带有"器官学"痕迹。[254] 另外，该辞典编者们的思想也不一样：**罗特克**的思想带有更强的体系性，是理性法的和**卢梭**式的；**韦尔克**的思想则是经验 – 国家学的，因而更具体，"更现代地"针对时代现象。像对待历史学派一样，后**康德**唯心主义的哲学思辨也被不信任和批评地看待。[255] 但这绝不意味着否定哲学或者历史，这对一位《通史》作者和理性法追随者来说也不合情理，而是更加强调它们的作用。当这位"国家学"的领军人物在脑海里萦绕着对承载着各方同意的立宪和自由主义的君主制状态进行法律调整时，"国家学"这门核心专业就处在哲学和历史之上了。国家学的基础是那些从生物事实到统计学数据来研究人类共同生活"本质"的学科。接着，历史学应该建立在那些学科基础上，并解释历史洪流中的事实基础是如何被改变的。第三步是通过哲学

---

[253]　Brandt，页 256。

[254]　E. W. Böckenförde, *Die deutsche verfassungsgeschichtliche Forschung* (1961)，页 177。伯肯弗尔德在该处谈到《国家辞典》具有 "双重面孔"。另见 Th. Zunhammer, *Zwischen Adel und Pöbel. Bürger und Mittelstandsideal im Staatslexikon von Karl v. Rotteck und Karl Theodor Welcker* (1995)。

[255]　比较文章：Scheidler, »Hegel'sche Philosophie und Schule«, *Staatslexikon*, 第 7 卷（1838），页 607；Rotteck, »Historisches Recht«, *Staatslexikon*, 第 8 卷（1839），页 3，以及第 7 版的第 2 卷（1847），页 16—30。

知识把历史地塑造的"国家"引向自由。在这种思想中，历史和哲学便成了应用科学，无异于统计 – 经验的专业。

然而，历史和哲学的地位并不同等。**罗特克**希望对启蒙的自然法真理可以进行哲学认识，因此他把希望放在个人的自由意志上，而为了大家的利益，必须理性地界定个人的自由意志。历史性的东西是幸存之物和化石，这向来令人怀疑；历史只能作为理性之物的历史展开。因此，理性的建立优先于历史。保守主义者维护自己的"历史"立场，而进步力量却在进行**罗特克**意义上的"理性"辩驳。由此可见，政治较量也是"理性法同实证法和历史法的较量"。[256] 一项制度或法律规范至关重要的正当性基础，要与在内容上充满早期自由主义基本主张的"理性"相一致。而只有历史的正当性恰恰被看作是不自由、不平等和不公正的证据。在**罗特克**和**韦尔克**看来，与被设置了正当性的历史一样，像历史学派[257] 的"民族精神"或"默默起作用的力量"这些客观性比喻，以及来源于**黑格尔**的"绝对精神"或"世界精神"，都同样令人怀疑。在所有这些东西的背后，他们觉察到了政治寂静主义、反动思想和权力的遮掩，这些权力都试图躲藏在理性之光的背后，躲避理性人做出同意的尝试。

罗特克一生都是**卢梭**和**康德**意义上的理性法学家。就像有人所说的，对**罗特克**来说，"真正公意的彻底解放原则，对此进行评判的原则，在人民当中所有明理且公正之人的选举投票原则是公法的真正保证"[258]。他同时代大多数自由主义者接受了君主制原则和人民代表制的二元制，并力图只在这个意义上对其进行强调。与这些

---

[256]　K. v. Rotteck, *Vorwort zum Staatslexikon*，第 1 卷（1835），页 XV；同作者，*Historisches Recht*，前注 255。

[257]　E. W. Böckenförde, »Die Historische Rechtsschule und das Problem der Geschichtlichkeit des Rechts«，见同作者，*Recht, Staat, Freiheit* (1991)，页 9 及以下。

[258]　K. v. Rotteck, *Lehrbuch*，前注 247，第 2 卷（1840），页 131。

自由主义者不一样，**罗特克**基本上仍保持民主出发点。人民虽然把不可撤回的行政权力——这是对君主制原则的保障——交给了君主和政府，但同样保留了剩下不可撤回的东西，主要是立法建议权和决定权，以及相对于政府而代表人民权利的代表会议。[259] **罗特克**关注选民的代表会议制，[260] 这使他坚定地提出直接选举的主张。但正如所体现出的那样，他的主张并不是无视现实的"教条"。他的巨大知名度建立在这样的基础上，即他没有把反对政府方针的思想推向乌托邦，而是在一定程度上争取具有自由主义内容、代议制原则以及共和倾向的完美君主立宪制。[261]

除了他所发挥的政治作用外，我们不能忘记**罗特克**的学术史意义。**霍勒巴赫**（Alexander Hollerbach）曾将之简洁地总结为三点："**罗特克**的作品把晚期自然法、**康德**思想以及早期德意志的自由主义结合起来，明确地反对历史法学派和实证主义。其次，他的作品尤其贡献于在一般的法律理论基础上把当时主要以私法和刑法为导向的

---

[259] K. v. Rotteck, *Ideen über Landstände* (Karlsruhe 1819)；同作者, *Lehrbuch*, 前注 247, 第 2 卷（1840）, 页 236。

[260] Brandt, 页 259—266, 该处显示出罗特克是"代议制"理论家, 而不是"同一论"的理论家, 但同时也使人注意到, 由于当时的议会制特殊情况, 他有坚持强制委托权的倾向。

[261] 1831 年, 在私人家里有一幅水彩画, 上面是作为"巴登天才"而傲视奥珀瑙小城的罗特克, 下面是一首藏头诗：

奥珀瑙人喜爱光明、真理和德行, 喜爱自由和秩序

光荣啊！谢谢他！他在王冠顶上公开自由地呼喊

德意志人民自由！——只有那统治欲望该消失

德意志出版自由！——只有那书报审查该削减

和谐啊, 君王和人民的爱；取消什一税, 取消强制劳役；这是巴登人的福气——

罗特克, 德意志人民的伟大朋友、巴登国的骄傲与象征。

他为我们带回了宪法, 还支持我们反德意志同盟

罗特克万岁！！！

人民代表万岁！

（译者按：诗的原文每行首字母组合为"ROTTECK", 即罗特克。）

法学和各种国家科学（包括经济学上的国家科学）结合在一起共同发展。最后，**罗特克**公开有意识地把关注'如何改善社会状态'这一问题接纳进学术使命之中，并寻求这些问题的答案：'什么东西一定要被废除或改革，以及在不损害法律的情况下如何与这种要求相适应？'"[262]

2. J. Chr. v. 阿雷廷、W. J. 贝尔

巴伐利亚的法学家、历史学家**阿雷廷**男爵和**罗特克**的关系紧密。[263] **阿雷廷**代表了从晚期开明君主制国家思想到德意志南部宪治主义的第一阶段即自由主义阶段的逐渐转变，这尤其体现在其发表于**路德维希一世**统治的头一年里的巴伐利亚语作品当中。由于**阿雷廷**在 1824 年就去世了，所以他躲过了后来不可避免要出现的冲突。他撰写的教科书《君主立宪制的国家法》（*Staatsrecht der constitutionellen Monarchie*）[264] 由**罗特克**最后完成。如**莫尔**所言，**罗特克**在该书中"大胆地"提出了一些要求，"他认为，这些要求对保护不受坏政府侵害来说是必要的"[265]。巴伐利亚在 1818 年过渡到君主立宪制，在这之后，**阿雷廷**继续发展他的观点，因此为人们提供了"德意志史料中新国家形式的首次详细描述"[266]。他论述了国家目的学说，把国家目的主要限制在维护权利上，更明显强调自由权利——尤其是出版自由；他把自然法传统中的国家建立在契约基础之上，并把不可分割的国家权力赋予君主，但君主在行使国家

---

[262]　Hollerbach，前注 243，页 16。

[263]　v. Inama, *ADB*，第 1 卷（1875），页 518、519；K. O. v. Aretin, *NDB*，第 1 卷（1953），页 348。

[264]　Altenburg 1824–1828（前注 246）；第 2 版（Leipzig 1838–1840）。阿雷廷较早使用"法治国"（Rechtsstaat）一词（见第 1 卷，页 163）。

[265]　Mohl I，页 302。

[266]　Mohl II，页 565。

权力时要受宪法限制。他把君主立宪制定义为"一人统治形式，按照这种形式，拥有王位世袭权利的君主依据理性公意的规定来统治，这些规定包括成文的和不成文的"。

在**罗特克**完成的那部分中，等级成员不再被理解为"旧等级制的"，而是"人民的代表"。[267] 因此，这既顾及了君主制原则，同时又开启了妥协的道路，等级会议参与立法过程，使议会向人民意志负责。一言以蔽之，它是奠定 1818 年《巴伐利亚宪法》基础的样板。但**罗特克**所继续的部分也存在着根本的分歧：**阿雷廷**认为，人民代表仍然站在君主那边，这两者应该因客观的共同利益而被正当化；而在**罗特克**那里，**卢梭**的人民主权是其思想的出发点，人民让渡政府权利，同时保留自己的权利，并通过议会来控制政府。[268] 然而，尽管以这种思想为出发点，**罗特克**还是不能下定决心主张普选权。在他看来，"人民"不是原子式个体所形成的乌合之众，而向来都是按等级划分的。就在这本教科书中，人们能了解到开明君主制如何实现向君主立宪制转变，并由此过渡到民主代议制，至少其趋势明显。

在巴伐利亚启蒙者和宪治国家法学家的思想圈子中，我们还必须提及**威廉·贝尔**。[269] 我们已谈到过他的命运，1819 年之后他上课被暗中监视，上课自由也受到了限制，1831 年他的邦国议会席位不

---

[267]　在蒙热拉时代的开明君主制时期，阿雷廷的立场，见 R. Piloty, »Ein Jahrhundert bayerischer Staatsrechts-Literatur«, *Festg. f. P. Laband*, 第 1 卷（1908），页 205—282（页 224 及以下）；Brandt, 页 141 及以下。在 *Abhandlungen über wichtige Gegenstände der Staatsverfassung und Staatsverwaltung mit besondrer Rücksicht auf Bayern* (München 1816) 中，君主是人民的代表，受"顾问"的辅佐，而这些顾问应该为"整个国家和人民"说话（前引书，页 78）。亦见 Bojophilus Timonomus (= Aretin), *Gespräche über die Verfassungsurkunde des Königreichs Bayern* (München 1818)。

[268]　K. v. Rotteck, *Ideen*，前注 259。

[269]　M. Domarus, *Bürgermeister Behr. Ein Kämpfer für den Rechtsstaat*，第 3 版（1985），内有更多文献。见本书第 1 章，注 191。

被承认，1832 年遭逮捕。由于否认德意志同盟拥有干预成员国主权的权利，[270] 他成了"**梅特涅体制**"的反对者。他热情支持法治国，主张自由权利，认为军队应向宪法宣誓，这使他受到叛逆罪的审判。经过四年的调查羁押，他被判监禁，并在国王画像面前道歉；直到 1839 年对他的监禁才有所松动，1848 年他因大赦而重获自由。他的《一般国家学说体系》（*System der allgemeinen Staatslehre*，1804）、《一般国家学说体系或治国艺术（政治学）》（*System der allgemeinen Staatslehre oder der Staatskunst [Politik]*）[271] 以及《国家法学说新概论》（*Neuer Abriß der Staatsrechtslehre*）[272]，按照**康德**的自然法结合成一个总论。国家的基础是传统假设的契约，其目的是维护权利。在一个民族联盟中，为了"维护权利和世界普遍的和平状态"，国家应该最终联合起来。[273] **威廉·贝尔**把他的《体系》细分成警察法、外事管理和财政法，前后连贯地总结出从**康德**到**费尔巴哈** [274] 的自由主义路线，如在警察法中对法律约束、对侵犯的预见性、禁止过度使用武力以及危险概念等论题的论述。[275]

3. K. H. L. 珀利茨

除了南德意志的**罗特克**、**阿雷廷**和**威廉·贝尔**外，萨克森的**珀**

[270]　W. J. Behr, *Von den rechtlichen Grenzen der Einwirkung des deutschen Bundes auf die Verfassung, Gesetzgebung und Rechtspflege seiner Glieder-Staaten* (Würzburg 1820；第 2 版，Stuttgart 1820).

[271]　3 卷本（Frankfurt 1810）。

[272]　Bamberg 1816；同作者，*Die Lehre von der Wirthschaft des Staats oder pragmatische Theorie der Finanzgesetzgebung und Finanzverwaltung* (Leipzig 1822)。有关罗雪尔（Roscher），见前注 243，页 840—841。

[273]　*System der allgemeinen Staatslehre*，第 984 节。

[274]　*System der angewandten allgemeinen Staatslehre* (Frankfurt 1810)，第 513 节，第 3 部分和最后部分不明确涉及心理强制说。

[275]　前引书第 516—523 节。

利茨也属于受欢迎的、大众化的、理性法路线的代表人物，[276] 如果
人们把他不太重要的同事**克鲁格**[277] 或激情自由主义者**埃肯达尔**（Ek-
endahl）[278] 放在一边的话。这个时期的国家法学说不仅要归功于**珀**
利茨对欧洲宪法所做的最重要的汇编整理，[279] 而且要归功于他那五
卷本的国家学大纲，[280] 同时还要归功于他在 1830 年萨克森国内政治
变化之后撰写的宪法政治文章。这些作品表明他和政府关系融洽。[281]
兰茨贝格称他为"多产作家、哲学家、神学家、历史学家和国家学
家"；**莫尔**认为他的观点是"最温和的宪治自由主义"，并称赞他"以
清晰的形式和大众语言提供了各种各样流行的国家学成果"。**莫尔**
同时也提出批评，认为他的著作是"为平庸者提供的平庸食料，是
为贪图享乐的市侩小市民们提供的理论"。[282] 在这种人们不全盘否

---

[276]　Mohl I，页 141—143；Landsberg III/2，注 278；其生平，比较 Mataja，
ADB，第 26 卷（1888），页 389—392，其中参考了 1839 年出版的自传手稿；Roscher，
前注 243，页 841—842。

[277]　前注 157。相关著作，见 W. T. Krug, *Dikäopolitik oder neue Restaurazion der*
Staatswissenschaft mittels des Rechtsgesetzes (Leipzig 1824)。该书尝试以流行笔法设计
一般国家学说，其思想方法是折中和调和的，没有明显的康德思想基础。在 20 个章
节中所论述的材料符合 18 世纪晚期意义上的"依照理性的国家学说"的经典教规。
据笔者所知，该书在当时未引起反响。

[278]　D. G. v. Ekendahl, *Allgemeine Staatslehre*, Neustadt a. d. Orla，3 卷本（1833–
1835）。该书开头是"理性法的国家建立学说"，接着转到"国家宪法学说"，里面
包含了宪治主义的主要要求，接下来详细论述"法律行政学说"（Rechtsverwaltungslehre）、
"陆军和国防学说"、"一般经济学说"、"国民或民族经济学说"、"国家预算学
说"、"教育和教学理论"、"教会法学说"中的具体问题。

[279]　匿名（= K. H. L. Pölitz），*Die Constitutionen der europäischen Staaten seit den*
letzten 25 Jahren，4 卷本（Leipzig, Altenburg 1817–1825；第 2 版改为 *Die europäischen*
Verfassungen seit dem Jahre 1789 bis auf die neueste Zeit [Leipzig 1832–1833]）。

[280]　K. H. L. Pölitz, *Die Staatswissenschaften im Lichte unsrer Zeit*, 5 卷本（Leipzig
1823–1824；第 2 版，1827–1828）。

[281]　K. H. L. Pölitz, *Das constitutionelle Leben, nach seinen Formen und Bedin-*
gungen (Leipzig 1831)；同作者，*Staatswissenschaftliche Vorlesungen für die gebildeten*
Stände in constitutionellen Staaten，3 卷本（Leipzig 1831–1833）。

[282]　Mohl I，页 142、143。Mataja，前注 276，也同样认为它是"说教的和浅
薄的自由主义"。

认的批评背后，[283] 在一定程度上也隐藏着争夺君主立宪制的自由主义阵营中观点领导权的斗争。**勃兰特**对此做出了令人信服的修正，[284] 但没有指出**珀利茨**真正的原创性。**珀利茨**根据启蒙自然法把国家建立在契约基础上。通过契约，君主拥有不可分割的、不可撤回的主权。[285] **珀利茨**既不是人民主权的追随者，也不是分权思想的拥护者，他接受理性建立起来的君主制原则，这暂时或许不容怀疑。另一方面，他提倡按照社会等级建立起来的并带有自由委托权的代议制。[286] 议员代表社会，而君主代表"整体"。这种模式指向"完全是这样的宪法，即在旧等级制的预定代表制和地域代表性的选区制之间达到一种稳定的新等级制的中间状态"[287]。对 1830 年前即**珀利茨**活跃的那个时期的萨克森王国的政治环境来说，这是很进步的立场了；被**莫尔**认为是"软弱心肠"的，或许是**珀利茨在** 1842 年担任莱比锡教职时写的那些极端东西。[288]

4. F. 穆哈德

穆哈德 [289]，这位库尔黑森的民间学者直到 1831 年才被允许写作。与**珀利茨**相似，他在 1831 年库尔黑森宪法生效后的自由化时期

---

[283]　珀利茨撰写了约 150 本著作，还主编了 6 本杂志和期刊。比较 Mataja，前注 276。

[284]　Brandt，页 214—223。

[285]　Pölitz, *Staatswissenschaften*，前注 280，第 2 版，第 1 卷（1827），页 170 及以下。

[286]　前引书，页 204 及以下。

[287]　Brandt，页 222。

[288]　有关萨克森王国的相应段落，见 *Staatswissenschaften*，前注 280，第 2 版，第 2 卷（1828），页 413—417，里面对当时情况进行了简要描写。

[289]　Cantor, *ADB*，第 23 卷（1866），页 62—63；W. Weidemann, »Friedrich Murhard (1778–1853) und der Altliberalismus«, *Zeitschr. d. Vereins f. hess. Gesch. u. Landeskunde*，第 55 卷（1926），页 229—276；Brandt，页 266—268。

施展了自己的才华。[290] 他也撰写了第一本宪法评论。[291]

穆哈德起初是数学家，和**珀利茨**一样向大众普及在本质上仍然是早期理性法的自由主义思想。与**罗特克**的接触，使他在文字上接受了[292] 有关契约建立国家、人民主权、代议制、议员地位等东西。但另一方面，他却反对**罗特克**主张通过让渡不可撤回的行政权力而保护君主制原则。特别是在库尔黑森展现了宪法外的反抗权的意义，因为政府力图摆脱宪法约束，也就是在某种程度上重新解除自然法的服从性契约。**穆哈德**把人民主权放在中心位置，从而既使君主成为"人民和国家的最高代表"，也使议院成为"受委托者"。[293]

5. K. E. 施密德

一本值得注意的研究一般国家学说的著作出自耶拿大学教授和高等上诉法院顾问 K. E. 施密德之手，[294] 它却几乎被学术界遗忘。凡是提到 K. E. 施密德的文献都把他归为自由主义的宪治主义者、启蒙理性法立场的坚定代表。**兰茨贝格**用略带高傲的语气说，K. E. 施

---

[290]　F. Murhard, *Die unbeschränkte Fürstenherrschaft* (Kassel 1831)；同作者，*Der Zweck des Staates* (Göttingen 1832)；同 作 者，*Das Recht der Nationen zur Erstrebung zeitgemäßer, ihrem Kulturgrade angemessener Staatsverfassungen* (Frankfurt 1832)；同作者，*Die Volkssouverainität im Gegensatz der sogenannten Legitimität* (Kassel 1832)；同作者，*Ueber Widerstand, Empörung und Zwangsübung der Staatsbürger gegen die bestehende Staatsgewalt, in sittlicher und rechtlicher Beziehung* (Braunschweig 1832)；同作者，*Die Initiative bei der Gesetzgebung. Beleuchtung der Frage. Wer soll die Gesetze vorschlagen in der Staatsgesellschaft?* (Kassel 1833)。

[291]　见本书第 4 章，注 135。

[292]　Brandt，页 268。

[293]　Murhard, *Die Volkssouverainität*，前注 290，尤其是页 337 及以下（页 368）。

[294]　E. Landsberg, *ADB*，第 31 卷（1890），页 675—676；只 在 Mohl I， 页 273，页 281 中提到他。Landsberg III/2，注 33 表明，在蒂鲍特与萨维尼的法典编纂争论中，K. E. 施密德赞同蒂鲍特的观点：K. E. Schmid, *Teutschlands Wiedergeburt* (Jena 1814)。亦 见 C. Schmitt, »Das ›Allgemeine Deutsche Staatsrecht‹ als Beispiel rechtswissenschaftlicher Systembildung«, *ZgStW*，第 100 卷（1940），页 5—24（页 13）。

密德把他的教科书建立在"**孟德斯鸠**陈旧的分权学说基础上",[295] 这表明"他在成体系的专业学术著作中的影响力微乎其微"[296]。

事实上,这是一本没有写完的教科书,[297] 而那个时代对他总的说来不利。这本教科书只涉及"所有公法的哲学基础",在第二册中有"历史纲要"。而在这个纲要中,已经被废除的帝国宪法还占据了与之不相称的巨大篇幅。但"哲学基础"部分在谋篇布局上的逻辑连贯性和现代性方面却给人留下深刻印象,其现代性比**兰茨贝格**时代更容易被留意到。这本书的出发点假设"理性"是"所有法律原则的最后源泉",最好的立法是那些"最接近理性法理念的"立法。[298] 根据理性原则,国家是在大家同意的基础上组建成的、"为了人类所有目的而生活在权利法之下的人的联合",[299] 它的目的是征服自然(依靠自然科学和管理)、创立法律秩序(依靠国家和平与司法)、"把人们培养成有道德的人"(依靠教会和学校)。作为建立国家基础的契约体现为建立国家和赋予统治正当性的传统双重任务。**K. E. 施密德**以上文提到的三项国家目的对契约内容进行了界定,使统治的正当性取决于人民的认可和依法行使权力。如果这个前提条件不存在,那么,尽管没有正当的反抗权,因为政府应该"为了大众而拥有理性意志并抵制大众的随心所欲",公民仍然能采取"自我负责和冒险"的方式拒绝服从。[300] 宪法要遵循"持续改革"这一戒律,而政府和人民之间的紧张关系也主要通过这种方式得以

---

[295] Landsberg, *ADB*,前注 294。

[296] Landsberg III/2,注 33。

[297] 第 2 卷应该包含同盟国法和同盟国国家法。

[298] 前引书,第 60 节。

[299] 前引书,第 5 节。

[300] 前引书,第 27 节。

协调。[301]

　　建立在契约基础上的人民主权要和人民统治小心地区分开来，它不遵循**孟德斯鸠**主张的"分权学说"，**K. E. 施密德**讲的是"功能划分"和"这些功能的必要区分"。[302] 他对这些功能进行了组织上的划分：人民选举的议员和君主一起行使立法权（第59—69节）；以同事般合作关系来组织司法，并把它划分成上下诉讼机关（第70—77节）；由"负责任的"国家官吏行使行政权。[303] **K. E. 施密德**的立场代表了典型的早期自由主义：人的尊严、所有阶级和等级的人拥有平等的基本权利（"人民自由"）[304]、实行奖惩原则、废除等级特权、国家机构受法治约束，所有这些都要写进宪法，并在宪法中"对公法权利进行有文件可循的确定"。[305]

6. S. 约尔丹

　　约尔丹写的《试论体系秩序中有关政治的一般国家法》（*Versuche über allgemeines Staatsrecht in systematischer Ordnung und mit Bezugnahme auf Politik*）[306] 和 **K. E. 施密德**有直接关系。随后，他还撰写了《德意志一般国家法教科书》[307]。**约尔丹**认为，一般国家法的

---

[301]　前引书，第31节。

[302]　前引书，第34—36节。

[303]　前引书，第38、55—58节。

[304]　其中包括普遍的行为自由、迁徙自由、言论出版自由、工商自由、担任国家公职的平等机会、普遍的法律平等、结社自由、请愿权、保护不被引渡、法治保障（尤其是刑事诉讼的法治保障）（第78—93节）。

[305]　前引书，第101*节。

[306]　Marburg 1828.

[307]　S. Jordan, *Lehrbuch des allgemeinen und deutschen Staatsrechts. Erste Abth., die Grundzüge des allgemeinen Staatsrechts, die geschichtliche und allgemeine Einleitung in das deutsche Staatsrecht und das deutsche Bundesrecht enthaltend* (Cassel 1831)；比较 W. Wieber, *Die politischen Ideen von Silvester Jordan* (1913)；W. Kaiser, *Sylvester Jordan. seine Staatsauffassung und sein Einfluß auf die kurhessische Verfassungsurkunde vom 5. Januar 1831* (1936)；H. Seier, *Sylvester Jordan und die kurhessische Verfassung von 1831* (1981)。亦见本书第2章，注68，以及第4章，注129。

任务在于协调历史和理性二者之间的关系，为现实政治提供蓝本，并填补实证法可能存在的漏洞。他也认为国家建立在契约思想基础之上。君主是主权的拥有者，对主权的行使——至少在最值得推荐给德意志的国家形式即"代议制的世袭君主制"[308]中——应该按功能划分，立法权划分给议会，司法权划分给独立的法官，而行政权划分给君主、他的大臣及官吏。但在这三种功能那里都有君主的参与。[309]

约尔丹也是早期自由主义思想的典型代表。他按照**康德**的理性主义把国家限定为法的实现（国家的思想），承认历史形成物（国家的现实），比如尊贵族为第一等级。**约尔丹**把这两者结合在了一起。他认为，国家的目的是"法律统治世界"，使"有机组成的民众最可能往理性完美方向发展，为此目的，国家对外部世界的统治可以不断地扩展"。[310]但这并不意味着立法国家（Gesetzgebungsstaat）无所不能，相反，它要受到压制。凡在主张自治的社会力量处于上升的地方，国家就会退缩。此外，国家要像尊重国家官吏和人民代表的权利[311]那样尊重人权和公民权[312]，所有这些都应该被写进宪法。[313]**约尔丹**在此阐述的东西同时也成为1831年《库尔黑森宪法》的思想基础。

国家思想中的历史因素对**约尔丹**有多重要，这在他1831年未写完的教科书中可见一斑。在该教科书中，历史部分占据的篇幅比一般国家学说多得多。他从头说起，先论述日耳曼的"民族自由"，

---

[308]　Jordan, *Lehrbuch*，第 42 节，第 II 条。

[309]　前引书，第 47、61 节。

[310]　前引书，第 36 节。

[311]　前引书，第 72—73 节。

[312]　前引书，第 67—68 节。

[313]　Jordan, *Versuche*，前注 306，页 257—258；*Lehrbuch*，第 52 节。

接着描述受教会法影响的"封建"时期，紧跟着描述由罗马法确定的"主权"时期。他从此三部曲中获得了研究当代的和谐模式，并把调和民主制、君主制和贵族制元素的希望寄托在这种模式上。[314] 把它转换成三月革命前的话语，那就是在世袭君主制、议会制和承认历史所生成的权利（或特权）——尤其是贵族的权利——之间进行妥协。因此，**约尔丹**具有**韦尔克**或**达尔曼**那样非常明显的"历史–有机的"自由主义特征，但与**韦尔克**的思想相比，他和**达尔曼**的思想更接近，**达尔曼**离启蒙理性法的思想出发点很远。因此，简单地按"派别"进行归类会比较快地达到其极限。

（四）C. S. 察哈里埃

卡尔·察哈里埃的情况尤其如此。他一直被认为是不一般的人物，思想富有创意，拥有百科全书般的知识，其思维敏锐是无可争议的。同样无可争议是，他在政治上摇摆不定，还具有鲜明的教授式的古怪性格。[315] 他像"普罗透斯"（**兰茨贝格**语）或者像"风趣诙谐的**斯芬克斯**"（W. **菲舍尔**［Wilhelm Fischer］语）被载入学科史册。**耶利内克**（Georg Jellinek, 1851—1911）这样形容他："几乎无与伦比的丰富知识，思想渊博但常常自相矛盾，思想深邃并富

---

[314] Jordan, *Lehrbuch*，第 82 节，最底。

[315] Mohl I，页 131—134，II，页 512—528；Roscher，前注 243，页 930—934；W. Fischer, *ADB*，第 44 卷（1898），页 646—652；Bluntschli，页 596—605；v. Weech, *Bad. Biographien*，第 2 卷（Heidelberg 1875），页 524—532；P. Schmidt, *HdBStaatsWiss*，第 2 版，第 7 卷（1901），页 924—927（文献）；G. Jellinek, »Die Staatsrechtslehre und ihre Vertreter«，见同作者，*Ausgewählte Schriften und Reden*，第 1 卷（1911），页 314 及以下；Landsberg III/2，页 100—110，以及注 52—58；Böckenförde，页 115—119；Brandt，页 235—242；Boldt, *Deutsche Staatslehre*，页 215—233。亦见 *Biographischer und juristischer Nachlaß von K. S. Zachariä* (Stuttgart 1843)，由其儿子、海德堡大学的法学教师爱德华（Eduard）主编。

有批判性，但同时也有浅薄而不知所云之处，其人夸夸其谈，常常文过饰非，并乐于为坏东西辩护，是撰写经典著作和学校教材的大家，在私法和公法领域同样杰出。"[316]

在这里，**卡尔·察哈里埃**被列为接近受理性法影响的自由主义者，因为他在维滕贝格时期把发展**康德**的理性主义作为他许多文章的出发点。除了民法、刑法、教会法以及采邑法外，他早期还对一般国家学说和国家法感兴趣。[317]1807 年，他转到海德堡，开始讲授莱茵联盟课程和从事出版工作，[318]但他的公法著作没有著名的《法国民法手册》那样杰出。[319]

1820 年，**卡尔·察哈里埃**接任**蒂鲍特**在巴登上议院的工作。1825 年到 1829 年他任下议院议员。在那里，尽管他的**康德**主义思想在本质上并没有发生变化，并赞同宪治思想、法治的审判程序和工商自由，但他的立场却是矛盾的，从根本上说是非常保守的，倘若不是反动的话。比如，他主张重新推行才被废除的书报审查制度。[320]

下面讲述他的主要著作，即《国家四十篇》[321]。这是一部有关

---

[316] Jellinek，前注 315，页 321。伯伦知理也这么认为，见 Bluntschli，页 596及以下。

[317] C. S. Zachariä, *Ueber die vollkommenste Staatsverfassung* (Leipzig 1800)；同作者，*Ueber die Erziehung des Menschengeschlechts durch den Staat* (Leipzig 1802)；同作者，*Janus* (Leipzig 1802)；同作者，*Die Wissenschaft der Gesetzgebung als Einleitung zu einem allgemeinen Gesetzbuche* (Leipzig 1806)；详见 Mohl II，页 517、519。

[318] 见本书第 1 章，注 208。他研究德意志实证国家法的更早著作，比较 *Iuris publici germanici in artis formam redacti delineatio* (Leipzig 1797)；同作者，*Geist der deutschen Territorialverfassung* (Leipzig 1800)。

[319] 2 卷本（Heidelberg 1808；第 4 版，4 卷本，1837；第 8 版，C. Crome, Freiburg 1894）。见本书第 1 章，注 208。

[320] 见 C. S. Zachariä, *Vierzig Bücher vom Staate*，第 2 版，第 3 部分（1839），*Staatsverfassungslehre*，第 19 章，第 3 节："显而易见，书报审查制度与出版自由以及君主立宪制宪法相违背"。

[321] C. S. Zachariä, *Vierzig Bücher vom Staate*， 第 1—5 卷（Heidelberg 1820–1832）；第 2 版（改版），第 1—7 卷（Heidelberg 1839–1843）。

"一般国家学说"的全面著作。开始部分是"国家学导论"（第 1—14 篇），接着分成"宪法学说"（第 15—20 篇）和"行政学说"（第 21—40 篇）两部分，后一部分包括行政、司法和国家经济。第二版的划分有差异。[322]

这本著作的目的是要全面论述国家学。它以近两千页（第二版）的篇幅对"凡与国家有关系的东西"都进行了研究，这是近乎狂妄的尝试。它不仅研究国家法和国际法、一般国家学说、国民经济和财政学，还研究机械学、化学和生物、天文学、气候学、地理学、人类学、心理学、历史、政治、教育学等，并把它们按照百科全书形式进行系统分类。[323] 以当时的知识和个人力量来看，这一尝试取得了惊人的成功。与收集现有知识并对其加以整理的**珀利茨**、半途而废的**施米特黑纳**以及有一大帮子人协助并放弃系统性建构的**罗特克和韦尔克**都不一样，**卡尔·察哈里埃**论述问题别出心裁、高屋建瓴、细致而周全。古代和近代的国家文献、旅游札记、地方志、法国和英国的出版物——所有这些都成为他的收集之物，而且他一一做了记录。因此，在各个学科专业化还没有形成之前，**卡尔·察哈里埃**的著作是在**莫尔**的百科全书[324]之前同类作品中最后一部伟大的作品。从那时起，人们要对"国家学"内容进行论述时，使用的是连续出版的、不讲求形式的杂志[325]或辞典[326]这些媒介。

---

[322]　政治学预备课（第 1—6 篇），一般政治自然学说（第 7—14 篇），宪法学说（第 15—19 篇），行政学院（第 20—26 篇），Völkerrecht（第 27—30 篇），教育、国家公务（第 31—35 篇），国家经济学说（第 36—40 篇）。

[323]　Mohl I，页 113—164，莫尔高度赞赏"国家学百科全书及体系"。在这里只有笼统参考该论述。

[324]　R. v. Mohl, *Encyklopädie der Staatswissenschaften* (Tübingen 1859; 第 2 版, 1872).

[325]　*(Tübinger) Zeitschrift für die gesamte Staatswissenschaft*, Mohl et al. (Hrsgg.) (1844 et al.). 见本书第 7 章，注 57。

[326]　Mohl I，页 159 及以下（罗特克、韦尔克、布舍［H. vom Busche］、布卢姆［R. Blum］等人）。

　　然而，从 1807 年在海德堡教书起，**卡尔·察哈里埃**就在核心问题上与**康德**的追随者们分道扬镳了。这个核心问题是国家建立的最关键问题：他拒绝启蒙和理性自由主义所倡导的根据契约建立国家的思想，同样也拒绝父权制的国家学说。国家形成于历史事实（de facto），人们有法律义务服从国家。[327] 国家产生于法，更准确地讲，它产生于自然法上的法律义务，共同生活的人们（应该）遵从法律。可见，**卡尔·察哈里埃**还是 18 世纪的理性主义者。他没有摆脱自然状态与国家这种二分法，而没有（无制裁力的？）法律义务，国家显然也不能建立起来。国家一旦建立，法律权力就集中在统治者的主权那里，不可分割的主权原则上不能为了等级会议而被分离。**卡尔·察哈里埃**在德意志同盟建立之前就像这样宣称。[328] 君主的权力通过受法律约束和"代表"人民意志而使自身正当化。[329] 这样一来，受人民意志——"国民多数人的同意"——约束的国家权力在政治上又重新聚集到君主的手里，尽管这在理论上还令人怀疑。[330]

　　由此可见，受宪法约束的世袭君主制表明要把君主和人民代表会议牵连在一起。**卡尔·察哈里埃**十分具有创造性和先见之明地把这项任务赋予"政党"。通过这种方式，君主制原则保持完好无损，事实上是君主协同议会中多数党团进行统治。[331] **卡尔·察哈里埃**认为，只有这样才符合"君主立宪制原则之精神"。在此要指出的是，在现实中还广泛缺乏不受人指使并代表整体的代表，缺乏大臣责任制和一套政党竞争体制。一言以蔽之，政府缺乏议会化。**卡尔·察**

---

[327]　*Vierzig Bücher*，前注 321，第 1 卷，第 1 篇，第 4 节。

[328]　C. S. Zachariä, *Entwurf zu dem Grundvertrage des durch den Pariser Frieden vom 30. Mai 1814 verheissenen deutschen Staatenbundes* (Heidelberg 1814).

[329]　*Vierzig Bücher*，第 1 篇，第 1 章，第 3 节，第 4 条。

[330]　Bluntschli，页 602，也同样认为。

[331]　重要段落在 »Naturlehre der konstitutionellen Monarchie« (*Vierzig Bücher*，第 3 卷，第 19 篇，第 1 节) 中。

哈里埃想象的政党制是两党制，是保守对进取、进步对反动的体制。显然，他受了英国典范和自己在议会的经历的影响。[332] 在分权问题上，**卡尔·察哈里埃**坚持传统的三权分立，并希望权力相互制衡与通力合作。

卡尔·察哈里埃富有开创性地详细阐述了"政党"的作用、政党传达的舆论、君主（包括依附于他的政府和在议会中的"保守党"）与人民代表会议中反对派之间的平衡、财产审查的选举权、存在于政府和议会之间的可以务实地通过双方相互影响 [333] 进行协调的"悬而未决状态"。但他在巴登议会中实际的活动和他撰写的专家评语却跟这些阐述背道而驰。这种矛盾不必消除掉，它确确实实存在着，同时代人对此也有过评论。**卡尔·察哈里埃**从政治生涯回到书桌旁，此时的他无论如何也是君主立宪制的不同代表了，他主张带有代表性的人民代表大会的君主立宪制，并把那种"悬而未决状态"弄成这种模式的核心，这使他在拿不准的情况下还能够选择君主 – 行政制的一面。

（五）R. v. 莫尔

卡尔·察哈里埃在 1843 年逝世，此时海德堡的公法代表还有**莫施塔特**[334]、**罗斯希尔特**（Konrad Eugen Franz Rosshirt, 1793—1873）[335]、

---

[332]　Brandt，页 238；Boldt，页 216—217。

[333]　详见 Boldt，页 225。

[334]　H. Scherrer, *ADB*，第 22 卷（1885），页 329—339；P. Schmidt, *HdB-StaatsWiss*，第 2 版，第 5 卷（1900），页 871—873（文献）；Mohl, *Lebenserinnerungen*，第 1 卷，页 233："一个呆子、卑鄙的化身、彻头彻尾的笨蛋。他还幸运不变老……"同样的看法，见 G. Jellinek, »Die Staatsrechtslehre und ihre Vertreter«, *Ausgew. Schriften u. Reden*，第 1 卷（1911），页 327。

[335]　F. v. Weech, *Bad. Biographien*，第 3 卷，页 197；Mohl, *Lebenserinnerungen*，第 1 卷，页 232—233。

策佩尔（Heinrich Zöpel，1807—1877）[336] 以及讲师**勒德尔**（Karl Röder，1806—1879）[337] 和**奥本海姆**（Heinrich Bernhard Oppenheim，1819—1880）[338] 等人。而在符腾堡被解除过教授职位的**莫尔**因受处分被调到乌尔姆担任政府顾问，[339] 直到 1847 年才赢得巨大声誉。

　　那时候的**莫尔**属于第一批研究国家法和行政法的代表。[340] 1817 年到 1821 年他在图宾根大学和海德堡大学上学，获得博士学位后开

---

[336]　v. Schulte, *ADB*，第 45 卷（1900），页 432—434；H. Strauch, *Bad. Biographien*，第 3 卷，页 207—211；Mohl II，页 267；Stolleis,»Zöpfl«, *HRG*，第 5 卷（1993）。

[337]　K. D. A. Röder, *Grundzüge der Politik des Rechts*，第 1 部分：*Allgemeine Staatsverfassungslehre* (Darmstadt 1837)。勒德尔，1830 年在吉森大学完成教授资格论文，该著作受哲学家克劳泽（Karl Christian Friedrich Krause, 1781—1832）的影响，这使他在黑森 - 达姆施塔特"在政治上不受欢迎，以至于不得不辞去工作"（Landsberg III/2，页 656—657，注 282）。1839 年起，他在海德堡大学和其他地方讲授国家法、政治学和国际法。比较 K. v. Lilienthal, *ADB*，第 55 卷（1910），页 590—591；Brandt，页 234；有关他的刑法著作，见 P. Landau,»Die rechtsphilosophische Begründung der Besserungsstrafe. Karl Christian Friedrich Krause und Karl David August Röder«, *Strafgerechtigkeit. Festschr. A. Kaufmann* (1993)，页 473—485。

[338]　Landsberg III/2，页 652—653；Lippert，*HdBStaatsWiss*，第 2 版，第 5 卷（1900），页 1024—1025；Jellinek，前引书，页 331—332。奥本海姆，1841 年在海德堡大学完成教授资格论文。他与鲁格有交往，1849 年作为社会和有机论法治论者以及民主人士流亡国外，先后移居瑞士、法国和英国，直至 1859 年。1860 年被赦免。著有《国际法体系》（*System des Völkerrechts* [Frankfurt a. M. 1845；第 2 版，Stuttgart 1866]），该书是非正统的，并有一个论战性的前言；及《法律与社会的哲学》（*Philosophie des Rechts und der Gesellschaft* [Stuttgart 1850]），其附录（页 169 及以下）有"德意志公法"论述，这是对 1847 年紧张气氛的有趣见证。

[339]　*Aktenstücke, betreffend den Dienstaustritt des Professors R. Mohl in Tübingen* (Freiburg i. Br. 1846).

[340]　主要参见 E. Angermann, *Robert von Mohl 1799–1875. Leben und Werk eines altliberalen Staatsgelehrten* (1962)；同作者，»Mohl«, *Staatslexikon*，第 7 版，第 3 卷（1987），栏 1205；W. Bleek, *Von der Kameralausbildung zum Juristenprivileg* (1972)，页 240—254；U. Scheuner,»Robert von Mohl. Die Begründung einer Verwaltungslehre und einer staatswissenschaftlichen Politik«, *500 Jahre Eberhard-Karls-Universität Tübingen, Beiträge z. Gesch. d. Univ. Tübingen 1477–1977*，页 515；同作者，»Der Rechtsstaat und die soziale Verantwortung des Staates. Das wissenschaftliche Lebenswerk von Robert von Mohl«, *Der Staat*，第 18 卷（1979），页 1—30；K. W. Nörr, *Eher Hegel als Kant. Zum Privatrechtsverständnis im 19. Jahrhundert* (1991)，页 26—30。简扼介绍见 Stolleis,»Mohl«, *HRG*，第 3 卷（1984），栏 617—621。

始了他的"游学生涯"。那时候的人们已经不去韦茨拉尔、雷根斯堡和维也纳游学了，而是去同盟议会所在地法兰克福、哥廷根大学以及 19 世纪的大都市巴黎。1824 年，**莫尔**在图宾根大学国家学系任编外教授，1827 年任教授，他在学术上发展很快。《德意志同盟条约》第 13 条引发了等级会议制宪法和代议制宪法 [341] 之区别以及"德意志同盟司法" [342] 和"美国联邦宪法" [343] 之区别的争论。**莫尔**早期的著作就是为这些争论而撰写的。1829 年到 1831 年，他的《符腾堡王国国家法》（ _Das Staatsrecht des Königreichs Württemberg_ ）出版了，这使他声名鹊起。后来所有成员国的国家法明显受了这部著作的影响。[344] 尤其是，19 世纪初逐渐形成的宪法与行政法的划分在这里首次得到典范性的贯彻。一年后，他的又一部划时代著作《法治国基本原则下的警察学》（ _Die Polizeiwissenschaft nach den Grundsätzen des Rechtsstaates_ ）也问世了。[345]

人们在 1847 年知晓了在海德堡和卡尔斯鲁厄有这么一位名人：一位生平扎根于符腾堡王国官僚和名流之中的自由主义者，属于自由主义中务实理性主义的一支；一位思想成体系的实证主义者；一位研究国家法和行政法的经验主义者，但不完全是一位国家理论家。尽管如此，**莫尔**以一部关于大臣责任制的专著就这个棘手主题介入国家理论和政治的争论。[346] 此外，他在 1846 年还写了一篇重要文

---

[341]　R. Mohl, _Dissertatio inauguralis sistens discrimen ordinum provincialium et constitutionis repraesentativae_ (Tübingen 1821).

[342]　R. Mohl, _Die öffentliche Rechtspflege des deutschen Bundes. Ein publicistischer Versuch_ (Stuttgart 1822).

[343]　R. Mohl, _Das Bundes-Staatsrecht der Vereinigten Staaten von Nord-Amerika. Erste Abth. Verfassungsrecht_ (Stuttgart 1824).

[344]　见本书第 4 章，注 62 及以下。

[345]　见本书第 5 章，第 3 部分，第 1 节。

[346]　R. Mohl, _Die Verantwortlichkeit der Minister in Einherrschaften mit Volksvertretern, rechtlich, politisch und geschichtlich entwickelt_ (Tübingen 1837).

章《论官僚》(»Ueber Bureaukratie«）。[347] 令人吃惊的是，他在这篇文章中如此早就探讨了这个现代国家的普遍现象。在莫尔来看来，官僚作风具有威胁性，需要与之斗争，他希望通过改善教育[348]以及从议会中获得一些杰出人才来提高官僚素质，但是他把官僚问题看作是他赞同的福利国家在干预时不可避免产生的现象，并加以接受。[349] 他认为，必须消除在他看来具有威胁性的社会问题，也就是要进行劳工权利保护、限制合同自由和扩大结社自由，而要贯彻实施这些措施，就少不了国家控制。

然而，在一般国家学说语境中，早期人们更多注意的是他对国家学与社会学进行的具有影响的划分，以及他对君主立宪制的认识变化，而较少注意他谈论的官僚问题、社会问题、与这些有关的实质法治国的认识，以及他宣传的法治国概念和意义[350]。莫尔在详细论述了社会概念之后，[351] 对 "社会学与国家学的关系" 问题进行了有计划的阐述。[352] 他把社会理解成因特别利益和习俗而形成的个人与家庭、个人与国家生活圈子的总和。[353] 他在 1855 年起草的社会科

[347] 见 *Staatsrecht, Völkerrecht und Politik*，3 卷本（Tübingen 1860–1869），此处见第 2 卷，页 99 及以下（再版，1962）。

[348] R. Mohl, »Sorge für den Bedarf an höheren Staatsdienern«, *Staatsrecht, Völkerrecht und Politik*，前注 347，第 3 卷，页 449—472。

[349] R. Mohl, »Über die Nachtheile, welche sowohl den Arbeitern selbst als dem Wohlstande und der Sicherheit der gesammten bürgerlichen Gesellschaft von dem fabrikmäßigen Betriebe der Industrie zugehen, und über die Nothwendigkeit gründlicher Vorbeugungsmittel«, *Rau's Archiv für politische Oeconomie*，第 2 卷（1835），页 141—203; R. Mohl / K. Mathy, »Gewerbe- und Fabrikwesen«, Rotteck / Welcker, *Staatslexikon*，第 2 版，第 5 卷（Altona 1847），页 738—780。

[350] 尤其参见 *Die Polizei-Wissenschaft nach den Grundsätzen des Rechtsstaates*，第 2 版，第 1 卷（1844），页 3—9，以及 Scheuner，前注 340。

[351] R. Mohl, »Gesellschafts-Wissenschaften und Staats-Wissenschaften«, *ZgStW* (1851)，页 1—71。

[352] Mohl I，页 102—110。

[353] Mohl I，页 88—101；同作者，*Encyklopädie der Staatswissenschaften* (Tübingen 1859)，页 27 及以下。见拜梅（K. v. Beyme）为莫尔的《政治著作选》（接下页）

学"体系"由"一般社会学说"、"教义性的"的社会科学（社会法、社会伦理和政治）和"历史性的"社会科学（史学、统计学）组成。他未能详细论述这个"体系"，但他在有生之年还是看到人们接受了他对国家学和社会学进行明确区分的建议，还对此展开了激烈讨论。**特赖奇克**（Heinrich von Treitschke）尤其反对这种划分。[354]

至于**莫尔**在君主立宪制研究中的地位，他在这个问题上虽然是"老自由主义者"这个大派别中的一员，但在这个派别中他却是一位"外人"（**勃兰特**语）。早在 1837 年，**莫尔**就认为，政府是君主延伸的手臂，它不对议会负责，因此由**贡斯当**（Benjamin Constant）提起讨论的大臣责任制 [355] 只具有刑法的一面。**莫尔**认为，不允许因议会的不信任而使政府垮台。议会的功能更多是对依照自己的法律而行事的君主行政进行限制。

莫尔的立场在 1846 年有一些变化。[356] 主要是当时他了解了英国政府与议会的关系；[357] 他认识到，议会与政府之间不同于德意志的合作也是可能的，但前提条件是实行两党制。[358] 尽管两党制在德意志似乎不可能，但**莫尔**还是逐渐抛弃认为政府和议会必然是对立

（接上页）（*Politische Schriften* [1966]）写的导言，页 XXIV—XXVIII。

[354]　H. v. Treitschke, *Die Gesellschaftswissenschaft, ein kritischer Versuch* (Leipzig 1859; 再版，Halle 1927)。比较 Bluntschli，页 616，以及 Mohl, *Lebenserinnerungen*，第 1 卷，页 268—269。

[355]　B. Constant, *De la responsabilité des ministres. Cours de politique constitutionelle*，第 2 卷（Paris 1818），页 92 及以下。见 L. Gall, *Benjamin Constant. Seine politische Ideenwelt und der deutsche Vormärz* (1967); Th. Würtenberger, »Zur Legitimation der Staatsgewalt in der politischen Theorie von Benjamin Constant«, *Annales Benjamin Constant*，第 10 号（1989），页 65—74。

[356]　R. Mohl, »Über die verschiedene Auffassung des repräsentativen Systems in England, Frankreich und Deutschland«, *Staatsrecht, Völkerrecht und Politik*，前注 347，第 1 卷，页 35。

[357]　Th. Wilhelm, *Die englische Verfassung und der vormärzliche deutsche Liberalismus*, 1927.

[358]　他在 1847 年的英国之旅，见 *Lebenserinnerungen*，第 2 卷，页 407 及以下。

的教条，从而转向**卡尔·察哈里埃**所指明的路线。即使他不接受**卡尔·察哈里埃**这种说法，即"如果在君主立宪制中有另一种有生力量的话，那么君主立宪制就不可避免产生党争，而君主立宪制的价值秘密就只存在于这种党争之间"[359]，他也会认为，"如果由最强大的政党建立政府去领导政府的主要机构，并以此去领导整个国家的话，那么公共事务工作就会变得非常容易"[360]。因此，权力向议会方向转变会给君主提供一个机会，即在政府遇到失败时可以与之保持距离。这也会给议员们提供去制定负责任政策的可能性。

因此，兴趣现在集中在这样的问题上，即应该如何组建议会，并从中形成政府。因为**莫尔**和大多数自由主义者强烈反对普选权，也非常反感**俾斯麦**推行普选权，所以提出只保留一般的财产审查选举权，或像**莫尔**在 1852 年认为的，由职业阶层的特别代表会议、地方议会和负责中央事务的全体议会组成联合。负责中央事务的全体议会从拥有相当数量财产的中等阶层和有教养市民阶层中选举产生。[361] 在这个问题上，**莫尔**明显到达了他的界限。他在《生平回忆》中表达了他不理解这个事实，即工人运动强调的是政党政治性。[362] 这反映出资产阶级的老自由主义者的担心害怕对他早期社会政治参与的影响多于历史必然性认识所产生的影响。

除了选举问题外，由于 1848—1849 年的政治失败，**莫尔**敏锐地

---

[359] *Vierzig Bücher*，前注 321，第 19 篇，第 1 节。

[360] R. Mohl, *Encyklopädie*，前注 353，页 154。

[361] R. Mohl, »Das Repräsentativsystem, seine Mängel und die Heilmittel«, *Deutsche Vierteljahrs-Schrift* (1852)，页 145 及以下，以及见 *Staatsrecht, Völkerrecht und Politik*，前注 347，页 367—458。

[362] 他对社会民主的评论，见 *Lebenserinnerungen*，第 2 卷，页 169："他们有时以未来的胜利相威胁，公然谈论他们的地下破坏活动。他们的要求简直可笑。在一般情况下，他们还算相当安分守己，没有人认为值得费心思去对付他们。但我认为这是一个很严重的现象。"

诊断出德意志当时缺乏二元制的宪治制度。[363] 他认为，当时议会保守它对政府的消极地位，它必须积极有所作为，也就是要参与政府组建。在他看来，议会的组成也值得批评。因为他对普选的会议和代表旧等级利益的会议都不满意，所以他寻找一种模式，使它能很好地代表有财产和有教养市民阶层的利益以及社区的利益。为此，他建议创立上文提到的代表职业阶层特殊利益的"特别代表会议"、"联合的代表会议"（地方议会）和中央议会。而全体代表会议是不可行的，由于 1850 年后的权力关系，也是不现实的，但这是一位老自由主义者的典型调停性尝试，他帮助等级社会完成向民主社会的漫长过渡，却不能下定决心走完最后一步。

对**莫尔**的整体形象还有一个重要评论：他是一位藏书家和鉴赏家。作为一位精力充沛的图宾根大学图书馆馆长，他做出了巨大的贡献。[364] 他所获取的文献知识不仅在《百科全书》[365] 中，主要还在三卷本的《国家学的历史及文献》（*Die Geschichte und Literatur der Staatswissenschaften*，1855—1858）中体现了出来。该著作资料翔实，囊括了建构所有流派和学派的论述以及批评性评价。摆在大家面前的这本书也特别归功于该著作。[366]

（六）"历史－有机的"自由主义

前面谈到自由主义思想的第二大派别即"历史－有机的"自由

---

[363]　依笔者所见，对这个问题的最好论述，见 Brandt，页 250—254。

[364]　莫尔在回忆录中进行了生动描写，见 *Lebenserinnerungen*，第 1 卷，页 152—161；现可参见 P. M. Ehrle, *Robert von Mohl als Leiter der Tübinger Universitäts-bibliothek (1836–1844)* (1975)；P. M. Ehrle / - V. Schäfer, *Robert von Mohl (1799–1875), Ausstellungskatalog der Univ. Tübingen*，第 4 号（1975）。

[365]　R. Mohl, *Die Encyklopädie*，前注 353，波兰文译本，2 卷本（Warschau 1864）。莫尔自己对该著作的评价，见 *Lebenserinnerungen*，第 1 卷，页 281—284。

[366]　伯伦知理对该著作也大加赞赏，见 Bluntschli，页 615。

主义，又包括两个组成部分。一部分是承认历史所形成的东西，不管是出于何种目的与动机，大多反对抽象计划所强迫推行的东西。尽管与这种认识联系在一起，即所有的历史形成物都是可以改变的，但其中包含尊重已经"存在的状态"，甚至是保守的成分。另一部分是旧有的反对"国家机械"的思想，而认为国家是一个（比喻的抑或真实的）有机体。许多带有其他后启蒙思潮的自由主义者都同意这种思想。可见，"历史－有机的"自由主义思想谱系非常广泛。只要自由主义者使用"历史－有机的"这样的词汇，那他们都指望君主制原则与人民自由之间的二元制能和平地进行平衡。具有很强历史正当性思想成分的早期帝国公法学传统、历史法学派中的日耳曼派变异（**艾希霍恩** [367]、**雅各布·格林**、**贝泽勒**［G. Beseler］）、受解放战争激励的民族浪漫派思潮（**阿恩特**、**雅恩**［Jahn］）等，都为这种自由主义提供了思想进路。反启蒙和反理性主义的某种程度的混合是他们当中几个所特有的，因此他们也偏爱有机体比喻，偏爱"发展"思想，而避免棱角分明的概念辨析。

然而，人们也不应该把理性法的自由主义和历史－有机的自由主义之间的区别看得太大了。**罗特克**和**韦尔克**之间的合作就清楚地表明，这二者之间是很接近的。**卡尔·察哈里埃**、**普菲策尔**、**约尔丹**和**莫尔**也可以因他们的理性法出发点而完全被归为两个派别。

1. C. Th. 韦尔克

在为**普菲策尔**的论文《经验》（»Erfahrung«）写的跋中，韦尔

---

[367] 在此暂不考虑伯肯弗尔德强调艾希霍恩与"真正的"日耳曼派之间的差距，见 E. W. Böckenförde, *Die deutsche verfassungsgeschichtliche Forschung* (1961)，页 48—49。见 R. Conradi, *Karl Friedrich Eichhorn als Staatsrechtslehrer* (1987)；M. Stolleis, »Die Historische Schule und das öffentliche Recht«, *Die Bedeutung der Wörter. Studien zur europäischen Rechtsgeschichte, Festschr. f. Sten Gagnér* (1991)，页 495—508。

克写道，[368] 他反对历史学派和**黑格尔**对理性法的指责，如他自己所说，他反对**黑格尔**"抛弃真正的实际的自由和自由不死的人格"。萦绕在**韦尔克**脑海中的是历史论据、政治务实的论据和理性法论据之间的"自然的"联系，罗马和英国国家思想的政治理性，以及建立在唯心主义基础上但由经验支撑起来的对人真正自由和道德自决的信仰。[369]

这基本上是一种他个人看中，却少有创意的折中主义。**韦尔克**在吉森、基尔、海德堡和波恩的时候就开始具有了爱国主义思想，从那时起他表达了激进的自由观点。[370]1821 年到 1822 年间他离开弗莱堡，更明显地转向了国家法。[371] 但他的精力主要还是被用在实际的政治方面。1831 年起他任巴登议会议员，支持出版自由、人民军队的组建和法治保障，[372] 但他在 1832 年命运多舛，历经磨难：新

---

[368]　Rotteck / Welcker, *Staatslexikon*，第 2 版，第 4 卷（Altona 1846），页 488—496。

[369]　R. Mohl, *Die letzten Gründe von Recht, Staat und Strafe, philosophisch und nach den Gesetzen der merkwürdigsten Völker rechtshistorisch entwickelt* (Gießen 1813；再版，1964)，其中（第 1 篇，第 6 章，页 25）很早使用"法治国"一词，并在第 11 章，第 71 页及以下（第 100 页）对其进行了详细论述："因此，在法治国的表述中，它的最高法律是由客观法律形式引导的、自由的、内部的最高法。而客观法是所有能从外部认识并与此法相一致的法律。"

[370]　佚名，*Deutschlands Freiheit, eine Rede an die Fürsten und das Volk, vor Eröffnung der Wiener Versammlung, von einem Deutschen* (Gießen 1814)。比较 K. Wild, *Karl Theodor Welcker, ein Vorkämpfer des älteren Liberalismus* (1913)。1814 年到 1819 年的最初几年，详见 H. Müller-Dietz, *Das Leben des Rechtslehrers und Politikers Karl-Theodor Welcker* (1968)；R. Schöttle, *Politische Freiheit für die deutsche Nation. Carl Theodor Welckers politische Theorie. Ein Beitrag zur Geschichte des deutschen Frühliberalismus* (1985)；同作者，»Staatsorganismus und Gesellschaftsvertrag – die Staatstheorie Carl Theodor Welckers. Eine Skizze«, *ZGORh*，第 135 卷（1987），页 207—215。

[371]　韦尔克在海德堡（1816）除讲授他自己的刑法专业外，还讲授"日耳曼实证法总论"、自然法和德意志法律史，在弗莱堡讲授"基督教 – 日耳曼民族的国家法"、包括巴登国家法在内的国家法、"国家学说"（1826）。

[372]　C. Welcker, *Die vollkommene und ganze Preßfreiheit* (Freiburg 1830). 1831 年邦国议会结束，在欢迎他的彩车上贴有"同盟议会的人民代表""出版自由""保卫宪治的宪法"等标语（Müller-Dietz，前注 370，注 434）。

的《出版法》被废除，他的《自由思想》（*Der Freisinnige*）杂志遭禁止，大学被关闭，他被撤职。

除了潜心参与《国家辞典》头两版工作外，[373] **韦尔克**还主要通过出版卡尔斯巴德会议（1819）的秘密协议和维也纳会议（1834）的最后议定书而从事公法研究活动。[374] 在 1833 年到 1848 年的巴登议会和持续到 1849 年 5 月底的保罗教堂国民议会中，他积极而充满激情地奔忙于民族统一、自由和正义事业，这使他和**罗特克**齐名，同时也让人们知道了他的局限。他未留下一部能经受时间考验的国家理论著作，也没有留下一本对同盟和成员国实证国家法进行仔细研究的作品。《国家辞典》中近两百篇文章，作为学术讨论的作品几乎没有多少分量，但它们是具有浓厚自由主义思想的资料，也是教育人民大众的资料，"政治教授们"借助这些资料进行谈论和创作。当时弥漫着一种由遭受威胁意识产生的内部压力。**韦尔克**享受过人民的喝彩，也被抄过家，在普鲁士遭到过审讯，并被拖延审判，在巴登也被采取过这些压制措施。

2. P. A. 普菲策尔

普菲策尔属于**罗特克 - 韦尔克**《国家辞典》圈子中的人，因此也属于"南德意志自由主义"圈子里的人。[375] 他一度（1831—1837）以领导符腾堡议会中的反对派而名声大噪，因为他对议员向

---

[373]　该辞典第 3 版，14 卷本（1856–1866），他参与的工作只到第 3 卷。

[374]　*Wichtige Urkunde für den Rechtszustand der deutschen Nation mit eigenhändigen Anmerkung von Johann Ludwig Klüber. Aus dessen Papieren mitgetheilt und erläutert von C. Welcker* (Mannheim 1844).

[375]　所有旧文献，见 Christian Kennert, *Die Gedankenwelt des Paul Achatius Pfizer. Eine Studie zum Denken des deutschen Frühliberalismus* (Berlin 1986). 对该书，比较屈内（J.-D. Kühne）的批判性谈话，见 *Der Staat*，第 26 卷（1987），页 625—626。亦见 J. Rückert, *August Ludwig Reyschers Leben und Rechtstheorie 1802–1880* (1974)，页 262—267。

国王宣誓提出过异议。1848 年，他在"三月内阁"（Märzministerium）中担任过符腾堡的文化大臣，同时还是保罗教堂国民议会成员。他早期曾呼吁普鲁士应该挑起民族统一的重担（《两个德意志人的书信》[Briefwechsel zweier Deutschen]）。普鲁士的历史还充满感激地记载下了他的这一呼吁。

　　然而，他在 1848 年以前的著作 [376] 却表现出与**罗特克**的教义性理性法明显的不同，其观点更加保守。**普菲策尔**把浪漫虔信派的唯心主义和古典的自由立场结合在一起，[377] 历史地、乐观地论述了他对未来的看法。他从最初的生民自由状态出发，认为中世纪和近代早期都是不自由的时代，但从那个不自由的时代会向上发展出日益成熟的政治和议会参与。[378] **普菲策尔**指望依照平等原则组建起具有代表性的议会，但这个议会并未排除选举权的限制。对他来说，直接的人民统治与旧等级会议的命令性委托制或最初的激进民主制并无二致，都不能接受。他理想的议会是，不受他人指使，并拥有法律创制权，有自行决定召开会议的权利，有预算权，并成为君主领导的行政权的制衡力量。这种立场或许包含了某些温和的规范性要求，并超过了现实，这注定了他要为《国家辞典》撰写《自由、自

---

　　[376]　P. A. Pfizer, *Briefwechsel zweier Deutschen* (Stuttgart, Tübingen 1831；第 2 版，1832)；同作者，*Über das staatsrechtliche Verhältniss Württembergs zum Deutschen Bunde. Ein Beitrag zur Würdigung der neuesten Bundesbeschlüsse* (1832 年 7 月) (Straßburg, Tübingen 1832)；同作者，*Gedanken über das Ziel und die Aufgabe des deutschen Liberalismus* (Tübingen 1832)；同作者，*Das Recht der Steuerverwilligung nach den Grundsätzen der württembergischen Verfassung, mit Rücksicht auf entgegenstehende Bestimmungen des deutschen Bundes* (Stuttgart 1836)。

　　[377]　E. W. Böckenförde, *Die deutsche verfassungsgeschichtliche Forschung* (1961)，页 92 及以下。

　　[378]　Pfizer, *Über die Entwicklung des öffentlichen Rechts in Deutschland durch die Verfassung des Deutschen Bundes* (Stuttgart 1835)。

由主义》这篇核心文章。[379]

可是，**普菲策尔**的东西对问题的分析并不深刻，同时他也没有国家政治家那种能推行自己主张所具备的重要的现实主义意识。[380]他所提出的关于统一宗教以及教会与国家关系的未来前景，与三月革命前符腾堡的现实相差甚远。[381]称他为"国家理论的重要人物"[382]是有些评价过高，虽然对此进行评价的尺度一直不明确。尽管如此，对联邦国家这一概念的精准运用——相对而言，德意志同盟的概念却不充分——以及对形式法律概念和实质法律概念的区别却要归功于他。[383]在政治的基本原则问题上，**普菲策尔**思想中强烈的新教虔信派和民族主义成分正好代表了符腾堡的自由主义，他在理论上提供论据支持王国中大众的政治意见。当他力图把自由主义主张和君主制原则之间的紧张关系带向建立在历史基础上的有机妥协时，他便是"历史－有机的"自由主义者。人们将看到，这是一种流行立场。[384]

3. F. Chr. 达尔曼

达尔曼是德意志有教养市民阶层的伟大代表，同时也是撰写《政治学》的作者中少有的曾发挥过政治作用的一位。[385]1811 年，

[379]　Pfizer, »Liberal, Liberalismus«, Rotteck / Welcker, *Staatslexikon*，第 8 卷（1840），页 523；第 2 版，第 9 卷，页 713—730。

[380]　他在《国家辞典》第 1 版中写的《经验》一文被韦尔克收在第 2 版（第 4 卷，1846，页 480 及以下）中。

[381]　Pfizer, *Gedanken über Recht, Staat und Kirche*，2 卷本（Stuttgart 1842）。

[382]　Brandt，页 268。

[383]　Landsberg III/2，页 396。

[384]　具有自由主义思想的武尔姆（Christian Friedrich Wurm，1803—1849）与普菲策尔的关系紧密，他生于符腾堡，研究神学，1833 年起任汉堡人文中学教师。关于他，值得关注的是他的评论集：*Kritische Versuche über die öffentlichen Rechtsver-hältnisse in Deutschland, seit der Mitte des Jahres 1832* (Leipzig 1835)。1848 年，他和普菲策尔在保罗教堂国民议会上相聚。

[385]　A. Springer, *Friedrich Christoph Dahlmann* (Leipzig 1870, 1872); G. Waitz, *F. C. Dahlmann* (Kiel 1885); E. Nasse, *F. C. Dahlmann* (Bonn 1885); L. Weiland, *F. C. Dahlmann* (Göttingen 1886); E. R. Huber, *F. C. Dahlmann und die deutsche*（转下页）

达尔曼在哥本哈根完成教授资格论文，接着成为基尔大学的历史教授（1812—1829）。他受到过民族自由主义团体氛围的影响，这个团体成员有德罗伊森（Johann Gustav Droysen）、法尔克、洛恩森（Jens Uwe Lornsen）、贝泽勒、洛伦茨·施泰因和蒙森（Theodor Mommsen）等人。达尔曼曾为石勒苏益格－荷尔斯泰因的领主效力，并参与一些政治争论，[386] 后来在哥廷根大学任国家学教授（1829—1837）。作为"哥廷根七君子"之一，他在 1837 年被解职。[387]1842 年起他在波恩大学教书，任历史和国家学教授，1848—1849 年参加法兰克福国民议会，并成为最重要的成员之一。[388]

他在 1835 年撰写的《政治学》[389] 在早期宪治主义条件下重新采纳了亚里士多德的模式。[390] 这本书被列为"历史－有机的"自由

（接上页）*Verfassungsbewegung* (1937)；H. Heimpel,»Friedrich Christoph Dahlmann«, *Die Großen Deutschen*，第 5 卷（1957），页 236—248；K. D. Bracher, *Über das Verhältnis von Politik und Geschichte. Gedenkrede auf Friedrich Christoph Dahlmann* (1961)。

[386]   F. C. Dahlmann, *Urkundliche Darstellung des dem Schleswig-Holsteinischen Landtage kraft der Landesgrundverfassung zustehenden anerkannten Steuerbewilligungsrechtes* (Kiel 1819)；*Die historischen Landesrechte in Schleswig-Holstein* (Kiel 1842；第 2 版，1847)，该书有文件可循，由法尔克作序，达尔曼撰跋。关于这个时期，见 H. Christern, *Friedrich Christoph Dahlmanns politische Entwicklung bis 1848* (1921)。

[387]   有关海德堡大学、耶拿大学和图宾根大学法学院的学人对汉诺威宪法问题的评论，见 Dahlmann (Hrsgg.), *Gutachten der Juristen-Fakultäten in Heidelberg, Jena und Tübingen, die Hannoversche Verfassungsfrage betreffend* (Jena 1839)，内有序和文献。有关 1837 年汉诺威宪法事件的文献，见本书第 4 章，注 168 及以下。

[388]   R. Jardon, *Dahlmann und die deutsche Revolution 1848–49* (1926). 对达尔曼在保罗教堂国民议会上的角色的简要描写，见 K. Biedermann, *Erinnerungen aus der Paulskirche* (Leipzig 1849)，页 262—264。

[389]   *Die Politik, auf den Grund und das Maß der gegebenen Zustände zurückgeführt* (Göttingen 1835；第 2、3 版，Leipzig 1847；再版，1924, 1968，里德尔作序）。见 G. G. Gervinus,»Ueber Dahlmanns Politik (1836)«, *Histor. Schriften*，第 7 卷（Karlsruhe 1838）；Landsberg III/2，页 396；Brandt，页 199 及以下；P. Schiera, «Dahlmann e il primo costituzionalismo tedesco», *Quaderni fiorentini* (1984)，页 383—406。

[390]   *Politik*，页 219："亚里士多德为我们开垦了政治学土壤，我们完全可以在上面继续耕作，只是把冷酷的希腊文化换上基督教对人的爱和尊重。"

主义思想特别典型的论著。[391] 它一开始就有计划地指责理性法的国家契约建构思想。**施勒策**在四十年以前说，"国家是一种发明……"，现在哥廷根却变成这样的说法："国家不是什么发明，它既不出于必要，也不出于聪明才智，它不是股份公司，不是机器，不是因为自由地放弃自然状态生活而产生的契约产物，它不是一种必要的恶，不是随时间流逝就能治愈的人类缺陷，它是一种原生秩序，一种必然状态，是人类的财富，是能促使事物变完善的一种财富。"[392] 历史促成的现实和"现存状态"形成出发点，对政治进行反思并不断修正。由于唯心主义的历史观承载着对"人类伟大的共同事业"的信仰，并"使国家的生命轨迹服从于某种必然性"，[393] 所以思辨因素在某种程度上穿上历史外衣粉墨登场。在一个价值规范中自然会进行估量和评价，只是来自历史的演绎取代了来自理性原则的演绎。

在这个意义上，**佩尔特斯**（Clemens Theodor Perthes，1809—1869）[394] 给 1806 年前的历史论著[395] 取一个副标题叫"德意志国家法的预备工作"。就像他说的，他把德意志橡树上死去的枝丫描述成规范性的，以便同时推荐未来有生命力的政治措施。那棵德意志橡树因内在必然性被革命的暴风雨折断了。

---

[391] 以历史哲学建立"政治学"的类似例子，见布雷斯劳的国家学家约翰·舍恩（J. Schön），*Die Staatswissenschaft. Geschichts-philosophisch begründet* (Breslau 1831；第 2 版，Breslau 1840，身后出版）。

[392] *Politik*，第 2 号。

[393] *Politik*，第 39 号，页 242。

[394] A. v. Schulte, *ADB*，第 53 卷（1907），页 12—17；Landsberg III/2，页 411—413；H. P. Bull,»Clemens Theodor Perthes und die Konstruktion des Beamtenverhältnisses«, *Der Staat*，第 40 卷（2001），页 432。

[395] C. Th. Perthes, *Das deutsche Staatsleben vor der Revolution. Eine Vorarbeit zum deutschen Staatsrecht* (Hamburg, Gotha 1845). 见 H. P. Bull,»Clemens Theodor Perthes und die Konstruktion des Beamtenverhältnisses«, *Der Staat*，第 40 卷（2001），页 432。

与**卡尔·察哈里埃**、**莫尔**、**韦尔克**、**普菲策尔**和将要提到的**施米特黑纳**一样，**达尔曼**相信，宪法状态的"生成"有其历史发展阶段，它必须和各自的政治文化有机地联系在一起。因此他认为，在德意志，受宪法限制并带有大臣责任制、两院制、受限制的选举权（为了避免"滥选"）、自由委托权、公开性和出版自由的君主制，对政治条件来说是合适的。在此毋庸置疑，世袭君主的权力范围明显超过人民代表会议。

人民代表会议无论如何既不应是"旧等级式的"，也不应是民主的，这在所有"历史－有机的"自由主义者那里都是一个理论上的弱点。这个问题存在于社会等级结构中。**达尔曼**自然指责普选权，也不承认有教养市民阶层的特殊地位，而只要求"有稳定收入"的人才能参加选举。与此同时他承认，要对所有的财产进行审查，那些被证明品行端正的社会名流和乡下"拥有封闭庄园"的人才拥有充分的选举权。这些规定明显不确定。它们表明，这个流派的自由主义者比实证流派的自由主义者，在反专制主义、反理性法、反"思辨"方面更明显。人们希望无论以何种方式都要把常受人抱怨的老日耳曼模式移植到社区公约[396]以及外行人参与的司法审判中。[397]而这种老日耳曼模式无非是文学产物，它承载着政治期许，即能够稳定一种"有机的"市民社会秩序，而君主立宪制凌驾在这种秩序之上。但是，等级结构再也产生不出民主选举权的线索依据，遑论妇女选举权[398]。与**莫尔**相似，**达尔曼**对这个问题保持一种试探性的反思态

---

[396]　详见 *Politik*，第 10 章。

[397]　Böckenförde, *Die deutsche verfassungsgeschichtliche Forschung* (1961)，页 87 及以下；E. Sjöholm, *Rechtsgeschichte als Wissenschaft und Politik. Studien zur germanistischen Theorie des 19. Jahrhunderts* (1972)，页 36 及以下。

[398]　*Politik*，第 154 号："加拿大的妇女选举权（仍然不能被选举）将是令人欣慰的例外。"

度。如果选举权"根据活生生的关系而进行内部规范",并往下寻找"一条鲜明的选民界线"去界定选举权的话,[399]那么其中的含义就肯定不明朗了。[400]

4. F. 施米特黑纳

施米特黑纳[401]被认为是"明显的**谢林**主义者,他呕心沥血,按照'历史 – 有机的方法'系统地论述一般国家法"。[402]他在 1845 年撰写的《一般的或理想的国家法基本原理》[403]仅仅被看作提示性论述。人们把他归为带有保守特点的"有机的自由主义"派别。[404]在理论的国家法学说问题上,**伯肯弗尔德**把他归到"发展抽象形式概念的理性法传统"[405],这显然不恰当。另外,他还强调,**施米特黑纳**在其实际的国家思想上属于历史学派的有机理论思想派别,还指出**施米特黑纳**在形式的国家功能思想向实质思想转化过程中所起的过渡性作用。**伯肯弗尔德**总结道:"他本人的建议基本上局限于对三月革命前时期德意志宪法体制的辩护。"[406]这最后一点难于证明,因为**施米特黑纳**对政治选项上的不同解决方案完全有意识地保持着开放态度。他认为,"一般的或理想的国家法"不能确定由时间和地点所形成的具体东西。

---

[399]　*Politik*,第 155、158 号。

[400]　尤其参见 Brandt,页 199 及以下。

[401]　Roscher,前注 243,页 937—942;E. Schröder,*ADB*,第 32 卷(1891),页 48—50;Bluntschli,页 604—605;Landsberg III/2,页 826,及注 346;Boldt,各处;Böckenförde,第 13 节。

[402]　Landsberg III/2,注 346。

[403]　F. Schmitthenner, *Zwölf Bücher vom Staate oder systematische Encyklopädie der Staatswissenschaften*,第 3 卷,第 7 篇:*Grundlinien des allgemeinen oder idealen Staatsrechtes* (Gießen 1843/1845;再版,1967)。

[404]　Brandt,页 164;伯伦知理也称他在政治上"自由保守",见 Bluntschli,页 610。

[405]　前引书,页 106。

[406]　前引书,页 111。

施米特黑纳起初在吉森大学担任历史学教授，后来又担任国家学和官房学教授，还担任过政府的高级顾问和等级会议代表，且在黑森－达姆施塔特扮演过有趣的角色。他计划撰写"成体系的国家学百科全书"，出版过其中的第一卷和第三卷。[407]

第三卷论述国家，"公共生活的有机体制，或有机的社会形式，在这种社会形式中，一个民族应该追求人类的规定性"[408]。虽然这个有机形式是历史变化的，但其自身包含着国家的"理念"。随着各民族和他们的宪法上升到"历史存在的高级阶段"，正确的、规范性的国家理念也会同时得以升华。**施米特黑纳**试图通过这种方式把历史学派的观点和自然法观点结合起来，"理想的国家法"自身会重新服从历史的发展法则。这使他走到"历史－有机的方法"上来了，其基础是"通过科学获取的坚如磐石的论断，即人类历史服从有机发展的法则"[409]。他否认国家是理性的建构和"纯粹的发明"，也否认"自然状态"观点。**施米特黑纳**的主要职业是历史学家，他不是以理性演绎的方法而是以发展的历史方法去探究问题。他论述"国家"是从论述公共组织的形成开始，接着是按自身在发展变化的国家思想，以历史资料和规范性阐释互为补充的方式来安排内容。按照这种方式，他描述了直到 19 世纪的历史发展，然后转到其有机的一般国家学说。这在某种程度上也是国家从自然的生成物向人塑造的作品的观点转变。在这里，**施米特黑纳**以他自己特有的叙述方法阐述了国家、国家权力及其内容、作为国家权力主体的君王和作为客体的人民。其中作为国家建立思想假说的契约思想重新得到了

---

[407]　第 1 卷（第 1—5 篇）：*Einleitung, Geschichte der Staatswissenschaften, Ethnologie, Naturrecht, Nationalökonomie*。第 1 篇和第 2 篇以前叫 *Ueber den Charakter und die Aufgabe unserer Zeit in Beziehung auf Staat und Staatswissenschaft* (1832)。

[408]　*Grundlinien*，前注 403，第 2 节。

[409]　*Grundlinien*，前注 403，第 7 节。

公正对待。

至于国家形式，萦绕在**施米特黑纳**脑海的是既可避免人民统治又可避免独裁的理想的君主立宪制。他认为，领主的任务主要是保障人民的政治权利，同时要对"非有机地进行破坏的民众"[410]进行制度驯服，创造一个公共场所。选择何种具体形式（代议制的、旧等级制的、新等级制的），在**施米特黑纳**那里是一种政治抉择。他在这个问题上小心谨慎。但人们可以抽取出大量证据，[411]证明他尽管保守历史的等级权利，但还是很想在不完全转变成代议制宪法的情况下使市民阶层的参与成为可能。君主处于国家的中心位置，不存在和议会的真正分权。议会拥有一般的"有机权利"（如预算权、控诉权、弹劾大臣权、法律干预自由和财产的同意权、税收批准权），但它只能控制权力，不能真正参与权力。

由此可见，**施米特黑纳**提供的是有机－历史的自由主义的保守面，他虽然赞同经济发展不受限制，但对个人主义甚至共和主义在政治上充分发展，比对权力集中在君主手里还要担心。他的理想信念是："现代国家的理念只能在这样的宪法中才能得以实现，即每个个体在成文法栅栏内的权利圈里自由而愉快地生活，通过公法被接纳到社区社会中，通过参与政治和祖国连在一起；社团的自由同样由法律加以设置，它们尽管可以自由地安排自己的事务，但同时要被纳入共同的国家生活中，服从于政府权力；人民因公共利益而联系在一起，因政治权利而受到保护，由此提升他们的高贵性；最后，君王塑造起宪法的拱心石，并由稳固的石柱支撑着，他凌驾四方，神圣而不可侵犯，被至高无上而又圣洁无瑕的美誉环绕，高贵

---

[410]　*Grundlinien*，前注 403，第 174 节。

[411]　如比较《基本原理》中对方兴未艾的自由主义进行的精彩描写，前注403，第 59 节。

而又尊严，并有贤士加以辅佐，待臣民如自己的英才。拥有这样一
部宪法的国家就可以在世界上把充分发展的日耳曼君主制理念体现
出来。"[412]

（七）小结

　　所有被归为自由主义的学者在 1848 年都对他们的政治国家理论
思想与主流理论之间的差距感到痛苦，他们必须生活在这样的差距
当中，尽管"**梅特涅体制**"在地方上减弱了。1830 年前他们多数属
于反对派，这在南德意志的宪法国家中表现得最为明显。但他们开
初的议会制经验，由此能够调动起新闻和舆论，以及立法和弹劾大
臣的成功经历，这些在总体上是积极的，并慢慢地影响着舆情变化。
1830 年的法国七月革命，以及发生在黑森、汉诺威、萨克森的一系
列事件和 1832 年的汉巴赫游行集会，使宪法运动获得了新的推动力。
这些政治动员并没有像 1819 年后那样阻碍了政治，而是助长了与政
府合作的意愿。只要实现了某些改革愿望，存在着能够获取带有自
由主义色彩的大臣职位的希望，那么通过合作消除议会和政府之间
尖锐矛盾的机会是诱人的。对此，自由主义中"历史－有机"派的
代表人物和"教条主义者"比较起来更具有适应能力，也更加务实。
他们表现出有承担政府责任的能力和意愿。正是这些自由主义者
（莫尔、达尔曼、米特迈尔［Karl Joseph Anton Mittermaier，1787—
1867］、巴塞曼［Friedrich Daniel Bassermann］、韦尔克、普菲策尔等）
在保罗教堂国民议会中扮演了重要角色。

　　相反，理性法的自由主义派别在 1848 年之前就销声匿迹了。克
吕贝尔、阿雷廷、罗特克、珀利茨、克鲁格等早已作古，像因饱受

---

　　[412]　*Grundlinien*，前注 403，页 251。

常年牢狱之灾而郁郁寡欢的**威廉·贝尔**已不再活跃，因此，重心自然就转向了"历史－有机的"自由主义，它赞同君主制，接受等级和选举的不平等，承认私有财产，主张商业贸易自由受管理限制。

除这种宪治自由主义外——重新接受**卢梭**的老路线——还形成了一种激进的民主和共和反对思潮，它们的反自由主义在某种程度上比反保守主义还更激烈。1848 年自由主义的问题在于必须形成两条斗争阵线：一条阵线反旧权力，另一条反新的革命者。[413] 是要带有政治改良的议会制的君主立宪制，还是要推翻社会建立民主共和制的恐怖场面（一句话：暴民统治），现在成了自由主义者眼中的选项。为了避免推翻社会，自由主义者们还是心甘情愿地加入了所谓的"三月内阁"，起初并没有预料到这只是一时的藏身之处。[414]

在这样的背景下就不难理解，为什么在自由主义者中只有少数"边缘人物"才敢走上从人民主权中获取正当性的议会道路。如果政府变成议会多数人的行政委员会的话，那么君主制原则就会破裂，君主就只扮演代表人民的总统角色了。为了共和，尤其在理论上讲，迟早都会废除君主。[415] 这既不符合邦国的宪法状况，也和大多数自由主义者的愿望相抵牾。只要民主制和"均平化"以及"推翻社会"

---

[413]　Sheehan，前注 229；Langewiesche，前注 3，页 46。

[414]　Langewiesche，前注 3，页 49—50。

[415]　有关"联邦制民主"，见 G. v. Struve, *Kritische Geschichte des allgemeinen Staatsrechts in ihrer Haupt-Trägerin dargestellt* (Mannheim 1847)，页 355，及同作者，*Grundzüge der Staatswissenschaft*，4 卷本（Mannheim, Frankfurt 1847/1848），尤其参见 C. Junius (= Julius Fröbel), *Neue Politik* (1846)，即 *System der sozialen Politik*，2 卷本（Mannheim 1847）。莫尔认为施鲁维是一个"精神错乱的人民演说家、亢奋的煽动者"（见 Mohl I，页 144），有关施鲁维，现可参见孔策（M. Kunze）写的传记：*Der Freiheit eine Gasse. Traum und Leben eines Revolutionärs* (1990)。有关弗勒贝尔（Fröbel），见 W. Mommsen, »Julius Fröbel. Wirrnis und Weitsicht«, *HZ*，第 181 卷（1956），页 497—532；P. Wentzcke, *NDB*，第 5 卷（1961），页 644—646；Brandt，页 275 及以下。

串联在一起，那么自由主义和民主制就水火不相容。因此，1848 年前的理论文章受政治党派偏见的影响，若不回顾当时的政治情况就很难理解。

从 1846 年起，所有这一切都被推入危机之中——我们今天显然要比当时的人看得更清楚。党派林立，国家理论众说纷纭，没有一个共同的讨论基础。社会问题的异质性倒也符合理论的异质性。停留在前现代关系中的梅克伦堡农业社会这一极端情况与新的城市－工业无产阶级之间、普鲁士东部与莱茵地区之间、信仰新教的北方与信仰天主教的南方之间、相对开放的宪法国家与没有宪法的专制主义的普鲁士和奥地利之间，只存在着德意志同盟费了九牛二虎之力才促成的平衡状态，它们之间并不和谐。因此，普鲁士和奥地利极端派别的国家理论论著、**黑格尔**左派、"青年德意志"、政治天主教、支持"人民代表会议统一领导"的自由主义者、议会民主的倡导者之间没法相融，而是处于相互对立的关系之中。

在这种情况下，德意志西南部的民主主义者在 1847 年 9 月 12 日制定了奥芬堡（Offenburg）计划，那里的自由主义者在 1847 年 10 月 10 日制定了黑彭海姆（Heppenheim）计划。当巴黎的火花溅落到这个紧张的局势之中时，当**巴塞曼**在巴登议会中、**加格恩**（Heinrich von Gagern）在黑森－达姆施塔特议会中呼吁召开国民议会时，已经决定好的海德堡集会就在 1848 年 3 月 5 日引发，导致德意志同盟做出匆忙而又无济于事的反应（推行出版自由、废除 1819 年的《措施法》），还导致 1848 年 3 月 31 在法兰克福召开预备议会（Vorparlament）。此后，德意志公众把目光不停地聚焦在国民议会上，聚焦在柏林、维也纳以及其他地方发生革命和反革命的斗争上。为舆论而斗争取代了安静的理论建构。公法教授们离开了自己的讲台——在所谓"光辉年代"（1848—1849）结束之后，直到 1850 年起才又重返讲台。

第四章
各个同盟国的国家法

一、宪法运动

德意志同盟及其宪法和措施的国家法注疏虽然显得重要，但从1820年到1848年只有少许人真心希望德意志同盟转变成一个联邦国家，并拥有能制定一部"真正"宪法的中央权力。[1] 这种希望起初曾一度存在，后来慢慢变得微弱。耶拿的国家法学者 **K. E. 施密德** [2] 曾这样解释道："德意志同盟和同盟国的国家法还在形成当中；只有通过发展出同盟国的宪法，同盟宪法才能拥有力量，才能持久；共同的东西必须在特殊的东西当中得以展现。" [3] 所以，政治精力和学术精力越来越强烈地集中在各个同盟国的国家法上。在此，经验告诉我们，完善是可能的，"德意志宪法运动的第一波" [4]（1818—1820）有第二波（1830—1831）紧随其后，以至于许多德意志同盟

---

[1]　P. A. Pfizer, *Über die Entwicklung des öffentlichen Rechtes in Deutschland durch die Verfassung des Bundes* (Stuttgart 1835).

[2]　见本书第 3 章，注 294。

[3]　K. E. Schmid, *Lehrbuch des gemeinen deutschen Staatsrechts* (Jena 1821)，第 1 分部，第 123 节。

[4]　D. Grimm, *Deutsche Verfassungsgeschichte 1776–1866* (1988)，页 71 及以下，第一波宪法运动在 1821 年以普鲁士宪法计划的失败而告终（页 110）。

国能很快施行宪法统治。[5] 此外，同盟国的政治更具预见性，似乎更容易受影响，因为它们只是间接地处在奥地利－普鲁士的同盟政治压力之下。

这足以推动人们对同盟国的国家法进行学术研究，并逐渐在大学进行讲授，至少在中等同盟国中是如此。[6] 如果领土疆域太小或领土上没有大学，那么出版书籍就无利可图。而普鲁士和奥地利因为实行严格的书报审查制度，同时也没有可以评论的宪法，以至于若想在公法中干一番事业，那么在文献上的雄心壮志就要更多地体现在行政层面上。**莫尔**在 1855 年总结道，迄今为止，在普鲁士"几乎就只有一些没有分量的传单或论文，研究的完全是个别的，并常常是次要的问题"[7]。在奥地利的**梅特涅**时期，论述国家法完全是一种禁忌，以至于真正地出现了"公法学研究的凋谢"[8]。

相反，在德意志南部和中部，邦国国家法呈现出繁荣景象，虽然程度有所不同，由南向北明显递减，但因引入"宪治状态"而欣欣向荣。此外还有一个令人鼓舞的因素是，与德意志同盟不一样，宪法的法律资料在大多数成员国中是公开的。公法研究取决于对资料的系统描述，人们得以在里面或多或少以微妙方式传达政治希望，并推动它们的实现。

在一些同盟国中，国家法文献传统悠久，可以追溯到 18 世纪。虽然 1806 年前大学对领地法研究很少，因为有外来的学生，所以注重传授"共同的"法律，也就是说，在公法中主要讲授普及的"帝

---

[5]　H. Gangl, »Der deutsche Weg zum Verfassungsstaat im 19. Jahrhundert«, E. W. Böckenförde (Hg.), *Probleme des Konstitutionalismus im 19. Jahrhundert* (1975)，页 23—58（页 50 及以下）。

[6]　Mohl II，页 333。

[7]　Mohl II，页 336。

[8]　Mohl II，页 344—345。

国宪法"和"普遍公法"（ius publicum universale），但也有不断增多的、致力于实践的领地国家法文献典籍。[9] **约翰·莫泽**呕心沥血、兀兀穷年，推动了这些文献的发展。[10] 黑森 [11]、巴伐利亚 [12]、梅克伦堡 [13]、奥地利 [14] 以及其他许多领地 [15]，甚至像普法尔茨－茨韦布吕肯 [16]、哈瑙－明岑贝格 [17] 那样小的领地也有这样的国家法典籍。还是**皮特**说得好，以科学的眼光来看这个领域，"所取得的成绩实在太少，好像没有动

---

[9] A. J. Schnaubert, *Anfangsgründe des Staatsrechts der gesammten Reichslande* (Jena 1787); J. R. v. Roth, *Staatsrecht deutscher Reichslande*, 2 卷本（Mainz 1788, 1792）; J. F. X. v. Epplen, *Über das Prinzip der deutschen Territorialverfassung. Widerlegung der Schrift des Herrn Professor Zachariae. Geist der deutschen Territorialverfassung* (Frankfurt a. M. 1803)；E. L. W. v. Dacheröden, *Versuch eines Staatsrechts, Geschichte und Statistik der freien Reichsdörfer in Deutschland* (Leipzig 1785)。

[10] J. J. Moser, *Nachricht von dem unter Handen habenden besonderen Staats-Recht aller einzelnen Stände des heil. Röm. Reichs* (Ebersdorf 1739)；同作者，*Allgemeine Einleitung in die Lehre des besonderen Staats-Rechts aller einzelnen Stände des heil.Röm. Reichs* (Ebersdorf 1739)。约翰·莫泽对领地法的研究细见 R. Rürup, *Johann Jakob Moser. Pietismus und Reform* (1965)，页 262（*Bibliographie, II. Territorialstaatsrecht*，第 1—20 号）。

[11] J. G. Estor, *Origines juris publici Hassiaci* (1729；第 2 版，Jena 1738；第 3 版，Frankfurt 1752)；同作者，*Jus publicum Hassiacum hodiernum* (Jena 1739；第 2 版改为 *Elementa iuris publici Hassiaci hodierni* [Frankfurt 1752]）；同作者，*De Comitiis et Ordinibus Hassiae praesertim Cassellanae provincialibus opusculum*，第 2 版（Frankfurt 1752）。

[12] W. X. A. Frhr. v. Kreittmayr, *Grundriß des Allgemeinen, Deutschen und Bayerischen Staatsrechtes*，3 部分（1769；第 2 版，1770；第 3 版，1778）。见 D. Willoweit, »Das Staatsrecht Kreittmayers«, *Freiherr von Kreittmayer. Ein Leben für Recht, Staat und Politik* (1991)，页 101—117。

[13] E. F. Hagemeister, *Versuch einer Einleitung in das Mecklenburgische Staatsrecht* (Rostock, Leipzig 1793). 见后注 194。

[14] Ch. A. v. Beck, *Specimen Iuris Publici Austriaci* (Wien 1750); F. F. v. Schrötter, *Abhandlungen aus dem Oesterreichischen Staatsrechte* (Wien 1762–1766)；同作者，*Grundriß des österreichischen Staatsrechts* (Wien 1775)。

[15] Pütter / Klüber，第 4 部分，页 258 及以下，内含文献全面。

[16] J. H. Bachmann, *Pfalz-Zweibrückisches Staats-Recht* (Tübingen 1784)。

[17] W. C. F. Sames, *Delineatio iuris publici Münzenbergensis* (Gießen, Marburg 1781)，"De utilitate et praestantia iuris publici specialis singulorum Germaniae territoriorum"（Pütter，第 2 部分，第 354 节），文章系皮特为该书写的序。

力激励人们继续努力"[18]。尽管如此，在帝国结束之前，人们就已经尝试以更抽象的形式发展出所有领地法共同具有的东西。[19]

在德意志同盟，这种学术努力更显急迫。当时，帝国的宪法框架已遭破坏，许多领地从地图上消失了，人们在进行许多深远改革，以至于获取有效法律状态信息的微弱兴趣得到巨大增强。此外，旧等级－君主制状态[20]、晚期专制主义状态[21]、伪宪治状态[22]和宪治状况起初主要是相互并存，而现在是要相互比较。[23]德意志同盟建立后的情况也是五彩缤纷。人民代表会议的旧等级组成常常保持着小规模的扩大态势，才被废除的等级会议又死灰复燃，[24]一些君主很高兴能从旧等级会议中解放出来，而现在又不用必须制定新的代议制宪法。那些存在有新形式等级会议的地方，除了传统的税收批准权外，等级会议只被承认有立法参与权，君主依照"君主制原则"把持着国家权力。[25]直到1819年，"等级会议制"宪法与"代议制"

---

[18]　Pütter，第 2 部分，页 220。

[19]　C. S. Zachariä, *Geist der deutschen Territorialverfassung* (Leipzig 1800). 见前注9。

[20]　萨克森、图林根、梅克伦堡、两个利珀、两个罗伊斯、瓦尔代克。

[21]　巴伐利亚、符腾堡、巴登、黑森－达姆市、拿骚。

[22]　威斯特法伦王国、贝格大公国、法兰克福大公国、安哈尔特－克滕。

[23]　Huber I (1957)，页 86 及以下。

[24]　Ch. Ch. Dabelow, *Ueber den dreyzehnten Artikel der deutschen Bundesacte, die landständischen Verfassungen betreffend* (Göttingen 1816). 该书认为，旧形式的等级会议虽然和旧的邦国最高权力联系在一起，但它不与新的主权联系在一起。而新的主权给予君主完全自由，塑造新形式的等级会议，因此，就如达贝洛（Dabelow）所说，"旧的德意志基础"得到了维护。有关达贝洛，见 Steffenhagen, *ADB*, 第 4 卷（1876），页 684—685；Brandt，页 52。

[25]　与《德意志同盟条约》第 13 条有关的问题，见 W. Mager, »Das Problem der landständischen Verfassungen auf dem Wiener Kongreß 1814/15«, *HZ*, 第 217 卷（1974），页 296—346；B. Wunder, »Landstände und Rechtsstaat. Zur Entstehung und Verwirklichung des Art. 13 DBA«, *ZHF*, 第 5 卷（1978），页 139—185；V. Press, »Landtage im Alten Reich und im Deutschen Bund«, *Zeitschr. f. württ. Landesgeschich.*, 第 39 卷（1980），页 100—140；概要，见 J. D. Kühne, »Volksvertretungen im monarchischen Konstitutionalismus (1814–1918)«, H. P. Schneider / W. Zeh (Hg.), *Parlamentsrecht und Parlamentspraxis in der Bundesrepublik Deutschland* (1989)，页 49 及以下。

宪法之间的区别还不明显。术语变化不停，这倒很少是出于理论上的原因，更多是因为人们普遍把那时时兴的代议制模式看成对旧等级模式的现代化。[26] **根茨**在 1819 年特别强调代议制宪法与君主制原则之间的不可相融性，以此阻止宪法运动，并把德意志同盟及其成员确定在君主制原则上 [27]。因此，他把那些掩人耳目的表述挪到一边，并说，是君主还是议会代表民族，这是一个关乎权力斗争的问题。他的这一说法不失中肯。所以，代议制宪法在 1819 年必然是"革命性的"。

然而，最终还是没有阻挡住强烈的政治变化，人们越来越强烈地要求限制君主权力，并使公共事务议会化。宪法状况也绝非像**梅特涅**和**根茨**所想要的那样一成不变，其节拍随欧洲局势改变，尤其是 1814、1815 年和 1830 年事件。[28] 一系列君主"赋予"的宪法（1814年《瓦尔代克宪法》、1815 年到 1818 年的《符腾堡宪法》、1815年到 1816 年的《库尔黑森宪法》、1819 年《利珀 – 德特莫尔德宪法》、1820 年《黑森 – 达姆施塔特宪法》、1829 年《萨克森 – 迈宁根宪法》）不被人们接受。君主和等级会议之间，在库尔黑森甚至包括和法官队伍、官员队伍以及军队之间的"宪法冲突"成为家常便饭，在舆论中引起轩然大波。政府在宪法上被迫做出让步而后又反悔，或者是这种让步经政府解释而掺了水。当君主制陷入困境时，德意志同盟进行多方面干涉。[29] 因此，国家法学说始终处于连续不断的紧张状态。

---

[26] 见 Brandt，页 52 及以下，对此论述得非常清楚。

[27] F. v. Gentz, »Über den Unterschied zwischen den landständischen und Repräsentativ-Verfassungen«, *Wichtige Urkunden für den Rechtszustand der deutschen Nation, mit eigenhändigen Anmerkungen von Joh. Ludw. Klüber, Aus den Papieren mitgetheilt und erläutert von C. Welcker* (Mannheim 1844)，页 220 及以下。

[28] 概要，见 K. H. L. Pölitz, *Die europäischen Verfassungen seit dem Jahre 1789 bis auf die neueste Zeit*，第 2 版（Leipzig 1832–1833）。

[29] A. W. Rehberg, *Die Erwartungen der Deutschen von dem Bunde ihrer* （转下页）

面对时局，专家们的评估、群众的请愿、议员们的活动，尤其是高校的运动，都使国家学说理论自身发生变化。德意志同盟在奥地利和普鲁士的领导下越巩固，越固守自己的路线，各个领地的宪法关系就越处于显著位置。人们把"进步的"、符合时代精神的发展希望寄托在它们身上。

最早的变化发生在小同盟国。它们更容易控制局势，在发生重大事件后也能更快加以调整适应，[30]1814 年的法国宪章为它们提供了一个受欢迎的、平衡君主制原则和等级会议参与的模式。[31] 拿骚大公国在 1814 年就决定施行一部钦定 [32] 宪法，而这部宪法显然和代议制相距甚远。[33]1816 年，四个小同盟国［施瓦茨堡－鲁多尔施塔特（其宪法 1821 年才生效）、绍姆堡－利珀、瓦尔代克 [34] 以及萨克森－魏玛－爱森纳赫］都拥有了自己的宪法。萨克森－希尔德堡豪森和列支敦士登分别在 1818 年 3 月和 11 月拥有了自己的宪法。[35] 作为

（接上页）*Fürsten* (Jena 1835). 该书绝非盲目捍卫君主制原则，而是采取一种调和改良立场，1832 年的汉巴赫游行集会给作者留下了印象，使他特别赞赏法国法地区的景况。

[30] G. Engelbert, »Der Konstitutionalismus in den deutschen Kleinstaaten«, Böckenförde，前注 5，页 103—121。

[31] K. Usée, *Der Einfluß der französischen Verfassungen auf die deutschen Verfassungsurkunden der Jahre 1806–1820* (Greifswald 1910); A. Ingelmann, *Ständische Elemente in der Volksvertretung nach den deutschen Verfassungsurkunden der Jahre 1806 bis 1819* (= *Abh. aus dem Staats- u. Verwaltungsrecht 33*) (Breslau 1914).

[32] M. Stolleis, »Oktroi, oktroyierte Verfassung,« *HRG*，第 3 卷（1984），栏 1230—1231。

[33] W.-H. Struck, »Die Gründung des Herzogtums Nassau«, *Herzogtum Nassau 1806–1866* (1981)，页 1—17；W. Schüler, »Die Nassauische Verfassung vom 1./2. September 1814«, *175 Jahre Nassauische Verfassung* (1989)，页 9—23。只有 0.4% 的人口才有资格参加选举。见后注 156、157。

[34] D. Weigel, *Fürst, Stände und Verfassung im frühen 19. Jahrhundert. Studien zur Entstehung der Verfassungsurkunden von 1814 und 1816 des Fürstentums Waldeck, Geschichtsbl. f. Waldeck*，第 59 卷（1967）。

[35] V. Pres / D. Willoweit (Hg.), *Fürstliches Haus und staatliche Ordnung* (1987)，其中尤其参见格哈德·施密特（G. Schmidt）的文章，页 383—418。

第一批较大同盟国，巴伐利亚和巴登在 1818 年拥有了钦定宪法，[36]
这两部宪法基本上统治了整个 19 世纪。符腾堡从 1805 年到 1815 年
转向专制主义，经过和旧等级势力的艰苦斗争后，在 1819 年赢得了
一部协定宪法。[37] 库尔黑森起初出现了前革命的、被普遍认为是恶
劣的宪法状态，[38] 经过内乱后才在 1830—1831 年出现了一部自由宪
法，[39] 但这部宪法多次遭到政府的破坏，以至于到 1866 年冲突不断。
黑森－达姆施塔特大公国在 1820 年拥有了一部宪法，其中选举权受
到很大限制，并且是间接选举。[40] 小同盟国宪法结束了第一波宪法

[36]　有关其来历，见 P. Wegelin, »Die Bayerische Konstitution von 1808«, *Schweizer Beiträge zur Allg. Geschichte*，第 16 卷（1958），页 142 及以下；E. Weis, »Zur Entstehungsgeschichte der bayerischen Verfassung von 1818«, *Zeitschr. f. bayer. Landesgeschichte*，第 39 卷（1976），页 413 及以下；K. Möckl, *Der moderne bayerische Staat. Eine Verfassungsgeschichte vom aufgeklärten Absolutismus bis zum Ende der Reformepoche* (1979). ——F. v. Weech, *Geschichte der Badischen Verfassung* (Karlsruhe 1868); W. Andreas, *Geschichte der badischen Verwaltungsorganisation und Verfassung in den Jahren 1802–1818* (1913), 页 396—484; R. Goldschmit, *Geschichte der badischen Verfassungsurkunde von 1818–1918* (1918); L. Gall, »Gründung und politische Entwicklung des Großherzogtums bis 1848«, *Badische Geschichte*, Landeszentrale f. polit. Bildung Baden-Württemberg (Hg.) (1979), 页 11—36。

[37]　Huber, *Dokumente 1*，第 55 号；F. Mögle-Hofacker, *Zur Entwicklung des Parlamentarismus in Württemberg. Der »Parlamentarismus der Krone« unter König Wilhelm I.* (1982); V. Press, »Der württembergische Landtag im Zeitalter des Umbruchs 1770–1830«, *Zeitschr. f. württ. Landesgesch.*，第 42 卷（1983），页 255 及以下；R. Grawert, »Der württembergische Verfassungsstreit 1815–1819«, Chr. Jamme / O. Pöggeler (Hg.), *»O Fürstin der Heimath! Glükliches Stutgard«, Politik, Kultur und Gesellschaft im deutschen Südwesten um 1800* (1988), 页 126 及以下；现主要参见 H. Brandt, *Parlamentarismus in Württemberg 1819–1870. Anatomie eines deutschen Landtags* (1987)。

[38]　H. Seier (Hg.), *Akten zur Entstehung und Bedeutung des kurhessischen Verfassungsentwurfs von 1815/16, Veröff. d. Hist. Kommission f. Hessen*，第 48 卷，第 1 期（1985）。

[39]　R. Polley (Hg.), *Die Kurhessische Verfassung von 1831* (1981). 其中有一篇同时代的佚名阐述：*Kurzgefaßter Inhalt der Kurhessischen Landesverfassung für den Bürger und Bauer, wie er es leicht verstehen kann* (Hanau 1831)。

[40]　H. Andres, *Die Einführung des konstitutionellen Systems im Großherzogtum Hessen* (Berlin 1908).

运动，它们是《萨克森－科堡－萨尔费尔德宪法》[41]（1821）、《萨克森－科堡－迈宁根宪法》（1824）[42]、《萨克森－迈宁根宪法》（1829）以及《施瓦茨堡－松德斯豪森宪法》（1830）[43]。

　　萨克森王国起初是"旧等级制"的，到1831年才转变成协商的宪治模式。汉诺威王国也是如此，先是旧制度复辟（1819），法国七月革命后，农民阶层的代表在1832年扩大了代表会议，因此从1832年到1837年实行了"宪治"统治。1837年11月1日著名的废宪事件导致宪法冲突，这场冲突直到1840年才得以最终解决。梅克伦堡－什末林大公国和梅克伦堡－施特雷利茨大公国的宪法状况[44]非常陈旧，与现代宪治思想不沾边。顺便提及的是，从1848、1849年到19世纪末它还有短时期的中断。直到1849年的奥尔登堡大公国[45]和直到1850年的黑森－洪堡也是如此。不伦瑞克公国先在1820年拥有一部旧等级制的国家法令，该法令在1829年被废除，1832年变为宪法。在较小的萨克森和安哈尔特公国（萨克森－魏玛公国、萨克森－迈宁根公国、萨克森－阿尔滕堡公国、萨克森－科堡公国、安哈尔特－克滕公国、安哈尔特－贝恩堡公国）、施瓦茨堡－鲁多尔施

　　[41]　K.Bohley, *Die Entwicklung der Verfassungsfrage in Sachsen-Coburg-Saalfeld von 1800–1821 (= Erlanger Abh. z. mittl. u. neueren Gesch. 13)* (1933).

　　[42]　Goeckel,»Das Staatsrecht des Herzogtums Sachsen-Meiningen«, *Blätter für Rechtspflege in Thüringen und Anhalt*，新系列第31卷（1904），页39。

　　[43]　F. Lammert, *Verfassungsgeschichte von Schwarzburg-Sondershausen (= Bücherei der Kultur u. Gesch. 10)* (1920)，页72及以下。

　　[44]　O. Büsing, *Das Staatsrecht der Großherzogtümer Mecklenburg-Schwerin und Mecklenburg-Strelitz* (Freiburg 1884), *HdB. d. öff. Rechts d. Gegenwart*，第3/2卷；J. Wiggers, *Das Verfassungsrecht im Großherzogtum Mecklenburg-Schwerin* (Berlin 1860)。

　　[45]　K. Hartong, *Beiträge zur Geschichte des oldenburgischen Staatsrechts (Oldenburger Forschungen 10)* (1958); K. Lampe, *Oldenburg und Preussen 1815 bis 1871 (Veröff. d. Hist. Kommission f. Niedersachsen und Bremen 25)* (1972)；W. Schücking,»Das Staatsrecht des Großherzogtums Oldenburg«, *Das öff. Recht der Gegenwart*，第14卷（1911）；M. Wegmann-Fetsch, *Die Revolution von 1848 im Großherzogtum Oldenburg (Oldenburger Studien 10)* (1974)。

塔特诸侯国、施瓦茨堡－松德斯豪森诸侯国、罗伊斯诸侯国[46]、瓦尔代克诸侯国、绍姆堡－利珀诸侯国、利珀诸侯国[47]、霍亨索伦－锡格马林根诸侯国、霍亨索伦－黑兴根诸侯国以及劳恩堡公国中，有的没有一部真正的宪法（奥尔登堡和黑森－洪堡），有的还暂时保持旧等级形式（安哈尔特、罗伊斯、梅克伦堡、霍亨索伦－黑兴根）。大部分典型地分成三个阶段：从 1816 年到 1820 年施行受限的代议制等级会议，然后在 1830 年七月革命后进行宪法修改，最后到 1848—1849 年迈出实质性一步。在 1850 年之后的第四个阶段，部分地方又倒退了。[48]

比这些小同盟国的发展变化更重要的，当然是普鲁士和奥地利的宪法状况。这两个同盟国在三月革命前达成了政治必要性共识，都认为必须形成一支抗衡力量去对付民族主义和自由主义，大体上阻止大规模的宪治运动，并在自己的领土上实施镇压。它们为此也取得了数十年的成功。这两个国家在 1848 年革命的压力下才决定施行钦定宪法。此外，它们的宪法只对限制君主制原则做了最必要的让步。

普鲁士的国内政治力量从 1819 年到 1822 年发生了变化。它在 1810 年、1811 年和 1815 年的宪法承诺都没有得到实现，而反宪治势力却大行其道，只允许权限受到最大限制的"地方等级会议"。1847 年的"国家联合议会"[49]这一勉强性尝试失败后，这种情况一直保持到 1848 年。在革命混乱中出台了 1848 年 12 月 5 日生效的临时宪法，后来修改成为 1850 年 1 月 31 日（钦定）宪法。[50]

---

[46] 罗伊斯长系侯国（Reuß ä. L）直到 1867 年才有宪法。
[47] 1819 年《利珀宪法》的失败，见 Engelbert，前注 30，页 110 及以下。
[48] Engelbert，前注 30，页 117 及以下。
[49] Ch. Keller, »Vereinigter Landtag«, HRG，第 5 卷（1992）。
[50] Huber III，第 2 版（1970），页 35 及以下，页 51 及以下。

三月革命前的奥地利实行的是绝对君主制。在匈牙利和特兰西瓦尼亚，君主的权利受到了一定限制；在蒂罗尔（1816）和卡尼奥拉（1818）存在着部分等级会议宪法。这些对绝对君主制没有什么改变。在其他地方甚至还允许有宪法（福拉尔贝格，1816 年；萨尔茨堡，1826 年）。1848 年 3 月 13 日奥地利爆发了革命，**梅特涅**垮台，这时才有对整个君主制产生影响的预备立宪，还有一个钦定实施的 1848 年 4 月 25 日宪法（《皮勒斯多夫宪法》［Pillersdorffsche Verfassung］）。在新的骚乱之后，人们尝试着寻找真正的宪治解决办法，而在这一尝试失败之后，奥地利转变为新专制主义政体（Regierungsweise）。[51]

二、1848 年前邦国国家法的文献典籍

德意志同盟的所有发展进程产生了丰富的公法文献典籍，超乎寻常。[52] 它囊括了对宪治问题的基本阐释和小同盟国行政法的详细内容，还包括教材、专著、评论、专家评语和传单等。恐怕只有弄

---

　　[51]　A. Luschin v. Ebengreuth, *Österreichische Reichsgeschichte, Geschichte der Staatsbildung, der Rechtsquellen und des öffentlichen Rechts. Ein Lehrbuch*,第 1—2 卷(1895, 1896）；G. W. Sante (Hg.), *Geschichte der deutschen Länder*，第 2 卷：*Die deutschen Länder vom Wiener Kongress bis zur Gegenwart* (1971)；W. Brauneder, »Österreich«, *HRG*，第 3 卷（1984），页 1334—1359，内有更多文献。

　　[52]　概要参见 W. Engelmann, Bibliotheca juridica [Leipzig 1840 (以字母顺序)]；O. A. Walther, *Hand-Lexicon der juristischen Literatur des neunzehnten Jahrhunderts* (Weimar 1854)，按主题为序，先是"国家法"，再是邦国法；当时最重要的分析，见 Mohl II，页 333 及以下；简要说明，见 G. Meyer, *Lehrbuch des deutschen Staatsrechts*，第 4 版（Leipzig 1895），第 56—57 节。韦尔克的文章主要强调自由权和政治参与在所有德意志宪法中拥有共同基础的必要性，见 Welcker, »Deutsches Landes-Staatsrecht«, *Staats-Lexicon*，第 3 卷（1846），页 769—806。

出文献目录才能涵盖相关范围。[53]

但存在着与宪治运动有关的文献重点：巴伐利亚和符腾堡最为杰出，接着是有些差距的巴登。三十年代在萨克森、汉诺威以及较小的同盟国中也形成了相应的文献典籍。1848 年前的普鲁士还远远落在后面，而处在最后是奥地利。

（一）符腾堡

之所以把符腾堡的公法文献典籍放在最开头，有两个原因：一个是，符腾堡几乎是"有机地"由等级制宪法逐渐转向宪治宪法，尽管有矛盾冲突；另一个是，它的第一本宪法和行政法的整体论著[54]被**莫尔**认为是划时代的和标新立异的。

符腾堡的等级阶层在讨伐**欧根**（Karl Eugen）公爵的专制主义企图后，**欧根**的侄子、当时已是国王的**腓特烈一世**（1797 年至 1816 年在位）[55]通过政变废除了等级制宪法，并统一了国家领土，他准备通过具有晚期专制主义精神的改革协调统一国家，并使其现代化。[56]在此过程中产生了国内矛盾。1815 年和 1817 年，他尝试以钦定的方

---

[53]　对文献的很好介绍，见 J. Stollberg, *Verzeichnis der Bibliothek der Deutschen Bundesversammlung (1816–1866) im Bestand der Stadt- und Universitätsbibliothek Frankfurt a. M.* (1985).

[54]　最早的总述：J. G. Breyer, *Elementa juris publici Wirtembergensi ad ducum privati*，第 2 版（Tübingen 1787）；G. Roller, *Versuch eines Grundrisses des württembergischen Polizeirechts*，第 1、2 卷（Tübingen 1800）；同作者，*Das württembergische Polizei-Recht* (Stuttgart 1833；第 2 版，1841)。

[55]　E. Hölzle, *Württemberg im Zeitalter Napoleons und der deutschen Erhebung* (1937)；同作者，»König Friedrich von Württemberg«, *Württ. Vjh. f. Landesgeschichte*，新系列第 36 卷（1930），页 269 及以下。

[56]　W. v. Hippel, *Die Bauernbefreiung im Königreich Württemberg*，2 卷本（1977）；M. Hettling, *Reform ohne Revolution. Bürgertum, Bürokratie und kommunale Selbstverwaltung in Württemberg von 1800 bis 1850* (1990)；有关国家预算，见 E. Müller, *Theorie und Praxis des Staatshaushaltsplans im 19. Jahrhundert. Am Beispiel von Preußen, Bayern, Sachsen und Württemberg* (1990)。

式施行二元制的宪法模式去摆脱这些矛盾，但由于旧等级势力的反对而失败。[57] 在国王**威廉一世**的统治下，1819 年才达成妥协，因此才有了第一部协定的代议制宪法。[58] 这部宪法中的选举权自然也受到财产审查的限制。在它的基础上，议会生活得到了发展，尽管并非没有紧张气氛，[59] 但仍比较有序，直到发生具有决定意义的 1848 年事件才结束。三月革命前多数派基本上是保守主义，到 1848 年才被温和的自由主义替代。[60] 多数派同意镇压激进的民主派。[61]

1848 年前，在符腾堡占统治地位的国家法和行政法著作当属**莫尔**的作品。[62] 这位雄心勃勃的年轻教师从 1824 年夏季学期起在图宾根大学撰写的第一批讲稿作品[63] 在 1829 年出版问世。在其回忆录中，**莫尔**告诉人们，他的意图是"对符腾堡存在的实证法进行阐述，但要从稳固的基本规范中发展出结论，解决疑难问题，并指出法律规定中的漏洞和错误，最后要不断地总结思考现代法治国原则，这也

---

[57]　除现代的论著（前注 37）外，还值得一读的短文见 R. Mohl, *Staatsrecht des Königreichs Württemberg*，第 2 版，第 1 卷（Tübingen 1840），页 30—46。

[58]　Huber I，页 329—334。文中只提到 19 世纪的文献：F. L. v. Gmelin, *Die Wirksamkeit der würtembergischen Verfassung vom 25. September 1819 in ihrer 25-jährigen Dauer* (Stuttgart 1844)；R. v. Mohl, »Die Geschichte der württembergischen Verfassung von 1819«, *ZgStW*，第 6 卷（1850），页 44—150；C. V. Fricker (Hg.), *Die Verfassungsurkunde für das Königreich Württemberg vom 25. September 1819 mit dem offiziellen Auslegungs-Material* (Tübingen 1865)。

[59]　如比较匿名（= Georg Friedrich Fischer），*Die landständischen Verirrungen in Würtemberg. Ein Beitrag zur Charakteristik der Zeit* (Stuttgart 1835)，该作者主要研究了 1833 年邦国议会的发展情况。

[60]　现可参见优秀论著，Brandt，前注 37。曼（B. Mann）及其他人强调过其优点，见 B. Mann, *ZNR* (1989)，页 223—226。

[61]　Huber II (1960)，页 508—509。有用的还可参见 H. Scherer, »Würtemberg«, Rotteck / Welcker, *Staatslexikon*，第 2 版，第 12 卷（1848），页 812 及以下（页 820 及以下）。

[62]　R. v. Mohl, *Staatsrecht des Königreichs Württemberg*，2 卷本（Tübingen 1829；第 2 版，Tübingen 1840）。

[63]　R. Mohl, *Grundriß zu Vorlesungen über württembergisches Staatsrecht* (Tübingen 1824).

是符腾堡状况的基础"[64]。

就像所有同时代人所证实的那样，**莫尔**非常漂亮地完成了这个任务。[65] 在方法上，**克吕贝尔**的模式在这部著作中大放光芒，对问题的论述限制在事实和有效法律上，论述包罗万象。这也是比较古老的传统：先描述资料来源和方法，然后在所有与国家法有关的关系中对国家进行阐述；接着论述作为一国之首、一家之长以及私人身份君主的地位，他的对内和对外权利；再论述国民，他们拥有的人权和公民权、特权和歧视（如对犹太人的歧视）。

接着论述等级会议。按照**莫尔**的意图，等级会议的主要任务是"捍卫民权"，对抗国家权力的滥用。国家权力不可分割地归属于君主。[66] 等级会议可以提出"愿望、意见和控诉"，在宪法遭到违反时可以控告，并享有税收批准权。因此，等级会议不是一个立法机构，而是——**莫尔**特别强调——受中等等级成员影响的人民代表会议。它在旧等级会议意义上除了拥有传统权利外，还必须保障对抗国家权力的古典的公民权。这是**莫尔**的早期立场，明显受图宾根思想界的影响：对不可侵犯的君主制原则小心翼翼，披着宪章有效法律的外衣。萦绕在**莫尔**脑海的是受人民代表会议限制且被纳入"法治国"形式的君主制。该著作第一卷的最后一章是设计得相当现代的国家法院[67]和——几乎是一个不利于符腾堡主权的、令人尴尬的附录——德意志同盟对宪法的保障。

---

[64]　Mohl, *Lebenserinnerungen*，第 1 卷，页 262。

[65]　A. L. Reyscher, »Zusätze und Berichtigungen zu Mohls Staatsrecht«，见同作者，*Publicistische Beiträge* (Stuttgart 1832)，页 250—549。

[66]　Mohl, *Staatsrecht*，前注 62，第 2 版，第 1 卷（1840），第 97 节。

[67]　C. F. Scheurlen, *Der Staatsgerichtshof im Königreich Württemberg, mit Hinweis auf die analogen Einrichtungen in anderen teutschen Bundesstaaten* (Tübingen 1835)，作者想通过刑法类比填补漏洞。

以"行政法"为简朴名称的第二部著作对行政法的整个发展特别重要。在莫尔看来，行政法是具体化的、转化成日常生活的宪法，这既是按照精神的，也是依据形式的："行政的目的就是必须尽可能完整地实现法治国目的，而法治国目的在形式上是人民代表会议单独统治，也就是像它确定宪法章程和用来培训行政人员的法律一样。"[68] 行政法遵从宪法，法治国的行政法——这就是这部著作的主张。这个主张首先关涉行政制度方面，[69] 而它的基本框架已经存在于宪法中，即把它划分成部委、内阁、枢密院和国债财政处，然后把邦划分成县、区和乡镇，以及官吏队伍。莫尔巧妙地把官吏队伍放在行政结构之下。

莫尔按照流行的、在《警察》（*Policey*）论纲中有效运用的"管辖范围原则"阐释行政法本身，[70] 即"司法管理"、防范危险的"法律警察"（Rechts-Polizei）、负责福利的"协助警察"（Hüfs-Polizei）[71]、战争、外交事务以及详细阐述的财政管理。莫尔简洁清晰地论述这些问题，并提供了必要的法律依据和文献参考。他成功地把实践的司法判决和对法治国–宪法国（Rechts-und Verfassungsstaat）的始终关注联系在一起。这样，形成了第一个重要的"对实证的宪治国家法

---

[68]　Mohl, *Staatsrecht*，前注 62，第 2 版，第 2 卷（1840），第 142 节。

[69]　符腾堡的官吏马尔休斯男爵（Carl August Freiherr von Malchus）对德意志同盟所有国家以及欧洲国家的机关结构进行了全面和细致研究，见同作者，*Der Organismus der Behörden für die Staatsverwaltung*，2 卷本（Heidelberg 1821），扩充版改为 *Politik der inneren Staatsverwaltung oder Darstellung des Organismus der Behörden für dieselbe, mit Andeutungen von Formen für die Behandlung und für die Einkleidung der Geschäfte, vorzüglich jener in dem Gebiete der inneren Staatsverwaltung*，第 1—3 部分（Heidelberg 1823）。

[70]　法律内容资料见 A. L. Reyscher (Hg.), *Vollständige historisch und kritisch bearbeitete Sammlung der württembergischen Gesetze*, 19 部分 (Stuttgart, Tübingen 1828–1851)。

[71]　分为人口管理、药品管理、防止意外危险（施工危险、垮塌危险、道路冻结、马车事故、伤亡救护）、贫困人口管理、货币政策意义上的通货膨胀管理、学校教会、经济管理、保险。

的科学研究"[72]，也就是以统一的"旧自由主义"精神发展出双重形态，使国家法和行政法相互贯通、相互支持。[73]这就是该书在三月革命前是同盟国国家法的"典范作品"的原因。

如果没有和图宾根大学之间紧密的相互影响，三月革命前符腾堡的公法发展是不可想象的。符腾堡有影响的法学家大多在这所大学学习过。尤其是在18世纪，法律系在少数家族手中衰败后，国王**弗里德里希**和**威廉**对其进行了改革，并使其国家化。[74]尽管从1825年起政府采取镇压手段禁锢具有影响力的知识分子，但这并未直接伤及公法研究。1817年，该大学成立了国家经济系，1827年起**莫尔**就在该系工作。[75]1837年，**卡尔·霍夫曼**（Karl Heinrich L. Hoffmann，1807—1881）完成了关于符腾堡行政法的教授资格论文，1838年成为该系的行政法编外教授，1842年成为教授。[76]1844年，第一本具有重要意义的所谓图宾根杂志《总国家学杂志》出版了，

---

[72]　Mohl, *Erinnerungen*，第1卷，页262。

[73]　用莫尔的话来说，他尝试把行政法当作独立课程进行教授，然后又放弃了（Mohl, *Erinnerungen*，第1卷，页147）。

[74]　有关大学的历史，主要见德克尔－豪夫（H. Decker-Hauff）等人编辑的 *Contubernium. Beiträge zur Geschichte der Eberhard-Karls-Universität Tübingen* (1971 et al.) 系列。

[75]　对该系状况以及同事的粗略评价，见Mohl, *Lebenserinnerungen*，第1卷，页165及以下。

[76]　K. H. L. Hoffmann, »Ueber den Begriff, den Inhalt und die Bedeutung des Staatsverwaltungsrechts in dessen engerem Sinne«, *ZgStW*，第1卷（1844），页190—219; 同作者, *Das gesammte württembergische Polizeirecht*，第1卷，第1分部（Tübingen 1846）; 同作者, *Das württembergische Finanzrecht, oder Die Finanz-Gesetzgebung und Verwaltung des Württembergischen Staates in ihrem gegenwärtigen rechtlichen Bestande, nach den Quellen dargestellt*，第1卷（Tübingen 1857）。有关作者，比较 L. Jolley, *ADB*，第50卷（1905），页416、417; K. E. Born, *Geschichte der Wirtschaftswissenschaften an der Universität Tübingen* (1967)，页162; Dennewitz，页8; H. J. Feist, *Die Entstehung des Verwaltungsrechts als Rechtsdisziplin* (1968)，页111; M. Ehrhardt, »Zur Genealogie des Lehrstuhls Oppermann«，见 Birk et al. (Hg.), *Kulturverwaltungsrecht im Wandel* (1981)，页195—206。

该杂志的名称就表明了它的主张。由此可见，图宾根大学的条件对公法来说是得天独厚的。

（二）巴伐利亚

巴伐利亚比其他德意志邦国更早地发展其政治和国家同一性。作为核心地带长久稳定的国家，它经历了从法国大革命到德意志同盟时期。通过靠拢**拿破仑**所新获取的土地以及在维也纳会议上所主张的领土，它在晚期专制主义的基本路线下实现了整合，其原因在于坚定不移地推行行政和社会改革，[77] 并有一部早期制定的相对没有问题的宪法。[78] 它对国家工作进行具有远见性的公法塑造，[79] 现代刑法[80] 和抵押法[81] 也形成了。因有国家信用，现代化和宪治化相互联系在一起，[82] 同时，在外交上因顾及**拿破仑**和德意志同盟而分

---

[77]　W. Volkert, »Bayern«, *DVG*，第 2 卷（1983），页 503 及以下，内含丰富文献；有关土地法以及各种各样的宪法规定，见 M. Stolleis, »Die bayerische Gesetzgebung zur Herstellung eines frei verfügbaren Grundeigentums«, H. Coing / W. Wilhelm (Hg.), *Wissenschaft und Kodifikation des Privatrechts im 19. Jahrhundert*，第 3 卷（1976），页 44—117；有关法律状态和司法状态，见 H.-J. Becker, »Die bayerische Rheinpfalz und das rheinische Recht«, E. Wadle (Hg.), *Philipp Jakob Siebenpfeiffer und seine Zeit im Blickfeld der Rechtsgeschichte* (1991)，页 19—31。

[78]　众所周知，重要的政治家是蒙热拉伯爵。埃伯哈德·魏斯（E. Weis）对他进行了简要介绍，见 K. G. A. Jeserich / H. Neuhaus (Hg.), *Persönlichkeiten der Verwaltung* (1991)，页 70—74，内含丰富文献。

[79]　N. Th. v. Gönner, *Der Staatsdienst aus dem Gesichtspunkt des Rechts und der Nationalökonomie betrachtet* (Landshut 1808). 主要参见 B. Wunder, *Privilegierung und Disziplinierung. Die Entstehung des Berufsbeamtentums in Bayern und Württemberg (1780–1825)* (1978)。

[80]　*Strafgesetzbuch für das Königreich Bayern*，第 1、2 部分（München 1813）。有关费尔巴哈，比较 K. Lüderssen, »Feuerbach«, *HRG*，第 1 卷（1971），栏 1118—1124；W. Naucke, »Paul Johann Anselm von Feuerbach«, *ZgStrW*，第 87 卷（1975），页 861—887，内含丰富文献。

[81]　M. Stolleis, »Das bayerische Hypothekengesetz von 1822«, H. Coing / W. Wilhelm (Hg.)，前注 77，页 240—272。

[82]　H. P. Ullmann, *Staatsschulden und Reformpolitik. Die Entstehung* （转下页）

别在 1808 年和 1818 年制定了宪法。[83] 可见，在巴伐利亚存在着连续的国家法传统。因此，18 世纪的邦国国家法文献 [84] 经过一定的修改后完全可以继续使用。**斯门德**（Rudolf Smend，1882—1975）因此恰当地说："由**根纳**引导，经**珀茨尔**（Josef [v.] Pözl，1814—1881）到**赛德尔**（Max von. Seydel，1846—1901），包括**威廉·贝尔和黑尔德**（Joseph von Held，1815—1890）在内的路线成为构建巴伐利亚国家和国家意识的基本组成部分。" [85]

　　1806 年到 1818 年的骚乱平息后，巴伐利亚制定了一部宪法，

（接上页）*moderner öffentlicher Schulden in Bayern und Baden 1780–1820*，2 卷本（1986）；同作者，»Überlegungen zur Entstehung des öffentlichen, verfassungsmäßigen Kredits in den Rheinbundstaaten (Bayern, Württemberg und Baden)«, H. Berding (Hg.), *Napoleonische Herrschaft und Modernisierung* (1980)，　页 500—522；H. P. Ullmann, »Staatsfinanzen und Privatschuldenwesen«, H. Berding (Hg.), *Privatkapital, Staatsfinanzen und Reformpolitik im Deutschland der napoleonischen Zeit* (1981)，页 27—36；Müller，前注 56，内含丰富文献。

　　[83]　见前注 36，以及 H. H. Hofmann, *Adlige Herrschaft und souveräner Staat. Studien über Staat und Gesellschaft in Franken und Bayern im 18. und 19. Jahrhundert* (1962)；W. Quint, *Souveränitätsbegriff und Souveränitätspolitik in Bayern* (1971)；E. Weis, *Montgelas 1759–1799. Zwischen Revolution und Reform* (1971)；W. Demel, *Der bayerische Staatsabsolutismus 1806/08 bis 1817. Staats- und gesellschaftspolitische Motivationen und Hintergründe der Reformära in der ersten Phase des Königreichs Bayern* (1983)。

　　[84]　J. J. Moser, *Einführung in das kurfürstlich Baiersche Staatsrecht* (Frankfurt, Leipzig 1754)；同作者，*Einleitung in das kurfürstlich Pfälzische Staatsrecht* (Frankfurt, Mannheim 1762)；J. S. Pütter, *Historisch-politisches Handbuch von den besonderen Teutschen Staaten*，第 1 部分，*von Oesterreich, Bayern und Pfalz* (Göttingen 1758)；W. X. A. Frhr. v. Kreittmayr, *Grundriß des Allgemeinen, Deutschen und Bayerischen Staatsrechts*，3 部分（Frankfurt, Leipzig 1769；第 2 版，1770；第 3 版，1778）；J. H. Bachmann, *Pfalz-Zweibrückisches Staats-Recht* (Tübingen 1784)；Johann Georg Fessmaier, *Grundriß des baierischen Staatsrechts zum Gebrauche akademischer Vorlesungen* (Ingolstadt 1801)。

　　[85]　R. Smend, *Staatsrechtliche Abhandlungen*，第 2 版（1968），页 333；亦见 H. Schützenberger, *Die Staatsauffassung in der bayerischen Staatsrechtsliteratur von Kreittmayr bis Moy (1769–1848)* (1927)。

并召开了第一次等级会议，[86] 不但出现了 "宪治生活"，[87] 而且还
为新宪治状态的首次整体描述提供了可能。尽管第一批教材出自讲
稿，还不成熟，[88] 或者和实证法靠得十分紧密，[89] 但我们很快将清
楚这部宪法产生了哪些塑造性影响，尤其是在**库库穆斯**（Konrad
Cucumus，1792—1861）那里更为明显。[90]

这时的宪治国家法学说也意味着，宪法和行政法之间的区分比
以前更加清晰。人们对强化书报审查制（1831）的违宪情况、[91] 对

---

[86]　J. Chr. Frhr. v. Aretin, *Abhandlungen über wichtige Gegenstände der Staatsver-
fassung und Staatsverwaltung mit besonderer Rücksicht auf Baiern* (München 1816)；同作
者，Bojophilus Timonomus, *Gespräche über die Verfassungsurkunde des Königreichs Bai-
ern* (München 1818)；S. Brendel, *Die Geschichte, das Wesen und der Werth der Natio-
nalrepräsentation*，2 卷本（Bamberg 1816）；I. v. Rudhart, *Uebersicht der vorzüglichs-
ten Bestimmungen verschiedener Staats-Verfassungen über Volks-Vertretung* (Würzburg
1818)；J. Schmelzing, *Einige Betrachtungen über den Begriff und die Wirksamkeit der
Landstände, nach den Prinzipien des allgemeinen und natürlichen Staatsrechts* (Rudolstadt
1818)。

[87]　I. v. Rudhart, *Ueber den Zustand des Königreichs Baiern nach amtlichen Quellen*，
第 1 卷（Stuttgart, Tübingen 1825）；第 2、3 卷（Erlangen 1827）。

[88]　Julius Schmelzing, *Staatsrecht des Königreichs Baiern*，第 1 卷：*Staats-Ver-
fassungs-Recht* (Leipzig 1820)；第 2 卷：*Staatsverwaltungs-Recht* (Leipzig 1821)；Fr.
Chr. K. Schunck, *Staatsrecht des Königreichs Baiern*，第 1 卷（Erlangen 1824）；K. (v.)
Cucumus, *Lehrbuch des Staatsrechts der constitutionellen Monarchie Baierns* (Würzburg
1825)。

[89]　L. v. Dresch, *Grundzüge des bayerischen Staatsrechtes, zum Gebrauch bei sei-
nen Vorlesungen entworfen* (Ulm 1823；第 2 版，1835).

[90]　K. Cucumus, *Über das Verbrechen des Betrugs als Beitrag für
Criminalgesetzgebung* (Würzburg 1814, 1820)；同作者，»Von dem Unterschiede zwi-
schen Fälschung und Betrug«, *Neues Archiv für Criminalrecht*，第 10 卷（1828），页
513—535，页 681—699。有关库库穆斯，比较 E. Ullmann, *ADB*，第 4 卷（1876），
页 637—638；Mohl II，页 360；R. Piloty, »Ein Jahrhundert bayerischer Staatsrechts-Lit-
eratur. Historisch-kritischer Beitrag zu einer Geschichte der Staatsrechts-Literatur«, *Staats-
rechtliche Abhandlungen, Festgabe f.Paul Laband*，第 1 卷（1908），页 204—282（页
242—243）。

[91]　之前的见 I. v. Rudhart, *Ueber die Censur der Zeitungen im Allgemeinen und
besonders nach dem bairischen Staatsrechte* (Erlangen 1826)。

拒绝给在职的自由主义议员假期、[92] 对自由主义者们要求军队向宪法宣誓等问题进行争论,[93] 而宪法也经受住了这些议会争论的考验。人们学习用宪法文本内容进行辩论得越多,行政法的分离也就越明显,逐渐作为特有规范复合体的行政法也清晰可见了。

因此,巴伐利亚的教科书仿照莫尔对国家法与行政法进行分离。主张对君主制原则和教会进行宪治限制的保守主义支持者莫耶男爵（Karl Kraft Ernst Frhr. von Moy de Sons,1799—1867）[94],在其重要的《巴伐利亚王国国家法》[95] 中也是这样做的。莫耶受到其直接继任者珀茨尔的激烈批判,[96] 该批判也是珀茨尔推行法学实证主义更大进程的一部分。珀茨尔批评他比 1818 年宪法还更坚持君主制,说他拥护贵族,是"唯心主义的",还具有教皇至上论思想。但这些中肯的批评不会改变这样的事实,即莫耶的教科书是第一部真正全面阐述巴伐利亚国家法和行政法的教科书。

1847 年以后,在慕尼黑任教的莫耶继任者珀茨尔 [97] 延续着莫尔提供的模式。他撰写的关于巴伐利亚国家法和行政法的教科书,在框架上与莫尔的模式相似,但内容集中于法律内容,它主要影响了

---

[92]　见 C. Welcker, »Urlaub«, Rotteck / Welcker, *Staatslexikon*, 第 2 版, 第 12 卷（1848）, 页 673—689, 尤其是巴登以及巴伐利亚天主教神职人员的"休假"（页 687）。

[93]　Huber II (1960),　页 32—36; J. Leeb, *Wahlrecht und Wahlen zur Zweiten Kammer der bayerischen Ständeversammlung im Vormärz (1818–1845)* (1992)。

[94]　其生平及著作见 Landsberg III/2, 注 255、288; v. Schulte, *ADB*, 第 22 卷（1885）, 页 420—421; 详见 Piloty, 前注 90, 页 248—254。

[95]　Ernst v. Moy, *Das Staatsrecht des Königreichs Bayern*, Regensburg, 第 1 部分: 第 1 分部（1840）, 第 2 分部（1841）; 第 2 部分: 第 1 分部（1843）, 第 2 分部（1846）; Piloty, 前注 90, 页 248—249。第 2 部分包含有行政法。

[96]　J. Pözl, *A. L. Richters und R. Schneiders Kritische Jahrbücher für deutsche Rechtswissenschaft*, 第 21 卷（1847）, 页 47 及以下, 以及第 22 卷（1848）, 页 50 及以下。对他的批评, 还可参见 Mohl II, 页 361。

[97]　见本书第 7 章, 注 28 及以下。

1850 年到 1870 年的法律实践。我们在以后会再谈及这些教科书。

比已经提到的、必须先在大学里挣得一席之地的教科书更有影响、更具典型性的文献整体形象的是，大量为实践提供直接教导的书籍，[98] 如**西本普法伊费尔**（Philipp Jakob Siebenpfeiffer）为莱茵河左岸的普法尔茨撰写的七卷本著作。[99] **西本普法伊费尔**是在"汉巴赫游行集会"中一举成名的激进分子。这些作品大多数虽然乏善可陈，并符合国王**路德维希一世**政府不断加强的保守主义，尤其 1832 年以后在政治上小心翼翼，但是通过对"现行法律"进行简单整理和评论，还是体现了依法行政的思想和实践。

与符腾堡一样，在巴伐利亚，公法实践与老邦国大学之间发展了紧密的相互关系。它经历了这样的线路，即从英戈尔施塔特到兰茨胡特（1800），再从那里到慕尼黑（1826），此外还到新成立的维尔茨堡大学（1802—1814）和埃朗根大学（1810）。[100]1818 年宪法生效和 1819 年议会生活开始后，巴伐利亚的国家法研究得到了普遍发展，五十年代后行政法成了大学课程。上面提到的维尔茨堡教科书和慕尼黑大学教师（**施梅尔青**［Schmelzing］、**顺克**［Schunck］、**德雷施**、**库库穆斯**、**莫耶**）见证了这个新开端的深度和广度。

（三）巴登

自 1771 年以降，巴登 – 杜拉赫和巴登 – 巴登两处藩侯领地再度联合，通过拉施塔特会议、《全帝国代表团会议主决议》、《普雷

---

[98]　名单见 Mohl II，页 362。

[99]　Ph. J. Siebenpfeiffer, *Handbuch der Verfassung, Gerichtsordnung und gesammten Verwaltung Rheinbayerns*，5 卷本（Speyer 1831–1833）；卢特林斯豪森（Luttringshausen）续，2 卷本（Speyer 1846）。现可比较 E. Wadle，前注 77。

[100]　G. Köbler, »Erlanger juristische Vorlesungen des 18. und 19. Jahrhunderts«, *Jahrbuch für fränkische Landesforschung*，第 27 卷（1967），页 241—251。

斯堡和约》，以及通过成为莱茵联盟成员和 1806 年后的领土要求，发展成为一个有威望的中等国家，尽管疆土争端不断。这个国家的臣民人口从十六万五千增加到九十万，它蒙**拿破仑**的恩泽，[101] 是"不折不扣的革命产物"，[102] 但受开明君主巴登－杜拉赫公爵**卡尔－弗里德里希**（Karl-Friedrich）的模范统治。[103]1809 年，它拥有一套全新的行政组织，[104] 同年还编纂了一部民法典，完全效仿 1804 年《法国民法典》。[105]1818 年，为了抵制本来一直就缺乏领土统一的分离态势，同时为了振兴财政，巴登颁布了一部自由的代议制宪法 [106]。这部宪法在当时受人称赞，对"巴登"国家意识的形成贡献甚大。

---

[101]　M. Wierichs, *Napoleon und das »Dritte Deutschland« 1805/1806. Die Entstehung der Großherzogtümer Baden, Berg und Hessen* (1978). 直到 1983 年的所有新文献，见 H. Ott, »Baden«, *DVG*，第 2 卷（1983），页 583—584；H. P. Ullmann, »Die Entstehung des modernen Baden an der Wende vom 18. zum 19. Jahrhundert«, *ZGORh*，第 140 卷（1992），页 287—301。

[102]　L. Gall, »Gründung und politische Entwicklung des Großherzogtums bis 1848«, *Badische Geschichte. Vom Großherzogtum bis zur Gegenwart* (1979)，页 12。

[103]　Arth. Kleinschmidt, *Karl Friedrich von Baden zum 150. Geburtstage* (Heidelberg 1878)；Helen P. Liebel, *Enlightened bureaucracy versus enlightened Despotism in Baden 1750–1792* (Philadelphia 1965)；G. Birtsch, »Der Idealtyp des aufgeklärten Herrschers. Friedrich der Große，Karl Friedrich von Baden und Joseph II. im Vergleich«, *Aufklärung*，第 2 卷（1987），页 9—47；补充见 J. Lauts, *Karoline Luise von Baden. ein Lebensbild aus der Zeit der Aufklärung* (1980)。

[104]　W. Andreas, *Geschichte der badischen Verwaltungsorganisation und Verfassung in den Jahren 1802–1818*, bad. Hist. Kommission (Hrsgg.)，第 1 卷：*Der Aufbau des Staates im Zusammenhang der allgemeinen Politik* (1913)。最新论著，普遍参见 Ott，前注 101。

[105]　W. Andreas, *Die Einführung des Code Napoléon in Baden* (1910)；E. Fehrenbach, *Traditionelle Gesellschaft und revolutionäres Recht. Die Einführung des Code Napoléon in den Rheinbundstaaten*，第 2 版（1973）；W. Schubert, *Französisches Recht in Deutschland zu Beginn des 19. Jahrhunderts* (1977)。

[106]　1818 年 8 月 22 日《巴登宪法》，Huber, *Dok. 1*，第 54 号。该宪法起草人、重要官员内贝纽斯（Karl Friedrich Nebenius, 1784—1857），见 W. Roscher, *Geschichte der National-Oekonomik in Deutschland*，第 2 版（München, Berlin 1874, 1924），页 953—963；Lippert, *HdBStaatsWiss*，第 2 版，第 5 卷（1900），页 966—968；*Bad. Biogr.*，第 2 卷（1875），页 99 及以下；v. Weech, *ADB*，第 23 卷（1886），页 351—355；H. P. Ullmann, »Die badischen Staatsfinanzen im 19. Jahrhundert«, P. Spieß (Hg.), *Mannheim im Umbruch* (1992)，页 19—30。

该宪法维护德意志同盟意义上的君主制原则，并建立了两院制。下议院只拥有税收批准权和提交法案的审批权，没有法律创制权和弹劾大臣权（1868 年到 1896 年以前）。但是这部宪法成了南德意志自由主义的巨大平台，其主流是反对派的市民中产阶层官吏。[107]

国内政治的争论和摇摆不定，"自上而下"的官制改革和"自下而上"的社会解放这两种矛盾趋向，1831 年后新的改革动力，1841 年开始的激进化运动，一直到 1848—1849 年所发生戏剧性的事件[108]，在这里不能一一论述。[109]但三月革命前的巴登属于最进步、思想最活跃的地方，它的议会协商特别引人注目，并扮演了 1848 年革命的急先锋角色。记住这些是重要的。

这个时期巴登的国家法明显落后于符腾堡和巴伐利亚，乍一看这令人感到奇怪。[110]原因主要在于海德堡和弗莱堡有活跃的、吸引

---

[107]　Brandt，页 256；H. P. Becht，»Die Abgeordnetenschaft der badischen zweiten Kammer von 1819 bis 1840. Beiträge zum Abgeordnetenbild, Abgeordnetentypus und Wahlverhalten im deutschen Vormärz«, *ZGORh*，第 128 卷（1980），页 345—401。

[108]　L. Häusser, *Denkwürdigkeiten zur Geschichte der Badischen Revolution* (Heidelberg 1851)；F. Schnabel，»Das Land Baden und die Revolution von 1848/49«, W. Keil (Hg.), *Deutschland 1848–1948* (1948)；F. X. Vollmer, *Vormärz und Revolution 1848/49 in Baden. Strukturen, Dokumente, Fragestellungen. Modelle zur Landesgeschichte* (1979)。

[109]　F. v. Weech, *Badische Geschichte* (Karlsruhe 1880, 1890)；Leonh. Müller, *Badische Landtagsgeschichte (1819–1840)*，4 部分（Berlin 1900–1902）；R. Carlebach, *Badische Rechtsgeschichte*，第 1 部分（1906）；Goldschmit，前注 36；K. S. Bader (Hg.), *Baden im 19. und 20. Jahrhundert*，2 卷本（1948, 1950）；W. Fischer, *Der Staat und die Anfänge der Industrialisierung in Baden 1800–1850*，第 1 卷：*Die staatliche Gewerbepolitik* (1962)；同作者，»Staat und Gesellschaft Badens im Vormärz«，见其 *Wirtschaft und Gesellschaft im Zeitalter der Industrialisierung* (1972)；详见 L. Gall, *Der Liberalismus als regierende Partei. Das Großherzogtum Baden zwischen Restauration und Reichsgründung* (1968)；L. E. Lee, *The Politics of Harmony: Civil service, Liberalism and Social Reform in Baden, 1800–1850* (Newark 1980)；R. Wirtz, »*Widersetzlichkeiten, Excesse, Crawalle, Tumulte und Skandale«. Soziale Bewegung und gewalthafter sozialer Protest in Baden 1815–1848* (1981)。

[110]　Mohl II，页 376。莫尔在此把人口差异、巴登国的"人为"特征以及一些非巴登籍的著名议员列为其原因。

人的法律系。[111] "在这个法学圈子（海德堡大学）里，"莫尔回忆他的求学生涯时说， "罗马法重新成为中心，偌大的潘德克顿大厅座无虚席。"[112] 虽然**克吕贝尔**和**卡尔·察哈里埃**讲授"德意志同盟法和德意志共同国家法"，但邦国国家法和行政法却掉在后面。尽管如此，**卡尔·察哈里埃**还是讲授过一次（1823—1824）巴登宪法。后来在**策佩尔**的 "德意志法和同盟法"讲稿的补充中也出现了巴登宪法。**耶利内克**在 1903 年说： "在法律口试中从来没有出现过巴登国家法和行政法内容……这种情况一直持续到今天，其影响波及巴登大学公法学家的文献研究活动。"[113]

1805 年被巴登接手的弗莱堡大学在很大程度上也是如此。1818 年起，**罗特克**在那里讲授一般国家法、欧洲一般国际法和国家学。[114] 很清楚，他的继任者**比恩鲍姆**（Johann Michael Franz Birnbaum）（1832 年至 1835 年任教）没有教授巴登国家法。**瓦恩柯尼希**（Leopold A. Warnkönig）也很少讲授，他定期讲授 "德意志法和同盟法"课程。[115] 临近的瑞士巴塞尔大学在三月革命前对巴登公法也没有多大兴趣，尽管如此，1828 年到 1831 年以及 1850 年到 1868 年，**霍伊斯**

---

[111]　F. Schneider, *Geschichte der Universität Heidelberg im ersten Jahrzehnt nach der Reorganisation durch Karl Friedrich (1803–1813)*, Heidelb. Abh. z. mittl. u. neueren Gesch，第 38 期（1913）；W. Leiser,»Die Juristische Fakultät und die Heidelberg-Romantik (1805–1820)«, *Semper Apertus* (1985)，页 84—104。有关弗莱堡，见后注 115。

[112]　Mohl, *Lebenserinnerungen*，第 1 卷，页 106。

[113]　G. Jellinek,»Die Staatsrechtslehre und ihre Vertreter«, *Ausgew. Schriften u. Reden*，第 1 卷（1911），页 314（页 330）。

[114]　见本书第 3 章，注 243 及以下。

[115]　H. J. Wolff (Hg.), *Aus der Geschichte der Rechts- und Staatswissenschaften zu Freiburg i. Br.* (1957); J. Vincke (Hg.), *Freiburger Professoren des 19. und 20. Jahrhunderts* (1957); A. Hollerbach,»Die Entwicklung des Verwaltungsrechts als akademische Disziplin und Prüfungsfach an der Universität Freiburg i. Br. «, E. V. Heyen (Hg.), *Wissenschaft und Recht der Verwaltung seit dem Ancien Régime* (1984)，页 285—305；同作者，»Die Entwicklung der Freiburger Rechtsfakultät 1805–1945«, *Les Universités du Rhin Supérieur de la fin du Moyen Age à nos jours* (Strasbourg 1988)，页 117—129。

勒（Andreas Heusler）在那里讲授瑞士联邦国家法和州国家法。[116]

虽然大量的公法文献汇编是为实践而作，[117] 但在 19 世纪上半期还没有一本成体系的手册或够格的教科书，[118] 在行政法方面也没有。[119] 巴登的公法成就表现在另一个方向上：德意志西南部自由主义的"圣经"即**罗特克 – 韦尔克**《国家辞典》，[120] **赖岑施泰因、布劳尔、罗特克、韦尔克、米特迈尔、施特鲁韦**等人所撰写的行政、议会、学术著作，以及在两部出版得特别早的公法杂志前身 [121] 中进行的基

---

[116]　A. Staehelin, *Geschichte der Universität Basel 1818–1835* (Basel 1959)，页 43 及以下；有关霍伊斯勒，见 W. Vischer, *ADB*，第 12 卷（1880），页 337—339。

[117]　K. H. Gerstlacher, *Sammlung aller Baden-Durlachischen, das Kirchen- und Schulwesen und die Gesundheit der Menschen betreffenden Anstalten und Verordnungen*，3 卷本（Stuttgart 1773, 1774）；J. B. Mors, *Alphabethisches Repertorium über sämtliche Großherzoglich-badische ältere und neuere Gesetze ... 1710–1810*，2 卷本（Freiburg 1811；芬克［F. Fink］续, Freiburg 1822–1824；第 2 版, Heidelberg 1834；鲍尔［A. Bauer］再续, Mannheim 1845）；*Vollständige Sammlung aller in dem großherzoglich-badischen Regierungsblatt von 1803–1832 enthaltenen Gesetze, Edikte usw. in systematischer Ordnung*，4 卷本（Karlsruhe 1828–1836）；*Badisches Bürgerbuch, eine Sammlung der öffentlichen Bundes- und Landesgesetze* (Karlsruhe 1845); J. F. Wehrer, *Gesetzeslexikon für die badischen Bürger*，2 卷本（Karlsruhe 1845–1847）。

[118]　J. J. Moser, *Einleitung in das markgräflich-badische Staatsrecht* (Frankfurt, Leipzig 1772)；同作者, *Beiträge zu dem markgräflich-badischen Staatsrechte* (Frankfurt, Leipzig 1772)；(E.) J. J. Pfister, *Geschichtliche Darstellung der Staatsverfassung des Großherzogthums Baden und der Verwaltung desselben*，第 1 卷（Heidelberg 1829），改版为 *Geschichtliche Entwickelung des Staatsrechtes des Großherzogthums Baden und der verschiedenen darauf bezüglichen öffentlichen Rechte*，2 部分（Heidelberg 1836, 1838；第 2 版, 3 部分, Mannheim 1847）。有关该论著及作者，见 Landsberg III/2, 注 195。普菲斯特（Pfister）其实并没有达到对国家法进行系统论述的目的。有一篇比劳的批判性谈话，见 Ae. L. Richter (Hg.), *Kritische Jahrbücher für deutsche Rechtswissenschaft* (Leipzig 1837)，页 175—180。

[119]　F. Ch. Rettig, *Die Polizeigesetzgebung des Großherzogthums Baden, systematisch bearbeitet* (Karlsruhe 1826；第 2 版，1828；第 3 版于 1839 年由贝茨［J. Betz］编辑；第 4 版于 1853 年由盖里约［P. Guerillot］编辑).有关地方法、军事法和财政法的更多文献，见 Mohl II，页 379，以及 A. Bingner, *Literatur über das Großherzogtum Baden in allen seinen staatlichen Beziehungen von ca. 1750–1854. In systematischer Uebersicht zusammengestellt* (Karlsruhe 1854)。

[120]　见本书第 3 章，注 248。

[121]　J. G. Duttlinger, G. v. Weiler / J. v. Kettenacker (Hrsgg.), *Archiv für Rechtspflege und Gesetzgebung im Großherzogtum Baden*，4 卷本（Freiburg 1830–（转下页）

础性讨论。受自由主义的影响，人们普遍持这样的主张，即尝试把上层的改革和下层已经取得巨大进步的议会参与联系在一起。当然，与符腾堡和巴伐利亚一样，在巴登也有这样的主张，即国家必须是一个"法治国"。

（四）库尔黑森

黑森－卡塞尔的邦国国家法在19世纪黯然失色，这和一系列"宪法冲突"有关。这些宪法冲突有其背景：这个邦国的社会和政治问题突出，腐败和经济不景气。[122] 这一系列宪法冲突开始于1815—1816年选帝侯背信弃义倒退到专制主义，接着是1830年波及全国的动乱，1831年选帝侯威廉二世被迫下台，1832年冲突，1833年和1836年议会被解散与哈森普夫卢格（Ludwig Daniel Hassenpflug，1794—1862）[123] 被解除大臣职务，以及库尔黑森深陷其中的1848年革命。1850年以后冲突又迭起，最终导致黑森等级会议、司法、官吏、军队等拒绝服从。[124] 尽管如此，它在三个行政层面上采取了全面的行政组织措施，并收到一定的现代化效果。[125]

在这样的条件下，日常政治文章支配着公共讨论。旧的黑森邦

（接上页）1837）；*Blätter für Justiz und Verwaltung im Großherzogtum Baden*，2卷本（Mayer, Rettig, Ruef, Trefurt, Freiburg 1840, 1841）。

[122] K. E. Demandt, *Geschichte des Landes Hessen*（第2版，1972；再版，修改版，1980），页544—561；M. Bullik, *Staat und Gesellschaft im hessischen Vormärz. Wahlrecht, Wahlen und öffentliche Meinung in Kurhessen 1830–1848*（1972）；W. Speitkamp, *Restauration als Transformation. Untersuchungen zur kurhessischen Verfassungsgeschichte 1813–1830*（1986）。

[123] Wippermann, *ADB*，第11卷（1880），页1—9；E. G. Franz, *NDB*，第8卷（1969），页46—47。

[124] Huber II（1960），页910及以下，内含有关"库尔黑森反叛活动"的丰富文献。

[125] Th. Klein, »Hessische Staaten«, *DVG*，第2卷（1983），页645—656，内含有关领地史以及行政史的丰富文献。

国国家法 [126] “有机地”转变为宪治状态是不可能的，因为 1816 年后就已经没有“统一的黑森”机构了。1831 年宪法是一部非常自由的宪法， [127] 它建立了副署制、法律创制、邦国议会批准税收和预算制、弹劾大臣制，还有详细的基本权利部分，以及官吏尤其是军队对宪法宣誓的规定。这部宪法意味着与过去明确决离。但这不会妨碍自由主义者们尝试着把这部宪法与历史联系起来，从而为这部宪法抹去不好名声，即它只是一个临时需要的理性建造物。[128] 在被强制表态的情况下，任何对冲突进行“科学的”评论的尝试都会遭到失败。

约尔丹在海德堡完成了教授资格论文，1830 年代表马堡大学进入议会。他是制定这部宪法最重要的人物之一， [129] 是反对派领袖，并为此付出六年（1839—1845）审前监禁的代价。[130]

福尔格拉夫 [131] 是约尔丹的一位国家学同事，其重要性要逊色一些。**福尔格拉夫**发表了一篇反对这部宪法、反对普遍代表制的文

[126]　Estor，前注 11。

[127]　R. Polley (Hg.), *Die Kurhessische Verfassung von 1831*, 1981；H. Seier, »Zur Entstehung und Bedeutung der kurhessischen Verfassung von 1831«, W. Heinemeyer (Hg.), *Der Verfassungsstaat als Bürge des Rechtsfriedens. Reden im Hessischen Landtag zur 150-Jahr-Feier der kurhessischen Verfassung* (1982)，页 5。

[128]　例如普法伊费尔的重要作品就如此，见 B. W. Pfeiffer, *Geschichte der landständischen Verfassung in Churhessen. Ein Beitrag zur Würdigung der neuern teutschen Verfassungen überhaupt* (Kassel 1834)。

[129]　约尔丹是邦国议会宪法委员会主席，他起草了重要的意见纲要（见 Murhard，前注 135，第 1 卷，页 18—37）。有关他本人的论述，见条目 »Cassel (Hessen-Cassel, Kurfürstenthum Hessen)«, Rotteck / Welcker, *Staatslexikon*，第 4 卷（1836），页 286—308。亦见 W. Kaiser, *Sylvester Jordan - seine Staatsauffassung und sein Einfluß auf die kurhessische Verfassungsurkunde vom Januar 1831* (1936)；Bullik，前注 122，页 58—68；H. Seier, *Sylvester Jordan und die kurhessische Verfassung von 1831* (1981)。

[130]　见本书第 3 章，注 306 及以下。对政治冲突和监禁时期特别有启发性的文献是 »Politische Erinnerungen (1840)«, Paul Tesdorpf (Hrsgg.), *Das Neue Jahrhundert. Wochenschrift für religiöse Kultur*，第 4 卷（1912），页 4 及以下，至页 226（续）。

[131]　V. Eisenhart, *ADB*，第 40 卷（1896），页 248—249。

章。[132] 为此，大学生们为他演唱了一首"聒噪的音乐"（Katzenmusik），并在马堡的集市广场上焚烧他的文章。人们在总结这些文献典籍时会发现，事实上存在着对一些事件经过的历史评论[133] 以及对这部宪法的迅速回应[134]。

第一部宪法评论出自反对派评论家**穆哈德**之手，[135] 其目的是对这部宪法"进行捍卫，防止对它进行武断和片面解释"。他用了一百六十段的篇幅详细评论该宪法，参考了文献和议会讨论。尽管其中有不足之处，[136] 但他尝试在法理上巩固这部好不容易从统治者

---

[132]　K. F. Vollgraff, *Die Täuschungen des Repräsentativ-Systems, oder Beweis, daß es nicht das rechte Mittel ist, den Bedürfnissen unserer Zeit zu begegnen* (Marburg 1832)；批评见 C. F. Wurm, *Kritische Versuche über die öffentlichen Rechtsverhältnisse in Deutschland seit der Mitte des Jahres 1832* (Leipzig 1835)，页 88—109。

[133]　B. W. Pfeiffer, *Geschichte der landständischen Verfassung in Kurhessen. Ein Beitrag zur Würdigung der neueren teutschen Verfassungen überhaupt* (Kassel 1834)；F. Gössel, *Geschichte der kurhessischen Landtage*，第 1 卷（Kassel 1837）；C. W. Wippermann, *Kurhessen seit den Freiheitskriegen* (Kassel 1850)。

[134]　B. W. Pfeiffer, *Einige Worte über den Entwurf einer Verfassungsurkunde für Kurhessen vom 7. Oktober 1830* (Kassel 1830); Weitzel, in *Pölitz' Jahrbücher der Geschichte und Staatskunst* (1831); S. Martin, *Ueber die Verfassungs-Urkunde Kurhessens* (Kassel 1831); J. Freimund (假名), *Kritische Bemerkungen über die kurhessische Verfassungs-Urkunde* (Leipzig 1831); H. Gräfe, *Die Verfassungs-Urkunde des Kurfürstenthum Hessen mit geschichtlichen Erläuterungen sowie mit Hinweisung auf nothwendige und wünschenswerthe Abänderungen* (Kassel 1848).

[135]　F. Murhard, *Grundlage des jetzigen Staatsrechts des Kurfürstenthums Hessen. Dargestellt nach Maßgabe der einzelnen Paragraphen der Verfassungs-Urkunde vom 5. Januar 1831*, 2 卷本（Kassel 1834, 1835）。有关穆哈德，载 Cantor, *ADB*，第 23 卷（1866），页 62—63；W. Weidemann, »Friedrich Murhard und der Altliberalismus«, *Zeitschr. d. Vereins f. hess. Gesch. u. Landeskunde*，第 55 卷（1926），页 229—276。有关他弟兄、国民经济学家约翰·穆哈德（J. K. A. Murhard, 1781—1863），Wippermann, *ADB*，第 23 卷（1896），页 63—65；E. Grothe, »Die Brüder Murhard und Napoleon. Zum Echo der französischen Besatzungspolitik in der Publizistik«, *Hessisches Jahrbuch für Landesgeschichte*，第 54 卷（2004），页 163—175。

[136]　Mohl II, 页 381, 莫尔把它刻画为"在内容上不充分、欠考虑；在形式上参差不齐、不赏心悦目"。这有失公允，因为可供穆哈德仿效的评论传统根本就不存在。穆哈德是数学家和自由的政治记者，因此不是"专业的"。亦见 C. F. Wurm, *Kritische Versuche über die öffentlichen Rechtsverhältnisse in Deutschland seit der Mitte*（转下页）

那儿争来的宪法实验品，这是值得关注的。

　　三月革命前还没有形成"库尔黑森的行政法学"。[137] 马堡大学因卷入宪法斗争而受到政府冷落，对行政法学没有什么贡献。[138] 官府根据法律公报或现行法律的简单汇编来获取信息。[139] 对那些较年轻官吏进行行政法的特别指导还显多余。

（五）黑森－达姆施塔特、拿骚

　　在黑森－达姆施塔特和拿骚，公法学研究的政治背景没这么富有戏剧性，但总体上与库尔黑森的情况相似。1803 年的《全帝国代表团会议主决议》以及黑森－达姆施塔特的被迫加入莱茵联盟，导致土地、人口、收入以及反抗大公的起义斗争都显著增加。[140]1806 年，它在统一宪法的借口下，实际上是在国家债务的逼迫下，废除了旧等级会议。当时的局势气候主要被反动的**埃米尔**（Emil，1790—1856）王子掌控，到了 1820 年它才颁布一部实行两院制的宪法，选举权受到特别限制（双重间接选举），还设置了国家资政院。[141] 君

（接上页）*des Jahres 1832* (Leipzig 1835)，页 363："穆氏风格众所周知，其语言有些啰嗦，没完没了"；在该著作第 140 至 150 页还有对穆哈德下列著作的评论，F. Murhard, *Ueber Widerstand, Empörung und Zwangsübung der Staatsbürger, gegen die bestehende Staatsgewalt* (Braunschweig 1832)。

[137]　概要见佚名，»Geschichte und Literatur des kurhessischen Rechts«, Ersch-Gruber, *Allgemeine Encyklopädie der Wissenschaften und Künste*，第 7 卷，第 2 节（1830），页 183—186；E. J. Kulenkamp, *Literatur des gesammten Kurhessischen Rechts nebst einer Nachweisung aller gedruckten Entscheidungen des Oberappellationsgerichtes zu Cassel in dem Umfange und nach der Ordnung des Repertoriums der kurhessischen Landesgesetze* (Kassel 1846)，尤其参见第 148—187 号，以及 O. A. Walther, *Hand-Lexicon der juristischen Literatur des neunzehnten Jahrhunderts* (Weimar 1854；再版，1974)。

[138]　W. v. Bredow (Hg.), *450 Jahre Philipps-Universität Marburg* (Marburg 1979).

[139]　如见 O. L. Heuser, *Systematisches Handbuch des kurhessischen Straf- und Polizei-Rechtes ...* (Kassel 1853)。

[140]　亦见 Th. Klein，前注 125，页 659—668。

[141]　Dr. Noellner, »Die Geschichte der Entstehung der Verfassung im（转下页）

主制原则被突出地保留下来。对煽动者的严厉迫害、对体育活动的禁止（1814年以来的费尔德贝格体操节）、社会贫困以及大规模移民，与行政领域的某些改革[142]、司法与行政分离[143]以及废除土地税[144]背道而驰。虽然在1828年与普鲁士缔结了关税合约，但经济形势并未明显改善。**比希纳**（Georg Büchner）和**魏迪希**（Friedrich Ludwig Weidig）撰写的《黑森国信使》（*Hessische Landbote*）并非凭空捏造。这个邦国和它的莱茵黑森、施塔肯堡以及上黑森地区长时间不统一，其中莱茵黑森最不愿意取消它的"莱茵机构组织"。[145]很长一段时间舆论受到压制，真正的议会制得不到发展。因此，反对派也纷纷站出来相当激进地发表自己的观点（1830、1832、1848）。[146]

　　这与库尔黑森的情况相似。在这样的环境下，学术精力被政治

（接上页）Großherzogthum Hessen«, *(Aegidis) Zeitschrift für Deutsches Staatsrecht und Deutsche Verfassungsgeschichte*，第 1 卷（1867），页 119—148。

[142] A. C. Frhr. v. Hofmann, *Beiträge zur näheren Kenntniss der Gesetzgebung und Verwaltung des Großherzogthums Hessen* (Gießen 1832).

[143] 有关权限冲突，见 C. G. Eigenbrodt, *Das Verhältniß der Gerichte zur Verwaltung im Großherzogthum Hessen mit Entscheidungen des Staatsraths zu Darmstadt* (Darmstadt 1840)。

[144] P. Fleck, *Agrarreformen in Hessen-Darmstadt. Agrarverfassung, Reformdiskussion und Grundlastenablösung (1770–1860)* (1982). W. Goldmann, *Die Gesetzgebung des Großherzogthums Hessen in Beziehung auf Befreiung des Grundeigenthums und der Person von alten drückenden Beschränkungen und Lasten* (Darmstadt 1831)，作为当时的论著，该作品很重要，其作者是该事务的直接负责人。

[145] 见行政管理者黑塞（W. Heße），*Rheinhessen in seiner Entwickelung von 1798 bis Ende 1834. Ein statistisch-staatswirtschaftlicher Versuch* (Mainz 1835); 来自美因茨的律师格劳布雷希（J. Glaubrech），*Über die gesetzlichen Garantien der persönlichen Freiheit in Rheinhessen* (Darmstadt 1834); 尤其是 H. v. Gagern, *Rechtliche Erörterung über den Inhalt und Bestand der der Provinz Rheinhessen landesherrlich verliehenen Garantie ihrer Rechts-Verfassung bei Verwirklichung des Art. 103 der Staats-Verfassung* (Worms 1847)(反对该著作的有：A. Kraus, *Die Garantie der französischen Einrichtungen in der Provinz Rheinhessen ...* [Darmstadt 1847]; E. Seitz, *Die rheinhessischen Rechtsinstitutionen* [Regensburg 1847]。他们也承认莱茵黑森法律的质量。）

[146] Demandt，前注 122，页 575—576。

热情吸引。但上文已经提到的吉森大学教授**魏斯**[147]却是一个例外，他在 1837 年为黑森－达姆施塔特宪法撰写了一本教科书[148]。这本教科书限于实证法，结构明晰、表述冷静，给人的印象是，该邦国歌舞升平、治理有方。[149]**魏斯**的思想是小德意志的和拥护普鲁士的，支持自己邦国的君主立宪制。他遵循当时人们普遍接受的、行之有效的"历史－教义方法"，彻底地从历史角度阐述宪法史，并用了六个章节[150]论述国家法。他的论述带有在政治上不进行批判、在法律上牢靠的宪法实证主义特征。

此外，还有不少现行法律汇编，尤其是**艾根布罗特**（Karl Christian Eigenbrodt）的法律汇编。[151]**艾根布罗特**原先是最高林业部顾问，后来成为国家资政院成员。他在 1854 年整理的法律汇编是更多规范汇编的延续，根据"市长档案"编辑而成。[152]"祖国的行政法知识是为了满足公民的最高利益，因为它为公民在国家中的法律地位奠

---

[147]　见本书第 2 章，注 93。其生平见 H. E. Scriba, *Biographisch-literärisches Lexikon der Schriftsteller des Großherzogthums Hessen im ersten Viertel des neunzehnten Jahrhunderts*，第 1 分部（Darmstadt 1831），页 442—444; K. Esselborn / H. Haupt (Hg.), *Hessiche Biographien*，第 1 卷（1912），页 156—160，内含文献索引。

[148]　K. E. Weiß, *System des öffentlichen Rechts des Großherzogthums Hessen*，第 1 卷（全部，Darmstadt 1837），为该书做准备的是 *Grundriß des öffentlichen Rechts des Großherzogthums Hessen, I. Staats-Verfassungsrecht* (Gießen 1830)。莫尔非常积极地评价过前一本书，见 Mohl II，页 381; K. E. Weiß, *Heidelberger Jahrbücher*，第 31 卷，页 1168 及以下。

[149]　G. Köbler, »Zur Herkunft der Gießener Rechtslehrer des 19. Jahrhunderts«, *Festschr. f. E. Stein* (1983)，页 127 及以下。

[150]　国家领土、国家元首、国籍、乡镇、等级大会、宪法保障。

[151]　K. Chr. Eigenbrodt, *Handbuch der Großherzoglich Hessischen Verordnungen vom Jahre 1803 an*，第 1—4 卷（Darmstadt 1816–1818）；匿名（＝F. K. Beck），*Das Hessische Staatsrecht*，第 1、2、9 卷（Darmstadt, Leipzig 1831–1835），未完成; F. Bopp, *Der Hessische Rechtsfreund. Handbuch zur Kenntnis des Rechtes und der Verwaltung*，第 1—5 册（Darmstadt 1835–1837），该书是以字母为顺序的工具书，供实践使用。

[152]　F. A. Küchler, *Handbuch der Lokal-Staatsverwaltung im Großherzogthum Hessen*, Heidelberg 1854。屈希勒尔（Friedrich A. Küchler, 1822—1898）曾在海德堡大学学习，后来成为达姆市黑森高等行政法院主席。

定了基础，为公共福利创造了条件"[153]，虽然有如此花哨的语句，但并未进行科学研究整理。用行政法培训法律工作者的实践需求很少，以至于缺乏开设相关课程的热情。

我们只要考察一下1848年前吉森大学法律系所开设的公法课程，就可以证实这种情况。该系直到1803年还在按**皮特**的帝国宪法进行讲授，后来开设了"莱茵联盟公法"（1808—1811/1812）和"法国国家宪法和国家行政法"（1813—1814）课程。只要没有新的国家法基础理论，人们就用"一般国家法"和"政治学"来应付。1815年起，不同教授（**穆索伊斯**［Musäus］、**尧普**、**施蒂克尔**［Stickel］、**林德洛夫**［v. Lindelof］、**格罗尔曼**［v. Grolmann］、**魏斯**、**比恩鲍姆**）相继地开设了德意志同盟法和同盟国法课程。1829—1830年冬季学期第一次开设了"黑森大公国公法"课程，还零星地开设了"警察法"（1833—1834年冬季学期）和行政法课程。[154]看一下一个典型中等的邦国大学就大体知道，普及于邦国的专业（一般国家理论、国际法、法与宪法史、德意志法和同盟法）远远超过地方法律。尽管如此，**魏斯**把黑森邦国国家法固定在教学计划之中，但行政法还未进入教学规程。[155]

我们来看看邻国拿骚公国，发现那里相应的政治进程也是如此。该公国在领土上赢利之后，自身也在复杂的继承问题中得以巩固。它在1814年就拥有了一部宪法（虽然内容上受到很大限制），推行

---

[153] Küchler，前引书，序。

[154] "德意志国家行政法"（魏斯），1841—1842学年度。

[155] G. Köbler, *Gießener juristische Vorlesungen* (1982)，该书的印刷技术令人难以接受。

了行政改革 [156]（废除土地税 [157]，规定了基本权利，建立一套财政制度，创办学校 [158]）。但在 1819 年后，当这块土地被划归奥地利时，这些改革也终止了。人们在《法国民法典》的基础上编纂私法典，[159] 并对民事诉讼加以改革的尝试破产了。[160] 这里同样民不聊生，对反对派加以镇压，并竭阻碍议会制之能事。这些势必导致政治能量的间歇爆发，但释放所产生的效果甚微。

　　在这里形成的公法文献越过这个国家的边界就没有意义了。[161] 这里局势动荡，国家在地理上和政治上都是一个小国，[162] 尤其是没

---

　　[156]　W. van Calker, »Die Entwicklung der Hessischen Verwaltungsorganisation im 19. Jahrhundert«, *JöR*, 第 2 期（1908），页 125 及以下；D. Karrenberg, *Die Entwicklung der Verwaltung in Hessen-Darmstadt ... (1790–1830)* (1964)；N. Zabel, *Räumliche Behördenorganisation im Herzogtum Nassau (1806–1866)* (1981)；Klein, 前注 125，页 668—674；M. Wettengel, 见 M. Hollmann / M. Wettengel, *Nassaus Beitrag für das heutige Hessen* (1992)，页 42 及以下。

　　[157]　H. Winkel, »Die Ablösung der Grundlasten im Herzogtum Nassau im 19. Jahrhundert«, *VSWG*, 第 52 卷（1965），页 42—62。

　　[158]　总体描述见展览书目：*Herzogtum Nassau 1806–1866. Politik – Wirtschaft – Kultur* (Wiesbaden 1981)；Klein, 前注 125，页 671；P. Kaller, *Druckprivileg und Urheberrecht im Herzogtum Nassau. Zur Bedeutung des Edikts über die Pressefreiheit von 1814* (1992)。

　　[159]　L.Harscher von Almendingen, *Vorträge über den ganzen Inhalt des Code Napoleon und seine organischen Umgebungen*, 3 卷本（Gießen 1812），见 *Juristische und staatswissenschaftliche Schriften*, 10 卷本（Gießen 1803–1819）。

　　[160]　R. Zimmermann, *Die Bemühungen um eine Privatrechtskodifikation im Herzogtum Nassau 1806–1866* (1988);R. Faber, *Die Bemühungen im Herzogtum Nassau um die Einführung von Mündlichkeit und Öffentlichkeit im Zivilprozeßverfahren 1806–1866* (1990). 有关拿骚政治，大体比较 W. Schüler, »Die Herzöge von Nassau. Macht und Ohnmacht eines Regentenhauses im Zeitalter der nationalen und liberalen Bewegung«, *Nassauische Annalen*, 第 95 卷（1984），页 155。

　　[161]　J. A. Demian, *Handbuch der Geographie und Statistik des Herzogtums Nassau* (Wiesbaden 1823)；Ch. D. Vogel, *Historische Topographie des Herzogtums Nassau* (Herborg 1836)；R. J. A. v. Meex, *Handbuch zur näheren Kenntniß der Verfassung und Verwaltung des Herzogtums Nassau* (Wiesbaden 1838)；F. T. Friedemann, *Die Verfassung und Verwaltung des Herzogtums Nassau* (Wiesbaden 1841)。更多说明见 Mohl II，页 385。

　　[162]　其规模，见典型著作 K. Braun, *Bilder aus der deutschen Kleinstaaterei*, 2 卷本（Leipzig 1869），以及 2 卷本（Berlin 1870）；5 卷本（第 2 版，Hannover 1876）。其中特别参见以下描述：»Prinz Hyacinth« (1869); »Eine vergebliche Denkschrift«（转下页）

有自己的大学。在大学里起码还有发展宪法研究的需要。这个时期最重要的宪法政治著作来自**阿尔门丁根**之笔，[163] 是受政府之托而作，带有半官方特点。该作品谈及限制议会作用、严格审查财产的被选举权以及政府于议会的独立性，这些事实上也转化成了 1814 年《拿骚宪法》的内容。但这部作品为代议制思想史做出了重要贡献，这已被公正地强调过。[164]

（六）汉诺威

从**拿破仑**时代到 1848 年，汉诺威的历史有两大标记，即 1833 年宪法和 1837 年政变。所有公法文献典籍都围绕这两个重大事件。这个邦国自 1805 年起在**明斯特尔**（Münster，1766—1839）伯爵领导下受英国统治。1819 年钦定了一部宪法，但落后于时代期望。旧等级的封建党派不仅成功地镇压了 1830 年的宪治运动，而且成功地拖延了行政改革。[165]1830 年动乱四起，1831 年**明斯特尔**伯爵被解职，1833 年有一部宪法生效。该宪法迎合了自由主义的部分期望，比如在税收批准方面，[166] 但还是明显落后于同一时期的《库尔黑森宪法》。[167]

（接上页）(1866); »Nassau mit Frankreich wider Preußen« (1866)。布劳恩（Karl Braun）是拿骚的自由主义政治家、下院主席，从 1867 年起担任普鲁士议员。

[163]　L. Harscher v. Almendingen, *Ansichten über Deutschlands Vergangenheit, Gegenwart und Zukunft* (1814).

[164]　Brandt，页 190—196。

[165]　有关行政状况，比较 J. G. L. W. Ubbelohe, *Statistisches Repertorium über das Königreich Hannover* (Hannover 1823).

[166]　J. G. L. W. Ubbelohe, *Ueber die Finanzen des Königreiches Hannover und deren Verwaltung* (Hannover 1834)。施蒂韦不仅是 1833 年宪法的重要决策者，还是 1831 年和 1833 年赎金法的关键决策者，1848 年到 1850 年他是汉诺威的内政大臣，见 J. D. Kühne, K. G. A. Jeserich / H. Neuhaus (Hg.), *Persönlichkeiten der Verwaltung* (1991)，页 159—162。

[167]　Huber II (1960)，页 90—91。

　　1837 年，英国与汉诺威之间的共主邦联瓦解了。"一个倔强的、满脑子保守思想的托利党人"[168] **奥古斯特**（Ernst August）登上了王位。在国家法学家**莱斯特**[169] 的评语支持下，他在 1837 年 11 月 1 日宣布废除 1833 年宪法，这导致著名的"政变"、"哥廷根七君子"的抗议、德意志同盟的审判，最后导致 1840 年修改宪法。[170] 这些激动人心的事件吸引了国家法学家的精力，这容易理解。"一场真正的由各类作品汇集的洪水"形成了，**莫尔**曾如此说道。[171] 这个邦国的公法可以说就是形成于这些"宪法问题"和行政改革的讨论。[172]

　　那时在哥廷根大学好像还没有开设该邦国的国家法和行政法课程。[173] 尤其是行政法，从 1875 年起才被设置成课程。[174] 结果是，这里也没有形成相应的"体系"。专业代表负责人**阿尔布雷希特**在出版了一本关于"占有"的重要著作[175] 后，就只发表一些无足轻重

　　[168]　K. Schreiner, »Ein ›revolutionaires‹ Gutachten der Tübinger Juristenfakultät zur hannoverschen Verfassungsfrage«, *Attempto* (1975)，页 117。

　　[169]　见本书第 1 章，注 95。

　　[170]　Huber II (1960)，页 91—115；R. Smend, *Die Göttinger Sieben*，第 2 版（1958）；W. Real (Hg.), *Der hannoversche Verfassungskonflikt von 1837/39* (1972)；G. Dilcher, »Der hannoversche Verfassungskonflikt«, *Der rechtshistorische Grundlagenschein* (1979)，页 17 及以下；Ch. Link, »Noch einmal. Der Hannoversche Verfassungskonflikt und die ›Göttinger Sieben‹«, *JuS* (1979)，页 191—197；G. Dilcher, *Der Protest der Göttinger Sieben. Zur Rolle von Recht und Ethik, Politik und Geschichte im Hannoverschen Verfassungskonflikt* (1988)，内有更多文献。

　　[171]　Mohl II，页 368。

　　[172]　E. v. Meier, *Hannoversche Verfassungs- und Verwaltungsgeschichte 1680–1866*，2 卷本（Leipzig 1898–1899），其中第 1 卷，页 321 及以下尤其论述 1814 年到 1866 年这几十年的历史，而第 2 卷主要论述行政史。

　　[173]　W. Ebel, *Zur Geschichte der Juristenfakultät und des Rechtsstudiums an der Georgia Augusta* (1960) (= *Göttinger Universitätsreden, 29*).

　　[174]　V. Götz, »Verwaltungswisenschaft in Göttingen«, F. Loos (Hg.), *Rechtswissenschaft in Göttingen, Göttinger Juristen aus 250 Jahren* (1987)，页 337。

　　[175]　W. E. Albrecht, *Die Gewere als Grundlage des älteren deutschen Sachenrechts* (1828). 现在的研究状况见 W. Ogris, »Gewere«, *HRG*，第 1 卷（1971），页 1658—1667。

的作品。[176] 他的同事**克劳特**（Wilhelm Theodor Kraut）在公法方面没有进一步发展。**阿尔布雷希特**被解职后，他的继任者**海因里希·察哈里埃**[177] 开始担任国家法教职。而**海因里希·察哈里埃**对本国国家法采取小心谨慎的态度。可见，对当时的矛盾冲突，这种态度占了上风。[178]

（七）不伦瑞克

不伦瑞克 19 世纪的历史始于旧王朝复辟（1813）。曾被细微改动过的等级会议又被重新建立起来（1820 年新的国家条例）。[179] 被认为没有领导才能的公爵**卡尔二世**在德意志同盟的压力之下离职，[180] 从而在 1830 年结束了臭名昭著的"阿斗政府"[181]。1832 年新宪法实现了宪法运动提出的主要主张。[182] 一位国人甚至这样说："在经历了骇人听闻的动乱后，没有哪一个同盟国能像不伦瑞克这

[176]　见本书第 2 章，注 174。

[177]　见本书第 2 章，注 107 及以下。

[178]　见 Mohl II，页 366—370。佚名，*Verteidigung des Staatsgrundgesetzes für das Königreich Hannover*，该作品优秀，由达尔曼主编（Jena 1838），莫尔认为是施蒂韦所写（Mohl II，页 368）。

[179]　G. Ph. v. Bülow, *Zur Erläuterung der Landschaftsordnung des Herzogthums Braunschweig von 1820* (Braunschweig 1831).

[180]　O. Böse, *Die Entthronung des Herzogs Karl II. von Braunschweig* (1935); H. G. Husung, »Das war Braunschweigs wild-kühne Tyrannen-Jagd«, G. Spies (Hg.), *Brunswiek 1031*, (Braunschweig 1981；续版，1982); E. H. Grefe, *Gefährdung monarchischer Autorität im Zeitalter der Restauration. Der braunschweigische Umsturz von 1830 und die zeitgenössische Publizistik* (1987).

[181]　Mohl II，页 383—384。

[182]　C. H. Seiffert, *Die Verfassungs-Grundgesetze des Herzogthums Braunschweig* (Braunschweig 1833); F. Kreibaum, »Grenzen zwischen Justiz und Verwaltung im Freistaat Braunschweig« (法学博士论文，Göttingen 1929). 公允而新近的论著，见 K. E. Pollmann, *Die Braunschweigische Verfassung von 1832* (1982)。更具体的，见 W. Thiele, »Die Qualität der Grundrechte in der braunschweigischen Verfassung von 1832«, W. Pöls / K. E. Pollmann (Hg.), *Moderne Braunschweigische Geschichte* (1982)。

样取得如此大的成就，能拿出这样一部充满自由精神、应许时代伟大要求的宪法。"[183]

曾在 1848 年短时间流传的代议制思想在 1851 年又被消除了。[184]在**威廉**（1830 年至 1884 年在位）公爵的长期统治下，"在经济和政治上（在自由宪治观意义上）是积极的……这个国家……在 1834 年颁布了一部废除土地税的条例和城市条例，最终在 1840 年产生了一部自由的刑法典。1834 年它加入汉诺威税收同盟，1842—1844 年加入德意志关税同盟，躲过了 1848—1849 年，没有经历大动荡，1866年加入普鲁士的北德意志同盟"[185]。

法国在威斯特法伦王国的统治才基本上打破了等级制政府方式的连续性。由于这个原因，公法研究没有特别的动力。1809 年，古老的、最后破落的黑尔姆施泰特大学在**热罗姆·拿破仑**（Jerôme Napoleon）统治下关闭了；当时的法学家主要在哥廷根大学受教育。当人们进行较新的法律汇编[186]和邦国论述[187]时，比较老的国家法论著还继续有用，如枢密院的司法及政府顾问**利布哈贝尔**（Erich Daniel von Liebhaber）的论著[188]。因此，直到 1848 年革命，只出版

---

[183]　C. Venturini, *Das Herzogthum Braunschweig in seiner vormaligen und gegenwärtigen Beschaffenheit, geschichtlich und statistisch dargestellt* (Helmstedt 1826；第 3 版，1847)，页 99。亦见 K. L. H. Pölitz, *Votum über den Entwurf der revidierten Landschaftsordnung des Herzogthums Braunschweig* (Leipzig 1831)。

[184]　Th. Klein, »Herzogtum Braunschweig«, *DVG*，第 2 卷（1983)，页 743 及以下。

[185]　Klein，前引书，页 744。

[186]　对里宾特洛甫（Ribbentrop）所编辑的邦国议会立法汇编的延续，见 C. Bege, *Repertorium der Gesetz- und Verordnungs-Sammlung für die Herzoglich Braunschweigischen Lande von den Jahren 1833–1843*，第 1—5 部分（Helmstedt, Wolfenbüttel 1834–1846)。

[187]　C. Venturini，前注 183；K. v. Strombeck, *Staatswissenschaftliche Mittheilungen, vorzüglich mit Beziehung auf das Herzogthum Braunschweig*，第 1、2 册（Braunschweig 1831)。

[188]　E. D. v. Liebhaber, *Beiträge zur Erörterung der Staatsverfassung der Braunschweig-Lüneburgischen Churlande* (Gotha 1794); 同作者, *Vom Fürstenthum* （转下页）

过一本全面的国家法论著，来自不伦瑞克等级会议主席**施泰纳克尔**
（Karl Steinacker）[189]，带有自由主义论调[190]。它被收录进**罗特克－
韦尔克**的《国家辞典》中。

（八）梅克伦堡

除了在什未林的短时间中断外，直到一战结束，梅克伦堡－什
未林大公国和梅克伦堡－施特雷利茨大公国拥有两部旧等级制宪
法。[191] 这两部宪法建立起了"几乎完整保留中世纪的生活和工作模
式"[192]。整个邦国的农业结构、旧城市宪章与非常保守的贵族体制
相互存在，唤醒不了对学术文献的需要。法律和法规汇编就足够了。[193]
此外，人们还一如既往地使用旧的文献典籍，尤其是格赖夫斯瓦尔德
大学教授**哈格迈斯特**（Emanuel Friedrich Hagemeister，1764—1819）

（接上页）*Blankenburg und dessen Staatsverfassung* (Wernigerode 1790)；G. H. Hinüber, *Beyträge zum Braunschweigischen und Hildesheimschen Staats- und Privatrecht, auch Historie dieser Lande*，第 1 部分（Hannover 1772）；第 2、3 部分（Braunschweig, Wolfenbüttel 1778）。该著作基本上是简短的专家评语和笔记的汇编。

[189]　K. Steinacker, »Braunschweig«, Rotteck / Welcker, *Staatslexikon*，第 2 版，第 2 卷（1846），页 612—655。

[190]　拉姆（Albert Rhamm）后来轻蔑地指出，"那完全处在罗特克学派的影响下"（见本书第 7 章，注 247）。

[191]　1849 年通过的宪法只在什未林生效。由此产生的争端在 1850 年通过废除该宪法才得以平息。

[192]　Mohl II，页 385。

[193]　A. N. Rötger, *Allgemeines Repertorium der Gesetzgebung für die mecklenburg-schwerinschen Lande*，2 卷本（Güstrow 1824, 1825）；F. W. Boccius, *Repertorium der in dem Großherzogthum Mecklenburg-Strelitz geltenden Verordnungen* (Neustrelitz 1827)；C. v. Dewitz, *Mecklenburg-Strelitzer Gesetze, Verordnungen und Verfügungen aus den Jahren 1827 bis incl. 1838 ...* (Friedland 1840)；F. Genzken, *Alphabethisch-chronologisches Verzeichnis der in der Offiziellen Beilage zu den Mecklenburgisch-Strelitzischen Anzeigen bis Ende 1848 publizierten Verordnungen* (Neubrandenburg 1849)；G. M. Masch (Hg.), *Gesetze, Verordnungen und Verfügungen, welche für das Fürstenthum Ratzeburg erlassen sind* (Schönberg 1851)。

的论著[194]，以及曾是梅克伦堡官吏的**坎普茨**撰写的六卷《论丛》[195]，直到 1860 年才被更新的论著[196] 所取代。在新的论著中记载了 1850 年到 1853 年成立的专业部门和一系列行政改善措施[197]。由于只有在 1849 年到 1850 年才能讨论真正的宪法问题，所以首当其冲的是这个问题，即市民中拥有财产的骑士是否也应该拥有等级参与权，这是贵族"市民化"非常典型的争论问题。[198]

（九）萨克森、图林根

1. 萨克森王国

作为失败者，萨克森在维也纳会议的谈判中处于特别不利的地位，它的土地被分割成了两半。[199] 王国政府尽管推行了一些行政和社会改革，[200] 但并没有和宪治运动接轨。它还是旧等级制宪法维护的贵族特

---

[194]　E. F. Hagemeister, *Versuch einer Einleitung in das Mecklenburgische Staatsrecht* (Rostock, Leipzig 1793)。有关作者，见 Th. Pyl, *ADB*，第 10 卷（1879），页 329—330。

[195]　K. A. v. Kamptz, *Beiträge zum mecklenburgischen Staats- und Privatrechte*，第 1—6 卷（Neustrelitz 1795–1805）；同作者，*Civilrecht der Herzogthümer Mecklenburg*，2 部分（Schwerin 1805–1806）。有关坎普茨，比较 Wippermann, *ADB*，第 15 卷（1882），页 66—75；P. Baumgart, »Kamptz«, *NDB*，第 11 卷（1977），页 95—97。

[196]　J. Wiggers, *Das Verfassungsrecht im Großherzogthum Mecklenburg-Schwerin*, Berlin 1860；同作者，*Staatskunde der beiden Großherzogthümer Mecklenburg* (Wismar, Ludwigslust 1861)。

[197]　Th. Klein, »Großherzogtum Mecklenburg-Schwerin, Großherzogtum Mecklenburg-Strelitz mit Fürstentum Ratzeburg«, *DVG*，第 22 卷（1983），页 720—727，页 728—730。

[198]　K. A. v. Kamptz, *Prüfung der landschaftlichen Rechte der bürgerlichen Grundbesitzer in Mecklenburg* (Berlin 1844–1845); M. Lüders, *Mecklenburgische Zustände*，第 1 卷（Leipzig 1844）。更多说明见 Mohl II，页 386，注 3。

[199]　Huber I，页 564—575；K. Blaschke, »Königreich Sachsen und thüringische Staaten«, *DVG*，第 2 卷（1983），页 608—611。

[200]　G. Schmidt, *Die Staatsreform in Sachsen in der ersten Hälfte des 19. Jahrhunderts. Eine Parallele zu den Steinschen Reformen in Preußen* (1966); 同作者，*Reformbestrebungen in Sachsen in den ersten Jahrzehnten des 19. Jahrhunderts* (1969);　（转下页）

权国家和事实上不受限制的专制主义政府模式，在经济上取得了突出发展，并和社会问题做斗争，[201] 但在政治上还不成熟。人们对 1830 年前那段时期的评价是没有争议的："国王墨守成规、冥顽不化、繁文缛节，以宗教不同划分臣民，偏听异常保守之意见，每桩改革、每个自由的举动都不可能。"[202] 还有，"社会停滞不前、毫无生机活力，这标志着那个时期政府的无能。在萨克森的产业方面，人们呼吁在经济和社会领域采取行之有效的国家政策和举措"[203]。在民众起义和官吏改革派的压力下，萨克森才在 1830—1831 年成功地转到宪治状态和自由主义的政府实践，并至少持续到了 1843 年。[204] 1831 年 9 月 4 日宪法确立了两院制，规定了一系列基本权利，还设立了国家资政院和国家法院，但在无数问题上也加强了君主特权。[205]

1831 年也是三月革命前萨克森公法文献典籍的分界线。**米特贝**

（接上页）R. Groß, *Die bürgerliche Agrarreform in Sachsen in der ersten Hälfte des 19. Jahrhunderts* (1968)。

[201] R. Forberger, *Die Industrielle Revolution in Sachsen 1800–1861*，第 1 卷（1982）；R. Groß, *Die bürgerliche Agrarreform in Sachsen in der ersten Hälfte des 19. Jahrhunderts. Untersuchungen zum Problem des Übergangs vom Feudalismus zum Kapitalismus in der Landwirtschaft* (1968)；H. Kiesewetter, *Industrialisierung und Landwirtschaft. Sachsens Stellung im regionalen Industrialisierungsprozeß Deutschlands im 19. Jahrhundert* (1988)。

[202] Huber II (1960)，页 77。有关政府，比较 K. Blaschke, »Das Königreich Sachsen 1815–1918«, K. Schwabe (Hg.), *Die Regierungen der deutschen Mittel- und Kleinstaaten 1815–1933* (1983)，页 81—102。

[203] Blaschke，前注 199，页 611。

[204] Huber II (1960)，页 76—83，内有更多文献；R. Muhs, »Zwischen Staatsreform und politischem Protest. Liberalismus in Sachsen zur Zeit des Hambacher Festes«, W. Schieder (Hg.), *Liberalismus in der Gesellschaft des deutschen Vormärz* (1983)，页 194—238。

[205] C. D. v. Witzleben, *Die Entstehung der konstitutionellen Verfassung des Königreichs Sachsen* (Leipzig 1881).

格（Spiller von Mitterberg）[206]、勒默尔 [207]、魏斯 [208] 等人的旧论著用处不大了。新的宪治基础需要新的开端。首先一度出版了大量传单和专家评语，许多都以匿名方式发表。[209] 同时，人们还确保宪法的形成，比如在 1832 年举行宪法一周年庆祝 [210] 时评论宪法，多以通俗的体裁"服务于市民和乡下人"，这和其他邦国所做的一样。[211]为了实现法律和政治愿望，它加入关税同盟，颁布了一部新的军事防卫法，改善了司法。[212] 人们可以清楚地察觉到，1831 年前该邦国的公法学文化是一片荒漠。莱比锡大学没有研究国家法和行政法的学术动力，[213] 相反，国家实际工作也不需要学术评论和系统整理。

比劳未完成的《萨克森王国的宪法与行政》是一部出自哲学家

---

[206]　C. H. L. W. Spiller v. Mitterberg, *Neue Beiträge zum Staats-Rechte und zur Geschichte von Sachsen* (Eisenach 1801)。

[207]　K. H. v. Römer, *Staatsrecht und Statistik des Churfürstenthums Sachsen und der dabei befindlichen Lande*，2 卷本（Halle 1787/1788）；3 部分（Wittenberg 1792）。

[208]　C. E. Weiße, *Lehrbuch des Königlich Sächsischen Staatsrechts*，第 1 卷（Leipzig 1824）；第 2 卷（1827）。

[209]　总结见 H. G. Opitz, *Das Staatsrecht des Königreichs Sachsen*，第 1 卷（Leipzig 1884），页 52，前注 1。

[210]　H. Just, *Geschichte der* Sächsischen *Verfassung. Nebst einer Würdigung des Inhalts der Verfassungs-Urkunde* (Zittau 1832); W. T. Krug, *Verhandlungen des ersten Landtags im Königreiche Sachsen nach der neuen Verfassung. Ein Beitrag zur Geschichte der Entwicklung des konstituzionalen Lebens in Deutschland* (Leipzig 1833); Z. A. H., *Das Wirken der Staatsregierung und Stände im Königreich Sachsen* (Leipzig 1834)。

[211]　E. Hermsdorf, *Die Verfassungs-Urkunde für das Königreich Sachsen vom 4. September 1831 mit den sie ergänzenden Bestimmungen* (Leipzig 1839 [该书开头是历史导言，接着便是宪法内容以及当时公布的立法]); F. Reimar, *Die Verfassung des Königreichs Sachsen. Für den Bürger und Landmann* (Leipzig 1831); M. A. Richter, *Erklärung der Verfassungsurkunde des Königreichs Sachsen* (Zwickau 1832); 佚名, *Was lehrt die Constitution dem Landmanne?* (Leipzig 1831); J. Sporschill, *Bemerkungen über die Verfassungs-Urkunde des Königreichs Sachsen* (Leipzig 1832)。

[212]　Just，前注 210，页 45 及以下。

[213]　W. Bruchmüller, *Beiträge zur Geschichte der Universitäten Leipzig und Wittenberg* (Leipzig 1898); M. Steinmetz (Hg.), *Bedeutende Gelehrte in Leipzig*， 第 1 卷（1965）; *Leipzig. Aufklärung und Bürgerlichkeit, Wolfenbütteler Studien zur Aufklärung*, W. Martens (Hrsgg.)，第 17 卷（1990）。

和国家学家之手的著作。[214] **比劳**在政治上保守，曾担任政府的刊物审查员，他小心谨慎地研究新宪法。这本著作只论述 1831 年以后的新情况，也就是只论述宪法，但——在"宪治前"旧的草稿基础上——较为广泛地描述了过去的情况。该著作按宪法本身内容及其内在的二元制进行论述：国家领土（第 3—12 节）、君主（第 13—23 节）、等级会议（第 24—42 节）。接着只在一个简短章节中阐述了自由和平等权利、法律保护以及宪法的内外保障。后来人们对这部著作进行了批评性评价，其原因是它以叙事的方式进行论述，含有很大比重的历史成分，并且明显把法律观点与政治观点人为地联系在一起。[215]

第二部萨克森教科书同样没有写完，**莫尔**认为它"太自作主张，法律意味更浓"。[216] 这部教科书的作者是官吏**米尔豪泽**（Friedrich Milhauser），他对**莫尔**也进行了激烈抨击。**米尔豪泽**竭力模仿**毛伦布雷歇尔**，特别反对所有的国家主权和人民主权思想。他把君主看成国家的所有者，为萨克森王国下了这样一个引人注目的定义："它是根据一部确定的宪法建立起来的、萨克森王朝土地上所有居民的联合，它表现为**阿尔伯廷纳**家族的萨克森王朝拥有最高君主权力，旨在

---

[214]　F. Bülau, *Darstellung der Verfassung und Verwaltung des Königreichs Sachsen. Aus staatsrechtlichem und politischem Gesichtspunkte, Erster Theil Verfassung und Verfassungsrecht* (Leipzig 1833). F. Bülau, *Nonulla de dynastis in Saxonia regia* (Leipzig 1833)，该书是前阶段作品。有关比劳，见佚名，*ADB*，第 3 卷（1876），页 512—513。C. F. Wurm，前引书，页 363—378，该处赞扬这本教科书是成体系的宪法论著，而莫尔却指责说，"只提供了极少的实证内容"（Mohl II，页 364）。有关比劳的国民经济观，见 W. Roscher, *Geschichte der National-Oekonomik in Deutschland* (Munich, Berlin 1874；第 2 版，1924)，页 902 及以下。

[215]　Bülau，前引书，第 1 节 »Begiff und Zweck«。

[216]　Fr. Milhauser, *Das Staatsrecht des Königreichs Sachsen, mit Einschluß des Privatfürstenrechts und der völkerrechtlichen Verhältnisse, systematisch dargestellt*，2 卷本（Leipzig 1839）。

实现人的最高规定性。"[217] 在方法上，他满怀狐疑地反对德意志共同国家法的批判性功能，反对"风趣诙谐"的一般国家学说："实证国家法体系在这方面不应该风趣诙谐，它应该在文件资料和符合目的的秩序方面丰富翔实。"[218] 这部著作包含有一个作为导言的短小篇幅的一般国家学说，还有一个较长历史部分和成体系的实证国家法（君主、等级、国家官吏、地方宪法）。该书对国家法的论述，如后来人们所说："对文明的东西常常磨磨蹭蹭、轻描淡写……对内容划分和细节归类的清晰感明显不强，这使得这部凝聚了作者心血的著作对实践者来说几乎没有什么用处。"[219]

有一部作品是为萨克森"外交的国家法"而作，[220] 它采用"实际方法"，完全是实证主义的。这种"实际方法"，正如**格林勒**（Grünler）所言，"在**莫泽**和**皮特**刚传授时被认为是最好的，但后来被哲学思辨和现代政治理论的混合排挤出了国家法教科书"[221]。

在行政法方面，那时还被广泛理解的警察法，处于人们兴趣的中心位置。[222] "或许，"萨克森王国高等法院法官**萨尔察－利希特**

---

[217]　前引书，第 7 节。

[218]　前言，页 V。

[219]　H. G. Opitz, *Das Staatsrecht des Königreichs Sachsen*，2 卷本，第 1 卷（Leipzig 1884, 1887），页 53。

[220]　J. Grünler, *Beiträge zum Staatsrecht des Königreichs Sachsen (Auswärtiges Staatsrecht)* (Dresden, Leipzig 1838)；Traugott Märcker, *Diplomatisch-kritische Beiträge zur Geschichte und zum Staatsrechte von Sachsen*，第 1 卷，*Das Burggrafthum Meissen* (Leipzig 1842)，该书是研究 16 世纪晚期以来领地史的著作，虽然其题目是公法学的，但并不属这方面的著作。

[221]　Grünler，前注 220，页 V。

[222]　C. v. Salza und Lichtenau, *Handbuch des Polizeirechtes, mit besondrer Berücksichtigung der im Königreiche Sachsen geltenden Polizeigesetze*，2 部分（Leipzig 1825；第 2 版，Leipzig 1842）；F. E. Heckel, *Sachsens Polizei* (Dresden, Leipzig 1840)，该书是对前一本书的延续，论述"低级警察官员"；C. E. Flath, *Systematische Darstellung des im Königreiche Sachsen geltenden Polizei-Rechts*，第 1—3 卷（Leipzig 1841–1842），该书是生效法摘要，同样没有上升到警察"学"的水平。

瑙（Carl von Salza und Lichtenau）说，"我们要归功于秘密警察滥用权力，警察把恐怖的政治审讯带到家庭内部，引起部分的关注，从而带来了如此好的结果（尤其对警察和警察学）。"[223] 他把警察的一般描述与萨克森特别的安全警察规则（第 1 章）和治安、福利警察规则（第 2 章）联系了起来，并以这种方式撰写了一本实用的《警察》论纲。但这不是警察法，尽管其题目是这样。

除了警察之外，比如土地自由化问题，[224] 也要求进行学术研究。但对法学的要求总的来说还显微弱。趋势是"纯粹实际的"，因此"所有纯理论的观点，只要在实证法律制定中得不到确证，那就不加考虑"。[225] 在 1848 年前的萨克森，还没有一本可以与莫尔撰写的《符腾堡王国国家法》第二卷相称的著作。

2. 萨克森 – 图林根的小国

在这些小国中，萨克森 – 魏玛 – 爱森纳赫大公国、萨克森 – 迈宁根公国以及萨克森 – 阿尔滕堡公国是明显例外。它们太小，以至于不能发展出自己的公法文化。但它们享有文化声誉，并且很早就是"宪法国家"。[226]1816 年的萨克森 – 魏玛、1823 年到 1829 年的萨克森 – 迈宁根 [227]、1831 年的萨克森 – 阿尔滕堡 [228] 就已经是宪法

---

[223]　v. Salza / Lichtenau (1825)，前注 222，序，页 VI。

[224]　C. A. Fischer, *Leitfaden zur theoretischen und practischen Kenntniß der Gemeinheitstheilungen und Ablösungen, gegründet auf die deshalb in den Königreichen Preußen und Sachsen 1821 und 1832 ergangenen Gesetze* (Meissen 1839).

[225]　Flath，前注 222，前言。

[226]　F. Hartung, *Das Großherzogtum Sachsen unter der Regierung Carl Augusts 1775–1828* (1923)；H. Tümmler, »Großherzog Carl August von Sachsen-Weimar-Eisenach im letzten Jahrfünft seines Lebens und Wirkens 1823–1828«, *Festschr. Schlesinger*，第 1 卷（1973）。

[227]　W. Kircher, *Das Staatsrecht des Herzogtums Sachsen-Meiningen* (Freiburg 1884).

[228]　K. H. L. Pölitz, *Das constitutionelle Leben, nach seinen Formen und Bedingungen dargestellt* (Leipzig 1831)；同作者，*Andeutungen über den staatsrechtlichen*（转下页）

国家了。尤其在萨克森－魏玛，那里不仅有流行的、半官方的法规汇编[229] 和全面的手册[230]，还有一部没有写完的教科书[231]。这部教科书出自大公国官吏领导人之手，其作者施魏策尔（Christian Wilhelm Schweitzer，1781—1856）[232] 以魏斯的《萨克森王国国家法教科书》（Lehrbuch des Königlich Sächsischen Staatsrechts，1824）为导向，以传统的方式论述。他首先论述宪法（"君主、臣民、等级、国家官吏、国家领土"），接着论述行政法，最后阐述国家的外交关系。只有宪法部分才加以详细论述，但形式却简洁明了，重点放在等级会议和官吏上，这种方法至少部分地为后来的论著奠定了基础。[233]

（十）石勒苏益格、荷尔斯泰因、劳恩堡

这些地方比其他所有领地更清楚地证实了这样的观察，即政治动荡产生生动的国家法产物，但像同时期在民法中保持的那种对理性教义工作的学术要求却降低了。丹麦国王弗里德里希六世（1808

（接上页）*und politischen Charakter des Grundgesetzes für das Herzogthum Sachsen-Altenburg vom 29. August 1831 mit vergleichender Rücksicht auf die Verfassungen von Schwarzburg-Sondershausen, Churhessen, Hannover und Braunschweig* (Leipzig 1831)。依照 50 个成体系的问题要目对 1814 之后和 1830 之后的宪法进行法律比较研究，珀利茨确实是第一人。有关 1830—1831 年革命，见 V. Ruhland, »Die Rolle der Wettiner in der kleinstaatlichen bürgerlichen Revolution 1830/31 in Sachsen«, *Sachsen und die Wettiner. Chancen und Realitäten* (1990)，页 206 及以下。

[229]　F. v. Göckel, *Sammlung Großherzogl.Sachsen-Weimar-Eisenachischer Gesetze, Verordnungen und Circular-Befehle*，10 卷本，*1811–1850* (Eisenach 1828–1854)。

[230]　G. W. Burckhard, *Handbuch der Verwaltung im Großherzogthum Sachsen-Weimar-Eisenach* (Neustadt a. d. O. 1844).

[231]　Ch. W. Schweitzer, *Oeffentliches Recht des Großherzog- thums Sachsen-Weimar-Eisenach*，第 1 卷（Weimar 1825）。

[232]　E. Wülcker, *ADB*，第 33 卷（1891），页 367—370; G. Lingelbach, »Christian Wilhelm Schweitzer und die Verfassung Sachsen-Weimar-Eisenachs von 1816«, *Festschrift für H. J. Becker* (2009)，页 125—140。

[233]　G. Meyer, *Staatsrecht des Großherzogtums Sachsen-Weimar* (Freiburg 1884).

年至 1839 年在位）、其继承者**克里斯蒂安八世**（1839 年至 1848 年在位）以及**弗里德里希七世**（1848 年至 1863 年在位）和当地等级成员与德意志同盟之间存在着矛盾冲突。从 1815 年起，这些矛盾冲突导致了 1823 年、1831—1835 年[234]、1848—1852 年[235]的宪法危机和民族危机，引发了 1864 年德意志和丹麦的战争、奥古斯滕堡问题以及 1866 年普鲁士和奥地利的冲突。[236]这些吸引了公法学家的所有精力。基尔大学成为"早期浪漫－民族自由主义的中心"[237]。**赖特迈尔**（Johann Friedrich Reitemeier）[238]、**达尔曼**[239]、**贝泽勒**[240]、**洛伦茨·施泰因**[241]等人[242]卷入这些冲突，要么以学术方式，要么以离开

[234]　P. Richter, »Aus der schleswig-holsteinischen Verfassungs- und Verwaltungs-geschichte von 1815–1835«, *Zeitschr. der Ges.f. Schleswig-Holst.Gesch.*, 第 58 卷（1929），页 449—593。

[235]　H.-G. Skambraks, *Die Entstehung des Staatsgrundgesetzes für die Herzogtümer Schleswig-Holstein vom 15. 9. 1848* (1953); G. Chr. v. Unruh, *Das Schleswig-Holsteinische Staatsgrundgesetz von 1848* (1981).

[236]　概要及更多说明，见 K. Friedland, »Schleswig-Holstein«, W. Hubatsch (Hg.), *Grundriß zur deutschen Verwaltungsgeschichte 1815–1945*, 第 9 卷（1977）；Huber III, 第 3 版（1988），页 660 及以下；E. Hoffmann, »Schleswig-Holstein«, *HRG*, 第 4 卷（1990），栏 1429（栏 1435 及以下），以及 W. Steiniger, »Schleswig-Holstein 1806–1892«, *DVG*, 第 2 卷（1983），页 762—784。

[237]　Brandt, 页 176。

[238]　他是下列匿名作品的作者：*Die Ständeverfassung in den Germanischen Ländern, insbesondere in Dänemark und Preußen* (Kiel 1815)。

[239]　A. Springer, *F. C. Dahlmann*, 第 1 卷（Leipzig 1870）；H. Christern, »F. Chr. Dahlmanns politische Entwicklung bis 1848«, *Zeitschr. d.Ges.f. Schl.-Holst. Gesch.*, 第 50 卷（1921）；O. Kähler, »Dahlmann und die Schleswig-Holsteinische Ritterschaft nach dem Wiener Kongreß«, *Festschr. f. V. Pauls* (1950); P. Schiera, «Dahlmann e il primo costituzionalismo tedesco», *Quaderni fiorentini* (1984), 页 383—406。早期阶段特别重要的文献是 »Ein Wort über Verfassung«, *Kieler Blätter*, 第 1 卷（1815），页 47—84, 页 245—303，亦见 C. Varrentrapp (Hg.), *Kleine Schriften und Reden* (Stuttgart 1886)。

[240]　B. R. Kern, *Georg Beseler. Leben und Werk*, 1982（比较吕克特的详细谈话，见 *ZRG GA*, 第 104 卷［1987］，页 399—405）；同作者，»Georg Beseler. Ein Leben für das deutsche Recht«, *JuS* (1988), 页 598—601, 内有更多文献。

[241]　M. Stolleis, »Lorenz von Stein«, *HRG*, 第 4 卷（1990），栏 1942—1945（文献）。

[242]　如药物学家黑格维施（Franz Hermann Hegewisch, 1783—1865）。有关他的情况，见 W. Klüver, »Franz Hermann Hegewisch. Ein Vertreter des älteren （转下页）

该邦国的方式进行回应。在法兰克福的第一次德意志日耳曼学家会
议（1846）上处理了丹麦对石勒苏益格、荷尔斯泰因和劳恩堡的要
求主张。这次会议的主席是**雅各布·格林**。

　　有关当时宪法政治问题的大量作品 [243] 更多的是谈论国家的历
史和德意志的宪法史问题。在这些作品中，以**法尔克**的论文《石勒
苏益格公国与丹麦王国和荷尔斯泰因公国之间的当代关系》（»Das
Herzogthum Schleswig in seinem gegenwärtigen Verhältniß zu dem
Königreich Dännemark und zu dem Herzogthum Holstein«，1816）最
为杰出。[244] 该论文确立了关于公国独立的公法讨论，并长达数十年。
这些作品带有德意志－丹麦民族紧张关系的痕迹，回顾了旧的法律
依据，[245] 收集了新资料，[246] 并带着激烈的党派性对每种立场进行讨

（接上页）Liberalismus in Schleswig-Holstein«, *Nordelbingen*，第 4 卷（1925），页 368—
466；Brandt，页 183—187。

　　[243]　O. A. Walther, *Hand-Lexicon der juristischen Literatur des neunzehnten Jahr-
hunderts* (Weimar 1854; 再版, 1974); Ch. V. Bruun, *Bibliotheca Danica, Systematisk
Fortegnelse over den danske Literatur fra 1482 til 1830*（新版）第 1—5 卷（Kopenhagen
1961–1963）; P. Volquard / O.Klose (Hg.), *Bibliographie zur Schleswig-Holsteinischen
Geschichte und Landeskunde*，7 卷本（1928–1974）。特别要强调的是具有重要影响的
纪念作品：Uwe Jens Lornsen, *Über das Verfassungswerk in Schleswig-Holstein* (1830)。
比较 G. Chr. v. Unruh, *Das Schleswig-Holsteinische Staatsgrundgesetz von 1848* (1981)。

　　[244]　*Eine historische und staatsrechtliche Erörterung* (Kiel 1816). 后来，吕斯（F.
Rühs）按照法尔克的意思撰写了这部作品：*Das Verhältniss Hollsteins und Schleswigs
zu Deutschland und Dänemark. Eine publizistische Darstellung* (Berlin 1817); C. v.
Wimpfen, *Ueber die staatsrechtlichen Verhältnisse der Herzogthümer Schleswig und Hol-
stein* (Kiel 1831); A. L. J. Michelsen, *Polemische Erörterung über die schleswig-holstei-
nische Staatssuccession* (Leipzig 1844); K. Samwer, *Die Staatserbfolge der Herzogtümer
Schleswig-Holstein* (Hamburg 1844); H. Hälschner, *Die Staatserbfolge der Herzogtümer
Schleswig, Holstein und Lauenburg* (Bonn 1846)。

　　[245]　*Die historischen Landes-Rechte in Schleswig und Holstein urkundlich, Vorwort
von Etatsrath (Nikolaus) Falck Nebst einer Zugabe von Prof. Dahlmann* (Hamburg 1847).

　　[246]　N. Falck, *Sammlung der wichtigsten Urkunden, welche auf das Staatsrecht der
Herzogthümer Schleswig und Holstein Bezug haben* (Kiel 1847).

论。[247] 展开讨论的思想中心是基尔大学。[248] 当时的基尔大学拥有自由主义和民族主义的形象。但是，那里的法律系因受重要人物**法尔克**[249] 的影响而带有温和成分。然而，一篇关于继承问题的纪念文章却几乎使整个法律系与政府发生冲突。这篇文章是受 1846 年丹麦国王一封公开信的激励而作。[250]

因此，基本上只有**施莱格尔**撰写的比较老的关于丹麦总国家法的作品，以及**法尔克**撰写的《石勒苏益格－荷尔斯泰因私法手册》第二卷——这与题目不相符——提供了针对公国公法的系统论述。[251] 该手册包含了 1831 年的宪法和行政法。

（十一）自由市

自由市具有特有的发展情况，它们的宪法在战乱、《全帝国代表团会议主决议》以及随之而来的**拿破仑**对疆土的改变中幸存了下来。[252] 原来数目众多的帝国自由市——去掉奥格斯堡和纽伦堡后——

---

[247] 有利于丹麦在石勒苏益格的立场如 C. v. Wimpfen，前注 244；P. D. Chr. Paulsen, *Über Volksthümlichkeit und Staatsrecht des Herzogthums Schleswig, nebst Blicken auf den ganzen Dänischen Staat* (Kiel 1832)。

[248] E. Wohlhaupter, »Geschichte der juristischen Fakultät der Christian-Albrechts-Universität«, *Festschr. z. 275jährigen Bestehen der Christian-Albrechts-Universität* (1940), 页 49—108；E. Döhring, *Geschichte der juristischen Fakultät 1665–1965* (1965), 页 96 及以下。

[249] Döhring, 前注 248，页 108—114；K. Volk, *Die Juristische Enzyklopädie des Nikolaus Falck. Rechtsdenken im frühen 19. Jahrhundert* (1970)。

[250] Döhring, 前注 248，页 119 及以下。

[251] J. F. W. Schlegel, *Staats-Recht des Königreichs Dänemark und der Herzogthümer Schleswig, Holstein und Lauenburg. Aus dem Dänischen von F. H. W. Sarauw* (Schleswig 1829), 有关施莱格尔，比较 F. Dahl, *Hovedpunkter af den danske Retsvidenskabs Historie* (1937), 页 38—42；S. Juul, *Dansk Biografisk Leksikon*，第 21 卷（1941），页 188—190，第 3 版由塔姆（D. Tamm）重新修订；N. Falck, *Handbuch des Schleswig-Holsteinischen Privatrechts*，第 1 卷（Altona 1825）；第 2 卷（1831）；第 3/1 卷（1835）；第 3/2 卷（1838）；第 4 卷（1840）；第 5/1 卷（1848）。

[252] G. W. Hugo, *Die Mediatisierung der deutschen Reichsstädte* (Karlsruhe 1838).

仅仅剩下法兰克福和三个汉萨城市即汉堡、不来梅和吕贝克。这几个城市在维也纳会议上保留了它们原有的宪法，[253]并成为德意志同盟成员。"等级会议"制宪法维护传统的君主制这一原则自然被修改了（《维也纳会议最后议定书》第 62 条）。[254] 根据 1816 年 7 月 19 日到 10 月 16 日制定的《宪法补充》，法兰克福回到了旧状态，勉强符合宪治情况。[255] 法兰克福市曾经短时间地成为法兰克福大公国的首都（1810—1813）。它在 1849 年尝试实现国民平等，但在 1852 年遭到德意志同盟破坏。

在维也纳会议上，汉萨城市不来梅[256]、汉堡和吕贝克[257]同样恢复了陈旧的宪法。这些陈旧宪法很少有地方与时代精神相适应。在吕贝克，1844 年开始修改的宪法内容汇入 1848 年 4 月 8 日的宪法之中。[258] 在不来梅，1849 年 3 月 8 日废除了旧宪法，1851 年又对它做出恢复修改。汉堡甚至躲过了 1848、1849 年，直到 1860 年 9 月 28 日才建立起代议制，但仍未完全议会化。

19 世纪整个国家法和行政法文献典籍对这些变化[259]进行了跟踪评论。明显和君主制的"德意志共同国家法"相类比，创立了"自

---

[253]　《德意志同盟条约》第 1、4、6、12 条。

[254]　H. A. Zachariä, *Deutsches Staats- und Bundesrecht*, 第 1 分部（Göttingen 1841），第 102—107 节。

[255]　R. Koch, *Grundlagen bürgerlicher Herrschaft. Verfassungs- und sozial-geschichtliche Studien zur bürgerlichen Herrschaft in Frankfurt am Main 1612–1866* (1983)；R. Roth, *Stadt und Bürgertum in Frankfurt am Main. 1760–1914* (1996).

[256]　W. v. Bippen, *Geschichte der Stadt Bremen*, 3 卷本（Bremen 1892–1904）；H. Kasten, *Freie Hansestadt Bremen 1564–1947* (1947)；Ch. U. Schminck-Gustavus, »Vryheit do ik ju openbar. Versuch zu einigen Aspekten der bremischen Verfassungsgeschichte«, V. Kröning (Hg.), *Handbuch der Bremischen Verfassung* (1991), 页 13—25。

[257]　M. Hoffmann, *Geschichte der freien und Hansestadt Lübeck*, 2 卷本（Lübeck 1889/1892）；G. Krabbenhöft, *Verfassungsgeschichte der Hansestadt Lübeck* (1969)；W. Schwarz, *Hamburgische Verfassungskämpfe in der Reaktionszeit (1850–1852)* (1974)。

[258]　被 1851 年 12 月 29 日宪法代替，而该宪法生效至 1875 年 4 月 5 日。

[259]　R. Postel, »Hansestädte«, *DVG*, 第 2 卷（1983），页 784—811，内有更多文献。

由市共同国家法"。个别学者曾尝试撰写这方面的专著，[260] 像**克吕贝尔**[261] 和**海因里希·察哈里埃**[262] 写的教材还以单独章节来论述自由市，并发展出一些共同的东西，论述了自由市的主权、市政议会的主要机构、城市市民及其委员会以及市民个人的法律地位等。

这种比较研究收获不是很大，因为对实践操作来说，个别具体的总是比全面笼统的重要。这些城市都没有自己的大学，缺乏理论研究的动力。因此，为实践服务的作品就占据了主导地位，其中汉堡[263] 和不来梅[264] 最为杰出，而吕贝克和法兰克福的文献典籍则落在后面。[265]

---

[260]　Ch. de Villers, *Constitutions des trois villes anséatiques* (Leipzig 1814)；佚名，*Freimüthige Betrachtungen über die neuen Constitutionen der freien deutschen Städte*，第 1—3 卷（1815）；J. C. Bisinger, *Vergleichende Darstellung der Staatsverfassungen der europäischen Monarchien und Republiken* (Wien 1818)；A. Müller, *Einleitung zum Studium der Verfassungsgeschichte der vier freien Städte des Teutschen Bundes* (Hamburg 1826)；C. F. Wurm, *Verfassungs-Skizzen der freien Städte* (Hamburg 1841)。

[261]　J. L. Klüber, *Öffentliches Recht des Teutschen Bundes*，第 3 版（Frankfurt 1831），第 240—241 节。

[262]　H. A. Zachariä, *Deutsches Staats- und Bundesrecht*，第 1 卷（Göttingen 1841），第 102—107 节。

[263]　F. G. Buek, *Handbuch der Hamburgischen Verfassung und Verwaltung* (Hamburg 1828)；(J. H. Bartels), *Einige Abhandlungen über Gegenstände der hamburgischen Verfassung* (Hamburg 1835)；N. A. Westphalen, *Hamburgs Verfassung und Verwaltung in ihrer allmählichen Entwickelung bis auf die neueste Zeit*，2 卷本（Hamburg 1841）；同作者，*Geschichte der Haupt- und Grundgesetze der hamburgischen Verfassung*，3 卷本（Hamburg 1844–1846）；J. W. Christern, *Geschichte der freien Stadt Hamburg und ihrer Verfassung vom Anfang derselben bis auf den heutigen Tag* (Hamburg, Leipzig 1843；第 2 版，1846)；C. F. Wurm, »Hamburg«, Rotteck / Welcker, *Staatslexikon*，第 2 版，第 6 卷（Altona 1847），页 343—383。W. Schwarz, »Hamburgische Verfassungskämpfe in der Reaktionszeit (1850–1852)«（法学博士论文，Kiel 1973）。

[264]　C. N. Roller, *Grundgesetze der Stadt Bremen* (Leipzig 1802)；F. Bülau, »Bremen«, Rotteck / Welcker, *Staatslexikon*，第 2 版，第 2 卷（Altona 1846），页 668—670；莫尔对此进行特别积极的评价，但没有相应的证明（"这里就是生活；现在与未来"，见 Mohl II，页 392）。

[265]　C. W. Pauli, *Abhandlungen aus dem Lübischen Rechte*，3 卷 本（Lübeck [Asschenfeldt] 1837–1841）；C. F. Wurm, *Verfassungs-Skizzen der freien Hansestädte Lübeck, Bremen und Hamburg* (Hamburg 1841)；Souchay, *Anmerkungen zu der*（转下页）

（十二）普鲁士

三月革命前，普鲁士还不是一个宪法国家。**卡尔·施泰因**在 1806 年对此说得很清楚："普鲁士邦国没有国家宪法，最高权力也没有在国王和人民代表会议中进行划分。"[266] 在 1806 年后的最初阶段所进行的、后来重新更新的预备立宪，在 1819 年以后被证明不能实现。1823 年到 1824 年设立了省地方议会（Provinziallandtage），人们试图以此在丝毫不损害君主制原则的条件下跟上宪法运动的步伐。后来官方声明尴尬地绕过预备立宪，并避免提到它。国王在 1847 年违背自己的信念和幕僚，力排众议，终于决定建立国家联合议会，[267] 这时对宪治的有机发展来说已为时太晚。[268]

然而，普鲁士拥有不同寻常的行政传统，这一传统可以追溯到 17 世纪。它一开始就存在着这样一个问题，即如何对分散广泛、不利于划分的土地进行行政统一。始于 19 世纪初的政府和行政改革创立了内阁制，对省和官府进行重新划分，设立了国家资政院，推行地方自治，还新设置了州长机构（Institut des Oberpräsidenten）。[269]

（接上页）*Reformation der freien Stadt Frankfurt*，2 卷本（Frankfurt 1848–1849）；R. Koch, *Grundlagen bürgerlicher Herrschaft. Verfassungs- und sozialgeschichtliche Studien zur bürgerlichen Gesellschaft in Frankfurt am Main (1612–1866)* (1983)；同作者，见 Chr. Jamme / O. Pöggeler (Hg.), *Frankfurt aber ist der Nabel dieser Erde. Das Schicksal einer Generation der Goethezeit* (1983)。

[266]　Freiherr vom Stein, »Denkschrift vom 26./27. April 1806«, *Briefe und Schriften*, 第 2/1 卷（1959），页 208。

[267]　如见 K. L. v. Haller, *Staatsrechtliche Prüfung des preussischen Vereinigten Landtags, nebst redlichem Rathe an den König zur Behauptung seines guten Rechts* (Schaffhausen 1847)。

[268]　Nipperdey I，页 331 及以下；W. Bußmann, *Friedrich Wilhelm IV* (1990)，页 101 及以下。也可比较 H. Laube, *Erinnerungen 1841–1881* (Wien 1882)，页 40："没有人相信普鲁士这部雌雄同体宪法能持续多久，就连在普鲁士，它也仅仅是一种尝试而被迟迟搬上舞台。"

[269]　G. Chr. v. Unruh, »Die Veränderungen der Preußischen Staatsverfassung durch Sozial- und Verwaltungsreformen«, *DVG*，第 2 卷（1983），页 399 及以下；W. Rüfner, »Die Verwaltungstätigkeit unter Restauration und Konstitution«, 前引书，页（接上页）

这些改革起到了立竿见影的效果，尽管招致不少社会批评和谴责，但基本上被人们接受。[270] 人们承认，普鲁士没有宪法，但它还是为经济自由和法律保护提供了某些基本条件。[271] 由于没有一部"国家宪法"，所以必须由"政府组织法"（Regierungsverfassung）即行政来替代。[272] 事实上，普鲁士的行政似乎还起到了这样的作用。"为了抵制所有抗议者，"**尼佩代（Thomas Nipperdey）**总结道，"行政坚持工商自由，为了未来自由社会和利益增长而忍受不受大众欢迎和社会危机。其中包括婚姻和移居自由的保持、社会活力的调动、自由贸易的关税政策以及关税同盟的形成，普鲁士在几十年中取得独一无二的伟大成就。为了达到这些目的，通过技术培训、发展计划、规范采矿和冶金、扩建交通设施来促进工业发展。农民解放尽管遭到许多保守势力的阻拦，但还是被推行了。"[273] 因此，在普鲁士，行政和行政法的文献典籍肯定处于显要位置。

谁想论述普鲁士的国家法，那他应该先描述霍亨索伦家族的历

（接上页）470 及以下。以上两篇文章含有丰富文献，此外还可参见 K. Schwabe (Hg.), *Die preußischen Oberpräsidenten 1815–1945* (1985)；M. Stolleis, »Oberpräsident«, *HRG*，第 3 卷，栏 1153—1156；D. Schwab, *Die »Selbstverwaltungsidee« des Freiherrn vom Stein und ihre geistigen Grundlagen (Gießener Beitr. z. Rechtswiss. 3)* (1971)；A. v. Mutius (Hg.), *Selbstverwaltung im Staat der Industriegesellschaft, Festg. v. G. Chr. v. Unruh* (1983)。

[270] R. Schütz, *Preußen und die Rheinlande. Studien zur preußischen Integrationspolitik im Vormärz* (1979)；H. Schissler, *Preußische Agrargesellschaft im Wandel* (1975)；D. Blasius, *Bürgerliche Gesellschaft und Kriminalität. Zur Sozialgeschichte Preußens im Vormärz* (1976)；B. Vogel (Hg.), *Preußische Reformen 1807–1820* (1980)；同作者，*Allgemeine Gewerbefreiheit. Die Reformpolitik des preußischen Staatskanzlers Hardenberg (1810–1820)* (1983)。

[271] G. Landwehr, »Staatszweck und Staatstätigkeit in Preußen während der ersten Hälfte des 19. Jahrhunderts«, G. Köbler (Hg.), *Wege der europäischen Rechtsgeschichte, K. Kroeschell z. 60. Geb.* (1987)，页 249—264。

[272] 详见 R. Koselleck, *Preußen zwischen Reform und Revolution. Allgemeines Landrecht, Verwaltung und soziale Bewegung von 1791–1848*，第 2 版（1975），页 217 及以下。

[273] Nipperdey I，页 333。

史发展和最重要的家族法，然后从 1794 年一般邦国法的公法内容中发展出后**腓特烈二世**时代晚期专制主义的自然法建构要素，目的是最终仔细研究 1795 年以后普鲁士数十年的疆土和行政变化。从 1819年起，所有旨在论述宪治状态的文章都要受到严格审查，所以当时存在的论述困难就更加严重了。[274]

普鲁士事实上是"典型的复辟国家"[275]。1819 年以后，它明显加强了对政治反对派的镇压。贵族 [276]、教会和军队形成了一个权力集团，其间变了味的自由主义声音也沉默不语了。官吏阶层原先还是改革的担当者，但在**洪堡**被解职（1819）和**哈登贝格**去世（1822）以后，走上了保守路线，他们当中的自由派陷入了孤立。引人注目的是，这个时期的普鲁士国家法和行政法著作的前言常常强调说，对当下局势的批评不是故意的。[277]

1830—1832 年的形势变得更加紧张。普鲁士国家法和行政法文献具有自相矛盾的特征。一方面，它延续早期官房学 * 和警察学纲要

---

[274] 如比较 C. J. Bergius, *Preußen in staatsrechtlicher Beziehung* (Münster 1838；第 2 版，1843)，第 41 节；同作者，*Preussische Zustände* (Münster 1844)；F. H. Hesse, *Die Preußische Preßgesetzgebung, ihre Vergangenheit und Zukunft* (Berlin 1843)。

[275] Nipperdey I，页 334。主要参见 R.Koselleck，前注 272。亦见简要论述，W. Hardtwig, *Vormärz. Der monarchische Staat und das Bürgertum* (1985)，页 39 及以下。

[276] F. L. Carsten, *Geschichte der preußischen Junker* (1988)；R. M. Berdahl, *The Politics of the Prussian Nobility. The Development of a Conservative Ideology 1770–1848* (Princeton 1988)；比较克劳斯（H.-Chr. Kraus）的谈话，见 *Der Staat*，第 30 卷（1991），页 269—278。

[277] 如 A. Mirus, *Uebersichtliche Darstellung des Preussischen Staats-Rechts* (Berlin 1833)，前言："作为主要规范的历史因素在此形成了存在之物，我们应该只谈这样的存在物，而把任何理念之创立排除在外。"贝吉乌斯（Karl Julius Bergius，1804—1871）也表达了似观点，见 Bergius，前注 274，序："现在我的意图也只是论述我们国家更为重要的公共关系，不对它们进行批判。"

* 译者按：德文为"Kameralistik"或"Kameralwissenschaft"。这是德国在重商主义语境下产生的一门专业，它包含政治学、经济学和财政学。

（Kameral- und Policeykompendien）的重要传统，[278] 对所有与行政有关的细节内容进行杰出的收录整理。另一方面，在国家法的评价问题上，尤其是关系到"宪治"和"国民代表会议"问题上却三缄其口。人们在普鲁士行政中强调，"所有阶级的兴趣更多地放在行政的改善上，而不是放在宪法问题上"[279]，因此把宪法问题搁置在一边。谁认为"宪法独有的祭坛"已颓败不堪，那他必定会赞扬普鲁士，"没有建造宪法庙宇，而是把天才智慧转移到了行政当中"。[280] 在这里，从行政的角度观之，宪法被"智慧"替代，隆重的基本权利宣言被实际的赋予所取代。[281] 普鲁士的官吏们常常把自己打扮得足够好，以便证明："普鲁士国家的卓越组织举世闻名。"[282]

在文字表达上也会发现行政国家压过了宪法国家。行政法普遍超过了宪法，而仔细整理细节问题盖过了基本原则问题。莫尔在 1856 年很好地注意到了这些问题，他认识到行政法："有一部分是那些不允许对宪法问题进行讨论的，或在现有情况下不适合进

---

[278] F. Chr. J. Fischer, *Lehrbegriff sämmtlicher Cameral- und Policey-Rechte*，3 卷本（Halle 1785）；同作者，*Lehrbegrif(f) und Umfang der teutschen Staatswirthschaft oder von der Verbindung mit dem Verhältnisse der Kameralwissenschaften zum teutschen Staatsrechte* (Halle 1783)；G. H. v. Berg, *Handbuch des Teutschen Policeyrechts* (Hannover 1799–1809)；Haase, *Handbuch zur Kenntnis des Preußischen Polizei- und Kameralwesens*，3 卷本（Magdeburg 1794–1797）；G. H. Borowski, *Abriß des praktischen Cameral- und Finanz-Wesens ... in den Königlich Preußischen Staaten* (Berlin 1795；第 2 版，2 卷本，1799；第 3 版，2 卷本，1805）。

[279] G. J. M. Wehnert, *Über den Geist der preußischen Staatsorganisation und Staatsdienerschaft* (Potsdam 1833)，页 3。亦见伦普夫（J. D. F. Rumpf）对官吏法进行的简洁全面论述：*Dienst- und Rechts-Verhältnisse der Preußischen Staatsbeamten，von ihrem Dienstantritte bis zu ihrem Ausscheiden* (Berlin 1833)，导言。

[280] Wehnert，前注 279，页 21。

[281] 贝吉乌斯也完全持这种观点，见前注 274，第 2 章 »Von den Staatsbürgern«。

[282] M. C. F. W. Grävell, *Anti-Platonischer Staat, Oder welches ist die beste Staatsverwaltung? Mit besonderer Rücksicht auf die Preußischen Staaten* (1808；第 2 版，Berlin 1812)，序，页 XI。亦见其三部曲：*Der Mensch* (1815；第 2 版, 1818); *Der Bürger* (1822); *Der Regent* (Stuttgart 1823)，页 93 及以下（一般行政原则）。

行活动的，便逃到这个不大受人喜欢的专业中来；有一部分事实上是普鲁士某些地方受过良好培训的行政机构所提供的值得称道的素材。" [283]

完全把国家法和行政法放在一起论述的相关著作不是很多。1806 年到 1830 年几乎都是研究改革的作品。五花八门的学术论著很少针对普通大众，甚至很少针对大学生。大学生们既不听（普鲁士的）国家法，甚至也不听行政法，而是把精力放在行政管理中的现实问题上，[284] 他们尤其对官吏的地位感兴趣。[285] 那是"一种以特有方式进行讨论的行政。动议、计划、专家评语、批评性的单独否决、反专家评语——也可超越办事程序——在各个部之间、政府之间以及地方行政领导之间来回运行……" [286]

进行连续论述的第一本综合论著出自**米鲁斯**（Alexander Mirus）之手。该著作不具学术水平，提供了一个"普鲁士君主制中存在的

---

[283]　Mohl II，页 350。

[284]　典型见 Grävell，前注 282。格雷韦尔以 1807 年国王给梅默尔批准的备忘录为根据，撰写出一本改革书籍，该书结构组织欠佳，理论基础也不强（国家契约论、国家目的），他在此基础上对国家组织、官吏、部级结构划分以及大量具体问题提出实用建议。这位在 1818 年被暂停公职、笔耕不辍的官吏似乎并未产生影响。比较 Teichmann，*ADB*，第 9 卷（1879），页 613—615。有关格雷韦尔在保罗教堂国民议会上所扮演的角色，见 V. Valentin, *Geschichte der deutschen Revolution*，第 2 卷（1930，1970），页 465："年迈、头发花白、愁眉苦脸、古板的格雷韦尔是一位极右法学家，1818 年被暂停公职，为他的正义感付出了代价；他在保罗教堂国民议会上牢骚满腹，滑稽可笑而又惹人生厌，是循规蹈矩的学究。"

[285]　A. W. Rehberg, *Über die Staatsverwaltung deutscher Länder und die Dienerschaft des Regenten* (Hannover 1807)；F. v. Bülow, *Bemerkungen, veranlaßt durch Rehbergs Beurtheilung der Preußischen Staatsverwaltung* (Leipzig 1808)；C. A. Frhr. v. Malchus, *Politik der innern Staatsverwaltung*，第 1 部分（Heidelberg 1823）；Grävell，前注 282, *Der Regent*，第 16 章（Pragmatik des Staatsdienstes）; Wehnert，前注 279; J. D. F. Rumpf, *Der preußische Secretär. Ein Handbuch zur Kenntniss der preußischen Verfassung und Verwaltung*，第 9 版（Berlin 1823）；同作者，*Dienst- und Rechtsverhältnisse der preußischen Staatsbeamten*，第 2 版（Berlin 1833）；Cl. Th. Perthes, *Der Staatsdienst in Preußen, ein Beitrag zum Deutschen Staatsrecht* (Hamburg 1838)。

[286]　Nipperdey I，页 333。

最重要的国家法基本原则的系统概要"[287]。**米鲁斯**明确信奉不受限制的君主制和君主决定实施宪法的独享权,认为与之相反的都是"可憎不理智的"和"非法的"。"历史,"他说,"向我们展示了认为人民可以肆意地改变现存宪法这种腐朽观点带来的令人后悔的结果。"[288] 这本书的国家法部分主要进行历史论述,在一般邦国法中保留着等级划分结构,为贵族享有特权、市民拥有地方宪法、农民享有废除农业和土地税权利提供了可能。另外,它还简短地论述了省等级会议、官吏、对内和对外最高权利、国家组织以及——几乎没有多大意义——普鲁士在德意志同盟中的地位。

此后不久,当时的政府顾问**贝吉乌斯**撰写了一部著作。[289] 该著作资料明显更翔实,结构安排得更好。它先论述国家领土、法律渊源和普鲁士在德意志同盟中的地位,然后论述国家权力和国家元首、公民的义务与权利、宗教团体以及贵族特权,接着是关于宪法问题和省等级会议、官吏和军队、国家和省的行政管理、税收、海关、度量衡以及社区管理等章节。引人注目的是,它一方面从一般邦国法的资料和后来的具体规章中突出地发展出类似于基本权利的立场,并按宪法类别进行归类,[290] 另一方面,很重视对国王预备立宪的广泛论述。他对预备立宪的秘密好感以这种方式昭然若揭。

1840 年王位发生变动,这在短时间内唤醒了自由主义者们的希

---

[287] A. Mirus, *Uebersichtliche Darstellung des preussischen Staats-Rechts* (Berlin 1833),前言。该书是献给大臣坎普茨的作品,后者是普鲁士复辟的主要人物。

[288] 前引书,第 21、140 节。

[289] K. J. Bergius,前注 274。有关布雷斯劳最后一位国家学和官房学教授的生平,见 Meitzen, *ADB*,第 2 卷(1875),页 388—389;Lippert, *HdBStaatsWiss*,第 2版(1899),第 2 卷,页 584。

[290] 如在第 2 章中的列举:良心和思想自由、出版自由、个人的自由权利、财产和工商自由、土地自由、贫困救济权、迁徙权。

望，[291] 尽管**腓特烈·威廉四世**明确拒绝"普遍的人民代表会议"。但作家**奥斯特曼**（Ostermann）在 1841 年就认为，普鲁士到那时为止"在公共生活的发展轨道上已取得了巨大进步。所以自那时起就明显感觉到普鲁士公法缺乏一个完整体系"[292]。不过他没有得出内容上的结论。普鲁士继续保持着绝对君主制，主权体现为王朝的"家族财产"。[293] **奥斯特曼**小心谨慎，避免评论政治，比如在论述省等级会议时就是如此。由于谈论宪法是一种禁忌，所以只能谈论行政。从行政角度看，普鲁士体现为一台在法律上治理得井井有条的装置。因此，按照职权划分的行政法和官吏法占据了最大篇幅，并对它们进行大纲似的、实证的、"聪明圆滑的"论述。[294] 尽管如此，行政法现在在其名称下也获取了轮廓。

在这条明显不断上升的路线上，**西蒙**（Heinrich [August] Simon，1805—1860）到达了它的顶峰。**西蒙**是一位重要的普鲁士自由主义者，政治环境造就了他的离奇经历。[295] 他撰写的两卷本《普鲁士国家法》（*Das Preussische Staatsrecht*）[296] 建立在已有的、被他和其他人全面修改的普鲁士法律的基础上，因此包含了普鲁士行政的全部具体内容。它的结构以一般邦国法的法律顺序为基础，这不仅是出于实际原因的考虑，而且像**贝吉乌斯**所做的那样，里面还包含了一种政治表述；因为一般邦国法的国家法章节有启蒙自然法成分，尤其是它

---

[291]　Th. v. Schön, *Woher und wohin?*，第 2 版（Straßburg 1842）；Bußmann，前注 268，页 101 及以下。

[292]　W. Ostermann, *Grundsätze des preußischen Staatsrechts* (Dortmund 1841)；见 Bergius，前注 274，页 42，以及莫尔对米鲁斯、贝吉乌斯、奥斯特曼和雅各布松（H. F. Jacobson）的笼统批判，见 Mohl II，页 346—347。

[293]　Ostermann，前引书，页 67。

[294]　Mohl II，页 347。

[295]　J. Jacoby, *Heinrich Simon. Ein Gedenkbuch für das deutsche Volk*，2 部分（Berlin 1865）；A. Stern, *ADB* (1892)，页 371—376；简短介绍，见 Huber II (1960)，页 401。

[296]　2 部分（Breslau 1844）。

们对统治者有契约约束力，因此在 1794 年就被看成宪法替代品。[297] 他明确把这些章节作为其著作的基础。**哈勒尔**称之为"革命性的"，而这些章节在 1830 年以后的内部政治气氛下也确实是如此。[298]

西蒙就以这种方式用开明的**腓特烈二世**式的普鲁士去对付**腓特烈·威廉四世**浪漫反动的普鲁士。一般邦国法一直是出发点，接着是新的适用于全部君主制的法律，最后是地方性的省级权利。在第一卷中，以这种方式形成的概要开头论述人民的等级划分，然后阐述国家的结构、国家的任务以及教会的地位和大中小学。第二卷讲普鲁士与德意志同盟的关系、国家元首和国家权力、等级宪法以及下面的邦国地区、国家收入和最高财权（Regalien）、包括"行政司法"在内的司法管理、国籍法和军队。

西蒙和**伦内**（Ludwig von Rönne，1798—1865）从 1840 年起[299] 出版了多卷普鲁士公法全集，[300] 这可以再一次表明行政是如何支配宪法的。这部全集按照管辖范围原则划分，包含农业立法[301]、有很多分支的警察管理、医疗卫生、道路建设和道路管理、建筑业和建

[297] Koselleck，前注 272。

[298] *ALR*，第 2 编，第 13 章。见 K. L. v. Haller, *Restauration der Staatswissenschaft*，第 1 卷（Winterthur 1816），页 192—200。有关普鲁士的讨论，见 W. v. K. (= v. Klewitz), *Einige Worte über die im Preußischen A. L. R. ausgesprochenen staatsrechtlichen Grundsätze* (Berlin 1828)；对此进行的反驳见 F. Buchholz, *Vertheidigung der Urheber des Preußischen Landrechts gegen die Beschuldigungen eines Ungenannten* (Berlin 1828)。

[299] 西蒙在 1849 年不得不逃亡瑞士。他在那里继续撰写这部著作，但出版商强迫删去文献索引上有政治问题的名字。亦见 W. Fiedler (Hg.), *Die erste deutsche Nationalversammlung 1848/49* (1980)，页 14—15。

[300] L. v. Rönne / H. A.Simon, *Die Verfassung und Verwaltung des Preußischen Staates* (Breslau 1840–1854).

[301] E. M. Schilling, *Handbuch des Landwirthschafts-Rechts der deutschen Bundesstaaten*，第 2 部分，*Landwirtschafts-Recht des Kgl. preußischen Staats* (Leipzig 1829)；W. Dönniges, *Die Land-Kultur-Gesetzgebung Preußens*，5 卷本（Berlin, Frankfurt/O. 1842–1850）。

筑法、商业管理、地方宪法^[302]，以及其他领域的汇编^[303]。这部文献
囊括了所有相关文献："收集者付出的艰辛工作令人震惊。"^[304] 这
部论纲还证明了这样的论点，即普鲁士在 19 世纪上半期继续了 18
世纪所推行的福利国家路线，远远超越了"守夜人国家"只提供安
全保障的界限，尤其在促进经济发展和文化领域方面，1840 年代以
后在劳动保护立法方面更是如此。^[305]

　　对普鲁士三月革命前的国家法和行政法，**莫尔**曾给过贬低性的
总评价。他说，普鲁士"既没有全面的和成体系的东西，也没有一
部好的专著"^[306]。这是从南德意志的宪治主义角度来说的。普鲁士
的国家法文献不可能比它们所处的环境情况更好、更自由。没有大
学培养的激励和挑战，不能产生具有学术水平的论著。**米鲁斯**、**奥
斯特曼**、**林内**（Rinne）^[307]、**贝吉乌斯**、**西蒙**、**伦内**和**雅各布松**^[308]
等人所撰写的东西都是为官僚自身和省等级会议提供信息服务；而

---

　　[302]　L. v. Rönne, *Die Preußischen Städte-Ordnungen vom 19. November 1808 und vom 17. März 1831 mit ihren Ergänzungen und Erläuterungen durch Gesetzgebung und Wissenschaft* (Breslau 1840)；同作者，*Die Gemeinde-Verfassung des Preußischen Staates* (Breslau 1843)；同作者，*Die Gemeinde-Ordnung und die Kreis-, Bezirks- und Provinzialordnung für den Preußischen Staat ...* (Brandenburg 1850)。伦内提供了一本——正如他本人恰当所说（前言，1840）——"可使用和有用的工具书，这不仅对官吏，尤其是对地方官吏和行政官吏有用，而且对那些对城市社区行政感兴趣的市民也有用"。该著作开头有一个简洁的历史导言，接着对城市规则及其所有变化进行整理和评论。更多文献见 Mohl II，页 354。

　　[303]　Mohl II，页 352。

　　[304]　Mohl II，页 346。

　　[305]　Landwehr，前注 271。

　　[306]　Mohl II，页 347。

　　[307]　J. Ch. Rinne, *Handbuch der Preußischen inneren Staatsverwaltung*，3 卷 本（Liegnitz 1840），未完成。

　　[308]　H. F. Jacobson, *Der Preußische Staat. Eine übersichtliche Darstellung seiner Bildungsgeschichte, seiner Gesetzgebung, Verfassung und Verwaltung* (Leipzig 1854). 该书对"实证法进行科学的，而不是政治化的，也不是论战性的"（前言），简短论述，是百科全书式的浓缩。

对一个自由讨论的学术文献来说，还缺乏思想和宪法背景；对南德意志来说，也不可能为市民的宪法权利进行典型的问答式指导。在取消书报审查制后马上发表的一部作品[309]就取得了轰动一时的发行量，"书报审查制的避难人"撰写的作品也从国外进来了，这些都表明在普鲁士需要对书报进行审查禁锢。[310]

1850年，伦内[311]在他的宪法评论中用这么一句话开头："普鲁士——直到现在还是等级君主制——因1848年事件而加入宪法国家行列。"[312]他评论了他本人在上议院参与建议修改宪法的所有内容，从而为彻底阻止退回到无宪法时代做出了贡献。这个评论因此也为新的资料汇编[313]，尤其为普鲁士国家法的新论著奠定了基础。[314]

（十三）奥地利

奥地利的宪法和行政问题可以与普鲁士进行比较的不多。哈布

---

[309]　E. G. G. v. Bülow-Cummerow, *Preußen, seine Verfassung, seine Verwaltung, sein Verhältniß zu Deutschland*, 2 卷本（Jena 1842, 1843）。该书作者比洛－库梅罗，是对大农庄经济和政治有创见的作家，对普鲁士所有内政外交问题，尤其是农业信贷问题发表过见解，见 Meitzen, *ADB*, 第 3 卷（1876），页 517—520；E. Krauß, *Ernst von Bülow-Cummerow, ein konservativer Landwirt und Politiker des 19. Jahrhunderts* (Berlin 1937)；同作者，见 *Pommersche Lebensbilder*，第 4 卷（1966），页 228—240。

[310]　L. Buhl, *Die Verfassungsfrage in Preußen nach ihrem geschichtlichen Verlaufe. Besonderer Abdruck aus dem deutschen Staatsarchiv* (Zürich, Winterthur 1842).

[311]　有关伦内，见本书第 7 章，注 137、138。关于他还可参见 E. Landsberg, *ADB*，第 55 卷（1910），页 879—883。有关他兄弟弗里德里希·伦内（Friedrich von Rönne），以及二人合著的有关普鲁士民法的著作，参见 K. Wippermann, ADB, 第 29 卷（1889），页 133—136。

[312]　L. v. Rönne, *Die Verfassungs-Urkunde für den Preußischen Staat, vom 31. Januar 1850, Nebst einem Nachtrage* (Berlin 1852).

[313]　W. Stieber, *Die Gesetzgebung des Preußischen Staats seit Einführung der constitutionellen Regierungsform nach den neuesten Beschlüssen der Kammern geregelt ...* (Berlin 1850).

[314]　Jacobson, 前注 308；L. v. Rönne, *Das Staatsrecht der preussischen Monarchie* (Leipzig 1856 et al.)。

斯堡君主国是一个多民族国家，王朝凌驾于各民族之上。这意味着，政府必须一直敌视破坏体制的民族运动和自由主义运动。"**梅特涅体制**"不惜任何代价维持稳定。人们不否认该体制的某种内部逻辑，尽管为它付出很高政治代价。**梅特涅**外交政治路线的首要目标是欧洲稳定，因为革命的震动还一直在动摇着欧洲的政治根基。在德意志同盟期间，由于害怕正当秩序遭到普遍破坏，**梅特涅**一直督促对那些迫切需要"宪法"和政治参与的反对派进行控制。

对内部威胁性的紧张关系同样加以控制。尤其对广泛蔓延的双重君主制（Doppelmonarchie）*来说，民族国家的思想是无法容忍的。[315] 捷克人、斯洛伐克人、匈牙利人、塞尔维亚人、克罗地亚人、意大利人、德意志人以及为数不少的少数民族犹太人必须相互生活在一起，而完全不顾及区域的同一性。[316] 通过——那时仍然——继续有效的王朝整合力量，通过给地方留下活动空间的有限的集中化，还通过一种常遭人不公正嘲笑的特殊的行政风格，上述情况取得了成功。这种行政风格通过拖沓不作为的方法消减了冲突，以懒散消极的方式消耗了革命能量。新的东西在这个体制中很快就失去了力量，但另一方面，这个体制也提供了一些漏洞、形式的妥协和一些大方洒脱的管理。

对自由主义的抵制，一方面有经济上的原因。这个国家还几乎没有进行工业革命，一股在经济上还没有被利用起来的能量必须被

---

* 译者按：指奥地利和匈牙利共同拥有一个君主的体制。

[315] 比较多罗特娅·施莱格尔（Dorothea Schlegel）在 1815 年致瓦恩哈根（Rahel Varnhagen）的一封信中的表述，她希望战胜拿破仑："在上帝的帮助下，我们最终从所谓民族幽灵中解脱了出来……真理与秩序万岁！"（引自 C. Stern, »Ich möchte mir Flügel wünschen«. *Das Leben der Dorothea Schlegel* [1990]，页 268）。

[316] A. G. Haas, *Metternich, Reorganization and Nationality (1813–1818)* (Wiesbaden 1963)。

释放，但这在"被封建束缚、行会、垄断、过路费、国内关卡折磨的农业国家"[317]里碰到了巨大困难。另一方面，自由的理念也威胁着官僚体制自身，而奥地利这个没有遭受破坏的晚期专制主义福利国家还受这种官僚体制管理。[318]自由主义者们不能战胜这股顽固势力。他们尤其反对持续不断的现实状况，抵制官僚机器对生活所有方面的侵犯。也没有人真想放弃这种官僚体制，因为它在不同地区和不同民族之间建立起了唯一真正的联系网络。[319]此外，它自身——至少部分是——在"宫廷顾问自由主义"（Hofratsliberalismus）的形式上，也是现代化的工具。

历史学家们认为，奥地利体制在总体上持续时间越长就越成为"僵化体制"。[320]在**弗朗茨一世**的统治下，准确地讲是在染病的**斐迪南一世**的统治下，从 1835 年起这个体制就发挥不了多少作用了。它主要通过延续整体的国家 – 王朝意识，使军队和官僚在内部支撑着。

---

[317]　H. Steindl, »Anton von Krauss- (Elislago) und die Gründung des Polytechnischen Instituts«, Ch. Hantschk (Hg.), *Johann Joseph Prechtl* (1990) (=*Perspektiven der Wissenschaftsgeschichte*，第 8 卷），页 22。

[318]　K. Stekl, *Der Liberalismus in Altösterreich* (Wien, München 1955)；E. Winter, *Romantismus, Restauration und Frühliberalismus im österreichischen Vormärz* (1968)；同作者，*Revolution, Neoabsolutismus und Liberalismus in der Donaumonarchie* (1969)；K. Megner, *Beamte. Wirtschafts- und sozialgeschichtliche Aspekte des k.k.Beamtentums* (1986)；W. Heindl, *Gehorsame Rebellen. Bürokratie und Beamte in Österreich (1740–1848)* (1992)。

[319]　新的透彻论述，参见 R. Hoke, »Österreichs Verwaltung im Vormärz«, *DVG*，第 2 卷（1983），页 347 及以下。旧文献尤其参见 I. Beidtel, *Geschichte der österreichischen Staatsverwaltung 1740–1848*, A. Huber (Hg.)，第 2 卷，*1792–1848*（Innsbruck 1898）；有关布伦内（O. Brunne），见 W. Conze (Hg.), *Staat und Gesellschaft im deutschen Vormärz* (Stuttgart 1962)，页 39 及以下。

[320]　Hoke，前注 319，页 349。Nipperdey, I，页 338，同样认为："一切都取决于对现状和稳定的维护，而创新基本上是可恶的；政府远离计划和行动之外而日益陷入一种普遍的僵化之中……"

贵族占据着领导位置，[321]政府不愿意让市民在有限的等级会议[322]权利之外参与政治。其实人民自己也很少有这方面的愿望。市民阶级在还完全以旧等级制组织起来的结构中已被分离，他们根本上还不是具有自身价值意识的阶级。此外，书报审查和警察行使着职权。[323]

对于大学尤其是公法来说，这意味着断绝了至少在外部发生作用的所有批评性作品。留学遭禁止，"在这个时期，国家法或政治学教授没有谁在国外学习过。"[324]法律系教学计划中的公法只是粗略的。比如"统计数据"这样的非政治性信息替代了国家法。[325]"政治学固守**索南费尔斯**（J. v. Sonnenfels，1732—1817）的基本原则达八十余年而不变。"[326]教授们按照**马丁尼**（Martini）的教材讲习一般国家学说，这本教材被**埃格**（Egger）修订过。[327]这表明，19世纪上半期的奥地利公法几乎枯萎了。有一句有些太尖锐的话可以说明这个问题："三月革命前的奥地利没有国家学和国家法，没有它们的研究和学

[321]　N. v. Preradovich, *Die Führungsschichten in Österreich und Preußen (1804–1918)* (1955); H. Stekl, *Österreichs Aristokratie im Vormärz. Herrschaftsstil und Lebensformen der Fürstenhäuser Liechtenstein und Schwarzenberg* (1973); A. Schmidt-Brentano, *Die Armee in Österreich. Militär, Staat und Gesellschaft 1848–1867* (1975).

[322]　V. Bibl, *Die niederösterreichischen Stände im Vormärz* (Wien 1911); Ch. L. Mueller, "The Estates of Styria 1740–1848"（哲学博士论文，University of Virginia 1980).

[323]　A. Wiesner, *Denkwürdigkeiten der österreichischen Zensur vom Zeitalter der Reformation bis auf die Gegenwart* (1947); J. Marx, *Die österreichische Zensur im Vormärz* (Wien 1959).

[324]　F.Engel-Jánosi, »Die Theorie vom Staat im deutschen Österreich 1815–1848«, *Zeitschrift für öffentliches Recht*，第2卷（1921），页360。

[325]　J. Springer, *Statistik des österreichischen Kaiserstaates*，2卷本（Wien 1840）。

[326]　Engel-Jánosi，前注324，页362。

[327]　Wien, Triest 1809. A. V. Krauss, *Das christliche Staatsprinzip* (Wien 1840) (= 匿名, *Versuch, die Staatswissenschaft auf unwandelbarer Grundlage festzustellen, von einem Staatsmanne*，第2版［Wien 1835］。见前注317)。该书值得一提，并不是由于它是课堂用书，而是由于它是符合时宜的和具有地方特点的著作。

说。"[328]

形成于旧制度的宪法状况继续存在，原则上没有什么改变，因此，人们可以继续使用**特蕾西娅**和**约瑟夫二世**时代作者的书籍。对哈布斯堡君主制下的法律基本情况要说的，在那里都已经记录下来了。[329] 由于维也纳会议后的国家法情况似乎还没有评论的需要，大学也没有进行这方面研究的空间，所以就只有统计学和行政法论述，比如**巴尔特－巴滕海姆伯爵**（Johann Ludwig Ehrenreich Graf von Barth-Barthenheim）撰写的完全没有学术水平但资料翔实的作品[330]，以及——1848 年革命后不久——**施图本劳赫**（Moriz von Stubenrauch）的著作[331]。后者撰写了一本内容全面、对实践有重要意义的手册。这本手册先描述行政结构和官吏，接着描述行政程序，最后是按工作领域划分的行政法分则，整体上与 18 世纪**弗里德里希·菲舍尔**（Friedrich Christoph Jonathan Fischer）和**贝格**的著作[332]一样，是一部关于行政活动的论纲——第三版近一千五百页。但这部论纲被大量塞进法律形式，并以实证主义的潘德克顿法学的规范风格进行论述。

---

[328] R. Smend, *Staatsrechtliche Abhandlungen*，第 2 版（1968），页 330。

[329] Chr. A. v. Beck, *Specimen Iuris publici Austriaci* (Wien 1750)；F. F. v. Schrötter, *Grundriß des österreichischen Staatsrechtes* (Wien 1775)；同作者，*Abhandlungen aus dem österreichischen Staatsrechte* (Wien 1762–1766)；I. de Luca, *Vorlesungen über die österreichische Staatsverfassung* (Wien 1792)；J. Kropatschek, *Oesterreichs Staatsverfassung, vereint mit den zusammengezogenen bestehenden Gesetzen*，10 卷本（Wien 1794）；补充卷（1804, 1810）；J. v. Hormayr, *Abhandlungen aus dem österreichischen Staatsrechte* (1808)，有关作者，见 Heigel, *ADB*，第 13 卷（1881），页 131—135。

[330] J. L. E. Graf v. Barth-Barthenheim, *Das Ganze der österreichischen politischen Administration mit vorzüglicher Rücksicht auf das Erzherzogthum Oesterreich unter der Enns*，3 卷本（Wien 1838, 1841, 1846）；更多著作，见 Mohl II，页 341。

[331] M. v. Stubenrauch, *Handbuch der österreichischen Verwaltungs-Gesetzkunde nach dem gegenwärtigen Standpunkte der Gesetzgebung*，2 卷本（Wien 1851/1852；第 2 版，1855；第 3 版，1861）。

[332] *Geschichte*，页 387—388。

　　同时代的**莫尔**所进行的概括表明，1848 年左右的奥地利行政法处于"法律志"（Gesetzeskunde）状态，[333] 只有少数几部专著，[334] 总体上仿照**索南费尔斯**模式 [335]，并固守以管辖范围划分的"警察学"现状。人们在此注意到**莫尔**对奥地利行政法的刻薄评价，"压抑的沉默……不做评价的列举……"，"混淆所有的国家概念……对更自由的创立缺乏准备"，一言以蔽之，"学校礼堂在统治"！[336] 尽管人们会认为**莫尔**把他的宪治自由主义看成完全理所当然的正确观点，但他的这一评价包含着真正的核心内容。

---

[333]　W. G. Kopetz, *Oesterreichische politische Gesetzeskunde oder systematische Darstellung der politischen Verwaltung in den deutschen, böhmischen und galizischen Provinzen des oesterreichischen Kaiserthums*，2 卷本（Wien 1807, 1819）；E. Mayerhofer, *Handbuch für den politischen Verwaltungsdienst bei den Landes-, Kreis- und Bezirksbehörden im Kaiserthum Oesterreich* (Wien 1855)。

[334]　Mohl II，页 338，页 341 及以下。

[335]　*Geschichte*，页 382，内有更多文献。

[336]　Mohl II，页 344—345。

第五章
1848年前行政法滥觞

一、导言

（一）概略

19世纪不仅是宪治运动的世纪，而且还是——尤其在德意志——行政和行政法形成的世纪。[1] 从那时起，与欧洲其他国家相比，人们强调德意志行政传统有多强大，而通过具有自我意识的社会对国家进行政治塑造的思想又有多薄弱。因此，在德意志很少有闻名于欧洲的国家理论家，但是不断地有重要的行政理论家。[2]19世纪的**莫尔**、**洛伦茨·施泰因**、**格奈斯特**（Rudolf von Gneist，1816—1895）以及**奥托·迈耶**就是明证。

尽管发生了许多革命事件，议会和公法的公开性得到了发展，但人们仍在撰写行政日常事务的文章。行政国家是一个"日常性的国家"（täglicher Staat）。官吏、宗教人士、军官、地主、企业主、商人等构成社会上层。因为在1848年前还没有与政党联系在一起的

---

[1]　E. Forsthoff, »Der lästige Jurist«, *DÖV*, 第8卷（1955），页648—650。

[2]　H. Maier, *Die ältere deutsche Staats- und Verwaltungslehre*, 第2版（1980），页293；K. G. A. Jeserich / H. Neuhaus (Hg.), *Persönlichkeiten der Verwaltung. Biographien zur deutschen Verwaltungsgeschichte 1648–1945* (1991)。

职业政治家，所以高级官吏塑造着上层统治的形象。

因此，行政学及其形成具有相当大的意义。19 世纪初存在着业已发展的旧制度的警察学（Policeywissenschaft），还逐渐形成了服务于"警察"或"行政"（Administration）的特殊法律以及"法治国"思想。[3] 后来人们认为，法治国是"行政法完善的国家"（**奥托·迈耶**语）。从首先出现"法治国"这个词汇到开始有"行政法"，再到 19 世纪末通过发展出"总则"（Allgemeiner Teil）而使行政法作为一门学科得以建立的这段时期，刻画了从晚期专制主义，经过三月革命前时期和自由主义时期，一直到工业社会的干预型国家这条漫长之路。[4]

在这条道路上，起初在开明君主制的福利国家构想中被合在一起的专业分离了。传统的"警察"概念所认为的"行政学统一体"[5] 解体了，国民经济学、财政学、统计学、农业和林业、畜牧兽医和技术学科单立门户。在 18 世纪最后几十年，从警察学的核心内容中分离出了"警察法"（Polizeirecht），法律院系犹豫地接受了这门法律，它成为后来行政－管理法（Administrativ-Verwaltungsrecht）的起点。[6] 警察学本身主要还是国家学和国民经济学系的一门专业。关于它对培养行政法法学人才的重要性，存在着争论。而这种重要性在几十年的时间里降低了。

1848 年以后，法学开始广泛排挤历史、政治和经济因素。而转

---

[3]　M. Stolleis, »Rechtsstaat«, *HRG*, 第 4 卷（1990），页 367—375, 内有更多文献。

[4]　H. Dörner, »Erster Weltkrieg und Privatrecht«, *Rechtstheorie*, 第 17 卷（1986），页 385 及以下；M. Stolleis, »Die Entstehung des Interventionsstaates und das öffentliche Recht«, *Zeitschr. f. Neuere Rechtsgeschichte* (1989), 页 129—146。

[5]　H. E. Bödecker, »›Verwaltung‹, ›Regierung‹ und ›Polizei‹ in deutschen Wörterbüchern und Lexika des 18. Jahrhunderts«, *Jahrbuch für eurpäische Verwaltungsgeschichte*, 第 1 卷（1989），页 15 及以下。

[6]　*Geschichte*, 页 386 及以下。

变成为"行政学说"的警察学在法律系中只要被发现还有它的位置，就会被排除在法律系之外。奥地利在这方面占有特殊地位，它保留了自己的行政学说传统。[7]

这些变化与各个邦国的宪法政治有关系。在有宪法的地方，就能较快地实现宪法与行政法分离，并有自己相应的教学课程和书籍。而在缺乏宪法状态的地方——如普鲁士和奥地利，欠缺实质性的宪法论述——人们把精力更多地转向行政法，但在"宪法理念"下行政法仍得不到科学的发展。因此，传统"附加的"警察学在不是宪治的国家中保留了更长时间，有的还一直保留到 19 世纪六七十年代。

（二）行政培训

19 世纪对专业官吏进行法律培训的需求迅速增加，这反过来影响了行政培训。"从官房学培训（Kameralausbildung）到法律人员优先"[8]，这句简单表述就可以概括行政培训所走过的道路。早在 19 世纪头三十年，"普鲁士高级行政官吏的官房学培训受法律解释和法律实施的排挤，进而和法官资格培训一样。后来德意志其他邦国对行政后备队伍推行司法－法律资格制度。符腾堡是最后一个推行该制度的邦国"[9]。这两种培训并存了几十年时间。想在行政领域

---

[7]　见本书第 9 章，第 4 部分。

[8]　W. Bleek, *Von der Kameralausbildung zum Juristenprivileg. Studium, Prüfung und Ausbildung der höheren Beamten des allgemeinen Verwaltungsdienstes in Deutschland im 18. und 19. Jahrhundert* (1972)，比较 K. Luig, *ZHF*，第 2 卷（1975），页 122—124。有关职业官吏，尤其是社会史意义上的职业官吏，亦见 H.Henning, *Die deutsche Beamtenschaft im 19. Jahrhundert. Zwischen Stand und Beruf* (1984)；有关教育的科学化以及官吏改革的教育构想，现可详见 B. Schminnes, *Der Stellenwert der theoretischen Bildung für die höhere Staatsverwaltungstätigkeit. Entwicklungen in Preußen im 18. und frühen 19. Jahrhundert.*

[9]　Bleek，前注 8，页 286。

发展的人研习官房学（stud. cam.），并谋求政府实习生位置。[10] 喜欢司法和律师行业的人则学习法学（stud. jur.）。还拿不定主意的人则两者都学（stud. jur. et. cam.），但时间一长，学习法学的人数明显占多数。[11] 其中主要原因在于，从官房学培训中发展不出统一的"符合职业的"结业考试。"法律基础教育接收了官房学失去的地盘。"[12] 这样一来，行政就逐步法律化了，相应地，行政中的经济学知识、财政学知识和技术知识受到排挤。[13] 行政官吏变成了行政法律人员，并学会了法律人员的方法，其主要观念来自民法规范。对行政法律人员和司法法律人员大学毕业后的双轨教育培训逐渐失去了合理性。法律系的教学计划也开始有了行政法，新设立的法律研讨班 [14] 开设了国家法和行政法专题。[15] 从 18 世纪晚期开始，在旧官房学培训领域中建立了自己的国家学所和经济学所，[16] 开设了自己的培训课程，

---

[10]　R. Graf v. Westphalen, *Akademisches Privileg und demokratischer Staat* (1979), 尤其参见页 91 及以下。

[11]　A. Mehrlein, »Die Zweiteilung der Juristenausbildung als systemstabilisierender Faktor in Preußen im 19. Jahrhundert« (法学博士论文，Frankfurt 1976).

[12]　Mehrlein，前注 11，页 32。

[13]　D. F. Lindenfeld, "The Decline of Polizeiwissenschaft: Continuity and Change in the Study of Administration in German Universities during the 19th Century", *Jahrbuch für europäische Verwaltungsgeschichte*，第 1 卷（1989），页 141 及以下。

[14]　柯尼斯堡，1840 年；哈勒，1853 年；格赖夫斯瓦尔德，1856 年；波恩，1872 年；柏林，1875 年；弗莱堡和海德堡，1889 年。比较 A. Hollerbach, »100 Jahre Juristisches Seminar«, *Freiburger Universitätsblätter*，第 108 期（1990），页 41—51。

[15]　Daude/Wolff, *Die Ordnung des Rechtsstudiums und der ersten juristischen Prüfung in den deutschen Bundesstaaten* (1903).

[16]　L. H. Jakob, *Ueber Cursus und Studien-Plan für angehende Cameralisten* (Halle 1805); A. Hüne, »Über den Nutzen des Studiums der Kameralwissenschaften insgesammt und der öconomischen etc. insbesondere, mit vorzüglicher Rücksicht auf diejenigen, welche sich der Beamten-Carriere widmen wollen«, *Hannoversches Magazin* (1822), 页 417—437; K. D. H. Rau, *Ueber die Kameralwissenschaft. Entwicklung ihres Wesens und ihrer Theile* (Heidelberg 1823); 同作者, »Gedanken über die wissenschaftliche Vorbereitung zum Administrativfache«, *(Raus) Archiv der politischen Oekonomie und Polizeiwissenschaft*，第 2 卷（1835），页 77—91; R. Mohl, »Ueber die Errichtung staatswissenschaftlicher Fakultäten auf den deutschen Universitäten«, *Deutsche Vierteljahrs-Schrift* (1840), 页 237—（转下页）

从中形成了新的经济学系。[17]

普鲁士的发展是整个进程的典型例子。[18]1755 年以降，普鲁士就有法律（司法）国家考试；从 1770 年起，行政官吏的国家考试和法律国家考试分开。行政官吏的国家考试必须由著名的高等考试委员会主考，考试重点是官房学专业。1806 年后的改革取消了专制主义构想，推行"法治国"。1817 年首次要求以后的行政官吏必须掌握"法律基础知识"。[19]1846 年 2 月 14 日的规定[20]虽间接但强制性地要求学习法律。这是"对能从事高级行政工作的人员进行法律基本知识培训的真正突破"[21]。当然，直到 1880 年代，"法律基本知识"几乎只意味着普通教育基础上的民法和刑法知识。至于官房学培训，后备人员应该显示出"他熟悉国家学，要求掌握警察学和财

（接上页）257，以及见 R. Mohl, *Staatsrecht, Völkerrecht und Politik. Monographien*，3 卷本（Tübingen 1860–1869），第 3 卷，页 220—241；Joh. G. Hoffmann, *Das Verhältnis der Staatsgewalt zu den Vorstellungen ihrer Untergebenen. Ein Beitrag zur Erleichterung gründlicher Urtheile über die Anforderungen, welche das Zeitalter an die Staatsverwaltungen macht* (Berlin 1842)；同作者，»Die Erfordernisse praktischer Dienst-Prüfungen für die innere Staatsverwaltung. Mit besonderer Beziehung auf Württemberg«, *ZgStW*，第 2 卷（1845），页 673—705；G. E. Fischer, *Ueber die Errichtung staatswissenschaftlicher Seminarien auf den deutschen Universitäten, nebst einem Bericht über das staatswissenschaftliche Seminar zu Jena* (Jena 1857)；L. J. Gerstner, »Ueber staatswissenschaftliche Seminarien an den deutschen Universitäten mit besonderer Rücksicht auf die bayerischen«, *ZgStW*，第 15 卷（1859），页 639—664。

[17]　见典范著作 K. E. Born, *Geschichte der Wirtschaftswissenschaften an der Universität Tübingen 1817–1967. Staatswirtschaftliche Fakultät – Staatswissenschaftliche Fakultät – Wirtschaftswissenschaftliche Abteilung der Rechts- und Wirtschaftswissenschaftlichen Fakultät* (1967)。

[18]　Bleek，前注 8，页 108 及以下。

[19]　1844 年规定的必修科目：逻辑学、法律文献及方法、自然法（法哲学）、罗马法史、罗马法制度、潘德克顿法学、德意志法律史、德意志私法、教会法、采邑法、欧洲国际法、德意志国家法、刑法、法医学、普鲁士私法、共同的民事诉讼和刑事诉讼。Bleek，前注 8，页 113—114。

[20]　»Regulativ über die Befähigung zu den höhern Ämtern der Verwaltung vom 14. Februar 1846«, *PrGS* (1846)，页 199—210。

[21]　Bleek，前注 8，页 137。

政学知识，至少熟悉官房学的一般应用学知识，尤其是农学学说"[22]。尽管 1844 年有了"德意志国家法"这门课程，但公法既不是严格的国家法，也不是严格的行政法。没有宪法，国家法就没有什么用处，更何况还有政治风险，而行政法在某种程度上也只是法规补充，对参加第一次国家考试的人员不做考试要求，所以在课程中没有行政法。人们对一般国家学说还心存疑虑，认为它是"从被歪曲的一般国家法学说中产生出来的，对我们时代十分重要的一部分进行政治和革命颠覆"[23]。如果要讲授公法，那也顶多在第一次考试后准备国家大考（第三次考试）的行政实习阶段进行。就是在那里，公法比重也很微弱。1879 年以前，按传统方式，普鲁士行政培训的结业考试要撰写国家学、警察法和财政法三篇六周时的论文；1879 年起才只写两篇论文，即国家法和行政法论文，以及国民经济学说和国家经济学说论文。[24]

　　普鲁士官房学不可避免地残留在哲学系的边缘位置上，官吏培训越来越法律化。这时德意志南部的发展情况却是另一番景象。[25]在德意志南部早就建立起了国家学机构，官吏在里面接受教育培训（吉森在 1777 年，马堡在 1790 年，兰茨胡特－慕尼黑在 1817 年，图宾根在 1817 年）。这种制度保障持久地推迟了"法律人员优先"的发展，并一直延续到 19 世纪。[26]

---

[22]　Bleek，前注 8，页 135 及以下（页 136）。

[23]　»Zirkularverfügung des preußischen Kultusministeriums v. 11. 9. 1824«，见 Bleek，前注 8，页 115。

[24]　Daude / Wolff, *Die Ordnung des Rechtsstudiums und der ersten juristischen Prüfung im Königreich Preußen* (1908)；Gerland, *Die Reform des juristischen Studiums* (1911)；D. F. Lindenfeld, »The Education of Prussian Higher Civil Servants in the Staatswissenschaften, 1897–1914«, E. V. Heyen (Hg.), *Historische Soziologie der Rechtswissenschaft* (1986)，页 201 及以下。

[25]　课程目录发展变化汇编，见 Lindenfeld，前注 13。

[26]　Bleek，前注 8，页 68，页 194 及以下，内含丰富文献。

尤其在符腾堡，图宾根大学的有识之士 [27] 和斯图加特的卡尔高等学校 [28] 很早就想在大学外建立起培养国家官吏的特殊教育机构。1798 年起，**富尔达**（Friedrich Karl von Fulda，1774—1847）在图宾根大学讲授官房学。[29] **莫尔**回忆说，他是一个"在个人生活方面很受人尊重的人；只是没有什么思想，是一位很无趣的先生，他讲了五十年的国民经济学。他是一个重农主义者，并习惯警告他的学生不要去读**亚当·斯密**的著作"。[30] 在**利斯特**（Friedrich List，1780—1864）[31] 的大力倡议下，国民经济学系（1817）成立，[32]，虽然也开设了行政培训课程，但在行政培养方面还是无法改变传统实践的"书记员职业"模式。当**莫尔**在 1828 年被任命为"国家法、政治学、警察学、国家学百科全书"教授时，才成功地做到对高级行政人员进行"半强制性的"国家学培训。[33] 为了法学的发展，1837 年建立的符腾堡行政培训模式 [34] 在 1844 年就发生了有利于法学的变化，[35] 这意味着

[27] N. Conrads, *Ritterakademien der frühen Neuzeit. Bildung als Standesprivileg im 16. und 17. Jahrhundert* (1982)，页 105 及以下。

[28] R. Uhland, *Geschichte der Hohen Karlsschule in Stuttgart* (1953).

[29] F. K. v. Fulda, *Ueber das Cameralstudium in Würtemberg*, Tübingen (1808)；同作者，*Grundsätze der ökonomisch-politischen oder Cameralwissenschaften* (Tübingen 1816；第 2 版，1820)。有关作者，见 J. Franck, *ADB*，第 8 卷（1878），页 192；Lippert, *HdBStaatsWisss*，第 2 版，第 3 卷（1900），页 1289—1290；P. Gehring, *NDB*，第 5 卷（1961），页 726—727，内有更多文献。

[30] Mohl, *Lebenserinnerungen*，第 1 卷，页 92—93，页 166。

[31] P. Gehring, *Friedrich List, Jugend- und Reifejahre 1789–1825* (1964). 关于当时的气氛，韦尔克的文章富有启发性，见 Rotteck / Welcker, *Staatslexikon*，第 2 版，第 8 卷（1847），页 555—561。

[32] Born，前注 17，页 10 及以下，涉及 P. Gehring, *Friedrich List, Jugend- und Reifejahre 1789–1825* (1964)，页 163—181，页 454—458。

[33] Bleek，前注 8，页 210。

[34] 详见 Bleek，前注 8，页 213 及以下。

[35] 莫尔对此表示反对，见 Mohl, »Ueber die wissenschaftliche Bildung der Beamten in den Ministerien des Innern. Mit besonderer Anwendung auf Württemberg«, *ZgStW*，第 2 卷（1845），页 129—184。见 Bleek，前注 8，页 240 及以下。

所谓行政人才（Regiminalist）的特殊培训最后走向了衰落，到 19 世纪末就结束了。[36]

单独的国家学培训逐渐衰落，与此同时，培训的法律成分却增加了，这基本上在所有邦国中同时发生。[37] 在巴登，只有财政管理的官吏才要求有官房学知识，而其他司法法律人员和行政法律人员接受警察学和国民经济学培训越来越少。[38] 从 1880 年起，"警察学"被理解成行政法和行政学说的上位概念（Oberbegriff），接着在 1897 年行政法在术语上也替代了警察学。[39] 在巴伐利亚，从 1809 年起就实行一种竞争体制，其核心内容有效地存在至今，也就是一种含有法学、警察学和官房学部分的统一考试。而今天公务员实习意义上的统一培训就仿效了这种考试。[40] 从 1830 年起，第一次考试要考"巴伐利亚国家法总则和分则"以及"警察学和警察法"。[41]1893 年到 1910 年，"警察学"不太合时宜了，被"社会立法"替代，而"警

---

[36]　L. Jolly, »Die Ausbildung der Verwaltungsbeamten«, *ZgStW*, 第 31 卷（1875），页 420—436。

[37]　Bleek，前注 8，页 262 及以下。

[38]　G. Schönberg, »Die Vorschriften im Großherzogtum Baden über die Vorbereitung zum öffentlichen Dienst in der Justiz und der inneren Staatsverwaltung«, *Die Vorbildung zum höheren Verwaltungsdienste in den deutschen Staaten, Österreich und Frankreich, Schr. d. Vereins f. Socialpolitik*, 第 34 卷（Leipzig 1887），页 129—148。

[39]　»Die VO über die Vorbereitung zum öffentlichen Dienste in der Justiz- und der innern Staatsverwaltung«（*Großherzogl. Bad. RegBl* [1853]，页 429）第 3 条规定，"国家法"（宪法和行政法）与"警察学"是必修课程。有关 »Verordnung v. 17. November 1899«（*GVBl* [Baden 1899]，页 647—652），见 H. Bleicher, *Die Vorschriften über die Ausbildung der Juristen in Baden*，第 3 版（Karlsruhe 1908），现可详见 A. Hollerbach, »Die Entwicklung des Verwaltungsrechts als akademische Disziplin und Prüfungsfach an der Universität Freiburg i. Br. «, E. V. Heyen (Hg.), *Wissenschaft und Recht der Verwaltung seit dem Ancien Régime* (1984)，页 285—305（页 287）。

[40]　O. Kollmann, »Zur Entwicklung des Ausbildungs- und Prüfungswesens für Richteramt, höheren Verwaltungsdienst, Rechtsanwaltschaft und Notariat in Bayern«, *Festschr. f. W. Laforet* (1952)，页 445—472。

[41]　»Kgl. Verordnung, die Concursprüfung der zum Staatsdienste adspirirenden Rechts-Candidaten betr.«, *RGBl* (1830)，页 581，第 12 节。

察法"被"行政法"替代。[42]

奥地利的行政培训发展在形式上类似。**约瑟夫**改革以后，法学、国家学和官房学被统一到法律系，但在内容上仍坚持旧制度观念，直至 1850 年。[43] 之后，这一局面在**图恩 – 霍恩施泰因**（Thun-Hohenstein）改革框架中才有所松动，1855 年**洛伦茨·施泰因**被招用，值得一提的是，19 世纪末维也纳大学进入了最好的大学行列。在奥地利，法律人才培训中的国家学成分（行政学说）[44] 比其他所有邦国都多。[45] 值得注意的是，1855 年颁布的重要法令 [46] 规定要学的不是行政法，而是"奥地利行政和财政法律志"。

[42] Bleek，前注 8，页 266，注 13。

[43] Bleek，前注 8，页 267—268。

[44] L. v. Stein, *Die Verwaltungslehre*，7 部分（Stuttgart 1865–1868；第 2 版，1869–1883）；第 8 部分（1884；再版，1962）；同作者，*Handbuch der Verwaltungslehre und des Verwaltungsrechts* (Stuttgart 1870；第 2 版，1876；第 3 版，1888）；K. Th. v. Inama-Sternegg, *Verwaltungslehre in Umrissen* (Innsbruck 1870）；L. Gumplowicz, *Verwaltungslehre mit besonderer Berücksichtigung des österreichischen Verwaltungsrechts* (Innsbruck 1882）。

[45] K. Frhr. v. Lehmayer, »Die Ausbildung zum höheren Verwaltungsdienste in Oesterreich«, *Die Vorbildung zum höheren Verwaltungsdienste in den Deutschen Staaten, Oesterreich und Frankreich, Schr. d. Vereins f. Socialpolitik*，第 34 卷（Leipzig 1887），页 23—54；K. Th. v. Inama-Sternegg, »Die Entwicklung der Verwaltungslehre und des Verwaltungsrechts seit dem Tode von Lorenz von Stein«, *Zeitschr. f. Volkswirtschaft, Sozialpolitik und Verwaltung*，第 11 卷（1902），页 137—152。总结性论述，见 K. Wenger, »Lorenz von Stein und die Entwicklung der Verwaltungswissenschaft in Österreich«. R. Schnur (Hg.), *Staat und Gesellschaft. Studien über Lorenz von Stein* (1978)，页 479—501。

[46] »Bestimmungen über die zum Eintritt in den österreichischen Staatsdienst erforderlichen Studien und Leistung, Erlaß v. 2. Oktober 1855«, H. Ortloff, *Methodologie oder Lehre des Studiums der Rechts- und Staatswissenschaft, nebst Deutschen Studien- und Examensordnungen* (Braunschweig 1863)，页 135 及以下。

在萨克森[47]、汉诺威[48]、两个黑森[49]以及拿骚[50]，行政（包括财政管理）基本上适用统一的教育体制。这种统一的教育体制同时包含法学和国家学内容。法律成分普遍增加。但在两个梅克伦堡地方仍保留着非常陈旧的考试制度。[51]

在 19 世纪最后二十五年，"针对司法法律的统一学习以及实习准备时间超过书本学习时间"的普鲁士模式获得了影响力。[52]

然而，行政培训课程中法律成分的增加千万不能与公法知识的急剧增长等同起来。就像前面已经谈到的，这种培训一直意味着主要是民法和刑法的"法律"培训，并与人文道德理想的普通教育联系在一起。像以前帝国公法学家所要求的公法知识，这时所起的作用微小。行政法无异于本邦的法律志，人们在实践中远比在大学中能更好地掌握它。尽管有各种各样的呼吁要更加重视国家法和行政

---

[47]   在莱比锡大学法律系 1861 年的学习计划（Ortloff，前引书，页 168—169）中，虽然有"德意志国家法和德意志同盟公法"以及"萨克森国家法"（选修），但既没有警察学，也没有行政法，而在第一次国家考试中，却可以选择有关"国民经济学、行政法、宪法和行政政策"的问题。也可比较 Bleek，前注 8，页 269—283，内有更多文献。

[48]   H. Mohnhaupt, »Vorstufen der Wissenschaften von ›Verwaltung‹ und ›Verwaltungs-recht‹ an der Universität Göttingen (1750–1830)«, *Jahrbuch für europäische Verwaltungs-geschichte*，第 1 卷（1989），页 73—103。

[49]   Ortloff，前注 46，页 204 及以下。马堡大学法律系在 1861 年只规定，法律系要考"法学主要学科"，学生要通过这些学科，"至少能答对大多数题目"。国家考试要考民事诉讼案件分析，口试"罗马法、德意志私法、采邑法、国家法、教会法、刑法、刑事诉讼和民事诉讼理论学说"，还要考罗马法注释。

[50]   Ortloff，前注 46，页 272 及以下。

[51]   Ortloff，前注 46，页 222—241。1837 年，律师考试要求考"《民法大全》"的条文翻译和评论……回答法学主要学科中的几个问题——一些问题用拉丁文……还要拟定一份合同和一份遗嘱。梅克伦堡 – 什未林在 1856 年删掉考试科目规定中的国家法、教会法、采邑法以及梅克伦堡邦国法。"行政专业"的考生必须通过"官房学考试"（»VO wegen Anstellung und Beförderung der Amtsauditoren §6«, *Reg. Bl. f. d. Großherzogthum M. Schwerin* [1859]，页 68 及以下）。

[52]   Bleek，前注 8，页 285。

法，[53] 但改变甚微。尤其是，行政法的线条轮廓仍不很明显，按第一位正式的图宾根行政法学家**卡尔·霍夫曼**的话说，行政法被"让给大学外的私人去做努力工作"[54]。埃吉迪（Ludwig Karl Aegidi，1825—1901）在 1867 年指出，法律人才培训主要来自"潘德克顿法学，除此之外还是潘德克顿法学"，"私法的思维方式影响至深，人们以为，他们遵循一系列私法思想才能进行法律思考"。[55] 他疾呼，要把国家法学习和潘德克顿法学学习放在同等地位，要把"所谓日耳曼法学家"的"德意志公法的历史"转交给"公法学家"。他的这些呼吁却毫无结果。1899 年，**措恩**（Philipp Zorn）还断定，"……在见习公务员的考试中，国家法今天还是一个灰姑娘，对这个考试来说，行政法根本就不存在"[56]。

　　问题不仅在于考试规则和考试习惯自身调整迟缓，在 19 世纪公法发展的政治环境中还有更深层次的原因。德意志南部国家法的积极主流观点明确想拥有一部包含法治国基本原则的宪法，并能对其进行学术研究。谁赞成宪法，谁也肯定会强调在行政培训中突出公法。在没有宪法的国家，行政是为君主服务的，不受议会的约束，而自由主义者们更多地把希望寄托在对私人自治的尊重和承担起准确传导法治国的信条上。而对私人自治的尊重可以通过民法来学会。只有当行政法在 19 世纪末开始追赶学术研究的差距时，人们

---

[53]　W. Schmidlin, *Ueber die Vorbereitung zum Staatsdienste im Verwaltungsfache, besonders im Departement der Finanzen* (Stuttgart 1834)；K. H. B. Hoffmann, »Ueber den Begriff, den Inhalt und die Bedeutung des positiven Staatsverwaltungsrechts in dessen engerem Sinne«, *ZgStW*, 第 1 卷（1844），页 190—219。

[54]　Hoffmann, 前注 53，页 215。

[55]　L. K. Aegidi, »Gegen eine gewisse Einseitigkeit im akademischen Rechtsstudium«, *Zeitschrift für Deutsches Staatsrecht und Deutsche Verfassungsgeschichte*, L. K. Aegidi (Hrsgg.), 第 1 卷（1867），页 104—111（页 105—106）。

[56]　L. v. Rönne, *Das Staatsrecht der preussischen Monarchie*，第 5 版，第 1 卷（1899），页 IV，措恩为该书撰写了前言。

才会——尤其在第二帝国建立后的保守政治的情况下——更积极愉快地研究它。

因此，人们对 1900 年前行政法文献的外部影响程度评价得比较低。人们不能把它的外部影响程度与它逐渐形成体系的学术内部意义混淆在一起。"以前实践者的自传资料和个人信息，"斯门德在 1939 年说，"通过政治的、历史的、国民经济学的文献产生了很大影响。而行政法著作对教育培训来说顶多只是辅助教材，对于实践来说顶多也是技术性辅助。"[57] 在行政审判形成之前，这些著作文献明显很少传播到实践当中。实践压倒学术研究，因此也使这条一向有效的规则变得相对了，即一门专业在大学课堂中得到展现是它具有普遍价值评价的证据，也是它具有相当实际需要的证明。19 世纪听国家法课的人很少，这和 18 世纪时髦的公法学门庭若市形成对比，所以我们估计，行政法在开始时听课人数肯定特别少。1850 年之前，行政法课还不时被停止，第一个行政法教职（图宾根在 1843 年）也自身难保。[58] 这些都足以清楚地说明问题。

在浏览了这些情况后，我们可以做如下总结：19 世纪，官吏后备人才的培训内容发生了改变，这与君主立宪制的推行及其有关的法律概念的变化，以及在法院解决纠纷的"法治国"的形成是并行同步的。[59] 经济理论和实践变化同样重要，它们都不可避免地对官房学的学习内容产生影响。由于 19 世纪全面法律化和自由化的趋势，旧制度下的官房学和警察学寿终正寝。法律实证主义的方法推行得越广，其目的是把历史的、经济的和政治的反思从法律工作中清除

---

[57]　R. Smend, *Staatsrechtliche Abhandlungen*，第 2 版（1968），页 343。

[58]　比较 M. Ehrhardt, »Zur Genealogie des Lehrstuhls Oppermann«, Birk et al. (Hg.), *Kulturverwaltungsrecht im Wandel* (1981)，页 195—206。该文题目略有些不经意的诙谐。

[59]　总结性见 H. Henning, *Die deutsche Beamtenschaft im 19. Jahrhundert. Zwischen Stand und Beruf* (1984)。

出去，那么"真正的专业"就越来越降为辅助学科。19 世纪初曾被人们强烈宣传的行政官吏的全面培训也衰落了。[60] 传统的法律人才培训所形成的基座被人为地添加上了"有用的知识"，因此也没有产生深远的后果。

直到 1848 年，警察学还不可动摇地被讲授，但"依照法治国的基本原则"（莫尔语），它在学习法律的人那里已经微不足道了。1850 年以后，警察学逐渐消失，[61] 但主要还在奥地利被作为行政学说加以保留。三月革命前，行政法就已经在邦国国家法的框架内被加以传授，接着慢慢得到了加强，在 1850 年以后成为一门大学专业，最终作为独立课程而出现，例如 1840 年左右**莫耶**、1850 年**珀茨尔**在巴伐利亚讲授[62]，从 1844 年起开始有人在符腾堡讲授[63]，1863 年**伯伦知理**在巴登讲授，1841 年到 1842 年**魏斯**在黑森－达姆施塔特讲授。1876 年哥廷根大学开设了这门课程，[64]1881 年普鲁士大体上也开设了。

（三）国家任务的转变

警察学逐渐消失，法律人员垄断了行政管理，行政法学的发展开始还受到邦国法的限制，但后来它研究的关系越来越多[65]。这些都是国家行为发生深刻变化产生的现象。与自由主义概念紧密联系

---

[60]　Bleek，前注 8，页 298。

[61]　在哥廷根结束于 1868 年。P. Badura, *Das Verwaltungsrecht des liberalen Rechtsstaates* (1967)，页 12。

[62]　根据 1852 年的课程表。

[63]　莫尔在 1824 年开始讲授符腾堡国家法律和行政法；该课程在 1844 年由卡尔·霍夫曼讲授。

[64]　H. Mohnhaupt，前注 48，页 73。

[65]　B. Dennewitz, *Die Systeme des Verwaltungsrechts* (1948)；P. Badura, *Das Verwaltungsrecht des liberalen Rechtsstaates* (1967)；H.-J. Feist, »Die Entstehung des Verwaltungsrechts als Rechtsdisziplin« (法学博士论文，Köln 1967).

的、认为国家任务和社会任务要分开的思想，并没有像人们期待的那样导致国家行为减少，人们见到的反而是绝对地增多。国家行为如果不增多的话，那么新的任务也就完成不了。**拿破仑**战争后，国家领土的重新划分和统一需要万般努力。主要通过降服高级贵族，废除农民土地税，把教会财产世俗化以及特别繁多的行政任务，在专制主义下仍保持完好的贵族和教会这些中等权力从属于主权国家之下。财政和税收被彻底现代化。与此同时，对已在公法上理解的官制进行了改革，把行政划分成专业部委、中级和下级行政官府。大量实证的行政法涌入新创办的官方法律法规公报 [66]，等待着对它们进行科学的研究和梳理。

　　急剧变化的社会现实推动着国家行为本身的变化。这些变化不仅有前所未有的人口增多，[67] 主要还有工业化。工业化为行政管理带来了全新任务。安装现代化的城市照明灯，拆除旧房屋，改善屠宰场和公共浴池的用水以及下水道设施，把市中心的手工业和工业制造搬迁到城市郊外，新建公路和铁路交通网，以及其他许多事务都给行政管理带来了前所未有的任务。[68] 另外，国家并没有

---

　　[66]　从专制主义不成体系、不完整的法律公布到要求公开化并有约束力——19世纪的法律法规公报是一个发展过程，而这个过程不能仅从改变对国家的理解中得以解释。法治国必须给公民提供最低限度的可能性，让他们获取有关允许做的和禁止做的知识。而对这个过程的详细研究，就笔者所知，还未最终完成。

　　[67]　W. Treue, »Wirtschaft und Technik Deutschlands im 19. Jahrhundert«, Gebhardt, *Handbuch der Deutschen Geschichte*，第 9 版，第 3 卷（1970），页 377—380，内有更多文献。

　　[68]　W. Rüfner, *Formen öffentlicher Verwaltung im Bereich der Wirtschaft. Untersuchungen zum Problem der leistenden Verwaltung* (1967)；W. R. Krabbe, *Kommunalpolitik und Industrialisierung. Die Entfaltung der städtischen Leistungsverwaltung im 19. und frühen 20. Jahrhundert* (1985)；H. H. Blotevogel (Hg.), *Kommunale Leistungsverwaltung und Stadtentwicklung vom Vormärz bis zur Weimarer Republik* (1990)，其中有关于贫困救济、医疗产业、城市经济产业、城市发展和规划的特别文章；而有关 19 世纪上半期"服务行政"，见其中马策拉特（H. Matzerath）的文章，页 5 及以下；B. Witzler, *Großstadt und Hygiene. Kommunale Gesundheitspolitik in der Epoche der Urbanisierung* (1995)。

像理论所要求的那样从经济社会中退缩，除了积极进行危害防止
（Gefahrenabwehr）和促进工作开展外，它还要参与其他工作。它要
求令行禁止，促进商业发展——包括文化艺术政策[69]，指导教育培
训，创办"实科中学"（Realschule）和科技大学。可见，它绝不只
是一个防止危险的"守夜人国家"，即便在自由主义鼎盛时期也不
曾是。

　　谈论一下国家任务的重新归类可能会更正确。事实上，国家局
部地从经济中退缩回来，就很少作为独立的经济主体出现。土地买
卖自由和工商自由宣言为社会力量提供了经济活动空间，但国家并
没有放弃专制的控制要求。这有理论的支持，但那时的教条自由主
义却几乎不支持这种理论。三月革命前的国家法学说理所当然把"监
督权"（jus inspectionis），即对社会所有活动的知情权和最高监督
权放在主权之下。同时，正如前面所谈到的，国家全新的任务领域
不断增加，所以根本谈不上它的活动在减少。

　　赋予自治权成为管理一些领域的普遍模式，这与远远超越纯粹
为了防止危险而继续存在的国家监督权联系在一起。在那些领域中，
人们想摆脱专制主义传统，但又害怕完全社会化，因为后者具有无
法估计的风险。这最先在推行社区自治时就表现出来了；[70]自那时起，
这种社区自治就处在自我负责、不受他人指使的管理与国家设置的
"法律框架"之间的紧张关系中（《基本法》第 28 条第 2 款）。这

　　[69]　U. Scheuner, »Die Kunst als Staatsaufgabe im 19. Jahrhundert«, E. Mai / S.
Waetzold (Hg.), *Kunstverwaltung, Bau- und Denkmal-Politik im Kaiserreich* (1981)，页
13—46。

　　[70]　D. Schwab, *Die »Selbstverwaltungsidee« des Freiherrn vom Stein und ihre
geistigen Grundlagen. Zugleich ein Beitrag zur Geschichte der politischen Ethik im 18. Jh.*
(1971); F. L. Knemeyer, *Regierungs- und Verwaltungsreformen in Deutschland zu Beginn
des 19. Jahrhunderts* (1970).

与教会的情况相似。尽管继续存在着领主的教会体制，并由现在成立的"文化部"来运行，但教会生活不断得到自治发展，并与世俗界相类似地制定出了自己的教会宪章，而在 19 世纪期间的新教领域还没有国家和教会的真正分离。[71] 学术因**洪堡**模式在内容上也获得了自治，[72] 但在国家财政支持的机构中，享有官吏地位的学术研究人员在很大程度上还依从于国家。三月革命前高校的反对派教师会丢掉他们的教授职位，这虽然受人抱怨，但在理论上却是可以接受的，因为他们和法官一样没有个人独立。

因此，在国家所规定的范围内，经济、社区管理、教会生活以及学术领域享有更大自由。周期性回潮的镇压波浪（1819、1830—1832、1850）表明这些自由受到了怎样的伤害。社会参与政治的要求遭到压制，先是追捕煽动分子，并全面地投入政治警察，[73] 然后以各种各样的方式减少和限制选举权。[74] 通过这些方式使政治"得到安全保障"，19 世纪的国家第一次实现专制主义所要追求的东西，但并没有完全达到这样的目的，即统一国家权力、在内部完全行使主权、建立统一的公法上的公务员制度和现代化的税收体制。人们希望通过这些手段消除社会张力、人口内部流动以及工业革命带来

---

[71]　Ch. Link, *Die Grundlagen der Kirchenverfassung im lutherischen Konfessionalismus des 19. Jahrhunderts, insbesondere bei Theodosius Harnack* (1966).

[72]　该问题的出发点来自洪堡的未完之作，»Über die innere und äußere Organisation der höheren wissenschaftlichen Anstalten in Berlin (1809/10)«, K. Müller-Vollmer, (Hg.). *W. v. Humboldt, Studienausgabe*，第 2 卷（1971），页 133 及以下。有关学术自由形成史的概要，见 E. Denninger, »Art. 5 Abs. 3 GG«, R. Wassermann (Hg.), *Kommentar zum GG*，第 1 卷（1984），页 590 及以下；Th. Oppermann, J. Isensee / P. Kirchhof (Hg.), *Handbuch des Staatsrechts*，第 6 卷（1989），页 810 及以下。

[73]　W. Siemann, »*Deutschlands Ruhe. Sicherheit und Ordnung«. Die Anfänge der politischen Polizei 1806–1866* (1985).

[74]　S. Aeppli, *Das beschränkte Wahlrecht im Übergang von der Stände- zur Staatsbürgergesellschaft. Zielsetzungen des Zensuswahlrechts* (Zürich 1988).

的挑战，并抵制第三等级参与政治权力的要求。反抗和革命与人口
大批迁移到北美 [75] 一样表明，在很多情况下这都没有取得成功。

（四）行政控制

然而，这些努力导致了当时在形式上还不为人所知的法律类型
的形成，即行政法的产生。1800 年以后，行政的影响条件发生了巨
大变化，这推动了行政法的形成，早期宪治主义以及"法治国"主
流形象的框架条件塑造着它的形式。

在学科史上，行政法既非脱胎于普通法，也不是来自帝国公法
学或领地国家法，而是在 18 世纪末作为警察学的伴生现象新形成的，
它最先是警察学法律内容的汇集地。国家越是被理解为"人们在法
权法则（Rechtsgesetz）之下的集合"（**康德**语），在警察领域中就
越是硬要突显那些"法权法则"。

诚然，如此形成的行政法也不是社会自身通过代表机构制定产
生的、"属于自己的"的法律。君主制决定的行政还继续保持着自
己的特权，这在没有宪法的国家里尤其如此。官僚自身被理解成国
家机构，在普鲁士甚至还被认为是宪法的替代。直到 19 世纪后三十
年，议会的参与权仍微弱，广大人民群众阶层在议会根本就没有代表。
直到 1880 年代还没有法院对行政的外部控制，或者控制还不完善，
所以行政自我控制的发展主要依赖行政的内部审判机构和官吏伦理。

19 世纪初，特别是在普鲁士（1808）[76]，曾有可能对行政进行

---

[75]　1820 年到 1897 年，德意志（不包括奥地利）共有 470 万人移居北美，其中从 1852 年到 1854 年为高潮。比较 R. v. Mohl, »Ueber Auswanderung«, *ZgStW*, 第 4 卷（1847），页 320—348。

[76]　»Verordnung wegen verbesserter Einrichtung der Provincial-, Polizei- und Finanzbehörden vom 26. 12. 1808«, *PrGS* (1806–1810), 页 464—480。有关其来历，见 H. U. Erichsen, *Verfassungs- und verwaltungsgeschichtliche Grundlagen der Lehre*（转下页）

司法形式的控制，但这种可能性在维也纳会议后又逐渐消失，对警察处分（polizeiliche Verfügung）的控制在 1842 年完全被废除。[77]
行政又由自己来评判自己的行为是否合法。在德意志南部，普通法院对行政的控制初露端倪，但在莱茵联盟期间被消除了，[78] 尽管符腾堡的枢密院 [79]、库尔黑森高等上诉法院 [80] 以及黑森－达姆施塔特的行政司法法院 [81] 对行政还有一定的平衡作用。巴伐利亚实践请愿程序，库尔黑森和巴登可以进行简单申诉，这些都可能为法律保护做出贡献。[82] 在普通法院上能捍卫已获取的权利（询问权［iura quaesita］），而这种询问权也包含了"公法"立场。

　　但是，在总体上却是如此：行政在自身的事务上，尤其是在警察事务上，仍是自己的法官。想对滥用职权的行政机关进行控诉，对于一个市民来说几乎是不可能的事情。这在 18 世纪是众所周知的

（接上页）*vom fehlerhaften belastenden Verwaltungsakt und seiner Aufhebung im Prozeß* (1971)，页 110。

[77] »Gesetz über die Zulässigkeit des Rechtsweges in Beziehung auf polizeiliche Verfügungen v. 11. 5. 1842«, *PrGS* (1842)，页 192—194。

[78] J. Poppitz, »Die Anfänge der Verwaltungsgerichtsbarkeit«, *AöR*，第 73 卷（1943），页 158；W. Rüfner, »Verwaltungsrechtsrechtsschutz im 19. Jahrhundert vor Einführung der Verwaltungsgerichtsbarkeit«, *DÖV* (1963)，页 719；M. Sellmann, *Der Weg zur neuzeitlichen Verwaltungsgerichtsbarkeit. ihre Vorstufen und dogmatischen Grundlagen, in Staatsbürger und Staatsgewalt* (1963)，页 25—86；R. Ogorek, »Individueller Rechtsschutz gegenüber der Staatsgewalt. Zur Entwicklung der Verwaltungsgerichtsbarkeit im 19. Jahrhundert«, J. Kocka (Hg.), *Bürgertum im 19. Jahrhundert*，第 1 卷（1988），页 372—405。

[79] H. Magerl, *Verwaltungsrechtsschutz in Württemberg in der Zeit von 1760 bis 1850* (1966)；W. Rüfner, »Entwicklung der Verwaltungsgerichtsbarkeit«, *DVG*，第 3 卷（1984），页 916 及以下，内有更多文献。

[80] O. Bähr, *Der Rechtsstaat. Eine publicistische Skizze* (Cassel 1864)，页 153—154。

[81] J. Weitzel, »100 Jahre Verwaltungsgerichtsbarkeit in Hessen«, *DVBl* (1975)，页 869—873；同作者，»Zur Geschichte der Verwaltungsgerichtsbarkeit in Hessen«, *Archiv f. hess. Gesch. u. Altertumskunde*，新系列第 48 卷（1990），页 317—330（页 320）。

[82] S. Klasen, *Das Petitionsrecht zum Bayerischen Landtag - eine Ombudsman-Einrichtung*, 1991，页 24 及以下。有关库尔黑森，见 1831 年宪法，第 35 节。

状态，尽管对这种状态的容忍并非没有批评；到了 19 世纪，这种状态已逐渐被认为无法容忍：政治气候发生了深刻变化，基本权利和法治国作为主张被提出来，特别是行政干涉的深度和频率都加大了。

人们争论，如何才能实现法律引导下的行政控制。在这场争论中，自由主义者们主要指望司法国家模式，因为他们认为，当"私权"遭到侵害时，普通法院必须进行审判。除早期的**米特迈尔** [83] 外，"**费尔巴哈、布林克曼**（Brinkmann）、**西本普法伊费尔、普赫塔、明尼格罗德**（Minnigerode）、**约尔丹、韦希特**（Wächte）、**普法伊费尔**（Pfeiffer）、**施米特黑纳、韦尔克、奥托·贝尔**（Otto Bähr）——资产阶级阵营里著名的法学家少有不这样齐声合唱的" [84]。这是自专制主义以来的自由主义传统。而现在多了一个社会史的细微差别：在普通司法当中资产阶级成分占了上风，但行政的领导位置仍被掌握在贵族手里。因此，"资产阶级的"司法似乎形成了一支反对力量，对抗"君主的"行政。

而有一小群体更趋向于行政司法（Administrativjustiz）， [85] 因为他们希望以此能从行政角度对诉讼和法官人事施加影响。 [86] 在这个群体中，一部分是受法国模式影响的自由主义者，他们认为在宪法保障的保护下，没有必要给普通司法加重行政判决和"政治"判

---

[83]　1820 年到 1838 年间，其思想发生变化，支持限制司法对行政的控制权，见 Ogorek，前注 78，页 395—396。

[84]　Ogorek，前注 78，页 386。

[85]　C. J. G. v. Pfizer, *Ueber die Gränzen zwischen Verwaltungs- und Civil-Justiz, und über die Form bei Behandlung der Verwaltungsjustiz* (Stuttgart 1828)；同作者，*Prüfung der neuesten Einwendungen gegen die Zulässigkeit der Verwaltungsjustiz und gegen ihren Umfang* (Stuttgart 1833)；G. L. Funke, *Die Verwaltung in ihrem Verhältniß zur Justiz, die Grenzlinie zwischen beiden und die Verwaltungsjustiz* (Zwickau 1838)；O. Kuhn, *Die Trennung der Justiz und Administration*, (Leipzig 1840)。

[86]　Ogorek，前注 78，页 384 及以下。

决的负担；[87] 另一部分是保守主义者，他们认为法律控制的"静态性"
会损害行政的行为能力和灵活性。

其中主张司法国家的人取得了首次胜利。黑森自由主义者**维佩曼**
（Carl Wilhelm Wippermann，1800—1857）的提案被采纳进《法兰
克福帝国宪法》第182条"停止行政司法；由法院审判所有违法行为"。
该宪法同时还确认了司法和行政的明确分离。[88] 但这个宪法从未被
实现过。

《法兰克福帝国宪法》失败后，随之而来的不仅是所谓的第二
次复辟阶段，而且也有来自由主义阵营的相应思想。这种思想认同
行政司法。1860年，**格奈斯特**建议设立有外行人参加的独立的行政
法院，[89] 这在**奥托·贝尔**那里得到了积极响应。**奥托·贝尔**是一个十
足的"司法国家主张者"，但他认为这主要还靠赋予这个控制机构
的法院性质。[90]

在19世纪最后三十年才有经妥协建立起来的"行政审判"。[91]
吕夫纳（Wolfgang Rüfner）认为，"这种妥协至少在形式上保护了
分权的基本原则，避免行政屈居普通法院之下，在普遍实现的行政
与行政审判相结合中，后者与其说是司法的一部分，还不如说是行

---

[87] 如 Rotteck, *Lehrbuch des Vernunftrechts und der Staatswissenschaften*，第3卷
（Stuttgart 1834），页177，该处认为，在起作用的议会制和宪法法律保障的前提下，
"把有些事务交给行政机关判决，比交给法院判决更安全，法院判决完全独立，其判
决不对任何人负责，并且通过众多法官权威去判案而滥用权力同样并不少见"（引自
Ogorek，前引书，页399）。

[88] 1849年3月28日宪法第181条规定："司法和行政相分离，并相互独立……"

[89] R. v. Gneist, *Das heutige englische Verfassungs- und Verwaltungsrecht*, 2部分（Berlin
1857–1863）；同作者，*Der Rechtsstaat*，第2版（Berlin 1872）；*Der Rechtsstaat und
die Verwaltungsgerichte in Deutschland*（Berlin 1879; 再版，1958）。亦见 G. A. Edler v. d.
Planitz, *Justiz und Verwaltung. Ein Beitrag zur Feststellung der Grenzen beider Gewalten*
（Jena 1860）。

[90] Bähr，前注80。

[91] Rüfner, *DVG*，第3卷（1984），页909及以下。

政的一部分"[92]。除立法和学术研究外，当时许多邦国建立起了高等行政法院，[93] 从那时起这成了行政法发展最重要的力量，尤其是普鲁士的高等行政法院[94]。在 19 世纪，起初计划的帝国行政法院（Reichsverwaltungsgericht）虽然没有建立起来，[95] 但这并未妨碍司法发展出超越各邦国并走在前面的一般判决原则，这些判决原则逐渐组合成一个"总则"。**奥托·迈耶**在 1900 年言简意赅地说道："有了行政司法，行政法学的发展才有可能。"[96]

　　行政法学科因此"长大成人"了。它的规则由可以检验的并能进行学术讨论的法官司法涵摄（Subsumtion）来确定。从此人们才把行政法看成真正的法学学科，尽管固守行政司法路线的**奥托·迈耶**坚信，行政审判只是行政执行的一种特殊形式。自从司法关注行政法后，大学或早或晚开设了这门专业，巴登从 1863 年起，普鲁士从 1875 年起。通过这种方式，行政日常事务、立法、司法以及学术研究才相互影响，同时在不同的地方，即在受法律约束的行政工作中、在判决书中、在法律评论中、在专著以及教学中，才推动了这门专业的发展。但行政法教学在 20 世纪才真正面向（学生）大众。

---

[92]　Rüfner, *DVG*，第 3 卷（1984），页 911。

[93]　当时已经计划要建立帝国行政法院，但未实施，比较 W. Kohl, »Reichsverwaltungsgericht«, *HRG*，第 4 卷（1990），页 802—806，以及 W. Kohl, *Das Reichsverwaltungsgericht* (1991)，内有更多文献。

[94]　U. Stump, *Preußische Verwaltungsgerichtsbarkeit 1875–1914* (1980); S. F. Pauly, *Organisation, Geschichte und Praxis der Gesetzesauslegung des (Königlich) Preußischen Oberverwaltungsgerichtes 1875–1933* (1987)，该书的启发性要少一些。

[95]　Kohl，前注 93，内有更多文献。

[96]　O. Mayer, »Zum 25jährigen Bestehen des Preußischen OVG«, *PrVwBl*，第 22 卷（1900/1901），页 96。亦见 E. V. Heyen, »Entwicklungsbedingungen der Verwaltungsrechtswissenschaft«, *Der Staat*，第 22 卷（1983），页 21—32（页 25）。

二、警察学、警察法、行政法

（一）1800 年前的警察学 *

在德国，行政属于州的事务。[97] 现行法律中没有哪一条原则比这条原则能被历史更鲜明地加以确证。这条原则与德国自中世纪以来国家权力被深刻领地化这一事实相符合。[98] 直到 1871 年第二帝国建立前，帝国行政一直处于萌芽状态。自 1555 年的《奥格斯堡宗教和约》（Augsburger Religionsfrieden）起，最迟从 1648 年起，神圣罗马帝国已经没有决定欧洲政治的权力了。它在 16 世纪尽管有富有意义的帝国警察条例 [99]，并曾在帝国经济政策方面 [100] 有所努力，但它仍未建立起自己的行政管理（Policey）。国家权力掌握在各个邦国手里；这些邦国在自己的大学里操办为行政需求进行量体剪裁的官房学培训，它们还逐渐建立起一套相应的考试制度。这些大学对创立"帝国警察学"（Reichspolizeiwissenschaft）既缺乏实际资料，又缺乏政治动机。

1727 年起，在普鲁士讲授警察学 [101]（哈雷、奥得河畔法兰克福）

---

　　*　译者按：此处"警察学"的德文为"Policeywissenschaft"而不是"Polizeiwissenschaft"。近代行政法产生前的德文"Policey"可译为"公共管理"，因为其含义涵盖了狭义上的警察事务。此处为了避免上下文的混乱，把"Policeywissenschaft"仍然翻译为"警察学"，保留其德意志公法史上的概念特色。

　　[97]　《基本法》第 30 条规定："除该基本法另有规定，行使国家职权和实现国家任务属于州的事务。"

　　[98]　D. Willoweit, *Rechtsgrundlagen der Territorialgewalt* (1975)；同作者，*DVG*，第 1 卷（1983），第 13、17、22、23 节。

　　[99]　1530 年、1548 年和 1577 年的帝国警察条例，见 G. K. Schmelzeisen, *Polizeiordnungen und Privatrecht* (1955)；R. Schulze, *Die Polizeigesetzgebung zur Wirtschafts- und Arbeitsordnung der Mark Brandenburg in der frühen Neuzeit* (1978)。

　　[100]　R. Bassenge, »Die deutsche Handelspolitik der Reichsgesetzgebung von 1498 bis 1806«（博士论文，München 1948); I. Bog, *Der Reichsmerkantilismus. Studien zur Wirtschaftspolitik des Heiligen Römischen Reiches im 17. und 18. Jahrhundert* (1959).

　　[101]　J. Brückner, *Staatswissenschaften, Kameralismus und Naturrecht* （转下页）

后，很快所有的德意志大学都在讲习这门课程。警察学因领地的行政需要而发展起来，它的目标也是针对这种需求，[102] 亦即克服法律教育培训的片面性，并为未来的官吏提供有用的知识。至少在普鲁士，它的目的是使官吏能够"与等级制政府僵化的司法官府做斗争"[103]。

　　"警察"、经济学（国民经济、家庭经济）和官房学（财政学意义上的）因这种目的观念而联系在一起，即国家的任务是结合国家学推荐的方法，以此提高臣民的幸福生活水平；法律要素起初只是以可变的戒律和禁令（Gebote und Verbote）形式出现，而不是作为持续存在的法律。在专制主义的宪法状况下，不能指望有其他东西；因为君主的戒律是"法律"，随时可以被改变或撤回。它是何种形式，已经有人谈到过。[104] 所以，对学术研究来说，法律素材达不到必要的相对稳定性和连贯性。"警察"和"警察法"（Policeyrecht）是不稳定的、随时能做出反应的行政手段。在类型学上，警察条例更接近于单个的命令（Einzelbefehl），而不是更接近于持续存在的法律。因此，也不能指望"警察学"具有现代意义上的科学性。它尽可能有效地传授有用的知识。由于缺乏法律因素，警察学被完全设置在哲学系下面。

　　虽然警察学原则上是邦国的事务，但我们仍可描述德意志共同警

（接上页）(1977)，页 60 及以下；Bleek，前注 8，页 65 及以下；P. Schiera, *Dall'arte di governo alle szienze dello Stato. Il cameralismo e l'assolutismo tedesco* (Milano 1968)，页 331 及以下；同作者, *La Concezione amministrativa dello Stato in Germania (1550–1750)* (Torino 1980)。

　　[102]　官房学（政治学、经济学和财政学）被明确推荐给未来的高级官吏。Bleek，前注 8，页 65—66，以及 *Geschichte*，第 1 卷，页 374 及以下。

　　[103]　Bleek，前注 8，页 65。

　　[104]　W. Naucke, »Vom Vordringen des Polizeigedankens im Recht, d. i. vom Ende der Metaphysik im Recht«, *Recht, Gericht, Genossenschaft und Policey*, G. Dilcher / B. Diestelkamp (Hrsgg.) (1986)，页 177，其中有霍尔茨豪尔（H. Holzhauer）、赖纳·舒尔策（R. Schulze）和笔者的批判性评语。

察学的发展路线。这是因为该学科在**亚里士多德**家政学传统中的共同
渊源，以及由自然法发展起来的基本原则和 17、18 世纪学者团体之间
的紧密交流 [105] 都强于领地的差异性。在此基础上，所有对行政感兴趣
的知识分子，特别是官吏，都在阅读旧制度末期的警察学教材和手
册 [106]。

　　在哈雷大学和哥廷根大学路线的指引下，18 世纪的著作部分以附
录形式，部分按照自然法激发的系统性，先是对国家行为整体进行论述，
接着论述越来越独立的真正的"警察"，与财政学事务、技术事务和
狭义的"政府事务"相分离。所有预防危险和改善臣民整体生活状况
的专制性措施都是为了"幸福"这个国家目的。这一路线的典型代表
是两位杰出作者**尤斯蒂**（J. H. G. v. Justi）[107] 和**索南费尔斯** [108]，当然还
有**达耶斯**（J. G. Darjes）[109]、**弗里德里希·菲舍尔** [110]、**霍恩塔尔**（F. C.

---

[105]　主要参见 H. Maier, *Die ältere deutsche Staats- und Verwaltungslehre* (1980)，
第 2 版，尤其是第 2 部分，第 4 节；相关可参见 *Geschichte*，第 1 卷，页 374 及以下。

[106]　论据见 G. Marchet, *Studien über die Entwicklung der Verwaltungslehre in
Deutschland* (1885)；M. Humpert, *Bibliographie der Kameralwissenschaften* (1937)；E.
Dittrich, *Die deutschen und österreichischen Kameralisten* (1974)，内有官房学旧文献。

[107]　J. H. G. v. Justi, *Grundsätze der Polizeywissenschaft in einem vernünftigen,
auf den Endzweck der Polizey gegründeten Zusammenhang* (Göttingen 1756；第 2 版，
1759；第 3 版，1782). 比较 U. Wilhelm, »Das Staats- und Gesellschaftsverständnis von
J. H. G. von Justi. Ein Beitrag zur Entwicklung des Frühliberalismus in Deutschland«, *Der
Staat*，第 30 卷（1991），页 415—441。

[108]　J. v. Sonnenfels, *Grundsätze der Polizei, Handlung und Finanzwissenschaft*，
3 部分（Wien 1765–1776；第 8 版，Wien 1819–1822）。现可比较 R. Hoke, »Joseph
von Sonnenfels (1732–1817)«，见 Jeserich-Neuhaus, 前注 2，页 44—48，内有更多文献。

[109]　J. G. Darjes, *Erste Gründe der Kameralwissenschaften* (Jena 1756；第 2 版，
1768).

[110]　F. Ch. J. Fischer, *Lehrbegrif und Umfang der deutschen Staatswissenschaften*
(Halle 1783)；同作者，*Lehrbegriff sämtlicher Kameral- und Polizeirechte von Deutschland*
(3 卷本，Frankfurt/O. 1784–1786)；同作者，*Kurzer Begriff des Kameralrechts* (Halle
1796)。

W. v. Hohenthal）[111]、**普法伊费尔**[112]、**勒西希**（C. G. Rössig）[113]、**容－施蒂林**（J. H. Jung-Stilling）[114] 等。

18 世纪后半期这方面的文献特别多。当时官房学教职也很普遍，每一位教授都尝试发表自己的"体系"，由此生产了杂志、手册和全集。[115] 与那些老专业相比，这门专业赢得了一定程度的声誉，尤其是享受了行政的资助。

晚期开明君主制的语境对这门专业的处境是决定性的。警察学家自然支持官吏中的改革派，事实上，一部分人同时具备这两种身份，比如**施勒特魏因**（Johann August Schlettwein，1731—1802）。[116] 在"理性"和"幸福"这两颗明星的指引下，他们希望大力改善农业、商业贸易、信用业、技术，还希望废除陈旧的生产方式（三年轮休制、森林放牧以及共有地）。人们对警察的理解相当广泛，把它理解成——挑选出一句典型的说法——"国家秩序，并顾及内部安全、环境美化与舒适、人口、道德风尚以及生计状况，凡此种种通过机关去实现并加以促进，以此达到国家内部的强大"[117]。

不断和国外交流所引发的改革讨论尤其在 1750 年后进一步发

---

[111]　P. C. W. Graf v. Hohenthal, *Liber de Politia* (Leipzig 1776).

[112]　J. F. v. Pfeiffer, *Natürliche, aus dem Endzwecke der Gesellschaft entstehende allgemeine Polizeywissenschaft*，2 卷本（Frankfurt 1779）。

[113]　C. G. Rössig, *Lehrbuch der Polizei-Wissenschaft* (Jena 1786).

[114]　J. H. Jung-Stilling, *Lehrbuch der Staats-Polizeywissenschaft* (Leipzig 1788).

[115]　如见 J. P. Harl, *Vollständiges Handbuch der Polizey-Wissenschaft, ihrer Hülfsquellen und Geschichte* (Erlangen 1809)；J. G. Krünitz, *Oekonomisch-technische Encyklopädie, oder allgemeines System der Staats-, Stadt-, Haus- und Landwirthschaft in alphabethischer Ordnung*，242 卷本（Berlin 1769–1858），弗勒尔克兄弟（F. J. und H. G. Flörke）续。

[116]　D. Klippel, »Der Einfluß der Physiokraten auf die Entwicklung der liberalen politischen Theorie in Deutschland«, *Der Staat*，第 23 卷（1984），页 205—226；D. Möller, »Schlettwein«, *HRG*，第 4 卷（1990），栏 1439—1442。

[117]　Rössig，前注 113，页 1。

展，并波及德意志所有知识分子圈子。人们对"有用知识"的传播普遍深感兴趣，他们创办相应的杂志刊物，成立社团，开设学术讲座，并举行有奖征文活动。正在形成的市民公共社会首先在非政治活动领域发表自己的看法，并把精力转移到"实际的"改革上，原则上不对专制主义发难。以这种方式取得了长足发展的领地现代化导致这种观点广泛流传，即德意志不需要革命，因为开明君主制以自身力量有改革的能力和意愿。[118]1789 年以后这种声音尤其响亮。

然而，法国大革命的爆发使改革讨论变得十分激烈。现在这些问题被提上议事日程，即废除农奴制和佃农制、解放犹太人、教会财产世俗化、废除贵族特权、推行工商自由。这些论题同时进入新的宪法史内容中。核心问题涉及第三等级的政治解放、宪治运动和建立"法治国"的要求。专制主义的"幸福"国家目的自它登场以来就受到**康德**哲学的抨击，很快又受到政治攻击。[119] 因此，以"臣民之幸福"为目的的警察学必须做出回应。其回应就是把警察学和警察法分离开，警察法在 19 世纪屈从于宪法之下，并取决于议会参与。曾一直被广泛理解的警察学自身又被进一步分解成经济和技术单个专业。1848 年以后，警察学逐渐被取消。

（二）向早期宪治主义转型中的警察学

警察学和警察法的分离 [120] 与其说是学术内部专业化的产物，还

---

[118]　K. O. Frhr. v. Aretin (Hg.), *Der Aufgeklärte Absolutismus* (1974).

[119]　U. Scheuner, »Die Staatszwecklehre und die Entwicklung der Verwaltung im deutschen Staat des 18. Jahrhunderts«, *Ged. Schr. f. H. Conrad* (1979)，页 467—489。

[120]　见 R. Schulze, »Polizeirecht im 18. Jahrhundert«, *Recht, Gericht, Genossenschaft und Policey*, 前注 104, 页 199 及以下, 尤其是页 210 及以下。有关 Johann Heumann von Teutschenbrunn, *Initia iuris politiae Germanorum* (Nürnberg 1757)，以及 Johann Bernhard Hoffer, *Beyträge zum Policeyrecht der Teutschen*, 2 卷本（Altdorf 1764–1765），见 *Geschichte*, 页 386 及以下。

不如说是 18 世纪中期以后逐渐向前发展的国家与社会分离所带来的后果。警察学和警察法的分离是通过对"各种自由"（Freiheiten）的法律认可来实现的，而"各种自由"又发展成为全面的"自由"（Freiheit）。警察学的作者们很早就注意到了这一点，并重新提出目的表述加以回应。其中典型的是，"自由"最初本是被看作人人享有的"幸福"的一部分，但后来越来越被理解成与"幸福"相对立。例如在**尤斯蒂**那里已出现了这种发展变化的端倪。此外，他对普鲁士开明君主制警察学的文献高潮进行了描述。[121] 最后，这种由国家决定的、对人们进行监管的"幸福"被认为是个人自由、结社自由和社会自由的敌人。

1. G. H. v. 贝格

"市民自由"逐渐从幸福概念中脱离出来，这导致"社会的"、受法律保护的、不受国家侵犯的自由空间的形成。像当时所谓的"法治国家"（rechtlicher Staat）只有在特殊情况下并有特殊原因才能进入这个自由空间。在 18 世纪最后三十年，这至少在理论上得到大多数人接受。这就是早期自由主义理论的开端。在警察业（Polizeiwesen）中存在着自由权利与公共利益不可避免的紧张关系，而早期自由主义必须在这种警察事务中证明自己的承受能力。

在开明君主制向自由法治国的转变阶段，**贝格**是一位经典作者。他在鸿篇巨著《德意志警察法手册》中一方面收集了大量流传下来的资料，另一方面尝试把警察权利限制在安全目的上。[122] 为了不放

---

[121]　G. Chr. v. Unruh, *Subjektiver Rechtsschutz und politische Freiheit in der vorkonstitutionellen Staatslehre Deutschlands* (1969)，页 12—21。此外，见 *Geschichte*，页 376，前注 52，页 379—382，内有更多文献。

[122]　G. H. v. Berg, *Handbuch des Teutschen Policeyrechts*，7 卷本（Hannover 1799–1809；从 1802—1803 年起为第 2 版）。详见 H. Maier，前注 105，页 207—219。其生平，见 Merzdorf, *ADB*，第 2 卷（1875），页 363；Lippert, *HdBStaatsWiss*，第 2 版，第 2 卷（1899），页 547。

弃警察广泛的活动范围，他使用危害防止的广泛概念。在**皮特**[123] 和
《普鲁士一般邦国法》（1794）[124] 的影响下，他尝试勾勒警察行为
的法律化轮廓，把警察学转化成"警察法"，进而（在事实上）转
化为行政法。[125]

　　贝格首先区分了福利警察（Wohlfahrtspolizei）和安全警察（Si-
cherheitspolizei），并在第四卷中对所收集的警察条例实证法材料进
行相应的划分。这清楚地表明，"不能也不允许强制地、积极地促
进幸福"。但是，由于没有把促进福利排除在警察目的的定义之外，
所以它在一定程度上披上了防止危险的外衣。因为福利警察的范围
非常广，所以**贝格**没有取得成功，以至于他后来又回到了原来的警
察概念。[126]他对安全警察的论述相对简洁，里面包括了保障公共安
全（镇压公共暴力、监管危险社会），尤其包括了国民私权保护（自
由、财产和荣誉），还有一个划分部分。一代人之后，在**莫尔**的《符
腾堡行政法》中还可以发现这个划分，几乎原封不动。[127]

　　贝格对福利警察的论述因此也成为整个国家行政工作的资料收
集：增加人口、改善营养增强体质、整顿房屋秩序、招募士兵、预
防通货膨胀、学校和教会警察（Kirchenpolizei）管理、发展农村经

---

　　[123]　J. S. Pütter, *Institutiones iuris publici germanici* (Göttingen 1770)：作为国家
一般责任之"法律增进公共福祉"（jus promovendi salutem publicam）与限制警察之
"防患于未然"（cura avertendi mala futura）的对立。详见 P. Preu, *Polizeibegriff und
Staatszwecklehre* (1983)，页 167 及以下，页 184 及以下。

　　[124]　*ALR*，第 2 编，第 17 章，第 10 条："警察机关是维护公共安宁、安全和
秩序以及防止危害公共和个人危险的必要机构。"

　　[125]　*Geschichte*，页 379—383。

　　[126]　Maier，前注 105，页 211—212。洛伦茨·施泰因清晰地刻画了典型的贝
格困境，即从（肯定性的）广泛的福利国家警察向（否定性的）狭义的法治国的危
害防止转变，见 L. v. Stein, *Verwaltungslehre*，前注 44；第 2 版，第 2/1 卷（Stuttgart
1866），页 16。

　　[127]　R. Mohl, *Das Staatsrecht des Königreiches Württemberg*，第 2 卷，*Das Ver-
waltungsrecht*，第 2 版（Tübingen 1840），第 2 章，第 2 部分，第 1 节"法律警察"。

济和城市经济、手工业和贸易。其中有些领域，比如防止火灾、水灾以及风雹等自然灾害，很明确被划分到危害防止之下，在紧急情况下还必须采取强制措施。其他领域则明确属于促进福利。没有严格地界定区分安全警察和福利警察、行政干预和行政服务，但其趋向是对警察进行法律限制并对它进行控制，把它放到安全保障这个"国家总目的"之下，以及对个人权利进行保护。**汉斯·迈尔**（Hans Maier）总结说："1800 年以后，又有很多人投入警察法学说和警察学学说的研究，其中**贝格**标志着一个时刻，由于威权国家的警察而壮大的市民运动意识到了不断增强的独立性，并开始慢慢地但很明显地摆脱传统警察法规定的枷锁和限制，它并未放弃其稳定社会的影响，或者对这种影响只提出更少的要求。"[128]

2. 直至 1830 年的警察学

贝格所展现的警察学暂时状态在帝国末期，虽然没有像国家学说和帝国国家法那样遭受长久的震动，但时代重大问题没有半点耽搁而直接出现在警察学中，这是显而易见的。专制主义旧思想的代表们在新获取的主权旗帜下坚持"警察"的广泛权限，并严格拒绝对它进行像司法那样的法律约束。相反，**康德**主义快速传播，它有时带着不近人情的严酷，竭力要求将警察目的进一步地限制在危害防止上，但这对实践可能并未真正产生影响。[129] 早期自由主义普遍面临这样的问题，即是否能以及如何能对涵盖所有生活领域的专制

---

[128] Maier，前注 105，页 218。

[129] 例如，莱比锡的讲师格斯特克撰写的 *Dissertatio inauguralis Juris Politiae ex uno securitatis jurisque custodiarum principio...brevis delineatio* (Leipzig 1813)，以及他的 *System der innern Staatsverwaltung und der Gesetzpolitik*，第 3 卷，第 3 分部（Leipzig 1818–1829），页 294；同作者编，*Asträa. Zeitschrift für Erweiterung und tiefere Begründung der Rechtsphilosophie, Gesetzpolitik und Policeywissenschaft* (Leipzig 1811/1812). 有关格斯特克的生平，只查明他生于 1773 年，1797 年起从事律师行业，1813 年起任莱比锡大学的讲师。

主义"警察"（Policey）的政府权能进行法律限制，以及对它进行遏制的可能性有多大。对行政目的和实施手段进行法律解释这时变成了宪法问题。同时，在莱茵联盟国家和普鲁士迅速实施的改革计划其核心问题是：现代化是应该由"上层"来实施和引导，还是仅仅作为社会的更新程序而由"下层"来激发？

1806 年之夏，神圣罗马帝国寿终正寝。这些问题现在最终变成了各个邦国的内部问题。每一个邦国必须清楚，它如何以自己的主权来组织行政，并如何去塑造社会。"现在，"一位来自拿骚的作者在 1811 年说，"由于人们对国家行政进行无限制的分裂，又不能设置足够的特殊机关，以便把这些支离破碎的东西交给它们去处理，所以警察概念的不确定性会造成无休止的损害；它会给所有部门带来混淆和混乱。"[130] 警察学"根据其以前的状态，仍然属于一门最摇摆不定的科学"，这并不奇怪。[131] 这就要求警察学的作者们远离传统警察学的专制主义内容，重新建立强制性权限，同时又要给福利警察应有的地位。总之，要求他们设计出一个新的体系，这个新体系要正确对待**康德**自然法体系的理论主张和早期自由主义的改革时代。因此，1807 年到 1809 年对"警察概念和国家警察的权力范围"的论述明显增多，[132] 在莱茵联盟国家中尤其如此。在这些国家中，

---

[130] F. W. Emmermann, *Ueber Polizei, ihren vollständigen Begriff und ihr eigenthümliches Verfahren* (Dillenburg, Siegen 1811)，序。

[131] G. Henrici, *Grundzüge zu einer Theorie der Polizeiwissenschaft*，第 4 卷（Lüneburg 1808）。

[132] K. F. Roßhirt, *Ueber den Begriff und die eigentliche Bestimmung der Staatspolizey sowohl an sich als im Verhältnisse zu den übrigen Staatsverwaltungszweigen* (Bamberg, Würzburg 1807); J. F. E. Lotz, *Ueber den Begriff der Polizei und den Umfang der Staats-Polizei-Gewalt* (Hildburghausen 1807). 洛茨（Johann Friedrich Eusebius Lotz，1770—1838），在耶拿大学学习法律，1819 年拒绝到波恩任国家法和国家经济教职，1824 年起在萨克森–科堡任公职，比较 Schumann, *ADB*，第 19 卷（1884），页 285—287；Lippert, *HdBStaatsWiss*，第 2 版，第 5 卷（1900），页 649—650；G. Gerstner, »Versuch einer Entwickelung des Begriffes von Polizei«, *Kameral-Korrespondent,* （转下页）

法国具有榜样影响。[133] 一位作者曾说，当时的情形是，"在德意志
学者之间存在着一种名誉竞争，即如何清楚地论述这个问题，并为
警察塑造一个稳固的形象"[134]。

　　问题由此变得逐渐清晰了：18 世纪中期流行的警察概念十分宽
泛，它把所有服务于内部安全以及物质福利和精神福利的东西都包括
了进去，而这种警察概念此时不再适用了。比如，**G. 格斯特纳**（G.
Gerstner）在 1807 年就不仅把刑事追诉，还把促进福利都排除在警察
概念之外，他由此宣称："警察是一个保护公众使其权利不受侵害的
国家机关。"[135] 司法和行政的分离越明显，就越能界定司法权——
至少在理论上是这样。[136] 当然这是最著名的，也是最棘手的争论之
———因为政治性太强了。

　　同样，人们逐渐赞同把财政事务和外交政治从警察概念中排除
出去，但对教会事务是否属于警察这个问题继续存在争论，尤其在
各种宗教混合在一起的领地更是如此。在这些领地中，人们对宗教
少数派的"教会警察"（Kirchenpolizei）争论激烈。能否把警察降

（接上页）*16 May 1807*，第 58 号；W. Butte, *Versuch der Begründung eines endlichen
und durchaus neuen Systems der sogenannten Polizeywissenschaft* (Landshut 1807)；　佚
名，*Ueber das Prinzip, die Grenzen und den Umfang der Polizei* (Leipzig 1808)；G. Hen-
rici, *Grundzüge zu einer Theorie der Polizeiwissenschaft* (Lüneburg 1808)；J. D. A. Höck,
Grundlinien der Polizeiwissenschaft (Nürnberg 1809)；Emmermann，前注 130。

　　[133]　Roßhirt，前注 132，页 16—23；Ch. Bonnin, *Principes d'administration
publique pour servir à l'étude des lois administratives* (Paris 1809)；同作者，*Droit public
français, ou Code politique* (Paris 1809）；F. Bodmann, *Code de Police Administrative
etc. / Gesezbuch der administratifen Polizei oder Sammlung sämmtlicher neueren und ältern
Geseze ...*，第 2 部分（Mainz 1810）；第 3 部分（Mainz 1812），该书为翻译著作，
翻译的是圣安德烈男爵（Baron de St. André）的警察法汇编：*Präfekt des Departements
Donnersberg*。

　　[134]　Roßhirt，前注 132，页 33。见 F. X. Funk, »Die Auffassung des Begriffes der
Polizei im vorigen Jahrhundert«, *ZgStW* (1863)，页 489—556。

　　[135]　Gerstner，前注 132。

　　[136]　D. G. Struben, »Dreyzehnte Abhandlung von Regierungs- und Justizsachen«,
Nebenstunden，第 3 部分（Darmstadt 1789），页 16—39。

为保障安全，或者（在多大范围内）促进福利——在一个更明确的
范围内——是否属于其中，当人们在特殊领域内求答时，这些看上
去抽象的问题就变得尖锐了，例如，国家干预经济生活的范围、学
校教育、公共道德事务以及舆论形成和出版自由。[137] 一直凸显着这
样的问题：社会可以做什么？而拥有警察权力的国家可以做什么，
并且应该做什么？

　　如何解决这些问题，存在广泛争论。[138] 这些争论在方法上有一
个心照不宣的前提，即对"正确概念"达成一致，这本身就是解决
问题的道路。学者们大多也只是暗示政治含义；按照他们宣布的公理，
这关乎"真理"问题。因此，人们尝试从一般国家学说的角度把警
察（Polizei）添加进一般主权（最高监督权、立法权、行政权和司法权）
和特殊主权（警察、执法、财政权和军事权）的图表中。在自然法
传统中，从国家目的即"统一公民之目的"推演出警察的实质内容。
1800 年左右，这种国家目的本身也遭到严重摈弃。[139] 一方面，人们
看到旧的包罗万象的"幸福"概念如何土崩瓦解，接受个人自由和
法律安全的重要因素，以及最终以自由权利抵制专制主义监管。[140]

────────────

　　[137]　如比较 J. Graf von Soden, *Die Staats-Polizei* (Aarau 1817)，页 122，该处讽刺
性地提到容 – 施蒂林的建议，如"禁止孕妇坐雪橇、跳华尔兹，规定用母乳喂养小孩，
禁止束胸、烫发、做发型，监视占卜师等"。

　　[138]　Joh. H. L. Bergius, *Kameralisten-Bibliothek, oder vollständiges Verzeichniß
derjenigen Bücher..., welche von dem Oekonomie-, Polizei-, Finanz- und Kameralwe-
sen...handeln* (Nürnberg 1762)；C. G. Rössig, *Die neuere Literatur der Polizei und Kame-
ralistik, vorzüglich vom Jahre 1762–1802*, 2 卷本（Chemnitz 1802）；第 2 版（1812）；
F. B. Weber, *Handbuch der ökonomischen Literatur*, 第 6 部分（Berlin, Breslau, Leipzig
1803–1832）；第 7 部分（Grimma 1842）；比较莫尔有用的评论概要，见 R. Mohl,
Die Polizeiwissenschaft, 后注 192，第 1 卷，第 11 节。

　　[139]　K. Hespe, *Zur Entwicklung der Staatszwecklehre in der deutschen Staats-
rechtswissenschaft des 19. Jahrhunderts* (1964)，页 20 及以下；Scheuner，前注 119，
页 486 及以下。

　　[140]　D. Klippel, *Politische Freiheit und Freiheitsrechte im deutschen Naturrecht
des 18. Jahrhunderts* (1976)。

另一方面，承载了唯心主义和思辨的国家目的表现为诸如"完善全人类"这样的目的，这使国家目的的自由主义限定尝试又有被丢在一边的趋势。[141] 大约在 1808 年，一位匿名作者在《关于警察的原则、界限及范围》中论述道，警察必须遵循更高的道德趋势，而不仅仅是保障安全，但只能在为它设置好的范围内进行。[142] 人们在埃朗根大学教授**哈尔**（Johann Paul Harl，1772—1842）那里也能读到同样的内容。**哈尔**认为，警察的目的在于"对威胁国家内部整体和个体的危险，以及不好的东西进行防范和制止，对所有人的人身和财产权利进行保护并提供服务，地位、名誉以及财产多少一概不论"[143]。接着他还是把福利警察的全部内容附加进书中。

国家与社会之间的界线越清晰，以人权和公民权的保障去阻止全面的幸福主义回潮越明显，在警察中，福利和自由的分离也就越明晰。在确定警察概念时，传统的促进福利与自由权利的国家保护分裂了，由此产生了巨大的归类问题。

论者们越靠近早期自由主义和宪治主义的整体思想，就越多地尝试着把安全保障放在前台，[144] 而把促进福利放到幕后。保障安全首先有这样的问题，即是否在宽泛意义上制止所有不好的行为，[145] 还是只在严格意义上制止危害公共秩序和特定个人权利的行为。另外，还存在一个老生常谈的问题，即对镇压性的司法要限制其预防性的危害防止。在促进福利领域中主要产生这样的问题，即根据主

---

[141]　Roßhirt，前注 132，页 81。但他很快表明，他"铭记了完善个人和完善全人类之间的区别，并指出，不能对个人的完善直接施加国家影响力，因为这会对人们的自由造成危险的侵犯"。

[142]　(v. Schuckmann 或 Staatsrat Gruner)，*Ueber das Princip, die Grenzen und den Umfang der Polizei* (Leipzig 1808).

[143]　J. P. Harl, *Entwurf eines Polizei-Gesetzbuchs* (Erlangen 1822)，页 4。

[144]　Sonnenfels，前注 108，第 43 节；Harl, *Handbuch*，前注 148。

[145]　Pütter，前注 123。

流观点来组织归类大量行政活动，并把特别的"具有警察性质的活动"和其他行政活动区别出来。

在莫尔于 1832 年出版《警察学》之前，下面提到的作者会使这个争论谱系变得清楚。他们大多数是实践者。而大学教师，如**威廉·贝尔** [146]、兰茨胡特大学的统计学教授**布特**（Wilhelm Butte，1772—1833） [147]、**哈尔** [148]，更多处于争论边缘，与提到的**格斯特克** [149]、**格雷韦尔** [150]，以及自由职业学者**亨里齐**（Georg Henrici，1770—1851） [151] 这些边缘人物一样。

洛茨 [152] 仔细研究了当时的警察学文献典籍，同时还认真研究了**康德、费希特、胡费兰、格罗尔曼**以及**费尔巴哈**的"心理强制说" [153]。

---

[146] W. J. Behr, *System der angewandten allgemeinen Staatslehre*, 3 部分（Frankfurt 1810），第 3 部分论述警察立法和警察行政。

[147] W. Butte, *Versuch der Begründung eines endlichen und durchaus neuen Systems der sogenannten Polizeywissenschaft* (Landshut 1807). 该书头绪混乱，至少对法学目的是毫无用处。在涉及国家、国家目的、法和道德概念时，布特研究了康德、费希特、费尔巴哈和格罗尔曼。对其批判，亦见 v. Inama-Sternegg, *ADB*, 第 3 卷（1876），页 654。

[148] J. P. Harl, *Vollständiges Handbuch der Polizey-Wissenschaft, ihrer Hülfsquellen und Geschichte* (Erlangen 1809)；同作者，*Vollständiges Handbuch der Kriegs-Polizei-Wissenschaft und Militär-Oekonomie* (Landshut 1812)；同作者，*Entwurf eines Polizei-Gesetzbuchs oder eines Gesetzbuchs für die hohe Sicherheit, öffentliche Ruhe und allgemeine Ordnung sowohl, als auch für alle Zweige der vollständigen Privat-Sicherheit, nebst einer Polizei-Gerichts-Ordnung* (Erlangen 1822)。莫尔对前两本著作曾简短地说，"由于它们毫无用处而不值得一提"，见 Mohl, *Polizeiwissenschaft*, 第 3 版，第 1 卷（1866），页 85。哈尔，神学家出身，1805 年到 1817 年任埃朗根大学哲学和官房学教授；蒙热拉倒台后，他也退休了。比较 Inama, *ADB*, 第 10 卷（1879），页 601—602。

[149] 见前注 129。

[150] M. C. F. W. Grävell, *Ueber höhere, geheime und Sicherheits-Polizei* (Sondershausen, Nordhausen 1820). 该书以 10 封书信的形式（非法学地）阐述了警察的权限，其中谈到投入秘密调查人员和设立秘密国家安全机构（高级警察）。有关格雷韦尔，参见本书第 4 章，注 284。

[151] G. Henrici，前注 131。

[152] 匿名，»Johann Friedrich Eusebius Lotz«, *(Bülaus) Neue Jahrbücher der Geschichte und Politik*, 第 2 卷（1839），页 151—169; Schumann, *ADB*, 第 19 卷（1884），页 285—287。

[153] W. Naucke, *Kant und die psychologische Zwangstheorie Feuerbachs* (1962).

他曾是"萨克森 – 希尔德堡豪森的高级顾问和官员"，后来担任过萨克森 – 科堡的高级官员。**洛茨**设计出一个独具特色的"唯心主义"模式。与**沃尔夫**（Christian Wolff）的论著一样，这个模式不想斩断和这种学说之间的联系，即要求人达到"完善"。他认为，国家目的是"把市民社会中每一个成员的所有力量都聚集起来，从而尽可能地完善人性至最高点"。[154] **洛茨**认为，警察的任务是采取"直接的自身行为"（direkte Selbstthätigkeit）实现这个国家目的，[155] 也就是说既不通过立法和行政，也不通过司法来实现。[156] 国家不仅作为"法权本质"（rechtliches Wesen）而保障安全（"强制警察"〔Zwangspolizei〕），还要作为"道德本质"（sittliches Wesen）支持帮助市民达到完善（"协助警察"）。这两种行为现在都要从国家和个人的角度进行思考：维护国家利益而采取的强制警察措施和协助警察措施，同时也是有利于市民的措施。**洛茨**按照这一方案来组织材料，其中存在大量重叠和交叉的内容。

尽管他的著作有这些瑕疵，[157] 但**洛茨**展示了曾一度被大多数人接纳的模式：18 世纪末包罗万象的实质性国家目的被坚持下来，充其量被唯心主义词汇更新过，并且，从这种国家目的推演出了国家的双重任务以及强制警察和协助警察。一方面，要预防危险，防止具体危险，保障安全；另一方面，要消除所有阻止自由社会自我发

---

　　[154]　J. F. E. Lotz, *Ueber den Begriff der Polizei und den Umfang der Staatspolizeigewalt* (Hildburghausen 1807)，页 10。

　　[155]　为了国家目的，作为"间接"活动的司法与作为"直接"活动的警察之间的区分，遭到 1808 年第 287 期和第 288 期《耶拿文学总报》评论家的拒绝。

　　[156]　把国家权力划分成最高监督权、立法权、行政权、司法权以及"国家警察权"，受到同时代人的批评，恕不赘言。

　　[157]　对该书的批评见 J. F. Fries, *Heidelberger Jahrb. d. Lit.* (1808)，以及 R. Mohl, *Polizei-Wissenschaft*，第 3 版，第 1 卷（1866），页 84："没有正确地论述目的、范围，也没有正确论述警察的分类。相反，它对资料细节和国家学枝叶末节的研究与考虑，却比大多数关于警察的著作更多、更细心。"

展的障碍。整个三月革命前就是这个模式，在**莫尔**的《警察学》中也能发现这种模式。不难看出，它是在持续有效的专制主义和对行政进行宪治与法治约束的要求之间的一种政治妥协。

哲学家**亨里齐**对**洛茨**建议的国家目的定义，对各个国家权力功能的区分，对强制警察和协助警察的区分都进行了特别的批判性回应。**亨里齐**在 1808 年推出《警察学理论的基本特点》（*Grundzüge zu einer Theorie der Polizeiwissenschaft*）一书。[158] 该书实际上与其说是与行政和实践有关的课堂用书，还不如说是一部基础理论知识的著作。**亨里齐**不是按广泛重叠的事务领域而是以行为形式区分司法和警察。与他前后的其他人一样，他区分了保障安全的警察和帮助人们达到完善的警察，还区分了直接的警察行为和间接的警察行为。警察为了实现国家目的而在形式法律之外进行活动的地方，**亨里齐**只提出"理性戒律"（Gebot der Vernunft）作为它的正当性和界线。他的思想基础主要是"所谓健康人的智识理性主义"，[159] 这一思想尽管受到**赖因霍尔德**（Reinhold）和**席勒**的影响，但受 18 世纪前批判哲学（vorkritische Philosophie）的影响比受耶拿大学的唯心主义影响要多一些。

埃朗根大学的年轻讲师**罗斯希尔特**[160] 在 1817 年发表的小书《论国家警察的概念和自身的规定及与其他国家行政分支的关系》（*Ueber den Begriff und die eigentliche Bestimmung der Staatspolizey sowohl an*

---

[158]　Lüneburg 1808. 人们对其 *Nachtrag zu meiner Theorie der Polizeiwissenschaft nebst einer Prüfung einiger darüber angestellten Kritiken* (Lüneburg, 1810) 的讨论富有启发性。被他自己称为"纯粹法律演绎"的法哲学基础的是 *Ideen zu einer wissenschaftlichen Begründung der Rechtslehre*，2 部分（Hannover 1809, Pyrmont 1810）。其生平，见 Prantl, *ADB*，第 11 卷（1880），页 785—786。

[159]　Prantl, 前引书，页 786。

[160]　比较本书第 3 章，注 335。

sich als im Verhältnisse zu den übrigen Staatsverwaltungszweigen），也以这种"思辨观点"为出发点。他还以"试论警察学更纯粹的建立"作为该书的副标题。[161] **罗斯希尔特**在书的开头对 16 世纪以来的"警察"进行了历史描述，考察了法、英、俄三国的情况，然后转向传统留下来的警察概念定义，接着以一种"松散组合"的方式收集了各个警察分支的资料，最后把警察与其他行政领域划分开来。**罗斯希尔特**尝试创造概念，并使组织结构清晰，但没有取得真正成功，主要是因为他避免暴露其政治色彩。这部不成熟的作品大体上放入他那与之不同性质的全集中。**罗斯希尔特**从 1818 年起在海德堡大学工作了一百多个学期，尽管（或者因为）他发表了所有法律领域的著作，但作为老师和作者仍受到诋毁。[162]

埃默曼（Friedrich Wilhelm Emmermann，1773—1855）在 1811 年发表的第一部著作完全形成于实践，并与实践相关。他曾是拿骚的财政顾问，后来又任政府顾问。[163] **埃默曼**把警察定义与制止危害公共安全和秩序的危险行为联系在一起，也就是说，警察有权"根据相关的法律程序制止危险行为，并对其进行惩罚"[164]。他把全部

---

[161] Bamberg, Würzburg 1817，序。

[162] v. Schulte, *ADB*，第 29 卷（1889），页 260—262，该处认为，他是一位"非常温和、和善、心地善良、几乎有点害羞的人"。"根据有些学生的叙述，作为老师，他又是一个思绪不清、性情古怪的人，但他的讲课却逗人发笑"（页 262）。对他的特别批评，见 Mohl, *Erinnerungen*，第 1 卷，页 226、232。比较 v. Weech, *Bad. Biographie*，第 2 卷（1881），页 196—198；简要介绍，见 Drüll，页 224。

[163] Emmermann，前注 130。他在 1819 年的序中写道，"该书没有摆放在书店，责任在出版商"。埃默曼出生于迪伦堡，在黑博恩、马堡和哥廷根学习法律，开初当过律师和迪伦堡的见习官，1804 年起任奥兰治－拿骚政府顾问，1815 年到维斯巴登的拿骚政府工作，直到 1837 年。他后来官至内务顾问。比较 Hamberger-Meusel，第 5 版，第 17 卷（1820），页 501；W. H. Struck, »Vom Kampf um den Verfassungsstaat«, *Nassauische Annalen*，第 79 卷（1968），页 182—244（页 241—242）；O. Renkhoff, *Nassauische Biographie. Kurzbiographien aus 13 Jh.* (1985)，页 91—92。其自传资料及手稿，见 *Hauptstaatsarchiv Wiesbaden*。

[164] 前引书，页 13。

福利警察（国家经济管理、道德－宗教管理、教育管理、国家和地方财政管理）扔到一边。在他那里，对实践很重要的警察组织法以及警察官吏的资格标志占有较多位置。该著作论述了警察程序（法院、审级、公共与秘密警察、一般程序规则和特殊程序规则、识别方法、警察惩罚）和警察内部管理（工作期刊、派遣、编录、会计）。

埃默曼在 1819 年修订版中为他的作品——1814 年《拿骚宪法》颁布后——奠定了带有法治自由趋向的国家理论基石。[165]他呼吁取消警察的广泛权能，对"行政官府"[166]进行更明确的分权，并更严格地限制它们的权能。他对当时已经实现的宪法状态的思想研究，给人一种简洁但封闭的印象。

晚期专制主义受到革命震撼，但并未中断。在它向分权的宪法国家的过渡中，对"警察概念"的激烈争论研究反映出其他领域不具有的困难。在这里既有落在政治状况之后的理论，又有超前的思想。在莱茵联盟期间，许多作者跟随这些变化似乎都很艰难，1815 年以后的理论家们则完全走在现实的前面。这时人们议论政府事务与司法事务分离、官房事务（Kameralsachen）和警察事务的分离、警察总的惩罚权力向司法转移。他们认为这些都是政治上的可能性，并且还部分地实现了，尽管与**梅特涅**体制联系在一起的国家行政实践又重新回到认为已被废除的道路上。在思想上倒退到旧形式的专制主义道路，无论如何也行不通。人们所说的"复辟"不是复活，而无非是把旧内容和新内容进行强制性协调，是一种宪法妥协和行政妥协。把警察严格地降到安全目的的思想保持了自由主义要求和法

---

[165]　F. W. Emmermann, *Die Staatspolizei in Beziehung auf den Zweck des Staats und seine Behörden* (Wiesbaden 1819).

[166]　"从事集体市民社会的内部生活工作，并管理整个国家预算的机关叫行政机关，它与司法机关相对"，前引书，页 55。

治思想，但这在三月革命前根本行不通，因为那时国家和社会是一种复杂的混合状况。

这一时期的另一部典型著作是国家学学者**雅各布**（Ludwig Heinrich Jakob，1759—1827）在 1809 年第一次出版的《警察立法和警察机构的基本原则》。[167] 他把警察广义地理解为"国家为实现所有共同的、由法律确定的目的而进行的操劳"。[168] 这些目的便是政府的操劳（"对帝国权力的认识""维护帝国权力的威信和对法律的遵从""建立良好的财政和军队""增加人口"）和人民的操劳（"维护整个法律状态""保护和完善在法律范围内能够激励和增加道德与富裕生活的所有财产"）。因此，**雅各布**维护了晚期专制主义宽泛的国家目的学说，但他一再强调：警察行为必须尊重法律秩序和个人权利，只有"自由的私力"（freie Privatkräfte）不济的地方才允许警察干预，但要对警察干预进行限制，禁止其过度干预。**雅各布**想要的是积极的行政国家，并对其进行法律限制。在那里，人的天资得以自由发展是主要目的，但这个主要目的不得牺牲各个行政目的，[169] 这与自由应该完全是"团结公民的主要目的"的观点一样。[170] 当公共利益和个人权利发生冲突时，如果拿捏不准，

---

[167]　L. H. Jakob, *Grundsätze der Policeygesetzgebung und der Policeyanstalten*，2 卷本（Charkow, Halle, Leipzig 1809；第 2 版，Halle 1837，未改动）。雅各布于 1785 年在哈雷大学完成哲学教授资格论文，1789 年任哲学编外教授，1791 年任哲学教授，1804 年起任国家经济学教授。由于该大学在 1806 年被强行取消，他到俄国任职，在哈尔科夫教书，1816 年又返回哈雷大学。他的研究重点是国民经济学，尤其是货币理论。他是一位斯密主义者（*Grundsätze der Nationalökonomie oder Grundsätze des Nationalreichthums* [Halle 1809；第 2 版，1819；第 3 版，1825]）。他的哲学基础是大众化的康德理论。有关他的情况，比较 Prantl, *ADB*，第 13 卷（1881），页 689—690；Lippert, *HdBStaatsWiss*，第 2 版，第 4 卷（1900），页 1313—1314。

[168]　Jakob, 前注 167，第 26 节。

[169]　前引书，第 33 节。

[170]　前引书，第 120 节。

公共利益就应该退让。这些自由主义思想使该书在作者死后得以再版（1837），并赢得**莫尔**的赞誉，[171]尽管在这个问题上，即所谓的预防性司法（Präventiv-Justiz）或法律警察（Rechts-Polizei）是否属于研究"警察"的警察学，**莫尔**代表的是另一种观点。[172]

几乎与**雅各布**同时，官房学家**佐登**帝国伯爵（Reichsgraf Friedrich Julius Heinrich von Soden，1754—1831）[173]发展了完全类似的思想。由于这两位的经济思想都受**亚当·斯密**的影响，所以他们都倡导由自由力量去决定经济，[174]但他们同时也一直在寻找办法尊重国家的支配作用，并认为国民经济（Nationalökonomie）和国家经济（Staatswirtschaft）应该分离，互不依赖。[175]**佐登**在其九卷本巨作《国民经济》[176]的第七卷《国民经济基本原则下的国家警察》[177]中，首先长篇大论地讨论"逻辑准确的警察概念"。在这里，警察促进福利的目的和预防危险还是被联系在一起，尽管他用自由主义

---

[171] Mohl, *Polizei-Wissenschaft*，第 3 版，第 1 卷（1866），页 85。

[172] Jakob，前注 167，第 162 节及以下。他把预防危险的警察预防措施（控制结社集会、武器、护照、出版监督、控制具有潜在危险的人员、个人权利保护等）归为真正的警察任务。

[173] 佐登伯爵曾在埃朗根、耶拿、阿尔特多夫学习，1774 年到 1792 年在安斯巴赫–拜罗伊特（Ansbach-Bayreuth）供职，接着从 1792 年到 1796 年在普鲁士供职。后来当私人学者，对许多经济和政治问题发表见解——1825 年到 1827 年，他还任巴伐利亚等级会议议员。有关他的情况，现可参见 P. Hanke, *Ein Bürger von Adel. Leben und Werk des Julius von Soden (1754–1831)* (1988)。

[174] J. Graf. v. Soden, *Die Nazional-Ökonomie*，第 5 部分（Leipzig 1805–1811）；第 6 部分（Aarau 1816）；第 7 部分（Aarau 1817）= *Die Staats-Polizei nach den Grundsätzen der National-Oekonomie. Ein Versuch, 207, verkürzt dies auf die Formel, das Geheimnis der Regierungskunst bestehe darin, »die Menschheit in Ruhe zu lassen«*；第 8 部分（Aarau 1820）；第 9 部分（Nürnberg 1824）。

[175] W. Roscher, *System der Volkswirthschaft*，第 1 卷（Stuttgart 1854），第 2 章。

[176] Soden，前注 174。洛茨在 1812 年的《耶拿文学总报》（见第 50 版和 51 版）以及 1818 年的《哈雷文学报》（*Hallesche Literatur-Zeitung*）（见 Erg. bl.，第 126 版及以下）评论过该作品。

[177] 前注 174。

原则对其进行界定："促进人们共同愉快幸福地生活，预防直接从共同生活中产生不足，这是国家警察唯一的独自活动空间。"[178]

佐登在这里采取赋予警察双重任务的方法是自 19 世纪之交以降和谐解决问题的普遍方法。因此，广泛的警察实践仍受到尊重，但同时也产生了一种可能性，即以自由主义的观点去突出强调安全保障和危害防止之目的。这个过程与不明晰的宪法状况相符合：君主制原则趋向于 18 世纪那种不受限制的福利警察，而逐渐形成的议会参与在获取了改革、支持和促进的力量下，对危害防止进行法律限制。这些力量包含在"警察"之中，并且有利于市民阶层。在这个意义上，**克吕贝尔**也把这样的任务交给了警察："国家警察……有两大任务：安全和福利或使国民达到完善。安全警察的任务是制止违法行为以及自然或其他原因引起的危害事件。促进福利或使国民完善的警察，其任务则是实现并且增进在物质上、感官上以及精神上的社会福祉。第一个是狭义上的国家警察，因为它和国家的目的直接相关；另一个是国家社会警察，因为它和国家目的的关系是间接的，但与国家居民共同社会的幸福生活有着直接关系……"[179]

我们看到，人们多早就确定了"安全"对国家目的的重要性，这是自由主义意义上的妥协，在**贝格**那里得到准确体现。"狭义上"的警察（危害防止作为国家的主要任务）和"广义上"的警察（促进社会繁荣）的区分在这里也清楚地表明，人们对各种资料的归类是如何争论不休。

在 19 世纪头三十年，与教条自由主义者们强烈拒绝福利目的相比，安全目的和福利目的——在概念上被区分开来——相互联系在

---

[178]　前引书，页 46。

[179]　J. L. Klüber, *Öffentliches Recht des Teutschen Bundes*，第 4 版（Frankfurt 1840），第 381 节。

一起仍然是一种更有力的思想。当那些自由主义者，比如**洪堡**，一旦转入实践，他们也不能坚持他们的理论主张了。因此，就像德意志国家整个内部政治不能深入自由化一样，把国家目的界定为保障安全，这仍停留在理论上。[180] 人们对国家的期望比只保障安全要高得多。

珀利茨在 1823 年的论著代表了早期温和的自由主义思想。[181] 他这样宣称道：“法权和福利是国家生活最高的两个条件，它们本身就内含在国家的目的当中，因为根据理性法，国家既不能只被想成法权营造物（Rechtsanstalt），也不能只被想成为福利和享受幸福的机关。”**珀利茨**由此区分了强制警察和福利警察。强制警察负责公共安全和秩序 [182]，但也是（镇压性的）刑事司法的辅助机构。[183] 而福利警察的任务仍然是对人口、农业、商业、贸易这些古典领域进行警察管理，并负责思想教育、风俗、宗教和学校教育事业等。[184] **珀利茨**在这些领域对每一个问题只提供了简洁的、提纲似的信息，还提供了专业文献资料参考。

威廉·贝尔在 1848 年才出版了《一般警察学学说》。[185] 这部著作对**莫尔**的警察学进行了深入研究，但在发展史上属于莱茵联盟时期和早期宪治主义时期的作品。这不仅因为它更靠近理性法、**康德**思想

---

[180]　如 N. Th. Gönner, *Teutsches Staatsrecht* (Landshut 1804)，页 549。

[181]　K. H. L. Pölitz, *Die Staatswissenschaften im Lichte unsrer Zeit*，第 2 部分（Leipzig 1823），页 269—365。

[182]　珀利茨在此（页 301 及以下）提到骚乱和暴乱、暴行和暴动、秘密社团、改教、道路和财产安全、消防管理、健康卫生管理、贫困管理、房屋管理、乡村和城市警察。

[183]　前引书，页 290。

[184]　前引书，页 334 及以下。

[185]　W. J. Behr, *Allgemeine Polizei-Wissenschaftslehre oder pragmatische Theorie der Polizei-Gesetzgebung und Verwaltung. Zur Ehrenrettung rechtgemässer Polizei, mittelst scharfer Zeichnung ihrer wahren Sphäre und Grenzen*，2 卷本（Bamberg 1848）。有关威廉·贝尔的文献，见本书第 1 章，注 183。

以及从**康德**思想发展出来的更狭义的法治国概念，而且因为它尝试把整个福利国家的警察行为归结为"实现法权思想、法权效力以及对法权的保护"。[186] 和在**贝格**那里一样，它展现了旧"警察"的全部内容，警察的目的同样通过警察立法（Polizei-Gesetzgebung）和警察行政（Polizei-Verwaltung）[187] 才能得以实现。由于**威廉·贝尔**的著作在系统清晰性上远远落后于**莫尔**所达到的程度，同时基本上也是在重复世纪之交人们所讨论的问题，所以这部著作在 1848 年显得"落伍"了。它是**威廉·贝尔**被拘禁在帕绍的奥伯豪斯边塞期间撰写的作品，这表明作者本人与新的学术研究发展相隔绝。[188] 这本著作似乎没有得到任何回响。

三、行政法独立的第一个阶段

（一）R. v. 莫尔

对晚期专制主义警察学与宪治运动主张之间的联系的理论研究，在**莫尔**那里达到了顶峰。他的确实现了自己设定的目标，即成为"警察学的**亚当·斯密**"；[189] 他实现了"旧官房学专业尤其是警察学的

---

[186] 他对此与莫尔发生意见冲突是可以理解的。比较 Mohl, *Polizeiwissenschaft*，第 3 版，第 1 卷（1866），页 85："该书把警察内容牵强附会地归到一个不正确的（法律保护的）原则之下。其内容贫乏，是一位老朽者的作品。"

[187] 这又成为威廉·贝尔全面论述的"行政政治学"的一部分：W. J. Behr, *System der allgemeinen angewandten Staatslehre oder Staatskunst (Politik)*，第 2、3 卷（Frankfurt a. M., 1810）。

[188] 1837 年到 1847 年，该手稿藏在慕尼黑司法部里，禁止发表。

[189] E. Angermann, *Robert von Mohl 1799–1875. Leben und Werk eines altliberalen Staatsgelehrten* (1962)，页 36—37。对意大利来说，下面这篇文章最恰当：Gian Domenico Romagnosi, «Principi fondamentali di diritto amministrativo onde tesserne le instituzioni»，*Opere I–XIX*，第 4 卷（Firenze 1832–1839）。见 L. Magnoli,（转下页）

形式改造，而这些形式为行政法和行政学说指明了方向"。[190] **莫尔**先在《符腾堡王国国家法》（1831）[191]第二部分的行政法中，接着在第二部主要著作《法治国基本原则下的警察学》（1832—1833）中发展出了他的"警察"观点。[192]

这部著作的标题是一个纲领，在德意志确立了"法治国"这个词汇。**莫尔**的警察学寻求的不是一种去政治化（entpolitisiert）的自给自足之物，而是与时代政治原则有着十分紧密的关系。**莫尔**认为，行政是广义上的政治任务，也就是"把宪法所确立的最高基本原则应用到个别事务当中"。[193]他坚信，宪法条文倘若不停留在空洞的声明上，那它就必须进入行政日常工作。因此，他对警察任务的看法与国家的目以及他的法治国思想有直接关系。尽管他不打算在其《警察学》中论述警察法或行政法，但他广泛地用法律来论述这个题材，里面的宪治气氛连同萦绕在**莫尔**脑海中的国家目的把该题材强行地变成法律形式。

莫尔不仅把"维护法权秩序……作为一种需要和自身拥有的善"看成国家的目的，而且把"参与者在个人或已结合成小团体的手段

（接上页）«Dian Domenico Romagnosi iniziatore della scienza del diritto amministrativo in Italia», *Atti del convegno di studi in onore di G. D. Romagnosi nel bicentenario della nascita*, *Studi Parmensi*，第 10 卷（1961），页 401 及以下；G.Rebuffa, *La formazione del diritto amministrativo in Italia* (Bologna 1981); L. Mannori, «L'amministrazione nel pensiero di Gian Domenico Romagnosi», *L'amministrazione nella Storia moderna*，第 1 卷（Milano 1985），页 667 及以下。

[190] U. Scheuner, »Robert von Mohl. Die Begründung einer Verwaltungslehre und einer staatswissenschaftlichen Politik«, *500 Jahre Eberhard-Karls-Universität Tübingen, Beiträge zur Geschichte der Universität Tübingen* (1977), 页 514 及以下（页 518）。

[191] R. v. Mohl, *Das Staatsrecht des Königreiches Württemberg*，第 2 版，第 2 卷（Tübingen 1840），第 185—93 节（Rechts-Polizei），第 194—258 节（Hülfs-Polizei）。

[192] R. Mohl, *Die Polizei-Wissenschaft nach den Grundsätzen des Rechtsstaates*，2 卷本；第 2 版（Tübingen 1832, 1833），扩充了 »System der Präventiv-Justiz oder Rechts-Polizei« (Tübingen 1844–1845)；第 3 版（Tübingen 1866），多有改动。

[193] Mohl, *Staatsrecht*, 前注 191, 第 2 卷，第 142 节。

不济的地方对理性目的的支持”[194] 也看成国家的目的，[195] 其结果仍然是把双重任务赋予全面理解的“警察”（内部行政意义上的）。

一方面，警察应该制止人们的违法行为，它是预防性的或镇压性的。**莫尔**把这个领域称为“预防性司法”（Präventiv-Justiz）或“法律警察”（Rechts-Polizei），并尝试把它完整地分派给司法。[196] 但他一定认识到，他会在这里遇到麻烦，因为人们习惯于广泛地把危害防止当作“警察”，而把警察的危险预测当作司法似乎不合适。虽然**莫尔**不能进行这样的司法分派，但他仍在早期就提出了警察制止危险的任务与一般行政机关行为之间的区分界线。

因此，把“法律警察”划出去之后，**莫尔**的警察学核心便是真正的“协助警察”，它是“所有这些不同机构和组织的化身，这些机构和组织的目的是允许人的力量得以全面发展，当个人无法去除阻碍其全面发展的外部障碍时，这些机构和组织便使用一般的国家权力去消除这些外部障碍”。[197] 这也是**贝格**所谈的领域，只是在形式上有所更新：人口政策，卫生健康，“通货膨胀警察管理”，穷人警察管理，市民的思想、道德和宗教教育以及品位教育，还有土地市场、资金交易、保险产业，以及农业、矿业、商业贸易、交通、市场、货币、银行和股票等。处在这些领域背后的国家是一个受常识（common sense）引导、按理性方式进行活动的国家。它的法律和行政措施遵循自由主义思想路线，但还完全受开明君主制思想的

---

[194] Mohl, *Encyklopädie der Staatswissenschaft* (1859)，页 324—325。

[195] 见 *Polizeiwissenschaft*，前注 192，第 2 版，第 1 卷，第 2 节，其中确定了法治国的目的，即“规范人们的共同生活，支持和促进其成员尽可能自由地、全面地发展和利用自己的全部力量”。

[196] Mohl, *System der Präventiv-Justiz oder Rechts-Polizei* (Tübingen 1834；第 2 版，1845).

[197] *Polizeiwissenschaft*，第 2 版，第 1 卷，第 3 节。

影响。**莫尔**认为，尤其是当人们互相阻碍，另外也得不到帮助，这个时候可以出于善意采取镇压性手段。**莫尔**对此无所顾虑。人们常常强调他实质面的法治国概念[198]，其含义是国家必须追求积极的（"公正的"）目的。这基本上是旧的幸福学说传统中的一种思想，他合时宜地用法律范畴对它论述。国家目的必须合乎理性，并且在法律上是被允许的。理性的人对理性之物能够达成一致，**莫尔**简单地以此为前提条件，而把自我怀疑和方法问题抛在脑后。

法治国的形式面即受权利（Recht）和法律（Gesetz）约束，对法治国的实质面起着补充作用。这一部分在第一卷中只是进行了较为简洁和提示性的论述；对警察学的总述来说，这显然只是起导言作用。但从第一版到第三版，**莫尔**对其进行了扩充，并注意到形式性法治国理解的一般特征。在**莫尔**看来，以法律形式实现国家目的，需要建立在这几个基本原则的基础上：在公民拥有权利和受约束的地方，或者被惩罚的地方都需要法律规定，而每项法律要依照宪法程序来制定。[199] 执行规定和地方戒规属于法规（Verordnung）范畴，但**莫尔**并未真正成功地把法规和法律（Gesetzesrecht）准确地区分开来。国家在什么时候可以宣布强制和处罚？从今天的角度看，**莫尔**对这个问题的探讨同样不确定。[200] 但以今天的角度看问题是一种时代错位——**莫尔**所处的时代离有行政法"总则"和有清晰分权轮廓的时代还太遥远——这会使我们忽视**莫尔**建立警察学的意图，而这

---

[198]　Maier，前注 105，页 228；Scheuner，前注 190；Angermann，前注 189，页 37，页 207—208。

[199]　*Polizeiwissenschaft*，前注 192，第 2 版，第 1 卷，第 6 节。B. Roth, *Vermischte Abhandlungen meistens über Gegenstände des Rechts und der Rechtspolizei* (Karlsruhe 1823)，其中第 82 至 89 页是一个关于司法事务和警察事务区别的专家评语，其针对《巴登宪法》，对个人权利的侵犯必须是可以进行司法操作的；在此情况下不需要"警察保护"（创设一个没有法律的空间）协助。

[200]　前引书，第 7 节。

种警察学还不是警察法。[201] 另外，**莫尔**认为在行政管理时，目的内容比法律形式更重要："在司法机关那里，法官要高度重视法律形式，这是绝对必要的，而事实本身重要与否倒不须考虑；不能因为纯粹利益而脱离基本原则；所有这些在执行警察事务那里却是另一回事。"[202] 因此，**莫尔**曾为法律成分要在行政官吏的教育培训中占支配地位而奋斗，并支持以图宾根、慕尼黑和维尔茨堡为榜样，单独设立国家学系。这些努力却没有产生结果。依照他的建议，在这些系中应该为国家法和行政法各设立一个教职。[203]

　　莫尔骄傲地回顾了他的《警察学》，并坚信该著作"让以前关于警察这个问题的所有著作文献都统统作废"，"早期的警察学手册没有什么基本原则，并且毫无思想逻辑，乏善可陈"。[204] 他尤其感到自豪的是，把预防性警察分配给司法，尽管他并未成功。"这或许是我的奇怪想法，但它至少是经过逻辑建立起来的。"[205] 新的著作文献接受这种大体上十分积极的评价：一方面认为他的著作是这门学科的最新辉煌，达到了这门学科科学化可能达到的顶峰，另一方面认为它是理解早期自由主义实质性法治国的文献资料——尽管强调其资产阶级视野——并对将要出现的社会问题带着很大的开放性。

---

[201]　Maier，前注 105，页 232。

[202]　*Polizeiwissenschaft*，前注 192，第 2 版，第 2 卷，页 545。

[203]　Mohl，前注 16。Bleek，前注 8，页 247，该处指出，莫尔在 1869 年给教职取了一个新的名称，突出其"非法学性"：警察学、行政学说。应该到法律系去获取真正的法学知识。

[204]　*Lebenserinnerungen*，第 1 卷，页 271。

[205]　*Lebenserinnerungen*，第 1 卷，页 272。

（二）1848 年前的行政法

莫尔为建立独立的并与宪法联系在一起的行政法，以及为警察学的发展最后阶段所做的贡献，在 1848 年以前以及之后的很长一段时间都是巨大的。就连和**莫尔**没有多少联系的**洛伦茨·施泰因**也承认，对邦国行政法进行宪法联系的论述是"我们未来在这方面要走的道路……毋庸置疑，不但要有行政法，而且要把它当作公共法律秩序唯一的理性基础而加以大力推行。如果有独立的行政学说，那么也必须有独立的国家行政法"[206]。

这些文字写于 1866 年，与**莫尔**出版《符腾堡王国国家法》（1829）相隔不只一代人的时间。这时人们更清楚地认识到，行政法正朝着独立方向发展。在图宾根大学甚至还有行政法教职，[207] 在该位置上的教授们有计划地支持行政法研究。[208] 行政法在这时还成为教学中的一门特殊课程。

但在思想上把宪法和行政法分离开明显要早一些。**根纳**早就谈过"宪法和行政法"（Konstitutionrecht und Regierungsrecht）的分离。在**施梅尔青**（1821）、**德雷施**（1823）、**顺克**（1824）和**库库穆斯**（1825）撰写的巴伐利亚早期教科书中也同样谈到过。宪法和行政法相分离从此得到普遍接受，用"Konstitutionsrecht"还是用"Verfassungsrecht"*，是用"Administrativrecht"还是像**莫尔**那样用"Verwaltungsrecht"，全然不论。19 世纪四五十年代，这种区分就已成为一般常用语词汇

---

[206]　L. v. Stein, *Verwaltungslehre*，前注 44，第 2 版（1866），第 2 部分，导言，页 38。

[207]　见本书第 4 章，注 76。

[208]　Hoffmann，前注 53。

*　译者按：德文"Verfassung"即"宪法"之意，在词义上等同于英文"constitution"。与"constitution"一样，"Verfassung"也含有"状态"之意，它在政治共同体中体现为一种良好秩序、良好政治组织或良好政体。

（**莫耶、珀茨尔、策普夫尔**等）。它们之间的分离还在此种情况下表现出来，即在进行总述时，一般第一部分讲宪法，第二部分就讲行政法。这种编排反映出**莫尔**的基本思想，以及后来**洛伦茨·施泰因**强调的主张，即宪法和行政法就像基本原则和应用一样必须相互关联在一起。只有通过这种方式才有可能——至少在宪法国家中——以法律论据对落后于宪法宣布的行政进行批评，才有可能提醒行政层面上的君主权力不要超越宪法限制。由此所发展起来的一般原则这时开始建构丰富的资料：对自由和财产的干预要受法律形式的约束，在实现特定行政目的时要求方法要适当，禁止溯及既往，普遍的"信任保护"（Vertrauensschutz），以及征收财产时的补偿义务。

除符腾堡和巴伐利亚外，其他所有德意志同盟国在 1848—1850 年前很少对现行的行政法进行收集论述。[209] 普鲁士的情况也是如此，尽管在那里——缺乏宪法，认为出色的行政传统还在延续着——兴趣集中在行政法上。所有文献整理工作都被理解成辅助行政、国家官吏、市长以及感兴趣的议员。就连在行政教育培训中，人们似乎也相信在"现场"（vor Ort）的实践中要比在课堂上能更好地获取法律的具体知识。

（三）小结

如果我们再看一下三月革命前的警察学(行政学说)和警察法(行政法)是如何发展的，那么我们就会明白在这个领域中宪法史和学术研究史的同步性。这种同步性被反复确证。

旧制度缓慢地向宪治时代过渡，这在德意志国家颇为典型。与

---

[209] 见本书第 4 章、第 2 部分、第 12 节，其中有米鲁斯、贝吉乌斯、西蒙、伦内等人关于普鲁士的著作。

这种过渡相应的是，警察学慢慢地化解成符合开明君主制的行政学说。18 世纪的福利国家构想在 19 世纪并没有解体，它在两方面被修正了。

一方面，从推行经济自由主义以后，行政必须忍受自己的活动空间明显缩小。[210] 那时人口结构的变化、技术和工作环境革命性的更新，都使行政活动的实践内容发生了特别引人注目的变化。对这些变化的学科史回应是：专业化、培训人口政策和卫生健康 [211]、贫困人口、户籍 [212]、农林业、矿业 [213]、电报业 [214]、银行业 [215] 内容的专门警察。专业化同时意味着以前统一的警察学概念走向衰落，这是明显的事实。**洛伦茨·施泰因**试图用他那庞大的"行政学说"概念去抵挡这种衰落，并感觉到了这一点：他说，专业化和法治国思

---

[210]　H. Winkel, *Die Volkswirtschaftslehre der neueren Zeit* (1973).

[211]　J. P. Frank, *System einer vollständigen medicinischen Polizey*，4 卷本（Mannheim 1779–1788）；E. B. G. Hebenstreit, *Lehrsätze der medicinischen Polizeywissenschaft* (Leipzig 1791；第 2 版，Wien 1806)；J. H. Schürmayer, *Handbuch der medicinischen Policei. Nach den Grundsätzen des Rechtsstaates zu academischen Vorlesungen und zum Selbstunterrichte für Ärzte und Juristen* (Erlangen 1848；第 2 版，1856)；R. v. Virchow, *Die öffentliche Gesundheitspflege* (1848)。比较 M. Rodenstein, *»Mehr Licht, Mehr Luft«. Gesundheitskonzepte im Städtebau seit 1750* (1988)。

[212]　K. G. Kries, *Die englische Armenpflege* (Berlin 1863); F. Bitzer, *Das Recht auf Armenunterstützung und die Freizügigkeit, ein Beitrag zu der Frage des allgemeinen deutschen Heimathrechts* (Stuttgart 1863).

[213]　L. v. Rönne, *Die Landes-Kultur-Gesetzgebung des Preussischen Staates* (Berlin 1854); J. Chr. Hundeshagen, *Lehrbuch der Forstpolizei* (第 2 版，Tübingen 1831；第 4 版，1860)；O. v. Hingenau, *Das Allgemeine Berggesetz für die Preußischen Staaten vom 24. Juni 1865* (Wien 1866)；同作者，*Handbuch der Bergrechtskunde*，7 部分（Wien 1852–1855 ）。比较 C. Fraas, *Geschichte der Landbau- und Forstwissenschaft* (München 1865)。

[214]　C. Knies, *Der Telegraph als Verkehrsmittel. Mit Erörterungen über den Nachrichtenverkehr überhaupt* (Tübingen 1857). 比较 K. Karmarsch, *Geschichte der Technologie* (München 1872)。

[215]　O. Hübner, *Die Banken. Nach den neuesten statistischen Notizen und Berichten* (Leipzig 1846；第 2 版，2 卷本，Leipzig 1853/1854)。

想导致"行政学分崩离析"。[216]

另一方面，带有旧思想痕迹的"警察"（Policey）必须转变成受宪法和法律约束的"行政"。也就是说，警察的行为领域受分权原则和法律约束原则的规定比以前更加明确。最重要的是，警察"是否"以及"如何"干预市民的自由和财产，现在取决于议会立法。每个行政领域的财政开销要依照预算法。权力重心的这种变化在莫尔著名的简洁表述中体现了出来，那就是"法治国基本原则下的警察学"。比这更高的要求无法实现，因为那时普遍的宪法状况是，传统上由君主领导的行政占据上风。

逐渐独立出来的"警察法"在 18 世纪末还被认为是警察学的次要话题，而在 19 世纪却成了显学，最终把警察学排挤到边沿位置。警察学的后嗣行政学说直到今天再也不从它里面得以发展。19 世纪后半期行政法占据了统治地位，关于它的历史切入点，这种说法很中肯："警察和警察学由于它们没有特点而丧失了反思和研究的权利。从一个什么都能做的概念到最后什么都做不了；每个人都开始用它去做他想要的。"[217] 但是，不能再进行定义的东西，最终也是一门科学的学科。

这个发展进程首先在行政教育培训和改变法律系教学课程的争论前台上上演。那些法律系在 1848 年以前就开始普遍开设邦国行政法课程。但从根本上关涉到更多的是：宪法国家的主张在日常行政活动中经受住了考验，而这样的宪法国家只能作为法治国才可想象。这意味着三月革命前在国家和社会的紧张政治关系中，市民们已经在力图建立法律限制，抵制与法律不相符的行政过度干预。统治者

---

[216]　L. v. Stein，前注 44，*Verwaltungslehre*，第 2 版，第 2 卷（1866），页 30。

[217]　L. J. Gerstner, *Einleitung in die gesammte Staatsverwaltungslehre* (Würzburg 1862)，页 224。

和臣民之间的专制主义关系转变成国家公民和国家权力之间的关系，也就是转变成为一种法律关系。而这种法律关系的基本要素虽然在宪法中已经具备，但必须在日常生活中加以具体化，不能丢掉它的法律特征。新诞生的行政法便为此服务。事实上，一部新"宪治法律"（Konstitutionsrecht）[218] 的诞生在很大程度上必然会导致一部相应的"行政法"。除以前已经分离的司法行为外，这种行政法应该服务于把所有能进行法律理解的国家行为纳入宪法层面之下。

宪法和行政法在内容上保持着紧密关系，因为这两个领域的政治形成关系是既存的。宪法规范逐渐浸透国内行政内容。这是因为宪法规范的政治呼吁在发挥作用，还是因为它具有法律优先性，这仍无定论。[219] 三月革命前，暗藏在君主与议会之间的宪法冲突以变种形式死灰复燃，并变成行政命令权力与议会立法之间的矛盾冲突，它以此迫使正在形成的行政法学做出更正确的教义性决断。

这种学科史的过程发展缓慢。时代需要、政治意图以及邦国的宪法状况和学术知识进展促进它向前发展，同时也会阻碍它发展。但是在新学科形成时资料收集的典型"阶段"，这个过程首先经历了限制于地方上的资料整理，然后是在领地上和在思想上遍布于邦国的体系形成。因此在这里，首先是根据内容领域对法律资料进行挖掘和筛选整理，后者自建立专业部委（Fachministerien）之后就依照管辖范围原则划分。下一个阶段是，按照**莫尔**提供的模式对浓缩的邦国法论述材料进行"有机的"处理。第三阶段是，把所有行政发展的典型法律形态和它们之间的关系融合成一个"总则"。这项工作在 1848 年前再也没有着手去做，人们几乎还未认识到这是一项

---

[218]　对新行政法的补充，不是旧的国家法，而是新的宪法。

[219]　R. Wahl, »Der Vorrang der Verfassung«, *Der Staat*, 第 20 卷（1981），页 485—516。

任务。

旧的警察学和新的行政法是不同视角的学科。警察学是国家及其官僚为了完善国家目而掌握有用知识的弹药库。而行政法与宪法状况相适应，它具有两重性：既是实现国家目的的操作工具，又是公民自由权利的分界线。

在法律人才的教育培训中发生过这种方式的更替，即萎缩的官房学教育被法律专业替代，而起初还不是由公法专业替代。由于在宪法上日趋法律化，行政的"国家学"特别教育培训越来越失去合理性。经济学知识在国民经济学说和财政学中聚集，而技术知识进入农业、兽医和技术高校以及森林和矿山研究院中。受法律教育培训的官吏们显然掌握有这些知识，而这些知识在行政中最适合于正确对待此两面性，即一方面协调利用为行政目的而快速增加的特殊知识，而不是沉溺于专家观点，另一方面满足对自由权利进行法治保护。而这些情况只有拥有了法律知识才有可能。后一种情况对那些自由权利没有宪法保护的国家似乎特别急迫，以至于行政法就是宪法替代品。职是之故，恰恰在普鲁士，为了让法律人才垄断行政，行政官吏的单独培训被放弃得比德意志南部诸国更快，也更坚决。

第六章
1848 年革命中的国家法学说

一、德意志革命

（一）"政治教授"

19 世纪早期，大学中的公法代表人物是那些天生的"政治教授"。[1] 旧帝国结束以后，他们和邦国高级政府官吏一起讨论"宪法""有机的法律"以及国家和行政改革。民族解放战争以后，这些教授便陷入国家教职与舆论的内部矛盾中。1819 年具有深远影响的卡尔斯巴德决议以及由此引发的"追捕煽动分子"、在大学设立国家委员会、对课堂和学生社团进行暗中监视，这些在 1832 年汉巴赫集会和 1833 年"法兰克福卫兵哨塔事件"（Frankfurter Wachensturm）之后变本加厉。大学一直处在这种压力下，大家虽然差不多保持沉默不语，但是被高度政治化了。除这些明显原因外，巨大的宪法争执也是导致国家法与政治关系高度敏感的原因。普鲁士的预备立宪和库尔黑森的宪法破裂、汉诺威的"政变"以及巴伐利亚、巴登和符腾堡等级会议与君主之间的紧张关系一样影响着民

---

[1] H. Ehmke, *Karl von Rotteck, der »politische Professor«* (1964)，页 12："该词汇是指，德意志学者在某些历史场合作为国家与文化之间、思想与权力之间的调停者，以及作为德意志市民阶层的代言人，其作用在短时间内不断增大。"

众情绪。这为那些"政治教授"尤其是公法教授提出了挑战，要求他们选择自己的立场，并运用自己的专业知识投入到这些争端当中。他们被推举为上下两院的候选人，[2] 撰写专家评语、纪念文章、传单，校阅报刊，并在"宪法集会"和群众集会上发表演讲。尤其是，他们还被卷入**梅特涅**统治的奥地利与三月革命前的普鲁士之间的斗争。这两个邦国——以各自方式——"没有国家法学"[3]。它们"直到 1848 年，在某种程度上还是德意志共同国家法学未影响到的封闭地方"[4]。

　　"政治教授"对各个问题撰写专家评语，他们的"书籍和讲坛"产生了公共影响。[5] 在准备编撰法典时，他们这些活动是否形成明显的"影响下滑曲线"，这至少在 19 世纪上半期令人怀疑。因为在此之前还没有这么多教授议员，或许以前他们所说的话和所写的文字没有这么多人信任，也没有寄托如此多的政治希望。[6] **雷贝格**在 1835 年写道，在德意志等级会议上"十分炫目的是，在会议中出现了非常多的法律学者……在所有德意志等级会议中，法律学者产生了巨大影响。如此数量的法律学者和法学家并非偶然，他们支配了

————————

　　[2]　F. Gackenholz, *Die Vertretung der Universitäten auf den Landtagen des Vormärz. insbesondere dargestellt am Beispiel der Universität Freiburg i. Br.* (1974); P. M. Ehrle, *Volksvertretung im Vormärz. Studien zur Zusammensetzung, Wahl und Funktion der deutschen Landtage im Spannungsfeld zwischen monarchischem Prinzip und ständischer Repräsentation* (1979); H. Best, *Die Männer von Bildung und Besitz. Struktur und Handeln parlamentarischer Führungsgruppen in Deutschland und Frankreich 1848/49* (1990).

　　[3]　R. Smend, »Der Einfluß der deutschen Staats- und Verwaltungsrechtslehre des 19. Jahrhunderts auf das Leben in Verfassung und Verwaltung«. 见同作者, *Staatsrechtliche Abhandlungen*，第 2 版（1968），页 326—345（页 331）。

　　[4]　Smend，前注 3，页 333。

　　[5]　Smend，前注 3，页 327。

　　[6]　V. Valentin, *Geschichte der Deutschen Revolution 1848–1849*，2 卷本（1930），该处引自第 1 卷（1970），页 339："那个时代信奉语言，可谓空前绝后。美好的、真实的、伟大的和真切的词汇，对那个时代来说，就是拯救和解决问题的办法。"

提议。德意志民族整个政治形成都是从法律培训开始的。自引入罗马法以来的数个世纪，法学博士成了君王们不可缺少的顾问；以前那些等级社会成员同样受法律学者们的指导"——"所以，大学在德意志民族文明史中的意义远远大于其他任何民族……"[7]但**斯门德**所说的"影响下滑曲线"对1850年以后来说却千真万确。一方面，宪法政治令人失望；另一方面，唯心主义哲学结束了。这导致更强烈地强调"法学方法"，而淡化历史、政治和哲学因素。国家法学说现在以实证法为导向，一般国家学说退隐了。教授议员的数量持续下滑，[8]但这并不意味着他们退出政治。[9] "他们对当下现实政治思想的影响逊色了。"[10]我们在下文还将谈到这个问题。

但在1848年革命前夕，学术和公众的相互联系不断加深，这在当时还鲜为人知。在大多数德意志议会中坐着的公法教授——和其他资产阶级知识分子代表们一起——要么是社团或大学的代表，要么是被选举的议员。[11]在没有议会的地方，或者顶多有普鲁士那样的省级等级议会，宪法问题继续隐藏着，在那里大学还被高度政治化。[12]因此，大学的影响深入公共生活；同样，社会和政治事件反

[7]　A. W. Rehberg, *Die Erwartungen der Teutschen von dem Bunde ihrer Fürsten* (Jena 1835)，页43、63。

[8]　B. v. Brocke, »Professoren als Parlamentarier«, K. Schwabe (Hg.), *Deutsche Hochschullehrer als Elite 1815–1945* (1988，第17卷：*Deutsche Führungsschichten der Neuzeit*). 对19世纪德意志议会中的教授的阐述，在该书中有一些修改。

[9]　有关19世纪学术的政治作用，见P. Schiera, *Il laboratorio borghese: Scienza e politica nella Germania dell'Ottocento* (Bologna 1987；德文版，1992)。

[10]　Smend，前注3，页334。

[11]　"政治教授"从事新闻活动的例子，见赖舍尔（August Ludwig Reyscher，1802—1880）在当时写的文章，文献见J. Rückert, *August Ludwig Reyschers Leben und Rechtstheorie* (1974)，页61及以下，页185—186。

[12]　K. Griewank, *Deutsche Studenten und Universitäten in der Revolution von 1848* (1949)，页8及以下；H. Thielbeer, *Universität und Politik in der Deutschen Revolution von 1848* (1983)，尤其参见页91及以下有关柏林的情况，以及页97及以下有关波恩的情况；R. v. Bruch, »Die Universitäten in der Revolution 1848/49«, W. Hardtwig (Hg.), *Revolution in Deutschland und Europa 1848/49* (1998)。

过来又影响着大学："**梅特涅**体制垮台，奥地利的运动不断，普鲁士的宪法问题和国家联合议会，**蒙蒂兹**（Lola Montez）引起的巴伐利亚国家危机，小邦国奇迹般的蓬勃发展，德意志同盟的缺陷和德意志民族的改革努力，阶级矛盾，下层人民缺衣少食和失业，思想泛滥，到处充满着渴望，思想界和艺术界躁动不安……"[13] 大学是这些话题合适的共鸣板。

（二）1848—1849 年革命

从 1848 年 3 月起，"德意志革命"风起云涌。[14] 德意志革命同时也是欧洲革命，它在各个邦国引发了革命连锁反应。这些连锁反应和法兰克福国民议会有十分紧密的关系。除各个邦国和民众外，地方大学也加入到这场革命。

1. 大学

当时有十九所德意志大学[15]，四所奥地利大学[16]。这些大学很快被卷入这场骚乱。在 1848 年圣灵降临节举行的所谓第二次瓦

---

[13]　Valentin，前注 6，第 2 卷，页 545。

[14]　详见 Valentin，前注 6，页 338 及以下；Huber II (1960)，页 502 及以下；J. D. Kühne, *Die Reichsverfassung der Paulskirche* (1985；第 2 版，1998)。

[15]　柏林、波恩、布雷斯劳、埃朗根、弗莱堡、吉森、哥廷根、格赖夫斯瓦尔德、哈雷、海德堡、耶拿、基尔、柯尼斯堡、莱比锡、马堡、慕尼黑、罗斯托克、图宾根、维尔茨堡。R. vom Bruch, »Die Universitäten in der Revolution 1848/49«, W. Hardtwig (Hg.), *Revolution in Deutschland und Europa 1848/49* (1998).

[16]　维也纳、格拉茨、因斯布鲁克、布拉格，广义上还有帕多瓦、莱巴赫、奥尔米茨、布吕恩、布拉格和普雷斯堡。比较 H. v. Srbik, »Die Wiener Revolution des Jahres 1848 in sozialgeschichtlicher Beleuchtung«, *Schmollers Jahrb. Bd.*，第 43 卷（1919）；M. Doblinger, *Der burschenschaftliche Gedanke auf Österreichs Hochschulen vor 1859* (1925); P. Molisch, »Die Wiener Akademische Legion«, *Archiv f. österr. Geschichte*，第 110 卷（1924）；同作者，*Politische Geschichte der deutschen Hochschulen in Österreich von 1848 bis 1918* (1939); G. Franz, *Liberalismus. Die deutschliberale Bewegung in der habsb. Monarchie* (1955); E. Winter, *Romantismus, Restauration und Frühliberalismus im österreichischen Vormärz* (Wien 1968); K. Ebert, *Die Grazer Juristenfakultät im Vormärz. Rechtswissenschaft und Rechtslehre an der Grazer Hochschule zwischen 1810 und*（转下页）

特堡集会上，学生会要求把大学塑造成"民族机关"，要求保障教学自由和学校参与权，并废除特别的大学司法审判权（Universitätsgerichtsbarkeit）。[17] 这些大学对革命的反应各不相同，[18] 有的积极参与（莱比锡 [19]、哥廷根 [20]、耶拿 [21]、海德堡 [22]、柏林 [23]、波恩 [24] 和维也纳 [25]），有的小心谨慎甚至提心吊胆（弗莱堡 [26]、图宾根 [27]、维尔茨堡 [28]、慕尼黑 [29]、哈雷 [30]、柯尼斯堡 [31]、格赖夫斯瓦

（接上页）*1848* (Graz 1969)。

[17]　Griewank，前注 12，页 31—43。

[18]　对德意志的大学（慕尼黑大学除外）情况进行全面和生动的论述，见 Heide Thielbeer，前注 12。格里万克（Griewank）的简要描绘因此过时了（见前注 12，页 52—80）。

[19]　R. Weber, »Die Universität Leipzig in der Revolution des Jahres 1848/49«, *Karl Marx Universität*，第 1 卷（1959/1960），页 250—311; Thielbeer，前注 12，页 25 及以下。

[20]　Thielbeer，前注 12，页 35 及以下。

[21]　Thielbeer，前注 12，页 40 及以下。

[22]　F. Haag, *Die Universität Heidelberg in der Bewegung von 1848/49* (1934); H. Derwein, »Heidelberg im Vormärz und in der Revolution 1848/49. Ein Stück badischer Bürgergeschichte«, *Neue Heidelberger Jahrbücher*，新系列 1955/56（1958），尤其参见页 67 及以下。

[23]　K. Obermann, »Die Berliner Universität am Vorabend und während der Revolution von 1848«, *Forschen und Wirken, Festschr. z. 150-Jahrfeier der Humboldt-Universität zu Berlin*，第 1 卷（1960），页 165。

[24]　M. Braubach, *Bonner Professoren und Studenten in der Revolution 1848/49* (1967).

[25]　F. Gall, *Alma Mater Rudolphina 1365–1965* (Wien 1965)，内有更多文献。

[26]　Thielbeer，前注 12，页 81 及以下。

[27]　E. Sieber, *Stadt und Universität Tübingen in der Revolution von 1848/49* (1975).

[28]　D. Langewiesche, »Die politische Vereinsbewegung in Würzburg und Unterfranken in den Revolutionsjahren 1848/49«, *Jahrb. f. fränkische Landesforschung*，第 37 卷（1977），页 195—233。

[29]　W. König, *Universitätsreform in Bayern in den Revolutionsjahren 1848/49* (1977), Reihe B, *Zeitschr. f. Bayer. Landesgeschichte*，第 8 册。

[30]　A. Schmiedecke, *Die Revolution von 1848–1849 in Halle* (1932); M. Brümmer, *Staat kontra Universität. Die Universität Halle-Wittenberg und die Karlsbader Beschlüsse 1819–1848* (1991)，尤其参见有关政府全权代表路德维希·佩尔尼茨（Ludwig Wilhelm Anton Pernice, 1799—1861，其中 1843 年至 1848 年在职）的情况。

[31]　H. Lippold, »Königsberger Studenten in unruhiger Zeit 1831/1848«, *Einst und Jetzt*，第 15 卷（1970），页 74。

尔德[32]、罗斯托克[33]），但也有的自觉捍卫独立（埃朗根[34]）。几乎所有地方的学生都积极地参与政治，与市民们并肩战斗，或者建立"学生自愿军"。学生、教授、大学城的市民联合起来抵制警察、军队和国家官僚的过度干预，至少在"三月革命"期间是如此。然而，大学或知识界对革命整个进程并未产生决定性影响。诚然，大学的抗议和请愿以及学生会的声明（哥廷根、海德堡、维尔茨堡、吉森）[35]给人们留下深刻印象，尤其是维也纳大学"礼堂"，但整个过程总的说来主要还是下层市民、农民以及正在形成的工人阶级这些力量在发挥作用，大资产阶级、自由职业的知识界和自由主义的官吏队伍起着协助作用，[36]对政治反对势力则完全保持沉默。

2. 邦国

在邦国层面上，人们提出所谓"三月革命要求"（Märzforderungen），其中体现了 1820 年代自由主义阵营所讨论的内容。这些内容曾在立宪国家中得到勉强实现，但后来又倒退回去了：完全的思想和出版自由、良知和教学自由、个人自由和结社自由、建立普遍的人民武装、军队效忠宪法、包括选举权在内的宪法改革、合理的税收、废除贵族特权。[37]当时的政府普遍垮台，这较快地促

---

[32] Thielbeer，前注 12，页 107。

[33] "1848 年 3 月 12 日罗斯托克大学请愿书的作者是耶林（Rudolf v. Jhering），该请愿书特别明确要求宪法改革和推行出版自由"（Huber II [1960]，页 543）。比较 K. Canis, »Rostocker Professoren und Studenten in der bürgerlich-demokratischen Revolution von 1848«, *Geschichte der Universität Rostock*，第 1 卷（1969），页 105。

[34] Thielbeer，前注 12，页 60 及以下。

[35] K. Bahnson, »Akademische Auszüge aus deutschen Universitäts- und Hochschulorten«（哲学博士论文，Saarbrücken 1973).

[36] Valentin，前注 6; Huber II (1960)，页 502 及以下; Nipperdey I，页 595 及以下。有关 1848 年的妇女运动，比较 U. Frevert, *Frauen-Geschichte, Zwischen Bürgerlicher Verbesserung und Neuer Weiblichkeit* (1986)，页 72 及以下。

[37] Huber II (1960)，页 502 及以下，见巴伐利亚、符腾堡、巴登、黑森－达姆市、拿骚、库尔黑森及法兰克福、萨克森、图林根、安哈尔特、汉诺威、不伦瑞克、（转下页）

成所谓"三月内阁"的形成和宪法的修改。大学公法教师自然参与其中，他们要么掌握大学权力，要么成为议员，但他们却并未被推到任何政府位置。如果仔细地看一下中等邦国以及普鲁士和奥地利新政府里的人员组成，人们就会发现，尽管在政治上转变成了温和的自由主义，但领导层并没有真正发生变换。贵族职业政治家和外交家以及资产阶级高级官员仍在那里继续掌权。[38] 大臣和州长由外交界、行政界、司法界人士以及市长和律师来担任，但就是没有活跃的大学国家法教师。举几个例子或许能说清这个问题：**普菲策尔**成为符腾堡的文化大臣，[39]1846 年，他拒绝继任**莫尔**在图宾根的国家法教职。法史学家**赖舍尔**[40] 作为议员进入议会。莱比锡的罗马法教授**普福尔滕**男爵（Ludwig Frhr. v. d. Pfordten，1811—1880）曾在1848 年到 1849 年短暂地出任过萨克森外交大臣和文化大臣，接着在他家乡巴伐利亚继续政治生涯。[41] **翁格尔**（Josef Unger，1828—1913）在维也纳作为学生参加了 1848 年 5 月 15 日的暴动，后来成为重要的民法学家。格赖夫斯瓦尔德的埃尔德纳国家经济和农业研究院院长、官房学教授**鲍姆施塔克**（Eduard Baumstark，1807—1889）在 1848 年 5 月 1 日作为保守主义者进入普鲁士国民议会。顺便一提，与他同时间进入的还有普鲁士国家检察官**基希曼**（Julius von Kirchmann，1802—1884）。[42]

（接上页）梅克伦堡、汉萨城市、奥地利和普鲁士的情况。

[38]　K. Schwabe (Hg.), *Die Regierungen der deutschen Klein- und Mittelstaaten 1815–1933* (1983).

[39]　见本书第 3 章，注 375；Rückert，前注 11，页 262—267。

[40]　详见 Rückert，前注 11。

[41]　Valentin，前注 6，第 2 卷，页 443。

[42]　Wieacker，页 415，内有旧文献；全面论述，现可参见 R. Wiethölter, »Julius Hermann von Kirchmann (1802–1884). Der Philosoph als wahrer Rechtslehrer«, Kritische Justiz (Hg.), *Streitbare Juristen* (1988)，页 44—58。

然而，尽管在各个邦国的国家领导位置上公法理论和政治实践没有明显联系，可是三月革命前整个国家法思想是一般讨论不可回避的内容。学术研究为同盟宪法改革和邦国宪法改革、君主制和共和制选择、人权和公民权保障、选举权的确定和议会权能、分权、公开审判、行政控制等话题做好了思想上的准备，并把它们普及到了人民大众中，例如通过**罗特克**和**韦尔克**的《国家辞典》进行普及。这部辞典恰好在 1845 年到 1848 年再版，它再一次记录下了大多数市民政治要求的基本路线。

3. 国民议会

高校教师——当中有公法学家——在法兰克福国民议会舞台上表现得最为积极，这并非偶然。他们比较容易进入该国民议会，因为学生和教授们"把自己理解成未来的国家服务者和教育者，同时还是知识领导层，肩负着创新任务"[43]。这种"精神分裂"很少被察觉。在这次国民议会中讨论的问题不是以自由主义精神去接管已存在的国家部委，并继续推行下去，而是要采取议会行动重新建立人们渴望的民族国家。在这里，大家以为可以"无前提地"自由交流和争辩，至少没有行政机关的干预。所以正如一位参会者在回顾时所指出的，"他们的影响主要在理论学说领域里是决定性的、积极的，但在直接实际行动中就逊色多了"。[44]

各位议员的思想地位和毕生成就所获取的权威似乎是决定性的；在保罗教堂国民议会大约 585 名议员（加上代理人共有 812 名）中，有 49 名大学教授和讲师，57 名中学教师和其他高等教育机构

---

[43] Thielbeer，前注 12，页 122。

[44] (F.) K. Biedermann, *Erinnerungen aus der Paulskirche* (Leipzig 1849)，页 261。比德尔曼（Karl Biedermann，1812—1901）是莱比锡的国家学家、历史学家和时评家。在保罗教堂国民议会上，他是"符腾堡旅馆"和"奥格斯堡旅馆"党团成员，是预备议会和五十人委员会成员。比较 H. Helbig, *NDB*，第 2 卷（1955），页 223—224。

人员。[45] 只根据这些数目还谈不上是"教授大会"。但是一共有 569 名知识分子代表（超过总数的 80%），这个比重就明显占压倒多数。"大学来的人太多了，而政治交易太少了"[46]，这是社会等级的写照。[47] 但属于社会等级的人或许认为这没有什么不妥。**莫尔**曾自豪地回忆道："在保罗教堂国民议会中有**达尔曼、雅各布·格林、米特迈尔、贝泽勒、魏茨**、菲舍尔（Vischer）、**海因里希·察哈里埃、阿尔布雷希特**、菲利普斯（Philipps）、格维努斯（Gervinus）、**阿恩特**以及一些最著名的德意志大学教师，有这么多有思想、知识丰富的人士，特别是在法律和历史方面有这么多大师，还没有能力完成一部思想杰作么？……如果还需要在议会方面有经验而且著名的人物的话，那就有这些人士——**韦尔克、巴塞曼**、马蒂（Mathy）、**贝克拉特**（Beckerath）、芬克（Vincke）、利赫诺夫斯基（Lichnowsky）、**罗滕汉**（Rothenhan）、**约尔丹、勒默尔**、弗罗伊登泰尔（Freudentheil）、**朗**（Lang）、**鲍姆巴赫**（Baumbach）、**布斯**（Buß）。莱茵法的代表人物有**维登曼**（Wiedenmann）、康佩斯（Compes）、**许勒尔**（Schüler）；古代法的代表人物有**黑克舍**（Heckscher）、巴尔特（Barth）、**雷**（Reh）等。"[48] 特别是，**莫尔**本人也为大会做过大量会议安排工作，[49] 后来还担任了司法大臣。**西曼**（Wolfram Siemann）曾仔细研究过保罗教堂国民议会议员的法学影响以及他们与学校的所属关系。他的研究表明了这个比重实际上有多大，以及在探讨实质性问题时

---

[45]　Valentin，前注 6，第 2 卷，页 12。计算方式多种多样。布罗克（B. v. Brocke）的计算是，全体代表共 812 名，其中教授为 66 名，占总数的 8.1%（见前注 8）。

[46]　Valentin，前注 6，第 2 卷，页 12。

[47]　Huber II (1960)，页 612。

[48]　Mohl, *Lebenserinnerungen*，第 2 卷，页 37。

[49]　R. Mohl, *Vorschläge zu einer Geschäftsordnung des verfassungsgebenden Reichstags* (Heidelberg 1848). 见 F. Edinger, *Wahl und Besetzung parlamentarischer Gremien* (1992)，第 C 部分，第 2 节。

又是如何指向法学方向。[50]"法学家占优势"明显产生一种大体上温和保守的影响，其中历史学派又占主导地位。在大家进行积极讨论时，教授们就已把"历史观带进了大会"。[51]

事实上，在国民议会第一阶段，受过法学培训的"教授团"就特别地处于最高位置。同盟政府向十七人委员会选派了"公众信得过的人"。这个委员会鲜明地体现了市民和知识分子成分，因为宪法筹备顾问机构[52]需要的人不仅拥有"公众的"信任，而且要得到正在组建的政府的信任，此外，还必须具有解决宪法问题的能力。在那里拥有这些条件的人有历史学家**达尔曼**（普鲁士）、**格维努斯**（巴登）和**德罗伊森**（荷尔斯泰因）[53]、诗人及文学家**乌兰德**（Ludwig Uhland）（符腾堡）以及国家法学家**阿尔布雷希特**（萨克森）[54]、**库库穆斯**（巴伐利亚）[55]、**约尔丹**（库尔黑森）和**海因里希·察哈里埃**（汉诺威）。

同时，新任命的同盟使节改变了同盟议会的人员组成。新使节

---

[50]　W. Siemann, *Die Frankfurter Nationalversammlung 1848/49 zwischen demo-kratischem Liberalismus und konservativer Reform. Die Bedeutung der Juristendominanz in den Verfassungsverhandlungen des Paulskirchenparlaments* (1976). 详细评论见 J. Rückert, *ZRG GA*，第 96 卷（1979），页 365—371。

[51]　例如代表芬克男爵，证据见 Siemann，前注 50，页 23。

[52]　有关第 17 次宪法草案，见 R. Hübner, »Der Verfassungsentwurf der siebzehn Vertrauensmänner«, *Festschr. f. Ed. Rosenthal z. 70. Geb.* (1923)，页 109—168；Huber II (1960)，第 56 节。

[53]　说明见 Huber II (1960)，页 392；W. Hock, *Liberales Denken im Zeitalter der Paulskirche. Droysen und die Frankfurter Mitte* (1957)；J. D. Kühne, *Die Reichsverfas-sung der Paulskirche. Vorbild und Verwirklichung im späteren deutschen Rechtsleben* (1985)；J. G. Droysen, *Aktenstücke und Aufzeichnungen zur Geschichte der Frankfurter Nationalversammlung*，许布纳（R. Hübner）主编的遗著（1924）；同作者，*Brief-wechsel*，2 卷本，由他本人编辑（1929 = *Dt. Geschichtsquellen des 19. Jhs.*，第 14、25—26 卷）。有关他的作用，见 Biedermann，前注 44，页 264—266。

[54]　"阿尔布雷希特和格维努斯一样沉默寡言，举止拘谨。"（Biedermann，前注 44，页 273）

[55]　见本书第 4 章，注 90。

中有**韦尔克**（巴登）和**约尔丹**（库尔黑森）。

此外，在 1848 年 3 月 31 日至 4 月 3 日召开的革命预备议会也别无二致，尽管这个议会的共和激进路线更强烈一些。议会主席是**米特迈尔** [56]，副主席是**达尔曼** [57]、**约尔丹** [58]、**布卢姆和伊茨施泰因**（Itzstein），也就是说主席团的 5 个成员中就有 3 个是高校教师。另外，在共有 574 名成员的总委员会中，教授有**比德尔曼** [59]、哈根（Karl Hagen，1810—1868）[60]、**基鲁尔夫** [61]、**海因里希·察哈里埃** [62]、**布斯** [63] 和**普菲策尔** [64]。其中相当多的教授是五十人委员会成员，如**比德尔曼、海因里希·察哈里埃**（汉诺威），因为他们正好代表了在那里得势的资产阶级中间力量。

1848 年 5 月 18 日国民议会召开了——1848 年 12 月 18 日后的主

---

[56] 有关他的政治影响，见 R. Mußgnug，载 W. Küper (Hg.), *Carl Joseph Anton Mittermaier* (1988)。

[57] 见本书第 3 章，注 385，以及 Kühne，前注 53，页 546—547。

[58] 见本书第 2 章，注 68，第 3 章，注 241、307，第 4 章，注 129。

[59] W. Schulze, »Karl Friedrich Biedermann. Eine Studie zum Verhältnis von Wissenschaft, Publizistik und Politik im deutschen Vormärz«, *Festschr. H. Herzfeld*，页 299—326。

[60] 哈根，海德堡大学历史教授，后来任伯尔尼大学教授和校长、"德意志旅馆"和"唐纳山"党团成员、预备议会成员、海德堡代表。同作者，*Geschichte der neuesten Zeit vom Sturze Napoleons bis auf unsere Tage*，2 卷本（Braunschweig 1848–1850）。

[61] 基鲁尔夫，基尔大学教授、罗斯托克高等上诉法院顾问，1853 年到 1879 年任吕贝克高等上诉法院主席，"符腾堡旅馆"、预备议会和五十人委员会成员。其作品是 *Theorie des gemeinen Civilrechts*，第 1 卷（Altona 1839），比较 Landsberg III/2，页 592—597。

[62] 有关海因里希·察哈里埃，见本书第 2 章，注 107 及以下，"尽管他是委员会里面的积极成员，尤其在国际法委员会中更是活跃，他很快选定了立场，并成为其代言人，坚定不移，但他在这两个地方的影响却比贝泽勒和魏茨逊色"（Biedermann，前注 44，页 270）。

[63] 布斯（Franz Joseph von Buß, 1803—1878），骑士，法学、哲学博士，弗莱堡大学国家学、国际法和教会法教授，"米拉尼咖啡馆"团体和预备议会成员。

[64] 比较前注 39。

席是罗马法学家**希姆松**（Martin Eduard v. Simson，1810—1899）[65]，高校教师分布在很快形成的、比较松散的"议会党团"中，[66] 自由主义和宪治主义的中间派所占比重明显。十七人委员会提交宪法草案后——"一项杰出的国家法和政治成就"[67]——人们把注意力集中在宪法委员会的工作上。在这个三十人委员会中有**贝泽勒**[68]、**达尔曼、德罗伊森、魏茨**[69]**、韦尔克、米特迈尔和莫尔**。他们起的作用特别巨大。[70] **达尔曼**和**莫尔**对第一次宪法草案中的基本权利部分贡献巨大，**贝泽勒**和**德罗伊森**对其进行过修改。[71]

　　从 1848 年 5 月 24 日讨论成立宪法委员会到 1849 年 1 月 26 日

　　[65]　Huber II (1960)，页 393。希姆松，柯尼斯堡大学罗马法教授，1867 年到 1873 年任帝国议会主席，1879 年到 1891 年，保罗教堂国民议会主席，"卡西诺"团体成员，是"一位最精明、最中立、最审慎的主席，他或许很少主持议会，但他是这次议会必需的主席，胜过其他任何议会"（Biedermann，前注 44，页 279）。比较 E. v. Simson, *Erinnerungen aus seinem Leben*, Bernhard v. Simson (Hrsgg.) (1900)。

　　[66]　Huber II (1960)，页 613—619，内有更多文献。除了提到的外，值得提及的还有：来自波恩的阿恩特，慕尼黑科技和国家学教授弗里德里希·赫尔曼（Friedrich Benedict Wilh. v. Hermann，1795—1868），来自哈雷的历史学家东克尔（Max Duncker，1811—1886），来自耶拿的国家学家威廉·菲舍尔（Wilhelm Gustav Eduard Fischer，1803—1868）和历史学家、国家法和国际法学家米歇尔森（Andreas Ludwig Jacob Michelsen，1801—1881），在慕尼黑教书的法史学家菲利普斯（George Phillips，1804—1872），来自柏林的历史学家劳默尔（Friedrich von Raumer，1781—1873）和威廉·施密特（Wilhelm Adolf Schmidt，1812—1887），罗斯托克私法学家特尔（Johann Heinrich Thöl，1807—1884），吉森大学的诉讼法专家和大学校长林德，慕尼黑的潘德克顿法学家阿恩茨（Karl Ludwig Arndts，1803—1878）和他的同事、古典学家恩斯特·拉绍尔克斯，以及奥地利人——维也纳大学的国家学家吉斯克拉（Carl Giskra，1820—1879），1863 年起在维也纳大学工作的法史学家托马舍克（Johann Adolf Tomascheck）和施特拉托瓦（Edler von Stratova，1822—1897），以及来自布林的国家法学家拜德特尔（Carl Ignatz Beidtel，1783—1865）。

　　[67]　Huber II (1960)，页 769。

　　[68]　贝泽勒，有关他的情况，详见 B. R. Kern, *Georg Beseler. Leben und Werk* (1982); J. D. Kühne，前注 53，页 546。

　　[69]　魏茨，哲学博士、历史学家、基尔大学教授（1842）、哥廷根大学教授（1849）、宪法委员会成员、"卡西诺"团体成员。见 Huber II (1960)，页 393；Kühne，前注 53，页 554。

　　[70]　Siemann，前注 50，页 255—256。

　　[71]　Kühne，前注 53，页 43 及以下，页 544 及以下。

第一次审议帝国宪法，上文提到的教授们一直都在参与，而且所有主要问题都是由他们提出来的（基本权利[72]、联邦国家[73]、一院制或两院制[74]、帝国元首的否决权[75]、选举权、大德意志或小德意志解决方案、皇位继承或选举、共和制[76]）。但不可忽略的是，随着政治困难逐渐加大，国家法理论家的势力转到"职业政客"和外交界。"他们陷入不确定和不清晰的态度境地，而这种态度从他们那里传遍了整个党团；他们陷入是愿意还是不愿意、是行动还是不行动、是继续待在那里还是走人的犹豫摇摆困境，最终以离开这个战斗场地并解散大会而曲终收场。"[77]可以说，在大会开始时法学家占据了政治支配地位，但在结束时的复杂抉择过程中就不能这样说了。[78]

因此，这些学术知识分子卷入肇端于1848年6月的危机之中，是因为根据地位身份和价值观他们属于资产阶级上层。这个阶层和旧势力在抵制社会革命的民主共和力量上是同路人。在1848年3月的乐观主义之下看上去还是一个统一体的东西，此时却土崩瓦解了。三月内阁在邦国层面没法实现，因为那里的官僚和军队权力依然原封不动。要想把奥地利拉进来加以重新塑造，或者把它排挤出去，法兰克福的中央权力都没有如此能力。在普鲁士拒绝皇位后，"为帝国宪法而战的资产阶级战斗"[79]爆发了，特别是在萨克森[80]、巴

---

[72]　Siemann，前注 50，页 104 及以下。

[73]　Siemann，前注 50，页 188 及以下。

[74]　Siemann，前注 50，页 196 及以下。

[75]　Siemann，前注 50，页 219 及以下。

[76]　Siemann，前注 50，页 230 及以下。

[77]　Biedermann，前注 44，页 262。

[78]　Siemann，前注 50。

[79]　Valentin，前注 6，第 2 卷，页 448 及以下。

[80]　R. Weber, *Die Revolution in Sachsen 1848/49. Entwicklung und Analyse ihrer Triebkräfte* (1970).

登、普法尔茨[81]。普鲁士、奥地利和俄国这时共同采取行动以强硬手段推行反革命活动。[82]接着建立等级法庭和军事法庭,成千上万的难民逃到国外。[83]普法尔茨还对 333 名人士以叛逆罪和暴乱罪加以审判。1849 年 6 月 18 日,符腾堡的军队最后驱逐了斯图加特"无头议会"(Rumpfparlaments)*的最后一批议员,其中包括乌兰德。

二、后果

(一)失望

"德意志革命"就这样失败了。为此进行多年奋斗并满怀热情参与的事业毁灭了。除资产阶级中间阶层的政治失败外,还有军事镇压和法庭侮辱性审判所带来的外部屈辱。"现实的"权力取得了对"理念"的成功。"现实政治"扑灭了人民代表们值得信任的热情。这为政治上还没有经验的资产阶级上了一课,要想在政治上有所作为,首先必须取得经济权力和军事权力。1849 年的失望决定了资产阶级领导力量整整一代人的心理气质。只要"四八年的人"没有跑到

---

[81] W. Fiedler, »Die südwestdeutschen Abgeordneten und ihre Bedeutung für die Paulskirche«, E. Wadle (Hg.), *Philipp Jakob Siebenpfeiffer und seine Zeit im Blickfeld der Rechtsgeschichte* (1991), 页 43—54; H. Reiter, *Politisches Asyl im 19. Jahrhundert. Die deutschen politischen Flüchtlinge des Vormärz und der Revolution von 1848/49 in Europa und den USA* (1992)。

[82] 普鲁士国家大臣坎普茨在 1849 年 6 月就指出,国民议会"失败的原因是宪法既无目的性,又不具规律性和有效性"。*Die Deutsche constituirende National-Versammlung in Frankfurt vor der Kritik des Staatsrechts* (Berlin 1849),前言(日期为 1849 年 6 月 24 日,也就是无头议会主要部分正式结束后的一周)。

[83] H. Reiter, *Politisches Asyl im 19. Jahrhundert. Die deutschen politischen Flüchtlinge des Vormärz und der Revolution von 1848/49 in Europa und den USA* (1992).

* 译者按:指没有了普鲁士和奥地利议员的议会。

国外，他们就必须以任何方式与新的"现实"相妥协。这意味着，他们要放下以前追求的东西，推迟建立自由的民族国家，关注重新建立软弱的德意志同盟。这不仅要和三月革命前的政治理想告别，还要与哲学模式中的唯心主义告别。

在哲学史上，与"唯心主义"告别，其大多数跟**黑格尔**主义的衰落连在一起。同时在里面还隐藏着一种政治决断。自由主义者基本上接受了反革命代言人们一直声称的东西，即唯心主义建立在没有真正权力的沙滩上，而议会没有能力采取有力的政治行动——这是一个危险的论题。

在工人运动中，反唯心主义信条同样被人们接受：**黑格尔**被头足倒置了，生产力和稳当的工资法才是硬道理。自然科学取得了巨大进步，而事实上这种"进步"仅在自然科学和社会物质上似乎才可想象，[84]这与政治装扮成具体的、符合目的的、以权力为基础的行为才可想象一样。

（二）"现实政治"

罗赫奥（August Ludwig von Rochau，1810—1873）[85]的《现实政治的基本原则：适用于德意志国情》是这种视角变化的典型，该书在 1853 年以匿名的方式出版。[86]这个标题就显示了三月革命前理想

---

[84] N. Hammerstein, »Das Moderne in der deutschen Wissenschaft im 19. Jahrhundert. Zum Wandel einer Vorstellung«, *Annali/ Jahrbuch des italienisch-deutschen historischen Instituts in Trient*，第 16 期（1990），页 9—42，内有更多文献。

[85] 罗赫奥于 1810 年出生于黑尔姆施泰特的哈布克，在哥廷根大学和耶拿大学学习法律、历史和国家学。作为童子军，他参加过 1833 年法兰克福卫兵哨塔事件，被判终生监禁，但他逃亡到了法国。1846 年从法国返回，1850 年又被驱逐。有关他的政治事业，比较 H. U. Wehler，后注 86，以及 N. Doll, *Recht, Politik und »Realpolitik« bei August Ludwig von Rochau (1810–1873)* (2005)。

[86] (A. L. v. Rochau), *Grundsätze der Realpolitik. Angewendet auf die staatlichen Zustände Deutschlands*，第 1 部分（Stuttgart 1853）；第 2 部分（1869）；（转下页）

的自由主义向民族统一的权力国家转变。而这种民族统一在 1850 年
代末似乎只有通过普鲁士才能实现。[87] "治国艺术，" **罗赫奥**在该
书第二部分这样写道，"是……就像其名字所揭示的那样，不是别的，
而是成功的艺术，被应用到特定的国家目的上。"[88] 国家挪到中心
位置，依照自然法原则它现在是权力国家了，它产生"在权利之前"。
虽然它应该是带有某种有利于公民权利形式的法治国，但其生命力
核心既不是公民联合起来的政治意志，也不是法权秩序，而是一种"权
力"（Macht）。**罗赫奥**因此用真实的国家政治去对付煽情的、梦游
般的、理想的"人民政治"。他对这种幻想——包括他自己在三月
革命前的幻想[89]——的破灭，从根本上必然会通向普鲁士的立场，
也就是必然会走向能发展成为德意志领导权力并积聚经济和军事权
力的国家。反社会主义、反天主教的老自由主义者**罗赫奥**只是慢慢
地完成了这种转变，他不喜欢早期还是反革命者的**俾斯麦**，这说明
他思想耿直。他曾是三月革命前试图发动革命暴动的那一代人的代
表人物。而那一代人在中年时遭遇了 1849 年的失败，他们接着在普
丹战争和普法战争后便转向**俾斯麦**，最终才使梦想中的国家变为一
个"现实的"民族国家。**罗赫奥**认为，这才教会人们明白如此道理：
"现实政治不是在暮霭的未来中发挥作用，而是在当下的视野内发
挥作用，它的任务不是实现理想，而是实现具体目的。"[90]

（接上页）韦勒（H. U. Wehler）编辑并作序（1972）。

[87]　K. G. Faber, »Realpolitik als Ideologie. Die Bedeutung des Jahres 1866 für das politische Denken in Deutschland«, *HZ*, 第 203 卷（1966），页 1—45。

[88]　Rochau，前注 86，第 2 卷，页 255。

[89]　比较第 2 部分 »Der politische Idealismus und die Wirklichkeit«, 以 及 H. Baumgarten, *Der deutsche Liberalismus. Eine Selbstkritik* (Berlin 1866；再版，1974)。

[90]　Rochau，前注 86，第 2 卷（1868），前言。

（三）转向实证主义

"光辉年代"成了过眼烟云，之后公法学术退回到自身。一般民法领域的**普赫塔**[91]和"德意志私法"领域的**格贝尔**所宣布的"科学性"时代这时也涵盖了公法。[92]在这个时代，信奉理性法体系概念同唯心主义概念以及时代典型的向"现实"转变相互联系。[93]如果这能成功地发展出从所有政治中解放出来并与潘德克顿法学并行的"概念谱系"，而且在里面能找到其所有成体系的正确位置、逻辑以及内在真理的话，那么公法学便算是最终建立起来了，并与其姊民法不分轩轾。人们企图通过与日常事件拉开距离去证明公法这门独自学科的科学特征，在这种普遍意图下，想忘却那令人悲伤的政治失败，同亲身经历"法学转捩点"[94]的感受相得益彰，互为补充。因此，激发国家法摆脱政治有双重原因：一方面想摆脱作为革命失败创伤中痛苦回忆的政治，另一方面想摆脱作为阻碍公法"建构法学"（Konstruktionsjurisprudenz）的政治。

在当时看来，转向法学实证主义似乎是唯一的正确道路，而这种转向已经走上正轨，并且在方法上十分成功。从法国大革命到

---

[91]　Landsberg III/2，页 439—461；W. Wilhelm, *Zur juristischen Methodenlehre im 19. Jahrhundert* (1958)，页 70—87；A. Hollerbach, *Der Rechtsgedanke bei Schelling* (1957)，页 323 及以下；Wieacker，页 399 及以下；J. Bohnert, *Über die Rechtslehre Georg Friedrich Puchtas (1798–1846)* (1975)；同作者，»Beiträge zu einer Biographie Georg Friedrich Puchtas«, *ZRG GA*，第 96 卷（1979），页 229。

[92]　W. Wilhelm, *Zur juristischen Methodenlehre im 19. Jahrhundert. Die Herkunft der Methode Paul Labands aus der Privatrechtswissenschaft* (1958)，页 70 及以下，页 88 及以下。

[93]　K. Larenz, *Methodenlehre der Rechtswissenschaft*，增订第 4 版（1979），页 20—26，其中有重要证据，指明黑格尔与普赫塔方法的区别，后者的根基在 18 世纪的理性主义。

[94]　J. E. Kuntze, *Der Wendepunkt der Rechtswissenschaft, ein Beitrag zur Orientierung über den gegenwärtigen Stand und Zielpunkt derselben* (Leipzig 1856). 有关作者，比较 A. Teichmann, *ADB*，第 51 卷（1906），页 441—445；Landsberg III/2，页 745—746，页 839—842，注 351。

1848—1849 年革命，各种色调的保守主义者都指出哲学"思辨"和革命之间的因果关系，并认为历史形成物是不能动摇的基础。晚到的法律实证主义（Gesetzespositivismus）敌对法哲学，这不仅是某种科学理解的表达，也是对抽象建立人权和共和要求的政治抵制。革命的国家理论激情在 1849 年破灭。凡是用越过实证法内容的证据所进行的建构，都被怀疑是不科学的而遭摒弃，并转移令人怀疑的政治内容。如果整个法学按**普赫塔**的观点追求形式化和规范化的话，[95]那么该流派经过 1848—1849 年事件还可以获取一个更强劲的推动力。那些在方法允许的范围内研究现行法律教义的人，在政治上和学术上会觉得更安全。法学去政治化（Entpolitisierung）巩固了抵制来自下层革命侵犯和来自上层专横侵害的法律。这暗示了资产阶级中间阶层的立场。

可见，1848—1849 年革命尽管并不标志着 19 世纪法学实证主义的开端，但它确实成了加强法学实证主义长期发展的一个主要因素。政治上的失望，向"现实政治"和实证法的转变，通过宣传法学"方法纯净"（Methodenreinheit）使法学科学化，相对于先进的民法而需要对公法进行弥补——这些推动力量现在结合在一起，导致公法在 1850 年到 1866 年间分裂。一部分固守以前的方法，折中来自历史、一般国家学说和国家法的论据，但必须领会到旧公法学政治思考在贬值。另一部分则与之形成鲜明对比，它提出更新的要求，应许摆脱政治、历史和经济，严格降到法律要素上，最大程度地接近现实，使法律具有实施能力，尤其是法的确定性（Rechtssicherheit）。

"法的确定性"是具体目的，而通过轮廓更明确的、纯粹的法学教义，通过对议会立法、行政命令、自治章程和各个行政决策的

---

[95]　Wieacker，页 401。

正确划分来达到此目的。这是以前要求建立"法治国"特别重要的一部分内容。曾被拒绝在政治上塑造民族国家的资产阶级，又竭力转向统一经济上的重要内容。[96] 这时他们在法治国的形式保障中看到了真正价值。虽然 1848 年的"三月革命要求"部分得以实现，但大部分在当时被证明是不能实现的。在那之后，建立"法治国"的普遍要求在政治上不受怀疑，同时在经济上还有用。在这个层面上，自由主义者和保守主义者相遇了。**施塔尔**的论述包含了其中的主要特征："国家应该是法治的国家，这是解决问题的办法，事实上也是新时代的发展动力。它应该以法律方式像对其人民的自由范围一样，对它施加影响的道路和界线进行准确确定，并加以连续不断的保护，它应该直接地、刻不容缓地实现（逼迫）有关国家的道德思想，因为这属于法权范围。这是'法治国'的概念……"[97] **施塔尔**以这种方式使自由主义要求语境中的词汇能被保守主义接受，他因此或许也是"现代法治国学说的奠基者之一"。[98] 正如后来**格奈斯特**所说，**施塔尔**的每一个对手都能接受这个被所有内容纯净化的形式法治国构想。三月革命前，尤其是 1848—1849 年革命，削弱了自由主义和保守主义最初在 1815 年之后所形成的争斗立场。自由主义松动了与实质法治国理念和政治共决的联系，在 1849 年以后又做出了很大让步。法治国再也不是政治自由权利、积极的公民参与和实质平等的同义词，而是紧缩为在形式上对公民自由范围进行准确的确定和保障："根据法治国的特征，只要求法律秩序保持连续不断就行了，而不再

---

[96]　S. Buchholz, »Rechtsvereinheitlichung in der zweiten Hälfte des 19. Jahrhunderts«, *Rabels Zeitschrift*，第 50 卷（1986），页 77—110。

[97]　F. J. Stahl, *Die Staatslehre und die Principien des Staatsrechts*，第 3 版（1856），第 1 部分，第 1 章 »Das Wesen des Staates«。

[98]　Ch. F. Menger, *Deutsche Verfassungsgeschichte der Neuzeit*，第 7 版（1990），边码 223。

要求它的内容。"[99] 可以说，这种去政治化的形式法治国概念是自由主义在 1848 年以后的残留构想。

保守主义方面从这场革命中明白了这样的道理，即对"君主制原则"在某种程度上削减并顺应"时代精神"是必要的。此外，人们还明白，法律依据的安全和统一，以及及时的和无漏洞的法律保护，会发挥稳定作用，因此在经济上也大有裨益。

（四）发展前景

然而，在 1850 年以后的公法发展中，人们起初对一种新方法思想逐渐成功的兴趣并不明显，而把兴趣主要放在对国家法新形势的回应上。德意志同盟在 1850 年 5 月 10 日重新建立。它的宪法核心是维也纳会议内容和《维也纳会议最后议定书》，对它的宪法评论没有提供新思想。当时还是同盟议会使节的**莫尔**就发问，把这么多知识和深刻的思想"浪费到一件本身就不如人意的东西上；浪费到一个同盟的规定上，而从皇帝到劳动百姓只有一种声音，都认为它满足不了目的，是危险的、滑稽可耻的；浪费到这个仅仅通过虚构和因混乱产生危机而获得的假象，被用作是共同的、至少被当成替代品的法上"[100]，难道不令人痛心吗？**莫尔**如此发问，主要是想到了前面提到的**策普夫尔**和**海因里希·察哈里埃**的著作。他们的著作在文献上跟随德意志同盟，直到它在 1866 年结束为止。[101]

---

[99]　F. J. Stahl, *Der Christliche Staat und sein Verhältnis zu Deismus und Judenthum* (Berlin 1847)，页 62。

[100]　R. v. Mohl, »Bemerkungen über die neuesten Bearbeitungen des allgemeinen deutschen Staatsrechts«, *Zeitschr. f. Deutsches Staatsrecht und Deutsche Verfassungsgeschichte*, L. K. Aegidi (Hrsgg.)，第 1 卷（1867），页 354—384（页 383）。亦见 R. Smend, »Deutsche Staatsrechtswissenschaft vor hundert Jahren – und heute«, *Festschr. A. Arndt* (1969)，页 452。

[101]　见本书第 8 章，注 13 及以下。

但是，1850 年以后的德意志一般国家法还是有一段繁荣期，它是继前面 1820 年左右和 1840 年左右两个阶段之后的第三个发展阶段。国家统一没有达到，但民族国家思想并未销声匿迹，它又重新转移到了这样的思想之中，即认为培育"德意志一般国家法"，使它成为民族的思想框架。但这种看法在 1848—1849 年事件之后又发生了变化。黑尔德 [102]、格罗特芬德（Georg August Grotefend）[103]、迈耶尔（Otto Mejer，1818—1893）[104]、卡尔滕博恩男爵（Karl Baron Kaltenborn von Stachau，1817—1866）[105]、舒尔策 [106] 和格贝尔 [107] 的著作和策普夫尔、海因里希·察哈里埃的新版著作一起形成了一个独自派别。该派别一方面延续了自克吕贝尔以来的传统路线，另一方面在方法上完成了向国家法实证主义的转变。

相反，1850 年以后对各个邦国的国家法和行政法却没有比较深入的研究整理。尽管人们在想，在三月革命期间发生了变化的、现在又部分倒退的邦国宪法状况肯定值得去研究，尤其是普鲁士和奥地利这两个新的立宪国家，但是在 1850 年以后确实存在一个明显漏缺。在 1830 年代和 1840 年代曾出现的研究邦国国家法和行政法的

---

[102]　J. v. Held, *System des Verfassungsrechts der monarchischen Staaten Deutschlands mit besonderer Rücksicht auf den Constitutionalismus*，第 1、2 卷（Würzburg 1856–1857）；同作者，*Grundzüge des Allgemeinen Staatsrechts oder Institutionen des öffentlichen Rechts* (Leipzig 1868)。

[103]　G. A. Grotefend, *System des öffentlichen Rechts der deutschen Staaten*，第 1、2 分部（Cassel 1860–1865）。

[104]　O. Mejer, *Einleitung in das deutsche Staatsrecht* (Rostock 1861)；第 2 版（Freiburg 1884；再版，Freiburg 1889）。

[105]　K. v. Kaltenborn, *Einleitung in das constitutionelle Verfassungsrecht* (Leipzig 1863).

[106]　H. Schulze, *System des deutschen Staatsrechts*，第 1 分部，亦名 *Einleitung in das deutsche Staatsrecht* (Leipzig 1865)。

[107]　C. F. v. Gerber, *Grundzüge eines Systems des deutschen Staatsrechts* (Leipzig 1865).

热潮，按照**莫尔**的说法，"很长一段时间停滞了。很多年以来在德意志国家再也没有出版过一部有关邦国国家法的著作"[108]。

直到 1870 年代和 1880 年代这股潮水又开始涌动。但相应的著作[109] 走的却是这样一条路线，即对现行法律进行去政治化论述。它们的目标针对实践，明显压倒学术要求，并一致同意消除掉政治："就论述材料的方式而言，"正如**珀茨尔**在 1851 年写道，他"无论如何都不曾忘记，他的任务是对实证法进行系统论述；因此，他绝对不能把政治和政治判断放到论述中，也不能对存在的疑难问题进行是非曲直的判断，而是对存在的实证法推出回答争议问题的理由。"[110]

1850 年以后不可避免需要这样的论述，因为普遍流行的是对实证法的宪法状态进行解释，并对新的行政法进行归纳整理。但是，在 1850 年以后，"真正的所爱和灵魂……不再在那里；尽管在目前能令人满意地实现目标的希望还很渺茫，但人们的追求却越来越高远。从事国家研究的年轻学子们也充满了这种感情；他们或许下不了决心费力研究那些还只是次要的目标"[111]。

---

[108]　Mohl，前注 100，页 356。

[109]　见本书第 7 章，第 2 部分。

[110]　J. Pözl, *Lehrbuch des bayerischen Verfassungsrechts* (München 1851)，前言。

[111]　Mohl，前注 100，页 357。

第七章
1914年前各个邦国的国家法与行政法

一、1850年后的最初情况

1850年到第一次世界大战爆发的六十年中，德意志国家法和行政法完成了一个独特的视角转变，其影响至今犹在。这是实证主义的时代，科学实证主义逐步向法律实证主义转变，1900年起又被相反趋势打破。但这种发展进程在公法领域不同于在私法领域。在私法领域，科学实证主义向法律实证主义转变是以制定法（Gesetzesrecht）逐步替代学术归纳整理"共同法"（gemeines Recht）的形式来完成的，而最后主要以民法典的形式。[1]

公法中的情况要复杂一些，因为宪法结构和行政结构的政治变化往往走在学术研究的前面，而学术传统又被中断了，需要新的学术努力。在这里，填补漏缺，进行解释工作，准备用全新解决方法的科学实证主义以适当距离跟在宪法制定者或行政改革的立法者的后面。在行政法中，首先在邦国层面上堆积起实证法的粗糙材料。对这些材料——遍布各个地方并贯穿行政任务——进行科学研究才逐渐提取出可被发现的共同的基本形态。很久之后才对漫长的学术

---

[1] Wieacker，页458及以下。

史和司法史成果进行法典确认，最终才有 1976 年的行政诉讼法 [2]。

因此，在公法中，一方面，科学实证主义向法律实证主义的视角转变与在私法中的发展明显刚好相反。另一方面，由于和私法结合紧密 [3]，公法学完成了逐渐从学术的法律塑造和法律完善转移到立法者的过程，尤其是在第二帝国建立之后，该过程与私法学相同；由于公法和"国家更接近"，因此公法学术更快投入立法者的怀抱，而且没有思想障碍。

我们从两个层面来考察与上述情况相联系的公法学史的发展。一个层面是各个邦国，通过邦国国家法和行政法的论述媒介来进行考察；另一个层面是"德意志共同国家法"，它在 1870 年后转变为帝国国家法，并随着"总则"的形成，逐渐获得行政法方面的补充。虽然在这两个层面之间存在大量的相互影响，但我们还是认为在下面章节中对它们分开论述更好一些。

1849 年的失望使人们开始寻找新的基石：部分通过借助于重新建立的、不受人欢迎的德意志同盟,后来人们在回顾它时把它称作"晦气的同盟"；[4] 部分通过重新发展出"德意志共同国家法"，但几乎不通过对邦国国家法的整理。其中心环节是发展出方法的模范形象。"严格法学"观点的形成本身被认为是全新的，并且把这种视

---

[2]　»Verwaltungsverfahrensgesetz (VwVfG), May 25, 1976«, *BGBl I*，　页 1253，以及相应的、几乎同名的邦国立法。奥地利的情况，见 W. Antoniolli, »Vom Beruf unserer Zeit zur Kodifikation eines allgemeinen Teils des Verwaltungsrechts«, F. Lehne / E. Loebenstein / B. Schimetschek (Hg.), *Die Entwicklung der österreichischen Verwaltungsgerichtsbarkeit. Festschrift zum 100jährigen Bestehen des österreichischen Verwaltungsgerichtshofes* (1976)，页 151 及以下。

[3]　W. Wilhelm, *Zur juristischen Methodenlehre im 19. Jahrhundert. Die Herkunft der Methode Paul Labands aus der Privatrechtswissenschaft* (1958).

[4]　H. Marquardsen, *Handbuch des Oeffentlichen Rechts*，　第 1 卷（Freiburg, Tübingen 1883），第 1 半卷，前言，页 5。有关马夸德森（Heinrich [v.] Marquardsen, 1826—1897），比较 Drüll，页 172。

角强加给同时代人，它肇端于反动思想和自由主义之间的紧张关系（1850—1866），逐步在第二帝国的形成过程中占据主导地位，并在世纪之交确立了下来。与它有分歧的思想以及反对它的思想都被排挤在一边，但在19世纪最后十年这些思想重新出现，并且到1914年至少还形成了引发对国家法实证主义明显一统天下景象忧虑的催化剂。这些忧虑部分源自内部缺乏教义性的国家法，部分源自同时发生的方法学说和一般国家学说地位的讨论，并且其规模与日俱增。在"1914年8月"市民安宁生活未被打破之前，国家法实证主义的地基就开始摇晃，也就是国家和国家法基础学科中的地基开始动摇了。

由于国家理论的所有反思直接取决于现实有效的国家法和相应的政治气候，所以我们必须回顾1849年后的最初情况。大多数国家法学说的杰出人物所追求的东西都没有实现。这时人们经历着"反动"。虽然不能说是1848年前状态的完全重现，但政府确实力图从经验中学习寻找办法巩固宪法塑造起来的"君主制原则"，并重新把军队和官僚明确地划分给君主掌握。库尔黑森的现实问题[5]向受革命经历创伤的政府表明，比如在"不负责的等级会议"[6]拒绝交税时，以及在无法阻止官吏、法官和部队军官"不听招安"，必要之际他们还使用暴力时，"领主权威"[7]是如何陷入风雨飘摇的。

因此，德意志同盟敦促各国政府"对尤其是1848年以来建立的国家机构以及制定的法规进行认真仔细检查"，若可能的话，还要

---

[5]　Huber II (1960)，页 926 及以下；III（第 2 版，1970），页 217 及以下。

[6]　»(Kurhessische) Bekanntmachung die Erläuterung der Verordnung vom 28. September 1850 betr. «, *Kurhess. Gesetz- u. Verordnungs Sammlung* (1850)，页 55，Huber, *Dokumente 1*，第 255 号。

[7]　»Bundesbeschluß betr. die Zustände im Kurfürstentum Hessen, September 21, 1850«, Huber, *Dokumente 1*，第 3 版（1978），第 253 号。

求把它们恢复到以前的状态。"出版自由的滥用"应被制止，那些"追求无神论、社会主义或共产主义，或旨在推翻君主制目的"的有罪者应受到惩罚。[8] 同盟本身对出版和结社进行了限制。[9]

各个邦国的反应虽然不统一，但在整体上都坚持这种路线，至少在 1850 年到 1860 年这十年是如此。处于风雨飘摇的库尔黑森得到同盟的支持，其他中等邦国有的改变选举法，有的则对议会组成施加影响。[10] 舆论受到"控制"，官吏、法官、一般行政管理、学校经历了影响久远的纪律管制阶段。德意志南部立宪国家巴伐利亚、巴登、符腾堡的情况也如此，尽管有一定程度的减轻。[11] 在政治上不受待见的人士普遍被调职或者被开除，例如图宾根的**赖舍尔**和**韦希特尔**（C. G. Wächter），在基尔（那时还受丹麦的统治）一次就开除了八名教授（1852）。君权与神权又偎依在一起，尤其在奥地利和巴伐利亚更是如此。自启蒙运动以来人们认为这是不再可能的事情，因此也激起了自由主义相应的抵制回应，并且这种抵制回应已开始骤变成文化斗争气氛。[12]

---

[8] »Bundesbeschluß über Maßregeln zur Wahrung der öffentlichen Sicherheit und Ordnung im Deutschen Bund vom 23 August 1851«, Huber, *Dokumente 2*，第 1 号。

[9] »Bundes-Preßgesetz vom July 6, 1854; Bundesbeschluß über Maßregeln zur Aufrechterhaltung der gesetzlichen Ordnung und Ruhe im Deutschen Bunde, insbesondere das Vereinswesen betreffend vom July 13, 1854«, Huber, *Dokumente 2*，第 4 号。

[10] 各个邦国的宪法状态，见 F. Stoerk, *Handbuch der deutschen Verfassungen* (Leipzig 1884)。宪法变化概要，见 A. Hänel, *Deutsches Staatsrecht* (Leipzig 1892)，页 66—73。

[11] M. Traub, *Beiträge zur württembergischen Geschichte in der »Reaktionszeit« (1849–59)* (1937).

[12] E. Weinzirl-Fischer, *Die österreichischen Konkordate von 1855 und 1933* (Wien 1960); L. Gall, »Die partei- und sozialgeschichtliche Problematik des badischen Kulturkampfs«, *ZGORh*，新系列第 74 卷（1965），页 151 及以下；P. Horwarth, *Der Kampf gegen die religiöse Tradition. Die Kulturkampfliteratur Österreichs 1780–1918* (Bern 1978); W. Becker, »Der Kulturkampf als europäisches und als deutsches Phänomen«, *Historisches Jahrbuch*，第 101 卷（1981），页 422 及以下。

所有这些都不是德意志特有的问题。1848 年革命星火燎原，飞越了国界。因此，在整个欧洲"对个人自由和法律安全的既有保障又被取消了，出版自由被废除了，自由社团和组织遭到禁止，批评之声受到暴力压制。在欧洲广大地区，以判处死刑和终身监禁的方式扑灭各种政治运动。政治难民蜂拥逃往欧洲最后两个自由岛瑞士和英国，或者加入新一波不断增加的海外移民浪潮，其中主要移民到了美国"[13]。

二、在各个邦国中的发展

1848 年革命之后的十年是所谓的"反动时期"，在国内政治处境中，首先在邦国法层面上，能期待贯彻邦国法并对其进行论述而开展新活动的动力很微弱。着手开展活动所必要的焦虑不安，以及大多数依靠掺和政治塑造意志才能激发出的对文献的乐观精神都没有。相反，这种情绪受到压制。在三月革命所取得的自由主义成就被削弱的地方，明智做法似乎是要么严格避免政治表达，要么强调 1848 年以前的立场，只做少许的实证法补充。在行政法中同样明智地维持着三月革命前的连续性，只有法律公报就足够了。**莫尔**在 1867 年惊讶地指出："多少年来，在德意志再也没有出版过一部关于邦国国家法的著作了。如何解释这个现象呢？"[14]这证实他的此种遗憾，即他曾带来整个流派的发展，而现在觉察到了它的静止状态。

---

[13]　L. Gall, *Europa auf dem Weg in die Moderne 1850–1890* (1984)，页 32。

[14]　R. v. Mohl, »Bemerkungen über die neuesten Bearbeitungen des allgemeinen deutschen Staatsrechts«, *Aegidis Zeitschrift*，第 1 卷（1867），页 354—384（页 365）。

然而，他自己也认识到，在这个领域某种停止阶段似乎不可避免。[15]

但是，人们倘若不仅仅考虑德意志邦国中国家法和行政法自成一体的论述，而且还考虑到这些领域的整个活动的话，那么就会明白，1848 年到 1850 年这段宪法史转折时期并未长时间中断学科史的连续性。在公法中，还延续着法学实证主义和法律实证主义的长期发展趋势，这与行政法一系列主题还在继续完善充实一样，该系列主题逐渐增强人们的信念，即在"法治国"的名称下，这里正在形成一个独自的、对法治国至关重要的且保障它的科学学科。

人们对邦国特色的国家法和行政法的兴趣与日俱增，一个比较有把握的证据是刊物。[16] 只要这些刊物能在私营经济上得以维持，那么人们就可以推测它们相应的需求量，也能设想它们有相当多的作者和读者。[17] 典型的是，参与这些公法刊物的人士主要是实践者，即行政官吏和法官。他们比大学教师更深切地感受到需要获取信息，以及需要对所有邦国完成的宪法和行政法改革进行公共讨论。在1870 年前出版的公法刊物中，实践部门的人士明显占据主导地位。

独特的是，这些刊物主要产生在立宪国家，也就是巴伐利亚、符腾堡、巴登和萨克森。萨克森在 1831 年成为立宪国家，并且在最高机构中进行了司法和行政分离。立宪国家倾向于"法治国"，因此人们不用害怕公共讨论法律问题，也不用担心公开惩罚公民的法

---

[15] 亦见 Marquardsen，前注 4，页 5："德意志邦国法……在新时期……几乎荒芜了。对许多德意志国来说，没有对它们的国家法进行学术研究，现存文献中的国家法处于这样一个时期，即这个时期的公法状态在民族塑造和内部改革中引不起人们的兴趣，其历史或许已被人们遗忘。"

[16] M. Stolleis / I. Schmitt, »Zur Entstehung der Zeitschriften des öffentlichen Rechts seit 1848«, *Quaderni Fiorentini 13* (1984), 页 747—761；E. V. Heyen, »Verwaltungsrechtswissenschaft in den Fachzeitschriften des Deutschen Reichs«, 见同作者，*Profile der deutschen und französischen Verwaltungsrechtswissenschaft 1880–1914* (1989), 页 55 及以下。

[17] P. Grossi (Hg.), *La «Cultura» delle Riviste Giuridiche Italiane* (Milano 1984); A. J. Arnaud (Hg.), *La culture des revues juridiques françaises* (Milano 1988).

院判决和行政判决。因此，法律资料的总数量增长迅速，并在寻找合适的刊物机构，起初完全是为官方信息服务并作为这些信息的内部讨论平台，而这些刊物机构很少为学术交流服务。

（一）巴伐利亚

最早之一的刊物是《巴伐利亚初始行政实践报：包括全部警察与财政管理》（ *Blätter für administrative Praxis zunächst in Bayern. Mit Einschluß der gesammten Policei-und Finanzverwaltung* ，1851—1862）[18]。该报的创办人是自由主义法学家、编辑和政治家**布拉特**（Karl Brater，1819—1869）[19]。**布拉特**在 1859 年还创办了《南德意志报》（ *Süddeutsche Zeitung* ），并奔忙于民族联合会。除了从事政治性出版，他主要支持行政法发展。随着新创立的《行政实践报》，萦绕在他脑海的是导言中的文字表述，从中可以读出他对科学推演出的法律教义所具有的规范力量充满几乎无限的乐观主义："科学研究排除所有的武断；它从实证的规定和普遍的基本原则中发展出各个法律渊源的效力，明确依照解释规则，弄清法律规定的意义。外部考虑不能影响改变它的结果；它为当局确定一种不会发生变化

---

[18]　该副标题在第二年被取消了。1863 年到 1895 年，该报的名称叫《巴伐利亚初始行政实践与警察法庭管理报》（ *Blätter für administrative Praxis und Polizeigerichtspflege zunächst in Bayern* ），由卢特哈特（A. Luthardt）主编；1895 年到 1922 年，名称叫《行政实践报》（ *Blätter für administrative Praxis* ），从 1896 年起由赛德尔和克拉蔡森（K. v. Krazeisen）主编，1902 年到 1922 年，由克拉蔡森主编。另外，在巴伐利亚还有普福尔滕（Th. v. d. Pfordten）主编的《司法杂志》（ *Zeitschrift für Rechtspflege* [München 1905—1934]），1914 年起该杂志和佐伊费特（J. A. Seuffert）的《法律适用报》（ *Blätter für Rechtsanwendung* ）合并。

[19]　A. Luthardt, *Blätter f. administrative Praxis* , 第 19 卷（1869），页 362—380; F. Frensdorff, *ADB* , 第 3 卷（1876），页 261—263；Landsberg III/2，注 242、243；R. Piloty, »Ein Jahrhundert bayerischer Staatsrechts-Literatur. Historisch-kritischer Beitrag zu einer Geschichte der Staatsrechts-Literatur«, *Festgabe für P. Laband* (Tübingen 1908)，页 204—282（页 271 及以下）。

的规范，只要法律和科学观念保持一致，那么就总会有相同的判
决。"[20] 这在这些领域成了自由主义的信条：行政实践的科学化、
指导符合法律的和一致的行为、塑造出行政法的普遍原则。[21]

　　这个刊物的思想圈子发展出了丰富的公法文献典籍。1852 年，
布拉特出版了一部评论《巴伐利亚王国宪章》（*Verfassungsurkunde
des Königreichs Bayern*）。该著作到 1872 年共出版了四次。受他
的激励以及在其朋友**恩斯特·罗默**（Ernst Rohmer，1818—1897）
的出版指导下，大量研究巴伐利亚行政法、刑法典、警察刑事法典
（Polizeistrafgesetzbuch）(1871)和法院组织法(1861)的著作出版了。[22]
恩斯特·罗默的兄长是性格古怪的哲学家**弗里德里希·罗默**（Friedrich
Rohmer）。[23] 符腾堡的公法学家**埃德尔**（Karl Edel，1806—1890）
在这里从事评论家工作，但留下的东西很少。[24]1857 年起，**伯伦
知理**和**布拉特**主编出版了十一卷《德意志国家词典》。[25]1853 年

　　[20]　佚名，»Ueber die Unwissenschaftlichkeit der Verwaltungspraxis«，*Blätter für administrative Praxis*，第 1 卷（1851），页 1—5。R. Piloty，前注 19，页 271—272、275。

　　[21]　海恩（E. V. Heyen）也确信，这篇导言文章出自布拉特之手，见 E. V. Heyen, *Profile der deutschen und französischen Verwaltungsrechtswissenschaft 1880–1914* (1989)，页 67。

　　[22]　H. D. Beck，»Der juristische Verlag seit 1763«，*Juristen im Porträt. Verlag und Autoren in 4 Jahrzehnten. Festschrift zum 225jährigen Jubiläum des Verlages C. H. Beck* (1988)，页 20—21。

　　[23]　见本书第 10 章，注 43。

　　[24]　埃德尔出生于阿沙芬堡，曾在维尔茨堡和海德堡大学学习，1834 年到 1840 年任法官，后来调到维尔茨堡大学，任法律系主任 9 次，任国家经济学系主任 11 次，任大学校长 8 次，另外，任巴伐利亚等级大会维尔茨堡大学代表，法兰克福国民议会成员。在此，感谢维尔茨堡大学档案馆提供的资料。

　　[25]　J. K. Bluntschli / K. Brater (Hg.)，*Deutsches Staats-Wörterbuch. In Verbindung mit deutschen Gelehrten*，11 卷本（Stuttgart 1856–1868）；第 12 卷（Leipzig 1870）。见 M. H. Fassbender-Ilge, *Liberalismus – Wissenschaft – Realpolitik. Untersuchung des» Deutschen Staats-Wörterbuchs« von Johann Caspar Bluntschli und Karl Brater als Beitrag zur Liberalismusgeschichte zwischen 48er Revolution und Reichsgründung* (1981)；有关种类，比较 K. v. Beyme，»Staatslexika«，*Jahrbuch zur Staats- und Verwaltungswissenschaft 3* (1989)，页 443—451。

起，**阿恩茨**[26] 在慕尼黑和公法学家**珀茨尔**、**伯伦知理**一起创办法律系杂志《德意志立法与法学批判纵览》（*Kritische Überschau der deutschen Gesetzgebung und Rechtswissenschaft*），该杂志在 1859 年和海德堡的《总法学批判杂志》（*Kritische Zeitschrift für die gesamte Rechtswissenschaft*）合并成《立法与法学批判季刊》（*Kritische Vierteljahrsschrift für Gesetzgebung und Rechtswissenschaft*）[27]。

这种出版景况以相应的需求为前提，同时它也创造了需求。**布拉特**、**埃德尔**、**珀茨尔**、**恩斯特·罗默**以及**伯伦知理**在政治上都是积极的自由保守主义者，**阿恩茨**还是保罗教堂国民议会成员。自由主义中间派的意图把他们连在了一起，他们想在政治上站住脚跟，抵制公共生活遭受强烈的宗教化，把法治国拉到行政法层面上来，并把它变为实践。出版宪法内容评论和《国家词典》也都承载着这种教育意图。

除了刊物，如果人们把目光投向教科书的话，在 1850 年后的十年中主要是**珀茨尔**[28] 占统治地位。他在 1847 年出版了一部国家法和行政法的全面论纲《巴伐利亚国家宪法》，接着又对其进行内容扩充和划分。1851 年，他的《巴伐利亚宪法教科书》第一版出版了，[29]1856 年又出版了相应的《巴伐利亚行政法教科书》。[30]1847 年，**珀茨尔**从

---

[26]　Landsberg III/2，页 493—495，注 221、222，内有更多文献。

[27]　第 1—19 卷（1859–1877）；新系列第 1 期（＝第 20 卷，1878）；第 17 期（＝第 36 卷，1894）。

[28]　珀茨尔生于 1814 年，1836 年到 1840 年在慕尼黑大学学习，1842 年取得博士学位，1843 年调到维尔茨堡大学，1845 年任编外教授，1847 年调到慕尼黑大学，1848 年任法兰克福国民议会代表，1858 年到 1869 年任巴伐利亚邦国议会议员，1872 年任帝国议会议员，1881 年逝世。比较 Landsberg III/2，注 288；Eisenhart, *ADB*，第 26 卷（1888），页 495—497；Piloty，前注 19，页 255—262。

[29]　J. v. Pözl, *Bayerisches Staats-Verfassungsrecht* (Würzburg 1847)；同作者，*Lehrbuch des bayerischen Verfassungsrechts* (München 1851；第 2 版，1854；第 3 版，1860；第 4 版，1869；第 5 版，1877)。

[30]　J. v. Pözl, *Lehrbuch des bayerischen Verwaltungsrechts* (München （转下页）

符腾堡前往慕尼黑接任**莫耶**的教职。**莫耶**因同**蒙蒂兹**的风流韵事而去了因斯布鲁克。

按照**皮洛蒂**的评价，**珀茨尔**是"一位思想十分深刻的天生法学家，他做事精明，专于实证，头脑清醒，具有批判精神，待人冷漠，缺乏激情"[31]。**莫尔**也类似地说道，他是"一位对现存法律的基本原则进行忠实解释的人"[32]。**珀茨尔**与这些特点相符，因为他基本上完全专注于整理摆在他面前的邦国法，对它们进行中等程度的抽象论述，这超越了"法律志"（Gesetzeskunde）的附加方式。同样，他避免"思辨的"、历史的和政治的表述。在他那里，对规范层面的超越——与"德意志一般国家法"的作者不一样——是多余的；他认为，邦国立法机关是最高审级机构（Instanz），这必然会促使他研究行政法。他在行政法中对机构（部门、科室）进行论述，在内容上对它们进行了划分。其中饶有趣味的是，他把社区法归在宪法之下，当作属于国家法人的下属部分。另外，他也按照**莫尔**和其他人所使用的管辖范围原则（司法、警察、国家管理、财政管理和军队管理）划分行政法的内容。其中还察觉不到总则的形成。

1860 年代以后，巴伐利亚开始新制定大量行政法，[33] 即"社区法（1869 年的乡镇法规）、工商法（1869 年的工商业法规）、社会服务法（1868 年的户籍法、婚姻法、居留法和穷人救济法）、法院组织法（1869 年的民事诉讼法规）以及警察新组织法（1868）"[34]。行政法律内容主要从 1866 年起增多，官吏的数量也相应增加。[35] 国

（接上页）1856；第 2 版，1858；第 3 版，1870；增补，1874).

[31] Piloty，前注 19，页 255。

[32] Mohl II，页 361。

[33] 论据见 Huber IV (1969)，页 385 及以下。

[34] W. Volkert，»Bayern«，*DVG*，第 3 卷，页 716。

[35] *Volkert*，前注 34，页 720—733，内有更多文献。

王在 1871 年 1 月 30 日宣布加入第二帝国时，北德意志同盟立法的扩展和新的帝国立法使巴伐利亚的邦国法发生了变化，清点总结和系统化变得越来越紧迫。1878 年推行具有司法审级的行政审判，而自 1865 年以来，人们就对此进行讨论。[36] 这也是实证法资料增多的一个原因。

　　珀茨尔在慕尼黑的教职继任者**赛德尔**[37]通过一部论述巴伐利亚国家法的著作完成了系统论述任务。**皮洛蒂**说，到那时为止，**赛德尔**对巴伐利亚国家法的论述是出类拔萃的，[38]"受到普遍承认"[39]，他尊称**赛德尔**为优秀的实证法专家，认为他成功连贯地论述了这个枯燥内容，并随时对它的历史和政治内容进行回应。**皮洛蒂**在纪念**拉班德**（Paul Laband，1838—1918）的文章中把这部著作亲切地看成是对**拉班德**的帝国国家法的补充作品。但**赛德尔**的这部著作在方法上并不完全符合实证主义观点，因为在他那里，尽管在法学建构和概念形成问题上与实证主义基本一致，但他的国家法基础与历史和政治之间的直接联系并没有被打破。**赛德尔**在 1873 年撰写的《一般国家学说的基本特点》[40]，以及分成八篇的《巴伐利亚国家法》

---

　　[36]　»Ges. v. 8. 8. 1878«, *GVBl 369*. 比较 G. Kahr, *Das bayerische Gesetz über die Errichtung eines Verwaltungsgerichtshofes und das Verfahren in Verwaltungsrechtssachen vom 8. August 1878* (Nördlingen 1879). 详见 Rüfner, *DVG*，第 3 卷，页 918—920。

　　[37]　详见 H. Rehm, »Max von Seydel. Ein Lebensbild«, *AöR*，第 16 卷（1901），页 359—402；R. Piloty, »Max von Seydel. Ein Nachruf«, *Blätter für administrative Praxis*，第 51 卷（1901），页 225—247（内有克拉蔡森的书目）。

　　[38]　Max v. Seydel, *Bayerisches Staatsrecht*，7 卷本（Freiburg 1884–1894；第 2 版，3 卷本，Freiburg 1895/1896；第 3 版，由格拉斯曼［J. v. Grassmann］和皮洛蒂修订，2 卷本，Tübingen 1913）。

　　[39]　Piloty，前注 19，页 277 及以下（页 278）。Rehm，前注 37，页 401，以及 H. Nawiasky, *Max von Seydel, Münchner Universitätsreden*，新系列第 4 期（1953），页 4，这两处也谈到其巨大成就，"没有任何一本类似的邦国国家法论著能和他的论著相媲美，普鲁士的邦国法论著也不能望其项背"。*Nawiasky*，页 15，该处有赛德尔的书目。

　　[40]　M. (v.) Seydel, *Grundzüge einer allgemeinen Staatslehre* (Würzburg 1873). 罗西（L. Rossi）翻译为意大利文（*Biblioteca di Scienze Politiche*，第 2 系列，第 8 卷，页 1143 及以下）。比较本书第 10 章，注 62。

（*Bayerischen Staatsrecht*，1884—1893）的每一个副标题同样证明了这一点。[41] 前一本书是他青年时期的一部作品，明显为他撰写《巴伐利亚国家法》准备好了条件。尽管这部七卷本著作内容细节繁多，但富有逻辑性，容易理解。它在世纪末把一个国家的国家法和行政法再一次高度地结合在一起，类似**莫尔**在 1829 年到 1831 年写《符腾堡王国国家法》时的做法。就此而言，**赛德尔**是一个固执己见的人，因为他与普遍流行已久的国家法和行政法的分离趋势背道而驰。

在考虑主权是否可以被分割时，**赛德尔**是一位十足的概念法学家，相信"概念"的绝对特征；他认为主权是连在一起的，因此拒绝"联邦"（Bundesstaat）这种形式，这倒不是巴伐利亚地方主义的缘故，而是因为他认为"概念"中的主权是不可分割的。[42] 因此，他把 1871 年德意志帝国解释为"邦联"（Staatenbund）。[43] 无论如何，这种解释与帝国的形成过程十分吻合。谁想回避"邦联"这种解释的逻辑后果，同时又想坚持主权不可分割，那他——依照当时的观点——必须把主权赋予帝国，而只给予成员国自治权。但对感觉自己还是巴伐利亚人的**赛德尔**来说，[44] 又不能接受给予成员国自治权。因为他又把邦联建构成不可分离的，所以他那富有挑衅性的论题便

[41] 赛德尔把它划分为：（1）统治者，（2）统治内容，（3）宪法性法律，（4）国家权力功能，（5）财政法，（6）邦国行政，（7）军队，（8）外交事务。按照"总则"混合体系和制度论述来划分，尤其在第 3 篇按照管辖范围原则来划分（财政、内政、军队和外交）。

[42] M. Seydel，»Der Bundesstaatsbegriff«，*ZgStW*，第 28 卷（1872），页 185—256；同作者，»Die neuesten Gestaltungen des Bundesstaatsbegriffes«，*Annalen des Deutschen Reiches* (1876)，页 641—655。

[43] M. Seydel，*Commentar zur Verfassungs-Urkunde für das deutsche Reich*，(Würzburg 1873；第 2 版，Freiburg, Leipzig 1897). 见 H. Kalkbrenner，»Max von Seydel und die Aktualität seiner deutschen Bundes-Theorie«，*Festschr. f. A. v. d. Heydte*，第 2 卷（1977），页 871—938。

[44] 亦可比较文章 »Die Schaffung eines Reichsmilitärgerichtshofes und die bayerischen Reservatrechte«，*(Hirths) Annalen* (1898)，页 151—153。

失去了政治锋芒。

　　赛德尔逆潮流而行还表现在，他认为统治者不是国家的"机构"（Organ），而是国家这个客体的统治主体。在他看来，统治者的意志是前国家的（vorstaatlich）和天然的（naturhaft），从某种程度上说它制造了国家以及和国家相伴的法律。他因此抛弃把国家看成是法人的理论，而这种理论在三月革命前曾是反君主制的顶峰，代替这种理论的是时代错置的、被神化的统治者意志。但是当统治者意志发生了变质，**赛德尔**强调统治者自愿受宪法的自我约束[45]、受全体利益的道德和宗教约束以及"革命自然性"（die Natürlichkeit der Revolution）学说。[46] 可见，在他那里谈不上君主和议会之间实际权力的或者法律上的主权分割。因君主的这种资格，**赛德尔**甚至把君主制原则拔高为前国家的和前宪治的（vorkonstitutionell）。为了保持这种建构正常运行，法治国的制衡力量必须相当强大。[47] 但在这里，**赛德尔**却不承认纯粹的公法权利（subjektiv-öffentliche Rechte）*，他甚至在总体上摈弃了"基本权利"[48]——这样，他既保持了逻辑连贯性，又达到了在他看来在政治上的满意结果，尽管他全身心投入纯粹建构工作。

----

　　[45]　M. v. Seydel, »Vorträge aus dem allgemeinen Staatsrechte«, (*Hirths*) *Annalen* (1898)，页 321—355，页 481—492，页 746—758；1899，页 249—263；1900，页 177—194，页 351—368。

　　[46]　见 Nawiasky，前注 39，页 10。

　　[47]　比较如 *Bayerisches Staatsrecht*，前注 38，第 2 版，第 3 篇，页 407 及以下有关行政司法内容。

　　*　译者按：或译为"主观公法权利"。由于德国法中的"subjektives Recht"（主观法）等同于英文"right(s)"（权利），因此没有必要把"subjektiv-öffentliche Rechte"译为"主观公法权利"，因为在德国法中，权利本身就是主观的，它是指个人的主张权（Anspruch）。此外，"öffentliche Rechte"也可译为"公法权利"；公法的德文"öffentliches Recht"在特定语境下也可译为"公法权利"。德文"Recht"本身就包含了"法"和"权利"这两个基本含义，因此本书根据语境有时译为"法权"。

　　[48]　*Bayer. Staatsrecht*，前注 38，第 1 篇，页 300。

由此可见，一战前夕的巴伐利亚国家法和行政法显示出组织良好、政治保守，而在宪治模式中君主权力具有明显优势。[49] 但人们必须同时看到，君主被纳入帝国之中，接受宪法框架，自愿接受代表会议的任务限制，以及在**卢伊特波尔德**（Luitpold）亲王的统治下与某种资产阶级化的生活方式联系在一起，这些都使国王现实的行为可能性缩小了。巴伐利亚拥有一种明显自我认同的国家意识，并拥有上百年的宪法传统，还拥有与普遍标准相符合的发展中的君主立宪制，同时还拥有特殊的法律保护可能性（请愿 [50]、宪法申诉、行政审判）。其行政按照**蒙特格拉斯**创设的框架进行集中化组织，被认为是模范。它受到普鲁士和新教影响的帝国的约束，这尽管不情愿，但基本上被人们接受。

（二）符腾堡

"在宪法政治上静止不前，在经济上发展进步"[51]，这是 1850 年后最初几年符腾堡的情况。[52] 旧宪法（1852）卷土重来，"反动派"得势。[53] 枢密院再度成为国家的政治中心。六位大臣直接依附于国王。在国王**卡尔**（1864 年至 1891 年在位）和**威廉二世**（1891 年至 1918 年在位）的统治下，符腾堡起初跟随奥地利路线，1866 年后摇摆不定，在加入德意志帝国后与普鲁士保持亲密关系（所谓"**米特纳**

---

[49]　简短论述，见 C. A. v. Sutner, *Das Staats- und Verwaltungsrecht des Königsreichs Bayern* (Hannover 1909)。

[50]　S. Klasen, *Das Petitionsrecht zum Bayerischen Landtag. Eine Ombudsmann-Einrichtung* (1991)，页 24 及以下，有关依照 1818 年宪法第 7 章第 21 节规定的请愿内容。在巴伐利亚，请愿权限于等级会议的权限。见 W. Graf Vitzthum, *Petitionsrecht und Volksvertretung* (1985)，页 19—29（页 23，前注 29）。

[51]　B. Mann / G. F. Nüske, »Württemberg«, *DVG*，第 2 卷（1983），页 577。

[52]　文献见 Huber IV (1969)，页 412 及以下。

[53]　D. Langewiesche, *Liberalismus und Demokratie in Württemberg zwischen Revolution und Reichsgründung* (1974).

赫特时期"〔Ära Mittnacht〕）。^[54]经济开放和政治紧缩形成对比；
尽管起初的形势很糟糕，但在 1860 年代有所好转，并加入如火如荼
的工业化运动。^[55]

　　1864 年国王易位，出版法、结社法以及集会法又被自由化。司
法改革开始了（1868—1869），1867 年创立了"行政司法"，其中
四个地方政府属于初级审判机构，而行政法院属于二级审判机构。^[56]

　　至于公法，符腾堡在整个 19 世纪属于具有明显官僚制和法治国
传统的国家，尽管在个别情况下其法治国性质大打折扣。大学不仅
在国家经济系，而且在法律系对公法特别开放。**莫尔**在那里的影响
尤其重要，他参与设立的行政法教职和同时创办的《总国家学杂志》
（1844）也具有十分重要的意义。^[57]在这份刊物中，像出版者所计
划的那样，对有意义的国家法问题进行论述，以及"我们尤其想把

---

[54]　H. Brandt, *Parlamentarismus in Württemberg 1819–1870* (1987)，内有更多文献。

[55]　W. v. Hippel, »Industrieller Wandel im ländlichen Raum. Untersuchungen im Gebiet des mittleren Neckar 1850–1914«, *Archiv für Sozialgeschichte*，第 19 卷（1979），页 43—122；E. Maschke / J. Sydow (Hg.), *Zur Geschichte der Industrialisierung in den südwestdeutschen Städten* (1977)；K. Megerle, *Württemberg im Industrialisierungsprozeß Deutschlands* (1982)。

[56]　»Gesetz über die Verwaltungsrechtspflege vom 16. December 1876«, *RegBl*，页 485。比较 W. Rüfner, *DVG*，第 3 卷，页 916 及以下。

[57]　详见 *E. V. Heyen*，前注 16，页 56，注 3："出版社是图宾根的劳普书社（H. Laupp'sche Buchhandlung）。除莫尔外，创办该杂志的教授还有：克瑙斯（Knaus）、许茨（Schüz）、法拉蒂（Fallati）和霍夫曼。从第 3 卷（1846）到第 8 卷（1852），莫尔的名字出现在封面的显著位置上。随着莫尔转到巴登的海德堡大学，从第 9 卷起才称'与某某有联系'（后面跟的是一些外地的教授名字，如拉乌〔K. H. Rau〕等人），'由图宾根大学国家经济学系同仁主编'。上面一直都有名有姓。从第 31 卷（1857）起分别由以下人士担任主编：斯图加特的舍夫勒博士（Dr. A. E. F. Schäffle）、莱比锡的弗里克博士（Prof. Dr. K. V. Fricker, 1830—1907）（1878 年，柏林的阿道夫·瓦格纳博士〔Prof. Dr. A. Wagner〕加入进来，他在 1887 年被图宾根的舍恩贝格博士〔Prof. Dr. G. v. Schönberg〕换掉）。从第 48 期（1892）起，舍夫勒是唯一的主编，当时帝国皇家大臣退休了。1901 年，比歇尔博士（Prof. Dr. K. Bücher）加入进来一起任主编。从第 60 卷（1904）起，即舍夫勒逝世后，他便成了唯一的主编。比歇尔在该卷还撰写了一篇悼念舍夫勒的文章，并评述了编辑的历史。"

注意力特别放到行政法上，它常在学术上遭继母般的冷漠对待，因此我们要关注它在生活中的应用，而不仅仅关注它的基本思想"[58]。然而，社会学和经济学的文章却占据该杂志相当多的位置，并在 19 世纪最后三十年占据统治地位。其中原因当然在于，公法专业文章在当时业已存在的专业杂志上能更好地表现自己，因此人们都把文章投送到了那里。

属于这些专业杂志的有：《符腾堡司法审判月刊》（*Monatsschrift für die Justiz-Pflege in Württemberg*，1837—1855）、屈贝尔（F. v. Kübel）和萨韦（O. v. Sarwey，1825—1900）主编的《符腾堡法律与执法及行政司法档案》（*Württembergisches Archiv für Recht und Rechtsverwaltung mit Einschluß der Administrativ-Justiz*，1858—1882）[59]、《非讼与乡镇行政杂志》（*Zeitschrift für die freiwillige Gerichtsbarkeit und die Gemeindeverwaltung*，1858 年及以后）[60]，此外还有统计学的国家杂志[61]，以及 1889 年起由邦高等法院法官和律师协会董事会主编的《符腾堡司法年鉴》（*Jahrbücher der württembergischen Rechtspflege*）[62]。这些杂志都与符腾堡有关。总而言之，符腾堡在 19 世纪后半期拥有相当大的公法出

---

[58]　*ZgStW*，第 1 卷（1844），前言，页 3—6。

[59]　1837 年到 1854 年，《符腾堡司法审判月刊》由萨韦主编；1857 年到 1881 年，《符腾堡法律与执法及行政司法档案》的第 1 卷由萨韦主编，从第 2 卷（1858）起，由屈贝尔和萨韦主编。

[60]　1859 年到 1861 年，叫《符腾堡非讼与公证人月刊》（*Monatsschrift für die willkührliche Gerichtsbarkeit und das Notariat in Württemberg*），由博伊特尔施帕赫（G. Beutelspacher）和丹恩（R. Dann）主编。1862 年起才叫《非讼与乡镇行政杂志》，由博舍尔（J. S. A. Boscher）主编，从创刊第 29 年（1887）起由耶特尔（A. v. Jetter）和福滕巴哈（H. Fortenbach）主编，从第 43 年（1901）起，由 K. 迈尔（K. Mayer）主编。

[61]　《符腾堡祖国历史年鉴》（*Württembergische Jahrbücher für vaterländische Geschichte* [Stuttgart 1818–1862]），后更名为《符腾堡统计与方志年鉴》（*Württembergische Jahrbücher für Statistik und Landeskunde* [1863–1940]）。

[62]　Tübingen 1887–1918，之后他们把全部工作放在《非讼与乡镇行政杂志》上，见前注 60。

版潜力，因共同兴趣而联结在一起，它们为国家和地方行政以及"行政司法"提供信息，同时进行学术研究和法治国塑造。

由于上面提到的政治原因，符腾堡的国家法文献典籍在 1864 年国王易位后才开始得以发展。1865 年——作为重新回到宪法状态的标志年——又出版了 1819 年的宪法文本，里面内容丰富。[63] 还有其他一些作品对宪法部分问题进行了论述。[64] 但缺乏对邦国国家法做新的总结性论述。因此，人们仍一直使用**莫尔**的第二版《符腾堡王国国家法》。[65] 作为补充，人们可以借助**卡尔·霍夫曼**有关领地行政和财政法[66]方面的书籍。这些书籍资料似乎够用二十多年时间。

直到 1880 年代初，国家法的总述才突然积聚增长起来，主要原因在于，帝国成立创造了新的法律状况，现在要求在邦国层面上应用流行的、与**拉班德**在帝国国家法中同步使用的"法学方法"。这种要求显得诱人。处在顶峰的是**萨韦**共两卷近千页篇幅的《符腾堡王国国家法》（*Staatsrecht des Königreichs Württemberg*）。[67] **萨韦**这部著作和另一部专著《公法和行政司法》（*Das öffentliche Recht und die Verwaltungsrechtspflege*，1880）使他在当时的符腾堡国家法

---

[63]　C. V. Fricker, *Die Verfassungs-Urkunde für das Königreich Württemberg vom 25. September 1819 mit dem offiziellen Auslegungs-Material* (Tübingen 1865).

[64]　F. v. Bitzer, *Regierung und Stände in Württemberg, ihre Organisation und ihr Recht* (Stuttgart 1882)；C. V. v. Riecke, *Beiträge zur Staats- und Verfassungs-Geschichte Württembergs* (1879)；同作者, *Verfassung, Verwaltung und Staatshaushalt des Königreichs Württemberg* (Stuttgart 1882；第 2 版，Stuttgart 1887)。

[65]　见本书第 4 章，注 62。

[66]　C. H. L. Hoffmann, *Die Domanialverwaltung des Württembergischen Staates nach den bestehenden Normen und Grundsätzen* (Tübingen 1842)；同作者, *Das Württembergische Finanzrecht*，第 1 卷（Tübingen 1857）。

[67]　Tübingen 1883。有关萨韦，比较 K. Elben / A. Bettelheim (Hg.), *Biographisches Jahrbuch und Deutscher Nekrolog*，第 5 卷（1900），页 42—46；K. G. A. Jeserich / H. Neuhaus (Hg.), *Persönlichkeiten der Verwaltung* (1991)。

研究中独占鳌头，这不仅有赖于他的职务，[68] 也归功于文献。他在论述中放弃了哲学和历史导言，保留了与帝国国家法之间的简洁联系。他对实证法资料进行朴实、准确和非常细致的筛选。**萨韦**发展出了基本路线，并在第一卷中特别强调基本权利（第 37—62 节）。人们一方面觉察到了"法学方法"模式，但另一方面也看到他按照"国家学方法"保留了大量规范。**萨韦**首先论述君主，然后论述国民和乡镇以及联合乡镇的最高职位（所谓的职位机构）。他在第二卷继续论述国家权力、国家机构（君主、等级会议、官吏）及其功能，并按管辖范围对功能进行了划分，这与以前教科书的普遍做法一样。他简洁论述了行政法，而剩下的"是一些专业文章，名称按照行政法在新时期所经历的立法发展而定，还有相关法律的评论"[69]。

尽管**萨韦**在符腾堡邦议会中属于保守主义者，但整部著作的自由主义基本论调很明显。他强调法治国行为的宪法保障，进行实践性论证，并在学术上对争论的问题始终以事实结果进行评判。总之，这是一部内容特别丰富、实用且颇有风格的著作，完整描绘了 19 世纪末符腾堡安宁祥和的宪法状态。[70]

高普（Ludwig Gaupp）的《符腾堡王国国家法》（1884）几乎和**萨韦**的著作同时出版，但内容却没有那么全面。[71] **格茨**（Karl Göz）对该书第三版（1904）进行了补充，在实体法上顾及了宪法修

---

[68] 1856 年起任邦国议会议员，1874 年到 1876 年任帝国议会议员，1870 年任国家资政院顾问和枢密院顾问，1885 年起任教会和学校国家大臣。

[69] 前引书，页 3。

[70] Huber IV (1969)，页 412—413。

[71] L. Gaupp, *Das Staatsrecht des Königreichs Württemberg* (Freiburg, Tübingen 1884；第 2 版，1895；第 3 版，格茨续，Tübingen, Leipzig 1904 及 Tübingen 1908). W. Bazille, *Königreich Württemberg* (Hannover 1908)，该著作论述简短，不重要。

改（1906—1907）[72]、区乡镇法规以及符腾堡官吏法的补充规定。
这部著作的最后论述部分，对一战前的法律状态进行了全面扎实的
评述。该书明显不存在方法问题，避免对政治做解释，顶多是旁注
而已。[73] 符腾堡加入帝国以及国内君主立宪制的基础都未引起原则
性困难。作者们叙述历史，确定符腾堡在帝国中的地位，阐述国家
领土范围和国籍、国家机构（国王、等级会议、政府以及官吏）以
及国家功能，还论述了作为国家行政下属部门的司法。[74] 在**萨韦**那里，
按照管辖范围顺序论述行政，基本上限制在组织机构方面，但细致
入微的观察令人钦佩。这本著作对邦国生效法律做出了清晰的经典
论述，尤其是**格茨**撰写的那部分。**格茨**是邦国法专家，[75] 他在以前
就出版过全面论述符腾堡行政审判（基本概念、发展、权限、程序）
的著作。[76]

人们必须承认，符腾堡的政治气候在世纪之交总体上比原来更
保守、更僵化。**比勒**（Ottmar Bühler）在 1914 年指出，符腾堡的行
政法保护在推行行政审判后失去了单方面的领先优势。[77] 这种说法
不是没有道理的。19 世纪末来自邦国法文献典籍的学术动力相当小，

---

[72]   Th. Liesching, *Zur Geschichte der württembergischen Verfassungsreform im Landtag 1901–1906* (Tübingen 1906)，利欣（Liesching）是符腾堡下议院宪法委员会主席。K. Göz, *Die Verfassungsurkunde für das Königreich Württemberg* (Tübingen 1906).

[73]   比较如格茨的建议，他建议精简 "冗肿的等级机构，因为现在邦国立法的意义有限"，见 Göz (1908)，前注 72，页 11。

[74]   Göz，前注 72，段 79—82，同作者，*Die Verwaltungsrechtspflege in Württemberg* (Tübingen, Leipzig 1902)，页 1 及以下，该处把国家活动分为广义上的立法和行政，接着又把行政分成狭义上的司法和行政。

[75]   格茨是 "国家资政院钦定顾问和符腾堡行政法院法官"（1902），尤其他还是 "枢密院顾问和符腾堡行政法院主席"（1908）。

[76]   Göz, *Die Verwaltungsrechtspflege*，前注 74。

[77]   O. Bühler, *Die subjektiven öffentlichen Rechte und ihr Schutz in der deutschen Verwaltungsrechtsprechung* (Berlin, Stuttgart, Leipzig 1914)，页 367—368。

那是一些来自实践并服务于实践的文献典籍、法律志 [78]、现行法律的归纳整理，以及几乎不能修改的程序法。[79] 当然，在这种保守主义背后，也存在着资产阶级的法律秩序价值，如稳定、秩序、法律确定性和法律保护，这些价值为突飞猛进的工业化给予了必要的公法"基座"，使太多的干预在内容上不妨碍这些价值。

（三）巴登

在所有德意志邦国中，有着自由主义传统的巴登受 1848 年革命震撼最为强烈。1849 年 5 月的军事革命推翻了政府，驱逐了**利奥波德**（Leopold，1830 年至 1852 年在位）大公，但招来了普鲁士军队，导致拉斯塔特（Rastatt）被围困并陷落，也导致革命政府垮台，成立了等级法庭，处决革命人士，引发政治移民。[80] 这场震动后的宪法政治发展在**弗里德里希**大公 [81] 的领导下虽然平静下来，但在自由主义成为"领导派"后，[82]1859 年梵蒂冈教皇和巴登签订条约又使巴登陷入相当大的骚乱。第二帝国成立后，文化斗争立法（Kultur-kampfgesetzgebung）使情况进一步恶化。[83]

---

[78]　F. Fleiner, *Staatsrechtliche Gesetze Württembergs*，第 2 版(Tübingen 1907); E. Ruck, *Verwaltungsrechtliche Gesetze Württembergs*，2 卷本（Tübingen 1911），该书与其题目不相符，里面只有地方法；亦见 A. Michel, *Die Gemeindeordnung und die Bezirksordnung für das Königreich Württemberg* (1909)；以及 K. Schicker, *Das Polizeistrafrecht und Polizeistrafverfahren im Königreich Württemberg*，第 4 版（1907）。

[79]　F. Haller, *Handwörterbuch der Württembergischen Verwaltung* (Stuttgart 1915)，以萨克森和普鲁士为榜样。这部全面的简明词典（共 917 页，小字号印刷）由符腾堡的官员们所著。

[80]　V. Valentin, *Geschichte der Deutschen Revolution 1848–1849*，第 2 卷（1930; 再版，1970）。页 509 及以下，页 540—541。

[81]　Huber IV (1969)，页 415 及以下。

[82]　L. Gall, *Der Liberalismus als regierende Partei. Das Großherzogtum Baden zwischen Restauration und Reichsgründung* (1968).

[83]　M. Stadelhofer, *Der Abbau der Kulturkampfgesetzgebung im Großherzogtum Baden 1878–1918* (1968); J. Becker, *Liberaler Staat und Kirche in der Ära von*（转下页）

巴登比其他任何邦国都更早决定结束复辟政治，向改革过渡。它重新组织了行政，社区自治发展如火如荼，而且是第一个建立真正行政审判的邦国。[84] 因此，它对突飞猛进的工业化进程和人口增多[85] 以及政治自由主义的主要思想都有所反应，对行政进行真正独立的法院控制，以此取代旧的行政司法（Administrativjustiz）。[86]

这种思想的出版机构是**伯伦知理**的学生**勒宁**（Edgar Loening，1843—1919）[87] 在 1869 年创办的《巴登行政与行政司法杂志》（*Zeitschrift für badische Verwaltung und Verwaltungsrechtspflege*）[88]。在先前两本杂志都不存在以后，这本杂志就变得必要了。[89] 但在巴登的海德堡大学和弗莱堡大学，邦国国家法和行政法发展缓慢。1860

（接上页）*Reichsgründung und Kulturkampf. Geschichte und Strukturen ihres Verhältnisses in Baden 1860–1876* (1973)；简要总结，见 Ott, *DVG*，第 3 卷，页 776—777。

[84] F. Wielandt, »Die Entwicklung der badischen Organisation der inneren Verwaltung und Verwaltungsrechtspflege. Ein Rückblick«, *ZbadVerw* (1890)，页 41—46，页 53—64；K. Stiefel, »Verwaltung und Verwaltungsrechtspflege im ehemaligen Land Baden. Zum hundertjährigen Bestehen der Verwaltungsgerichtsbarkeit«, *BadWürttVwBl*，第 8 卷（1963），页 145 及以下；同作者，*Baden 1648–1952*，第 2 卷（1977），页 972—973，页 1091—1092。比较 Ott, *DVG*，第 3 卷，页 755—775（页 774—775），以及 Rüfner, *DVG*，第 3 卷，页 915 及以下。

[85] W. Fischer, *Der Staat und die Anfänge der Industrialisierung in Baden, 1800–1850*，第 1 卷（1962）。

[86] 有关官吏阶层，见 H.-G. Merz, *Beamtentum und Beamtenpolitik in Baden* (1985)，页 22 及以下。

[87] 勒宁就在 1868 年完成的教授资格论文。有关他的情况，见本书第 9 章，注 100。

[88] 1869–1941. 1869 年到 1872 年由勒宁主编；1873 年到 1895 年由维兰特（F. Wielandt）主编；1896 年到 1898 年由约斯（A. Joos）主编；1899 年到 1914 年由莱瓦尔德（F. Lewald）领导该杂志；1914 年到 1927 年由格洛克纳（K. Glockner）领导；1928 年到 1935 年由施奈德（K. Schneider）领导；1936 年到 1941 年由科尔迈尔（Ph. Kohlmeier）领导。

[89] Zentner / Renaud / Turban / Spohn (Hrsgg.), *Magazin für badische Rechtspflege und Verwaltung*, Mannheim，6 卷本（1854–1861）；Bissing (Hrsgg.), *Badisches Zentralblatt für Staats- und Gemeindeinteressen*，14 卷本（Heidelberg 1855–1868）。

年，**伯伦知理**[90] 前往海德堡接替**莫尔**的工作，他在学术上从事一般国家学说和国际法研究，并在上下两议院从事政治工作，但他没有研究巴登的国家法。1841 年到 1843 年以及 1871 年到 1875 年，他在弗莱堡讲授"巴登行政法"。真正承前启后的工作是由**罗辛**（Heinrich Rosin，1855—1927）[91] 在 1883 年到 1884 年以后完成的。**罗辛**讲授"德意志行政法，尤其是巴登和普鲁士的法律"，或者叫"德意志帝国和各个邦国的行政法"。[92]1880 年代和 1890 年代相继有四部巴登国家法总体论著[93]，它们坚持在**马夸德森**的手册和在《当代公法》（ *Das öffentliche Recht der Gegenwart* ）中使用的结构模式：历史导论、国家领土、人民、君主、等级会议、国家行政组织和官吏法[94]、自治[95]、立法[96]、按管辖范围顺序的实体行政法，以及有关外交政策

---

[90]　有关他的情况，见本书第 10 章，注 34 及以下。

[91]　罗辛是弗莱堡保险学研讨课的创办人（1908），因此是"社会保险法学的伟大支持者"（A. Hollerbach, *Freiburger Universitätsblätter 108* [1990]，页 49）。有关他的情况，见 M. Tambert, »Heinrich Rosin und die Anfänge des Sozialversicherungsrechts«（法学博士论文，Freiburg 1977）；A. Hollerbach, »Heinrich Rosin (1855–1927). Pionier des allgemeinen Verwaltungs- und des Sozialversicherungsrechts«, Heinrichs et al. (Hg.), *Deutsche Juristen jüdischer Herkunft* (1993)。

[92]　A. Hollerbach, »Die Entwicklung des Verwaltungsrechts als akademische Disziplin und als Prüfungsfach an der Universität Freiburg i. Br. «, E. V. Heyen (Hg.), *Wissenschaft und Recht der Verwaltung seit dem Ancien Régime* (1984)，页 287—305（页 291）。

[93]　K. Schenkel, *Das Staatsrecht des Großherzothums Baden* (Freiburg 1884)；维兰特续, *Das Staatsrecht des Großherzogtums Baden* (Freiburg 1895)；C. Bornhak, *Staats- und Verwaltungsrecht des Großherzogtums Baden* (Hannover 1908)；E. Walz, *Das Staatsrecht des Großherzogtums Baden* (Tübingen 1909)。瓦尔茨（Ernst Walz, 1859—1941），曾是海德堡的市长和荣誉教授，他主要写过有关巴登地方法的著作。比较 *Drüll*，页 285。

[94]　L. Eckert, »Das badische Beamtenrecht«（法学博士论文，Freiburg 1897); A. Lederle, *Das Recht der Gemeindebeamten in Baden* (Borna, Leipzig 1909).

[95]　C. Stroebe, *Die gesetzgeberische Entwicklung der badischen Gemeindeverfassung* (Freiburg 1894).

[96]　W. van Calker, *Das badische Budgetrecht in seinen Grundzügen*，第 1 部分：*Geschichtliche Entwicklung* (Tübingen 1901)。有关范卡尔克（van Calker），见 Hollerbach，前注 92，页 292—293。

和军事的短篇附录。

虽然巴登行政法在一部更大的教科书中只被论述过一次，[97] 但关于特别行政法最重要之一的专著形成于巴登的资料，这就是**托马斯**（Richard Thomas）撰写的《基于比较法论述巴登法律中的警察命令》（*Der Polizeibefehl im badischen Recht dargestellt auf rechtsvergleichender Grundlage*）[98]。这是弗莱堡大学**罗辛** [99] 指导的教授资格论文。**托马斯**在此结束了对法治国基础上的"警察权力范围"的长期讨论，而这种法治国 [100] 此时也由宪法确立。他借助法国、普鲁士和巴伐利亚的资料论述巴登警察的法律基础、结构和行为形式 [101]。

这部著作是一个例子，即对地方法律进行很好的研究也能形成对一般行政法的清晰知识。[102]

（四）黑森－达姆施塔特

黑森－达姆施塔特在 1848—1849 年"光辉年代"结束后立即转向早期极端保守主义路线。[103]1850 年中期的宪法冲突导致**达尔维希**

---

[97]　F. X. Affolter, *System des badischen Verwaltungsrechts. Zugleich ein kurzgefaßtes Lehrbuch des badischen Verwaltungsrechts* (Karlsruhe 1904). 有关该书作者，见 Drüll，页 2。简要论述见 Bornhak，前注 93。

[98]　第 1 卷（Tübingen 1906），此书再没有出版过第 2 卷。有关其生平及著作，见 H.-D. Rath, *Positivismus und Demokratie. Richard Thoma 1874–1957* (1981)；简要说明，见 Drüll，页 268。

[99]　Hollerbach，前注 91，作者指出，罗辛喜欢撰写"整理研究行政法的专著"。比较 H. Rosin, *Das Polizeiverordnungsrecht in Preußen. Verwaltungsrechtlich entwickelt und dargestellt* (Breslau 1882；第 2 版，Berlin 1895)；同作者，*Das Recht der öffentlichen Genossenschaft. Eine verwaltungsrechtliche Monographie* (Freiburg 1886)。

[100]　K. Glockner, *Badisches Verfassungsrecht. Mit Erläuterungen* (Karlsruhe 1905).

[101]　有责任约束并加以执行的警察命令（行政行为）、警察条例和警察处分、警察处罚、警察强制。该书第 4 节（页 325—475），内容丰富，专门研究警察条例。警察行政行为和行政法院控制计划在该书第 2 卷中加以论述。

[102]　Hollerbach，前注 92，页 293—294。

[103]　K. Buchner, *Das Großherzogthum Hessen in seiner politischen und sozialen Entwickelung vom Herbst 1847 bis zum Herbst 1850* (Darmstadt 1850).

克（Freiherr von Dalwigk）政府上台，接着从 1850 年 10 月起大肆推行"反动"政策。革命成果被彻底破坏，例如，1848 年推行的国家政府区划和扩大社区自治都被取消。[104]1866 年，黑森－达姆施塔特仍在失败的奥地利一边，之后，它的领土变化很小。它被迫和普鲁士签订战争协定（1867），美因河以北的领土加入北德意志同盟，后来在 1870 年到 1871 年全部加入德意志帝国。因此它的政治活动自由空间非常狭小，它在 1806 年取得的主权实际上已经终结。

1874 年起，自由化的行政改革紧跟这种外部关系的新秩序[105]：首次创立行政总部，建立行政审判，[106] 废除已失去作用的国家资政院和最高行政司法院（Administrativjustizhof）（1875）。此外，还组建了新的部委和其他中央机关，1874 年进行新的区、省规划和城乡规划。[107]

因此，起初为行政实践目的而把法规条理清楚地汇编在一起的手册，对这个小国的规模来说足够了。其中首推策勒（Wilhelm Zeller）撰写的两卷本手册，[108] 不过主要还是省长、黑森大公屈希勒尔（Friedrich Küchler）撰写的四卷本手册。[109] 它提供了行政需要的

---

[104]　Th. Klein, *DVG*，第 2 卷，页 659 及以下；论述见 F. A. Küchler, *Handbuch der Lokal-Staatsverwaltung im Großherzogthum Hessen* (Heidelberg 1854；第 2 版，1866)。

[105]　Huber IV (1969)，页 418 及以下。

[106]　*Gesetz betr. die innere Verwaltung und Vertretung der Kreise und Provinzen, June 12, 1874 (Kreisordnung)*，第 48—73 条，第 98—113 条；*Gesetz über den Verwaltungsgerichtshof vom 11. 1. 1875 und vom 16. 4. 1897*。参见 W. Rüfner, *DVG*，第 3 卷，页 926—928；J. Weitzel,»Verwaltungsgerichtsbarkeit in Hessen«, *DVBl*, 1975, 页 869—873。

[107]　Th. Klein, *DVG*，第 3 卷，页 798—805。

[108]　W. Zeller, *Handbuch der Verfassung und Verwaltung im Großherzogtum Hessen*，2 卷本（Darmstadt 1885/1886），以及 1 增补卷（1893）。

[109]　F. A. Küchler，前注 104，有关作者，见本书第 4 章，注 152；详见其弟的合集，F. Küchler, *Das Verfassungs- und Verwaltungsrecht des Großherzogtums Hessen*, A. E. Braun / A. K. Weber (Hg.)，第 3 版，4 卷本和 1 增补卷（Darmstadt 1894–1896）。

包括帝国宪法在内的所有东西。1876 年起，有一本杂志提供行政审判信息以及其他国家和地方的行政详细情况。这本杂志一直存在至第一次世界大战。[110]

黑森－达姆施塔特的国家法在吉森大学的课堂上以及作为学术论文内容扮演着微不足道的角色。在完整的全集中，前后只有三次论述到它，先是**加赖斯**（Karl Gareis）[111] 和**科萨克**（Konrad Cosack）[112] 的著作，然后是一战前夕**范卡尔克**的作品 [113]。这些国家法论著的结构都依照这样的框架，即宪法史作为国家法的开场白，其中不但论述国家领土和国民的组成，而且论述 1848 年后的邦国宪法状态。接着根据立宪君主二元制论述君主及其权利、"王室"、"侍从"以及行政，接着是人民代表大会的制衡力量。[114] 第二部分包括按照管辖范围划分的国家行政的主要内容。在关系到承认公法权利和对它进行系统分类的地方，或者在涉及强调自治和行政审判的地方，表现出了细微差异，这与普鲁士个案将要表现出来的差异一样。在这些著作中，虽然没有以人民主权替换君主制原则，也没有把议会推到顶端，但也有一些小信号和细微之处能被大家领会，例如在"国民"一节中，把"基本权利"放在君主的前面进行论述。此外，这些著作显然不是"政治性"书籍，而是资料丰富、对国家法存在物进行实证主义清点总结的作品。而国家法的存量在 1850 年到 1914 年期间处于比较平静的状态，从 1866 起被渐增的帝国宪法和行政法

---

[110]　J. Diemer (Hg.), *Zeitschrift für Staats- und Gemeindeverwaltung im Großherzogtum Hessen* (Mainz 1876–1915/1916).

[111]　K. Gareis, *Das Staatsrecht des Großherzogtums Hessen* (Freiburg, Leipzig 1884).

[112]　K. Cosack, *Das Staatsrecht des Großherzogtums Hessen* (Freiburg, Leipzig 1894).

[113]　W. van Calker, *Das Staatsrecht des Großherzogtums Hessen* (Tübingen 1913).

[114]　科萨克的构思不同（见 Cosack，前注 112），他在继国家元首、国籍和领土之后才论述邦国议会，接着论述官府及其程序（包括司法和行政审判）、国家公职、法律、法规、行政强制、没收财产、财政、自治和实质性行政法。

排挤到边缘位置。

（五）普鲁士

普鲁士以 1848 年 12 月 5 日的钦定宪法 [115] 变为"立宪国家"，基于这一事实，普鲁士退回到反动时期显得没有那么突兀。虽然以类似国家政变的方式推行三阶级选举法（Dreiklassenwahlrecht），[116] 并"修改"了君主制原则意义上的宪法，[117] 但是在修改内容中仍存在着议会协商妥协：普鲁士保持立宪国家，拥有与当时普遍标准相符合的宪法，宪法中有基本权利部分，[118] 但总体上保持保守的君主立宪制。已变得灰心丧气的资产阶级起初接受对中间阶层所有左派力量的镇压，接受对言论、出版和学术自由的限制，接受对学校、自治的政治控制，以及对军队和贵族作用的进一步强化。[119] 在 1849 年到 1858 年这十年间，普鲁士再一次把自己巩固成具有最低程度的分权和法律保护的立宪国家。从对选举施加影响，经过对官吏队伍 [120] 和法官队伍 [121] 进行保守政治的调整，一直到建立政治警察，普

---

[115] Huber, *Dokumente 1*，第 188 号；S. Böhr, *Die Verfassungsarbeit der preußischen Nationalversammlung 1848* (1992)。

[116] Huber, *Dokumente 1*，第 193 号。

[117] »Verfassung vom 31. Januar 1850«, *PrGS* (1850)，页 17 及以下，Huber, *Dokumente 1*，第 194 号。

[118] M. Kotulla, *Die Tragweite der Grundrechte der revidierten preußischen Verfassung vom 31. 1. 1850* (1992). 对于"普鲁士宪法问题"（Zur preußischen Verfassungsfrage）的代表性见解，见洛伦茨·施泰因在 1852 年撰写的同名文章，由凯佩尔（W. Keiper）编辑，施米特作跋（1940）。

[119] 有关施塔尔和格拉赫（Gerlach）兄弟的圈子势力，见 W. Füßl, *Professor in der Politik. Friedrich Julius Stahl (1802–1861). das monarchische Prinzip und seine Umsetzung in die parlamentarische Praxis* (1988)。

[120] H.-J. Rejewski, *Die Pflicht zur politischen Treue im preußi- schen Beamtenrecht (1850–1918)* (1973).

[121] Th. Ormond, »*Richterwürde und Regierungstreue*«（法学博士论文，Frankfurt 1992).

鲁士规范了行政实践，使其宪法实践变得"反动"[122]。它在 1819 年以后就已经在训练政治警察，现在继续打压着一切在体制看来危险的东西。[123] 直到 1858 年后出现所谓"新时期"，情况才朝着强调改革和政治开放的方向变化。[124] 保守主义者在普鲁士议会中遭到灾难性失败。政府朝着更自由的方向行驶，但在军队改革问题上，它很快陷入笼罩其他所有问题的宪法冲突。

　　1848 年革命之后，普鲁士的国家法和行政法文献在很大程度被宪法政治和受到外交政策影响的发展变化的魅力所吸引。宪法问题和选举法首先吸引人们的注意力。[125] 但在政治力量的分配上，宪治主义并没有改变什么，相反，国王的权利不但没有丝毫破坏，反而得到了加强，这主要通过进一步巩固 1854 年以后重新组织的上议院中的贵族权力来加强的。[126]

　　宪法政治几乎没有进展，因为著名的、直到今天还在法学上讨

---

[122]　Nipperdey，页 681。

[123]　H. Puschnus, »Karl Ludwig Friedrich von Hinkeldey. Ein umstrittener preußischer Polizeipräsident«, *DÖV* (1981), 页 568—573; A. Funk, *Polizei und Rechtsstaat. die Entwicklung des staatlichen Gewaltmonopols in Preußen 1848–1914* (1986)。

[124]　L. Haupts, »Die liberale Regierung in Preußen in der Zeit der ›Neuen Ära‹. Zur Geschichte des preußischen Konstitutionalismus«, *HZ*, 第 227 卷（1978），页 45—85; Nipperdey，页 697 及以下。

[125]　L. v. Rönne, Die *Verfassungs-Urkunde für den Preußischen Staat vom 31. Januar 1850* (Berlin 1850; 第 2 版，补充有附录，Berlin 1852; 第 3 版，Berlin 1859); H. Gräff, *Die Verfassungs-Urkunde des preußischen Staats mit den sie erläuternden und ergänzenden Gesetzen sowie erläuternden Bemerkungen*（第 2 版，Breslau 1857; 第 3 版，1859); J. Maißen, *Die Verfassungs-Urkunde für den Preußischen Staat vom 31. Januar 1850, nebst den Verfassungs-Änderungsgesetzen etc.* (Köln 1863); G. A. Arndt, *Die Verfassungs-Urkunde* (Berlin, Leipzig 1886; 第 7 版，Berlin 1911); K. Binding, *Die Verfassungs-Urkunde für den preußischen Staat*, Leipzig 1893; E. Schwartz, *Die Verfassungs-Urkunde* (Breslau 1896; 第 2 版，Breslau, Halle 1898)。

[126]　G. Grünthal, *Parlamentarismus in Preußen, 1848/49–1857/58. Preußischer Konstitutionalismus – Parlament und Regierung in der Reaktionsära* (1982).

论的"宪法冲突"（Verfassungskonflikt）[127] 吸引了人们的目光。随着 1866 年前后的战争和外交政治事件的纷乱得到调解，人们才呼吁对国家法学说进行理论研究。像**策普夫尔**和**海因里希·察哈里埃**这样一些作者，在德意志帝国结束时就看到了德意志的方向危机。[128]从某种程度上讲，他们是**克吕贝尔**的"帝国公法学"传统最后的余脉。《北德意志同盟宪法》的首批资料汇编和评论出版了，[129] 把基本上没有变化的普鲁士国家法推到幕后。第二帝国建立之后也是如此。与帝国权力和帝国行政逐渐扩大同步，作为学术兴趣内容和大学教学内容的"普鲁士国家法"也渐行渐远。因此，普鲁士能在 1871 年后的几年中实现重要的内部改革，这实在令人称奇。[130] **措恩**在 1898年不得不羞愧地承认："普鲁士国家法学术以前处于并且直到现在仍处于一种可怜状态"，[131] 但就现存的文献而言，它比在大学里的研究学习以及与私法相比要少。

　　宪法政治动乱不仅在普鲁士中心地区，还在 1848 年到 1866 年

---

[127]　W. Becker, »Die angebliche Lücke der Gesetzgebung im preußischen Verfassungskonflikt«, *Hist. Jahrb.*, 第 100 卷（1980），页 257—285；D. Schefold, »Verfassung als Kompromiß? Deutung und Bedeutung des preußischen Verfassungskonflikts«, *ZNR* (1981)，页 137—157；H.-Ch. Kraus, »Ursprung und Genese der Lückentheorie im preußischen Verfassungskonflikt«, *Der Staat* (1990)，页 209—234。

[128]　H. Schulze, *Die Krisis des deutschen Staatsrechts im Jahre 1866* (Leipzig 1867).

[129]　K. Hiersemenzel, *Die Verfassung des Norddeutschen Bundes*，第 1 卷（Berlin 1867）；第 2、3 卷：*Das Verfassungs- und Verwaltungs-Recht des Norddeutschen Bundes und des Deutschen Zoll- und Handels-Vereins*（Berlin 1868/1870）；F. v. Martitz, *Betrachtungen über die Verfassung des Norddeutschen Bundes* (Leipzig 1868)；G. Meyer, *Grundzüge des Norddeutschen Bundesrechts* (Leipzig 1868)；C. F. v. Gerber, *Grundzüge des deutschen Staatsrechts* (Leipzig 1865；第 2 版，1869；第 3 版，1880，附录 4)；F. Thudichum, *Verfassungsrecht des norddeutschen Bundes und des deutschen Zoll- und Handelsvereins*，2 卷本（Tübingen 1869/1870）。

[130]　详见 Huber IV (1969)，页 351 及以下。

[131]　Rönne，第 5 版，前言，页 6。

的汉诺威和石勒苏益格－荷尔斯泰因，对公法的学术研究产生了不利影响。这些邦国的宪法发展完全不一样。汉诺威在国王**乔治五世**（1851 年至 1866 年在位）的统治下又走上了保守道路，1848 年所达成的妥协让步在 1855 年又倒退了。[132]它在普鲁士和奥地利的夹缝中求生存，1866 年力图避免冲突，但枉费心机。[133]1866 年 9 月 20 日起它成为普鲁士的一个省。

而石勒苏益格－荷尔斯泰因的历史从 1848 年到 1866 年不是一部封闭领地的历史，而是一部在丹麦、德意志同盟、普鲁士和奥地利之间摩擦争斗的历史。当这种矛盾聚集成德意志和丹麦的战争，石勒苏益格、荷尔斯泰因和劳恩堡在《维也纳和约》（Wiener Frieden）中纳入普鲁士和奥地利的版图时，接着在普鲁士和奥地利之间的冲突就已经提前计划好了。[134]而 1865 年的《加施泰因条约》（Gasteiner Vertrag）顶多也只是喘一口气而已。

在这种环境下不可能期待独立的、脱离时事政治的公法文献。纵览过当时的情况，就可知普遍存在着斗争立场。[135]

在看过 1866 年成为普鲁士省份的邦国之后，让我们再回到原来的普鲁士。在那里，国家法文献在 1848 年到 1850 年后的几年间仍踟蹰不前。暂且不论已经提到的一本 1854 年的较小作品，[136] 普鲁

---

[132]　H. A. Oppermann, *Zur Geschichte des Königreichs Hannover von 1832–1860*, 2 卷本（Leipzig 1860–1862）；第 2 版，3 卷本（Berlin 1868）。

[133]　有关细节，见 E. v. Meier, *Hannoversche Verfassungs- und Verwaltungsgeschichte 1680–1866*, 第 1 卷：*Die Verfassungsgeschichte*, 第 2 卷：*Die Verwaltungsgeschichte*（Leipzig, 1898–1899；新版，1973），以及新的论述 Th. Klein, »Königreich Hannover«, *DVG*, 第 2 卷（1983），页 678—715，内有更多文献。

[134]　Huber III (1963), 页 510 及以下；W. Steiniger, *DVG*, 第 2 卷（1983），页 762—784。

[135]　H. Ratjen, »Zur Kenntniß der politischen Literatur in Beziehung auf die Herzogthümer Schleswig und Holstein in ihrem Verhältniß zu einander und zu Dänemark«, *Aegidis Zeitschrift* (1867), 页 485—515。

[136]　H. F. Jacobson, *Der Preußische Staat. Eine übersichtliche Darstellung*（转下页）

士不仅诞生了第一部真正全面的并且综合研究了所有资料的宪法评论，[137] 还有第一部对普鲁士宪治国家法进行论述的鸿篇巨著。这就是**伦内**撰写的作品。**伦内**当时在普鲁士议会中是一位自由主义成员，是国内政治的重要人物。[138] 他的《普鲁士君主制国家法》（*Staatsrecht der Preußischen Monarchie*，1856）[139] 在宪法冲突期间成为普鲁士议会中自由主义多数派的神谕，而反对派把宪法本身看成是"自由混乱的、没有经验的产物……对**曼陀菲尔**政府内阁（Ministerium Manteuffel）的改动，部分精明，部分同样含混不清"，因而也批评**伦内**宪法解释的自由主义路线。[140] 这部著作的价值首先在于它的独特风格，在**伦内**和**西蒙**合著的书中也展现了这种独特风格，[141] 也就是掌握惊人的法律详细内容，这些法律内容小段地分布在注释当中，部

（接上页）*seiner Bildungsgeschichte, seiner Gesetzgebung, Verfassung und Verwaltung* (Leipzig 1854)。见本书第 4 章，注 308。

[137]　L. v. Rönne, *Kritische Bemerkungen über den Entwurf des Verfassungsgesetzes für den preußischen Staat* (Berlin 1848)；同作者，*Die Verfassungs-Urkunde für den Preußischen Staat vom 31. Januar 1850* (Berlin 1850)。比较 J. Seitz, *Entstehung und Entwicklung der Preußischen Verfassungsurkunde im Jahre 1848* (Greifswald 1909)，内有当时未发表的原始草案。

[138]　有关生平，见本书第 4 章，注 311。

[139]　2 部分（1856）；第 2 版（Leipzig 1864）；第 4 版（4 卷本，未完全，1881/1885，但舍恩对其进行了补充，*Das Recht der Kommunalverbände in Preußen* [Leipzig 1897]）；第 5 版（第 1—3 卷，1899, 1906, 1915，措恩修订，第 3 卷中的国家教会法由措恩的学生吉泽 [F. Giese] 修订。吉泽从 1914 年起在法兰克福任教，有关他的情况，Stolleis, *Friedrich Giese*, B. Diestelkamp / M. Stolleis [Hg.], *Juristen an der Universität Frankfurt am Main* [1989]，页 117—127）。

[140]　如匿名的 E. A. Chr. (= v. Stockmar), *Aegidis Zeitschrift für Deutsches Staatsrecht und Deutsche Verfassungsgeschichte*，第 1 卷（1867），页 179—243，页 477—484。这场争论的背景是宪法冲突，施托克马（Ernst August von Stockmar, 1823—1886）虽然是一个自由主义者，却站在君主权力一边。争论的核心论题是，违反宪法的制定法是否有约束力（施托克马持肯定态度），君主是否可以单方面修改宪法，法律、法规、具有法律效力的紧急法规之间的关系。而约翰（R. John）站在自由主义立场，对这些论题持反对态度，见 R. John, 前引书，页 244—274。有关施托克马，详见 K. F. F. Samwer, *ADB*，第 36 卷（1893），页 305—315。有关他对形式法律概念和实质法律概念所进行的区别，见本书第 8 章，注 339 及以下。

[141]　见本书第 4 章，注 299、300。

分还以古老的方式。另外，该著作在宪法政治上还是普鲁士主要的一部自由宪治主义教科书，[142] 在里面根据宪法运动精神解决了令人疑惑的宪法问题，并与俾斯麦针锋相对，坚持国家开销需要议会批准预算，而君主权力不能替代这个预算。由于政治分歧，这种预算没有得到实现。[143]

君权主义者措恩对伦内吹毛求疵的指责很典型。他认为伦内没有达到"完全巩固君主制国家思想"的目的，而措恩本人在这本书的第五版（1899）中为君主权力提出国家法设想，总是在君主权力这个地方才有可能把霍亨索伦这个"地球上最有声望的统治家族"吹捧上天。因此，伦内有关议会的段落也受到排挤，"基本权利"的法学特征遭到最大可能的摈弃。[144] 在全集的结构中，国民权利也被挤压到后面，目的是让"国王"作为宪法的开头。[145]

第二帝国建立之后出版的普鲁士国家法教科书和手册[146] 要完成特殊任务。这些教科书和手册要对这个最大的邦及其来自不同历史层面上的地方法律秩序进行论述，它们必须考虑到普鲁士与帝国特

---

[142]　M. Schroth, *Welt- und Staatsideen des deutschen Liberalismus 1859–66* (1931), *Hist. Studien*，页 201。

[143]　见前注 127。

[144]　Rönne-Zorn，前注 139，第 1 卷（1899），页 150，引证格贝尔、拉班德、赛德尔和博恩哈克（Conrad Bornhak）。

[145]　博恩哈克谈到过"变色龙式的人物"，见 C. Bornhak, *Preußisches Staats-recht*，第 2 版，第 1 卷（Breslau 1911），页 122。他接着说："原来的伦内在学术上没有价值，但值得信任，现在的他取得了学术价值，却失去了信任。"

[146]　H. Schulze, *Das Preußische Staatsrecht. Auf Grundlage des Deutschen Staats-rechts dargestellt*，2 卷本（Leipzig 1872–1877；第 2 版，2 卷本，Leipzig 1888/1890）；同作者，*Das Staatsrecht des Königreichs Preußen* (Freiburg, Tübingen 1884)；施滕格尔修订的新版，*Das Staatsrecht des Königreichs Preußen* (Freiburg, Leipzig 1894)；C. Bornhak, *Preußisches Staatsrecht*，3 卷本（Freiburg 1888–1890；第 2 版，Breslau 1912）；F. Stier-Somlo, *Preußisches Staatsrecht*，2 部分（Berlin, Leipzig 1906；第 2 版，1927——以新宪法为基础），该著作是《格申丛书》（*Sammlung Göschen*）的纲要，内有非常简洁的描述。

别紧密的关系，这种关系实际上导致独立的普鲁士国家法逐渐失去意义。这在行政法中体现得尤为明显。在行政法中，帝国法长驱直入，"以至于在论述普鲁士行政法时，如果不考虑帝国法根本就不可能"[147]。因此，这些著作在历史导言中都不可避免地叙述"普鲁士国家法的来源"[148]，描述勃兰登堡边陲如何成为边疆伯爵的统治区域（1415—1640），以及如何再成为专制主义的勃兰登堡 - 普鲁士（1640—1806），接着对三月革命前的普鲁士、立宪的普鲁士，直到当时的普鲁士进行论述。

这些著作对现行国家法按照"宪法法"（Verfassungsrecht）（国家组织的法律结构）和"行政法"（Regierungsrecht）（有关国家权力的功能）这种经典的二分法进行阐述，其中不断参考帝国法。行政法的范围越广，力图脱离"普鲁士国家法"对它单独论述的目的性似乎就越强。这种脱离是在世纪之交前二十年完成的，并体现在许多手册、百科全书、论纲以及词典中。这可信地证明了，与帝国其他小邦不同，在普鲁士对行政法的教学和信息手段存在着非同寻常的需求量。

在普鲁士国家法论述中，**舒尔策**的论述尤为细致准确、深思熟虑、卓尔不群。[149] 他的论述和**伦内**枯燥的实证主义有区别，他放弃大量的实证法参考，有部分还附带着好古的成分。**舒尔策**传授的方法立场是：他接受了"法学方法"，但这种方法被应用到"历史形成的组织"上。对**舒尔策**来说，历史成因包括政治环境条件与法学研究并非对立。他的国家目的学说形成于传统方式，在"法治国家

---

[147] v. Stengel，前注 146，页 34。

[148] Schulze, *Das Preußische Staatsrecht*，前注 146，第 1 版，第 1 章，页 23 及以下；Bornhak，前注 146，第 1 卷，第 1 章；v. Stengel，前注 146，第 1—10 节。

[149] 见本书第 8 章，注 51 等。有关生平，见 E. Landsberg, *ADB*，第 33 卷（1891），页 1—3，兰茨贝格还告诉人们，普鲁士国家法已翻译成意大利文和日文。

和文化国家"（Rechts- und Kulturstaat）之间寻求一种平衡。在他那里没有**拉班德**那种严格的界线划分，这和对后来的德意志国家法所观察到的一样。**舒尔策**是一位"自由保守"的传授者，从政治上看也是如此。他的希望是，能够"让我们国家生活中健康的保守因素与当代合理的自由主义要求伸出和解之手，服务于民族大义"[150]。

舒尔策在1872年到1877年撰写的《普鲁士国家法》（Preußisches Staatsrecht）[151] 有一个副标题叫"在德意志国家法的基础上"，意思是："在这里，普鲁士主要被考虑成当代的德意志国家。"[152] 因此，普鲁士不仅拥有天然优势，而且在某种程度上被理解为方法上的典范。这一方面导致官僚机构国家的某种优先：在论述宪法时，先论述君主权力、机构组成以及官吏，这几乎就不难想象了。接着才论述统治的客体，这时被称为国民，并被装点上一系列发展起来的基本权利。接下来是公法社团法人，首先是乡镇。在第三步才出现"人民代表大会"及其立法参与权。另一方面，**舒尔策**在这里现在朝着纯粹的议会化方向和消除传统二元制方向发展，他强调国家有机的和最高的整体人格以及代议制原则："人民代表大会在职权范围内以符合宪法形式所决定的东西被认为是人民的意志体现。"[153] 接着阐述"执法"（Vollziehung）（司法及司法行政和狭义上的行政，最后一个又被划分为财政管理和内部管理）和法律保护，[154] 而"执法"以法律形式受"最高的普遍的国家意志"支配。**舒尔策**的《行政法》

---

[150]   Schulze，前注146，第1卷，页130。

[151]   虽然第1版第1卷的出版日期是1872年，但只补充到北德意志同盟为止的国家法发展。

[152]   Schulze，前注146，第1卷，页5。

[153]   Schulze，前注146，第2卷，页133。

[154]   Schulze，前注146，第2卷，第272节及以下。

第二卷包括行政的主要构架及其历史背景，[155]但没有规范细节。

舒尔策后来在（**马夸德森**）公法手册的基础上以简洁形式撰写了《普鲁士王国国家法》，[156] **施滕格尔**男爵（Karl Freiherr von Stengel，1840—1930）[157]在 1894 年重新修订了该书。[158]但在**施滕格尔**那里，"人民代表大会"和以前一样被当作君主权力的制衡力量；接着才论述官府和官吏——这明显只是这本书的一个在结构上的细节，却是一个富有意义的细节。

博恩哈克[159]撰写的三卷本《普鲁士国家法》（*Preußisches Staatsrecht*）在整体结构上有一个历史导言，还有一个简短的"国家法和行政法一般学说"，并按诸如**舒尔策**的模式论述宪法和行政法，但行政法被显著扩大。它包含全部职权部门（外交机构、军事、司法、内政、财政、教会和学校）。**博恩哈克**自诩，他这部书在三十年来所完成出版的作品中，是唯一较大规模论述普鲁士国家法和行政法的著作。在该著作中，历史部分占据大量篇幅，**博恩哈克**在这之前就已经发展成为普鲁士国家法史和行政法史的专家了。[160]然而，与

---

[155] 比较如 »Geschichtliche Entwicklung des deutschen Finanzrechtes«，第 2 卷，第 194 节及以下。

[156] H. Schulze, *Das Staatsrecht des Königreichs Preußen*，前注 146。

[157] 施滕格尔接受过巴伐利亚的法律人才培训，1871 年到 1879 年任阿尔萨斯邦法院顾问，1881 年到 1890 年任布雷斯劳大学行政法教授，1890 年起任维尔茨堡大学行政法教授，1895 年起任慕尼黑大学行政法教授。比较 *Wer ist's?*，第 9 卷（1928），页 1520—1521；*Der Gr. Brockhaus*，第 18 卷（1934），页 130—131。其自传，见 W. Zils, *Geistiges und künstlerisches München in Selbstbiographien* (München 1913)，页 351。亦见本书第 9 章，注 109。

[158] 见前注 140。

[159] 博恩哈克，1861 年生于诺德豪森，1879 年到 1882 年在柏林学习法律，1885 年在哥廷根大学获博士学位，1887 年在柏林完成教授资格论文，接着在那里从事行政实践工作，任柏林大学编外教授至 1927 年。1933 年，他宣称，他"在人们思考纳粹主义之前，就已经赞成纳粹主义的理念了"（H. Heiber, *Universität unterm Hakenkreuz* [1991]，页 386）。亦可比较 *Wer ist's?*，第 6 卷（1912），页 164。

[160] C. Bornhak, *Geschichte des Preußischen Verwaltungsrechts*，3 卷本（转下页）

舒尔策相比，其水平明显低一筹。**博恩哈克**努力成为"学识渊博并受人民欢迎的"人，这同时产生了古板和霸气的整体论调。就此而言，**博恩哈克**没有什么明显的创新，在他撰写的其他无数作品中也是如此。[161] 在其巨大的外在创造力方面，他的天赋更多表现在对"主流意见"进行富有魅力的论述。实际上，他和**格奈斯特**很相近。[162]

前文提到对普鲁士国家法进行的宏大整体论述——自普鲁士成为"立宪国家"以来——伴随有宪法文件研究。前文也提到过**伦内**的评论，这个评论在 1859 年还出版了第三版。[163] 在**俾斯麦**国家保守气氛下，这本评论虽然被认为"过时"了，但它至少为 1850 年的宪法修改提供了最重要的资料。其他更短小的著作和简短评论 [164] 与**安许茨**（Gerhard Anschütz，1867—1948）的精彩评述 [165] 相比就显得不重要了。**安许茨**的评述以"丰富的材料和细节的准确"真正实现了追求"对普鲁士国家法和行政法进行最大可能的完整论述，只要宪法文件中有"之目的。[166] **安许茨**在此展现了这样的特质，即准确处理信息，能简要地描述舆情，对实践结果进行论证推理，此外，有意识地与流行的国家法保守主义保持距离。这些特质使他后来的魏玛宪法评论闻名于世。**安许茨**的思想是法治国的（民族的）自由

（接上页）(Berlin 1884–1886)，该书的详细评论，见 K. v. Stengel, *AöR*，第 1 卷(1886)，页 232—243，页 615—619；C. Bornhak, *Preußische Staats- und Rechtsgeschichte* (Berlin 1903)。

[161]　C. Bornhak, *Allgemeine Staatslehre* (Berlin 1896；第 2 版，1909)；同作者，*Grundriß des Verwaltungsrechts in Preußen und dem Deutschen Reiche* (Leipzig 1906；第 3 版，1911)。

[162]　这尤其符合 E. Hubrich, *Preußisches Staatsrecht* (Hannover 1909)。

[163]　前注 137。

[164]　Schwartz，前注 125；Arndt，前注 125。

[165]　G. Anschütz, *Die Verfassungs-Urkunde für den Preußischen Staat vom 31. Januar 1850. Ein Kommentar für Wissenschaft und Praxis*，第 1 卷（ Berlin 1912 ）。有关他的情况，见本书第 8 章，注 228 及以下。

[166]　前引书，前言。

主义思想，尽管在这部著作中连接了两方面的内容：一是在方法上
坚持法律实证主义信条，把法律论据和政治愿望明确地区分开来；
另一个是评论人自我囿于评论内容。1850 年 1 月 31 日的宪法文件基
本上确立了宪法状态，**安许茨**的评述和这个宪法文件一样不能比以
前更自由主义了。尽管如此，在他的评述中限制过分强调君主权力，
这还是可能的，就像**阿恩特**的短评那样。

　　如果不提到这本书的话，那么对文献典籍的综览就不可谓完整。
可以说，普鲁士的每一个机关办公室都有这本书，这就是"自由保
守"的高级官吏**德格赖斯**伯爵（Robert Graf Hue de Grais，1835—
1922)[167] 撰写的《普鲁士和德意志帝国的宪法与行政手册》。它对"我
们的公共法律状态进行连续不断的系统论述，同时还对分散在各种
汇编中的法律法规进行整理汇集"。这部著作直到一战爆发连续出
了二十二次新版，这证明这部朴实的、全面的、可靠的论著多有用。
这些新版表明"行政活动在不断扩大"，[168] 也证明大家称赞的普鲁
士行政的积极特征。普鲁士的行政在法治国旗号下首次把准确确定
和重视现行法律当作自己的"天职"。

---

　　[167]　胡德格赖斯伯爵，在波恩和哈雷学习，1860 年在明登政府见习，后在科
布伦茨见习，1864 年参加了德意志和丹麦的战争，1867 年在希尔德斯海姆任行政区
长官（Kreishauptmann），1879 年在斯德丁任警长，1881 年任普鲁士内政部顾问，
1889 年到 1900 年任波茨坦政府主席，后官拜钦定枢密院高级政府顾问（1908）。
1908 年起在图林根的沃尔克拉姆斯豪森生活。R. Graf Hue de Grais, *Handbuch der Ver-
fassung und Verwaltung in Preußen und dem Deutschen Reiche* (Berlin 1881，到 1914 年
共 22 版；从第 23 版到 26 版由胡德格赖斯伯爵编辑，1926–1930；1890 年翻译成日文)；
同作者，*Grundriss der Verfassung und Verwaltung in Preußen und dem Deutschen Reiche*
(Berlin 1884；第 11 版，1914)，该书是一本更受欢迎的纲要；以及 *Staatsbürgerkunde.*
Führer durch das Rechts- und Wirtschaftsleben in Preußen und dem Deutschen Reiche
(Berlin 1913)，该书同样受欢迎。

　　[168]　P. Schiera / R. Gherardi, »Von der Verfassung zur Verwaltung. bürgerliche
Staatswissenschaft in Deutschland und Italien nach der nationalen Einigung«, E. V. Heyen
(Hg.), *Wissenschaft und Recht der Verwaltung seit dem Ancien Régime* (1984)，页 129—
146（页 133）。

　　胡德格赖斯的这部手册为我们总结浏览普鲁士的行政法提供了契机。1871 年以后出版的行政法教科书和手册都是传统方式上的实践产物。它们没有提高真正的学术要求，而是把自己当成行政日常事务提供全面参考的工具。**胡德格赖斯**指导的《普鲁士和德意志帝国立法手册》（*Handbuch der Gesetzgebung in Preußen und dem Deutschen Reiche*）包含了评论版中急剧增加的法律资料。把这些立法——顺便提一下，按照法国模式——整理归纳成辞典形式，很快就显得富有意义。[169] 与此同时，在萨克森和符腾堡也在进行这项工作，这和**施滕格尔**的《德意志行政法词典》（*Wörterbuch des deutschen Verwaltungsrechts*，1889—1890）表明，对工具书的需求在普遍增加。不知疲倦的**格罗特芬德**和他人撰写的普鲁士行政法总结性论著，[170] 延续了**伦内**和**西蒙**所采取的实证、收集、整理路线。这意味着，他们按照管辖范围划分对大量不断出台的规范进行筛选整理，以供行政使用。**胡德格赖斯**的手册成功表明，这种流程在邦国层面上是唯独有意义的方式方法；因为在现场的人需要"总则"比需要具体规范——可能是以行政手册的形式——的知识要少。

　　从 1875 年起，主要是新的行政审判增加了这个领域的材料内容。[171] 普鲁士的高等行政法院在这个领域迅速赢得了超越地区的威

---

　　[169]　R. v. Bitter, *Handwörterbuch der Preußischen Verwaltung* (Leipzig 1906；第 2 版，2 卷本，1911；第 3 版，全部改动过，2 卷本，Berlin, Leipzig 1928，由德鲁兹［B. Drews］和 F. 霍夫曼［F. Hoffmann］编辑)。

　　[170]　G. A. Grotefend, *Lehrbuch des Preußischen Verwaltungsrechts*，2 部 分（Berlin 1890–1892）；R. Zelle, *Handbuch des geltenden öffentlichen und Privatrechtes für das Gebiet des preußischen Landrechts* (Berlin 1888；第 4 版，1898；第 5 版，Berlin 1904，由科恩［R. Korn］和朗格汉斯［G. Langerhans］重新修订）；K. Parey, *Handbuch des Preußischen Verwaltungsrechts*，2 卷 本（Berlin 1887)；J. Illing, *Handbuch für preußische Verwaltungsbeamte*（第 2 版，2 卷本，Düsseldorf 1869/1870；第 10 版，4 卷本，Berlin 1912–1916)；O. v. Arnstedt, *Das Preußische Polizeirecht*，2 卷本（Berlin 1907）。普鲁士行政法更多文献，见 Rönne / Zorn，前注 139，第 5 版，第 1 卷（1899），页 182。

　　[171]　W. Rüfner, *Verwaltungsrechtsschutz in Preußen von 1749 bis 1842*（转下页）

望，它为具有支配性意义的法律思想和教义形态的逐步发展做出了最重要的贡献。[172] **安许茨**是第一个对此做总结的人。[173]

1879 年起，新创办的《普鲁士行政简报》（*Preußische Verwaltungsblatt*）发挥了特别作用。这份《简报》还有一个副标题叫"普鲁士行政与行政司法周刊"，它发表与新的司法判决有关的东西。从那时起，它在出版人**宾塞尔**（Oscar Binseel，1839—1905）[174] 的领导下发展成为帝国最重要的行政法刊物。[175] 从中可以看出行政法"科学化"逐渐向前发展的过程，[176] 这和普遍的发展路线相对应。

19 世纪后半期，普鲁士行政和行政法的整体形象发生了巨大变化。宪法落地生根，并有保障基本权利的法律，行政风格和官吏的

（接上页）(1962)；同作者，»Die Entwicklung der Verwaltungsgerichtsbarkeit«, *DVG*，第 3 卷，页 909，页 922 及以下，内有更多文献；最彻底的论著见 U. Stump, *Preußische Verwaltungsgerichtsbarkeit, 1875–1914, Verfassung – Verfahren – Zuständigkeit* (1980)；R. Grawert, »Preußische Verwaltungsgerichtsbarkeit«, *Die Verwaltung* (1983)，页 66—80；S. F. Pauly, *Organisation, Geschichte und Praxis der Gesetzesauslegung des (Königlich) Preußischen Oberverwaltungsgerichtes 1875–1933* (1987)。

[172] L. Frege, »Der Status des preußischen Oberverwaltungsgerichts und die Standhaftigkeit seiner Rechtsprechung auf politischem Gebiet«, H. R. Külz, R. Naumann (Hg.), *Staatsbürger und Staatsgewalt* (1963); H. Egidi, »Paul Persius, der Schöpfer der Preußischen Verwaltungsgerichtsbarkeit«, *Aus 100 Jahren Verwaltungsgerichtsbarkeit*, M. Baring (Hg.) (1963).

[173] G. Anschütz, »Allgemeine Begriffe und Lehren des Verwaltungsrechts nach der Rechtsprechung des Oberverwaltungsgerichts«, *PrVerwBl*，第 22 卷（1900/1901），页 83—90；同作者，»Die im Jahre 1897 veröffentlichte Rechtsprechung des Königlich Preußischen Oberverwaltungsgerichts«, *Verw. Arch.*，第 6 卷（1898），页 593—649。

[174] G. Schmidt, »Oscar Binseel (1839–1905), Gründungsherausgeber des Preußischen/Deutschen Verwaltungsblatts«, *DVBl*，第 100 卷（1985），页 1344—1347。宾塞尔是柏林的前市长和德意志银行的法律顾问。

[175] C. H. Ule, »Vom Preußischen Verwaltungsblatt zum Deutschen Verwaltungsblatt. Zum 100. Jahrgang einer verwaltungsrechtlichen Zeitschrift«, *Deutsches Verwaltungsblatt 100* (1985)，页 9—21，尤其是 R. Mußgnug, »Das Preußische Verwaltungsblatt 1879–1913, eine wissenschaftliche Zeitschrift als Spiegel der Verfassungs- und Verwaltungswirklichkeit ihrer Zeit«，前引书，页 1333—1344。

[176] E. V. Heyen, *Profile der deutschen und französischen Verwaltungsrechtswissenschaft 1880–1914* (1989)，页 66。

道德意识被认为是典范。在受到强烈政治化的地区——如阿尔萨斯－
洛林、波兰地区，或在社会主义者受到警察镇压的地方——虽然没
有安全保障，高等行政法院也只能或只想进行局部制衡，[177] 但是从
法治国要求和现实情况来看，1914 年前的普鲁士一直是法治国，尤
其在实现了行政审判之后。

　　此外，自从内部政治路线在 1878 年发生改变，普鲁士的行政法
干预急剧增加，帝国和邦的行政法不断渗透，科技法和科技成果法
明显突出。直到世纪之交，学术才广泛接纳这股动力，在大学和技
术高等学校中传授邦的行政法，并开始把邦的法律素材和此时贯彻
的行政法一般学说联系起来。

（六）奥地利－匈牙利

　　奥地利－匈牙利军事镇压了 1848 年革命，并解散了克罗梅日什
帝国议会（Kremsierer Reichstag）。它起初钦定了一部比较自由的宪
法，里面有统一的帝国臣民权利，并保障自由和平等。但 1851 年 12
月 31 日的政变使它重新回到专制主义窠臼，推行"国家上层的反革
命"[178] 统治，但也随之产生了一定的现代化效果，特别是在高等教
育方面（**图恩－霍恩施泰因**改革）。[179] 因此，在一定时间内它还能
控制多民族国家的民族主义反抗力量，但在长时间里，问题产生的

---

　　[177]　H. J. Wichardt，»Die Rechtsprechung des Königlich Preußischen Oberverwal-
tungsgerichts zur Vereins- und Versammlungsfreiheit von 1875 bis 1914«（法学博士论文，
Kiel 1976）.

　　[178]　Nipperdey，页 677。

　　[179]　R. Meister, *Die Universitätsreform des Ministers Graf Thun-Hohenstein* (Wien
1949)；H. Lentze, *Die Universitätsreform des Ministers Graf Leo Thun-Hohenstein, Österr.
Ak. d. Wiss., Phil. -Hist. Kl.*，第 239 卷（Wien 1962），页 43 及以下；G. Oberkofler,
»Die österreichische Juristentradition des Vormärz im Widerstreit mit den Reformen des Mi-
nisters Graf Thun«, *Festschrift für E. C. Hellbling z. 80. Geb.* (1981)，页 626 及以下，以及
见 G. Oberkofler, *Studien zur Geschichte der österreichischen Rechtswissenschaft*（转下页）

速度比这个迟钝的官僚中央集权制能防止问题的速度要快。[180]1859 年的意大利战争以及 1866 年对普鲁士的战争失败证明，它的军事控制不再足够强大。

在外部处境和内部离心力增大的压力下，这个新专制主义国家从 1860 年起转变成了宪治国家，[181] 创建了带有"强有力的帝国咨议机关"的真正议会，并妥协地解决了 1861 年的匈牙利危机。在 1866 年的军事失败后，它最终直接获取了一部宪法（1867），这部宪法再一次凌驾在奥地利 – 匈牙利这个全体国家（Gesamtstaat）之上，正如人们对这个国家结构进行的国家法解释一样。[182] 对波希米亚、摩拉维亚、加利西亚和南蒂罗尔（Südtirol）这些地方的特别划分也产生了问题。[183]

随着向宪治主义转变、帝国法院（1869）和行政审判（1876）对基本权利的保护，以及在**梅特涅**时期关闭了很长一段时间的大学重新开放，这些都显示出需要大量弥补国家法和行政法的讨论。1849 年，维也纳的大学教授们要求设立"宪法"教职，[184] 这个专业在那时仍受到压制。1850 年的学习和考试条例设置了国家法课程，

（接上页）(1984)，页 121 及以下。有关图恩 – 霍恩施泰因，比较 S. Frankfurter, *ADB*，第 38 卷（1894），页 178—212；A. Erler, »Thun-Hohenstein«, *HRG*，第 5 卷，第 33 分册（1991），页 211—213；H.-Ch. Kraus, »Leo Graf von Thun-Hohenstein (1811–1888)«, *Criticón* (1991)，页 161—165，内有更多文献。

[180]　尤其参见 K. Megner, *Beamte. Wirtschafts- und sozialgeschichtliche Aspekte des k. k. Beamtentums*，第 2 版（Wien 1986），未改动。

[181]　也就是通过 1860 年 10 月 20 日 "国家基本法"即所谓 "十月宪章"，以及之后 1861 年 2 月 26 日所谓二月委任状和所谓 "帝国宪法"来转变的。详见 W. Brauneder / F. Lachmeyer, *Österreichische Verfassungsgeschichte*，第 5 版（Wien 1989），页 137 及以下，页 141 及以下。

[182]　J. Ulbrich, *Lehrbuch des österreichischen Staatsrechtes* (Berlin, Wien 1883)；同作者，*Staatsrecht der österreichisch-ungarischen Monarchie* (Freiburg, Tübingen 1884；第 4 版，Tübingen 1909)，此处引自第 3 版（Tübingen 1904），内有更多文献。

[183]　Ulbrich, 前注 182，第 4 版（1909），页 55 及以下，页 58—60。

[184]　Oberkofler, 前注 179，页 637。

但只持续到 1852 年，因为专制主义已卷土重来。[185] 于是，"奥地利行政和财政法律志"就足够了，[186] 而且不是必修专业。1872 年在博士论文答辩中才出现"一般国家法和奥地利国家法"（包括行政法）。在这之后，尤其在 1839 年颁布学习条例[187] 以后设置了该专业，还有逐渐从中脱离出来的行政法和行政学说。[188]

维也纳、格拉茨、因斯布鲁克、布拉格、切尔诺夫策（从 1875 年起）[189] 这些德语区的大学教学课程设置紧紧依从于宪法状况。随着 1861 年到 1867 年的宪法改革，公法教学才真正形成。"1870 年产生了第一个专门为公法专业设置的教职。"[190]1876 年，教育部打算举办一项有奖征文活动，以此激发大家"系统论述奥地利的现行公法"，但没有成功。[191]大约从 1884 年起，奥地利的法律系不断增加，这不能被忽略。宪治的国家形式（Staatsform）和法治国的实现以及行政审判的建立都是推动力。随着 1893 年学习条例的修改，公法及其代表（**贝尔纳齐克**［E. Bernatzik］、**特茨纳**［F. Tezner］、**卢斯特坎德尔**［W. Lustkandl］、**门策尔**［A. Menzel］等）得以稳定。[192]

---

[185]　W. Brauneder,»Formen und Tragweite des deutschen Einflusses auf die österreichische Verwaltungsrechtswissenschaft 1850–1914«, E. V. Heyen (Hg.), *Wissenschaft und Recht der Verwaltung seit dem Ancien Régime*, 1984, 页 249—283（页 252）。

[186]　M. v. Stubenrauch, *Handbuch der österreichischen Verwaltungs-Gesetzkunde. Nach dem gegenwärtigen Standpunkte der Gesetzgebung*, 2 卷本（Wien 1851/1852；第 2 版, 1855/1856；第 3 版, 1859/1861）。见本书第 4 章，注 331。

[187]　»Gesetz betr. die rechts- und staatswissenschaftlichen Studien und Staatsprüfungen«, *RGBl* (1893), 页 68。

[188]　Brauneder, 前注 185, 页 254。

[189]　F. Kleinwächter, *Die rechts- und staatswissenschaftlichen Fakultäten in Oesterreich*, (Wien 1876).

[190]　Brauneder, 前注 185, 页 265。其中第 266 页及以下详细论述职位分配问题，尤其是详细地论述了邦国国家法和行政法的必要知识。有关格拉茨大学的情况，见 R. Walter, »Die Lehre des öffentlichen Rechts an der Karl-Franzens-Universität zu Graz von 1827–1938«, *Juristische Blätter*，第 88 卷（1966），页 549 及以下。

[191]　Brauneder, 前注 185, 页 254, 页 263；前注 47。

[192]　W. Ogris, *1884–1984. Einhundert Jahre Rechtswissenschaft im Hause*（转下页）

稍后不久出版了奥地利大学教师们撰写的公法总体论著。[193] 其中在质量上尤其引人注目的是**乌尔布里希**（Josef Ulbrich，1843—1910）[194] 的论著。在奥地利 – 匈牙利国家法教科书 [195] 中，他以简短篇幅成功地描述了奥匈全体国家及其凌驾在各个王国和邦国之上的中央机构以及帝国议会，论述了各个领地中国民的法律地位、选举权以及民族特殊性。此外，他还论述了国家的功能（立法、行政、司法）、外交、"国防力量"、公共预算、国家教会法和法院审判程序。由于他在另外一本教科书中已经论述了行政法，[196] 所以他在这部国家法中只提示性地论述安全警察和福利警察。

奥地利典型的是，在这些年没有严格区分行政法和行政学说。一方面，直到 1870 年代、1880 年代占主导地位的仍是以实践为目的的行政法和财政法知识，尽管它们在学术上不令人满意；另一方面，还存在着警察学传统，尤其以**洛伦茨·施泰因**所革新的作为"行政学说"的形式，警察学传统自身得到了加强。[197] 这种行政学说通常包

（接上页）*am Ring, Schr. d. Universitätsarchivs*，第 3 卷（Wien 1984）。

[193]　L. Gumplowicz, *Das österreichische Staatsrecht (Verfassungs- und Verwaltungsrecht)*, (Wien 1891；第 2 版，1902；第 3 版，1907)；同作者，*Einleitung in das Staatsrecht* (Berlin 1889；第 2 版的名称是 *Österreichische Reichsgeschichte*, Berlin 1896)；F. Hauke, *Grundriß des Verfassungsrechts* (Leipzig 1905)；E. Mayrhofer, *Handbuch für den politischen Verwaltungsdienst bei den Landes-, Kreis- und Bezirksbehörden im Kaiserthum Österreich* (Wien 1855/1856，到 1914 年共 6 版）。

[194]　乌尔布里希，1843 年生于埃格尔，1867 年获博士学位，1879 年任德国布拉格大学教授，1884 年任教授。除前注 182 所提到的著作外，他还著有：*Über öffentliche Rechte und Verwaltungsgerichtsbarkeit mit Rücksicht auf die Errichtung eines Verwaltungsgerichtshofes in Österreich* (Prag 1875)；*Die rechtliche Natur der österreichisch-ungarischen Monarchie* (Prag 1879)。比较 W. Brauneder (Hg.), *Juristen in Österreich, 1200–1980* (1987)，页 140—141，页 362—363，内有更多文献。

[195]　前注 182。

[196]　J. Ulbrich, *Grundzüge des österreichischen Verwaltungsrechts* (Prag, Leipzig 1884)，后来改为 *Lehrbuch des österreichischen Verwaltungsrechts* (Wien 1903/1904)。

[197]　K. Wenger, »Lorenz von Stein und die Entwicklung der Verwaltungswissenschaft in Österreich«, R. Schnur (Hg.), *Staat und Gesellschaft. Studien über Lorenz*（转下页）

含了行政法，例如**伊纳玛－施特内格**（Karl Theodor von Inama-Sternegg，1843—1908）[198] 和**贡普洛维奇**（Ludwig Gumplowicz，1838—1909）[199] 的行政学说。但从长时间看，这种行政学说有把行政法分离出去的趋势，从而使行政法得以扩张，尤其是通过重要专著[200]。在奥地利，行政学说最终被降为"补充的"边缘学科。

随着向宪治主义逐渐过渡，有关行政和行政法的刊物在奥地利兴盛起来，这也引人注目。特别勤奋的民法学家**施图本劳赫**（Moriz von Stubenrauch，1811—1865）[201] 从 1840 年到 1849 年主编奥地利的法学与国家学杂志，接着在 1850 年创办《奥地利普通法院报》（*Allgemeine österreichische Gerichts-Zeitung*），这一年他还被任命为行政法和行政法学教授，1856 年还增办《奥地利国内行政杂志》（*Oesterreichische Zeitschrift für innere Verwaltung*）。他在该杂志的开头中宣称，倘若"现存行政规范和奠定其原则基础的学术观点的全面知识"重要的话，倘若这些"知识能被发展出来，并使相同形式和连贯的法律适用成为可能的话，那这就是本杂志的目的和任务"。[202]

（接上页）*von Stein* (1978)，页 479—501；同作者，»Verwaltungslehre als wissenschaftliche Disziplin«, K. Wenger / Ch. Brünner / P. Oberndorfer (Hg.), *Grundriß der Verwaltungslehre* (1983)，页 33 及以下。

[198] K. Th. v. Inama-Sternegg, *Verwaltungslehre in Umrissen* (Innsbruck 1870)；同作者，»Die Entwicklung der Verwaltungslehre und des Verwaltungsrechts seit dem Tode von Lorenz von Stein«, *Zeitschrift für Volkswirtschaft, Socialpolitik und Verwaltung*，第 11 卷（1902），页 137 及以下。有关生平，见 Brauneder，前注 194，页 272。

[199] L. Gumplowicz, *Verwaltungslehre mit besonderer Berücksichtigung des österreichischen Verwaltungsrechts* (Innsbruck 1882).

[200] F. Tezner, *Zur Lehre von dem freien Ermessen der Verwaltungsbehörden als Grund der Unzuständigkeit der Verwaltungsgerichte* (Wien 1888); K. v. Lemayer, »Apologetische Studien zur Verwaltungsgerichtsbarkeit«, (*Grünhuts*) *Zeitschrift für das Privat- und Öffentliche Recht der Gegenwart 22* (1895)，页 353—488；亦见 Ulbrich，前注 194。

[201] 有关他成功的一生和不幸的结局，见 Wurzbach, *Österreichisches Biographisches Lexikon XL* (1880)，页 147；K. W., *ADB*，第 36 卷（1893），页 709—710。

[202] *Ueber den Zweck und die Aufgabe dieser Blätter*，第 1 卷（1856），页 1。

这是一种与**施图本劳赫**一样反自由主义的保守主义者代表的立场。

翌年（1857），《法院》（*Gerichtshelle*）开始出版了，这本杂志除了发表其他东西外，还发表行政 – 司法判决。1874 年起出版了**格林胡特**（Carl Samuel Grünhut，1844—1929）[203] 主编的《当代私法与公法杂志》，这本杂志还在奥地利境外发行，但直到 1916 年它并非特别专于国家法和行政法。[204] 其原因可能在于，当时还出现了其他刊物。例如，行政人员**耶格尔**（Carl [v.] Jaeger，1836—1920）主编的周刊《奥地利行政杂志》（*Oesterreichische Zeitschrift für Verwaltung*，1868—1924）。这本杂志把宪治国家中的行政鼓吹为"对公法的应用"，并加以支持。[205] 此外，还有**格勒**（Leo Geller，1844—1925）[206] 主办的《行政实践中央报》（*Centralblatt für Verwaltungspraxis*，1885—1891），这本杂志存在的时间不长，它是《奥地利法律实践中央报》的副刊，1891 年以后和这本主刊合二为一了。

奥地利缺乏一本像德意志（帝国）的《公法文献》（*Archivs des öffentlichen Rechts*）、《行政文献》（*Verwaltungsarchiv*）或《当代公法年鉴》这一类有水平的杂志。因此，1904 年出版了《奥地利行政档案》[207]，1914 年出版了《奥地利公法杂志》（*Österreichische Zeitschrift für öffentliches Rechts*）[208]。在君主制崩溃以后，后一本杂志在当时还希望德意志–奥地利共和国能成为德意志帝国的一部分，于是把名称改为《公法杂志》（*Zeitschrift für öffentliches Rechts*），

---

[203]　简要介绍，见 *Österreichisches Biographisches Lexikon 1815–1950*，第 2 卷（1959），页 90—91。

[204]　E. V. Heyen，前注 176，页 60。详见 Brauneder，前注 185，页 276—277。

[205]　比较 Brauneder，»Zur Einleitung«，1868 年 1 月 2 日，前注 185，页 277。

[206]　*Österreichisches Biographisches Lexikon 1815–1950*，第 1 卷（1957），页 420。

[207]　Brauneder，前注 185，页 277。

[208]　E. Bernatzik † / M. Ritter Hussarek von Heinlein / H. Lammasch † / A. Menzel (Hg.).

但它在这个更开放的名称下却变成了真正的奥地利杂志。[209]

（七）萨克森

作为立宪国家，萨克森王国的发展从1831年到1848年风平浪静，但它与其他所有国家一样卷入革命动乱，[210]经历了短暂的改革时期，接着又是1849年5月的一场新动乱，这场动乱遭到普鲁士的军事镇压。保守势力得逞，同时"瓦解"了自由主义在政治上所取得的成就。[211]然而，它在所谓的"**博伊斯特**时期"（Ära Beust，1850—1866）成功地进行了法院组织法[212]、刑法以及刑事诉讼法（1855）改革[213]，并制定了民法典（1865）。公法方面首先要提到的是1861年的自由工商法规。[214]

在如火如荼的工业化环境下，萨克森的政治极端保守，官吏阶层坚持保守的自由主义，资产阶级坚持自由主义，它站在奥地利一边遭受了1866年的军事失败。[215]萨克森保持立宪的国家形式，其中

---

[209]　E. Bernatzik † / M. Hussarek / H. Kelsen / H. Lammasch † / A. Menzel (Hg.)，第 1 卷（1919/1920）。

[210]　R. Weber, *Die Revolution in Sachsen 1848/49* (1970); A. Zwahr, »Zur Politik der Bourgeoisie in Sachsen von Februar bis September 1848«, H. Bleiber (Hg.), *Bourgeoisie und bürgerliche Umwälzung in Deutschland 1789–1871* (1977).

[211]　K. Blaschke, »Das Königreich Sachsen 1815–1918«, *Die Regierungen der deutschen Mittel- und Kleinstaaten 1815–1933*, K. Schwabe (Hg.), 1983, 页 81—102；K. Blaschke, *DVG*, 第 2 卷（1983），页 635。

[212]　然而，这些初级机关直到 1873 年仍保留着司法和行政双重职权。

[213]　Wieacker，页 464，内有更多文献。

[214]　»Gewerbegesetz v. 15. 10. 1861«, *GVBl* (1861)，页 187。R. Forberger, *Die Industrielle Revolution in Sachsen 1800–1861*，第 1 卷（1982）；H. Kiesewetter, *Industrialisierung und Landwirtschaft. Sachsens Stellung im regionalen Industrialisierungsprozeß Deutschlands im 19. Jahrhundert* (1988)。

[215]　H. Kretzschmar, »Die Zeit König Johanns von Sachsen 1854–1873. Mit Briefen und Dokumenten«, *Berichte über die Verhandlungen der Sächs. Akademie*（转下页）

君主拥有强大的权力优势。[216]1868 年，下议院获得了更民主化的选举法，但仍远远落后于北德意志同盟的选举法，从 1896 年到 1909 年甚至一度降为三阶级选举法（Dreiklassenwahlrecht）。[217]1866 年起，萨克森的军事和外交事务失去了分量；国内政治和行政仍继续往前挪动，并着手行政改革。[218] 从 1871 年起完成了普遍的现代化进程以及向帝国法律接轨的进程。[219]1878 年，在舍恩堡（Schönburg）的领导下最终铲除了残留的旧制度。[220]1848 年之前就发展得不错的莱比锡大学（1837 年的普赫塔、1840 年的阿尔布雷希特、1840 年的蒙森）在 19 世纪后半期特别有吸引力（1852 年的韦希特尔、1863 年的格贝尔、1874 年的温德沙伊德［Bernhard Windscheid］），1880 年代法律专业的学生人数超过了柏林大学。

后来在 1900 年实施的行政审判 [221] 对我们在此要谈及的内容尤

（接上页）der Wissenschaften zu Leipzig, Phil. Hist. Kl.，第 105 卷，第 4 期（1960），Blaschke, DVG，第 3 卷，页 778 及以下。

[216] J. H. Beschorner, *Die Ministerverantwortlichkeit und der Staatsgerichtshof im Königreich Sachsen, nebst vergleichender Darstellung der bezüglichen Gesetzgebung einiger anderer Länder* (Berlin 1877).

[217] Huber IV (1969)，页 404 及以下；G. Schmidt, »Der sächsische Landtag 1833–1918. Sein Wahlrecht und seine soziale Zusammensetzung«, *Beiträge zur Archivwissenschaft und Geschichtsforschung (Schr. reihe des Staatsarchivs Dresden Nr. 10)* (1977)，页 445—465。

[218] R. Dietrich, »Die Verwaltungsreform in Sachsen 1869–1873«, *Neues Archiv für sächsische Geschichte*，第 61 卷（1940），页 49—85。

[219] 细节见 Blaschke, DVG，第 3 卷，页 784—794。

[220] I. Kaim, *Revision der Sächsischen Recesse von 1740 und 1835 mit dem Hause Schönburg* (Leipzig 1860)；A. Michaelis, *Die staatsrechtlichen Verhältnisse der Fürsten und Grafen, Herren von Schönburg* (Gießen 1861)；Bischof, *Das Sächsisch-Schönburgische Staatsrecht der Gegenwart* (Dresden 1870)；O. Mayer, *Das Staatsrecht des Königreichs Sachsen* (Tübingen 1909)，页 37—42；详见 W. Schlesinger, *Die Landesherrschaft der Herren von Schönburg. Eine Studie zur Geschichte des Staates* (1954)。

[221] »Gesetz über die Verwaltungsrechtspflege vom 19. 7. 1900«, *GVBl*，页 486—512。见 F. Tezner, *Über Verwaltungsrechtspflege mit Hinblick auf das neue sächsische Verwaltungsgerichtsgesetz* (Dresden 1901)；K. Apelt, *Das Königlich sächsische Gesetz über die*（转下页）

其重要，也引人注目。推动行政法学的动力来自德累斯顿高等行政法院的司法活动，而这种推动力在世纪之交以后才充分展现出来。

1850 年以后，萨克森独立的国家政治逐渐丧失意义，重点转移到了行政，这对学术文献并非没有产生后果。起初，与实践有关的行政法研究处于显要地位。三月革命前就有三个适合登载行政法内容的刊物。[222] 尤其是存在于 1838 年到 1879 年的《司法与行政杂志》（*Zeitschrift für Rechtspflege und Verwaltung*）发展成为行政法的汇集地，[223] 1880 年它被《行政实践与立法杂志——主要为萨克森王国》（*Zeitschrift für Praxis und Gesetzgebung der Verwaltung, zunächst für das Königreich Sachsen*）合并。这本杂志后来按其出版人**奥托·菲舍尔**（Otto Fischer）的名字被称作《菲舍尔杂志》，一直存续至 1914 年，[224] 是一本特别重要的、跨地区发行的杂志，其中行政法处于核心位置，论述"姓名权和贵族权利、国籍、教会主权、警察权力的法律控制、穷人救济和社会保险等各个问题。它还顾及邻国和国外的行政"，

（接上页）*Verwaltungsrechtspflege vom 19. Juli 1900* (Leipzig 1901；第 2 版，1911)；M. Baring, »Die Verwaltungsrechtspflege in Sachsen«, 同作者编，*Aus 100 Jahren Verwaltungsgerichtsbarkeit* (1963)，页 67 及以下；W. Rüfner, *DVG*，第 3 卷，页 920—921。

[222]　除 *Sächsische Wochenblatt für Verwaltung und Polizei* (Leipzig 1867–1906) 之外，还有克鲁格的 *Zeitschrift für Verwaltungs-Praxis und Gesetzgebung, zunächst für das Königreich Sachsen* (Leipzig 1862–1869)。

[223]　设立了领地官吏的法学家协会，它是"四十年来萨克森官吏层昂贵的和受人喜爱的顾问"（H. Waentig, »Justiz und Verwaltung im Königreich Sachsen«, *FischersZ*，第 1 卷［1880］）。

[224]　从第 1 卷起（1880），其主编是政府顾问奥托·菲舍尔（他后来官拜内政部主任）；1900 年到 1923 年由瓦尔特·舍尔歇尔博士（Dr. Walter Schelcher）主办，名称是《菲舍尔行政实践与立法杂志》（*Fischers Zeitschrift für Praxis und Gesetzgebung der Verwaltung*）；1924 年到 1941 年其名称是《菲舍尔行政法杂志》（*Fischers Zeitschrift für Verwaltungsrecht*）；1838 年起该杂志又由德累斯顿高等宪法法院主席赫伯特·舍尔歇尔（Herbert Schelcher）领导。比较 E. Mäding, »Wiedergelesen. Fischers Zeitschrift für Praxis und Gesetzgebung der Verwaltung«, *Die Verwaltung*，第 21 卷(1988)，页 103—112。

也对交通法、水资源法、土地法和矿产资源法、森林法、建筑法、征收法、官吏法等进行论述。[225]

奥托·菲舍尔在 1882 年还撰写了一本短小的宪法和行政法导论，这本书没有多少学术水平。[226] 在其第五版中，行政法占据了更多分量。此外，经过约五十年的间歇后，1884 年到 1887 年才有全面论述萨克森国家法的著作。它是律师、议员**奥皮茨**（H. G. Opitz）撰写的著作。[227] 其著作有一个历史导言和总论，总论包含了萨克森与帝国之间的关系。**奥皮茨**按照宪法结构的本身模样来组织该书结构，即在第一卷中论述国家领土和"臣民"，接着论述国家权力和详细的官吏法，[228] 在第二卷中论述相应的制衡力量"等级会议"。

二十年后，**奥托·迈耶**以其特有的中肯、简洁、明了的方法再一次论述萨克森国家法。[229] 他坚守"君主制的国家法"，"如同它现在所存在的那样"。因此，**奥托·迈耶**理所当然地不仅拒绝人民主权思想，而且拒绝把君主划归到国家之下作为一个法人机构。在他那里，人民代表大会拥有"参与行使国家权力的权利……'那只不过是一滴民主的膏油'，用它来涂抹自己罢了"。[230] **奥托·迈耶**严格按照宪法内容论述主要问题（国王、议会、立法法和法规法、预算、债务、宪法保障）。对国家行政包括官吏法、自治以及行政

---

[225] Mäding，前注 224，页 108—109。

[226] O. Fischer, *Das Verfassungs- und Verwaltungsrecht des Deutschen Reiches und des Königreiches Sachsen in seinen Grundzügen gemeinfaßlich dargestellt* (Leipzig 1882；第 2 版，1889；第 6 版，1898).

[227] H. G. Opitz, *Das Staatsrecht des Königreichs Sachsen*，2 卷本（Leipzig 1884, 1887）。亦见 K. V. Fricker, *Grundriß des Staatsrechts des Königreichs Sachsen* (Leipzig 1891)。

[228] 国家元首及其机关（个人权利和政府权利，财产权，王室，各部委，国家公职人员）。有关官吏法，比较 M. Lotichius, *Die königlich sächsischen Gesetze und Verordnungen über die Verhältnisse der Civilstaatsdiener* (Leipzig 1878)。

[229] *Mayer*，前注 220。

[230] 前引书，页 17。

审判只论述了它们的组织机构方面。

至于行政法，有一系列针对实践的工具书，尤其是**洛伊特霍尔德**（C. E. Leuthold）的论著。[231] **莫泽尔**（Curt von der Mosel）的《行政法简明词典——对萨克森邦国法的特别思考》被一版再版，后来**莫泽尔**的儿子继续撰写该书。[232] 这部著作有很多城市法规 [233]、建筑法 [234] 以及结社集会法 [235] 的简短评论，还有一般行政法的复习资料 [236] 和按字母顺序排列的汇编 [237] 等。给人的整体印象是，至少到第一次世界大战，萨克森的行政法几乎只是由实践者来塑造定型的，尤其是《菲舍尔杂志》中的行政法。与巴伐利亚和符腾堡一样，法治国行政经历了异常激烈的讨论，而耗费在塑造法治国行政的精力之多，也不同寻常。正如**奥托·迈耶**在莱比锡大学任教授时所说，这里的法治国体现出来的是"行政法完善的国家"。

（八）图林根、不伦瑞克、奥尔登堡、利珀、梅克伦堡

受旧帝国庇护并能够存续至**拿破仑**时期的小国和帝国城市在 19

---

[231]　C. E. Leuthold, *Das Königlich Sächsische Verwaltungsrecht mit Einschluß der reichsrechtlichen Bestimmungen systematisch dargestellt* (Leipzig 1878)；同作者，*Die Verwaltungsgesetze für das Königreich Sachsen seit der Neuorganisation der Verwaltung*, 2 卷本（Leipzig 1875）。

[232]　C. v. d. Mosel (Hg.), *Handwörterbuch des Verwaltungsrechts unter besonderer Berücksichtigung des sächsischen Landesrechts*（第 12 版，Leipzig 1912；第 14 版，1938).

[233]　H. A. v. Bosse, *Kgl. sächsische revidirte Städteordnung für mittlere und kleine Städte*（第 3 版，Leipzig 1878；第 5 版，1898)；同作者，*Leitfaden für die Gemeindevorstände des Königreichs Sachsen*（第 1—3 版，Leipzig 1874–1875；第 6 版，1895)。

[234]　C. E. Leuthold, *Das Königlich Sächsische Baupolizeirecht* (Leipzig 1872；第 6 版，1895).

[235]　A. Nienholdt, *Das Königlich Sächsische Gesetz, das Vereins- und Versammlungsrecht betr. vom 22. Nov. 1850* (Leipzig 1884；第 3 版，1894).

[236]　L. H. Schmidt, *Repetitorium des allgemeinen Verwaltungsrechts* (Leipzig 1883).

[237]　C. v. d. Mosel, *Repertorium des Königl. Sächsischen Verwaltungsrechtes*,（第 6 版，Leipzig 1891).

世纪出现了衰落趋势。在 1803 年"土地归并"（Flurbereinigung）之后，296 个政治实体还剩下 82 个；1806 年、1815 年，这个数字再一次降到 38 个。继续留下来并觉得在德意志同盟中能受到保护的邦国，美因河以北的地方却在 1866 年成为普鲁士的囊中之物。人口增加和内部流动、铁路修建和工业化、关税同盟，尤其是与 1848 年后的宪法秩序保持一致，这些都使小邦国和最小邦国的存在变为无政府主义状态。罗伊斯长系女侯和列支敦士登诸侯在 1866 年德意志同盟中投票，再次为奥地利产生了多数票，[238] 这在普鲁士看来是一场政治闹剧。因此，整体气氛对小国不是很有利，随着它们的政治分量减轻，对国家法学说的兴趣也相应下降。

图林根地区的八个邦国 [239] 由于有限的疆土、贫乏的资源而不能与大国以及中等邦国的发展速度相竞争。1867 年起，取消了军事行政管理；跨地区的行政任务，例如铁路行政管理，发生了转变。在比较大的国家中所推行的行政改革和法治国的制度构建，在图林根地区并未迅速效仿，因此像行政审判很晚才形成。[240] 作为报刊，《图林根和安哈尔特司法简报》（ *Blätter für Rechtspflege in Thüringen und*

---

[238]　有关 1866 年 6 月 14 日的关键性表决以及争论第 16 区的投票是否是"伪造"，比较 H. Schulze, *Die Krisis des Deutschen Staatsrechts. Nachtrag zur Einleitung in das Deutsche Staatsrecht* (Leipzig 1867)，页 14，注 3。详细阐述见 Huber III (1963)，第 2 版（1970），页 543 及以下。

[239]　萨克森－魏玛－爱森纳赫大公国，萨克森－迈宁根公国，科堡和哥达，萨克森－阿尔滕堡，施瓦茨堡－松德斯豪森侯国，施瓦茨堡－鲁多尔施塔特，罗伊斯长系和罗伊斯幼系——现可详细比较邦国历史学家赫斯（U. Heß）的论著，*Geschichte Thüringens 1866–1914* (1991)。

[240]　萨克森－迈宁根，1897 年；施瓦茨堡－松德斯豪森，1912 年；萨克森－魏玛－爱森纳赫、萨克森－阿尔滕堡和施瓦茨堡侯国通过 1910 年的国家合约，建立了图林根高等宪法法院。见 Klein, *DVG*，第 3 卷，页 797；Rüfner, *DVG*，第 3 卷，页 929—930；W. Bernet, »Zur Geschichte und Rechtsprechung des Thüringischen OVG Jena«, H. Mohnhaupt (Hg.), *Rechtsgeschichte in den beiden deutschen Staaten (1988–1990). Beispiele, Parallelen, Positionen* (1991)，页 516（页 519 及以下）。

Anhalt）[241] 就足够了。在**马夸德森**的手册中发表的萨克森－迈宁根和萨克森－魏玛－爱森纳赫的国家法论述 [242] 被尊为规定动作。这些论述遵从流行模式，并间接地表明——与宪法运动勃发阶段完全不一样——一个真正的公法学文化所拥有的空间、人员和宪法经纬这时都不复存在。在这里，宪法问题激发不起任何人的兴趣。局势既平静，对国家法问题的学术兴趣降至领主继承和封禄问题上。[243]

不伦瑞克公国的情况类似，1850 年以后国内只经历微小变动。[244] 在 19 世纪最后二十五年，它响应工业化和现代化运动，建立起各种新的行政机关，颁布地区条例（1871）和城市及农村乡镇条例（1892），在 1895 年还推行行政审判。[245] 它有一本杂志 [246]，这

---

[241]   Jena 1854–1873；1874—1919 年续办。

[242]   W. Kircher, *Das Staatsrecht des Herzogtums Sachsen-Meiningen* (Freiburg 1884); G. Meyer, *Staatsrecht des Großherzogtums Sachsen-Weimar-Eisenach* (Freiburg 1884).

[243]   Hässelbarth, *Das Staats- und Verwaltungsrecht des Herzogtums Sachsen-Alten-burg* (Hannover 1909); H. Schwartz, *Das Staats- und Verwaltungsrecht des Fürstentums Schwarzburg-Rudolstadt* (Hannover 1909); A. Langbein, *Das Staats- und Verwaltungsrecht des Fürstentums Schwarzburg-Sondershausen* (Hannover 1909); O. Oberländer, *Verfassung und Verwaltung des Herzogtums Sachsen-Meiningen* (Hannover 1909); A. Knetsch, *Das Staats- und Verwaltungsrecht von Sachsen-Weimar-Eisenach* (Hannover 1909); G. Sanf-tenberg-W. Knorr, *Das Staats- und Verwaltungsrecht des Herzogtums Anhalt* (Hannover 1909); P. Schlotter, *Das Staats- und Verwaltungsrecht der Fürstentümer Reuß älterer und jüngerer Linie* (Hannover 1909).

[244]   Th. Klein, *DVG*, 第 3 卷，页 820—824。

[245]   C. Radkau, »Das Braunschweigische Gesetz, betr. die Verwaltungsrechtspflege, vom 5. März 1895«, *Verw. Arch.*，第 4 卷（1896），页 421—424；F. Kreibaum, »Grenzen zwischen Justiz und Verwaltung im Freistaat Braunschweig« (法学博士论文，Göttingen 1929)，页 40 及以下；H.-G. Figge, »75 Jahre Verwaltungsrechtspflege in Braunschweig«, *Deutsche Richterzeitung* (1971)，页 150—152；同作者，»Die Verwaltungsgerichtsbarkeit im Lande Braunschweig«, *Braunschweigisches Jahrbuch*，第 52 卷（1971），页 182—192。1884 年以后的宪法状况，见 Huber IV (1969)，页 428 及以下。

[246]   《不伦瑞克公国司法杂志》（*Zeitschrift für Rechtspflege im Herzogthume Braunschweig*），1854 年到 1919 年由戈特哈德（E. Gotthard）和科赫（C. Koch）主编，1872 年起由狄德金（A. Dedekind）主编，1909 年到 1914 年由汉佩（A. Hampe）主编。1920 年到 1936 年续办，改为《不伦瑞克司法杂志》（*Braunschweigische Zeitschrift für Rechtspflege*），由赫布斯特（Herbst）主编。

明显已能满足对于创立独立的邦国行政法本就不多的兴趣。邦国法律代表**奥托**（Otto）和**拉姆**（Rhamm）分别在 1884 年、1908 年撰写的国家法总体论著 [247] 是冷静和实证准确的清点总结，其中论述了行政和行政法，特别是警察以及其他国内行政。**弗兰肯贝格**（Hermann von Frankenberg）的国家法和行政法简短论述同样如此。[248]

这种基本模式还反映在其他一系列小国中，如利珀诸侯国和绍姆堡－利珀诸侯国，[249] 以及奥尔登堡大公国 [250]。该大公国有一本专门刊载有关行政文章的杂志 [251]，并在 1906 年建立了行政审判 [252]。此外，还有继续按照旧等级方式管理的梅克伦堡－什未林大公国和

[247]　A. Otto, *Das Staatsrecht des Herzogthums Braunschweig* (Tübingen, Freiburg 1884)；A. Rhamm, *Das Staatsrecht des Herzogtums Braunschweig* (Tübingen 1908)；也可比较同作者，»Die Neuordnung der Regierungsverhältnisse in Braunschweig«, *JöR*，第 1 期（1907），页 340—361。

[248]　H. v. Frankenberg, *Das Staats- und Verwaltungsrecht des Herzogtums Braunschweig* (Hannover 1909)；同作者，»Die Braunschweigische Gesetzgebung in den Jahren 1908–1912«, *JöR*，第 7 期（1913），页 247—259。

[249]　A. Falkmann, *Das Staatsrecht des Fürstentums Lippe* (Freiburg, Tübingen 1888)；K. Bömers, *Das Staatsrecht des Fürstenthums Schaumburg-Lippe* (Freiburg, Tübingen 1888)，页 165—176；W. Beseler, *Staats- und Verwaltungsrecht des Fürstentums Schaumburg-Lippe* (Hannover 1910)，该书论述简短，重点放在行政法。有关行政法史文献，见 Th. Klein, *DVG*，第 3 卷，页 825—832。

[250]　H. Becker, *Das Staatsrecht des Großherzogthums Oldenburg* (Freiburg, Tübingen 1888)，该书是一本非常简洁的论著；W. Schücking, *Das Staatsrecht des Großherzogtums Oldenburg* (Tübingen 1911)，该书详细，包括了行政法和吕贝克以及比肯费尔德诸侯国。有关作者 Schücking，比较 W. Kohl, »Walther Schücking (1875–1935). Staats- und Völkerrechtler – Demokrat und Pazifist«, *Kritische Justiz* (Hg.), *Streitbare Juristen* (1988)，页 230—241。

[251]　《奥尔登堡大公国行政和司法杂志》（*Zeitschrift für Verwaltung und Rechtspflege im Großherzogtum Oldenburg*）是对《奥尔登堡大公国国家行政和乡镇行政杂志》（*Magazins für die Staats- und Gemeindeverwaltung im Großherzogthum Oldenburg und des Archiv's für die Praxis des gesammten im Großherzogthum Oldenburg geltenden Rechts* [1874–1918]）的继续，由巴恩施泰特（Barnstedt）、胡尔曼（Hullmann）、扬森（Janßen）、朔曼（Schomann）主编。该杂志在 1919 年后续办，一直到 1939 年第 63 卷，由里泽比特（Riesebieter）主编。

[252]　M. Sellmann, *Entwicklung und Geschichte der Verwaltungsgerichtsbarkeit in Oldenburg* (Oldenburg 1957)；Th. Klein, *DVG*，第 3 卷，页 805—810，内有更多文献。

梅克伦堡－施特雷利茨大公国以及拉策堡诸侯国，[253] 这些地方在某种程度上成为宪治运动和学科史发展的落伍者。

（九）阿尔萨斯－洛林

帝国新邦阿尔萨斯－洛林占有特殊的宪法地位，并在 1911 年被写进宪法。[254] 在那里，生效的法律是帝国法律，但阿尔萨斯－洛林走的道路实际上是逐渐变成德意志帝国中的一个独立邦。

对阿尔萨斯－洛林的征服很有争议，而与这个征服有关的法律问题形成了大量公法文献典籍。这些文献典籍论述了皇帝的地位 [255] 和总督（Statthalter）的地位 [256]、州长（Oberpräsident）的权限 [257]、行政

---

[253]　有关行政史，见 Klein, *DVG*，第 3 卷，页 810—820。有关邦国法的重要杂志，除了 *Großhzgl. Mecklenburg. Strelitzscher Officieller Anzeiger für Gesetzgebung und Staatsverwaltung* (Neustrelitz 1866–1918)，还有 *Mecklenburgische Zeitschrift für Rechtspflege und Rechtswissenschaft* (Wismar 1881–1922)；规范汇编，见 C. W. A. Balck, *Verwaltungsnormen in Mecklenburg-Schwerin*，第 1—4 部分（Schwerin 1883–1908）；综合论述，见 E. Schlesinger, *Staats- und Verwaltungsrecht des Großherzogthums Mecklenburg-Schwerin* (Berlin 1909)。以前的文献（v. Kamptz, Wiggers），见本书第 4 章，注 195、196。

[254]　H. U. Wehler, »Elsaß-Lothringen 1870 bis 1918. Das ›Reichsland‹ als politisch-staatsrechtliches Problem des zweiten deutschen Kaiserreichs«, *ZGORh*，第 109 卷（1961），页 133—199；Huber IV (1969)，页 437 及以下，尤其是页 444 及以下，页 456 及以下。对于当时的文献，尤其参见 W. Rosenberg, *Die staatsrechtliche Stellung von Elsaß-Lothringen* (Metz 1896)；G. Hamburger, *Die staatsrechtlichen Besonderheiten der Stellung des Reichslandes Elsaß-Lothringen im Deutschen Reich* (Breslau 1901)。

[255]　E. Apel, »Die landesherrliche Gewalt des Kaisers in Elsaß-Lothringen«（博士论文，Greifswald, Spandau 1895).

[256]　C. Schulze, »Die staatsrechtliche Stellung des Statthalters von Elsaß-Lothringen«（博士论文，Tübingen, Frankenberg 1904）；O. Nelte, »Die staatsrechtliche Stellung des Statthalters von Elsaß-Lothringen«, *AöR*，第 27 卷（1911），页 1—42，页 133—174。

[257]　W. Rosenberg, »Der Diktatur-Paragraph in Elsaß-Lothringen«, *AöR*，第 12 卷（1897），页 539—589。

的组织结构 [258]、行政审判 [259]、邦代表在邦委员会中的权利 [260]，尤

其阐述了宪法颁布前后出现的宪法法律问题。[261] 地方杂志 [262] 没有那

些建立在帝国层面上的刊物机构（《公法档案》《当代公法年鉴》）

对这些问题论述得多，因为这些问题不是阿尔萨斯 – 洛林邦的法律

问题，而是帝国宪法和行政法问题。阿尔萨斯 – 洛林也有大量总结

性的综述，[263] 尤其是人们注意到，比较大型的帝国国家法教科书一

般都有论述阿尔萨斯 – 洛林的附录或补充。[264]

---

[258]　E. Loening, *Die Verwaltung des General-Gouvernements im Elsaß* (Straßburg 1874).

[259]　K. v. Stengel, »Das öffentliche Recht und die Verwaltungsgerichtsbarkeit in Elsaß-Lothringen«, *Annalen des Deutschen Reiches* (1876)，页 808 及以下，页 897 及以下；E. Keetmann, »Die Trennung von Justiz und Verwaltung in Elsaß-Lothringen«, *AöR*，第 21 卷（1907），页 71—145。

[260]　P. Stoeber, »Die parlamentarische Immunität des Landesausschusses für Elsass-Lothringen«, *AöR*，第 1 卷（1886），页 623—676。

[261]　O. Mayer, »Die Elsass-Lothringische Verfassungsfrage«, *DJZ*，第 10 卷（1905），栏 369—374，现可参见 O. Mayer, *Kleine Schriften zum öffentlichen Recht*, E. V. Heyen (Hrsgg.)，第 2 卷（1981），页 80—84；A. Pass, *Das Zustandekommen der elsaß-lothringischen Verfassungsreform von 1911* (Köln 1911); O. Nelte, »Das neue Verfassungsgesetz für Elsaß-Lo-thringen«, *AöR*，第 28 卷（1912），页 45—96（续集未出版）；W. Schoenborn, »Die elsaß-lothringische Verfassungsreform«, *JöR*，第 6 期（1912），页 222 及以下；E. Schalfejew, *Die staatsrechtliche Stellung Elsaß-Lothringens nach dem neuen Verfassungsgesetz* (Berlin 1913)。

[262]　《阿尔萨斯 – 洛林帝国直辖领法律杂志》（ *Juristische Zeitschrift für das Reichsland Elsaß-Lothringen* [Strasbourg, Mannheim 1876–1911]），1912 年到 1919 年续办，名称为《阿尔萨斯 – 洛林法律杂志》（ *Juristische Zeitschrift für Elsaß-Lothringen* ）。

[263]　A. Leoni, *Das öffentliche Recht des Reichslandes Elsaß-Lothringen*，第 1 部分: *Das Verfassungsrecht* (Freiburg 1892)，第 2 部分：*Das Verwaltungsrecht* (Freiburg, Leipzig 1895)，与曼德尔（K. Mandel）合著；K. Mandel / O. Grünewald, *Die Verfassung und Verwaltung von Elsaß-Lothringen* (Strasbourg 1905)；全面论述，见 E. Bruck, *Das Verfassungs- und Verwaltungsrecht von Elsaß-Lothringen*，3 卷本（Strasbourg 1908–1910）；H. Rehm, *Das Reichsland Elsaß-Lothringen* (Leipzig 1912), Vortr. d. Gehe-Stif-tung; O. Fischbach, *Das öffentliche Recht des Reichslandes Elsaß-Lothringen* (Tübingen 1914)；R. Piloty, »Elsaß-Lothringen«, *AöR*，第 38 卷（1918），页 149—160。

[264]　H. Schulze, *Lehrbuch des Deutschen Staatsrechts*，2 篇（Leipzig 1886），页 354 及以下；P. Laband, *Das Staatsrecht des Deutschen Reiches*，第 2 版（Freiburg 1888），第 67—69 节；同作者，*Deutsches Reichsstaatsrecht*，第 5 版（Tübingen 1909），第 22—24 节。

1872 年的夏季学期成立了一所新大学，这所大学从 1877 年起被称为"威廉皇帝大学"（Kaiser Wilhelms-Universität）。[265] 它在成立时就有法律系，有这些著名人物：**宾丁**（Karl Binding，1841—1920）（刑法）[266]、**佐姆**（Rudolf Sohm）（教会法）、**布伦纳**（Heinrich Brunner）（德意志法）、**拉班德**（国家法）、**施莫勒**（Gustav Schmoller）（国家学）、**勒宁**（行政法），从 1882 年到 1903 年还有**奥托·迈耶**（法国民法、国家私法、一般国家法和行政法）。虽然这所大学作为德国大学只存在了四十载，但因**拉班德**和**奥托·迈耶**，它在公法领域产生了特别重要的影响。[267]

（十）自由市

自由市汉堡、吕贝克和不来梅在 1866 年之后还能保持自身自由，后来在世纪之交吸引了一定的公法学兴趣，因为它们的宪法和行政法结构明显偏离包围其他法律的普鲁士法律。[268] 个中缘由或许在于，

---

[265]　P. Laband, *Lebenserinnerungen* (1918), 页 76—77；O. Mayer, *Die Kaiser-Wilhelms-Universität Straßburg. Ihre Entstehung und Entwicklung* (1922)；Ch. Weber, *Der »Fall Spahn«(1901). Ein Beitrag zur Wissenschafts- und Kulturdiskussion im ausgehenden 19. Jahrhundert* (Rom 1980)；J. E. Craig, *Scholarship and Nation Building: The Universities of Strasbourg and Alsatian Society, 1870–1939* (Chicago, London 1984)。

[266]　D. Westphalen, *Karl Binding (1841–1920). Materialien zur Biographie eines Strafrechtsgelehrten* (1989), 页 64 及以下，内有更多文献。

[267]　与之相联系的德国和法国的相互影响，见 E. V. Heyen, »Ausländisches Verwaltungsrecht im ›Archiv für öffentliches Recht‹ und in der ›Revue du droit public‹ vor dem Ersten Weltkrieg«, *Jahrbuch f. Europäische Verwaltungsgeschichte*, 第 2 卷（1990），页 213—217。

[268]　H. Nirrnheim, »Die hamburgische Verfassungsfrage von 1814 bis 1848«, *Zeitschr. d. Vereins f. Hamburgische Geschichte*, 第 25 卷（1922/1924），页 128—148；H. Reincke, *Die Kämpfe um die hamburgische Verfassung 1848 bis 1860*, 前引书，页 149—168；A. Rosenfeld, *Die Entstehung des Berufsbeamtentums im Stadtstaat Hamburg. Vom Ehrenamt zum »bürokratischen Verwaltungsstaat«* (1984), 页 37 及以下；F. M. Wiegand, *Die Notabeln. Untersuchungen zur Geschichte des Wahlrechts und der gewählten Bürgerschaft in Hamburg 1859–1919* (1986)；A. Herzig (Hg.), *Das alte Hamburg*（转下页）

汉堡和不来梅的经济繁荣以及"民族主义激发的汉萨传统活力"，在其中发挥了作用。[269]

但在第一次世界大战期间才创办了联系这些城市的《汉萨法律杂志》，[270] 行政审判后来才被引进，[271] 而只有汉堡在 1919 年成立了自己的大学。因此在一战之前，这些城市再没有汇集起形成邦国法学术研究的关键因素。然而，仍有受人尊重的公法文献典籍。[272] 所提到的著作——对汉堡来说尤其是**梅勒**（Werner von Melle）撰写的著作，对不来梅和吕贝克来说则是**博尔曼**（Johannes Bollmann）撰写的著作——有每一个城市的比较统一的历史导论，描述了国家领土和国籍，并把"上议院"和"公民"放在中心位置。这些著作

（接上页）*(1500–1848/49)* (1989)，其中，尤其参见 P. Borowsky, »Die Restauration der Verfassungen in Hamburg und in den anderen Hansestädten nach 1813«，页 155—175。

[269] R. Postel, »Hansestädte«, *DVG*，第 3 卷，页 833。此外，人们普遍对"城市的宪法和行政组织"也感兴趣。比较关于苏黎士、巴塞尔、日内瓦、伯尔尼、布拉格、格拉茨、卡尔斯巴德、皮尔森宪法和行政的论文集，见 *Schriften des Vereins für Socialpolitik*，第 121 卷（Leipzig 1906）。

[270] M. Mittelstein (Hrsgg.), *Hanseatische Rechtszeitschrift*，第 1 卷（1917/1918），比较其中 Hartmann, »Die Zulässigkeit des Rechtsweges in streitigen Verwaltungssachen nach lübeckischem Recht«，栏 75—83，以及 Lange, »Die Einführung der Verwaltungsgerichtsbarkeit in Lübeck«，栏 27—31。

[271] 吕贝克是通过 1916 年 12 月 6 日的立法，汉堡是通过 1921 年 11 月 2 日的立法，不来梅是通过 1924 年 1 月 6 日的立法。也可比较 Seweloh, »Die Einführung einer Verwaltungsgerichts- barkeit in Hamburg«, *AöR*，第 29 卷（1912），页 1—38。

[272] J. Wolffson, *Das Staatsrecht der freien und Hansestadt Hamburg* (Freiburg, Leipzig 1884)；W. v. Melle, *Das Hamburgische Staatsrecht* (Hamburg, Leipzig 1891)；G. Seelig, *Hamburgisches Staatsrecht auf geschichtlicher Grundlage* (Hamburg 1902)；H. Sievers, *Das Staatsrecht der freien und Hansestadt Bremen* (Freiburg 1884)；J. Bollmann, *Bremisches Staats- und Verwaltungsrecht* (Bremen 1904)；同作者, *Das Staatsrecht der Freien Hansestädte Bremen und Lübeck* (Tübingen 1914)；F. Bruns, *Verfassungsgeschichte des Lübeckischen Freistaates 1848–1898* (Lübeck 1898/1899)；K. Klügmann, *Das Staatsrecht der freien und Hansestadt Lübeck* (Freiburg, Leipzig 1884)；W. Brückner, *Staats- und Verwaltungsrecht der freien und Hansestadt Lübeck* (Hannover 1909)。有关不来梅，现可参见 Ch. U. Schminck-Gustavus / V. Kröning (Hg.), *Handbuch der Bremischen Verfassung* (1991)，页 25—29，内有更多文献。

的第二部分论述了国家功能（立法、司法和行政），接着简要介绍各个行政分支。在流行的德意志国家法教科书（**海因里希·察哈里埃**、**策普夫尔**、**舒尔策－格威尔尼茨**［H. v. Schulze-Gaevernitz］、**格奥尔格·迈尔**［Georg Meyer，1841—1900］）中也有这些简要介绍。

三、小结

对 19 世纪后半期各个德意志邦国的国家法和行政法的综览表明，这方面的文献典籍牢牢依从于政治条件。在施行书报审查的地方、在国家法因没有宪法环境还不成熟的地方，以及在行政法没有从"法律志"中走出来的地方，人们就不要真心指望有繁荣的公法学术。另外，那些领土范围更狭小的、还没有自己大学的地方，消极因素更多。积极的一面：出现了大批立宪国家，1850 年以后继续发扬三月革命前的公法传统，这个传统未真正断裂。在这些立宪国家中进行了分权，有了法治保障，有了出版自由，行政得到了规范，大学也十分活跃。那些起初被吸引到革命和反革命事件上的精力，现转向建立法治国和解答特殊的法学问题上。民族之梦暂时破灭，因此人们不想再继续德意志一般国家法的传统，而每一个邦国的国家法和行政法才是研究的可能对象。

然而，在 1850 年之后的头十年，各个邦国的国家法和行政法还处于一种独特的萎靡状态，停滞不前。1849 年的震惊事件刻骨铭心，记忆犹在。反动的统治措施进一步打击了坚持"法治国"的自由主义力量。大约从 1860 年起随着改革鼎新，人们对公法的兴趣才迅速被激发起来。普鲁士和奥地利先后成为"立宪国家"，可以弥

补巴伐利亚、符腾堡、巴登、黑森 – 达姆施塔特和萨克森在各自大
学与已经大量产生的刊物的相互影响中所长期实践的东西。自君主
立宪制作为一种宪治类型得到推行以来，学术兴趣的重心——与行
政改革平行发展——转移到行政法上。在那里必须表明，宪法保障
实际意味着什么，在争论行政审判时关注对国家权力进行控制，还
会促使对迅速增加的大量法律素材进行抽象总结。这在实现了民族
统一之后更是如此。在公法中也产生了来自民族统一的法制统一的
动力，[273] 并超乎寻常地激发了 "从宪法向行政" 的转变，这种转变
在与德意志同步发展的意大利也得到了证实。[274]

然而，这种转变对小国和更小邦国一直是过高要求。尽管它们
是立宪国家，但对公法进行更广泛研究的人员和出版能力都不足。
大学、刊物和高等行政法院——公法学术文化最重要的因素——必
须结合起来，才能相得益彰。直至 1880 年代，在**马夸德森 – 赛德尔**
的巨著以及**耶利内克**、**拉班德**和**皮洛蒂**的鸿篇巨著的框架中，才有
一些小国的国家法和行政法的现代总述（奥尔登堡、不伦瑞克、图
林根、梅克伦堡、汉萨城市）。

这些论述一般都以君主立宪制模式为基础，这种模式在内容上
日趋统一。人们发现邦国法的主要著作在方法上也有广泛的一致性。

如果把汉萨城市的城市贵族制和两个梅克伦堡的领地贵族制放
到一边不谈的话，那么以下原则在当时是通行的 [275]：把国家解释为

---

[273] M. Stolleis, »Innere Reichsgründung und Rechtsvereinheitlichung«, Chr. Starck (Hg.), *Rechtsvereinheitlichung durch Gesetze. Bedingungenm, Ziele, Methoden*, Abh. d. Ak. d. Wiss. in Göttingen. Phil. Hist. Kl., 系列 3, 第 197 期（1992）.

[274] Schiera-Gherardi, 前注 168, 页 129 及以下，页 140 及以下，内有更多文献。

[275] D. Grimm, *Deutsche Verfassungsgeschichte 1776–1866* (1988), 页 110—141；H. Boldt, *Deutsche Verfassungsgeschichte*, 第 2 卷（1990），页 194—205；Huber III, 第 2 版（1970），页 55 及以下关于普鲁士。

法人（"整体人格"［Gesamtpersönlichkeit］），其中心是君主，而君主是统一的、"最高"国家权力的担当者，他在法律上不负责任、不容侵犯；没有**孟德斯鸠**意义上的分权，但把国家权力划分成立法权（Legislative）和执法权（Exekutive），再把后者分成行政权（Verwaltung）和司法权（Justiz）；上下议院和君主一起行使立法权，其中上院体现稳定和保守因素，而下院则体现变动和改革进取因素。许多邦国的上院接收了 1800 年后形成的"国家资政院"（Staatsrat）的功能，并很快使该机构失去意义。[276] 政府、行政和国家服务人员（官吏和军人）发挥延伸君主权力手臂的作用。但这不是一种新专制主义模式，因为君主越来越寻求与下院多数派一起和谐共事，尽管他们不接受纯粹议会化。此外，宪法约束、1848 年革命所取得不会再倒退的成就、支配舆论的经济自由主义和法治的自由主义，尤其是或多或少与积极行政相分离的行政审判的建立，都在产生影响。

　　自从有了行政审判，就再也不能回避这些教义的核心问题了，即受宪法或各个法律认可的法律立场是否赋予公民一种可以和民法上的"请求权"（actio）相比较的"主张权"（Anspruch）？邦国宪法中的基本权利是前国家的（vorstaatlich）主观权利，抑或是被国家法律秩序所认可因而也可以被撤回的客观给予？迁徙自由、平等原则、宗教自由、财产权或者受一般法律调整的开办工商、抽取地下水、要求赔偿等权利有何种法律本质？在最终受自然法思想激发的三月革命前的宪法运动当中，基本权利的历史语境有利于"纯粹的"基本权利，反而 1850 年之后的政治语境不利于这种基本权利。竭力把君主权力放在显著位置的理论家（**拉班德**、**赛德尔**、**阿恩特**、**措恩**等人）贬低所谓的基本权利，倘若不是完全拒绝，也是力图把

---

[276]　P. Conring, »Staatsrat«, *HRG*，第 4 卷（1990），页 1832—1836。

公法权利压到最低程度。[277] **耶利内克**在1892年撰写的著名专著《公法权利体系》（*System der subjektiven öffentlichen Rechte*）把这些争论结合起来，并对它们进行了彻底改造。我们在后面还要谈到这部专著。

至于方法上的统一问题，我们在本章开头已经提到，19世纪公法在科学实证主义和法律实证主义之间进行着独特的来回运动。在1850年到1914年这几十年中，值得称道的、对法律法规制定进行小心整理并为实践进行筛选的工作，起初几乎不是学术性的。历史论述降为必要的"导言史"，政治的东西被明确回避。著者们是君权主义者、忠实的国家工作人员、行政官吏或高校教师，这自不待言。三月革命前严重的政治分歧现在也似乎销声匿迹了。

在1865年以后的几年光阴就完成了向"法学方法"的转变，先在国家法中完成，然后逐步在行政法中完成。这个转变尤其和**格贝尔**的名字联系在一起。但是公法的邦国法律文献却很少有这种转变。若涉及论述邦国公法，原则上似乎只有"叙事的"（erzählende）（国家学的）方法才有意义。按照存在的管辖范围阐释宪法规范的历史形成物、等级结构中的机构和实体法。其主要思想表现为，依照自然优先观点对"有效法律"和结构进行准确、清晰的表达。而基础性的论述要么没有，要么只是顺便提示。邦国政府和行政、邦国议会、地方自治和教会议会的观点占据支配地位。就此而言，这些文献典籍"在方法上是统一的"。

各邦国的国家法在民族统一期间并不十分耀眼。它们在1850年

---

[277]　比较如吉泽在措恩指导下撰写的博士论文，F. Giese, »Die Grundrechte«
(Tübingen 1905)。其中概述了基本权利的发展，基本权利最终被理解成因国家主权而被排除在主观发挥空间之外的权利，即它是实证法的产物，而不再被理解成是前国家的自然法立场。

到 1860 年的政治反动气氛下不能正常繁荣生长，而从 1866 年起又被帝国创立这一戏剧性事件所遮蔽。帝国内部越是稳固，越是形成了自己的帝国行政，[278] 邦的法律地位自然就越显卑微。例如，**胡德格赖斯**伯爵在 1909 年总结道："现在一般国家目的只有一部分在普鲁士得到实现，另一部分则转移到帝国身上。"[279] 此外，还要注意的是，由于学术兴趣的原因，帝国国家法的全面综合显得更有吸引力。研究帝国法的学术著作使它的作者有资格去所有的帝国大学，它们也能得到跨地区的关注，并且能在中央刊物上发表。同时，与邦狭窄的公法相比，帝国法课程更重要，也更能吸引学生。最后，只要仍未拥有一个"总则"框架，那么，比如要像**托马**（Richard Thoma）那样成功地从地域有限的资料中提出具有支配意义的问题就比较困难，尤其在行政法中更是如此。

---

[278]　R. Morsey, *Die oberste Reichsverwaltung unter Bismarck (1867–1890)* (1957)；同作者，»Die Aufgaben des Norddeutschen Bundes und des Reiches«, *DVG*，第 3 卷，页 138 及以下。

[279]　R. Count Hue de Grais, *Handbuch der Verfassung und Verwaltung in Preußen und dem Deutschen Reiche*，第 19 版（1908），页 1。

第八章
德意志一般国家法——帝国国家法学说

一、帝国建立前的德意志一般国家法（1850—1866）

（一）导言

19世纪下半期，政治发生戏剧性变化的阶段集中在1866年到1871年。这五年间，解决民族问题的"小德意志"（Kleindeutsch）方案迅速取得成功，其中充满了暴力。第二帝国取代了德意志同盟，而普鲁士在这个帝国中扩大了自己的范围，并成为一个超级大邦。

这一进程对公法学史产生了极大影响。原来从学术中发展出来的"德意志一般国家法"，在德意志同盟期间提供了发挥连接作用的元素，并用作"缺乏国家统一的代替物"[1]，而此时则被"帝国国家法"替代。《北德意志同盟宪法》和帝国宪法是有效的法律，人们总是怀疑"德意志一般国家法"，就像怀疑它能建立起自己的法律效力一样。新生的帝国国家法尽管也有漏洞，但它为法学工作提供的基础比以往更为可靠。国家法因此也从思辨的顶端回落到坚实

---

[1] H. Schulze, »Ueber Princip, Methode und System des deutschen Staatsrechts«, K. L. Aegidi (Hrsgg.), *Zeitschrift für Deutsches Staatsrecht und Deutsche Verfassungsgeschichte*, 第1卷（1867），页451。

的地基上："德意志国家法的学术研究曾是一个悠久的并有着个体差异的学科，而帝国的建立最终使它获得了一个坚实的实证基础，从而停止只是建构假设的国家法。"[2] 这字里行间流露出一种当时普遍存在的满足感。

因此，1866 年是一个重大的转折之年。布雷斯劳大学的国家法学者**舒尔策**甚至说"1866 年是世界史上的灾年"，并认为："1866 年对德意志国家法实践和理论的深远意义堪比 1806 年。"[3] 实际上，宪法史的转折点和学科史的转捩点有几分重合。[4] 不受人欢迎的德意志同盟的中断、与"柯尼希格雷茨（Königgrätz）战役"相关联的普鲁士宪法冲突的终结，以及帝国的逐步建立都触及公法的基础。

但这不仅仅是学术创立法律向国家制定法律的过渡。人们还可以发现方法上的深刻变化。[5]1866 年前后法学创新显著增加，这体现在当时被认为是"全新的"作品中：**格贝尔**的论文《论公法权利》（»Ueber öffentliche Rechte«，1852）、**耶林**的文章《我们的任务》（»Unsere Aufgabe«，1857）、**费迪南德·迈尔**（Ferdinand Franz von Mayer）尝试创设行政法"总则"（1857—1862）、**奥托·贝尔**的《法治国》（Der Rechtsstaat，1864）、**舒尔策**的《德意志国家法导论》（Einleitung in das deutsche Staatsrecht，1865），尤其是**格贝尔**划时代的《德

---

[2]　J. v. Held, *Die Verfassung des Deutschen Reiches vom staatsrechtlichen Standpunkt aus betrachtet* (Leipzig 1872)，页 202—203。

[3]　H. Schulze, *Die Krisis des Deutschen Staatsrechts im Jahre 1866. Nachtrag zur Einleitung in das Deutsche Staatsrecht* (Leipzig 1867)，前言。

[4]　F. P. Kahlenberg, »Das Epochenjahr 1866 in der deutschen Geschichte«, M. Stürmer (Hg.), *Das kaiserliche Deutschland* (1970)，页 51—54；K. G. Faber, »Realpolitik als Ideologie. Die Bedeutung des Jahres 1866 für das politische Denken in Deutschland«, *HZ*，第 203 卷（1966），页 1—45。

[5]　R. Smend, »Der Einfluß der deutschen Staats- und Verwaltungsrechtslehre des 19. Jahrhunderts auf das Leben in Verfassung und Verwaltung«, 见同作者, *Staatsrechtliche Abhandlungen*，第 2 版（1968），页 326 及以下。

意志国家法体系的基本特点》（*Grundzüge eines Systems des deutschen Staatsrechts*，1865）和**基尔克**的《社团法》（*Genossenschaftrechts*）第一卷（1868），这些作品在几年间接踵而至。在**埃吉迪**唯一一卷《德意志国家法与德意志宪法史杂志》（*Zeitschrift für Deutsches Staatsrecht und Deutsche Verfassungsgeschichte*，1867）中的热烈讨论表明了转折情况。[6] 国家法的新老流派在这里再一次得到外在的统一，但分离即将发生。问题是，哪一种流派在今后可以被认为是"科学的"？在那时的学术活动中，被谴责是"非科学的"意味着一种莫大的污名，因此争论激烈，并带几分尖锐。新流派的代言人在 1865 年，最迟也是在**拉班德**发表纲领性作品《预算法》（1871）[7] 时就意识到了他们的创新。1865 年，**格贝尔**撰写的《基本特点》以《公法中的法学建构》为题刊出，被认为是建立了功劳，预示着国家法的一个新时代到来。[8] **莫尔**全然不顾别人的批评而赞扬这部著作是形式上的"杰作"。[9] **舒尔策**尽管也赞成"法学方法"，但反对**格贝尔**而捍卫自己把国家理解成"有机体"的思想，并坚持认为，必须保持"国家法学丰富和生机活力的内容"。[10] 最后，1869 年出版了一部**林德格伦**（W. E. Lindgren）撰写的、完全建立在**格贝尔－拉班德**路线上的著作，其副标题为"国家和国家权力法学建构的尝试"。[11]

---

[6] P. v. Oertzen, *Die soziale Funktion des staatsrechtlichen Positivismus* (1974)，页 154—157。有关埃吉迪的书信文献，J. Jessen, *Die Selbstzeugnisse der deutschen Juristen* (1983)，页 170。

[7] P. Laband, »Das Budgetrecht nach den Bestimmungen der Preußischen Verfassungs-Urkunde unter Berücksichtigung der Verfassung des Norddeutschen Bundes«, *Zeitschr. f. Gesetzgebung und Rechtspflege in Preußen* (1871)，页 1—83（单行本，再版，1971）。

[8] K. V. Fricker, »Die juristische Construction im öffentlichen Recht«, *ZStW*，第 21 卷（1865），页 465—482。

[9] R. v. Mohl, *Aegidis Zeitschrift*，第 1 卷（1867），页 363，页 367。

[10] H. Schulze, »Ueber Princip, Methode und System des deutschen Staatsrechts«, *Aegidis Zeitschrift*，页 417—451（页 426）。

[11] 见后注 116。

　　因此，1866 年前后，国家法的学术势力处于某种亢奋的奠基情绪氛围中。人们感觉到在方法上处于一个决定性的时刻，同时在 1866 年还看到，实证法素材已摆脱了研究德意志同盟法的旧国家法流派。[12]

（二）同盟国家法论纲

　　1850 年之后，尽管在自由主义者中流行着如此观点，认为德意志同盟是公法阐述的不光彩内容，因此它只能作为"真正"国家法的附录，但一位观察家在 1867 年却记载了"最新出现的德意志一般国家法的丰富研究"。[13] 旧流派的代表如**策普夫尔**和**海因里希·察哈里埃**，他们的主要著作建立在德意志同盟的存在基础上。他们并非不受欢迎，这个方向能继续下去并适应新情况；**策普夫尔**还宣布在政治上支持德意志同盟存续下去。

　　1850 年 5 月 15 日德累斯顿会议失败后，新时代的国家法切入点是德意志同盟的重新建立。同盟的结构没有发生任何变化。国家法学者因此继续研究当时存在的规范，并撰写后续，补充一些注释。我们已经提到越来越保守的**策普夫尔**所撰写的教科书在 1855 年出版第四版，在 1863 年出版第五版。[14] 这部教材就像作者本人一样，所涉及的范围超乎寻常的广泛，成为一个"丰富的知识宝库"。[15] **策**

---

　　[12]　主要参见 M. Fioravanti, *Giuristi e costituzione politica nell' Ottocento tedesco* (Milano 1979)，页 127 及以下。

　　[13]　R. v. Mohl, »Bemerkungen über die neuesten Bearbeitungen des allgemeinen deutschen Staatsrechts«, *Aegidis Zeitschrift*, 第 1 卷（1867），页 358。

　　[14]　H. Zöpfl, *Allgemeines und deutsches Staatsrecht*, 第 4 版（Leipzig, Heidelberg 1855）；第 5 版的题目是 *Grundsätze des gemeinen deutschen Staatsrechts mit besonderer Rücksicht auf das Allgemeine Staatsrecht und auf die neuesten Zeitverhältnisse*，第 1、2 部分 (Leipzig, Heidelberg 1863；再版，1975)。有关策普夫尔，见本书第 2 章，注 98，注 101。

　　[15]　Mohl, 前引书，页 380："人们尝试着在此滑稽地模仿福斯塔夫（Falstaff）的名言——苦恼使人臃肿。"（译者按：福斯塔夫是莎士比亚作品中的戏剧人物。）亦见 Mohl, *Erinnerungen*, 第 1 卷，页 232，莫尔在此处谈到策普夫尔的（转下页）

普夫尔一如既往地坚持"在国家法关系中存在着一个民族思想圈的想法"，[16] 但在 1855 年以后他却推动邦国的实证国家法向前发展，这不利于"一般国家法"的发展，但形成了大量资料。资料内容细节越详细，需要不断进行补充的就越多，尤其在动荡年代更是如此。**策普夫尔**对国家法的变化穷追不舍，[17] 不断地补充他那国家法及国家史与法史的两部主要著作，他甚至还研究广泛的法律史。与哈雷大学的**路德维希·佩尔尼茨**所做的一样，**策普夫尔**作为专家评阅人主要奉献于高级贵族权利。[18]1877 年，他逝世于海德堡，无缘在帝国国家法领域扮演更重要的角色。

同样是民族自由主义者、进行严格法学论证[19] 的**海因里希·察哈里埃**[20]，因他那部巨著《德意志国家法和同盟法》[21] 而陷入德意志同盟危机四伏的处境。他的大德意志解决方案[22] 和同盟法院解决

（接上页）"福斯塔夫现象"以及他的格言"我和海德堡的酒桶始终保持原样"。

[16] 1855，第 4 版序，该序还被放进第 5 版，页 8。

[17] H. Zöpfl, *Deutsche Union und deutsches Reich. Entwurf einer allgemeinen Reichsverfassung mit Inbegriff der deutschen Union* (Erfurt 1850).

[18] H. Zöpfl, *Ueber Mißheiraten in den deutschen regierenden Fürstenhäusern überhaupt und in dem Oldenburgischen Gesammthause insbesondere* (Stuttgart 1853)；同作者，*Ueber hohen Adel und Ebenbürtigkeit* (Stuttgart 1853)；同作者，*Die neuesten Angriffe auf die staatsrechtliche Stellung der deutschen Standesherren* (Donaueschingen 1867)。他总共撰写了约 300 篇专家评语。

[19] 迈耶尔评价道，海因里希·察哈里埃的功劳是"在德意志国家法学的总述中把它返回到法学方法上"，这一评价显然不是针对格贝尔意义上的方法，而是针对获取独立于政治摇摆的法律观点，见 Otto Mejer, *Einleitung in das Deutsche Staatsrecht*，第 2 版（Freiburg, Tübingen 1884），页 248。在兰茨贝格那里，他也是"笃信严格法学的代表，是有思想的时事评论家，不受任何党派政治的约束"，见 Landsberg III/2，页 659。

[20] 见本书第 2 章，注 107；详见 F. Frensdorff, *ADB*，第 44 卷（1898），页 617—632；对他的赞扬，见 Landsberg III/2，页 658—661，以及注 283—286。所有更新的文献见 Ch. Starck / F. Loos (Hg.), *Rechtswissenschaft in Göttingen. Göttinger Juristen aus 250 Jahren* (1987)，页 209—228。

[21] *Deutsches Staats- und Bundesrecht* (Göttingen 1841–1845；第 2 版，2 卷本，1853, 1854；第 3 版，2 卷本，1865, 1867)。

[22] *Die Reform der deutschen Bundesverfassung auf der Basis des Beste-*（转下页）

紧张关系的希望都变得越来越渺茫，所以他在 1865 年不得不极度失望地总结道："同盟对真正重大的政治问题无济于事，形同虚设。"[23]这部教材的第二卷于 1866 年秋季杀青，在 1867 年出版之际，**海因里希·察哈里埃**作为"汉诺威死党"被选进北德意志同盟的帝国议会。他"虽然不是一位紧绷着脸的地方主义者，却是法律思想的代言人，认为普鲁士有扩张和征服的野心而对它心存狐疑"[24]。他在那时似乎仍希望容纳奥地利的解决方案。"在他生命的尽头，"**施塔克**（Starck）这样总结道，"**海因里希·察哈里埃**不得不看到，德意志的民族和宪治发展，也就是历史的发展进程体现得和他想象的完全是两回事。在他待过一年的北德意志帝国议会中，他在宪法咨询时所支持的大多数提议都没有通过。而国家法学说走的也是另外一条道路，也就是说使用的是另外一种方法。他死后翌年，**拉班德**的《德意志帝国国家法》（*Das Staatsrecht des Deutschen Reiches*）第一卷出版了，书里再也不谈论国家目的和国家界限了。"[25]

（三）1866 年以前的新论著

1848 年前出版的那些宏大的手册不仅被更新，而且对新"体系"的冒险尝试还主要吸引了那些受法哲学影响的作者。那些作者现在想在抽象层面上论述主流的带有德意志痕迹的宪治模式。在**策普夫尔**和**海因里希·察哈里埃**收集准备好了大量资料之后，大家顿感如释重负。

（接上页）*henden und ohne Ausschluß Österreichs, von einem norddeutschen Publicisten* (= H. A. Zachariä) (Erlangen 1859). 见 Starck，前注 20，页 216—217。

[23]　H. A. Zachariä, *Deutsches Staats- und Bundesrecht*，第 3 版，第 1 卷（Göttingen 1865），页 244。

[24]　Landsberg III/2，注 284。

[25]　Starck，前注 20，页 227。

1. J. v. 黑尔德

维尔茨堡的国家法学家**黑尔德**走的明显就是这样一条路。[26] 他撰写的《德意志君主制国家的宪法体系——对宪治主义的特别思考》（*System des Verfassungsrechts der monarchischen Staaten Deutschlands mit besonderer Rücksicht auf den Constitutionalismus*）[27]，正如该书序言所说，"不是一本手册，而是一部体系"作品。因此，这本书的文献参考有限，但对素材本身进行了扩展。**黑尔德**详细阐述了这些问题：比如在第一卷中探讨了具有支配性意义的德意志共同宪法的可能性、"一般国家法的基本原则"（国家的本质、人民、土地、国家权力）和宪法史；在第二卷真正的"体系"中论述了君主立宪制的主要思想和内容（宪法概念、君主制原则、等级会议、国籍和外国人法、基本权利、国家领土）。**黑尔德**采取的路线是，在通过法律比较而获取的实证法原则与哲学原则之间不进行严格区分。[28] 事实上，他的论述是"非常宽泛和基础的论述，同时也是非常模糊的论述"[29]，"或许受当时**伯伦知理**刚出版的《一般国家法》的影响"[30]。**黑尔德**的意图是，就像今天人们所说的，把宪治国家的宪法学说一步步抬升为实证的德意志共同国家法，把一般国家学说和社会学说提升为理论上的政治学。[31] 他广泛具体实现的这个纲领负载着国家理想与现实之间的张力，**黑尔德**的唯心主义在一个越

---

[26]　A. Teichmann, *ADB*，第 50 卷（1905），页 161—163；R. Piloty, »Ein Jahrhundert bayerischer Staatsrechts-Literatur«, *Festg. Laband*，第 1 卷（Tübingen 1908），页 262—269；*Landsberg* III/2，注 346—347。

[27]　2 卷本（Würzburg 1856, 1857）。

[28]　莫尔也指责"带进太多法哲学和政治学"，见前注 13，页 365。

[29]　Landsberg III/2，注 347。

[30]　Piloty，前注 26，页 264。

[31]　J. v. Held, *Staat und Gesellschaft vom Standpunkte der Geschichte der Menschheit und des Staats. Mit besonderer Rücksicht auf die politisch socialen Fragen unserer Zeit*，3 部分（Leipzig 1865）。

来越由实证主义和"现实主义"确定的世界里显得几乎落伍过时。在此，科学和进步的信仰与个人的发展理想结合在一起。把这些观点转变为政治性的东西就意味着，把**黑尔德**划为底色是自由主义的君主立宪制拥护者，而这种君主立宪制受到法治保障。在他与德意志同盟的关系上，他和**策普夫尔**的保守主义相差甚远，而免受**莫尔**的尖锐批评。**黑尔德**是中庸的温和代表，"热情奔放的天性和道德伦理上的奇思怪想"（**皮洛蒂**语）使他越过了现实政治和实证法的低洼地带。[32]

2. G. A. 格罗特芬德

1866 年前对同盟法和邦国法进行全面论述的另一个例子是，具有自由主义思想、时任汉诺威高级官吏的**格罗特芬德**所撰写的两卷本著作。[33] 该著作是他在莱讷河畔阿尔菲尔德写就的，"在这个地方……得不到丝毫的文献帮助"（前言），他对同盟法和地方的邦国法进行枯燥的实证法上的清点总结，摈弃任何类似于"思辨"、政治和伦理道德的东西，甚至把**黑尔德**的著作也排除在"科学论述德意志公法的圈子"之外。[34] 同样，历史内容除了少量残余，也被"当成体系的异类"而被清理出去。[35] 这最终导致不会再有德意志共同国家法的结果。然而，他把"德意志国家法理解成统一主体的

---

[32]　他有关帝国宪法的作品，见前注 2 和后注 137。

[33]　G. A. Grotefend, *System des öffentlichen Rechts der deutschen Staaten*，第 1 部分和第 2 部分（Göttingen 1860, 1863）。第 3 部分，宪治的"一般国家法"，和关于北德意志同盟一节联系在一起，题目是 *Das deutsche Staatsrecht der Gegenwart* (Berlin 1869)。格罗特芬德把海因里希·察哈里埃和施塔尔称为自己学术上的老师，把莫尔和伯伦知理称作自己文学上的榜样（1863，序）。但莫尔对他的批评很尖刻（*Aegidis Zeitschrift*，第 1 卷［1867］）。格罗特芬德主要是以孜孜不倦地主编和评论普鲁士和德意志的法律、法规和法令而闻名，他的著作有"纲要"（财政法和军事法、宪法和行政法）、行政手册（警察、省区行政、行政组织）和教科书（《普鲁士行政法》，1890, 1891）。为简便起见，见 *GV 1700–1910*，第 51 卷（1982），页 122—126。

[34]　Grotefend, *System*，前注 33，第 4 节。

[35]　Cassel，第 2 部分（1863），前言，页 VIII。

法律"。[36] **格罗特芬德**沿着这条路线快速地论述该题材：德意志同盟的法律、它的宪法和机构，而在第二卷中——尽管信奉实证法——又论述一般国家学说、德意志国家法和国家法学说形成的历史，最后在末尾处只是简要地列举几项具有普遍约束力的德意志国家法的法律形态。[37] 总之，**格罗特芬**想建立一个封闭的实证法体系的意图并没有兑现；他对历史和一般国家学说的方法咒语起初也未产生影响，但影响了**格贝尔**，后面将马上谈到他。

3. K. v. 卡尔滕博恩

与温和的自由主义者**黑尔德**和**格罗特芬德**不同，柯尼斯堡大学的国际法学家**卡尔滕博恩**[38]是一位保守主义者，至少在他撰写《宪治的宪法导论》（*Einleitung in das constitutionelle Verfassungsrecht*）[39]时是如此。此外，他那有利于"绝对维护国家统治"的观点，不仅体现在宪法冲突之初对**俾斯麦**的偏袒上，而且还体现在 1864 年他转到经济已经崩溃的库尔黑森政府的"外交部"工作[40]上。[41] 顺便提

---

[36]　格罗特芬德注意到了这一矛盾，但他认为这一矛盾是表面的，并认为，可能就该如此，因为一个普遍的概念体系是"正确认识法律本身"不可缺少的前提条件（1863，前言，页 XI）。

[37]　1863，第 2 版，第 3 篇，页 252—274。

[38]　卡尔滕博恩 1846 年在哈雷任讲师，1852 年起任柯尼斯堡大学德意志法和公法教授，1864 年起在卡塞尔库尔黑森政府的外交部工作。比较 Teichmann, *ADB*,第 15 卷（1882），页 43—45；Landsberg III/2，页 653—655，以及注 280，兰茨贝格在前处赞扬卡尔滕博恩的国际法、海洋法和货币法著作。其中主要有：*Kritik des Völkerrechts nach dem jetzigen Standpunkte der Wissenschaft* (Leipzig 1847)；*Die Vorläufer des Hugo Grotius auf dem Gebiete des Jus naturae et gentium sowie der Politik im Reformationszeitalter* (Leipzig 1848)，以及 *Grundsätze des praktischen europäischen Seerechts*，2 卷本（Berlin 1851）。

[39]　Leipzig 1863.

[40]　他在此工作期间发表了 *Die Volksvertretung und die Besetzung der Gerichte, besonders des Staatsgerichtshofes* (Leipzig 1864)，他以此证明，库尔黑森 1848 年 6 月 17 日的法律规定议会对高等上诉法院所有的法官职位享有出席权，不仅违反了德意志同盟宪法，而且违反了邦国宪法。

[41]　维克托·佩尔尼茨（Victor A. H. Pernice，1832—1875）也如出一（转下页）

及的是，他走后为柯尼斯堡大学的国家法授课留下的空位——完全毫无准备——由年轻的法史学家和商法学家**拉班德**填补。

卡尔滕博恩在 1863 年撰写的这本书的前面内容是三月革命前传统的宪法史。[42] 它实际上只是一个"导论"，即论述德意志国家法的哲学、政治和历史基础，在方法上把历史学派要素和**黑格尔**右派（Rechtshegelianismus）要素结合了起来。人们对该书的反响大体上是微弱的、消极的。[43]

4. O. 迈耶尔

与 1866 年前国家法文献有关的著作，最后要提到的是由**迈耶尔**[44] 撰写的，如**兰茨贝格**所说，"受大家赞扬的《德意志国家法导论》（*Einleitung in das deutsche Staatsrecht*），在 1861 年首次出版，是该年一项可喜的、进行历史介绍的著作"。[45] **迈耶尔**首先是新教和严格路德宗教会法的重要代表。就此而言，他也是**里希特**（Aemilius Ludwig Richter，1808—1864）[46] 的学生。**措恩**有些过分地把**迈耶尔**的这本《导论》——和**格贝尔**的《基本特点》一起——捧为"1866 年前新国家法学中最有价值的作品"。[47] 该《导论》在开头简短论述了解释基本概念的一般国家学说，接着描述 1806 年以前的旧帝国、莱茵联盟和德意志同盟，在第二版的修订版（1884）中一直论述到

（接上页）辙，1866 年他辞去哥廷根大学公法教授职位，1867 年作为库尔黑森政府的全权代表在柏林处理"了结事务"。

[42] K. v. Kaltenborn, *Geschichte der deutschen Bundesverhältnisse und Einheitsbestrebungen von 1806–1857 unter Berücksichtigung der Entwicklung der Landesverfassungen*, 2 卷本（Berlin 1857）。

[43] 只比较 Mohl，前注 13。

[44] Ph. Zorn, *ADB*，第 52 卷（1906），页 297—301；Landsberg III/2，注 256、257。

[45] Landsberg III/2，页 581。

[46] A. v. Schulte, *ADB*，第 53 卷（1907），页 340—343。

[47] Rostock 1861；Freiburg, Tübingen 1884.— Ph. Zorn, »Die Entwicklung der Staatsrechtswissenschaft seit 1866«, *JöR*，第 1 期（1907），页 47—81。

第二帝国成立为止。**迈耶尔**确信邦国法之间存在着内部联系。这种确信来自历史学派，它建立在共同的历史和由学术发展出来的基本原则的基础之上。但实证的公法却不再是历史或民族精神的产物，而明显是国家制定的。**迈耶尔**与**洛伦茨·施泰因**和**莫尔**一脉相承，[48] 把国家和社会看成是相互分离的，但在他看来，国家是**施塔尔**意义上的超越社会的"道德帝国"。[49] 君主立宪制的国家是立宪国家，它通过行政来进行活动，而行政体现为"活的宪法功能，在现实当中不能把它和宪法分离开来"。[50] **迈耶尔**在 1884 年回顾时认为，《导论》第一版因帝国的成立被"扔到了一边"，而现在"比以往更多地参考纯粹历史的领域"。

5. H. 舒尔策

在 1866 年以前的著作当中，最有趣的一本是布雷斯劳大学的国家法学家**舒尔策** [51] 在 1865 年撰写的早期著作《德意志国家法导论》[52]。该著作也特别和**格贝尔**有关。它表明，**舒尔策**已开始着手准备撰写全面的《德意志国家法体系》（*System des deutschen Staatsrecht*）了，这部《体系》至少在外表上可以和**黑尔德**的《体系》相媲美。但此时北德意志同盟成立了，**舒尔策**于是写了一个历史附录 [53] 加以回应，并推迟了那个更宏大的计划。在此期间，他撰写了

---

[48]　L. v. Stein, *Der Begriff der Gesellschaft und die sociale Geschichte der französischen Revolution bis zum Jahre 1830* (Leipzig 1850；第 2 版，1855); R. v. Mohl, »Die Staatswissenschaften und die Gesellschaftswissenschaften«, *ZgStW* (1815)，亦见 Mohl I，页 67 及以下。

[49]　1884，第 2 版，页 6。

[50]　1884，第 2 版，页 13。

[51]　他被封为贵族后，全名为赫尔曼·舒尔策·冯格雷费尼茨（H. Schulze v. Gaevernitz）。比较 K. F. Heimburger, *Badische Biographie*，第 3 部（1881），页 417—433; Landsberg, *ADB*，第 33 卷（1891），页 1—3，补充 *ADB*，第 36 卷（1893），页 791; 同作者, *Geschichte* III/2，页 976—977，以及注 405—406; Drüll，页 249。

[52]　Leipzig 1865.

[53]　H. Schulze, *Die Krisis*，前注 3; 其内容被补充进《导论》第 2 版（转下页）

巨著《普鲁士国家法》（1872—1877），我们已经提到过该著作。[54]
十年之后，也就是在当时**格贝尔**和**拉班德**出版的著作的影响下，**舒
尔策**完成了那个计划，但在形式上有所改变，变成了《德意志国家
法教科书》（*Lehrbuch des deutschen Staatsrechts*，1881—1886）。

　　这部《导论》建立在证明**舒尔策**与旧国家学说有千丝万缕联系
的观念上。[55] **舒尔策**"深信对实证法进行哲学和历史解释的价值"，
他并没有把这些内容混为一谈，而是旨在"通过解释实证形成物与
更高的、人类普遍的思想和使命之间的内在关系，从而升华实证素
材"。[56]依照这个思路，他首先把国家法确定为一门学科（地位、分类、
渊源、辅助学科、文献史、任务、方法和体系），接着论述一般国
家学说（"国家法"）和到当时为止的行政法发展史。

　　舒尔策的主要思想——把国家看成鲜活的有机体和"更高的
整体人格"，[57] 主权归属于国家，国家目的学说（创造法律秩序、
促进所有需要共同促进的目的）[58]，君主立宪制中的主权受法律约
束 [59]——表明他是一个把旧制度的国家法传统和三月革命前的国家
法传统紧密联系在一起的理论家。他能加入日益变得强大的实证主

（接上页）（Leipzig 1867）。

　　[54] 见本书第 7 章，注 146。

　　[55] 详见 v. Oertzen，前注 6，页 123 及以下（页 126）。这种联系也体现出，
舒尔策与策普夫尔以及后来的黑夫特尔和雷姆相类似，发展成了高等贵族权利的专
家。比较 H. Schulze, *Das Recht der Erstgeburt in den deutschen Fürstenhäusern und seine
Bedeutung für die deutsche Staatsentwickelung* (Leipzig 1851)；同作者， *Die Hausgesetze
der regierenden deutschen Fürstenhäuser*，3 卷本（Jena 1862, 1878, 1881, 1883）；同作者，
Deutsches Staatsrecht，第 1 卷（Leipzig 1881），页 205 及以下。

　　[56] *Einleitung* (1865)，前言，页 VII—VIII。

　　[57] *Einleitung* (1867)，第 28 节。

　　[58] 也就是他继施塔尔和莫尔之后提出的"国家目的整体性"学说（*Einleitung*，
第 31、36—40 节）。

　　[59] 舒尔策认为，君主立宪制是"承载着全体德意志民族正义感的当今国家形式，
当今国家法最重要的规范必须从它的基本原则中派生出来"，见 *Ueber Princip*，前注
1，页 441。

义的主流之中，并且还不拒绝哲学和历史层面上的东西。

如果人们再引证**舒尔策**大约在 1865 年和 1866 年之交为回应**格贝尔**的《基本特点》而撰写的方法文章的话，[60] 大家就会认识到这种方法在 1866 年左右转变的意义：**舒尔策**坚持有机论思想，以此修正**格贝尔**也接受的视国家为法人这一论点，他在德意志同盟结束前不久还再次为作为学科的"德意志共同国家法"辩护。他在对国家学说、法律历史和实证国家法进行清晰的区分时保留了它们之间的思想关系。[61] 他为行政法开放着未来的发展可能性。[62] 他非常清楚，德意志同盟结构所体现出来的"异态"会给国家法学说带来何种困难。德意志同盟无论如何不是**舒尔策**所理解的"鲜活有机体"，只要它存在，那么学术还将继续充当"替代物"。当那篇文章还在印刷时，德意志同盟就解体了，国家统一指日可待。

二、"法学方法"与帝国国家法学说

（一）民法中的方法转变

在 19 世纪中期的几十年间，早期"历史学派"的方法理念逐步向科学实证主义和法律实证主义转变，至少在当时主流的法律史观中是如此，而在民法中更是如此。[63] 从**普赫塔**，经过其下一代人（**范格罗**［Vangerow］、**布林茨**［Brinz］、**贝克尔**［Bekker］、**雷格尔**

---

[60]　前注 1。

[61]　施特克（Felix Stoerk, 1851—1908）也持这种观点，并明确赞同舒尔策，见 F. Stoerk, *Zur Methodik im öffentlichen Recht* (Wien 1885)，页 52。

[62]　"当我们的国家行政在思想上被进一步塑造时，当公法在学校课堂上被更多地关注时，在行政学说旁边就会出现行政法，在警察学旁边就会出现警察法，在财政学旁边就会出现财政法，它们都以法学学科的面貌出现。"见前注 1，页 420。

[63]　Wieacker，页 399 及以下，页 430 及以下。

斯贝格尔［Regelsberger］、阿恩茨、德恩堡［Dernburg］），到温德沙伊德[64]这些潘德克顿学者逐步完成这种转变，并最终达到了几乎完全变换了方法前提的目的，还改变了在学术和立法的关系中谁处于优先地位。1814 年的**萨维尼**要求安安静静地发展学术，认为只有在长时间内才有可能把学术上取得的成果潜在地转化为法典编纂。他实际上成功了，这倒不是因为他的权威，而是因为承担立法的民族国家没有更早地形成。

然而，对能被法典化的法律概念施加学术影响所付出的代价是高昂的。这需要坚定不移地在总体上排除掉自然法 [65] 和形而上学的法律理由，而且需要去历史化的概念现实主义（Begriffsrealismus），其目的是为了让人们坚信，通过坚定不移地清除法学思想中的非法学因素，就能够达到建造一个由定义组成的没有漏洞的概念金字塔的目的。这种主张看上去不仅能保护反对政治强制的抵抗力量，保障法律安全，还能保证法学的"科学性"及其相应的社会地位。[66]

（二）公法中的方法转变：C. F. v. 格贝尔

在这里只是提示性地介绍法学语境的整体发展变化，而要想转

---

[64] 有关他的情况，现可参见 U. Falk, *Ein Gelehrter wie Windscheid. Erkundungen auf den Feldern der sogenannten Begriffsjurisprudenz* (1989)；J. Rückert, »Bernhard Windscheid und seine Jurisprudenz ›als solche‹ im liberalen Rechtsstaat (1817–1892)«, *JuS* (1992)，页 902—908。

[65] K. Bergbohm, *Jurisprudenz und Rechtsphilosophie. Kritische Abhandlungen*, 第 1 卷（Leipzig 1892），众所周知，该著作成了终结点。见 D. Lang-Hinrichsen, *NDB*, 第 2 卷（1955），页 77；J. Llambias de Azevedo, »Betrachtungen über Bergbohms Kritik an der Naturrechtslehre«, *ARSP*，第 5 卷，第 41 册（1965），页 163—199；*ARSP*，第 55 卷（1969），页 87—107；R. Kass, »Karl Bergbohms Kritik der Naturrechtslehre des ausgehenden 19. Jahrhunderts«（法学博士论文，Kiel 1973）。

[66] W. Wilhelm, *Zur juristischen Methodenlehre im 19. Jahrhundert. Die Herkunft der Methode Paul Labands aus der Privatrechtswissenschaft* (1958)；v. Oertzen, 前注 6；H. Schnädelbach, *Philosophie in Deutschland 1831–1933* (1983)，页 102 及以下。

向公法中的方法转变，回忆一下这个整体发展变化是必要的。[67] **耶林**在早年向人们推荐"自然历史的方法，或者我们从现在起称之为法学方法"，[68] 并践行一种极端的建构主义（Konstruktivismus）。[69] 在那里，他发现**格贝尔**和他志同道合。[70] 在著名的"煤炭案"*影响下，**耶林**从 1859 年起开始亲手毁坏他的方法主张，[71] **格贝尔**的立场却保持不变。这两个朋友便分道扬镳、反目成仇了。

　　与**耶林**一样，**格贝尔**也是**普赫塔**的学生，但他最开始研究的领域是德意志私法。1846 年、1847 年，他分别在耶拿大学、埃朗根大学任教授，1851 年转而去图宾根大学接替**韦希特尔**的位置，[72] 但就

---

[67]　Fioravanti，前注 12，页 252 及以下。

[68]　R. v. Jhering,»Unsere Aufgabe«, C. F. v. Gerber / R. Jhering (Hg.), *Jahrbücher für die Dogmatik des heutigen römischen und deutschen Privatrechts*，第 1 卷（1857），页 1—52（页 21）；有关该杂志的创立，见 Landsberg III/2，页 800。

[69]　Landsberg III/2，页 788—800；Wieacker，页 434，页 450 及 以 下；F. Wieacker / Ch. Wollschläger (Hg.), *Jherings Erbe* (1970)；W. Pleister, *Persönlichkeit, Wille und Freiheit im Werke Jherings* (1982)；O. Behrends,»Jhering (1818–1892). Der Durchbruch zum Zweck des Rechts«, F. Loos (Hg.), *Rechtswissenschaft in Göttingen* (1987)，页 229—269（页 252 及以下）。

[70]　Landsberg III/2，页 778—788，页 800 及 以 下，注 334；M. G. Losano, *Der Briefwechsel zwischen Jhering und Gerber. Studien über Jhering und Gerber*，2 卷本（1984）。

＊　译者按：这是耶林在 1859 年一篇文章中论及的一个真实案例，它标志着耶林由概念教义转向对法的现实主义关注。在此之前，人们大都认为，可以把法律带入一个清晰确定的概念体系中，因此几乎可以数学式地精准解决此案。耶林认为这是一种幻想，并讽刺为"概念法学"。此后，人们开始追问合同的"目的"以及当事人的"利益"，由此产生了具有社会学思潮的"目的法学"，或 1920 年代的"利益法学"。"煤炭案"标志着民法的一种新教义流派，这是在德国工业化阶段所产生的新流派。

[71]　匿 名（= Jhering），»Vertrauliche Briefe über die heutige Jurisprudenz von einem Unbekannten an die Herausgeber der Preußischen Gerichtszeitung, 1861–1866«, *Scherz und Ernst in der Jurisprudenz* (1891)；比较 Landsberg III/2，页 808；Wilhelm，前注 66，页 72 及以下；Behrends，前注 69；Falk，前注 64，页 52 及以下。

[72]　*Zur Charakteristik der deutschen Rechtswissenschaft* (Tübingen 1851). 这是他的一篇上任讲话，里面没有序，该序可参见 *Ges. jurist. Abhandlungen*，第 1 卷（Jena 1872），页 1—14，题 目 是 "Über deutsches Recht und deutsche Rechtswissenschaft überhaupt"。见 Rückert，后注 73，页 180。

专业而言，他更是**赖舍尔**的接班人。[73]1855 年，他在那里当上了大学校长。1862 年，他短暂地回到耶拿，1863 年去了莱比锡。从 1871 年到离世，他一直是一位非常成功的萨克森文化大臣，尤其为莱比锡大学立下了汗马功劳。[74]

格贝尔聪颖早慧，二十一岁时就完成了教授资格论文，并在二十三岁拥有了教授职位。他的思想观点很快就定型了。他在政治上保守，在图宾根大学时就对"政治上已变得脆弱的老国王"充满好感。[75]像自由主义者**贝泽勒**和**赖舍尔**这样的日耳曼学者都不欣赏他，一个原因是他在《德意志私法体系》（*System des deutschen Privatrechts*，1848—1849）中强调贵族特权、封地制和地租是所谓"德意志的"要素，另一个原因是他认为不再存在有法律效力的德意志共同私法。[76]尽管他没有减少对该问题的学术研究，甚至还宣称这研究非常有必要，但他由于否定其效力而实际上放弃了历史学派的法律形成学说。[77]年方二十五岁的他就想通过《德意志私法体系》[78]追求全新的、"非浪漫的"目标：不要德意志法律制度的补充描述，而要罗马式训练的概念的明确性；不要松散的汇编，而要严格成体系

---

[73]　J. Rückert, *August Ludwig Reyschers Leben und Rechtslehre* (1974)，页 71，页 157，页 381。

[74]　H. Beschorner, *ADB*，第 49 卷（1904），页 291—297；B. Koehler, »Gerber«, *HRG*，第 1 卷（1971），页 1530—1532；Wilhelm，前注 66，页 88 及以下；v. Oertzen，前注 6，页 163 及以下。

[75]　Rückert，前注 73，页 180。

[76]　C. F. Gerber, *Das wissenschaftliche Princip des gemeinen deutschen Privatrechts. Eine germanistische Abhandlung* (Jena 1846). 这是多数人的还是少数人的观点，尚不清楚。但大量日耳曼法学家已出于要日耳曼法取得与罗马法同等地位的原因，努力辩护在德意志法中也有"今天有效的法律"。

[77]　Gerber，前注 76，页 272 及以下；Landsberg III/2，页 781—782。

[78]　Jena 1848/1849；第 1 版至第 7 版（1849–1860）；修订第 8 版（Jena 1863）；第 12 版，修改版（Jena 1875）；第 16 版于格贝尔生前出版，从第 17 版（Jena 1895）起由科萨克续。有关方法论，详见 v. Oertzen，前注 6，页 216—238。

的建造；不要有机的发展，而要逻辑的"分析和纯粹法学因素的建构"，[79]以及"还要"，如他所说，"不断把历史性的东西和教义性的东西分离开，尤其要把国家法的和政治性的东西与私法分离开"[80]。毫不奇怪，这种做法激起了"真正"日耳曼派的不满。尤其是**基尔克**说他是"对德意志法律思想的罗马化歪曲"，还指责他已经把"德意志法中的德意志灵魂"给干掉了。[81]

格贝尔的主要意图可以最简明扼要地加以说明。对他来说，这涉及把"建构的法学方法"传播到国家法中去，相应地排除掉政治、哲学和历史观点，"需要对教义的基本概念进行更清晰更具体的详细阐明"，"创立一个科学体系……在这个体系中，各个形态体现为统一的基本思想的发展"。[82]他事实上也能实现这些意图。他那富有活力和权威的语言确定了这种思潮。而该思潮变为"主导流派"，却不仅仅是**格贝尔**的原因。他只不过把一种变得越来越强劲的总趋

---

[79] "分析""建构""纯元素"，这些法学时髦词汇的化学和技术背景是可被证明的（比较耶林在1852年7月17日给格贝尔的一封信中以"化学分析"所做的比较）。见 D. Tripp, *Der Einfluß des naturwissenschaftlichen, philosophischen und historischen Positivismus auf die deutsche Rechtslehre im 19. Jahrhundert* (1983)，页151及以下。耶林后来在1861年开玩笑说，"没有建构理论的现代民法学家和现在没有带衬的衣裙也敢露面的女士一样少"（前注71），这种玩笑明显不能开在公法学家身上，因为——如果笔者所见正确的话——在公法领域才开始时兴这些词汇。

[80] 1848，前言。

[81] O. Gierke, *Deutsches Privatrecht*，第1卷（Leipzig 1895）；同作者，»Grundriß des deutschen Privatrechts«, F. v. Holtzendorff / J. Kohler, *Enzyklopädie der Rechtswissenschaft*，第7版，第1卷（1915），页148。H. Brunner, *Das anglonormannische Erbfolgesystem* (Leipzig 1869)，页7，该处把格贝尔描绘成"日耳曼法学法律观的掘墓人"。

[82] Gerber, *Grundzüge* (1865)，后注93，序；M. G. Losano, »Der Begriff ›System‹ bei Gerber«, *Objektivierung des Rechtsdenkens. Gedenkschrift für Ilmar Tammelo* (1984)，页647—665；v. Oertzen，前注6；同作者，»Die Bedeutung C. F. v. Gerbers für die deutsche Staatsrechtslehre«, *Staatsverfassung und Kirchenordnung. Festschr. f. R. Smend* (1962)，页183—208；M. Nigro, «Il "Segreto' di Gerber"», *Quaderni Fiorentini*，第2期（1973），页293—333，内有格贝尔政治立场和理论立场的明显区别。

势用文字表达出来，并把它变成普遍意识，以一种典范的方式在简短作品中体现出他对"建构"和"法学方法"的理解而已。

这种趋势的起点在**阿尔布雷希特**于 1837 年撰写的著名书评中就可以看到。在这篇书评中，他把国家看成法人，即坚定地从公法和"法学"上思考国家，同时在政治上抵制把国家看成父权的和"私法"的，并认为这种观点是反动的。[83]"法人"（juristische Person）这种表达来自私法，是对以前"道德人格"（persona moralis）的重新理解。[84]潘德克顿学派的先辈们使用这种表达，并且在**施米特黑纳**[85]的有机唯心主义的国家学说中有类似用法，这种国家学说必然会把国家解释成为"人格"（Persönlichkeit）。这种思想火花似乎直接从**阿尔布雷希特**那里飞溅到**格贝尔**的身上。当时在莱比锡，**格贝尔**就在他身边学习。[86]但**格贝尔**只是勉强接受"把国家看成法人"这种用语，因为他担心这样一来民法学上的思考又会混入国家法。他因此在一本小书《论公法权利》[87]中对此做了很大保留，原因主要在于，这样君主会明显被贬低为法人的"机构"；其原因还在于语言习惯问题，人们习惯继续把国家"有机体"描述为"道德人格"

---

[83]   比较本书第 2 章，第 3 部分，第 5 节；Landsberg III/2，页 826；毛伦布雷歇尔撰写 *Über die deutschen regierenden Fürsten und die Souveränität* (1839)加以回应，而格贝尔在该书中看到了"无法理解的概念混乱"（Gerber, *Ueber öffentliche Rechte* [Tübingen 1852]，页 13）。

[84]   H. Denzer, »Die Ursprünge der Lehre von der juristischen Person (persona moralis) in Deutschland und ihre Bedeutung für die Vorstellung von der Staatspersönlichkeit«, *La Formazione Storica Del Diritto Moderno In Europa, Atti del terzo Congresso internazionale della Società italiana di Storia del Diritto*，第 3 卷（Firenze 1977），页 1189—1202。

[85]   见本书第 3 章，注 401。格贝尔把他的立场批评为"完全非法学的"。

[86]   哥廷根大学公法学家爱德华·维佩曼（Eduard Wippermann）也起到了一定的弥合作用。比较 Eduard Wippermann, *Über die Natur des Staates* (Göttingen 1844)，页 36 及以下。但他也不明确决定，把"法人"特征与他所厌恶的人民主权理论联系在一起（页 41，前注 1）。

[87]   前注 83。

（sittliche Persönlichkeit）。[88] 因此，**格贝尔**在 1852 年决定只把国库（Fiskus）看成法人，另外把君主作为意志中心（Willenszentrum）和归责点（Zurechnungspunkt）放到核心位置。十五年后，他对这些概念进行了解释：国家是法人形式的有机体，[89] 这个有机体的"灵魂"是国家权力，而国家权力由作为"机构"的君主来行使——此外，具体的法律后果是，前任君主的行为对其继任者有约束力。[90]

然而，《论公法权利》这本书的意义却不在于向国家作为法人资格的犹豫过渡，而是在于它形成了 1865 年《基本特点》一书的初次梗概，并且已经包含了《基本特点》的主要立场。同时代人完全看到了从国家学方法到法学建构思考方式在 1852 年完成了质的飞跃。例如，**赖舍尔**当时就记载下了"摈弃迄今为止的国家法学"。[91]

实际上，**格贝尔**首先对过去进行了清算。他主要谴责到那时为止尝试（历史的、统计的、哲学的、政治的）建立德意志一般国家法的徒劳工作。他自己所草拟的东西——按照清晰区分国家法和私法的办法，其目的是使公法独立出来——是发展国家法的"基本概念"，并把它们结合成一个"体系"。对君主及其官吏的地位、处于国家权力之下的"臣民"的地位以及乡镇的地位，他坚定不移地从公法学上进行建构。国家权力归属于君主，君主顶多依照宪法的规

---

[88]　*Ueber öffentliche Rechte*，前注 83，页 18。

[89]　也可比较受克劳泽哲学影响的图宾根人弗里克，Karl Victor Fricker，»Ueber die Bedeutung der organischen Staatsauffassung für das Staatsrecht«，*ZgStW*，第 22 卷（1866），页 427—440；同作者，»Die Persönlichkeit des Staats«，*ZgStW*，第 25 卷（1869），页 29—50。有关 Fricker，见 K. Bücher，»Karl Viktor Fricker«，*ZgStW*，第 64 卷（1908），页 193—200；*150 Jahre Promotion an der Wirtschaftswiss. Fakultät der Universität Tübingen* (1984)，页 563—564。

[90]　C. F. v. Gerber，»Ueber die Theilbarkeit deutscher Staatsgebiete«，*Aegidis Zeitschrift*，第 1 卷（1867），页 5—24。他最终在《基本特点》第 3 版（1880）附录 III 中采取了这种观点。

[91]　*Zeitschr. f. Deutsches Recht*，第 13 卷，页 445；Rückert，前注 73，页 183。

定受等级会议的限制。国家权力的法律核心是"意志权力"（Willensmacht）和"统治概念"（Begriff des Beherrschens）。[92] 这在 1852 年自然也是一种明确反 1848 年思想的反自由主义选择。**格贝尔**非但无意于人民主权和契约学说、分权和议会化，还公然和这些东西做斗争，并为强大的君主权力辩护，这种君主权力主要维护自己的对内主权。

1852 年所草拟的计划在 1865 年浓缩的《德意志国家法体系的基本特点》中得到完全实现。[93] 该著作旨在"对教义性的基本概念进行更加清晰和更加具体的准确论述"。他的目的是要求概念的清晰准确，这使他从所有在他看来是有碍的和多余的东西中解脱出来：作为"哲学天空中的序曲"[94] 的一般国家法、宪法历史和行政法 [95] 被统统取消，好像国家法就应该"把所有属于非法学的、纯粹是伦理道德和政治考虑的东西清除干净"似的。[96] 国家目的学说萎缩为国家全能原则（在内容上是空洞的）。[97] 北德意志同盟和帝国的实证国家法被放进后来的增补中。[98] 可以说这本著作就只剩下一具"赤

---

[92]　*Ueber die Theilbarkeit*，前注 90，页 9。是否像耶利内克在《公法权利体系》（第 2 版，1905）第 42 页中所揭示的那样，把客观法追溯到"普遍意志"，把主观权利追溯到黑格尔初的个体意志权力，在此不置可否。

[93]　C. F. v. Gerber, *Grundzüge eines Systems des deutschen Staatsrechts* (Leipzig 1865；第 2 版，1869；第 3 版，1880).

[94]　*Grundzüge*，第 3 版（1880），页 238。

[95]　这在 1880 年第 3 版的附录 III（页 238 及以下）中再次进行了辩论，其论证是，行政法拥有"独自的中心问题，拥有独自的理论和原则"，它发展成了专业领域，它"事实上已经使独立的行政法科学研究取得了可喜进步"。

[96]　*Grundzüge*，第 3 版（1880），页 237。

[97]　莫尔对此特别提出了批评："不能回避对国家目的进行明确和清楚的判断，而这个问题还存在，真是声名狼藉。"（前引书，前注 9，页 369）但格贝尔认为，他对此所表达的观点已经足够了（第 3 版［1880］，第 10 节，以及附录 III，页 237）。

[98]　他对此进行了回应，在 1869 年第 2 版中对北德意志同盟进行国家法的描绘（附录 IV）；在 1880 年第 3 版中极少提到这个德意志帝国（附录 V），"因为我们的文献在拉班德的著作中已经得到了完美的研究"（第 3 版，序）。

裸又牢固的法律骷髅"，[99]它对四个核心领域进行了简明扼要的论述：作为"规范一个民族共同生活的法律秩序"的国家权力、国家机构（君主和等级会议）、国家功能（立法、行政、司法）和"国家法范围内的法律保护"。

格贝尔专注于在法律上把国家权力塑造成"以人格思考的道德有机体的意志权力"，[100]这形成一个不遗余力地实现正当权力垄断的国家形象："国家权力在法律上的表达是统治"，这个统治当然要受事实和（宪法）法律上的限制，但那也只不过是一种生硬的附属关系而已。人民、乡镇、公法上的机构组织都是统治的"内容"。他严厉拒绝像**贝泽勒**、**奥托·贝尔**以及在他们之后的**基尔克**所做的那样尝试把国家想象成一种社团等级。**格贝尔**的国家是单一制的官僚机构国家（Anstaltsstaat）；社团上的思考在他看来值得怀疑，这不仅仅是因为它和私法相似，还因为其中所包含的民主和独立于国家的自治因素令他反感，这种因素似乎只允许国家扮演辅助秩序框架的角色。[101]他含糊地承认，公法社团法人"以独自的生命职责"来塑造自己，但他马上把它们置于"国家权力"之下，从而收回了他的这一承认，[102]这也是为了防止独立制定的公法产生体系分歧发展。[103]但教会在一定程度上属于一个例外。

---

[99]　Landsberg III/2，页 830。

[100]　Gerber, *Grundzüge*，第 3 版（Leipzig 1880），页 19。见 H. Hirschbühl, »Die Rechtslehre C. F. Gerbers«（打字机打印的法学博士论文，Tübingen 1942)，页 55 及以下。该论文到目前为止只被斯门德和厄尔岑（P. v. Oertzen）在 1953 年查阅过一次。

[101]　O. Bähr, *Der Rechtsstaat. Eine publizstische Skizz*assel (1864, 再版,1969)，第 6—14 节，该书紧接着 G. Beseler, *Volksrecht und Juristenrecht* (1843)。v. Oertzen，前注 6，页 183 及以下，作者在该处认为在格贝尔那里存在着民主的影响（M. 弗里德里希［M. Friedrich］同样认为，见 *AöR*［1986］，页 207)。

[102]　*Grundzüge*，第 3 版（1880），页 63。

[103]　Bähr，前注 101，第 11 节："每一个社团按理都有一个特别的、统治其内部生活的法律；人们可以说，它有独自的或大或小的公共法律。"

在**格贝尔**的国家建构中，国民是"臣民"（Unterthan），要求他们付出"普遍的人格牺牲"，甚至认为他们"屈从于权力关系之下"是"一桩善举"；因为（包括君主和人民的）国家有机体在一定程度上要消除自身所有不和谐的东西，并服从于自身。在这种思想观念当中谈不上公民的个人法律地位，比如像以抵抗国家侵犯的前国家的（vorstaatlich）基本权利这样的形式。这样的权利顶多是一种"回应权利"（Reflexrechte），作为服从的一种回赠。国民必须顺从国家，他是"对象"（Gegenstand）。君主的意志"应该被认为是普遍意志，是国家的意志。在君主身上体现国家权力的抽象人格"。[104] 政府和官吏是"君主的服务者和侍从"，他们所拥有的建立在主权上的法律地位源于君主权利。[105] 行政是唯一的"执行者"（Exekutive），即实现统治者的意志。根据**格贝尔**的观点，统治者意志的具体内容不该放在国家法当中。[106]

而"邦国等级阶层"享有的权利很少：他们处于"君主统治者的意志之下"，他们应该"保护统治者的合法性"，"有限制地参加到君主的统治意志中"。[107] 但**格贝尔**也不得不承认，邦国等级阶层拥有独自渊源的权利，而他们和君主之间的冲突不能在法律上进行判决。[108] 在这里，一方面，这种思想观念存在着不被承认的理论断裂；另一方面，也体现了他在当时的普鲁士宪法冲突中明确地选

---

[104]　*Grundzüge* (1865)，页 71。

[105]　*Grundzüge* (1865)，页 106—109。

[106]　批评见 Mohl，前引书，以及 Fricker，前注 8，页 477—478，因为他想至少把财政管理法和军事管理法以及行政法的宪法陈述放进国家法里。顺便提及的是，格贝尔尽管想把行政法排除在外，但他毫无疑问地把地方法和官吏法当成国家法的一部分（*Grundzüge*，第 3 版［1880］，页 110 及以下）。

[107]　*Grundzüge* (1865)，页 119。见 V. Hartmann, *Repräsentation in der politischen Theorie und Staatslehre in Deutschland* (1979)，页 135 及以下。

[108]　*Grundzüge* (1865)，页 190。批评见 P. Laband, *Budgetrecht* (Berlin 1870)，页 38，前注 22。

择站在政府一边。[109]

只有司法才占有一定的特殊地位。它虽然以君主权利的名义进行司法判决，并从统治者意志那里使自身正当化，但法律判决的规则——"法律技艺的操作"[110]——却只来源于法学；司法的工作领域是"完全中立的地盘"。而司法与"国家法范围内的法律保护"不同，这种法律保护是在司法之外被赋予的法律保护（弹劾大臣、国家保护、国家法的个人权利保护以及国民对抗国家权力的一般法律保护[111]）。

尽管有明显的批评，[112]但**格贝尔**的《基本特点》和他的《德意志私法体系》一样大获成功。"格贝尔以最严格、最简洁的方式为我们提供了一个体系，"莫尔如是说，"它建立在基本概念的修正基础上，并对这些基本概念进行了阐释。"莫尔还说，他的论述"非常清晰、精致典雅。毋庸置疑，这部著作在形式方面堪称典范"。[113]该书只出版了三次，它因帝国的建立而被"淘汰了"，**拉班德**在帝国国家法著作中对**格贝尔**在 1865 年的方法主张进行了详尽论述。**格贝尔**对以前的著作只做了微小改动，这体现出他是如何的成功。例如，他在"国家机构"名称下不动声色地消融了君主和议会之间的对立矛盾，着手把国家建构成统一的意志结合，因此也把国家看成在公

---

[109]　格贝尔明确认为，当有争论时，"把君主的法律设想"当成"德国国家法的一条规范"（*Grundzüge*，第 3 版［1880］，页 133）。

[110]　*Grundzüge* (1865)，页 169—170。

[111]　几乎不出所料，格贝尔完全反对民事法院控制行政"作为最高的命令权，国家权力执行国家的任务，而不能被推到诉讼当事人的位置上"；这将"使符合自然的关系被完全歪曲，并造成国家权力毁灭性的软弱无力"（*Grundzüge*，第 3 版［1880］，页 211—212）。被认为是可以接受的，顶多是由一个"特别的公共法院"进行有限的控制。

[112]　比较如 Schulze、Fricker 和 Mohl（前注 1、8、9）。

[113]　Mohl，前注 9，页 363、367。

法上理解的法人 [114]，并顺应当时排除"有机体"词汇的潮流，因为这个词汇被认为是非法学的和不明确的。[115] 国家法世界事实上已到了一个方法的转变时刻，而它察觉到了这一点。诚然，人们还在按照"国家学的方法"撰写使用大纲和教科书，但是用少量的、连贯的基本概念进行"纯粹建构"的这种学术理想迅速拥有尖锐的声音，并取得了优势。这实际上是一种"范式转变"。

这种变化对当时人们的情绪影响有多大，在**林德格伦** 1869 年撰写的一本几乎被人忘记的著作中也能体现出来。[116] 该著作的激进实证主义所产生的影响体现在**贝格博姆**（Karl Bergbohm，1849—1927）[117] 甚至**凯尔森**（Hans Kelsen，1881—1973）的身上。它在多方面变动了这样的思想，即所有公法的实证法律（包括习惯法 [118]）都要建立在国家权力的效力命令基础上，国家目的在于维护法律秩序，"君主制原则"被当成政治原则而被排除出法律结构，其目的是要把国家法提升为"法学学科"。**林德格伦**在产生法律的国家意志中集中了所

---

　　[114]　v. Oertzen，前注 6，页 249 及以下，该处指出以下著作都体现了这一点：L. v. Rönne, *Preußischem Staatsrecht*，第 4 版；H. Schulze, *Deutschem Staatsrecht* (1881, 1886)；O. Mejer, *Einleitung*，第 2 版（1884）。在谈到最后一本时，他总结性地指出，这是向法律的唯心主义理解的告别，也就是排除掉实质要素（详见前引书，页 252，前注 14）。

　　[115]　格贝尔自己逐渐从器官学的术语中解脱出来，但他完全承认政治语境中的"有机体"有其道理（*Grundzüge*，第 3 版 [1880]，附录 I）。舒尔策支持在法学语境中使用这个有意义的词汇（*Ueber Prinzip*，前注 1，以及同作者，*Lehrbuch des Deutschen Staatsrechtes*，第 1 卷 [Leipzig 1881]，页 20—23）。A. Th. van Krieken, *Ueber die sogenannte organische Staatstheorie. Ein Beitrag zur Geschichte des Staatsbegriffs* (Leipzig 1873)，该书强烈反对这一立场，但这遭到基尔克同样强烈的反对（»Die Grundbegriffe des Staatsrechtes und die neuesten Staatstheorien«, *ZgStW*，第 30 卷 [1874]，页 153—198，页 265—335）。

　　[116]　W. E. v. Lindgren, *Grundbegriffe des Staatsrechts. Versuch einer juristischen Construction des Staates und der Staatsgewalt* (Leipzig 1869).

　　[117]　K. Bergbohm, *Jurisprudenz und Rechtsphilosophie. Kritische Abhandlungen* (Leipzig 1892；再版，1973).

　　[118]　尤其比较研究普赫塔习惯法理论的第 4 和第 5 段。

有统治内容，从而使所有的"公民权利"和君主权利在这里被消耗殆尽。[119] 他认为，法律效力以国家机构对国家意志的实际执行为依据。

（三）实证国家法的突破

大约在**格贝尔**《基本特点》第一版到第二版期间（1865—1869），从那些年的政治整体角度看，方法问题的讨论完全不是重要事件。德意志民族有更重要的事情要去做。这个民族关注着普鲁士的宪法冲突，其中，19 世纪宪法基本问题作为权力问题被再次提出来。它经历了普鲁士的胜利、奥地利被排挤出德意志同盟、普鲁士的兼并，以及在一部带有普遍、直接和秘密选举权的宪法下的北德意志的国家法统一。北德意志同盟和德意志南部国家通过攻守联盟而形成的合约联合清楚地表明，这仅仅是民族统一的过渡阶段而已。北德意志同盟的议会已经被称作"帝国议会"（Reichstag），而这个议会是在 1849 年 4 月 12 日帝国选举法的基础上选举产生的，这仿佛是一种承诺。

1. 北德意志同盟的国家法

先记录下宪法的迅速变化势在必行。[120] "在那些日子，"**施特克**后来在回忆中写道，"不断发生重要事件，那些有传统结果的学术体系很快被证明不充分，事实和结果摆在人们面前，而那时的用语不能表达那些事实和结果，这产生了无数问题，而今天能回答这些问题的学说还未出现。"[121] **格贝尔**在 1868 年撰写了一篇有关北德意

---

[119]　前引书，页 170、173。

[120]　L. Hahn, *Zwei Jahre preussisch-deutscher Politik 1866–1867* (Berlin 1868)；同作者，*Fürst Bismarck. Sein politisches Leben und Wirken, urkundlich in Thatsachen und des Fürsten eigenen Kundgebungen dargestellt*，4 卷本（Berlin 1878–1886）和卡尔·维佩曼著的第 5 卷（Berlin 1891）。

[121]　Stoerk，前注 61，页 37。

志同盟的"增补"，尽管这个"增补"在当时已经"过时"，[122] 但他仍再次把它收录进《基本特点》的第三版中。**格罗特芬德**的《德意志公法体系》（*System des öffentlichen Rechts der deutschen Staaten*）姗姗来迟，做了改动之后才完成。**舒尔策**用前文提到的附录去补充他的《导论》。[123] **希尔塞门策尔**（Konrad Hiersemenzel）在首次审阅同盟宪法时对同盟宪法及其形成的历史、同盟所订立的条约和立法进行了评注。[124] 其他宪法版本和首批评注接踵而来，[125] 各个议员撰写"信息汇报"。[126] **马蒂茨**（Ferdinand von Martitz）为这部宪法撰写了一篇结构松散但内涵丰富的简短评注，题为《对北德意志同盟宪法的思考》（*Betrachtungen über die Verfassung des Norddeutschen Bundes*）[127]。首批成体系的研究作品来自**格罗特芬德** [128]、**格奥尔**

----

[122]　*Grundzüge*，第 3 版（1880），页 244，注释 *。

[123]　前注 33、53。

[124]　K. Hiersemenzel, *Die Verfassung des Norddeutschen Bundes, erläutert mit Hülfe und unter vollständiger Mittheilung ihrer Entstehungsgeschichte* (Berlin 1867)；同作者，*Das Verfassungs- und Verwaltungsrecht des Norddeutschen Bundes und des Deutschen Zollvereins*，2 卷本（Berlin 1868, 1869）。

[125]　Metzel, *Die Verfassung des Norddeutschen Bundes* (Berlin 1867)；J. C. Glaser, *Ueber die Verfassung des Norddeutschen Bundes* (Berlin 1867)；H. v. Treitschke, »Die Verfassung des norddeutschen Bundes«, *Preußische Jahrbücher*，第 19 卷（1867），页 717—733；A. Groote, *Der Norddeutsche Bund, das Preußische Volk und der Reichstag* (Leipzig 1867)；R. Römer, *Die Verfassung des Norddeutschen Bundes und die süddeutsche, insbesondere die würtembergische Freiheit* (Tübingen 1867)。下列著作有助于这些文献整理：A. Koller (Hg.), *Archiv des Norddeutschen Bundes und des Zollvereins. Jahrbuch für Staats-Verwaltungs-Recht und Diplomatie des norddeutschen Bundes und des Zollvereins*，6 卷本（Berlin 1868–1873）；G. Hirth, *Staats-Handbuch für Gesetzgebung, Verwaltung und Statistik des Norddeutschen Bundes und des Deutschen Zollvereins* (Berlin 1868, 1869；续集为 *Annalen des Deutschen Reiches*，比较后注 385)。

[126]　L. v. Rönne, *Das Staats-Recht des Deutschen Reiches*，第 2 版（Leipzig 1876），页 33—34，内有更多文献。

[127]　Leipzig 1868（再版，1970），尤其比较关于普选权（页 72 及以下）以及（未解决的）政府和议会二元体制（页 87 及以下）。

[128]　G. A. Grotefend, *Das deutsche Staatsrecht der Gegenwart* (Berlin 1869)，第 750 节及以下。

格·迈尔[129]和**图迪休姆**（Friedrich Thudichum，1831—1913）[130]。他们对北德意志同盟的形成和关税同盟进行准确的实证主义清点总结，并对这部宪法、机构、法律秩序进行评注，尤其评论了发展至当时的所有同盟行政的详细内容。**格罗特芬德**主要提供的是"德意志共同国家法"，但只是以附录形式撰写的。正如**莫尔**在涉及**图迪休姆**时所描写的，过了几个星期这些政治事件就使"这本经过作者殚精竭虑而完成的作品整个部分都不可救药地失去了根基，而其他著作也是残缺不完整"。[131]无论如何，人们对这样的问题仍争论不休，即，是北德意志同盟还是各个邦国才是德意志同盟在法律上的继承者？它完全触及国家建立和宪法制定的原则问题。[132]国籍问题在短时间内也至关重要。[133]

2. 帝国国家法以及向法律实证主义过渡

在帝国完成建立和对帝国宪法进行修改之后，国家法学说能够建立在一个新的基石上。帝国宪法在形成过程中就已变成一个"庞然大物"[134]。国家法学说带着充沛的力量，甚至怀着兴奋之情研究帝国宪法，并因此撰写出自己的作品，使自由主义者和保守主义者

---

[129]　G. Meyer, *Grundzüge des Norddeutschen Bundesrechts* (Leipzig 1868).

[130]　F. Thudichum, *Verfassungsrecht des Norddeutschen Bundes und des deutschen Zoll-und Handelsvereins* (Tübingen 1870). 有关图迪休姆，比较 J. Jessen, *Die Selbstzeugnisse der deutschen Juristen* (1983)，页 127，内有更多文献。

[131]　R. v. Mohl, *Das deutsche Reichsstaatsrecht. Rechtliche und politische Erörterungen* (Tübingen 1873)，页 VII。

[132]　有关整个讨论的文献见 G. Meyer, *Lehrbuch des Deutschen Staatsrechts*，第 4 版（Leipzig 1895），第 64 节，最底注。也可比较 K. Binding, »Die Gründung des Norddeutschen Bundes. Ein Beitrag zu der Lehre von der Staatenschöpfung«, *Festg. f. B. Windscheid* (Leipzig 1889)。

[133]　Th. Landgraff, *Das Bundes- und Staatsbürgerrecht im norddeutschen Bunde* (Leipzig 1870); G. M. Kletke, *Das norddeutsche Bundes-Indigenat in seinen rechtlichen Konsequenzen* (Berlin 1871).

[134]　Huber III，第 2 版（1970），页 757。

在民族问题现已最终解决的招牌下握手言和。[135]1878 年，**黑内尔**（Albert Hänel，1833—1918）在《奥格斯堡总报》（*Augsburger Allgemeinen Zeitung*）中写道，就在帝国成立之时，"德国实证国家法的学术研究就发现了一种合适于它的题材，以及一个测量定义和系统分类的稳靠尺度"。[136]

"没有哪个民族能够建立如此伟业"，使它比帝国建立还更伟大，**黑尔德**在 1872 年这样认为。[137] 作为一个南德意志人，他热烈拥护这个已取得成功的、由普鲁士起主导作用的小德意志解决方案。他在评注帝国权限和包括帝国官吏在内的机构时，念念不忘一般国家学说，并从中得出值得关注的见解。例如，他认为帝国宪法还没有完成，为**俾斯麦**裁剪的"德意志帝国首相府"不会是持久的机构。[138] 他主张联合德意志的宪治民族国家，"建立一个自由的法治国和真正实行自治的、去中央化（decentralisirt）的行政"。[139] 这些主张是民族自由主义的，但在方法上建立在一个与**格贝尔**完全不同的基础上。**黑尔德**十分强调动态的历史政治因素，并把宪法只看成历史长河发展中的一个临时驿站。他按其一般国家学说来解释事先建立的系统分类。他的一般国家学说在某种程度上体现了以国家法为手段延续唯心主义哲学。

---

[135]　L. Auerbach, *Das neue Deutsche Reich und seine Verfassung* (Berlin 1871); L. Hauser, *Die Verfassung des Deutsches Reiches in den Grundzügen und Verhältnissen zu den Einzelstaaten, insbesondere zu Bayern* (Nördlingen 1871); E. Riedel, *Die Reichsverfassungsurkunde vom 16. April 1871* (1871); J. B. Westerkamp, *Ueber die Reichsverfassung* (Hannover 1873). 所有这些著作都有一个宪法形成的历史导言，接着提纲挈领地论述主要论题（联邦国家、帝国权力、立法、行政、司法、各个成员国宪法的关系、自由权利、财政宪法等）。

[136]　S. Graf Vitzthum, *Linksliberale Politik und materiale Staatsrechtslehre* (1971), 页 203—207（页 205）。

[137]　v. Held，前注 2，前言。有关黑尔德，见前注 26 及以下。

[138]　前引书，前注 2，页 179。

[139]　前引书，前注 2，页 196。

在帝国建立的影响下，还有更年长的著者感到被敦促撰写一部评注帝国宪法的著作。在这些著者中，我们又碰见**莫尔**。[140] 虽然他因为普选权的推行而对**俾斯麦**耿耿于怀，并认为南德意志的独立权过于广泛，但他还是怀着极大满足感接受新形势。这位著名的国家法学家和警察学学家、1848 年帝国的司法大臣、巴登使节，现在又作为民族自由主义者被选进帝国议会。**莫尔**研究帝国宪法的小书是一本应时之作，在方法上带有以前把法律观点和政治观点现实地结合在一起的旧痕迹。正如他自己评价的，这本书是**格贝尔**流派上的一座小巅峰。**莫尔**比**黑尔德**要理智务实得多，他回避使用一些抽象的理论前设，坚持实证法，评判帝国宪法不可否认的缺陷，例如在基本权利方面。[141] 他也没有**黑尔德**那么消极。他在政治上和国家法上非常看中这个帝国，但他并不追求教科书和评注的完整性。而那本评注再次体现了**莫尔**的风格：用语明晰，轻松地把实践和理论结合在一起。他以可靠性和常识来驾驭理论。

另一个在 1848 年是自由主义者，但在 1866 年之后变成民族自由主义者的是**伦内**。他在帝国成立之后马上撰写的编录最初发表在**希尔特**（Georg Hirth）的年鉴中，然后才被整理成为一本书。[142] 该编录很快就过时，过了一段时间后就被"彻底修改"。[143] **伦内**在方法上继续他在普鲁士国家法 [144] 中发展的方法，即对生效的国家法进行详细整理研究，广泛放弃思想塑造。这是他的典型方法。这部编

---

[140]　Mohl，前注 131。

[141]　比较前注 133。

[142]　L. v. Rönne, *Das Verfassungs-Recht des Deutschen Reiches, historisch-dogmatisch dargestellt* (Leipzig 1872)；以前见希尔特的 *Annalen des Deutschen Reiches* [1871]，页 1—312；1872，页 422。

[143]　L. v. Rönne, *Das Staatsrecht des Deutschen Reiches*，2 卷本（Leipzig 1876/1877；再版，1975）。

[144]　见本书第 7 章，注 139。

录的两卷本都包含有体系整理的参考文献——作为学术作品，它们的价值则大打折扣，首先就落后于他先前的作品。他以往的作品还考察了普鲁士反动时期和宪法冲突的政治紧张背景。

（四）P. 拉班德

在 1871 年之后的几十年间，国家法学说的杰出人物当属**拉班德**。[145] 同时代人对此很快就达成了一致看法。**拉班德**俨然"**格贝尔**的遗嘱执行人"，其著作"在法律上的清晰性和结构上的典雅，他人无法企及。这要追溯到**格贝尔**那里，犹如**拉班德**以前在德意志法律史领域所取得的成就要追溯到**格贝尔**对德意志私法所取得的成就一样。**拉班德**的国家法全面完整，内容丰富，具有实证可用性，在这方面它超过了**格贝尔**的《基本特点》，犹如橡树高于橡果，就像新的德意志帝国超越以前的国家和同盟关系一样，而**格贝尔**把以前的国家和同盟关系作为前提基础"。[146] 就连**拉班德**在方法上的对手也得承认，他的国家法是"卓越的思想作品……，这个新学派的成败与否就取决于它了"。[147]

这些溢美之词也和**拉班德**进入帝国体制道路有关。他出生于布雷斯劳的一个犹太人[148] 医生家庭，起初在布雷斯劳大学学习，[149]

---

[145]　比较如早期具有代表性的评价：Zorn，前注 47；O. Liebmann, »Paul Laband zu seinem 50jährigen Doktorjubiläum – zu seinem 70. Geburtstag«, *DJZ* (1908)，页 497—503；G. Anschütz, »Paul Laband. Ein Gedenkblatt«, *DJZ* (1918)，页 265—270；Landsberg III/2，页 833，以及注 349 "新德意志帝国国家法之父"。总结性论述，见 M. Friedrich, »Laband«, *NDB*，第 13 卷（1982），页 362—363；M. Herberger, »Laband«, *HRG*, 1978，第 2 卷（1978），页 1328—1333；Fioravanti，前注 12，页 333 及以下。

[146]　Landsberg III/2，页 833。

[147]　Stoerk，前注 61，页 53。

[148]　H. Sinzheimer, *Jüdische Klassiker der deutschen Rechtswissenschaft* (1953)，页 145—160。

[149]　他在那里还听过蒙森的课，但仅待了一学期。

后来继续在海德堡[150]和柏林求学（1855—1858）[151]，接着作为见习教师转向商法。[152]1861 年，他在海德堡完成有关德意志法律史中《施瓦本法鉴》（*Schwabenspiegel*）的教授资格论文，1864 年被任命到柯尼斯堡大学工作，1866 年在那里任教授。所有这一切预示着他将在商法和法史领域里成就其毕生事业。[153]

拉班德还是海德堡大学讲师时，就在《十字报》（*Kreuzzeitung*）上发表了一篇关于预算法的匿名文章。[154]在柯尼斯堡，他——开始时还不情愿——接手了**卡尔滕博恩**走后留下的国家法讲席。这纯属偶然。但普鲁士的宪法冲突和北德意志同盟激励着他深入了解国家法。预算法问题虽然在政治上得到了解决，但在学术上仍有争议；[155]在理论上，对这个问题流行的还是自由主义立场，认为预算法是国

---

[150]　在这里，潘德克顿法学家范格罗和历史学家霍伊瑟尔（Häußer）给他留下了主要印象，而莫尔的课，用他的话说，"远远低于我的期望"（*Lebenserinnerungen* [1918]，页 34）。

[151]　拉班德在那里还听过施塔尔的课，但不喜欢，"因为施塔尔的思想太反动，言行举止显得又伪善"（*Lebenserinnerungen*，页 35）。

[152]　*Lebenserinnerungen*，页 42—43。

[153]　*Lebenserinnerungen*，页 59 及以下。P. Laband, *Das Magdeburg-Breslauer Systematische Schöffenrecht aus der Mitte des 14. Jahrhunderts* (Berlin 1863；再版，1967)；同作者，*Die Magdeburger Rechtsquellen* (Königsberg 1869)；同作者，*Die vermögensrechtlichen Klagen. Nach sächsischen Rechtsquellen des Mittelalters dargestellt* (1869；再版，1970)；同作者，*Die Bedeutung der Rezeption des römischen Rechts für das deutsche Staatsrecht* (1880)，比较 *Geschichte*，页 59—60。商法文章，见 M. Herberger，前注 145，页 1332。

[154]　在拉班德回忆录提到的地方（1862 年 12 月 12 日）没有这篇文章。估计说的是《十字报》在 1863 年 2 月 21 日刊登的这篇文章，即 "Das Recht des Abgeordnetenhauses zu Budget-Aenderungen (Von einem nichtpreußischen Rechtslehrer)"。

[155]　R. v. Gneist, *Budget und Gesetz* (Berlin 1867)；亦见拉班德后来与塞德勒（G. Seidler）的争论，»Budget und Budgetrecht im Staatshaushalte der konstitutionellen Monarchie, mit besonderer Rücksichtnahme auf das österreichische und deutsche Verfassungsrecht, Wien 1885«, *AöR*，第 1 卷（1886），页 172—173。总结见 E. Müller, *Theorie und Praxis des Staatshaushaltsplans im 19. Jahrhundert. Am Beispiel von Preußen, Bayern, Sachsen und Württemberg* (1990)。

家开销不可取消的授权基础。[156] **俾斯麦**的"空隙理论"（Lücken-theorie）——但与《普鲁士宪法》第 99 条明显冲突——在政治上取得成功，这一理论把君主权力的恢复时期鼓吹为没有预算的时期。**拉班德**与这两种立场都保持着距离，把预算法的意义降为对它进行形式化的解释，把它解释成"政府和议会对预算的正确性，对所提出的开销数目的必要性和恰当性达成的一致性同意"。[157] 这就为没有预算的状况消除了违反宪法的污点，并且政府能够制定开销计划从而履行其法律义务。

　　拉班德就"学术事件和政治事件"[158] 而写的这篇短文是要教义性区分形式上的法律和实质上的法律。这种区分很早就为人所知，[159]

---

[156]　具有代表性的有：L. v. Rönne, *Preußisches Staatsrecht*，第 3 版，第 1 部分，页 398—399；H. A. Zachariä, *Deutsches Staats- und Bundesrecht*，第 3 版，第 2 卷（1867），页 512；同作者，他对拉班德预算法文章的评论（后注 157），见 *Göttingische gelehrte Anzeigen* (1871)，页 361，页 367—368，页 377 及以下。

[157]　P. Laband, »Das Budgetrecht nach den Bestimmungen der preußischen Verfassungsurkunde unter Berücksichtigung der Verfassung des Norddeutschen Bundes«, *Zeitschrift für Gesetzgebung und Rechtspflege in Preußen*，第 4 卷（1870），页 619—707；单行本（Berlin 1870；再版 1971），页 81。

[158]　*Lebenserinnerungen*，页 63。

[159]　P. A. Pfizer, *Das Recht der Steuerbewilligung nach den Grundsätzen der württembergischen Verfassung* (Stuttgart 1836)，页 26；R. v. Mohl, *Das Staatsrecht des Königreichs Württemberg* (Tübingen 1846；再版第 2 版，第 1 卷），页 67；K. V. Fricker, »Die Natur der Steuerverwilligung und des Finanzgesetzes«, *ZgStW*，第 17 卷（1861），页 674；R. Gneist, *Budget und Gesetz nach dem konstitutionellen Staatsrecht Englands mit Rücksicht auf die deutsche Staatsverfassung* (Berlin 1867)；G. Meyer, *Grundzüge*，前注 129，页 153；H. Schulze, *Das Preußische Staatsrecht*，第 2 版，第 2 卷（1890），页 10—11，内有这个讨论状况的更多文献；E. Seligmann, *Der Begriff des Gesetzes im materiellen und formellen Sinne* (Berlin, Leipzig 1886)；A. Haenel, *Das Gesetz im formellen und materiellen Sinne* (Leipzig 1888；再版，1968)；G. Jellinek, *Gesetz und Verordnung* (1887；新版，Tübingen 1919)；G. Anschütz, *Kritische Studien zur Lehre vom Rechtssatz und formellen Gesetz* (Leipzig 1891)；同作者，*Die gegenwärtigen Theorien über den Begriff der gesetzgebenden Gewalt und den Umfang des königlichen Verordnungsrechts nach preußischem Staatsrecht* (第 2 版，Tübingen, Leipzig 1901)。

尤其是通过**施托克马**的一篇文章[160]。但**拉班德**现在把它清晰地表达出来，并证明它是"法的真理"（Rechtswahrheit）。[161]

1868 年，**拉班德**谢绝到弗莱堡任职，但他想变换到其他地方工作的各种打算却未能实现，于是在 1872 年去了新的斯特拉斯堡大学，并在那里发展成为伟大的帝国公法权威。他成为《公法档案》（1885）[162]、《德意志法学家报》（*Deutsche Juristen-Zeitung*，1896）、《当代公法年鉴》（1907）的创办人之一，还是国家资政院和其他许多委员会的成员，备受青睐的专家评阅人，"有上百篇评阅书，部分评阅书内容十分丰富"[163]。他被授予许多勋章和荣誉博士学位，收到很多纪念文章。[164] 最后，他还被授予"钦定卓越内务顾问"称号。[165]1893 年，皇帝亲切地向他保证说，很遗憾未能聆听他授课。总之，他就是一个半官方人物，是帝国国家法自信心的一座丰碑："**拉班德**之后的所有国家法工作都站在他的肩膀上。"[166]

当人们实事求是地说**拉班德**"在思想上对这个专业统治了数十

---

[160]　这是研究普鲁士国家法的文章，发表在埃吉迪的杂志上，见 *Aegidis Zeitschrift*，第 1 卷（1867），页 179 及以下。施托克马男爵，1850 年在耶拿大学开始他的学术生涯，在耶拿时和舒尔策联系紧密。1852 年完成关于司法审查权的教授资格论文，接着前往英国，并任英国未来"弗里德希女皇"维多利亚公主的私人秘书。他是弗里德里希·威廉（Friedrich Wilhelm）王储身边的宪治顾问。比较 K. F. F. Sanwer，*ADB*，第 36 卷（1893），页 305—315。

[161]　激烈反对，见 F. v. Martitz, »Ueber den constitutionellen Begriff des Gesetzes nach deutschem Staatsrecht«, *ZgStW*，第 36 卷（1880），页 207—274。对这个核心问题的基本论述见 E. W. Böckenförde, *Gesetz und gesetzgebende Gewalt. Von den Anfängen der deutschen Staatsrechtslehre bis zur Höhe des staatsrechtlichen Positivismus* (1958)，尤其参见页 226 及以下。该处被普遍参考。

[162]　后注 388。

[163]　*Lebenserinnerungen*，页 81。

[164]　*Lebenserinnerungen*，页 84 及以下，页 99 及以下。

[165]　Herberger，前注 145，页 1329—1330。

[166]　Zorn，前注 47，页 72。

年"时，[167] 这一说法无论如何是正确的。这种说法建立在他那三卷本或四卷本鸿篇巨著《德意志帝国国家法》的基础之上。该著作在出版了两部前期著作 [168] 之后才从 1876 年起分阶段出版。[169] 简缩本首次在 1894 年问世，到 1912 年就出版了六版。[170] 人们经常提到这部作品取得成功——"**拉班德**公法的成功"[171]——的原因。**拉班德**把目光集中到对意志关系的统一体系进行教义性建构上。他用的材料是帝国的实证国家法，通过"纯粹的逻辑思维活动"从中找到"统一的基本原则和主要原则"，在某种程度上找到变动不居的实证法规定性所具有的思想本质。[172] 这与**格贝尔**使用的材料不同，**格贝尔**仍然把目标放在国家法普遍的基本概念上。因此，从**格贝尔**到**拉班德**完成了从法学实证主义到科学指导的法律实证主义的典型转变；[173] 但它们之间的差异并不是特别大，因为**拉班德**也相信在制定法之外存在着实证有效的法律秩序。对他来说，法律秩序和"自然秩序一样"[174] 是没有缺陷漏洞的，"创立一个完全不处于一个更高、更一般的法律概念之下的新法律制度，就像发明创造一个新的逻辑

---

[167]　M. Friedrich, »Paul Laband und die Staatsrechtswissenschaft seiner Zeit«, *AöR*，第 111 卷（1986），页 197—218（页 198）。

[168]　P. Laband, »Das Finanzrecht des Deutschen Reiches«, *(Hirths) Annalen* (1873)，页 405—465；同作者，»Die rechtliche Natur der Sonderrechte (Reservatrechte)«, *(Hirths) Annalen* (1874)，页 1487 及以下。

[169]　与图宾根劳普书社的出版合同签定于 1874 年。1876 年出版第 1 卷；1878 年出版第 2 卷；第 3 卷上册 *Die bewaffnete Macht* 出版于 1880 年，下册 *Finanzrecht* 出版于 1882 年。1888 年出版全集第 2 版，1895 年出版第 3 版；1901 年出版第 4 版（4 卷本）；1911 年及以后出版第 5 版（4 卷本）。1900 年及以后出版了 6 卷的法文译本。

[170]　P. Laband, *Deutsches Reichsstaatsrecht* (Tübingen 1894)，见 *Das öffentliche Recht der Gegenwart*，第 1 卷。

[171]　Fioravanti，前注 12，页 348 及以下。

[172]　P. Laband, *Das Staatsrecht des Deutschen Reiches*，第 1 卷（Tübingen 1876），前言，页 VI。

[173]　见 M. Friedrich，前注 167，页 205—206。

[174]　Laband, *Das Budgetrecht*，前注 157，页 75。

范畴或形成一种新的自然力一样不可能"。[175] 但看上去如此封闭的
体系在内部却是有差异的。**拉班德**把"对实证法律素材进行认真仔
细和完整的确定"作为前提。如果缺乏国家制定的规范（Norm），
那就必须形成法律规则（Rechtsregel），使人们相信，即使没有明确
的国家规定，这些法律规则也可以主张效力。这些法律规则通过类
比（Analogiebildung）和反证（Umkehrschlüsse），通过把分散的材
料整合成"概念"和"法律制度"得以创立。[176] 这些"概念"和"法
律制度"是思想的艺术品，而这些艺术品对接纳隐藏的预判完全是
开放的。[177] 只有当这个艺术品的武器库准备好了，才能开始"纯粹
的逻辑思维活动"，这种思维活动——至少根据现代科学理论——
总是含有许多错误结论的陷阱，而法律逻辑家本人也会掉入其中，
或者把其他人往坑里引。[178] 但他向来就不把这个过程置于有意识形
态和政治的嫌疑之下。**拉班德**尽管在政治上保守，[179] 对其演绎推理

---

[175]　前注 172，前言，页 VI。Stoerk，前注 61，页 39—40，他在该处以历史
学派的名义表示反对，硬是说拉班德退回到了自然法窠臼（不过是形式主义上的和被
抽空了意义的自然法）。

[176]　尤其参见 M. Herberger, »Logik und Dogmatik bei Paul Laband. Zur Praxis
der sog. juristischen Methode im ›Staatsrecht des Deutschen Reiches‹«, E. V. Heyen (Hg.),
Wissenschaft und Recht der Verwaltung (1984)，页 91—104（页 93 及以下）。

[177]　Stoerk，前注 61，页 43，该处说到一个"循环运动，在这个循环运动过程中，
抽象归纳对公法素材的历史个性形成或多或少粗暴地进行比喻论述；但同时又把它和
决定过程连在一起，一直进行着弹性变化的塑造活动，而只有通过一点一点地清扫道
路和限制从'上位概念'流出来的后果，那种决定过程才能清楚地阐释所发现的一般
原则与'事实存在的制度机构和实证法律命令之间的一致性'"。

[178]　有关"概念"，见 M. Herberger / D. Simon, *Wissenschaftstheorie für Juristen*
(1980)，页 244—247。

[179]　同时代人也同意这一点。Stoerk，前注 61，页 54，该处认为，拉班德的党
性立场比格贝尔、舒尔策、格奥尔格·迈尔或伦内的"远远鲜明"。Gierke, »Labands
Staatsrecht und die deutsche Rechtswissenschaft«, *Schmollers Jahrbuch für Gesetzge-
bung, Verwaltung und Volkswirtschaft im Deutschen Reich*，新系列第 7 卷（1883），页
1097—1195（单行本，1961，页 35），该处甚至说，在拉班德那里有"明显的专制
主义特点"。

产生的后果也十分清醒，但他的意图还是建立一个不与伦理道德、政治、历史以及其他东西掺和在一起的"纯净的"科学法学，建造"一个适合重新建构实证法和旨在对这些实证法进行解释的概念及原则体系"。[180] 在这里对所研究的东西和关于它的陈述范围存在着有意识的限制，[181] 即集中于法律元素，其目的是为了奠定一个符合时代科学理论要求的基础。

拉班德这部著作结构颇有特色。开头简明扼要地论述帝国及其宪法的形成历史，接着即讨论帝国法律本质的核心问题（邦联还是联邦、主权的承担者[182]、帝国和邦之间的关系），尤其与**赛德尔**展开争论。[183] 其中的主要问题是国家人格的统一和国家权力的统一。与国家这一主体相对的那些客体，不是分享国家权力的所谓"有机体"的肢体。在确立了主体之后，接着论述"自然基础"（帝国臣民、联邦领土）、帝国权力组织（国家机构）、立法、缔结国际条约、行政。还有一个关于阿尔萨斯－洛林的附录。

接着为这部著作的组织结构添进了这些内容：外交事务、交通、内政、法院、军事和财政。因此它涉及纯粹的有效法律，按照目的对其进行划分，并用简洁、形式优美的语言进行论述。接受**拉班德**方法前提的人不得不承认，这是一个封闭的体系。另外，从文学的

---

[180]　Herberger，前注 176，页 104。

[181]　v. Oertzen，前注 6，页 326 及以下。

[182]　拉班德把统一于德意志帝国之中的君主国和自由市的整体，也就是把"联邦议会"这个国家机构看成主权的承载者。处在眼前的建构理论把主权给予作为法人的帝国，但又让众多机关（皇帝、联邦议会、帝国议会）去行使主权，这遭到他的拒绝。对他的反驳，见 Gierke，前注 179，页 45 及以下。比较 O. Fröhling,»Labands Staatsbegriff. Die anorganische Staatsperson als Konstruktionsmittel der deutschen konstitutionellen Staatslehre«（法学博士论文，Marburg 1967）。

[183]　M. v. Seydel, *Commentar zur Verfassungs-Urkunde für das Deutsche Reich* (Würzburg, 1873；第 2 版，Freiburg, Leipzig 1897)；同作者, »Der Bundesstaatsbegriff«, *ZgStW*，第 28 卷（1872），页 185—256；同作者, »Die neuesten Gestaltungen des Bundesstaatsbegriffes«, *(Hirths) Annalen* (1876)，页 641—655。

角度看，它也是一部杰作。它的思想力和语言之精练实际上在今天也令人称奇。它与存在于资产阶级和国家机器那里的民族保守的主要潮流相协调，这又额外地支撑着人们对它的普遍认可。[184]

这部著作最重要的批评者是**基尔克**和**施特克**，还有**里克尔**（Karl Rieker）[185]。**基尔克**反对把法学紧缩为概念的逻辑研究，他还着重指出**拉班德**的概念形成对价值的依赖性。[186] 对他来说，**格贝尔**和**拉班德**把国家降为国家权力的法律归责点，而国家权力又仅仅是自上而下的行使，这是不可接受的。把人民当作国家统治权力的客体、拒绝基本权利、广泛地压制议会制——这对《社团法》作者[187]、有机划分"整体人格"[188] 的思想拥护者来说也没法接受。**基尔克**的反对有多种渊源。他坚持日耳曼历史学派的遗产而反对**拉班德**；因此也坚持1848年运动的民族和自由狂热思想而反对专制的官僚机构国家；坚持历史丰富的东西而反对抽象之物；坚持个体和整体的和谐而反对国家权力与服从的机械论思想。[189]

施特克[190] 对**拉班德**的批判和**基尔克**的批判只有部分相似。**施特**

---

[184]　有关国家法实证主义的胜利，也可比较 M. Kriele, *Theorie der Rechtsgewinnung entwickelt am Problem der Verfassungsinterpretation* (1967)，页39—43。

[185]　K. Rieker, »Über Begriff und Methode des allgemeinen Staatsrechts«, *Vierteljahresschrift für Staats- und Volkswirtschaft*，第4卷（1896），页250—268，里面对"形式逻辑方法"的非历史性进行了批判。

[186]　有关他个人方法论上的确信，见 A. Janssen, *Otto von Gierkes Methode der geschichtlichen Rechtswissenschaft. Studien zu den Wegen und Formen seines juristischen Denkens* (1974)。

[187]　后注273、275。

[188]　O. v. Gierke, *Das Wesen der menschlichen Verbände* (Leipzig 1902).

[189]　见后注272。

[190]　C. Sartorius, »Felix Stoerk«, *AöR*，第23卷（1908），页I—IV；P. Laband, *DJZ*，第13卷（1908），页174—175，该处特别简洁。文献现可参见 W. Brauneder, *Juristen in Österrreich 1200–1980* (1987)：施特克1851年出生于奥芬，在维也纳开始了他的学术事业。1882年调往格赖斯瓦尔德大学担任公法尤其是国际法、法律史和法哲学的教职工作，1882年起任教授。1903年任格赖斯瓦尔德大学校长。（转下页）

克拥护对法律的概念形成进行"历史遗传的重构"，他揭穿了**拉班德**的同义反复和循环论证，发现后者用抽象教义掩盖其在政治上欲求的结果的把戏。他的这些揭露和发现主要针对**拉班德**的方法存在的一个内在矛盾。**施特克**谋求一个独立的公法方法论，与其说是因为公法在专业上的"独立性"，倒不如说是因为他看到在国家现实和科学的概念形成之间存在着相互影响。在他看来，科学的概念形成只有在认真面对历史生成的并经过政治塑造过的实质问题时才可想象，而不能通过弥漫到整个法学领域的抽象之物去强行实现它们之间的这种相互影响。[191] 这里面还存在着反**拉班德**保守主义思想的政治保留，例如在基本权问题上 [192]，但主要是在帝国宪法法律层面上变得有争议的方法问题上，而这些方法问题触动了**施特克**。

拉班德在这部著作第二版的前言中回应了他的批评者。他带有几分郁闷地强调，他在国家法中宣扬的法学方法绝不会导致压制历史和政治的思考与研究。[193] 他本人的法史研究和积极参与阿尔萨斯的地方政治就充分证明，他熟悉历史问题和政治问题。他后来还把帝国宪法描述成历史变化的客体。[194] 但是，这种法学方法对有意或无意把历史政治论据和法学论据搅混在一起的做法树立了禁令招牌，它导致一定的纯粹主义和对逻辑演绎的不容置疑性的过度信任。这

（接上页）他的主要贡献在国际法。

[191]   F. Stoerk, *Zur Methodik des öffentlichen Rechts*（单行本，Wien 1885，取自 *Grünhuts Zeitschrift*，第 7 卷）。E. Lingg,》Zur Entwicklungsgeschichte der deutschen Staatslehre《, *AöR*, 第 14 卷（1899），页 239—259，该作品调和于施特克和拉班德之间。

[192]   前引书，页 62 及以下。

[193]   第 2 版第 1 卷中的前言（Freiburg 1888，页 10 及以下）尤其如此，该前言一直被引用，它是"对大量激烈的攻击"进行的回应，这些攻击来自如施特克和基尔克。措恩支持拉班德，见 Ph. Zorn,》Zur staatsrechtlichen Literatur《, *Grünhuts Zeitschr.*, 第 10 卷（1883），页 732 及以下；拉班德本人如何积极，见 B. Schlink,》Laband als Politiker《, *Der Staat*, 第 31 卷（1992），页 553—569。

[194]   P. Laband,》Die geschichtliche Entwicklung der Reichsverfassung seit der Reichsgründung《, *JöR*, 第 1 期（1907），页 1—46。

是许多危险中的一种，**拉班德**本人已经警告过这种危险。

对**拉班德**的第二个批评点是他无节制地把公法和民法进行类比。**拉班德**通过参考股份公司董事会的地位来阐释皇帝的法律地位，他把民法上的合同引入官吏法中，把国家行政管理和"公司经营"相比较，把相对于帝国的各个邦的地位和社团单个权利（iura singulorum）相提并论。他因此被指责为民法概念性的重犯，在某种程度上是公法解放事业的叛徒。[195]

第三个危险是，故意去政治化会使政治接受宪法的僵化。**拉班德**因自己方法上的确信肯定看不到这个危险。如果概念演绎上升为不能颠覆的自然真理，因专业惯例而不允许有历史政治论据的话，那么在方法上受限制的视角就不可避免地产生保守的影响。**拉班德**接受这一点。他是君主立宪制的信徒，当保护君主立宪制继续存在下去需要法律教义真理的帮助时，他便毫不犹豫地为此奋斗。

因此比较容易证明，**拉班德**这样进行论证以便能避免和政治愿望发生碰撞，例如在论证单一联邦理论时，以及论证"帝制概念"、"帝国土地"概念、"预算"概念、"法律"概念[196]和其他无数问题时。他在这些情况下是否"暗地里"或者或多或少无意识地考虑过政治后果，这还需要详细判定。而从中得出"内部存在着非真实性"这样的结论，例如像**斯门德**所做的那样，是没有说服力的。因为这里存在着一个前科学的（vorwissenschaftlich）基本心态："意识到资产阶级的生存基础在新帝国中能得到保护；毫无保留地赞同**俾斯麦**创建的事物的政治秩序；对实证法的所有内容问题缺乏问题敏感性；人们完全相信，法学思考基本上只对法律的形式面感兴趣。"[197]而

---

[195]　Stoerk，前注 191，页 56 及以下。

[196]　Böckenförde，前注 161，第 28 节。

[197]　Friedrich，前注 167，页 200。

这种基本心态在一个学术上飞黄腾达、获得太多荣誉、被同化了的犹太资产阶级的代表那里表现得尤为明显，这就不足为奇了。

　　在后来几代人和**拉班德**的交锋中，把历史政治论据排除到国家法学说之外便扮演着重要角色。尤其是，**斯门德**及其弟子消极评价**拉班德**。他们积极地从**拉班德**身上去掉格贝尔"尚未（！）无根基"的思想，[198] 把**拉班德**视为"危险倒霉的"，[199] 并指责他用形式主义抽空了所有国家法概念和制度的"政治意义"，[200] 并驱使"概念体脱离前提性的真正基础"。[201] **斯门德**说："因此产生了一幅罕见的画面，即一个被抽空意义的、权能或权力一小块地皮的体系，它和生活无干系，但是由于它没有完成学术该完成的任务而必定会造成有损生活的后果。"[202] 人们在 1939 年认为，"**拉班德**著作最大的不义"在于，他对德意志民族宪法政治的良知问题和生活问题"缺乏严肃"态度。尽管**拉班德**的影响非凡，但其他学者却成功地"总算完成了被**拉班德**破坏的德意志共同国家法的统一，从另一个意义上讲比他更像是政治导师。至于他们之间存在区别的深层次原因，在此毋庸赘言"。[203] 这几乎无法掩盖当时典型的、像**斯门德**之流那样含沙射影地对**拉班德**的犹太人出身进行的恶意攻击，同时顽冥不化地认为**拉班德**"不中用"，其深层次动机昭然若揭。他们所用的语词，像"无

---

　　[198]　Friedrich，前注 167，页 207；以及 v. Oertzen，前注 6。

　　[199]　R. Smend, *Staatsrechtliche Abhandlungen*，第 2 版（1968），页 334。

　　[200]　Friedrich，前注 167，页 209。对实证主义深恶痛绝，认为凯尔森的著作"荒唐"，见 v. Oertzen，前注 6，页 261；K. Hespe, *Zur Entwicklung der Staatszwecklehre in der deutschen Staatsrechtswissenschaft des 19. Jahrhunderts* (1964)。

　　[201]　v. Oertzen，前注 6，页 257。

　　[202]　Smend，前注 199，页 335。

　　[203]　Smend，前注 199，页 338。其他更清楚的，如图宾根希施比尔（Helmut Hirschbühl）的博士生舍恩费尔德（Walther Schönfeld），前注 100，页 2："犹太人拉班德和凯尔森继续遵循他（格贝尔）所开创的道路，这两人在格贝尔法律学说真正基本思想的片面形式逻辑的夸张中，歪曲了它的价值，使其走向了反面。"

根基的"　"空洞的形式主义"　"机械的"　"变态的实证主义"[204] 等，再清楚不过地说明了问题，至少也体现了一种反理性的厌恶情绪，就像后来**凯尔森**所遭受的攻击那样。**拉班德**在世时，**斯门德**就已开始了他的大学工作生涯，他一开始就认为他和**拉班德**观点完全对立，尽管在魏玛共和国之前他"还未建立起自己的反对立场，也未明确攻击实证主义方法"[205]。**斯门德**十分厌恶马堡学派和**凯尔森**生硬的新**康德**主义，他沿着**狄尔泰**（Dilthey）和**利特**（Theodor Litt）的足迹寻求国家法问题与思想发展历史的结合，寻求它们的"统一"以及与"生活"的联系，[206] 也就是说不让专门的法学内容孤立起来。人们很难认为，**斯门德**这位反实证主义的、"方法和流派争论"[207] 的参与者是**拉班德**的客观评价者。这个问题在这里很要紧，因为**斯门德**的影响极大地传播到联邦德国的研究文献中，[208] 它和 1945 年后人们对于法律实证主义的普遍排斥一起，导致与**格贝尔**有关的并具有争议的形象被固定了下来，而这种形象在**拉班德**那里完全走了样。

---

[204]　尤其比较 v. Oertzen，前注 6，页 254 及以下。

[205]　S. Korioth, *Integration und Bundesstaat. Ein Beitrag zur Staats- und Verfassungslehre Rudolf Smends* (1990)，页 85。

[206]　有关斯门德的早期著作，现可详见 Korioth，前注 205，页 16 及以下。

[207]　R. Smend, »Die Vereinigung der Deutschen Staatsrechtslehrer und der Richtungsstreit«, *Festschr. f. U. Scheuner* (1973)，　页 575—589；M. Friedrich, »Der Methoden- und Richtungsstreit. Zur Grundlagendiskussion der Weimarer Staatsrechtslehre«, *AöR*，第 102 卷（1977），页 161 及以下；K. Rennert, *Die »geisteswissenschaftliche Richtung« in der Staatsrechtslehre der Weimarer Republik* (1987)。

[208]　Korioth，前注 205，页 228 及以下。据笔者所知，该处首次对斯门德的继受进行学术史论述，可惜放弃了教会法和国家教会法。

三、第一次世界大战前的国家法学说

（一）拉班德同时代人及其反对者

传统观念认为，**拉班德**的著作"全面统治不只一代的德国公法学家"[209]。如果人们问及帝国国家法宏大的、有代表性的且有实际"巨大影响的"主线的话，这种认识大体上没错。但如果人们把这个时代的国家法学说作为整体来考虑，国家法学说则表现出非同寻常的多种面相，而且异常紧张复杂。认为**拉班德**的"实证主义"扼杀了其他人的发声，这不符合实际情况。

那"一代的德国公法学家"的整体形象大体上比像在三月革命前或魏玛共和国期间更具一致性。著书立说者虽然在地区上存在着不同声调，但都是传统意义上的资产阶级教授，是君主主义者。能被当作政治亢奋时代的地震仪的反对声音几乎没有。像**许金**（Walther Schücking，1875—1935）那样变成民主主义者与和平主义者[210]的思想发展例子并不多。但即便如此，国家法学家和"现实政治"的距离也会增大，而方法论的立场规定性也会不断强调，为了稳定公法科学特征，距离是必要的。

在柏林或在弗里德里希斯鲁（Friedrichsruh）制定的帝国政策，没有教授的帮助，也没有以哲学前提为圭臬。政治活动和公法学术文化偶尔才交汇在一起。虽然重要学者如**莫尔、格奈斯特、格贝尔、勒宁、格奥尔格·迈尔、萨韦、马夸德森、黑内尔、欣席乌斯**（Hinschius）、**弗里德贝格**（Friedberg）等仍从事议会和政治工作，

---

[209]　H. Triepel, *Staatsrecht und Politik* (1927)，页 8 及以下。

[210]　D. Acker, *Walther Schücking* (1970); W. Kohl, »Walther Schücking (1875–1935). Staats- und Völkerrechtler- Demokrat und Pazifist«, Kritische Justiz (Hg.), *Streitbare Juristen. Eine andere Tradition* (1988)，页 230—242。

但多数人越来越明显地转为职业政治家、社团领导或政党战略家。

从个人角度上看，这些学者们或许也想体会从政治中解脱出来的感觉。他们的物质生活状况优渥，公众威望也颇高。1871 年以后对大学的学术政策比过去任何时候都好。"**阿尔特霍夫**时期"（Ära Althoff）使扩张的和分化的科学变为民族和帝国政治的工具。[211] 德国对"科学大产业"的投入比西欧其他可以相提并论的国家都要多，[212] 尤其在自然科学和技术领域，而在人文科学领域的投入也不菲。[213] 所有这些都建立在一个几乎未被提升进意识的相互忠诚和对社会条件普遍接受的基石上。公法教授们并非斗士，也没有可供掩护的街垒。他们——至少比较出名的——是用勋章装饰起来的卓越内务顾问、达官显贵、国王的法律代表、尊贵的上议院议员、受政府和王公贵族宠爱的专家评阅人。他们和三月革命前的处境完全不同，再也不受冷落了，发言讲话也有了报酬。

以思想、政治和历史为根据的国家法的方法范式向"法学方法"转变体现了这种普遍认可，同时也强化了这种认可。在**拉班德**追随

---

[211]　B. vom Brocke, »Hochschul- und Wissenschaftspolitik in Preußen und im Deutschen Kaiserreich 1882–1907. das ›System Althoff‹«, P. Baumgart (Hg.), *Bildungspolitik in Preußen zur Zeit des Kaiserreiches* (1980)，页 9—118；同作者，»Von der Wissenschaftsverwaltung zur Wissenschaftspolitik. Friedrich Althoff (1839–1908)«, *Berichte zur Wissenschaftsgeschichte*，第 11 卷（1988），页 1—26；Th. Nipperdey, *Deutsche Geschichte 1866–1918*，第 1 卷（1990），页 602 及以下。

[212]　F. R. Pfetsch, *Zur Entwicklung der Wissenschaftspolitik in Deutschland 1750–1914* (1974)，页 72 及以下；L. Burchardt, »Deutsche Wissenschaftspolitik an der Jahrhundertwende. Versuch einer Zwischenbilanz«, *Geschichte in Wissenschaft und Unterricht*，第 26 卷（1975），页 171—189。

[213]　P. Schiera, *Il laboratorio borghese. Scienza e politica nella Germania dell', Ottocento* (Bologna 1987; *Laboratorium der bürgerlichen Welt. Deutsche Wissenschaft im 19. Jh.* [1992])；R. Vierhaus / B. v. Brocke (Hg.), *Forschung im Spannungsfeld von Politik und Gesellschaft. Geschichte und Struktur der Kaiser-Wilhelm-/ Max-Planck-Gesellschaft* (1990)，页 17 及以下（B. v. Brocke），内有更多文献。

者和思想接班人更狭小的圈子 [214] 外也无可争议地认为，国家法教师必须接受形式上确定的国家意志，要为有效法律发展出内在的主要原则，要形成准确的概念，要认识某种制度的法律本质，要对这些法律本质进行整理并从中推出结论。[215] 在**温德沙伊德**思想统治下的民法也并无两样。[216] 在刑法中，**宾丁** [217] 和改革家**李斯特**（Franz von Liszt）也同样要求"清晰明确的概念和封闭的体系" [218]。在这个问题上人们达成了共识。

但是晚期宪治国家法学说的景象并非"实证主义荒漠"。如果查看一下德意志帝国的大学大约在 1905 年的国家法和行政法教师名单，[219] 那么相应的派别就会立即映入人们的眼帘。首先是那些还在继续引导着旧国家学传统，或者还回到了这个传统窠臼中的人，尽管他们也明确信奉法学方法。接着是那些实质国家法思想的代表，这些**拉班德**的反对者来自从**贝泽勒**、**奥托·贝尔**到**基尔克**、**布**

[214] 比较如 C. Bornhak, *Grundriß des Deutschen Staatsrechts* (Leipzig 1906；第 2 版，1910)，以及 Ph. Zorn, *Lehrbuch des deutschen Reichsstaatsrechts* (1895；第 2 版，2 卷本，1897)。对回顾后一本特别有启发的是 »Die deutsche Staatsrechtswissenschaft seit 1866«, *JöR*，第 1 期（1907），页 47—81。措恩曾在慕尼黑和莱比锡学习，1872 年获取博士学位，论文有关伦巴第的举证程序，1875 年在慕尼黑完成关于挪威国家和教会的教授资格论文，1875 年任伯尔尼大学编外教授，1877 年任柯尼斯堡大学教授，1900 年起任波恩大学教授。除上面提到他修订伦内的《普鲁士国家法》外，值得强调的是他的简洁教科书 *Lehrbuch des deutschen Reichsstaatsrechts* (2 卷本，Berlin 1880–1881；第 2 版，1895–1897)。有关他的生平，比较他的 *Aus einem deutschen Universitätsleben* (1927)，以及 J. Jessen, *Die Selbstzeugnisse der deutschen Juristen* (1983)，页 140，内有更多文献。

[215] P. Laband, »Das Finanzrecht des Deutschen Reiches«, *(Hirths) Annalen des Deutschen Reiches* (1873)，页 405—562。

[216] Falk，前注 64。

[217] D. Westphalen, *Karl Binding (1841–1920). Materialien zur Biographie eines Strafrechtsgelehrten* (1989).

[218] F. v. Liszt, *Lehrbuch des Strafrechts* (Berlin, Leipzig 1881)，前言。

[219] G. Ziegler / Th. Scheffer (Hg.), *Das Akademische Deutschland*，第 2 卷，*Die juristischen Fakultäten* (Leipzig 1905)：Berlin (Hübler, Gierke, Martitz, Kohler, Kahl, Bornhak, Preuß, Laß, Kaufmann), Bonn (Zorn, Bergbohm, Stier-Somlo), Breslau（转下页）

里（Siegfried Brie，1838—1931）和**普罗伊斯**（Hugo Preuss，1860—1925）这条日耳曼派的传统路线。最后是那些"站在边缘"的著者，如**贡普洛维奇**、**拉岑霍费尔**（Gustav Ratzenhofer，1842—1904）以及**门格**（Anton Menger，1841—1906）。

（二）历史奠基的实证主义

从 1900 年起，**格奥尔格·迈尔**和他在海德堡教职的继任者**安许茨**被认作"经典的实证主义者"。这个标签的含义明显是贬义的。这个"实证主义"既不是非历史的也不是非政治的。它根植于平静时期的正常状态，而在这个平静时期，法律之外的停靠点似乎没有必要，因为恶劣立法还在人们的想象之外。尽管如此，普鲁士的宪法冲突、文化斗争以及《反社会党人法》体现了法与政治道德的碰撞，但这些是例外，动摇不了这个原则。

1. G. 迈尔

格奥尔格·迈尔 [220] 自 1860 年起在耶拿大学和哥廷根大学学习，1863 年在海德堡大学获得博士学位，1867 年在马堡大学完成教授资

（接上页）(Brie, Eger), Erlangen (Rieker), Freiburg (Rosin, Schmidt, v. Frisch), Gießen (van Calker), Göttingen (Frensdorff, v. Bar, Schoen, v. Hoffmann), Greifswald (Stoerk, Sartorius), Halle (Loening, Finger, Fleischmann), Heiderlberg (Jellinek, Anschütz, v. Jagemann, v. Kirchenheim, Walz), Jena (Rosenthal, Niedner), Kiel (Hänel, Frantz, Weyl, Perels), Königsberg (Arndt, Hubrich), Leipzig (Friedberg, Binding, O. Mayer, Häpe), Marburg (Westerkamp, Schücking), München (Amira, v. Stengel, Dyroff, Harburger), Münster (Schreuer, L. v. Savigny), Rostock (Sachsse, Hübner), Straßburg (Laband, Rehm), Tübingen (Triepel), Würzburg (Piloty).

[220]　G. Jellinek, »Georg Meyer«, *DJZ*, 第 5 卷（1900），页 130—131；同作者，»Georg Meyer. Worte der Erinnerung«, G. Jellinek, *Ausgewählte Schriften und Reden*，第 1 卷（1911；再版，1970），页 272—281；Landsberg III/2，注 405；C. Doerfert, »Georg Meyer (1841–1900). Staatsrechtslehrer und Politiker aus Lippe«, *Lippische Mitteilungen*，第 62 卷（1993），页 191—197；P. Cancik, »Georg Meyer (1841–1900)«, P. Häberle, M. Kilian, H. Wolff (Hg.), *Staatsrechtslehrer des 20. Jahrhunderts* (2014)，页 29—45。

格论文，先后在马堡大学（1873）、耶拿大学（1875）[221] 和海德堡
大学（1889）任教，成为帝国国家法的权威之一。他不仅是巴登上
议院的议员，而且从 1881 年到 1890 年还是帝国议会中的民族自由主
义成员。在帝国议会中他参与了有关殖民地的立法工作。[222]1889 年
到 1900 年，他在海德堡大学任教并发表著作，是极具威望的国家法
学家，但他并不是"领袖人物"，也不是和其他作者针锋相对的海
德堡学者。

　　他把 1866 年以后和 1871 年以后 [223] 发表的首批见解写进《德国
国家法教科书》（1878）[224]。在此基础上，接着很快出版了《德国
行政法教科书》（1883、1885）[225]，这本教科书——我们还要谈及——
根据这门新学科分支不断增加的重要性而补充和扩展了国家法教科
书中的行政法部分。这部国家法教科书从外表看比较薄小，但里面
却包含有大量言简意赅的教义性陈述和认真整理的资料，尤其是在
注释中。其中处理的大量题材和文献，使该著作直至今日仍是可靠
的文献查阅工具书，而较少作为启迪性读物。事实上，如**安许茨**所言，
它是"同类书中独一无二的。之所以如此，是因为它是唯一一本从

---

　　[221]　格奥尔格·迈尔还是萨克森 - 魏玛邦国议会中的耶拿代表。

　　[222]　G. Meyer, *Die staatsrechtliche Stellung der deutschen Schutzgebiete* (Leipzig
1888). 格奥尔格·迈尔共同起草了 1892 年 3 月 30 日关于保护领地收入与支出的帝国
法律。该立法，见 *RGBl* (1892)，页 369—370。亦见 H. Edler von Hoffmann, *Einführung
in das deutsche Kolonialrecht* (Leipzig 1911); F. Kersting, *Das öffentliche Recht der deutschen
Schutzgebiete* (Zwickau 1911)。

　　[223]　G. Meyer, *Grundzüge des norddeutschen Bundesrechtes* (Leipzig 1868); 同作
者，*Staatsrechtliche Erörterungen über die deutsche Reichsverfassung* (Leipzig 1872)。

　　[224]　G. Meyer, *Lehrbuch des Deutschen Staatsrechtes* (Leipzig 1878; 第 4 版，
1895; 第 5 版，1899; 第 6 版起由安许茨修订; 第 7 版，3 部分，1914--1919)。比较
雷姆在第 6 版中的评论，见 *Verw. Arch.*，第 14 卷（1906），页 350—356。

　　[225]　G. Meyer, *Lehrbuch des Deutschen Verwaltungsrechts*，2 卷本（1883, 1885）;
第 2 版（1893, 1894）; 第 3 版（München, Leipzig 1910）起由多肖（Franz Dochow）
修订; 第 4 版（1913, 1915）。

未被其他著作取代或超过的德国国家法的总体论著。它除了对中央权力——这里是指帝国——的宪法进行论述外，还对各个邦的宪法进行了论述。这部毋庸置疑最著名的德意志帝国国家法，就像其名称所指的那样，具体地聚焦于帝国的法律论述。此外，它还对各个邦的国家法进行附带性论述……"[226]

格奥尔格·迈尔虽然把自己看成"严格法学方法"的拥护者，但与大多数前辈一样，认为一部德国国家法要有一个"一般国家学说"[227]和"德国国家法的历史"的导言，这是不能丢弃的。他和**格贝尔**的纯粹主义以及**拉班德**的"建构主义"保持着很远距离。他用简短和清晰的语句论述实证法，但在其中毫不犹豫地加入历史与政治论据。可是他明白，这些论据只是"补充"法学论证而已。在他看来，国家学和法学的二元论方法是关乎宏旨的东西。[228]因此，关于机构组织部分以"德国官府组织的发展历史"为开头；同样，在"立法"和"财政管理"部分的前面也各自有"历史发展"导言。

值得注意的是，姑且不论导言部分，**格奥尔格·迈尔**的教科书推出一种新构想，即把地方的国家法和帝国的国家法整合在一起。它从各个邦（君主制的邦、自由市）上升到帝国，然后在那里又沿着从国家机构到国家功能、基本权利和义务，再到国家教会法这条道路进行论述。一言以蔽之，这部教科书整体上在帝国国家法的条件下把旧的同盟国家法传统和**格贝尔**在方法上的要求结合了起来。

2. G. 安许茨

格奥尔格·迈尔的继任者**安许茨**这样写道："**格奥尔格·迈尔**

---

[226]　G. Anschütz, »Lebenserinnerungen«, *Ruperto-Carola, Mitt. d. Vereinigung d. Freunde der Studentenschaft d. Universität Heiderberg 9. Jg.*，第21卷（1957），页37。

[227]　现典型地更名为"国家法的基本概念"（Grundbegriffe des Staatsrechts）。

[228]　G. Meyer, *Das Studium des öffentlichen Rechts und der Staatswissenschaften in Deutschland* (Jena 1875).

与其同时代的大多数人（年老的和年轻的）一样，是一位鲜明的实证主义者……他的目光一直盯着国家法的现实性和实际情况；他的思考方法，如果人们想这样的话所说的话，实用性强于理论性……我这样说不全是要刻画出**格奥尔格·迈尔**的看法，而是要刻画出我自己的看法。因为我的看法和他的在本质上完全相似……法学发展其实呈现出相同性，法学思想存在着相似性，并以时代精神来阐发这种法学思想。"[229]

安许茨生动地反思，他本人作为一位个受普鲁士影响的国家法学家和行政法学家，因受聘于图宾根大学（1899—1900）和海德堡大学（1900—1908），是如何接触南德意志的资产阶级自由主义的，以及如何逐渐进行更自由主义式的思考的，而且逐渐发现了走向"民主实证主义的道路"。他在根源上是"民族主义的、着眼于国家的和自由主义的"。[230] 在南德意志，整个社会更强烈的资产阶级化给他留下了印象，而这恰恰又是带有鲜明"封建"因素的普鲁士所缺乏的。因此，他在柏林待了几年后（1906—1916）又回到海德堡大学（1916—1933），并在魏玛共和国时期——和**托玛**一起——成为院系的中流砥柱。[231]

安许茨的首批作品就使他处于与**拉班德**、**措恩**、**阿恩特**等人保守的普鲁士路线的紧张关系之中。他在哈雷大学的**勒宁**那里撰写的博士论文[232] 以自由主义观点论述了双重法律概念的宪法问题，而

---

[229]　G. Anschütz, »Lebenserinnerungen«，前注 226，页 35—43（页 37）。1957 年第 22 卷续，页 25—40；生平年月日见 Drüll，页 4。回忆录的完整版由保利（W. Pauly）主编，待出。

[230]　E. W. Böckenförde, »Gerhard Anschütz (1986)«，同作者，*Recht, Staat, Freiheit* (1991)，页 367—378（页 368）。

[231]　E. Forsthoff, »Gerhard Anschütz«，*Der Staat*，第 6 卷（1967），页 137—150。

[232]　G. Anschütz, *Kritische Studien zur Lehre vom Rechtssatz und formellen Gesetzes* (Leipzig 1891；第 2 版，1913).

拉班德的权威使这些宪法问题只是表面看上去风平浪静。他的专著《立法权概念和普鲁士国家法下的王室法规范围之当代理论》（*Die gegenwärtigen Theorien über den Begriff der gesetzgebenden Gewalt und den Umfang des königlichen Verordnungsrechts nach preußischem Staatsrecht*）[233] 在这个问题上更清楚一些。在该专著中，他把行政的法规制定权与宪法或法律的授权联系在一起——这是对君主制原则的削弱，招致了激烈抗议。[234] **安许茨**有意识地和"秘密专制主义者"[235] 的君主制思想阵营对着干，这些人反对普鲁士逐步开展的议会化和民主化运动。[236] 就此而言，**安许茨**是不同意义上的"实证主义者"，虽然这种"实证主义者"认为在元法学上（metajuristisch）排除或排挤有效法律是不可取的，但另一方面他充分利用具有潜在内容的、语义的活动空间。"我相信，"**安许茨**后来在谈到普鲁士宪法评论时说，"我当时成功地把我那些自称为'保守的'、实际上是具有反动思想的对手置于不义，还成功地影响了宪法解释，使它不仅是自由的，而且特别正确。"[237]

他在**霍尔岑多夫**（Franz von Holtzendorff）和**克勒**（Josef Kohler）主编的《法学百科全书》中对国家法的精炼论述[238] 与对**格奥**

---

[233]　Tübingen, Leipzig 1900；第 2 版（1901；再版，1971）。

[234]　主要参见 (G.) A. Arndt, *Das Verordnungrecht des Deutschen Reiches* (Berlin, Leipzig 1884); 同作者, *Das selbständige Verordnungsrecht* (Berlin 1902)。古斯塔夫·阿恩特（G. A. Arndt, 1849—1926），1900 年起在柯尼斯堡大学任教授，有关他的情况，见论述他儿子的专著 D. Gosewinkel, *Adolf Arndt. Die Wiederbegründung des Rechtsstaats aus dem Geist der Sozialdemokratie (1945–1961)* (1991)，页 23，内有更多文献。

[235]　Forsthoff，前注 231。

[236]　见该书前言 "Die Verfassungs-Urkunde für den Preußischen Staat"，第 1 卷（Berlin 1912；新版，1974）。见本书第 7 章，注 165。

[237]　G. Anschütz, Aus meinem Leben，保利编辑并作序，1993，页 147。

[238]　G. Anschütz, »Deutsches Staatsrecht«, F. v. Holtzendorff / J. Kohler, *Enzyklopädie der Rechtswissenschaft*，第 4 卷（1914），页 1—192。

尔格·迈尔国家法[239]的承续，以及典范式的第一也是唯一的一卷普鲁士宪法评论[240]，给这位一战前年轻一代的翘楚带来了特殊地位。1919年后，他对魏玛宪法的著名评论以及和**托玛**合著的著作（1931—1932）确证并巩固了他的这种地位。**安许茨**是自由主义的国家主义者（Etatist）和国家单一制论者（Unitarier）。他反感对国家和社会的明确分离具有瓦解威胁的现代多元论。[241]但他的"强国家"应该是自由的，并承载着国民的政治参与。**安许茨**逐步且非常坚定不移地把他的民族自由主义立场发展成为民主自由主义和共和主义。这种共和主义在大战期间使他敦促改革，接着使他成为魏玛共和国的拥护者。

安许茨还把自己看成与国家法学家同等重要的行政法学家。他的教授资格论文论述的是，"对依法行使国家权力造成的财产损失提出赔偿要求"。[242]此外，特别值得一提的是他撰写的总结普鲁士高等行政法院司法判决的文章。他在该文章中总结出20世纪头二十五年高等行政法院的司法判决对行政法总则带来了哪些收获。[243]

3. H. 舒尔策

在时间上先论述完上文之后，如果我们再回到1880年代，那么我们会把已经多次提到的**舒尔策**的重要著作《德国国家法教科书》，视为与**格奥尔格·迈尔**的德国国家法相并行的作品。1880年到1886

---

[239]　前注224。

[240]　见本书第7章，注165。

[241]　Böckenförde，前注230，页371。

[242]　*Verw. Arch.*，第5卷（1897），页1—136。

[243]　G. Anschütz, »Allgemeine Begriffe und Lehren des Verwaltungsrechts nach der Rechtsprechung des Oberverwaltungsgerichts«, *PrVerwBl*，第22卷（1900/1901），页83—90。

年，该教科书出版了四部分，并组合成两卷。[244] 与格奥尔格·迈尔的著作一样，该书前面也是"一般国家法的基本概念"和"历史发展"。该部分是 1865 年和 1867 年的旧论述。[245] 邦的国家法组成实证法的第一版块。它按照 "国家有机体结构"和"国家有机体功能"这种普遍划分方法详细论述了五百多页的篇幅。[246] "正常的"君主立宪制的普通结构占据了重要地位。而汉萨城市出现的君主立宪制变异现象则只占据一个很小的附录位置。在舒尔策看来，把二十五个邦的国家法联系在一起的思想形成于"共同法意识"，也就是形成于"民族精神"。[247] 而这种思想与国家是"民族精神的鲜活体现"这种用语一样，似乎是可以直接利用的。

　　帝国的国家法组成实证法的第二版块，它也按照机构和功能来进行划分。这样一来，邦和帝国的内容被更明显地分割开来。在格奥尔格·迈尔那里还是相互交叠在一起的材料，在这里的时间先后顺序却显得泾渭分明。但这只是一种清晰视角而已。在实质内容和方法上，格奥尔格·迈尔和舒尔策有着广泛的一致，尽管舒尔策有些特别反对格贝尔和拉班德，坚持有机体的概念，而格奥尔格·迈尔摈弃"为法学建构"的有机体思想。舒尔策却看中这一点，因为

---

　　[244]　H. Schulze, *Lehrbuch des Deutschen Staatsrechtes. Erstes Buch. Das Deutsche Landesstaatsrecht* (Leipzig 1881); *Zweites Buch. Deutsches Reichsstaatsrecht* (Leipzig 1886).

　　[245]　前注 51 及以下。

　　[246]　在国家功能（立法、司法和行政）之下，在制定法概念（Gesetzesbegriff）上的观点立场使人们尤感兴趣。舒尔策在这个问题上和格奥尔格·迈尔一起站在这些人一边，即他们把规则的"普遍性"解释为制定法概念的主要特征（见 G. Meyer, »Der Begriff des Gesetzes und die rechtliche Natur des Staatshaushaltsetats«, *Grünhuts Zeitschr.*, 第 8 卷［1881］, 页 1—53, 页 15 及以下）。拉班德和耶利内克拒绝这一特征。舒尔策则加入大多数人的行列（见 *Das Preußische Staatsrecht*, 第 2 版, 第 2 卷［Leipzig 1890］, 页 4—5）。

　　[247]　*Lehrbuch*, 前注 244, 第 1 卷, 页 6。

他认为，国民不仅应该是统治的客体，而且应该是独立的、拥有权利的有机体的肢体。国家权力与人民自由相对应，协调机构是人民代表会议。萦绕在**舒尔策**脑海里的宪法模式和**格贝尔**所想的单一的"意志权力"完全不同。这种"意志权力"不允许肢体拥有活动的自由和独立的权利。[248]

　　舒尔策在 1865 年就开始准备《德意志国家法教科书》的基本思想，大约二十年后才完成，因此这部著作有两张面孔。一方面，它看上去是 1865 年到 1866 年方法转变之前掺杂进**拉班德**实证主义的旧思想残余，因为它在 19 世纪中期以后保存了有机国家学说立场，同时还保留了日耳曼历史学派和哲学上的唯心主义的路线，并试图与"法学方法"磨合。在文献上，它还有意识地与 17、18 世纪的旧国家法文献保持着鲜活联系。另一方面，它认为，打上自治[249]、法治国和君主受宪法约束烙印的"德意志"立宪国家才是未来的选择，但这种选择在普鲁士模式的顽固保守主义那里却不能兑现。**舒尔策**在国家理论上还保留了 1848 年的回忆。[250] 通过国民的参与塑造灵活的和自我负责的国家组织与国家任务，这在他那里无论如何才是现代化的应有观点。而这种现代化观点在 1880 年代帝国国家法的资料中仍散发着微光。

（三）实质的国家法学说

　　黑内尔[251] 被大多数人称作比他稍微年轻的**拉班德**的反对者。[252]

---

[248]　详见 v. Oertzen，前注 6，页 241—248。

[249]　也可比较舒尔策的早期作品，*Der Freiherr vom Stein und seine Bedeutung für Deutschlands Wiedergeburt* (Jena 1850)。

[250]　H. Schulze, *Der Staatshaushalt des neuen deutschen Reichs* (Jena 1848).

[251]　R. Scheyhing, »Hänel«, *NDB*，第 7 卷（1966），页 441。

[252]　Fioravanti，前注 12，页 368 及以下。

他们两人都逝世于 1918 年，**拉班德**一直是国家法学说具有重要影响和占统治地位的领袖人物，而**黑内尔**在组建石勒苏益格－荷尔斯泰因时是帝国议会中著名的"政治教授"和自由主义的代言人。[253] 两人都代表"资产阶级的"立场，但**拉班德**是民族保守主义的，而**黑内尔**是"自由思想的"。

　　黑内尔的早年情况与**拉班德**完全不同。他的继父**劳贝**（Heinrich Laube，1806—1884）是被德意志同盟官方禁止的"青年德意志派"[254] 的代表，这一事实为他传授了自由主义的基本思想。[255] 大学学习使他紧密接触**莫尔**和**阿尔布雷希特**。他还在后者那里完成了博士论文（1857）和教授资格论文（1858）。因此，在他的思想中不仅有自由主义基础，还有日耳曼历史基础。[256] 绕道途经柯尼斯堡大学，**黑内尔**到了基尔大学（1863），并有了教授职位。他在那里活跃了一代人多的时间，尤其参与了 1869 年石勒苏益格－荷尔斯泰因城市法规的制定。[257] 作为进步党 [258] 成员，**黑内尔**被选进普鲁士议会（1867—1888）和帝国议会（1867—1893，1903—1908）。1866 年以前，他

---

　　[253]　所有旧文献见 Vitzthum，前注 136；M. Friedrich, *Zwischen Positivismus und materialem Verfassungsdenken. Albert Hänel und seine Bedeutung für die deutsche Staatsrechtswissenschaft* (1971). 舒尔策典型的评价论调见 *DJZ*，第 16 卷（1911），页 528（评论黑内尔退休），以及 M. Liepmann, *DJZ*，第 23 卷（1918），页 381—382（悼词）。

　　[254]　依照 1835 年 12 月 10 日的《同盟决议》（Huber, *Dokumente 1*，第 50 号），指那些"毫无遮掩地采取纯文学作品以最恶毒的方式攻击基督教，而所有阶级的读者都能读到这些作品，不遗余力地诋毁现存的社会关系，破坏风纪与道德"的文学流派。比较 A. Estermann (Hg.), *Politische Avantgarde 1830–1840. Eine Dokumentation zum Jungen Deutschland*，2 卷本（1972, 1973）。

　　[255]　Vitzthum，前注 136，页 92 及以下；Friedrich，前注 253，页 25。

　　[256]　Friedrich，前注 253，页 25。

　　[257]　E. Döhring, *Geschichte der Christian-Albrechts-Universität Kiel* (1965)，页 170—172，页 181。

　　[258]　从 1893 年起叫自由统一党。

支持石勒苏益格 - 荷尔斯泰因独立，但之后转向普鲁士路线。[259] 在帝国议会中，**黑内尔**坚持个人发展自由、经济和政治竞争的自由主义主张——暗示了反对《反社会党人法》——以及使议会成为真正抉择中心的大政方针。他认为，政府由议会产生并对它负责，而联邦参议院（Bundesrat）是帝国宪法的错误设置。**黑内尔**想要的是民族的、单一的、自由塑造的议会制立宪国家，这个立宪国家在人民主权的基础上克服君主权力和议会的二元制。这同时是"三月革命前的"和"现代的"思想。

这也是在政治上和方法上反**格贝尔**和**拉班德**的立场，他们两人都顶多把议会制当作对君主权力的修正而加以接受。他们的思想在本质上是专断的，以一种唯一的、最高的、"不可抗拒的"意志中心来建构国家。当它的命令被当作"法"（Recht）而避开所有历史和政治论据时，就不会受到挑战。大概也是这一核心原因，这个占统治地位的学派在方法上驱逐所有的非法律因素。而反对这种思想的自由主义在三月革命前、在历史思考中、在把国家理解成社团联合的思想中寻找自己的根基，[260] 它坚持方法的多样性，坚守一直蕴藏在历史论据中的改变潜力，捍卫1848年以前资产阶级参与国家的唯心主义。

三月革命前的思想内容未能成功转换到帝国时代的政治和国家理论之中，这是德国自由主义的悲剧。在与长期熟谙专制和国家主义传统的竞争中，大资产阶级和中产阶级中的自由主义基础太单薄了。**俾斯麦**政治对自由主义政党和议会制的实践产生了破坏性作用。世界强国的提出、海军政策的发展、殖民地的开拓以及科学的促进

---

[259]　Vitzthum，前注 136，页 21 及以下，页 52 及以下。

[260]　有关 H. Preuß, *Gemeinde, Staat, Reich als Gebietskörperschaften. Versuch einer deutschen Staatskonstruktion auf Grundlage der Genossenschaftstheorie* (Berlin 1889) 的争论，比较 A. Hänel, »Zur Revision der Methode und Grundbegriffe des Staatsrechts«, *AöR*，第 5 卷（1890），页 457—479。

是 1890 年以后的时代特色。一方面，人们广泛同意社会和经济的政治干预；另一方面，占有自由主义成果也相对无争议。这都使自由主义成为"多余"。人们没有特别强烈感到议会制失灵。像黑内尔那样充满激情的议会论者势单力薄，掀不起大浪。

由于政治立场和国家法方法论在基础上是一致的，所以黑内尔拒绝把重要的历史和政治内容从国家法学说中驱逐出去，他比舒尔策或格奥尔格·迈尔更坚决。虽然黑内尔直截了当地把法学方法描述成"逻辑演绎的"方法，但他仍坚持对每一个法律问题首先进行历史和传统的阐明，表明其政治前提预设。在拉班德把自己的政治观点隐藏在概念处理和自觉获取的科学客观性背后的地方，具有辩论天赋的黑内尔则公开换用非法学论据。就此而言，他的思想是"实质的"，因为只有当法律形式本身能完全容纳非法学问题时，他认为这些问题在法律上才是可以进行判断的。

我们还是拿黑内尔的国家法著作来阐明这个问题。他的著作并不宏大，主要由三个专题性研究和未最终完成的《德国国家法》第一卷组成。[261] 第一个专题性研究是有关帝国作为联邦或邦联的法律本质。黑内尔主要反对赛德尔，论证了流行的联邦学说。在帝国建立阶段，该学说在某种程度上弥补了理论基础。[262] 他指出这种特殊情况，即联邦的国家权力不是从帝国权力和邦权力中附加地想象出来的，而是整体国家的标志。第二个专题性研究讨论在帝国结构中

[261]　A. Hänel, *Studien zum Deutschen Staatsrechte*，第 1 卷：*Die vertragsmäßigen Elemente der Deutschen Reichsverfassung* (Leipzig 1873)；第 2 卷：*Die organisatorische Entwicklung der Deutschen Reichsverfassung* (Leipzig 1880)； 第 3 卷：*Das Gesetz im formellen und materiellen Sinne* (Leipzig 1888)；同作者，*Deutsches Staatsrecht*，第 1 卷：*Die Grundlagen des deutschen Staates und die Reichsgewalt* (Leipzig 1892)。对全集的罗列，见 Vizthum，前注 136，页 208—209。

[262]　详细论述见 Vizthum，前注 136，页 185 及以下；Friedrich，前注 253，页 44—50。亦见本章第 4 部分，第 1 节。

的权能分配、联邦总统和总理的作用，它以 1878 年的所谓代理法
（Stellvertretergesetz）讨论为背景。[263] 第三个专题性研究认真区分了
形式的法律概念和实质的法律概念，试图以逻辑手段证明，一条法
律在内容上必须要有一个"法律规则"（Rechtssatz）。但以外部效
果来辨别法律和法律规则，这是一种循环论证，并且是结论先入为
主。[264] 不可忽视的是，在这些讨论背后隐藏着对普鲁士宪法冲突的
回忆和**黑内尔**的希望，他希望政府能受议会预算批准的约束，从而走
上议会起主导作用的君主立宪制道路。但这是一种未来愿景，而不是
以一种强有力的国家法学说的"主流意见"进行解释的有效法律。[265]

黑内尔的封山之作是 1892 年的《德国国家法》，它同时也是一
战前最后尝试进行大规模体系论述的著作。该著作未最终完成，人
们也不清楚为何被中断。在 1871 年之后的二十年间，实证法资料成
倍增加，或许要在一本书中把历史的、政治的、国家理论的和国家
法的论证综合起来已经无法实现。另外，**黑内尔**也未能清楚解决结
构划分问题。要在详细的细节整理和条理清楚的"粗线条"之间进
行选择，对他来说并非易事。

黑内尔在该著作中先对帝国宪法的形成和邦的宪法进行历史论
述。接着论述作为"团体联合"的国家的一般宪法学说——这实际
上是该书的最基础、最迷人的部分，而同时代人错把这部分理解为
重犯论述导言性"一般国家学说"的老毛病，并对其进行批评。该

---

[263]　Huber III，第 2 版（1970），页 823—824，其中着重强调，在这个法律
中有着"非常重要的宪法变化"。

[264]　Böckenförde，页 282 及以下；Friedrich，前注 253，页 55 及以下；Vitzthum，
前注 136，页 120 及以下。

[265]　P. Laband, *Das Staatsrecht des Deutschen Reiches*，第 2 版，第 2 卷（Freiburg
1891），页 985 及以下，其中对"附录"中的预算法文献进行了批判性的评论，页
1037 及以下，尤其评论了黑内尔的著作，页 1050—1060。

书对"帝国权力"的论述占据了最大篇幅。"帝国权力"的两大块是"政府权力"和"行政"。**黑内尔**把立法权和法规制定权、帝国监管权和直接的帝国行政权归为政府权力。"行政"这块最重要的领域被**黑内尔**称为"国家治理"（Staatspflege），进而把它与帝国和邦的治理区分开来。他说，"国家治理对内发挥组织、财政、刑罚、强制和军权的自我主张，对外发挥外交权力的自我主张"。[266] 在这些主权旧要素背后显露出了 19 世纪晚期的现代国家：福利治理（它仍然包含"个人生活治理"[267]、社会治理[268]、国民经济治理[269]以及精神生活治理[270]）和司法。国家的活动领域被冠上具有超越其他所有权能之上的实施权能。[271] 这又为**黑内尔**提供了一个机会，使他能在他那个时代的国家法学说争论中讲解他对帝国法律本质的看法。

（四）社团学说与作为反对模式的自治

1. O. v. 基尔克

既是**拉班德**亲密的专业同事，同时又是他最重要的批判者，除**基尔克**外没有第二人。**基尔克**在柏林大学和海德堡大学学习，1860年取得博士学位，1861 年在**贝泽勒**那里完成作为教授资格论文的第

---

[266]　Hänel, *Deutsches Staatsrecht*，前注 261，页 332。

[267]　黑内尔在此指药品管理，页 605 及以下。

[268]　协会、人口政策、交通工具、出版。

[269]　度量衡、货币、海关、商法、银行法、工业法、保险法以及（不适用于药品管理的）兽医管理（！）。

[270]　前引书，页 60 及以下，仅仅论述了权能问题，而未论述该主题本身。

[271]　耶利内克反对把超越其他所有权能的权能（Kompetenz-Kompetenz）作为黑内尔提出的主权核心标志，见 G. Jellinek, *Die Lehre von den Staatenverbindungen* (Wien 1882)。

一卷《社团法》，[272] 之后他也讲授国家法课程。[273] 他还在撰写该著作的第一卷时就对北德意志同盟的成立进行了回应，并表达了这样的希望，即认为应该有一个统一的帝国，把各个邦国合作性地联结起来，虽然这些邦国丢失了它们的主权，但它们的"国家本质完全"不会丢掉。[274] 他认为邦国不应该有主权，而只是"自治的"，这一观点就是**与格贝尔**和**拉班德**以及**赛德尔**流派的主要不同之处。

在帝国成立的年代，**基尔克**取得了布雷斯劳大学的教职，并一直待到 1884 年。他那两部主要批判国家实证法的著作就是在那里撰写的。[275] 他在写第一部时，与**舒尔策**还是系里的同事。这两部批判性著作特别清晰地包含了历史法学派"第三代人"反对**格贝尔**和**拉班德**所开创的流派，其根本差异在于出发点，即法律形成的观念。在国家法实证主义发展出法律主体意志的地方，日耳曼派学者则指向民族精神，他比**萨维尼**更拘泥于该词汇的字面意思。**萨维尼**把这个词汇当作比喻来利用，并把它当作通往法学家法（Juristenrecht）

---

[272]　有关其生平，见 Landsberg III/2，页 912—916；E. Molitor, *Pommersche Lebensbilder*，第 1 卷（Stettin 1934），页 304—312；E. Wolf, *Große Rechtsdenker*，第 4 版（1963）；K. S. Bader, *NDB*，第 6 卷（1964），页 374—375；W. Ebel, »Deutsches Recht und deutscher Staat. Otto v. Gierke (1841–1921). Paul Laband (1838–1918)«, *Leben und Leistung (Zur 150-Jahr-Feier der Dt. Burschenschaft)* (1965)，页 78 及以下；H. G. Mertens, »Otto von Gierke«, *JuS* (1971)，页 508—511；H. G. Isele, *HRG*，第 1 卷（1971），页 1684—1687；H. Boldt, »Otto von Gierke«, H. U. Wehler (Hg.), *Deutsche Historiker*, 第 8 卷（1982），页 7—23；J. Schröder, *Kleinheyer-Schröder*，第 3 版（1989），页 96—101；Drüll，页 84。

[273]　法律系学生卢夫特（Emil Luft）在 1901—1902 学年做的"德国法总论"课堂要点笔记（用处不大）由康斯坦茨的施特雷茨博士（Prof. Dr. H. W. Strätz）收藏。

[274]　O. v. Gierke, *Das Deutsche Genossenschaftsrecht, Erster Band. Rechtsgeschichte der deutschen Genossenschaft* (Berlin 1868；再版 1954)，页 843。

[275]　O. v. Gierke, »Die Grundbegriffe des Staatsrechts und die neuesten Staatsrechtstheorien«, *ZgStW*, 第 30 卷（1874），页 153—198，页 265—335（再版，1915），该处对 Max Seydel, *Grundzüge einer allgemeinen Staatslehre* (Würzburg 1873) 和 Albert Th. van Krieken, *Über die sogenannte organische Staatstheorie* (Leipzig 1873) 进行了争论；O. v. Gierke, »Besprechung von Labands Staatsrecht Bd. 2«, *Grünhuts Zeitschrift*, （转下页）

的桥梁，而**贝泽勒**和**基尔克**指的则是直到 19 世纪由多民族组成的日耳曼"民族"。[276] 一方面针对国家命令；另一方面针对**耶林**理解的要在利益情况中去弄清法的观点。**基尔克**固守"法理念"（Rechtsidee）的唯心主义构想，但他没有说清楚如何在历史变化中去确定这种构想。国家在那里不扮演主要角色，它不是以抽象的官僚机构国家（Anstaltsstaat）的面貌出现，而是以被分割的"有机体""现实的联合体人格"的形式出现，不能用罗马法的"道德人格"（persona moralis）范畴来理解这个"联合体人格"。[277] 他接着**贝泽勒**的观点，认为可以用"社会法"（Sozialrecht）范畴——在某种程度上介于国家法和私法之间——来理解这个整体的社团性共同体生活。[278] 这对他那个时代的私法理论、对他那著名的民法典批判以及对现代劳动法形成意味着什么，甚至后来从由晚期浪漫派的理想历史图景、德意志特色（deutschtümelei）、现实的社会参与活动和超越民族权力国家的"民族国家"幻想组成的混杂物中产生出的纳粹主义（Nati-

---

（接上页）第 6 卷（1879），页 221—235；同作者，»Labands Staatsrecht und die deutsche Rechtswissenschaft«, *Schmollers Jahrbuch für Gesetzgebung, Verwaltung und Volkswirtschaft im Deutschen Reich*，新系列第 7 卷（1883），页 1097—1195（单行本，1961）。见 Fioravanti，前注 12，页 356 及以下。

[276]　O. G. Oexle, »Otto von Gierkes ›Rechtsgeschichte der deutschen Genossenschaft‹. Ein Versuch wissenschaftsgeschichtlicher Rekapitulation«, N. Hammerstein (Hg.), *Deutsche Geschichtswissenschaft um 1900* (Wiesbaden 1988)，页 193—217。

[277]　Gierke, *Grundbegriffe*，前注 275；同作者，*Besprechung*，前注 275，页 226—227；同作者，*Das Wesen der menschlichen Verbände* (Leipzig 1902)。

[278]　主要参见 A. Janssen, *Otto von Gierkes Methode der geschichtlichen Rechtswissenschaft. Studien zu den Wegen und Formen seines juristischen Denkens* (1974); G. Dilcher, »Genossenschaftstheorie und Sozialrecht. ein ›Juristensozialismus‹ Otto v. Gierkes?«, *Quaderni Fiorentini*，第 3—4 期（1974-1975），页 319—365；同作者，»Zur Geschichte und Aufgabe des Begriffs Genossenschaft«, G. Dilcher / B. Diestelkamp (Hg.), *Recht, Gericht, Genossenschaft und Policey* (1986)，页 114—123；A. Laufs, »Genossenschaftsdoktrin und Genossenschaftsgesetzgebung vor hundert Jahren«, *JuS* (1968)，页 311—315；S. Pfeiffer-Munz, *Soziales Recht ist deutsches Recht. Otto von Gierkes Theorie des sozialen Rechts* (1979)，该书用处较小。

onalsozialismus），能够在多大程度上利用这种观点，已经讨论了很多，[279] 在此恕不赘述，尽管它形成了与**拉班德**相冲突的背景。

基尔克对国家法实证主义流派的批判主要集中为四点。首先，在他看来应该批判的是，这种流派把视野缩小到非政治和非历史理解的"法"上。虽然这种视野的缩小为实现法治国所做的贡献，在**基尔克**看来也有其积极的一面，但他看到法律概念的贫瘠却贻害无穷。**拉班德**对形式逻辑创造力的信奉同时也是阿喀琉斯之踵，有其致命弱点。[280] **基尔克**尤其看到这种思想空洞的内容所存在的危险，而这种内容上的空洞无物为隐蔽的决断主义（Dezisionismus）打开了方便之门。在**基尔克**看来，这毋庸置疑，即最重要的内容方面的前设来自历史，因此法的历史与教义的国家法不能分离："在科学上应理解的东西，必须首先进行溯本求源的解释"，[281] "法学方法倘若要满足真正科学要求的话，它必须同时是不折不扣的'历史方法'。对这个问题，自历史法学派取得胜利以来鲜有争论。"[282]

第二点与国家法和"哲学的"一般国家学说相分离有关。在这个问题上，**基尔克**坚持传统联系，避免把国家法学降为国家法志，这就像避免在法学的概念性背后掩盖业已存在着的哲学观点一样。

------

[279] Wieacker，页 455；H. G. Isele, *Otto von Gierkes Bedeutung für das moderne Arbeitsrecht, Festschr. Maridakis II* (1963)，页 285 及以下；F. Jobs, »Otto v. Gierke und das moderne Arbeitsrecht« (法学博士论文，Frankfurt 1968)；H. W. Mundt, »Sozialpolitische Wertungen als methodischer Ansatz in Gierkes privatrechtlichen Schriften« (法学博士论文，Frankfurt 1976)；H. Thieme, »Was bedeutet uns Otto von Gierke?«, *Festgabe für Ulrich v. Lübtow* (Berlin 1980)，页 407—424；H. Spindler, *Von der Genossenschaft zur Betriebsgemeinschaft. Kritische Darstellung der Sozialrechtslehre Otto von Gierkes* (1982)；P. Landau, »Otto Gierke und das kanonische Recht«, J. Rückert / D. Willoweit (Hg.), *Die Deutsche Rechtsgeschichte in der NS-Zeit* (1995)，页 77—94。

[280] Gierke, *Labands Staatsrecht*，前注 275，页 1107。

[281] 前引书，页 1113。

[282] 前引书，页 1114。

第三点是潘德克顿学派所使用的概念性东西，**基尔克**对此深恶痛绝。他使用一种诸如现实的联合体人格这种真正公法上的"实质"概念去替代那些概念。**基尔克**由此进入第四点，他对此进行了详细论述，并在他的社团理论基础上批判把国家降为统治联合体（Herrschaft-verband）层面上的思想。统治原则与社团原则之间辩证的相互作用的图景更符合他的器官学观念。谁把人民不仅仅看成统治的客体，还赋予他们积极的角色，谁就一定会承认基本权利，[283]并接受对法律进行司法审查的权利和实质的法治国概念。[284]这样一来，才有可能把国家权力的功能分配到不同的机关，[285]帝国议会才会因此获取更大的权力。国家目的学说才会重新被正当化，而那种"外部的、崇拜制定法的、把制定法变成强制规则的法观念"才不会在整体上占统治地位。[286]

对法学实证主义的这种批判，其根源在于有机自由主义的民族运动，以及与之相联系的德意志宪法发展的唯心主义图景。[287]统治、社团、民族统一、君主和人民自由应该相互协调起来。**基尔克**的社团法在1866年以后自由主义生死攸关的年代也是一种政治诉求，它无法容忍自由主义降为经济上的自由主义，并在国家法中反对片面强调统治因素。这种理论选定立宪国家、基本权利和君主制。这种君主制虽然是被浪漫化为古老日耳曼式的，但它是现代意义上面向

---

[283]　亦见其1879年的评论（前注275），基尔克在此认为，"如果作者（拉班德）克服他对'基本权利'的厌恶，能提出这个问题，即帝国立法机关制定了哪些实证规定，以便确定国家权力领域与个体权利领域之间的界限，这对该书会大有裨益。而这些事情毫无疑问当属'帝国国家法'"。

[284]　尤其比较 Gierke, *Grundbegriffe*，前注275，页183—184。

[285]　前引书，页1147。

[286]　前引书，页1192。

[287]　主要参见 E. W. Böckenförde, *Die deutsche verfassungsgeschichtliche Forschung im 19. Jahrhundert. Zeitgebundene Fragestellungen und Leitbilder* (1961)，页147及以下。

社会的君主制。从根本上讲，这是一种"社团的"立场，是一种停留在 19 世纪以前的立场，但在 19 世纪晚期语境下势必会导致一种社团多元论。

　　毫无疑问，**基尔克**揭露了国家法实证主义的主要弱点。他之所以能做到这一点，是因为他的历史眼光，他的——至少在青年时代——自由主义政治立场，以及历史法学派、有机国家学说和乐观的哲学唯心主义思想的浸染。[288] 他因此反对**赛德尔**的"极端唯物主义"和"粗糙的自然主义观念"。针对**赛德尔**，他提出了自己的国家观念，认为国家是"持续的、有鲜活意志和行为的统一体，是由全体人民联合而成的"。[289] 他还针对有机体思想的批判者**克里肯**（Albert Th. van Krieken）而捍卫这种思想理论。他在**克里肯**身上同样看到一个"**格贝尔学派**的精神小孩"。[290]

　　乍眼一看，**基尔克**在这里对实证主义的批判就像他对民法典的批判一样似乎并未成功。[291] 以**拉班德**和**温德沙伊德**的名字为代表的路线在方法上取得的主导地位从外部上看也未受到破坏。但这只是表面上的。实际上，**基尔克**在两方面发挥了作用，并一直影响到 20 世纪。他的思想不仅是反实证主义和反潘德克顿法学的催化剂，他在过去与将来、亲日耳曼与现代性、统治与社团、个人主义与社会约束之间进行的具有**基尔克**特征的辩证论述，还准确地反映了帝国

---

　　[288]　G. Gurwitsch, »Otto v. Gierke als Rechtsphilosoph«, *Logos*, 第 11 卷（1922/1923），页 86—131；H. Krupa, *Otto v. Gierke und die Probleme der Rechtsphilsophie* (1940; 再版，1969)，以及 Janssen，前注 278。

　　[289]　Gierke, *Grundbegriffe*，前注 275，页 175。

　　[290]　A. Th. van Krieken, *Über die sogenannte organische Staatstheorie* (Leipzig 1873).

　　[291]　O. Gierke, »Der Entwurf eines bürgerlichen Gesetzbuchs und das deutsche Recht«, *Schmollers Jahrb.*, 第 12 卷（1888）；第 13 卷（1889）；增订单行本（Leipzig 1889）；同作者，*Die soziale Aufgabe des Privatrechts* (Berlin 1889)。比较 Mundt，前注 279。

法学的问题处境。为了消除社会紧张关系，他把统一成为民族的市民社会固定为统治主体，同时要让它保持灵活性。这里面存在着进退两难的困境，他同意人们参与政治，但要国家免遭向民主转变的威胁。在这种情况下，**基尔克**意义上的"社会法"范畴具有缓冲作用的特性。[292] 它可以规范有机的小统一体，这样可以为国家减轻压力，并为公民打开参与机会之门。这也是**格奈斯特**的"自治"纲领。

19 世纪晚期，社团思想引人注目的实践情形和意识形态景象有其根源。[293] 在社会政治上，它证实在工人运动、农村和居民区中社会在自主解决危机时付出了努力。社区自治也从这里获取新动力，[294] 旨在把乡镇"自己的任务"的自治领域划分出来。[295] 所有这些尝试的标志性象征是它趋向于反对国家主义。在这里存在着社会自我控制的巨大潜力。因此，对**基尔克**的学生如**普罗伊斯**和**辛茨海默**（Hugo Sinzheimer）[296] 来说，把**基尔克**社团法的基本思想应用到社区自治或工人联合会，并对它进行民主式的理解，离这一步已不太遥远。**基尔克**社团法的基本思想是，对平等之下的生活环境进行自治和自由的塑造。[297]

---

[292]　M. Stolleis, »Sozialrecht«, *HRG*，第 4 卷（1990），页 1730—1733。

[293]　H. Heffter, *Die deutsche Selbstverwaltung im 19. Jahrhundert. Geschichte der Ideen und Institutionen*，第 2 版（1969）。

[294]　G. W. Wittkämper, »Zur Entstehung und Entwicklung kommunaler Aufgabenfelder im 19. Jahrhundert. Forschungsprobleme zwischen Verwaltungswissenschaft und Kommunalgeschichte«, H. H. Blotevogel (Hg.), *Kommunale Leistungsverwaltung und Stadtentwicklung vom Vormärz bis zur Weimarer Republik* (1990)，页 25—41；G. Chr. v. Unruh, »Die Entwicklung der Kommunalverfassung in Deutschland im Zeitalter des Konstitutionalismus«, H. Naunin (Hg.), *Städteordnungen des 19. Jahrhunderts* (1984)，页 1—18。

[295]　详见 Heffter，前注 293。

[296]　有关他的情况，见 H. P. Benöhr, »Hugo Sinzheimer«, B. Diestelkamp / M. Stolleis (Hg.), *Juristen an der Universität Frankfurt* (1988)。

[297]　Böckenförde，前注 287，页 155，提及 C. Schmitt, *Hugo Preuß, sein Staatsbegriff und seine Stellung in der deutschen Staatslehre* (1930)。

2. H. 普罗伊斯

基尔克的学生**普罗伊斯**[298] 撰写的教授资格论文《乡镇、国家、作为领土团体的帝国》（»Gemeinde, Staat, Reich als Gebietskörper-schaften«）[299]、文集《德国城市的形成》（*Die Entwicklung des deutschen Städtewesens*，1906），尤其是在 1908 年为**拉班德**写的纪念文集《自治、乡镇、国家、主权》（*Selbstverwaltung, Gemeinde, Staat, Souveränität*），都在不断地发展民主和社团的国家理解这一主题。对他来说，民主的国家宪法和地方自治只是社团基本思想的不同应用领域罢了，而这些应用领域在"阶段序列"中处于上升阶段。这最终导致——超越**基尔克**的——对主权概念的批判，而主权概念在**普罗伊斯**看来始终是专制统治和非民主统治的标志。他认为，整体国家的主权抽空了其他领土团体的民主和社团实质核心。因此，**普罗伊斯**的社团思想比**基尔克**更坚定连贯，但是他削弱了在**基尔克**那里作为对抗"自由"的平衡力量而采用的主权"统治"要素。与自**格贝尔**和**拉班德**以来占统治地位的核心立场之间的冲突，在**普罗伊斯**那里更明显地显露出来。

　　普罗伊斯在柏林的社区政治活动——他从 1895 年起是城市代表会议成员，从 1910 年起是城市代表委员会成员——以及在大学内部或多或少潜藏的也针对他的反犹思想，加剧了他与占统治地位的国家法学说见解之间的政治冲突。**普罗伊斯**所在的系把他放在边缘位

---

[298]　有关其生平及著作，比较 S. Grassmann, *Hugo Preuß und die deutsche Selbstverwaltung* (1965)；E. Hamburger, "Hugo Preuß: Scholar and Statesman", *Leo Baeck Institute Year Book*，第 20 卷（1975），页 179—206；G. Schmidt, »Hugo Preuß«, H. U. Wehler (Hg.), *Deutsche Historiker*，第 7 卷（1980），页 55—68；A. Hueber, »Hugo Preuß«, *HRG*，第 3 卷（1984），页 1924—1926；E. M. Hucko, »Zur Erinnerung an Hugo Preuß«, *NJW* (1985)，页 2309—2311。

[299]　Berlin 1889.

置长达几乎二十年之久。直到 1906 年他才在商业高等学校谋取到一个教授职位。他对自己加紧进行了政治塑造：“理性的作者想干什么？他能干什么？没有别的，那就是进入大众生活和公共生活，并按照他的观念对这些生活进行塑造和改造。”这些话来自**费希特**对德意志民族的演讲，是**普罗伊斯**在 1915 年撰写的《德意志民族和政治》的标志性格言。[300]1917 年，他起草了一个未来共和国的民主宪法提纲；1918 年 11 月他成为内政国务秘书，几个星期后就提交了后来魏玛共和国的宪法草案，[301] 因此成为魏玛宪法之“父”，但这部宪法在很多地方与他的草案有出入。1919 年 2 月，**普罗伊斯**成为帝国内政大臣，但很快因《凡尔赛条约》而引退。

3. H. 罗辛

那些在学术上得到解放的犹太少数民族的代表，反对专制国家的思想和行为，支持自治、民主和更广泛的社会开放，这绝非偶然。在那些代表中，除**基尔克**的学生**普罗伊斯**和**辛茨海默尔**外，还有**罗辛**。[302] 他撰写了一部重要的公法专著，成为在学术上还未完全开拓的社会保险法的先驱。[303] **罗辛**的长文《主权、国家、乡镇、自治》（»Souveränetät, Staat, Gemeinde, Selbstverwaltung«）[304] 赢得**基尔克**的高度赞赏，因为他以概念辨析的方式成功地“证明”，自治团体不仅有来自国家的权利，还有自己的权利。其专著《公共社团法》

---

[300]　H. Preuß, *Das deutsche Volk und die Politik* (Jena 1915；9000—13000 册，1919).

[301]　其形成，见 Huber V (1978)，页 1178 及以下；J. Mauersberg, *Ideen und Konzeption Hugo Preuß' für die Verfassung der deutschen Republik 1919 und ihre Durchsetzung im Verfassungswerk von Weimar* (1991)。

[302]　M. Tambert, »Heinrich Rosin und die Anfänge des Sozialversicherungsrechts « （法学博士论文，Freiburg 1977).

[303]　见 A. Hollerbach, »Heinrich Rosin«, *Deutsche Juristen jüdischer Herkunft*, Heinrichs et al. (Hrsgg.) (1993)。

[304]　见 *(Hirths) Annalen* (1883)，页 265—322（亦见单行本，München，（转下页）

（*Das Recht der öffentlichen Genossenschaft*）[305] 也是如此。该专著以"建构方法"在国家最高法律制定语境下进行自治的构建。这是**基尔克**留下的尚未完成的工作。[306]

四、主要的教义问题

19 世纪下半期，民族问题不可避免地吸引了德意志国家法学说。君主制立宪国家在三月革命前的斗争中得到大力推行，并逐步发展成为法治国，之后民族国家便成为未满足的渴望。在北德意志同盟和第二帝国通过一位卓越的政治务实者得以实现之后，宪法建构中存在的国家法学说问题可以说就摆在人们的面前。

（1）首先是作为联邦的帝国在法律上的资格化问题和类型学上的地位问题。（2）第二个问题要弄明白，在这个非典型的建造物中谁是主权的承担者——这不仅是权力政治问题，也是国家法的首要问题。（3）如果按照近代传统看立法是对内主权的核心，那么必定要讨论法律和法规概念（或者更清楚一点：议会和行政之间的权力分配），以及形式法律和实质法律之间的区别。（4）君主支配下的专制国家逐渐向宪治的、受议会支配的君主制转换，改变了国家与个人之间的视角关系：从被统治者变成了拥有公法权利和"基本权利"的公民。（5）最后，国家公法学说大约在 1880 年之后的几十年间关注"未成文宪法"的形成以及整体上静悄悄的宪法变化。后者不

（接上页）Leipzig 1883）。

　　[305]　Freiburg 1886；见 Tambert，前注 302，页 94—102。

　　[306]　见奥托·迈耶的评论，*AöR*，第 1 卷（1886），页 719，他说，要赞扬其"清楚明了的写作风格；在当代行政法作者中可谓独一无二"。

仅松动了已变得顽固的实证主义方法，而且激发了人们对事先存在的、显得很确定的教义性内容进行原则性的重新评价。

（一）联邦或邦联

1866 年的《北德意志同盟宪法》和 1871 年的帝国宪法没有对国家形式问题做出明确回答。可以肯定的是，既没有形成一些民族运动的理想主义者所希望的单一制国家（Einheitsstaat），也没有出现一个经典的邦联。但在这种确定性之外展开了一把可以接受各种解释的宽大纸扇。

国家法学说在一个人们熟悉已久的地带活动。17 世纪国家法学说讨论过"治理形式"（forma imperii），[307] 这种旧的讨论在莱茵联盟的形式问题上曾经短暂地复活过，从 1815 年到 1848 年对德意志同盟的资格化问题进行过沉闷的讨论。这些讨论确立了形式规范（Formenkanon）。三月革命前所有的教科书都讨论过这条用语，即德意志同盟是一个"国际法上的联合"（《维也纳会议最后议定书》第 1 条）。七月革命以后，普鲁士领导的联邦小德意志解决方案呈现在人们眼前，[308] 其启发主要来自瑞士。[309] 然后是 1848 年之前的宪法讨论，这也为"联邦"概念的理论讨论带来一次新高潮。**布里**在回顾时评论道，1848 年前的"国家学一次都没有思考过联邦

---

[307]　*Geschichte*，页 182。依笔者之见，受布里（后注 309）强调的胡戈（Ludolph Hugo）的论文 "Dissertatio de statu regionum Germaniae ..." (Helmstedt 1661) 过于孤立。早在 17 世纪早期就已大规模讨论帝国的"国家形式"，但那不是现代意义上的联邦概念。

[308]　P. A. Pfizer, *Briefwechsel zweier Deutschen* (Stuttgart, Tübingen 1831)；C. Th. Welcker, *Ueber Bundesverfassung und Bundesreform, über Bildung und Gränzen der Bundesgewalt* (Leipzig, Stuttgart 1834).

[309]　S. Brie, *Der Bundesstaat. Eine historisch-dogmatische Untersuchung. Erste Abtheilung. Geschichte der Lehre vom Bundesstaate* (Leipzig 1874)，页 71 及以下。

问题"。[310] 因此，就以他本人提供的资料而言，该评论也不是能真正站得住脚。

然而，一个新的突破点直到 1848 年之后才出现。1853 年，**魏茨**在**托克维尔**影响下撰写的论文《联邦的本质》[311] 提出了联邦模式。在该模式中，中央的国家权力和地方的国家权力并存，也就是说至少在主权行使中被分割成由整体国家（Gesamtstaat）行使的主权和由各个邦（Einzelstaat）行使的主权，"各得其所"。各个邦虽然不应失去国家特性，但中央权力应该真正具有行动能力，并且能建立起与国民的直接联系。这是 1860 年代早期被广泛接受的针对德意志同盟的理想图景和映像。[312] 当《北德意志同盟宪法》在 1866 年问世时，这个理论陷入一个"发酵过程"[313]：**魏茨**模式便不再合适了。当时该是对教义史进行总结的时候了，就像**布里**[314] 在 1874 年总结的那样。

主要有四点总结：首先，各个邦拥有的独立和主权必须与宪法规定的帝国最高权力相协调一致（1871 年《帝国宪法》第 2 条）。其次，必须弄清，国家中央是否可以不与各个邦进行磋商而扩展自己的权限（超越其他权能的权能）——在帝国建立的大浪潮中，大多数人对这个问题持肯定回答，而"地方主义者"则当然持否定意

---

[310]　Brie，前注 309，页 41。

[311]　G. Waitz, »Das Wesen des Bundesstaates«, *Allgemeine (Kieler) Monatsschrift für Wissenschaft und Literatur* (1853), 页 494—530, 见同作者, *Grundzüge der Politik* (Kiel 1862), 页 153—218。

[312]　Brie，前注 309，页 120 及以下，内有更多文献。

[313]　Brie，前注 309，页 155。比较 G. Meyer, *Staatsrechtliche Erörterungen*，前注 223，页 81，注 2 以及 Brie，前注 309，页 157 中的文献。

[314]　布里，1838 年出生于汉堡，1856 年到 1861 年在海德堡、莱比锡和柏林学习，1861 年在柏林获得法学博士学位，1866 年在海德堡完成教授资格论文《僭取国家权力的合法性》（»Die Legitimation einer usurpierten Staatsgewalt«），1869 年在海德堡大学任编外教授，1874 年在罗斯托克大学任教授，1878 年在布雷斯劳大学任教授。比较 Drüll，页 30。

见。[315] 再次，国家中央的法律对国民直接有效力，接着顺理成章的是必须有国家中央的行政和司法，而新宪法恰恰把这些任务留给了邦。最后，通过联邦议会制度巩固邦对帝国事务的参与。但在**魏茨**那里排除了这种参与，因此**魏茨**模式的基础也被抽掉了。

赛德尔和他形成极为鲜明的对比。[316] 在**赛德尔**看来，各个邦拥有不可分割的主权，帝国因此就是一个邦联（Staatenbund），但是——这是**赛德尔**不连贯的地方——不能解散这个邦联，它是"宪治的"邦联。为了保持整体的契约特点和各个邦的主权，**赛德尔**把帝国机构的联邦参议院降为"外交大会"。**特里佩尔**（Heinrich Triepel，1868—1946）恰当地把他形容为"德意志国家学说最正统的联邦主义者"。[317] 就此而言，**赛德尔**后继无人，但仍有其他人至少想在帝国联合体以及广泛理解的联邦概念中保持各个邦的主权。[318]

1871 年之后压倒性的国家法学说观点认为，不是各个邦而是作为整体的德意志国家才是最高的，因为主权的分割和它的"概念"相矛盾。此外，还有坚持更加统一的国家观点，这种选项认为帝国拥有主权，而邦只拥有自治权。这种解决方案有些符合 1806 年以前的意见。大多数学者一致认为，帝国拥有超越其他权能之上的权能，在帝国和邦之间协调分配国家功能，就像邦制度化地参与帝国事务

---

[315]　谁跟随魏茨，谁就要取消联邦的这项权利。伦内、格奥尔格·迈尔、奥尔巴赫（L. Auerbach）、莫尔等大多数都支持这个观点，也就是反对"特别欲望"（莫尔语）。

[316]　M. Seydel, »Über den Bundesstaatsbegriff«, *ZgStW*, 第 28 卷（1872），页 185—195；同作者，»Die neuesten Gestaltungen des Bundesstaatsbegriffes«, *(Hirths) Annalen* (1876)，页 641；同作者，*Commentar*，前注 183；与此详细争论，见赛德尔的学生雷姆的作品，*Allgemeine Staatslehre* (Freiburg 1899)，页 127—143（第 29 节）。

[317]　H. Triepel, *Unitarismus und Föderalismus im Deutschen Reiche. Eine staatsrechtliche und politische Studie* (Tübingen 1907)，页 23。

[318]　例如 O. v. Sarwey, *Staatsrecht des Königreichs Württemberg*, 第 1 卷（Tübingen 1883），页 39 及以下。

一样。[319] 而后者恰恰就是一座桥梁，使邦能参与整体国家的主权（不可分割的）。

如果不考虑拥护**魏茨**的联邦概念[320] 和拥护**赛德尔**立场的人在慢慢消失，那么这种"主流意见"至少存在着内部差异，[321] 但未遭受根本性批判。**基尔克**尝试进行"联邦国家联合体的社团建构"，[322] 当他把国家权力解释为在实体上不可分割，但在运作上可以分割时，他的想法和大多数人的意见相媾和了。[323] 总之，对当时还相对无约束力的国家结构进行规定的帝国实证宪法法律发生了变化，它与旧的联邦制传统相协调一致，至少排除了单一制国家和纯粹的邦联。[324] 在剩下的活动空间里，教义学主要在联邦内分割国家权力的路线上展开。[325]

在帝国建立期间，人们对邦联还是联邦这种矛盾的浓厚兴趣，随着那十年光阴流逝而减弱了。一些普遍用语在细节上得以更巧妙地完善，如帝国是"拥有联邦制度的君主立宪制"（**特赖奇克**语），

---

[319]　具有代表性的见 Laband, *Das Staatsrecht des Deutschen Reiches*，第 2 版（Freiburg 1888），页 52（第 7—10 节）。

[320]　见 J. Hausmann, »Das Deutsche Reich als Bundesstaat«, *AöR*，第 33 卷（1915），页 82 及以下。

[321]　细节见 W. Pauly, *Anfechtbarkeit und Verbindlichkeit von Weisungen in der Bundesauftragsverwaltung* (1989)，页 140—157。对当时讨论的整理见 Rehm，前注 316，页 86—146（第 22—30 节）。

[322]　Gierke, *Labands Staatsrecht*，前注 275，页 1157 及以下（页 1171）。

[323]　奥托·迈耶持同样观点，见 O. Mayer, *Deutsches Verwaltungsrecht*，第 2 卷（1896），附录，页 462 及以下。见 Pauly，前注 321，页 144—145。

[324]　总结见 M. Dreyer, *Föderalismus als ordnungspolitisches und normatives Prinzip. Das föderative Denken der Deutschen im 19. Jahrhundert* (1987)。

[325]　最重要的表述见 G. Jellinek, *Die Lehre von den Staatenverbindungen* (Wien 1882)，以及详细评述文章 S. Brie, »Zur Lehre von den Staatenverbindungen«, *(Grünhuts) Zeitschrift für das Privat- und Öffentliche Recht der Gegenwart*，第 11 卷（1884），页 85—159。

或帝国是"介于邦联和单一制国家之间的中间事物"（**特里佩尔**语）。[326]
总之，人们在一定程度上无意于概念争论，而是务实地接受具体的
宪法发展及其历史和政治含义。这种情绪似乎蔓延开来。1870 年代
的学者们在这个问题上存在的距离差异有多大，从后来**雷姆**和**特里
佩尔**对"单一制和联邦制"的研究就可见一斑。[327] **特里佩尔**在当时
尤其发出一种迥异的、更具政治性的论调。[328] 在他看来，帝国和邦
之间的相互作用是在一种混合体制中进行的，而这种体制不像**拉班
德**理解的要以严谨的方式对它进行逻辑锤炼，而是可以对它进行历
史和政治解释。在其相当开放的评价中，**特里佩尔**不怀疑对静悄悄
的宪法变化所形成的单一制发展进行实证的估量。

后来，新**康德**主义在方法上强化了教义的准确要求，这才又导
致在这个领域进行概念上的努力研究，同时也导致一个崭新的"联
邦国家概念"。[329]

（二）"法人"及其机构

如果思考联邦的法律结构问题，能为解决是要单一制还是要联
邦制这个由来已久的德意志问题提供一条进路，那么紧接着的问题
便是，如何普遍地从法律上理解国家。这个问题成了 19 世纪的一个

---

[326]　H. Triepel，前注 317。

[327]　H. Rehm, *Unitarismus und Föderalismus in der deutschen Reichsverfassung*
(Dresden, 1898)；Triepel，前注 317。

[328]　特里佩尔的早期著作：*Das Interregnum* (Tübingen 1882)；*Die neuesten Fort-
schritte auf dem Gebiete des Kriegsrechts* (Tübingen 1894)；*Völkerrecht und Landesrecht*
(Tübingen 1899)；*Der Streit um die Thronfolge in Lippe, Kritische Beiträge* (Tübingen 1903）；
Quellensammlung zum Deutschen Reichsstaatsrecht，第 2 版（Tübingen 1907）。详见 A.
Hollerbach, »Zu Leben und Werk Heinrich Triepels«, *AöR*，第 91 卷（1966），页 417—441，
页 537 及以下。

[329]　H. Nawiasky, *Der Bundesstaat als Rechtsbegriff* (Tübingen 1920); H. Kelsen,
Allgemeine Staatslehre (Berlin 1925)，第 31 节。

典型问题，尽管人们认为，为共同体争取恰当的比喻自古以来就伴随着国家思想。[330] 在立宪国家和潘德克顿法学时代，首次出现"法人"这个形态。

自 17 世纪以降，虽然国家在国际法外交关系和它的属性方面被理解为国库（Fiskus）和"道德人格"（persona moralis），在法律上可被理解为权利的承担者或被告。但是，在三月革命前的紧张条件下，主要在民法中所发展起来的（拟制的）"法人"思想传播到国家身上，才获取一种政治含义：这是一条以中立化的国家主权化解主权在君还是在民这一矛盾的道路，也是一条使国家成为统治意志即国家权力担当者的道路。君主、大臣和官吏因此与邦等级议会或国家资政院一样，成为这个法人的"机构"。这意味着君主被纳入宪法构建的国家之中，并受其前任合法行为的约束（因为其前任是作为国家机构进行活动），议会也必须为国家利益负责，允许国家财产与君主的私人财产明确分开，并最终创设一个明确的法律担保的归责点。

前文顺便谈到**阿尔布雷希特**在 1837 年撰写反对父权制国家观念的新作品。[331] 该作品表达了宪治思想，[332] 因此也比较迅速地获得大多数人的认可。1860 年代、1870 年代许多具有宪治思想的学者利用有机体比喻来描述国家内容，同时把法人作为形式外壳加以接受。帝国建立之后，国家作为有机体的这一特征——同时还有政治内容——越来越消退。先前躯干和肢体相协调的民族的、浪漫派的和自由的诸多梦想要么烟消云散，要么随着帝国建立也似乎得以实现。

---

[330]　D. Peil, *Untersuchungen zur Staats- und Herrschaftsmetaphorik in literarischen Zeugnissen von der Antike bis zur Gegenwart* (1983); B. Stollberg-Rilinger, *Der Staat als Maschine* (1986).

[331]　见本书第 2 章，第 3 部分，第 5 节。

[332]　见本书第 2 章，注 174。

现在剩下的是作为统治主体和作为拟制人格的国家。这种拟制人格的国家拥有**格贝尔**和**拉班德**理解的意志权力。这与"法学方法"相吻合，为教义思想和构建思想提供了大量好处，而且符合那个时期更清醒的论调。**奥托·迈耶**半讥讽地评论道，那些"德意志教授们没有得到半点津贴就授予国家法人称号"。[333] 该评论可谓一针见血。

然而，1870年代、1880年代存在着来自完全不同思潮的反对者。一方面，来自那些"现实主义者"，他们试图通过指向现实而破坏法人这种拟制。如**赛德尔**就属于"现实主义者"，他因此不承认国家具有人格特性，因为他以"现实主义眼光"把国家看成君主统治的客体。[334] **贡普洛维奇**也这样表述国家，他身为法社会学家，把实际的统治者作为国家的主体。[335] 在这条路线上，即把"国家法人"顶多当成统治者或民族整体在语言上的务实性省略而加以接受的，还有批判德意志国家法学说的法国批评家（**狄骥**［Léon Duguit］、**杰泽**［Gaston Jèze］等）。[336] 在某种程度上，这是自然主义和自然法对渊源于潘德克顿法学的法律抽象的反对。

另一方面，来自那些器官学家和社团理论家——同样受到法国人的批判——的反对。他们以"日耳曼派的"观点反对思辨抽象的、个人主义的、"无灵魂的"法人概念。这些反对者的旗手是**基尔克**。**基尔克**在对**拉班德**的批判中就批评了法人概念。萦绕在他脑海里的

---

[333] O. Mayer, »Die juristische Person und ihre Verwertbarkeit im öffentlichen Recht«, *Staatsrechtliche Abhandlungen, Festg. f. P. Laband*，第1卷（Tübingen 1908），页 1—94（页 59）。

[334] 见本书第10章，注62。

[335] L. Gumplowicz, *Darstellung des philosophischen Staatsrechts* (Wien 1877; 第2版为 *Allgemeines Staatsrecht* [Innsbruck 1897])；同作者，*Rechtsstaat und Sozialismus* (Innsbruck 1881)，其中对拉班德进行了批判（页 542—548）。

[336] O. Mayer，前注 333，页 3 及以下。

不是拟制的法人，而是"现实的联合体人格"。[337] 他的动机是以社团的国家思想取代君主制和官僚机构的（anstaltlich）国家思想。与社团国家思想基本理念相符的是，集体（Gesamtheit）自己创设机构。这是反罗马法学派的、最终指向民主自治的思想立场。这在**普罗伊斯**的进一步发展中看得特别清楚。因此，国家作为法人资格的教义讨论也包含了一些弦外之音。这些声音在公法和私法、罗马法学者和日耳曼法学者、保守主义者和自由主义者、君主主义者和民主主义者这些传统的矛盾对立中得以体现。因为建构思想的优势胜过其劣势，所以"法学手艺"（juristische Handwerk）[338] 习惯把乡镇一直到国家、公营造物（Anstalten）和基金会这些公法（领域）团体称之为法人。尽管如此，在里面仍然潜藏着紧张关系。最终，这些成为不同的想象并转化成国家法教义学：国家是历史生成的有机体，国家是有统治意志的法律人格，国家是自治的社团联合体。

19 世纪下半期"国家主权"和"法人"概念大行其道，这证实对君主立宪制国家法内部秩序的政治讨论明显平静和客观。那时帝国中所有主要的邦和帝国一样都是立宪国家。虽然君主制原则还普遍保留，但在内容上完全发生了变化。向前迈进的议会化运动普遍把政府的任务委托给最大议会党团的领袖们。君主在邦的作用逐渐失去了重要性：一方面由于从 1866 年起帝国政治占支配地位，另一方面受议会支持的职业政治家、政党和联合组织走向前台显要位置。同时，随着法治国的核心主张得以实现，尤其是行政审判 [339] 的建立和行政法的形成；行政贯穿着法律内容，变得更具预见性。

---

[337]　Gierke, *Labands Staatsrecht*，前注 275，页 1125 及以下；同作者，*Das Wesen der menschlichen Verbände* (Leipzig 1902)。

[338]　O. Mayer，前注 333，页 10。

[339]　G. Chr. v. Unruh, *Verwaltungsgerichtsbarkeit im Verfassungsstaat* (1984)，内有更多文献。

（三）法律与法规、双重法律概念

19 世纪下半期，法律概念是君主立宪制和市民社会相互关系中的核心讨论问题。[340] 法律（Gesetz）和法规（Verordnung）决定议会和行政的权力范围，也决定社会和司法的控制范围。[341]

在没有宪法规范保障议会拥有固定权能的地方，一直普遍存在着行政制定的法规；专制主义向宪治国家的转变过程也并不清晰顺畅。当议会获取稳定的宪法地位时，人们就会寻找立法权与行政权之间的界线：一方面在基本权利的层面上——只能以法律形式（Gesetzesform）干预"自由和财产"——进行寻找；另一方面在区分"持久的"立法和"变化的"行政活动中，换言之，在一般与特殊的对立矛盾中进行寻找。法律（Gesetz）是对所有人长期有效力的规则，而"警察"（Polizei）则是指向"特殊的"、短期的或逐条逐项的办法（Lösung）。这又进一步区分为狭义上的单个处分（Einzelakten）和通过法规进行的规范控制（normative Steuerung）。后者不仅要填补议会休会所留下的空白，[342] 而且要占领行政在法律层面下管理具体事务的地方，而在这个地方不涉及（根据那时的理解）基本权利。为了确保议会在这些情况下不被挪到一边，于是形成了议会的法规授权（Verorderungsermächtigung）制度，但该制度的轮廓直到魏玛共和国才更加清晰。[343]

在宪法规定预算法律形式的地方，对预算问题的政治和国家法

---

[340]　主要参见 E. W. Böckenförde, *Gesetz und gesetzgebende Gewalt* (1958)。

[341]　R. Ogorek, »Richterliche Normenkontrolle im 19. Jahrhundert. Zur Rekonstruktion einer Streitfrage«, *ZNR*, 第 11 期（1989），页 12—38，其中正确指出，司法审查权起初只与行政机关颁布的法规有关，它在某种程度上是君主制原则中欠缺政治参与的一种制衡力量。

[342]　M. Stolleis, »Notverordnungsrecht«, *HRG*, 第 3 卷（1984），页 1091—1095。

[343]　W. Mößle, *Inhalt, Zweck und Ausmaß. Zur Verfassungsgeschichte der Verordnungsermächtigung* (1990)，页 11—18。

教义讨论必然激烈尖锐，因为这涉及议会对现代国家最敏感领域的动用权——对税收钱财的使用权。在这个地方产生了形式意义法律与实质意义法律的区分，还对这种区分的合法正当性展开了晚期的宪治讨论。这些讨论在原则上涉及政治权力的分配、权力和功能的划分问题，尤其关涉议会化的合适程度问题。

这个由**拉班德**、**马蒂茨**、**格奥尔格·迈尔**、**黑内尔**、**安许茨**、**赛德尔**、**阿恩特**、**博恩哈克**等人展开的，并由**耶利内克**独立总结的讨论 [344] 是他们那个时代的问题讨论之一，在那里还涉及法律规则（Rechtssatz）的法理规定。与这些作者有关的每一种立场——无论他们是否想获取"纯粹的"知识——都贯穿着那个时期的国家法内容。在那个时期完成了上述君主立宪制的缓慢转变。[345] 其中虽然没有人们期待的统一的国家法学说，但学术交流、社会同质性以及高校教师的资产阶级教养生活风格几乎都不容许有极端的偏离。大家都满足于帝国的建立，对与民主共和制和社会主义的距离，甚至对赞同联邦制和各个邦延续世袭王朝都达成了共识。在某种类似资产阶级的阶层内部，差异活跃。国家法学说不同质，但也未因此四分五裂，这与三月革命前的情况一样，也与魏玛共和国中重复出现的情况一样。

（四）基本权利与公法权利

19 世纪下半期，相对于国家权力的基本权利这个主题因保罗教堂国民议会的失败给人们留下了心灵创伤。[346] "基本权利"和"人

---

[344]　G. Jellinek, *Gesetz und Verordnung. Staatsrechtliche Untersuchungen auf rechtsgeschichtlicher und rechtsvergleichender Grundlage* (Freiburg 1887；新版，Tübingen 1919)。参见 Böckenförde，前注 340，页 242 及以下；N. Ullrich, *Gesetzgebungsverfahren und Reichstag in der Bismarck-Zeit* (1996)。

[345]　Böckenförde，前注 340，页 332—333。

[346]　有关《保罗教堂宪法》（1848 年宪法）基本权利部分的影响，（转下页）

权及公民权"是来自 1789 年大革命思想、1830 年七月革命和 1848
年革命圈子的词汇。人们对保罗教堂"教授们的争吵"[347]、超越"阶
段"、对"现实政治"的错误认识，以及那些最终变得无用的宣言
仍记忆犹新。[348] 在商议北德意志同盟的宪法时，情况时不待人，自
由似乎也没有统一那么急迫。至于自由问题，大家可以轻松参阅各
邦的一系列基本权利以及一般立法。

1870 年到 1871 年，人们仍这样认为。人们可以说，帝国宪法
"甚至"不包含基本权利，[349] 因为当时北德意志同盟的立法已经实
现了自由主义的主要要求：迁徙自由、宗教平等权利、废除行会限
制、自由主义刑法、工商自由。[350] 帝国议会在 1871 年以后延续这些
要求：在法律上规范通信隐私、出版自由、司法基本权利、征收权
以及结社集会自由。尽管同时必须承认，文化斗争、镇压社会主义
者、在波兰地区推行日耳曼化政策使基本权利遭到极大损害，[351] 但

（接上页）见 J. D. Kühne, *Die Reichsverfassung der Paulskirche. Vorbild und Verwirklichung im späteren deutschen Rechtsleben* (1985)，页 157 及以下。

[347]　O. v. Bismarck, »Überlegungen zur Gestaltung des norddeutschen Bundes, Diktat v. 30. Oktober 1866«, *Gesammelte Werke*，第 4 卷（1968），页 7。

[348]　K. G. Faber, »Realpolitik als Ideologie. Die Bedeutung des Jahres 1866 für das politische Denken in Deutschland«, *HZ*，第 203 卷（1966），页 1—45。

[349]　K. Remmele, »Bürgerliche Freiheit ohne verfassungsrechtliche Freiheitsver-bürgungen? Zur Diskussion um das Fehlen der Grundrechte in der Verfassung des Deutschen Reiches von 1871«, G. Dilcher et al. (Hg.), *Grundrechte im 19. Jahrhundert* (1982)，页 189 及以下。

[350]　H. A. Winkler, *Preußischer Liberalismus und deutscher Nationalstaat. Studien zur Geschichte der deutschen Fortschrittspartei 1861–1866* (1964)；M. Gugel, *Industrieller Aufstieg und bürgerliche Herrschaft. Sozioökonomische Interessen und politische Ziele des liberalen Bürgertums zur Zeit des Verfassungskonflikts 1857–1867* (1975)；L. Gall, »Liberalismus und Nationalstaat. Der deutsche Liberalismus und die Reichsgründung«, H. Berding (Hg.), *Vom Staat des Ancien Régime zum modernen Parteienstaat* (1978)，页 287—300；K. E. Pollmann, *Parlamentarismus im Norddeutschen Bund 1867–1870* (1985)。

[351]　有关后者，见 H. J. Wichardt, »Die Rechtsprechung des Königlich Preußischen Oberverwaltungsgerichts zur Vereins- und Versammlungsfreiheit von 1875 bis 1914 «（法学博士论文，Kiel 1976)。

在结果上人们可以说，基本权利几乎在宪法层面上得到一般法律的保障，[352] 整体形象是积极的，特别是未宣布过紧急状态（《帝国宪法》第 68 条）。而宣布紧急状态本身就有可能废除基本权利。

　　人们在 1866 年和 1870 年到 1871 年不积极争取基本权利，原因不仅在于大多数人满足于被认为是法治国的新秩序，还在于当时对基本权利和宪法的理解不同于今天。19 世纪早期，基本权利首先是把旧等级社会改造成公民社会，使干预正当化和废除特权杠杆，[353] 它的目标方向"不是反立法；而首先是反封建"。[354] 为了实现这个目标，首先需要的不是宪法和违宪审查，而是只需要有一个积极活跃的立法者，通过法律制定来实现基本权利的政治要求。[355] 那时的宪法——不同于三月革命前——不是"超越"法律（Gesetz）之上的规范。无论在法理资格方面还是在程序法方面，它都不拥有特别的优越地位；也不存在能在实践中实现这种优越性规范的违宪审查。

　　1870 年之后的国家法学家对基本权利主要实现平等和自由的功能仍记忆犹新，因此他们在谈到发生变化的关系时认为，基本权

　　[352]　E. R. Huber, »Grundrechte im Bismarckschen Reichssystem«, *Festschr. U. Scheuner* (1973), 页 163 及以下；A. Laufs, »Die rechtsstaatlichen Züge des Bismarck-Reiches«, *Festschr. H. Thieme* (1977), 页 72 及以下。

　　[353]　G. Lübbe-Wolff, »Das wohlerworbene Recht als Grenze der Gesetzgebung im neunzehnten Jahrhundert«, *ZRG GA*, 第 103 卷（1986), 页 104—139; U. Scheuner, *Festschr. E. R. Huber* (1973), 页 139 及以下；R. Wahl, »Rechtliche Wirkungen und Funktionen der Grundrechte im deutschen Konstitutionalismus des 19. Jahrhunderts«, E. W. Böckenförde (Hg.), *Moderne deutsche Verfassungsgeschichte (1815–1914)*, 第 2 版（1981); 同作者，见 *Der Staat*, 1979, 第 19 期，页 321 及以下；同作者，见 *Der Staat*, 第 20 卷（1981), 页 485 及以下；H. Bauer, *Geschichtliche Grundlagen der Lehre vom subjektiven öffentlichen Recht* (1986), 页 59 及以下；D. Grimm, *Deutsche Verfassungsgeschichte 1776–1866* (1988), 页 132 及以下。

　　[354]　G. Lübbe-Wolff, »Der Schutz verfassungsrechtlich verbürgter Individualrechte. Die Rolle des Reichsgerichts«, H. Wellenreuter / C. Schnurmann (Hg.), *Die amerikanische Verfassung und deutsch-amerikanisches Verfassungsdenken* (New York, Oxford 1990), 页 411—434（页 412）。

　　[355]　D. Grimm, *Recht und Staat der bürgerlichen Gesellschaft* (1987), 页 316。

利的主要愿望已经历史地完成了。[356] 诚然，公法权利（subjektiv-
öffentliche Rechte）得到了承认——它的教义史开始于**格贝尔**在 1852
年撰写的那部作品，[357] 作为北德意志同盟议会议员的**格贝尔**反对基
本权利。但是，作为没有强制力的政治宣言，通过立法来实现其内
容的基本权利，对国家法学家中间的保守主义者来说没有意义。如
果把它们的意义降到保护公民不受违法损害的去政治化程度，把自
由缩小为"免受违法强制的自由"的话，[358] 那么法治国原则就足够
了。法治国原则就关涉行政行使国家权力的问题。基本权利为行政
在法律上能进行干预的强度和深度划清了界限。在这个意义上，**拉
班德**阐述道，基本权利（仅仅）是对国家权力的限制，保障个人的
自然行动自由，"但它们未建立起国家公民权利。它们不是一种权利，
因为它们没有客体"。[359] 他说，人们把基本权利仍称为公民"权利"，
这是一种"旧习俗"，是"对以往国家权力干预的一种历史回忆"。[360]

　　自由主义者——如**图迪休姆、格奥尔格·迈尔、基尔克、施特
克、勒宁、黑内尔、施滕格尔**——坚持基本权利清单，尽管他们认
识到，事实上，由于该清单缺乏边界，因此要描述一项"基本权利"
的实证内容十分困难。如果人们接受**格贝尔－拉班德**的基本思想，
即集中于国家与被统治者之间的依从关系，那么否认基本权利就在
所难免。只有当公民享有不受国家干预的自由畛域，并拥有参与国
家的权利，才能建立起至少相对于行政的保护空间。"社团的"思
想在这里尤其适合。**基尔克**这样表达他的基本思想："在基本权利

　　[356]　如 C. Bornhak, »Das Petitionsrecht«, *AöR*，第 16 卷（1901），页 403 及以下。

　　[357]　G. Jellinek, *System der subjektiven öffentlichen Rechte*，第 2 版（Tübingen
1905），页 5。

　　[358]　Jellinek，前注 357，页 103。

　　[359]　P. Laband, *Das Staatsrecht des Deutschen Reiches*，第 2 版，第 1 卷（Freiburg
1888），页 141—142。

　　[360]　Laband，前引书，页 142。

中，国家公民个人拥有符合宪法的主张权，他要求国家在特定的关系中把他当作自由的个体而不是肢体来对待……基本权利也是实证的（positiv）权利。"[361]

这揭示出对基本权利和公法权利的讨论并非等同，但它们确实也有重叠交叉的部分。

对公法权利的"发现"是 1848 年之后发生的事情。其原因，人们已经谈论了很多：1848 年之前，法国大革命思想和复辟思想——积极的和消极的——占支配地位，市民在政治的中间地带寻找自己的位置。第三等级为政治参与而斗争，人们为把旧等级社会改造成公民社会而努力奋斗。1848 年之后——民族和社会自我组建的伟大努力失败后——多数人寻求从事非政治活动，缓解带有革命嫌疑的基本权利清单引发的张力，缩小它的范围，或者迎合基本权利清单所包含的主张而走一般立法道路的要求。因此，人们想要的是经济上的自由主义。有安全保护的被统治者联合体在当时被广泛平等化，能够被引入到一种新的并在教义上令人信服的国家建构中。

1848 年革命失败后，君主制国家和自由主义思想占多数的社会不仅在内部相互格格不入，在经济上和法律上也被认为是分离的。那时是"自由贸易"[362]、经济上高度自由、国家和社会理论分离的年代。**莫尔**有关国家科学和社会科学相分离的纲领就萌发于那个时代。只有存在这种实际上的和理论上的分离，区分私法权利（"主张权"）和公法权利才有意义。[363]

---

[361]   Gierke, *Labands Staatsrecht*，前注 275，页 1133—1134。

[362]   V. Hentschel, *Die deutschen Freihändler und der volkswirtschaftliche Kongreß 1858–1885* (1975).

[363]   M. Rott, *Das verwaltungsrechtliche subjektive öffentliche Recht im Spiegel seiner Entwicklung im deutschen liberalen Rechtsstaat und in der französischen »théorie des droits subjectifs des administrés«* (1976)；Bauer，前注 353。

这种新的"公法权利"是从民法"主张权"衍生出来的教义后嗣，是从**萨维尼**，经过**普赫塔**，一直到**温德沙伊德**的"主观意义上的权利"（Recht im sujectiven Sinn）发展出来的。[364] 这种"主观意义上的权利"的程序内容和实质法律内容在 19 世纪被分开了，以至于最后剩下实质性的"主张权"（Anspruch）。[365] "主张权"存在着普通法院的法律保护，但公法权利没有这样的法律保护，至少在行政审判建立之前是如此。公法权利属于"不受控制的"行政的领域。依照定义，国家是从"公法"中创设出来的，形成相对于公民的统治方。其法律关系的基础是一种依从关系，这种依从关系首先确定的是义务。其中谈不上前国家的（vorstaatlich）"主张权"，因为所有类型的权利只有在受国家保障的法律秩序中才能找到，而法律秩序在逻辑上产生于公法权利之前。

就此而言，基本权利和公法权利只有作为国家法律秩序许可的部分空间才是可想象的。它们在原则上是立法者的创造物，是可以被撤回的，因此也可以通过一般实证立法来填充它们的内容。国家支配它们，就像不存在国家之外的"自然法保留"一样。这样一来，在政治上曾极富争议性的革命时期和早期宪治主义的基本权利清单，现在剩下的是公法权利和依赖于法律的、个人化的、去政治化的"主张权"，这种"主张权"还缺乏诉讼能力。[366] 或许就像有人曾一针

---

[364]　F. C. v. Savigny, *System des heutigen Römischen Rechts*, 第 1 卷（Berlin 1840），页 7，页 331 及以下；G. F. Puchta, *Lehrbuch der Pandekten* (Leipzig 1838)，第 29 节；B. Windscheid, *Lehrbuch des Pandektenrechts*，第 1 卷（1862），第 37 节。比较 H. Coing, »Zur Geschichte des Begriffs ›subjektives Recht««, *Das subjektive Recht* (1959)，页 7 及以下；同作者，*Europäisches Privatrecht*，第 2 卷，*19. Jahrhundert* (1989)，页 270—275。

[365]　W. Simshäuser, *Zur Entwicklung des Verhältnisses von materiellem Recht und Prozeßrecht* (1965).

[366]　Lübbe-Wolff，前注 354，内有更多文献。

见血指出的，公法权利是被实证化的、被排挤到行政法中的、发育不健全的政治基本权利形式。它的主要内容是阻止国家违法的行政行为（Verwaltungsakt）*。就像人们所说，这也是法治国原则的内容，以至于在坚持法治国原则的人们当中存在着完全否认公法权利必要性的声音。如果公民主要是被暴力压制的义务承担者的话，那么"与国家相对的被统治者出于自己的绝对权力而拥有主观权利（subjektive Rechte）……这显得不可思议"。[367]

这是当时的一种极端立场。主流观点完全承认公法权利，但对它进行了明确界定，并以法治国思想对其进行塑造。这种主流观点不但关注宪法状况，而且遵循对公民与国家关系的主要看法。这种关系是一种明确的上下关系。国家没有和公民"订立合约"，就像**奥托·迈耶**拒绝公法契约所体现的那样，[368] 它只是迫不得已进行最高权力活动，顶多扮演国库或在职务范围内损害赔偿者的角色，收付钱财。[369] 但主观权利在法律上被创造出来，得到人们的承认，并受法治保障，这是没有问题的。

公法权利的整体情况仍缺乏系统的透彻研究。**耶利内克**在 1892

---

    *　译者按：这是一个有争议的术语，它是指能引起具体的行政法律关系产生、变更或消亡的单方行政活动。台湾地区学界把它译为"行政处分"。为了避免混淆，本书把"Verwaltungshandeln""Verwaltungshandlung""Verwaltungstätigkeit"均译为"行政活动"。

    [367]　F. Giese, *Die Grundrechte* (Tübingen 1905)，页 57。C. Bornhak, *Preußisches Staatsrecht*，第 2 版，第 1 卷（Breslau 1911），页 285，该处完全否定公法权利的可能性。

    [368]　O. Mayer, »Zur Lehre vom öffentlichrechtlichen Vertrage«, *AöR*，第 3 卷（1888），页 3—86，当时主要还实行官吏聘用，订立公共劳务合同和供货合同（页 20）。也可比较 Bornhak, *Preußisches Staatsrecht*，第 2 版，第 1 卷（Breslau 1911），页 267（有关国籍申请）："一部分人只是统治者，而另一部分人只能是服从者，因为契约关系是不可能的。"

    [369]　O. Mayer, »Die Haftung des Staats für rechtswidrige Amtshandlungen«, *Sächsisches Archiv für Rechtspflege*，第 8 卷（1913），页 1—16。

年完成了这项工作。[370]**格贝尔**所勾画的东西，四十年后在法律保护内容发生了变化的情况下，**耶利内克**把它完成了。行政审判使法律保护内容发生了变化。**耶利内克**的主观权利概念结合了**温德沙伊德**的（还有**格贝尔**的）个人"意志权力"思想（形式上的）和**耶林**的"利益"学说（实质上的）。[371]"主观权利，"他说，"是受法律秩序承认和保护的人的意志权力，目的是为了物质或利益。"[372]这在公法中意味着"为了个人利益而实现法律规范的能力"，也就是借助司法机关对抗国家。**耶利内克**对形成这种公民个体的"主张权"的领域按照公民和国家的各自地位——由下向上——进行了划分。

这种直到今天都还有影响的地位学说区分了消极的被统治者地位（status passivus, status subiection）、免于国家的自由地位（Status nagativus, status litertatis）、向国家主张的地位（status positivus, status civitatis）以及最后的合作为国家做贡献的地位（status activus）。尽管这没有解决所有完全可以用学术手段解决的问题，[373]但它还是创立了一个空间，可以在里面理性地讨论问题，并给当时进一步发展的行政审判讨论带来好处。

在一战爆发前夕还出版了一部具有重要意义的专著，里面采纳了这种地位学说。这是一种偶然，但绝非"盲目的"偶然。这部专著是由**比勒**撰写的教授资格论文，作者把兴趣放在行政法的应用上。第二卷还特别介绍了帝国末期行政审判对行政法的指导性应

---

[370] G. Jellinek, *System der subjektiven öffentlichen Rechte* (1892)；重制增订第 2 版（Tübingen 1905）。引用后一版本。

[371] H. Kelsen, *Hauptprobleme der Staatsrechtslehre*，第 2 版（1923），页 567 及以下，页 584 及以下，页 616 及以下。

[372] Jellinek，前注 370，页 44。

[373] 见 K. Kormann, *System der rechtsgeschäftlichen Staatsakte* (Berlin 1910)；同作者，»Grundzüge eines allgemeinen Teils des öffentlichen Rechts«, *(Hirths) Annalen des Deutschen Reiches* (1911)，页 850 及以下；1912，页 36 及以下，页 195 及以下。

用。[374] 这部著作再一次证实了这样的观察，即对在司法上可以实现的公法权利进行的学术研究，实际上弥补了基本权利教义或者欠缺或者发展孱弱的状况。因此，学术满足了人们对它的期待，在帝国晚期平静的政治情况下为公民划清由法律确定的活动范围，并在形式上提供法治保障。这是行政法的"日常工作"，但这是一项非常重要的工作，就像它本身所体现的那样，即 1919 年后的国家法和行政法学说很快又能在这里衔接上。

（五）不成文的宪法法律——宪法转变

1866—1871 年之后的年代是"创建者的年代"，也是国家法实证主义的创立年代。在那些年代，起初作为静止和封闭体系的新国家法，因其"在自己领域内的逻辑扩张力"，显得有能力填补漏洞。[375] 从这个角度看，实证的宪法法律虽然在具体个案中是有约束力的成文法，但它是真正有效国家法的略图，必然不完整。而那个"真正的"国家法在某种程度上被认为是不可改动的。

然而，在**俾斯麦**任首相期间，特别在其代理问题上清楚地表明，宪法的法律内容对政治的依赖和变动有多大。帝国衙门变成真正的部委，在帝国政府、联邦议会和帝国议会之间的权力分配发生了变化。**俾斯麦**被免职后，皇帝和他身边关系紧密的圈子扮演新角色。其部分原因是政治气候发生了变化，这些变化随着时间发展累积起来导致了"静悄悄的宪法变化"现象，[376] 当时对这种现象几乎还没有反应。只有到了世纪之交，人们似乎才明白国家法原来发生了多大的改变，

---

[374]　O. Bühler, *Die subjektiven öffentlichen Rechte und ihr Schutz in der deutschen Verwaltungsrechtsprechung* (Berlin, Stuttgart, Leipzig 1914). 比较耶利内克的评述，*AöR*，第 32 卷（1914），页 580—610。

[375]　K. Bergbohm, 前注 65。

[376]　W. Fiedler, *Sozialer Wandel, Verfassungswandel, Rechtsprechung* (1972).

以及有意识地适应变化而修改国家法，从而使规范上的宪法和事实上的宪法之间的差别对正常状态来说不至于达到危险程度是多么必要。

拉班德本人绝没有否定宪法法律向前发展。他在晚年的一篇文章中对三十多年来的宪法法律变化做了一个总结。[377] 在此一年前，耶利内克出版了一本小专著《宪法变化与宪法转变》，尤其系统地分析了宪法解释和不应用规范或实践违反宪法这些人为因素所带来的宪法转变，还考虑到公民表决因素的介入。[378]1907 年，特里佩尔出版了《德意志帝国的单一制和联邦制》[379] 一书。该书有一个完全类似和典型的副标题叫"国家法和政治研究"，它标志着在国家法中曾被剔除的政治因素重新被发现。翌年，特里佩尔撰写了《联邦的权限与成文宪法》，庞德（Roscoe Pound）在美国撰写了《书本中的法与行动中的法》。[380]1916 年，斯门德以他特有的敏感考察了帝国和联邦成员的关系情况，采取法律比较方法比较了帝国和瑞士以及美国的情况，凸现"不成文的宪法法律"，而这些不成文的宪法法律在形式上是依照契约的合作义务，是"拥护帝国的行为"义务或"联邦成员的恭敬"义务。[381]1917 年，特里佩尔进一步总结道，

---

[377]　P. Laband, »Die geschichtliche Entwicklung der Reichsverfassung seit der Reichsgründung«, *JöR*，第 1 期（1907），页 1—46。

[378]　G. Jellinek, *Verfassungsänderung und Verfassungswandlung. Eine staatsrechtlich-politische Abhandlung* (Berlin 1906).

[379]　H. Triepel, *Unitarismus und Föderalismus im deutschen Reich. Eine staatsrechtliche und politische Studie*, 1907；有关特里佩尔，比较 Smend, *Staatsrechtliche Aufsätze*，第 2 版（1968），页 594—608；Hollerbach，前注 328；U. Scheuner, »Triepel«, *Staatslexikon*，第 6 版，第 7 卷（1962），页 1044—1045。

[380]　H. Triepel, »Die Kompetenzen des Bundesstaats und die geschriebene Verfassung«, *Festg. Laband*，第 2 卷（1908），页 247 及以下；R. Pound, "Law in books and law in action", *American Law Review*，第 44 卷（1910），页 12 及以下。

[381]　R. Smend, »Ungeschriebenes Verfassungsrecht im monarchischen Bundesstaat«, *Festg. O. Mayer* (1916)，见 Smend, *Staatsrechtliche Aufsätze*，第 2 版（1968）。现可比较 S. Korioth, *Integration und Bundesstaat. Ein Beitrag zur Staats- und Verfassungslehre Rudolf Smends* (1990)。

存在着许多悄然的宪法改变："帝国立法，常常还有习惯法特征的形成，在过去四十年深刻地改变了宪法——这些没有在宪法文本修改中表现出来。这种发展对宪法的主要影响是，单一制和联邦制宪法要素的力量关系发生了缓慢但能清楚认识的变化。宪法的单一制国家特征加强了，而联邦特征却式微。"[382]

所有这些作品的创作开始时间各不相同，但它们在比较一致的时间内出版，这并非偶然。如果把它们集中在一起，我们就会发现，1914 年前的人们又普遍认为宪法法律和政治是紧密联系在一起的，国家法的学术研究必须承认这一点，尤其要从方法的角度对此进行批判性反思，一方面不仅要防止国家法远离现实以及和政治变化脱钩，另一方面还要抵制政治任意摆布国家法。因此，在这里还暗示了论题设置，而这些论题在 1920 年代所谓"方法争论"中才被完全展开。[383]

五、刊物

民族统一、实证帝国国家法中的民族统一动力、行政审判的建立以及它们对学术文献产生的后果，都影响着刊物市场。人们的信息需求猛增，于是创办了新期刊。[384] **希尔特**在 1868 年创立了《北德

---

[382]　H. Triepel, *Die Reichsaufsicht. Untersuchungen zum Staatsrecht des Deutschen Reiches* (Berlin 1917；再版，1964)，页 298。

[383]　U. Scheuner, »Die Vereinigung der Deutschen Staatsrechtslehrer in der Zeit der Weimarer Republik«, *AöR*，第 97 卷（1972），页 349 及以下。

[384]　G. Schmoller, »Uebersicht über die wichtigere deutsche staatswissenschaftliche Zeitschriftenliteratur der letzten Jahrzehnte«, *Schmollers Jahrbuch*，第 9 卷（1885），页 1311—1327。

意志同盟与德意志关税同盟的立法、行政和统计年鉴》（*Annalen des Norddeutschen Bundes und des Deutschen Zollvereins für Gesetzgebung, Verwaltung und Statistik*），这个刊物从第三卷起叫（希尔特）《德意志帝国立法、行政和统计年鉴》（*Annalen des Deutschen Reiches für Gesetzgebung, Verwaltung und Statistik*，1870—1901）[385]。**霍尔岑多夫**从 1871 年起推出了《德意志帝国立法、行政、司法年鉴》（*Jahrbuch für Gesetzgebung, Verwaltung und Rechtspflege des Deutschen Reiches*），后改名为《施莫勒年鉴》（*Schmollers Jahrbuch*）。[386]1875 年出版了（哈特曼）《德国公法立法与实践杂志》（*Zeitschrift für Gesetzgebung und Praxis auf dem Gebiete des Deutschen öffentlichen Rechtes*）。该杂志在具有时代特征的前言中写道："在新的国家关系基础上，德国公法部分已发生了实质变化，部分还在变化之中……对这种法律状况进行描述，并促进它统一发展——这便是本刊物的宗旨与性质。"[387]

尤其重要的是**拉班德**和**施特克**创立的《公法档案》（1885）。但是，就像近期关于该刊物的创办和编辑史研究所证实的，该刊物在头二十年并不特别红火。[388]它力图填补空缺，因为图宾根的杂志

---

[385] 主编起初是希尔特（《希尔特年鉴》），1881 年起赛德尔加入，1901 年由埃厄贝格（Karl Theodor [v.] Eheberg）和迪罗夫（Anton Dyroff）担任，1920 年到 1921 年由后者一人担任。1902 年起名称发生了变化，"民族经济学"替代了"统计学"。有关《希尔特年鉴》名称的变化、主编以及主张，见 E. V. Heyen, *Profile der deutschen und französischen Verwaltungsrechtswissenschaft 1889–1914* (1989)，页 61—62。

[386] 1871 年到 1874 年由霍尔岑多夫任主编，1887 年起卢约·布伦塔诺（Lujo Brentano）加入，1882 年起由施莫勒任主编，改为《德意志帝国立法、行政、经济年鉴》（*Jahrbuch für Gesetzgebung, Verwaltung und Volkswirtschaft im Deutschen Reich*）；比较 Heyen，前注 385，页 58。

[387] 主编是法官哈特曼（W. Hartmann）。该杂志存于 1874 年到 1880 年，比较 Heyen，前注 385，页 60—61。

[388] E. V. Heyen, »Die Anfangsjahre des ›Archivs für öffentliches Recht‹. Programmatischer Anspruch und redaktioneller Alltag im Wettbewerb«, 同作者编, *Wissenschaft und Recht der Verwaltung seit dem Ancien Régime. Europäische Ansichten* (1984), 页 347—373; 同作者, »Verwaltungsrechtswissenschaft im ›Archiv für öffentliches Recht‹«, （转下页）

和《施莫勒年鉴》彻底变为国民经济杂志，**格林胡特**的杂志更多涉及私法和诉讼法，而**哈特曼**的杂志已停办了。只有**希尔特**的年鉴才是其真正竞争对手。[389]1899 年起，**奥托·迈耶**进入编辑圈，**耶利内克**和**皮洛蒂**从 1908 年起也加入其中。从此，《档案》得到了巩固，拥有无数多员工，接收国家法和行政法、国际法和教会法方面的来稿，[390] 发展成为本专业的主导刊物，并一直持续到一战爆发。

如果还加上从 1892 年起发行的《行政档案》（*Verwaltungs-archiv*）[391]、《当代公法年鉴》（1907）[392]、《行政法年鉴》（*Jahrbuch des Verwaltungsrechts*，1905—1912）[393]、《政治学杂志》（*Zeitschrift für Politik*，1907）[394] 以及《普鲁士行政简报》[395] 这本最重要的邦行政法杂志，那么我们可以看到，1866 年之后的年代是公法真正的创立年代。帝国建立及其宪法不仅为扩展的帝国国家法提供了实证法基础，而且为这方面的杂志开拓了更为广阔的市场。这些杂志成功

（接上页）见同作者，*Profile der deutschen und französischen Verwaltungsrechtswissenschaft 1880–1914* (1989)，页 21—53。

[389]　拉班德在 1885 年给施特克的一封信中如此评价，见 Heyen，前注 385，页 25—26。

[390]　文章列举，见 Heyen，前注 385，页 30—33。

[391]　副标题为 "行政法与行政审判杂志"（*Zeitschrift für Verwaltungsrecht und Verwaltungsgerichtbarkeit*），舒尔岑施泰因（Max Schultzenstein）和凯尔（Alfred Keil）主编。比较 Heyen，前注 385，页 62—63。

[392]　主编是拉班德、耶利内克、皮洛蒂。耶利内克死后，马克斯·胡贝尔（Max Huber）补进（1912）。

[393]　主编是施蒂尔–绍姆洛，1907 年起该年鉴的副标题为 "包括国家法和国际法"（unter Einschluß des Staats- und Völkerrechts），1908 年起副标题又改为 "包括宪法、政教法和国际法"（unter Einschluß des Staatsverfassungs-, Staatskirchen- und Völkerrechts）。比较 I. Gienow, »Leben und Werk von Fritz Stier-Somlo«（法学博士论文，Köln 1990）。

[394]　主编是里夏德·施密特（Richard Schmidt，1862—1944）和格拉博夫斯基（Adolf Grabowsky）。

[395]　副标题为 "普鲁士行政与行政司法周刊"（Wochenschrift für Verwaltung und Verwaltungsrechtspflege in Preußen)，宾塞尔主编。见本书第 7 章，注 174。

地形成了稳定的订阅数量，不仅进入行政机关，而且延伸到了大学。1871 年起，大学得到强大的财政支持，尤其是法学院，国家法的扩展在这里发挥了影响。[396] 奥地利的刊物，尤其是**格林胡特**的杂志，其员工和订阅人逐渐和德意志帝国分开，只局限于多瑙河君主国的德语地区。

除帝国建立外，首先是 1880 年代的行政改革和 1870 年代中期开始运行的行政审判，也被认为是产生新出版机构的推动力。在学术研究史上，这些新创办的刊物随着学术风格从"国家学"方法向"法学"方法逐渐变化，以及法律实证主义的强力推进而发生了转向。而法律实证主义本身也是 1871 年之后帝国和邦立法的产物。1880 年代和 1890 年代出现了社会和经济的"干预型国家"，进一步加快了立法的步伐，也只能由大量相继出现的杂志刊物去迎接和评论这些立法。

---

[396]　B. vom Brocke, »Hochschul- und Wissenschaftspolitik in Preußen und im Deutschen Kaiserreich 1882–1907. das ›System Althoff‹«, P. Baumgart (Hg.), *Bildungspolitik in Preußen zur Zeit des Kaiserreichs* (1980)，页 9—118。

第九章
行政法学与行政学说（1850—1914）

一、1850年以后的行政法发展

（一）导言

正如1850年前后邦国法律文献所表明的，1800年以来把公法划分成"宪法和行政法"（Konstitutions- und Administrativrecht, Verfassungsrecht-Regierungsrecht）已经是一种流行的二分法，这种划分在三月革命前被人们接受。"国家法"的作者习惯通过这些方式来体现公法的二分法，即他们把行政法放在著作的第二部分或第二卷中，或者至少在论述"国家功能"时把"行政"这一部分独立出来，并用实证法内容加以填充。光阴荏苒，在这个地方便形成一个法律领域。19世纪中期甫始，**珀茨尔**出版了《巴伐利亚行政法教科书》。[1]该著作效仿**莫尔**在《符腾堡王国国家法》第二卷中的做法。行政和行政法专业杂志形成了。1860年代以降，国家法课程中的行政法比重似乎增大。这些都见证了国家法中行政法的成长历程，同时也见证这两个领域在思想上的分野以及——尤其在1850年之后——经验的警察学（行政学说）和降为法律的行政法的分离。**舒尔策**在1866

---

[1] 见本书第7章，注29及以下。

年对这些情况做了记载，他写道："对我们的国家行政管理进行法律再教育，在学校课堂中更加关注公法。这些……带来了这样的结果：在行政学说旁边产生了行政法法学学科，在警察学旁边出现了警察法法学学科，在财政学旁边形成了财政法法学学科。"[2]

　　1848 年之后，由于自由主义在政治上未被利用的精力一方面转移到经济领域，另一方面转移到扩大法治国建设上，所以在不断加大法律化的旗帜下，行政和行政法之间的分割更加明显。[3] 在学科史上形成了行政学说和行政法学之间的鸿沟，这种鸿沟直到今天仍存在。行政是"为了国家目的而进行的活生生的国家工作"，[4] 成为经验的和实践的一面；而行政法则成为学术理论的一面，它最大程度地排除经验因素和政治因素。这符合 19 世纪下半叶人们对学术的理解，其目标是"不断排除实践性的东西"。[5] 法治国和学术研究的行政法很快就融合在一起："当法治国概念拥有真实含义时，"**格贝尔**在 1865 年写道，"在行政领域，这个真实含义就被赋予越来越多稳固的法律规定，这些法律规定对专横武断可谓釜底抽薪。"[6] 人们普遍认为，这就是学术工作的目标。

　　行政与行政法的区分进一步形成对宪法法律问题的反思。君主、贵族、军队和教会代表"国家"及其"目的"，与之相对的是市民阶级。市民阶级的态度是典型的模棱两可、含糊不清，一方面想实现国家

---

　　[2]　H. Schulze, »Über Princip, Methode und System des deutschen Staatsrechts«, *Aegidis Zeitschrift*，第 1 卷（1876），页 417 及以下（页 420）。

　　[3]　H.-J. Feist, »Die Entstehung des Verwaltungsrechts als Rechtsdisziplin«（法学博士论文，Köln 1967），页 117 及以下。

　　[4]　O. Mayer, *Deutsches Verwaltungsrecht*，第 2 版，第 1 卷（München, Leipzig 1914），页 64。

　　[5]　H. Maier, *Die ältere deutsche Staats- und Verwaltungslehre*，第 2 版（1980），页 238—239。

　　[6]　C. F. v. Gerber, *Grundzüge eines Systems des deutschen Staatsrechts* (Leipzig 1865)，页 233。

目的；另一方面又要求重视法律限制。"法治国"在这种情况下是一种对可欲的国家行为进行限制的自由主义纲领。在君主的行政权力和受限制的自由主义法治国之间存在着张力，这种张力体现在科学的学科之中："警察学家"关注的是国家目的，而"行政法学家"关心的是划定国家行为的界限，尤其以议会通过的一般法律作为媒质。

在这里，行政法有占上风的趋势，因为 1850 年以后"警察学"式微，表现为一种正在瓦解成为专业学科的混合物。以往组建的和思想上的（konstitutive und gedankliche）开明君主制构想已不复存在，自然科学专业和技术专业独立了，并越来越多地在专门学习中进行传授。官房学各专业（Kameralfächer）不能再以令人信服的方式传授必要的知识了。就像已经表明的那样，行政朝着"法律人垄断"方向发展。

然而，不仅仅是行政和行政法连同它们的教育在 19 世纪中期以后发生分割，而且在三月革命前被视为天然统一体的宪法与行政也解体了。在三月革命前，自由主义宪法纲领只有当它慢慢在最低层的行政机关中得以实施才具有意义。随着革命失败，基本的法律政治动力也丧失殆尽。尔后，在政治希望的废墟中尚能保存"法治国"要求，而且得到不断发展。在"现实政治"的招牌下，向宪法和基本权利做无奈告别并非意味着向"法治国"告别，而这种"法治国"也完全是出于经济上的考虑。因此，1850 年之后的发展逻辑后果是，把行政法从棘手的宪法问题中解脱下来，并在国家法旁边把它建设成为独立的法律领域。当然，在这里也有反对立场，其中不但有**莫尔**的，而且有**洛伦茨·施泰因**。**莫尔**保留三月革命前宪法和行政法相互渗透的理念，**洛伦茨·施泰因**也差不多，尽管他在另一种思想语境下把行政理解成"行动着的宪法"（tätig werdende

Verfassung）。[7] 但是这些反对立场不能阻挡行政法独立并对它进行单独研究的大潮。革命后，与宪法思想的距离和内在努力在这里强烈地汇集在一起，使行政法作为一门学科走上了自己的发展道路。

随着方法讨论转向法学"建构的"实证主义，方法讨论现在也在往这个方向发展，就像我们在国家法中已经描述的那样。**格贝尔**在 1865 年强烈要求科学地单独研究国家法和行政法。行政法需要自己的理论和"体系"，[8] 因为，就像他所说的，"如果人们把这种科学体系看成论述等级会议权利以及规定预防牛瘟的地方，国家法的纯洁性与独立性将会受到损害……如果行政法的独立性最终得到承认，并从国家法的束缚中解脱出来，我们当然表示欢迎并将之视作是一种进步"。[9]

但这造成行政法被双重截肢：一方面，它和行政实践以及它的前身警察学（旧的）和行政学说（新的）之间的联系被切断；另一方面，为了新专业的"独立性"，与行政法的政治原生领域之间的联系也被消除。留下来的是对行政法进行不带实践内容的和政治中立的"法律"陈述，其任务是进行抽象化和教义化。

在这种思考方式中，作为内部结构划分原则的法律形式自然会获得越来越重要的意义。当关涉对专制统治加以硬性的法治约束时，或者如果这种专制统治避免不了，在最低限度也要使它具有可预见性的地方时，作为侵犯自由和财产的行政活动在形式上的规范性问题就成为中心。行政侵犯不仅可以溯及一般法律，而且可以按照法

---

[7]　L. v. Stein, *Handbuch der Verwaltungslehre und des Verwaltungsrechts* (1870)；第 2 卷（Stuttgart 1887），页 258。

[8]　M. G. Losano, »Der Begriff ›System‹ bei Gerber«, W. Krawietz / Th. Mayer-Maly / O. Weinberger (Hg.), *Objektivierung des Rechtsdenkens. Gedächtnisschr. f. I. Tammelo* (1984)，页 647 及以下。

[9]　Gerber, *Grundzüge*, 前注 6，页 236—237。

治国原则来塑造行政侵犯，最终对它进行司法审查，这形成理解法治国的三大支柱。[10] 随着法学实证主义不断推进，其中基本的法治国概念——比如在**莫尔**那里——与既存的实质内容和政治内容分离；这个概念变成了形式概念。因此，按照法律形式进行体系化也就被挪到显要位置。[11] 警察命令形式的侵犯行为成为主权的以及在行政法上至关紧要的国家行为范式。在确定这种侵犯行为的地方，人们会对法律依据发问。在不会造成"侵犯"的地方，因为个人利益没有受到触犯，于是在"法治国"的视角下，无关紧要的福利警察和"国家治理"领域得到扩展。[12]

这造成了后来的误解，认为 19 世纪的国家不知道给付行政（Leistungsverwaltung），因为作为自由主义国家它不关心人民福祉。其实，这在实践上和理论上都不对。[13] 经济上和政治上的自由主义达到顶峰时期，德意志国家也一直在无所顾忌地干预"社会的"领域。在国家法教科书中，《国家功能：行政，行政内部部门》一节扩展了行政活动的范围。其中的实证法内容来自正在瓦解的警察学，在比较大的邦国，这些实证法内容很快超出了可操作的界线。[14]

"独立的"、从行政实践和宪法法律中脱离出来的规范领域"行政法"的产生，以及针对法律形式的教义学的形成，都被证明是瞄

---

[10] E. W. Böckenförde, »Entstehung und Wandel des Rule of lawsbegriffs«, 见同作者, *Recht, Staat, Freiheit* (1991), 页 143—169；U. Scheuner, »Die neuere Entwicklung des Rule of laws in Deutschland«, 见同作者, *Staatstheorie und Staatsrecht* (1978), 页 185 及以下；M. Stolleis, »Rule of law«, *HRG*, 第 4 卷（1990），页 367—375。

[11] P. Badura, *Das Verwaltungsrecht des liberalen Rule of lawes* (1967), 页 37—38。

[12] Badura, 前注 11, 页 36—37。

[13] W. Rüfner, *Formen öffentlicher Verwaltung im Bereich der Wirtschaft* (1967), 该处主要以地方生活保障措施的扩大来证明这个问题。

[14] Th. Ellwein, »Entwicklungstendenzen der deutschen Verwaltung im 19. Jahrhundert«, *Jahrbuch zur Staats- und Verwaltungswissenschaft* (1987), 页 13—54。

准实现法治国、去政治化和科学化运动产生的附带现象。行政法"总则"的形成也是如此。只有从行政活动经验和各种变化不居的政治影响中解脱出来，并与它们保持距离，才会逐渐形成中等抽象程度的教义原则，然后才能把这些原则汇集成总则。其间，人们借用已准备好的、被认为是典范的民法学形式宝藏。这是很明显的事实，就像尝试从已经高度抽象的法国行政法中汲取元素一样。[15]

在追寻**奥托·迈耶**意义上的行政法总则的发展路线之前，那些偏离这条路线的想法也值得我们认识了解，否则会容易给人留下只有这么一条发展路线的印象。历史－有机的和唯心主义国家学的方法与逐渐变得紧缩的"法学方法"同时存在，至少相伴至1890年代。这种发展结果向来无关紧要。

（二）国家学纲领

"**格奈斯特**关于英国行政法和**洛伦茨·施泰因**关于行政学说的伟大著作虽然不属于真正的德国行政法文献，但它们对德国行政法产生了深远影响。"**勒宁**在1884年非完整地回顾时如此总结道。[16]当时这门新专业学科还处于形成过程的中间阶段。这只是以他的视野看到的"真正的"行政法著作和非行政法著作之间的明显区别。这种方式在**格奈斯特**和**洛伦茨·施泰因**身上并不适用，因为这两位

---

[15]　E. v. Meier, *Französische Einflüsse auf die Staats- und Rechtsentwicklung Preußens im 19. Jahrhundert*, 2 卷本（Leipzig 1907, 1908），见 J. Rückert, *NDB*, 第 17 卷（1991），页 647—649；F. F. Mayer, *Grundzüge des Verwaltungs-Rechts* (Tübingen 1862)，页 49，注 5："尽管法国行政法有一些弊端，但由于它简洁明了，并适合于现代国家的发展，尤其是它经过了科学的发展，所以德国以外的国家都在关注法国的行政法。" O. Mayer, *Theorie des französischen Verwaltungsrechts* (Straßburg 1886); E. V. Heyen, *Profile der deutschen und französischen Verwaltungsrechtswissenschaft 1880–1914* (1989), 第 3 章。

[16]　E. Loening, *Lehrbuch des Deutschen Verwaltungsrechts* (Leipzig 1884), 页 25。

和**勒宁**的区别很大，他们把历史的、社会理论的、法律的和法律比较的论证方式结合了起来，从中为自己的著作获取主要动力。

1. R. v. 格奈斯特

格奈斯特的生平表明他走过了学术与政治盘根错节的一生。[17]他是一位法院司法委员的儿子，出生于柏林，但在阿舍斯莱本和艾斯莱本这两个地方长大成人。他后来又回到柏林大学学习，并在那里应该是待了六十二年。他还在**萨维尼**那儿取过经，"并偷听了"——如果人们相信**哈切克**（Julius Hatschek）所说的——"萨维尼的话，受其熏陶，然后把历史方法运用到国家法中，尤其在晚年更是如此"。[18]1838 年，**格奈斯特**获得博士学位，他免服兵役，在 1839 年开始讲授罗马法和刑法。1841 年到 1850 年，他游历整个欧洲，三次到过英国（1846、1848、1850）。**格奈斯特**在大学组织青年教师反对教授，并积极强调学术的政治品质。[19]作为城市代表大会成员（1848 年 5 月）和市民武装成员，他参与了柏林的革命活动，深陷高等法院审判的政治逆境，被迫离职。1849 年 12 月，他还辞掉城市代表大会席位。在下议院（1849）的候选提名中，他未获成功。

格奈斯特早年对英国的青睐和 1848—1849 年的政治经历[20]，

---

[17]　H. Preuss, »Rudolf von Gneist (1895)«，见同作者, *Staat, Recht und Freiheit* (1964)，页 503—509；E. Schiffer, *R. v. Gneist* (1929)；D. Weber, »Die Lehre vom Rule of law bei Otto Bähr und Rudolf von Gneist«（法学博士论文，Köln 1968）；Erich J. C. Hahn, "Rudolf von Gneist (1816–1895): The Political Ideas and Political Activity of a Prussian Liberal in the Bismarck Period"，（哲学博士论文手稿，Yale University 1971），论文迄今仍是最好的研究，可惜未出版；G. Schmidt-Eichstedt, »Staatsverwaltung und Selbstverwaltung bei Rudolf von Gneist«, *Die Verwaltung*, 第 8 卷（1975），页 345 及以下；G. Chr. v. Unruh, »Gneist«, K. G. A. Jeserich-H. Neuhaus, *Persönlichkeiten der Verwaltung* (1991)，页 197—200。

[18]　J. Hatschek, *ADB*，第 49 卷（1904），页 403—413（页 403）。

[19]　Hahn, 前注 17，页 11 及以下。

[20]　1849 年，格奈斯特在《柏林状况》（*Berliner Zustände*）中进行了总结和自我辩护。

导致他在选举权和议会权利（预算权、税收批准权）问题上坚持传统温和的自由主义立场，[21] 同时也导致他强烈反官僚的不满情绪。他的《德意志陪审法院的形成及法律起草》（ *Die Bildung der Geschworenengerichte in Deutschland nebst einem Gesetzentwurf*，1849）主要论述英国的陪审法院模式以及德意志对它的借鉴。在后来的大量著作中，格奈斯特越来越深入地研究英国宪法史。1853 年，他出版了《英国贵族与骑士》（ *Adel und Ritterschaft in England*），1857 年到 1860 年出版了《当今英国宪法与行政法》（ *Das heutige englische Verfassungs-und Verwaltungsrecht* ）。[22] 通过对该著作的不断修改整理和补充，他又出版了一系列著作：《英国当代行政法与德意志行政体系的比较》（ *Das englische Verwaltungsrecht der Gegenwart in Vergleichung mit den deutschen Verwaltungssystemen* ）[23]、《18 世纪末以前的英国自治史或议会制宪治的内部发展》（ *Die Geschichte des selfgovernment in England oder die innere Entwicklung der Parlamentsverfassung bis zum Ende des 18. Jahrhunderts*，1863）、《英国地方宪章或自治的历史和当今的表现形式》（ *Geschichte und heutige Gestalt der englischen Communalverfassung oder des selfgovernment*，1863）、《英、德国情下的行政、司法、国家行政和自治——对普鲁士行政改革和地区规划的特别思考》（ *Verwaltung, Justiz, Rechtsweg,*

---

[21]　有关他在宪法冲突中的立场，详见 Hahn，前注 17，页 90 及以下，在第281 页及以下有一封格奈斯特在 1864 年 7 月 20 日写给洛贝尔图斯 – 亚格措夫（J. K. Rodbertus-Jagetzow ）的重要信件（ 见 *Deutsches Zentral-Archiv Merseburg, Rep. 92 Rodbertus-Jagetzow, B No. 8* ）。

[22]　第 2 版，2 卷本（ Berlin 1867 ）；第 1 部分完全变动过，题目为 *Das englische Verwaltungsrecht mit Einschluss des Heeres, der Gerichte und der Kirche, geschichtlich und systematisch*；2 卷本（ Berlin 1866–1867 ）： *Geschichte des englischen Verwaltungsrechts* (1), *Das heutige englische Verwaltungsrecht* (2)。

[23]　2 卷本（ 1883–1884 ）。

Staatsverwaltung und Selbstverwaltung nach englischen und deutschen Verhältnissen mit besonderer Rücksicht auf Verwaltunsreformen und Kreisordnungen in Preußen，1869）、《英国的自治、地方宪章和行政法院》（*Selfgovernment, Communalverfassung und Verwaltungsgerichte in England*，1871），以及最后一部著作《英国宪法史》（*Englische Verfassungs-Geschichte*，1882）。

　　这些著作的出版年份已经表明，**格奈斯特**在学术上的生产力和在政治上的积极性在"新时代"（Neue Ära）[24]得以发挥，并随之一起发展。1858年，他又成为柏林城市代表大会成员，并最终取得大学教授职位。翌年，他成为普鲁士议会中自由主义党团成员以及以左派为核心的党团成员，并在宪法冲突中发展成为反对派的代言人之一。[25]1866年到1884年，**格奈斯特**是北德意志同盟和德意志帝国议会中的民族自由主义成员。

　　格奈斯特在学术上对英国的偏爱来自他对资产阶级自由主义有机发展的浓厚兴趣。由于受历史学派的影响，他和法国理性的宪治主义保持距离，并力图消除"有产者"在积极参与国家权力时的政治和社会紧张关系。英国在这方面似乎——就像一百年前**孟德斯鸠**认为的——提供了有机的发展典范。[26]与**洛伦茨·施泰因**的《法国社会运动史》（*Geschichte der Socialen Bewegung in Frankreich*，1850）同步，并深受其影响，**格奈斯特**尝试从英国的史料中探询国家和社会是如何和谐共处的。这是对**卡尔·施泰因**男爵基本思想的延续，并被应用到自由主义顶峰时期的阶级社会，而这个阶级社会

---

　　[24]　Huber III (1988)，第18节。

　　[25]　Hahn，前注17，页49及以下。

　　[26]　这种思想的后期影响，见 F. Darmstaedter, »Ist das englische selfgovernment als Grundlage der deutschen Selbstverwaltung anzusehen?«, *Gedächtnisschrift W. Jellinek* (1955)，页535—548。

的上层人士明显亲近英国。**格奈斯特**的"自治"指向政治上共同负责，旨在使民主参与和上层统治融洽和好，与**基尔克**想象的综合统治和（社团的）自由相似。这样一来，国家失去专制官僚国家的特点，社会失去其纯粹客体特征。

然而，要达到这个目的，只有社会"参与"还不够，还需要把国家改造成法治国。**格奈斯特**在这方面的工作要比培养市民自治出色得多。他支持司法审查权 [27]、律师阶层的发展 [28] 及独立的行政审判 [29]。最后一项不是**格奈斯特**的创造，因为有人曾经在保罗教堂国民议会中就坚持由独立法院控制行政。**奥托·贝尔**在 1864 年也往这个方向努力，[30] 他留下的问题是，这个法院应该是民法法院还是公法法院。这个问题有待人们去解决。**格奈斯特**的路线是把法院形式的（gerichtsförmig）控制纳入行政当中，其目的是在"司法国家的支持者"与完全拒绝对行政进行外部控制之间进行调和。他把个人权利保护放在一边，强调司法在保护客观法律秩序方面发挥的作用，防止行政偏袒行为。同时，为了界定行政所担心的司法控制，他对司法控制行为确定了一个限制性清单（用列举原则），并让立法者进行实际的详细操作，而不是设置一个一般性条款。其结果是，行

---

[27]　R. v. Gneist, *Soll der Richter auch über die Frage zu befinden haben, ob eine Gesetz verfassungsmäßig zustande gekommen? Gutachten f. d. 4. Dt. Juristentag* (1863).

[28]　R. v. Gneist, *Freie Advokatur. Die erste Forderung aller Justizreform in Preußen* (Berlin 1867).

[29]　R. v. Gneist, *Verwaltung, Justiz, Rechtsweg, Staatsberwaltung und Selbstver-waltung nach englischen und deutschen Verhältnissen mit besonderer Rücksicht auf Verwaltungsreformen und Kreisordnungen in Preußen* (Berlin 1869)；同作者，*Der Rule of law und die Verwaltungsgerichtsbarkeit in Deutschland* (Berlin 1872；第 2 版，1879；再版，1958)。

[30]　这次讨论（奥托·贝尔、格奈斯特、萨韦、奥托·迈耶）发展的概况，见 W. Kohl, *Das Reichsverwaltungsgericht* (1991)，页 9—24。

政成功地把行政审判的初审保留在自己的手上。[31]

格奈斯特是议会主义者、大学教育家、德意志法学家年会的奠基人[32]、抵制反犹主义协会的创办人、外交部顾问[33]、国家资政院顾问、皇家高等司法顾问（"阁下"），被拔擢为世袭贵族，是爱丁堡大学、博洛尼亚大学、牛津大学和都柏林大学的荣誉博士以及科学与艺术院院士，还荣获其他一些勋章，成为第二帝国的代表人物。随着在政治上向民族自由主义者转变，格奈斯特与国家修复了关系。他参与政府操办的活动而逐渐遮蔽其参与的政治自由主义出发点，就像他投身文化斗争所体现出的那样。[34]他支持普鲁士国家，这使他后来甚至还发展到捍卫三阶级选举法的地步。[35]他和大多数自由主义者一道并不专注于"议会化"，而是全神贯注于"法治国"建设（帝国司法法、法院组织法、律师、行政审判）。这在帝国内部建设方面取得了巨大成功，但也导致自由主义的实质悄然地去政治化。格奈斯特有意识地贯彻这一点，比如通过行政审判而背弃主观法律保护思想。他把源自黑格尔思想的自由唯心主义、达尔文的进步乐观主义和带有普鲁士新教色彩的民族主义混合在一起，别出

---

[31]　U. Stump, *Preußische Verwaltungsgerichtsbarkeit 1875–1914. Verfassung-Verfahren- Zuständigkeit* (1980)；W. Rüfner, *DVG*，第 3 卷（1984），页 922 及以下，内有更多文献。

[32]　Th. Olshausen, *Der Deutsche Juristentag. Sein Werden und Wirken* (Berlin, 1910)；H. Conrad, E. v. Caemmerer / E. Friesenhahn / R. Lange (Hg.), *Festschrift zum hundertjährigen Bestehen des Deutschen Juristentages 1860–1960* (1960)，页 1 及以下。

[33]　他为日本提供的咨询，见 K. Luig, »Rudolf von Gneist (1816–1895) und die japanische Verfassung von 1889«, Japanisches Kulturinstitut Köln (Hg.), *Kulturvermittler zwischen Japan und Deutschland. Biographische Skizzen aus vier Jahrhunderten* (1990)，页 50—77。

[34]　R. v. Gneist, *Die confessionelle Schule. Ihre Unzulässigkeit nach preußischen Landesgesetzen und die Notwendigkeit eines Verwaltungsgerichtshofes* (Berlin 1869).

[35]　R. v. Gneist, *Die Nationale Rechtsidee von den Ständen und das Preussische Dreiklassen-Wahlsystem* (Berlin 1894；再版，1962).

心裁。他的这种独特混合与勃勃雄心和极高的修辞天赋交合在一起，代表了 1848 年到 19 世纪末德意志自由主义的发展特点。自由主义的要求在 1866 年之后要么实现了，要么夭折了。随着接管国家承担的功能，反天主教和反社会主义的自由主义越来越走向保守主义阵营。1881 年起，当帝国政治转向积极的社会政治时，**格奈斯特**在"社会政治协会"中也一道参与完成了这种转变，因为在那里也包含有社团和自治元素。

　　格奈斯特的作品具有浓厚的修辞色彩，文风凝重，令人难以忍受。因此，对公法学史来说，他的著作没有他平生的思想和参与实际改革的总成就那么重要，也没有他在律师行业以及在普鲁士的行政审判方面间接影响其参与进行的司法和地方法律制度改革那么重要。

2. L. v. 施泰因

　　那样的"思想总量"还必须授予给**洛伦茨·施泰因**，尤其是他对法国社会主义的精彩论述 [36]，以及作为社会理论家、国家学学者 [37]、国民经济学家 [38] 和财政学家 [39] 所做的分析。他和**格奈斯特**的

---

　　[36]　L. Stein, *Der Socialismus und Communismus des heutigen Frankreichs* (Leipzig 1842；第 2 版，2 卷本［1848］，题目为 *Die socialen und kommunistischen Bewegungen seit der dritten Französischen Revolution*；第 3 版 为 *Die Geschichte der socialen Bewegung Frankreichs von 1789 bis auf unsere Tage*，3 卷本［Leipzig 1850；第 2 版，1855］；1921 年由萨洛蒙［G. Salomon］重新编辑［再版，1960］）；亦见 L. v. Stein, *Schriften zum Sozialismus 1848, 1852, 1854*, E. Pankoke (Hg.) (1974)，以及 R. Hörburger, »Steins Sozialismusverständnis von 1842«, R. Schnur (Hg.), *Staat und Gesellschaft, Studien zu Lorenz von Stein* (1978)，页 185—203；A. v. Mutius (Hg.), *Lorenz von Stein 1890–1990* (1992)。

　　[37]　L. v. Stein, *System der Staatswissenschaften*，2 卷本（Stuttgart, Augsburg 1852–1856；再版，1964）。

　　[38]　L. v. Stein, *Lehrbuch der Volkswirtschaft* (Wien 1858；第 2 版，1878；第 3 版，1887）。

　　[39]　L. v. Stein, *Lehrbuch der Finanzwissenschaft* (Leipzig 1860；第 5 版，3 卷本，1885/1886，再版，1968). M. Heilmann, *Lorenz von Stein und die Grundprobleme der Steuerlehre* (1894); C. Quesel, *Soziologie und die soziale Frage. Lorenz von Stein und die*（转下页）

区别是，他不像**格奈斯特**那样有大量实践改革经验。**洛伦茨·施泰因**一直都是理论家。姑且不论他参与石勒苏益格–荷尔斯泰因的事务，他与日常政治保持着距离。

　　洛伦茨·施泰因和**格奈斯特**是同时代人。两者都参与过 1848 年革命，并都因该政治活动在工作上遭受了数年艰辛磨难。他们都是受**黑格尔**影响的自由主义者，力图以各自的方式解决时代基本问题，消除社会的阶级特征以及国家与社会的紧张关系。他们都看到了摆在他们眼前的阶级社会和市民阶层的悲惨社会状况。由于市民阶层参与政治权力的力量很微弱，所以他们没有改变生活状况的行动能力；他们还同时受到第四等级社会阶层的威逼。**格奈斯特**因此回到 1806 年的情景，寻求市民阶层和国家之间的有机结合，市民阶层积极进行自治，"自下而上"地进入国家当中，参与司法和地方行政。也有人像**洛伦茨·施泰因**那样力图在君主制中寻求能消除阶级斗争的中立机关，并把平衡社会的任务交给君主，尝试以这种方式把君主制从社会对立矛盾中解脱出来。[40] **洛伦茨·施泰因**强调宪法与行政法之间的紧密关系，他因此转向行政法层面。**洛伦茨·施泰因**和**格奈斯特**都认为，时代基本问题要在行政中得以解决，一个走的是把行政理解成行动着的宪法的道路，而另一个走的是"自治"道路。由于感到一种思想上的亲和，**洛伦茨·施泰因**把《行政学说》第一版献给了**格奈斯特**。[41]

（接上页）*Entstehung der Gesellschaftswissenschaften in Deutschland* (1989)；总结见 D. Blasius, »Lorenz von Stein, Krisenprobleme der Moderne im Spiegel konservativen Denkens«, P. Alter et al. (Hg.), *Geschichte und politisches Handeln, Studien zu europäischen Denkern der Neuzeit, Th. Schieder z. Gedächtnis* (1985)，页 197—205。

　　[40]　G. Gozzi, *Modelle politici e questione sociale in Italia e in Germania fra Otto e Novecento* (Bologna 1988).

　　[41]　L. Stein, *Die Verwaltungslehre*，第 1 部分（Stuttgart 1864），序。

洛伦茨·施泰因 1815 年出生于离埃肯弗德不远的一个地方，埃肯弗德当时仍属于石勒苏益格公国。他在那个地方以及弗伦斯堡念书，直到 1835 年。1838 年之前，他在基尔大学学习哲学和法学，1837 年还曾求学于耶拿大学。1839 年，他在基尔参加国家考试，并取得优异成绩，在哥本哈根的石勒苏益格－荷尔斯泰因律师事务所供职。1840 年，他获得博士学位。1841 年到 1842 年受丹麦国王资助游历柏林和巴黎。"总而言之，"福斯特霍夫（Ernst Forsthoff）后来总结道，"他毕生著作的主要论题都要归功于在巴黎的逗留和接触当时仍处于概念形成过程中的社会理论，以及接触早期的乌托邦社会主义者。他的方法要归功于柏林时代，其间他更熟悉黑格尔哲学。"[42]

1843 年起，洛伦茨·施泰因在基尔大学教书，1845 年成为国家学编外教授。这个比较寻常的事业起点却被德意志与丹麦剑拔弩张的关系打断。洛伦茨·施泰因从 1846 年起反对丹麦，1849 年被选进地方临时议会。1852 年丹麦政府因此褫夺了他的职务。尔后，他就靠从事新闻工作来维持生计，直到 1855 年才在维也纳大学成功取得政治经济学教授职位。直到 1885 年，他在那里工作了共三十年，并成为国家学著名人物。1860 年，他撰写了《财政学教科书》（*Lehrbuch der Finanzwissenschaft*），1865 年到 1868 年撰写了《行政学说》。此外，他还撰写大量其他著作和即兴作品。[43] 他因一次冒险投资而损失了财产。之后，1890 年，他在离维也纳不远的魏德林坳（Weidlingau）逝世。

---

[42]　E. Forsthoff (Hg.), *Gesellschaft-Staat-Recht* (1972)，页 9。亦见 W. Schmidt, »Der junge Lorenz von Stein zwischen Nationalität und Europa«, Schnur，前注 36，页 29—46。该集子是今天研究洛伦茨·施泰因的切入点。

[43]　M. Munding, »Bibliographie der Werke Lorenz von Steins und der Sekundär-literatur«, Schnur，前注 36，页 561 及以下。

洛伦茨·施泰因撰写《行政学说》[44]，是希望它成为"国家学
的学说汇纂"，以此建立整个公法的基础。[45] 他以器官学方法区分
了国家意志（立法）和国家行动（执行）。这样一来，行政成了宪
法引导的国家"工作"，是真正的核心领域。[46] 行政学说应该为"在
工作的国家之理念"建立一个有机体系，也就是进行历史的、哲学
的，并在欧洲层面上做法律比较的体系建立。因此，行政学说是对
宪法学说的补充。[47] 洛伦茨·施泰因对国家、国家机构和国家概念、
国家法和社会进行勾画，其目的就是为了转到行政问题上来。

按照洛伦茨·施泰因的独特术语，他把行政学说划分成国家行
政和非国家行政。笼统地讲，国家行政由"执行"（Vollziehung）构成，
即由主权的意志体现（法规）、职能结构（组织）和意志执行（强制）
构成，因此它由"真正的"行政构成，尽管受法律约束，但它的行
为具有"自由活动性"（国家经济、执法和内政）。除国家行政外。
还有（社区的）自治中和协会中自由的非国家行政，它们受各自"上
级部门的监督"，并受国家意志的约束。

洛伦茨·施泰因以这种方式在八卷本中展开了行政学说论述。
第一个重点是行政和行政法、对政府和行政事务的界定——包括后
来添加进去的"一般警察法"（第4篇第1章）以及依照宪法对国
家权力的控制（第1篇第1章）。紧接着国家行政部分的是自治部

---

[44]　L. Stein, *Die Verwaltungslehre*，第7部分（Stuttgart 1865–1868；第2版，
1869–1883；再版，10卷本，1962）；同作者，*Handbuch*，前注7。

[45]　第2版，第1卷（Stuttgart 1868），序。他对国家学的基本理解，见其作品
Gegenwart und Zukunft der Rechts- und Staatswissenschaft Deutschlands (Stuttgart 1876;
再版，1970)，亦可参见 Forsthoff，前注42，页147—494。"当时对洛伦茨·施泰因
行政学说的批判"，见 D. Blasius, Schnur，前注36，页419—433。

[46]　E. Pankoke, »Soziale Politik als Problem öffentlicher Verwaltung. Zu Lorenz
von Steins gesellschaftswissenschaftlicher Programmierung des ›arbeitenden Staates‹«,
Schnur，前注36，页405—417。

[47]　第2版，第3部分（Stuttgart 1882），序，页 VI。

分（第1篇第2章）和协会部分（第1篇第3章）。在全面的"基础"部分后面是总则部分。这部分论述了**洛伦茨·施泰因**时代之前的行政学说史以及狭义上的行政法与警察的分离（第2篇）。

就在这个地方才开始论述各个专业领域。**洛伦茨·施泰因**坚持警察学教科书的传统划分结构，因此在开头论述"物质生活"，即人口（第2篇）和健康（第3篇），接着论述安全警察（政治警察、警察概念、警察干预乞讨和流浪、监后管制）。**洛伦茨·施泰因**借此机会不仅简要论述治理措施，而且简单地论述工商法中的危害防止。**洛伦茨·施泰因**明显完全低估了这在工业化时代的重大意义（第4篇）。他在论述教育（第5篇到第8篇）时却不着边际地论述从古代到19世纪的学科史。

这部著作是如此的构思宏伟，行政学说是如此的全面，[48] 其内容细节是如此详细丰富——但冷静审视，对于行政日常工作的需要来说，它几乎是一座华而不实的废墟。那时已经再不可能在浮光掠影的论述中，把所有层面上如洪流般的立法都收录下来，更何况，对修辞的热衷和大量重复使收录变得更加困难。**洛伦茨·施泰因**不仅要纵观世界史的发展、欧洲文化史、总国家学的各个具体内容及有效行政法，还要求把这些都放在一个统一的构想中进行融合，因此，在各个学科都进行着实证分化的鼎盛时期他反陷入没有出路的境地。一种使命感意识使他毫无怀疑，尽管他一定清楚，其构想迫使他几乎要在所有领域对各个学科所取得的进展做综合描述。当然，可以通融地讲，**洛伦茨·施泰因**是总国家学的最后一位伟大代表，

---

[48] 　K. Hartmann, »Reiner Begriff und tätiges Leben. Lorenz von Steins Grundkonzeption zum Verhältnis von Staat und Gesellschaft und von Rechtsphilosophie und Recht«, Schnur，前注 36，页 65—95；E. V. Heyen, »Lorenz von Stein und die europäische Rechtsgeschichte. Zur Einführung in ein neues Feld der Wissenschaftsforschung«，见同作者编，*Wissenschaft und Recht der Verwaltung seit dem Ancien Régime* (1984)，页 IX 及以下。

并且成功地"以能消除各种矛盾的整体观，把哲学的和历史的、政治的和社会学的、法学的和经济学的相互分离的思考方法再一次"统一了起来。[49] 但是，这种做法对当时尤其是今天各个学科的方法论要求来说，是没有立足之地的。我们若更细致地观察，就会发现**洛伦茨·施泰因**的整体构想更像是摆脱无情现实的、文辞华丽的辩证统一体。无论如何，从一种普遍观点出发纵观这些相互分离的内容，并把它们组合在一起，**洛伦茨·施泰因**花费了巨大功夫。最终他还是没有成功，因为这种哲学基础再也不具普遍约束力。就从这点来说，**洛伦茨·施泰因**的失败是一个典型例子。策划一种唯心主义构想，把它当作框架去概括已经分离成互不相干的具体学科的专门知识，这是最后一次尝试。一方面降服于工业化的法律，另一方面又退缩到欧洲的文化史，这表明他的构想破产了。

但这绝不意味着，**洛伦茨·施泰因**没有给公法学史带来影响。其意义主要有四个方面。

他的《行政学说》再一次统一了警察学和行政法这两个分离的学科，无论如何对延缓它们的分化过程发挥了作用，至少在奥地利是这样。[50] **洛伦茨·施泰因**把"行政学说"当作国家学专业来建立。他完成了行政学说这个复合体与旧警察学的语义脱离。但与其意图不相符的是，行政学说和行政法发生了分离，并且明显不可阻挡地发展成为与行政相关但又不是法律专业的汇集领域。[51]

---

[49]　E. R. Huber, »Lorenz von Stein und die Grundlegung der Idee des Sozial-staats«，见同作者，*Nationalstaat und Verfassungsstaat. Studien zur Geschichte der modernen Staatsidee* (1965)，页 127。

[50]　见 K. Wenger, »Lorenz von Stein und die Entwicklung der Verwaltungswissen-schaft in Österreich«，载 Schnur，前注 36，页 488 及以下；W. Brauneder, »Formen und Tragweite des deutschen Einflusses auf die österreichische Verwaltungsrechtswissenschaft 1850–1914«，载 Heyen，前注 48，页 249—283。

[51]　见本章，第 4 部分。

更重要的是，他把宪法和行政法看成内部统一体，这与严格的分离思想背道而驰。还有其他人，尤其是**莫尔**，不断地强调这种思想，而这种思想基本上属于末流。但印象往往会蒙蔽人的双眼。对宪法和行政法相统一的强调是——在宪治情况下——一种诉求，要求在行政法层面集腋成裘，实现宪法的规范盈余，以此固定行政的政治内容，尤其是保留大家参与政治意志所形成的思想，反对 1848 年后行政法强烈的去政治化趋势。由于"法学方法"的去政治化能获取更多对科学性的膜拜，**格贝尔**支持下的宪法与行政法的严格分离最终还是取得了成功。

洛伦茨·施泰因认为行政法的法律形式应该和客体结构相吻合，这种思想对行政法教义学具有意义。他说，行政必须"汲取所有支配真正生活的力量和法律关系；**必须依照行政的本质**去形成**行政法**；它必须是成千上万的元素、形式和内容的所有国家生活的科学，使行政法从只是行政法律志中走出来，成为科学"[52]。但在行政法教义学的缓慢发展过程中，这一箴言退到法律形式准则的背后。这种法律形式准则明确和"行政的本质"相脱离，并被认为放之四海皆准。只有到人们要求把行政目的包括进教义学工作当中，以及对教义学的新方向进行讨论时，这一箴言的意义才被人们重新认识。[53]

最后，**洛伦茨·施泰因**进入现代社会国（Sozialstaat）的基本思想，即"社会王国"学说，对后来发展非常有意义。"社会王国"学说以这样的基本假设（在经验上没有被真正证明）为基础：社会

---

[52]　*Gegenwart und Zukunft*，前注 45，见 Forsthoff，前引书，页 451。

[53]　P. Badura, *Verwaltungsrecht im liberalen und im sozialen Rule of law* (1966); O. Bachof / W. Brohm, »Die Dogmatik des Verwaltungsrechts vor den Gegenwartsaufgaben der Verwaltung«, *VVDStRL*，第 30 期（1972），页 193 及以下；E. Schmidt-Aßmann, *Das Allgemeine Verwaltungsrecht als Ordnungsidee und System* (1982); M. Stolleis, »Entwicklungslinien der verwaltungsrechtlichen Dogmatik im industriellen Zeitalter«, *Bundeswehrverwaltung*，第 34 期（1990），页 152—156。

的原则是"利益"，国家的原则是"理念"。国家是一个"能在内部进行自我规定并且拥有意志和行动能力"的有机体，[54] 而社会及其利益要服从国家这个"真正的普遍目的"。[55] 国家通过这种方式消除在社会中普遍存在的不自由，首先创建个人自由的物质上的基础条件。但这些不是天然发生的，而是通过国家来实现的。国家通过社会改革，不仅消除社会利益之间的矛盾，而且对它们进行积极的平衡协调。

洛伦茨·施泰因把希望寄托在纯粹的、独立于利益的、体现国家理念的君主制上。在他看来，只有被理解为理想的君主制才能完成社会改革，即让劳工成为资本占有者成为可能。官吏和军队要为这种君主制效力。[56] 事实上，**俾斯麦**为此开辟了一条保守的国家社会主义（Staatssozialismus）道路。[57] 这条道路决定了欧洲社会国中的德国式选项，并一直延续至今。[58]

---

[54]　Huber，前注 49，页 129。

[55]　L. Stein, *System der Staatswissenschaft*，第 2 卷：*Die Gesellschaftslehre*，前注 37，页 30—31。

[56]　Huber，前注 49；E. W. Böckenförde, »Lorenz von Stein als Theoretiker der Bewegung von Staat und Gesellschaft zum Sozialstaat«, *Alteuropa und die moderne Gesellschaft. Festschr. f. O. Brunner* (1963)，页 248—727；D. Blasius, »Lorenz von Steins Lehre von Königtum der sozialen Reform und ihre verfassungspolitischen Grundlagen«, *Der Staat*，第 10 卷（1971），页 33—51；Sun-Ok Kuk, *Das Wesen der Sozialstaatsidee bei Lorenz von Stein* (1978)；K.-H. Kästner, »Von der sozialen Frage über den sozialen Staat zum Sozialstaat«，载 Schnur，前注 36，页 381—402。

[57]　把洛伦茨·施泰因的思想介绍到俾斯麦圈子中的人是"保守社会主义者"赫尔曼·瓦格纳（Hermann Wagener, 1815—1889），他是《新普鲁士报》（《十字报》）的主编，普鲁士国务院晚期首席顾问。有关他的情况，见 H. J. Schoeps, »Hermann Wagener. Ein konservativer Sozialist«, *Zeitschr. f. Religions- und Geistesgeschichte* (1956)，页 195 及以下；W. Saile, *Hermann Wagener und sein Verhältnis zu Bismarck* (1958)。

[58]　M. Stolleis, »Die Sozialversicherung Bismarcks. Politisch-institutionelle Bedingungen ihrer Entstehung«, H. F. Zacher (Hg.), *Bedingungen für die Entstehung und Entwicklung von Sozialversicherung* (1979)，页 387—411；G. A. Ritter, *Sozialversicherungen in Deutschland und England. Entstehung und Grundzüge im Vergleich* (1983)；同作者，*Der Sozialstaat. Entstehung und Entwicklung im internationalen Vergleich* (1989)。

3. H. 勒斯勒尔

与洛伦茨·施泰因有某些接近，同时与社团的"社会法"（奥托·贝尔、基尔克）思想有亲缘关系的人中，勒斯勒尔（Hermann Roesler，1834—1894）[59] 最为典型。他的《德意志行政法教科书》（*Lehrbuch des deutschen Verwaltungsrechts*，1872—1873）是第一本以此为题目的教科书，[60] 独具匠心。[61] 勒斯勒尔的思想出发点是莫尔和洛伦茨·施泰因假定国家与社会相区分的思想。这种思想认为，社会的自我组织在某种程度上是整体的基石，是在国家与社会之间建立的。与该领域相符合的是"社会行政法"（soziales Verwaltungsrecht），也就是公法社团法人和乡镇的法律。在此之上是所谓"政治行政法"（politisches Verwaltungsrecht）（财政行政和军事行政）。第三个领域是所谓形式行政法（formales Verwaltungsrecht）。为了使这些内容具有可操作性，勒斯勒尔借助于"人法"（Personenrecht）和"物法"（Sachenrecht）这种古老的罗马法划分，并用"职业法"（Berufsrecht）和"劳动法"（Erwerbsrecht）加以补充。他因此尝试建立一个共同法模式，把这两个 1870 年代经济自由主义的基本点联系起来。由于该教科书的理论基础不明确，内容结构划分也不具

---

[59]　H. Klenz, *ADB*，第 53 卷（1907），页 500—501；Yasuzo Suzuki, »Hermann Roesler und die japanische Verfassung«, *Monumenta Nipponica*，第 4 卷（1941），页 53 及以下；A. Rauscher, *Die soziale Rechtsidee und die Überwindung des wirtschaftlichen liberalen Denkens. Hermann Roesler und sein Beitrag zum Verständnis von Wirtschaft und Gesellschaft* (1969)；J. Siemes, *Die Gründung des modernen japanischen Staates und das deutsche Staatsrecht* (1975)；C. H. Ule, »Zu den Anfängen der Verwaltungsgerichtsbarkeit in Deutschland und Japan«, *Verwaltungsarchiv*，第 80 卷（1989），页 303 及以下。

[60]　十年之后（1884），勒宁在给教科书《德意志行政法》命名时解释说，他现在采用词汇习惯用法，"国内行政法律"（Recht der inneren Verwaltung）太"冗长了"，而大家已不再使用广泛意义上的"警察法"。

[61]　H. Roesler, *Lehrbuch des deutschen Verwaltungsrechts*，第 1 部分：*Das soziale Verwaltungsrecht*，第 1 卷：*Einleitung, Personrecht, Sachrecht* (Erlangen 1872)；第 2 卷：*Berufsrecht, Erwerbsrecht, Erlangen* (1873)。

说服力，人们没法接受它。其中原因还在于，**勒斯勒尔**对国民经济有着浓厚兴趣，[62] 不愿意抛弃非法学因素。他更多地论述"法学和国民经济学、私法和公法、私人行政和公共行政……并以社会行政法的名义论述这些问题"[63]。这种进路与当时两种最重要的法学趋势相悖：一种是公法与私法的分离，一种是法律内容与非法律内容的分离。

　　勒斯勒尔在开始撰写该书时，信心十足，颇为乐观。他丝毫不怀疑，"行政法拥有一个具有重要意义的未来"，他因此呼吁把它纳入教学条例中："我们正处在一个关键时刻，在法学院中设置行政法法学课程和行政法法学考试，以及建立行政法教授职位将势在必行。"[64] 他还说："今天状况下的行政法文献资料还很少，才开始起步。"[65] 后来，这门专业的主流方向日益强大，却把他的著作放在了一边。他遭到毫不留情的批判。[66] 众口铄金，积毁销骨，**勒斯勒尔**已经没有勇气在这里继续工作下去。他在日本找到了新的用武之地，这一定和那些负面经历有关。[67]

---

　　[62]　H. Roesler, *Über die geschichtliche Entwicklung der volkswirtschaftlichen Ideen der neueren Zeit* (1872)；同作者，»Über die Beziehungen zwischen Volkswirthschaftslehre und Rechtswissenschaft in Deutschland«, *Hirths Annalen* (1872)，页 509 及以下。»Die volkswirtschaftlichen Schriften Roeslers«, *Handwörterbuch der Staatswissenschaften*，第 4 版，第 7 卷（1926），页 111。

　　[63]　Loening，前注 16，页 25。

　　[64]　Roesler，前注 61，第 1 卷，页 XI—XII。

　　[65]　前引书，页 64。

　　[66]　W. Lustkandl, »Zur Lehre von Staat und Gesellschaft und ihrer Verwaltung«, *Grünhuts Zeitschrift*，第 1 卷（1874），页 584 及以下，页 637 及以下；K. Frhr. v. Stengel, »Begriff, Umfang und System des Verwalungsrechtes«, *ZgStW*，第 38 卷（1884），页 221（页 232—233）；同作者，*Lehrbuch des Deutschen Verwaltungsrechts* (Stuttgart 1886)，页 65："被认为完全不切题"；H. Rosin, *Hirths Annalen* (1883)，页 310；Loening，前注 16，页 25；O. v. Sarwey, *Allgemeines Verwaltungsrecht* (1884)，第 16 节；L. Gumplowicz, *Verwaltungslehre* (Innsbruck 1882)，页 34："完全文不对题。"

　　[67]　前注 59，内有文献。

（三）"总则"的形成

1. 开端

今天人们想当然地认为，一个综合的法律领域可以通过"总则"的形成来总结概括，把思想渗透到该法律领域中，并按照法治国原则对它加以塑造。这种想法在行政法中经过迤逦发展，才被普遍接受。而与这种想法相对的观念则认为，依照各职能部委来划分行政法内容（所谓管辖范围原则）才是符合目的的和"自然的"。长期以来，这同样是一种想当然的观念。从行政目的和相应权限发展出来的行政法结构有它的优势。它能保证依照材料轻松地定位，把行政组织描述与归属于这些行政组织的实质法律联系在一起。其劣势在于，它的方法是非科学的和附带性的，并且缺乏明显贯穿行政的连接要素。它没有为行政带来"统一"。

因此，人们在19世纪中期仍没法期待封闭的"总则"纲领。相反，在国家法教科书中到处充斥着四分五裂的思想。这些教科书日积月累，逐渐增多，以至于单个人也能设计出第一个"总则"的提纲。这种思想的典型基础在于，每一个作者都必须谈到宪法和行政法的关系。在这个地方，作者们能够对司法与行政的分离、禁止溯及既往或对已获取的权利进行侵犯、征收财产时的补偿、国家行为的法律约束、法律与法规的关系以及其他主题发表看法。例如，认为应把行政法置于来自宪法的主导性思想之下的例子有，**毛伦布雷歇尔**的《当今德意志国家法的基本原则》（1838）、**策普夫尔**的《德意志共同国家法的基本原则》（*Grundsätze des gemeinen deutschen Staatsrechts*，1840），尤其是各个邦国的国家法论著，因为邦国拥有全面的邦国权能，从某种程度上讲，那里是行政法形成的源泉。[68]

---

[68]　见本书第4章，第2部分，第1—13节。

在第一批有关这方面的著作中，有一本是**珀茨尔**撰写的《巴伐利亚行政法教科书》（1856）。[69] 该书尽管保留了传统框架结构，但它在往新的方向发展。在书中，各个原则分散在各处，行政组织法部分前面的内容依照管辖范围原则（司法、警察、国家治理、财政、军事）来划分。在所有专业领域内都没有可发现的教义。尽管如此，**珀茨尔**多次强调需要"对行政法进行科学整理"，并把它理解为对法学要素进行封闭隔绝。[70]

2. F. F. 迈尔

按照"管辖范围"或者甚至按照字母顺序把行政法材料收集起来形成一个法律教义学"总则"，符腾堡的行政实践者**弗里德里希·迈尔**（Friedrich Franz [v.] Mayer，1816—1870）在1857年撰写的《行政法和法律程序的基本特点》迈出了关键的一步。[71] 几年后，他扩充和深化了该书。[72] 人们回过头来把这本书看作是划时代的，但它的作者直到当代几乎不为人所知。人们既不去研究他的其他著作，也不去研究他的传记。最近对此问题才有明确定论，[73] 证实以前对**弗里德里希·迈尔**的评价是对的，即认为他是"行政学论述的法学方法奠基人"。[74] **弗里德里希·迈尔**收集普鲁士[75]、巴伐利

---

[69]　见本书第 7 章，注 30。

[70]　亦见 Pözl, *Krit. Vierteljahrschrift für Gesetzgebung* (1860)，第 2 期，页 472。

[71]　F. F. Mayer, *Grundzüge des Verwaltungsrechts und –Rechtsverfahrens* (Tübingen 1857).

[72]　F. F. Mayer, *Grundsätze des Verwaltungs-Rechts mit besonderer Rücksicht auf gemeinsames deutsches Recht, sowie auf neuere Gesetzgebung und bemerkenwerthe Entscheidungen der obersten Behörden zunächst der Königreiche Preußen, Baiern und Württemberg* (Tübingen 1862).

[73]　Toshiyuki Ishikawa, *Friedrich Franz von Mayer als Begründer der sog. »juristischen Methode« in der deutschen Verwaltungsrechtswissenschaft* (1992)，巴霍夫（O. Bachof）和施托莱斯撰写前言。

[74]　Dennewitz，页 68；亦见 Feist，前注 3，页 122—123。

[75]　根据汇编：Simon / Rönne, *Verfassung und Verwaltung des preußischen* （转下页）

亚 [76] 和符腾堡的材料，并雄心勃勃地"把具体的归纳成为一般的，为公共法律生活中的每一项具体制度安排位置，并在与其他法律的关系中对最上位的、起指导作用的基本原则进行阐述"。[77] 他想建立一个共同的德意志行政法，一方面以**格贝尔**的方法以及他的《德意志私法体系》框架为导向；另一方面以法国中央化的行政法为典范，尤其以**迪富尔**（Gabriel Dufour）的行政法为榜样。[78] 他从当时还是图宾根大学符腾堡教授的**格贝尔**那里学会，重要的是要认真细致区分法学因素和非法学因素，并把重点完全放在法律方面。在这个意义上，**弗里德里希·迈尔**把"一向冠上行政法名称而对国家法、刑法、私法和行政法的基本原则和制度进行混合论述"解释为"完全文不对题"。[79]

格贝尔因此为行政法传授了决定性视角，因为他"不把法律理解为国家进行社会塑造功能的技术手段，而是把它理解为对民法中个人自由空间的界定，对公法中国家权力的驯化"。[80] 对国家权力的驯化关键取决于法律形式；只有按照法律形式进行活动的国家才是法治国。缺乏形式的、以目的为宗旨的行为倾向于"恣意武断"。

（接上页）*Staats* (Breslau 1840–1852)。比较本书第 4 章，注 300。

    [76] 根据德林格·施特劳斯（Döllinger-v. Strauß，1814—1852）汇编的巴伐利亚立法。

    [77] *Grundsätze*，前注 72，前言，页 V。

    [78] G. Dufour, *Traité général de droit administratif appliqué ou exposé de la doctrine et de la jurisprudence*，第 2 版，7 卷本（Paris 1854–1857；第 3 版，8 卷本，1871）。其他流行手册：L. F. D. Laferrière, *Cours de droit public et administratif* (Paris 1860)；R. M. C. Dareste, *La Justice administrative en France* (1862)；A. Batbie, *Traité théorique et pratique du droit public et administratif*，7 卷本（1861–1868）见 P. Lavigne, «Les manuels de droit administratif pour les étudiants des facultés de 1829 à 1922», *Annales d'histoire des facultés de droit et de la science juridique*，第 2 期（1985），页 125—134。

    [79] *Grundsätze*，前注 72，页 48。

    [80] P. Badura, *Das Verwaltungsrecht des liberalen Rule of lawes* (1967)，页 52。

只有在国家行为不损害个人权利的地方，也就是说，在对国家财产进行管理和国家对公民施加"自由影响"的时候不存在强制手段，这充其量才能让人接受。对法律形式的语言发展，**弗里德里希·迈尔**——与他之后的**奥托·迈耶**一样——从法国行政法那里得到了最重要的鼓舞。比如在**迪富尔**那里，**弗里德里希·迈尔**看到行政行为制度、公法权利、公民义务、公营造物以及其他基本形态都已经形成，并处于先进的发展阶段。

要把这些最初立场转化到德意志同盟多元化的行政上，是异常的困难。因此，**弗里德里希·迈尔**的结构划分是探索性的，当中缺乏国家组织法。人们还可以发现，里面不可能预设半点教义形态准则。

弗里德里希·迈尔在他的著作中首先阐释了基本概念，其中宪法与行政法的分离以及行政审判意义重大。顺带一提，他拒绝对行政进行法院形式的控制，因为他在法院形式控制中发现里面存在着对行政的不信任，并且个人主义太强烈。[81] 接着他在篇幅很长的第一章中阐述"个人与国家之间的公共法律关系"（国籍、选举权利和担任公职权、纳税义务和服役义务、出于警察法原因而限制个人自由）。但他在同一章中，还论述了公共物权法（das öffentliche Sachenrecht）、公法营造物（öffentlichrechtliche Anstalt）以及如何进入这些公法营造物，这不能不说没有冲突。第二章内容同样丰富，里面阐述了公共团体，尤其是（采用法律比较的方法）"全德意志的"（gemeindeutsch）地方法论述，内容特别丰富。第三章论述私法关系塑造的行政法（警察安全措施、征收、私法关系的其他塑造形式）。最后一章即第四章才包含"一般结论和法律规则"，这是真正的总则。如果把这章的论述和**弗里德里希·迈尔**在其他地方发表的著作

---

[81] *Grundsätze*，前注 72，页 39 及以下，以及前言，页 V。

放在一起，就会得出结论说，**弗里德里希·迈尔**所假设的"国家"是"有机体"和"法人"：一方面，它是目的理性的和自由主义的，因为对它的目的进行了限制，而且个人拥有大家尊重的"法律地位"；另一方面，它理想地超越于**黑格尔**尤其是**施塔尔**理解的"道德人格"之上。总则的基本要素都有了，即行政合法原则、"公法权利"[82]、公法和私法的界限、行政行为的概念[83]、行政行为的评估和界限、公法营造物以及"被授权的经营者"（beliehene Unternehmer）。

弗里德里希·迈尔没有直接产生风格上的影响。他没有在大学教过书，不能形成"学派"。大学教师把这本书作为上课蓝本的机会也不存在；行政法在任何地方几乎还不是正式的教学专业。[84]1862年后，**俾斯麦**政治产生的宪法后果吸引了公法学家的注意力，这或许也在其中起了作用。因此，能恰如其分地重视这次行政法的抽象化尝试还为时"过早"。

3. E. v. 迈尔

几年以后，越来越多迹象表明，统摄各邦的行政法"总则"变得紧俏了。下一个文献推动力来自刚被任命在哈雷大学讲授普鲁士行政法的**恩斯特·迈尔**（Ernst von Meier）。[85] **恩斯特·迈尔**在1870年为**霍尔岑多夫**主编的《法学百科全书》撰写了"行政法"文章，[86] 在这个基础上——在他参加完对法国的战争之后——从1871

---

[82] *Grundsätze*，前注 72，页 438 及以下，其中明显仿效 C. F. v. Gerber, *Ueber öffentliche Rechte* (Tübingen 1852)。

[83] 他对行政行为下了一个定义。该定义和奥托·迈耶后来的定义相重合，即把行政行为定义为有约束力的官府主张，在具体案件中可以被类推为司法判决。见 Ishikawa，前注 73。

[84] Loening，前注 16，页 25，该处也指出，其"写作方式笨拙，晦涩难懂"，这是弗里德里希·迈尔"自己造成"不受人重视的原因。

[85] J. Rückert, *NDB*，第 16 卷（1990），页 647—649。

[86] E. v. Meier, »Das Verwaltungsrecht«, F. v. Holtzendorff, *Encyklopädie der Rechtswissenschaft* (Munich, Leipzig, Berlin 1870；第 2 版，1873；第 4 版，1882；（转下页）

年起开始讲授行政法。《法学百科全书》中的那篇文章固然有限，但它首次形成了历史和法律比较的总框架。在对立法和行政、内政和外交、国家管理和自治进行简洁界定之后，在警察法的特殊材料中出现了一般规则。接着论述的重点是行政组织法，他对其进行历史的和法律比较的论述。第三段论述法院控制。**恩斯特·迈尔**没有提供"总则"，但他把这理解为统摄各邦的主题，并从历史角度比较了欧洲国家的现实规则。因此，在这里形成了一个基础，它和以前按照各个管辖范围论述邦国行政法的方法有原则上的不同。此外，**恩斯特·迈尔**在这里论述的行政法带有自由主义和"放眼世界"的论调，而当时人们还不熟悉这种论调。[87]

4. G. 迈尔

在接下来的岁月里，人们听到越来越多的声音，要求对行政法进行科学研究，并在大学的教学和考试中按常规接纳它。其原因不仅在于"法学方法"主张的推进，还在于随着帝国建立，主要的宪法问题已得以解决。现在行政学负责"帝国内部建立"，像先前警察学所起的作用一样。这种重大潮流转变最具典型的是，当时耶拿大学公法学家**格奥尔格·迈尔**[88] 在 1875 年撰写的纲领性论文。[89] 在这篇论文当中，他特别强调行政法的不足之处。其纲领的目标是，行政学和行政法两者在紧密配合的同时在方法上把它们分开。对他来说，行政学是一门统摄性专业，在方法上把它"分解"成法学学科和具有政治目的的学科（行政政策）。在法学学科中，在他看来，具有决定性是——完全是**格贝尔**意义上的——"贯穿法律的材料以

（接上页）第 6 版，1904），页 693—746。

　　[87]　Rückert，前注 85，页 648。

　　[88]　见本书第 8 章，注 220 及以下；Drüll，页 179。

　　[89]　G. Meyer, *Das Studium des öffentlichen Rechts und der Staatswissenschaften in Deutschland* (Jena 1875).

及对行政法制度进行法学构建"。

其后，**格奥尔格·迈尔**花了八年时间实现该纲领计划，并出版了《德国行政法教科书》。[90] 他以典型的方式在"国家学方法"和"法学方法"之间写成了这部教材。该教材的提纲框架和以前的警察学著作一样按管辖范围进行铺设：治安管理、道德管理、健康卫生管理、文化教育、经济事务、手工业、商业、铁路建设、邮政电讯、度量衡和时间、货币和信用、保险、公路交通、建设、水利、社会保险、外事管理和财政管理。这些都不关紧要，大体上也没有学术价值，但是它"按照行政领域的实质性差异具体地论述了各个行政领域"[91]。**格奥尔格·迈尔**在各个领域前面都安排了"一般学说"一节作为导言，即概括将要论述的领域、文献资料的来源、行政组织、行政审判和权限冲突等问题。在一个逐步扩展的部分[92] 才出现了行政行为、总则的中心内容，以及简短的有关行政程序的段落。**格奥尔格·迈尔**不仅在简短的"总则"中，还在许多内容丰富的"分则"中突出强调法律问题。而行政学视角几乎消失了，基本上只在结构划分上还保留着"国家学方法"。

然而，**格奥尔格·迈尔**对单纯的法学方法有些不放心。行政和行政法是历史发展和政治塑造的产物，这在他看来是天经地义的。[93] 他同样反对在总则发展方向上对法律问题过分抽象化，因为他认为，对法律适用来说，起决定作用的具体内容只有在具体的材料中才能找到。

---

[90]　见本书第 8 章，注 225。

[91]　G. Meyer, »Grundbegriffe, Wesen und Aufgabe der Verwaltungslehre«, G. Schönberg (Hg.), *Handbuch der politischen Ökonomie*，第 2 版，3 卷本（Tübingen 1885），页 687（第 1 版，1882）。

[92]　Schönberg，前注 91，第 4 版（1913），第 11 节。

[93]　Meyer，前注 91，页 687。

格奥尔格·迈尔后来认真研究了奥托·迈耶的新书，这两位同仁再次相互探讨国家学方法和法学方法之间的界线。奥托·迈耶详细讨论了格奥尔格·迈尔教材的第二版，[94] 并介绍说："对材料进行论述的这两种方式必须相互独立，它们都是同等合理的方法。"格奥尔格·迈尔的看法也差不多，他认为，奥托·迈耶"只是……对行政法进行了法学建构"，"毋庸置疑，这有些合理性。但只有这种论述方法占主导，那似乎不是我们想要的。如果在形式上完全以法律论述的方法来撰写这本书，并完全丢弃和行政学之间的联系，那将令人惋惜"。[95] 他似乎把这种"联系"主要理解为承认行政法各个领域具有其特殊性。

5. O. v. 萨韦

格奥尔格·迈尔出版教科书第一卷翌年，就出现了萨韦撰写的仍未成熟的总则，它以《一般行政法》的面貌出现。[96] 该著作实际上是教义发展过程中的一个重要阶段，"因为它首次系统地总结了一般学说，由此超越邦国法的差异性，把共同的德意志行政法引上道路"[97]。萨韦把他在 1880 年撰写的极富影响的巨著衔接了起来。而该巨著也是基于 1871 年到 1877 年期间撰写的文章写就的。[98]

当时帝国建立不久，人们突显出对行政审判的法律政治要求。萨韦这时能把重点放在行政法主要原则的基础性论述上，而这些主

---

[94]　O. Mayer, *AöR*，第 11 卷（1896），页 157—160；也可比较 *Verwaltungsarchiv*，第 3 卷（1895），页 384—396；*Verwaltungsarchiv*，第 5 卷（1897），页 182。

[95]　前引书，前注 91，页 197。

[96]　O. v. Sarwey, *Allgemeines Verwaltungsrecht* (Freiburg, Tübingen 1884). 有关萨韦的生平，见本书第 7 章，注 67、68。

[97]　E. Forsthoff；*Lehrbuch des Verwaltungsrechts*，第 10 版，第 1 卷（1973）；亦见 Dennewitz，页 144。

[98]　O. v. Sarwey, *Das öffentliche Recht und die Verwaltungsrechtspflege* (Tübingen 1880).

要原则论述是从宪治法治国中发展出来的。他认为，行政是宪法原则指导下的国家行为，涉及外交、战争、内政和财政，目的是实现公共利益。行政法不是定义行政目的，而是界定行政的外部行为，因此它主要具有保护功能。因此，**萨韦**在论述完"狭义行政法"的基础、基本概念以及任务和内政组织之后，便开始阐述基本权利（身体的完整性、个人自由、财产权的不可侵犯性）。他的法治国概念尽管是形式的，旨在通过法律限制排除警察国家的专横武断，但他并不愿意把全体幸福从国家目的学说中抽取出去，而这种全体幸福的国家目的是在一个被理解为社团的国家中得以实现的。

在基础原则问题上，**萨韦**效法**洛伦茨·施泰因**，但没有采纳其思想中思辨的一面。**萨韦**把南德意志传统的自由主义——在他那里完全变成了保守形式——和"法学方法"结合在一起。他维护国家目的的范围，但在对策上又强调行政法与基本权利的关系。在他看来，"真正的"行政法的可能性是和个人权利保护联系在一起的："行政司法以行政法为前提，"反之，"这种意义上的行政法若没有司法，其结果是不可想象的。"[99]

6. E. 勒宁

同年，即1884年，**勒宁**[100]独立于**萨韦**出版了一部行政法教科书。

---

[99] Sarwey，前注98。页5、81。

[100] 勒宁，1843年生于巴黎，是法兰克福一位重要出版家卡尔·勒宁（Karl Friedrich Loening）的儿子。曾在海德堡、波恩、柏林和莱比锡学习语言文学、历史学和法学。1867年在莱比锡获博士学位，1868年在海德堡完成教授资格论文，然后到阿尔萨斯行政部门工作，1872年任斯特拉斯堡大学编外教授。1872年转到多帕德，1883年转到罗斯托克，1886年转到哈雷。他在哈雷讲授国家法、行政法、教会法和国际法。1888年到1893年，勒宁还是哈雷城市议会代表。他的简要生平，见 A. v. Kirchenheim, *Schmollers Jahrb.*，第8卷（1884），页232。他的弟弟里夏德·勒宁（Richard Loening，1848—1913）在海德堡讲授刑法和刑事诉讼法。他的妹妹嫁给了基尔克。比较 Ch. Schwingenstein, *NDB*，第15卷（1987），页50—51；E. Schmuhl, *Richard Loening* (2011)。

该教材在抽象程度方面介于**格奥尔格·迈尔**和**萨韦**之间。由于选材限于行政法，清晰明了，它被认为是"巨大进步"而受人们欢迎。[101]它不仅从繁琐的细节介绍中解脱出来，[102]还极大地从管辖范围原则中解放出来，按行政组织划分为内部行政和行政司法。发展仍不完善的"总则"出现在内部行政部分之前，它论述了连接所有国家行为的要素。[103]而内部行政部分以普遍方式按行政领域进行划分。

　　尽管**勒宁**——顺带一提，他还是一位高水平的教会法学家——和纯粹的"法学方法"保持着明显距离，但他显然很欣赏这种方法，他高度重视各种法律制度的"法学"基本思想发展，还十分注意疏远"叙事的"（erzählend）方法。因此，建构流派也能把他的著作记录为"进步"，而遗憾的是，该书不再有新版了。[104]

　　如果大家看一下**勒宁**对**奥托·迈耶**《法国行政法理论》（*Theorie des französischen Verwaltungsrechts*，1886）的激烈批判，[105]那么他的立场就更清楚了。他在争论**拉班德**国家法方法的关系中表达了自己的见解，明确与建构方法的概念现实主义划清界限，反对该方法"高估概念和定义的科学价值"[106]，反对由此形成忽略行政现实的

---

[101]　A. v. Kirchenheim, *Schmollers Jahrb.*，第 8 卷（1884），页 232。对勒宁这本书的彻底性研究，见 K. Frhr. v. Stengel, *AöR*，第 1 卷（1886），页 238—243，施滕格尔指出，其总则部分过于简洁。

[102]　E. Loening, *Lehrbuch des Deutschen Verwaltungsrechts* (Leipzig 1884)：只包括帝国行政法以及普鲁士、巴伐利亚、符腾堡、萨克森、巴登、黑森和阿尔萨斯－洛林的行政。

[103]　前引书，页 225—258，其中特别论述了警察处分和"公共性处分"（命令、委托）、公法协议以及强制手段。

[104]　Ph. Zorn, »Die Entwicklung der Staatsrechts-Wissenschaft seit 1866«, *JöR*，第 1 期（1907），页 78。

[105]　E. Loening, »Die konstruktive Methode auf dem Gebiete des Verwaltungsrechts«, *Schmollers Jahrb.*，第 11 卷（1887），页 117—145。奥托·迈耶一针见血地答辩道，在这里涉及的根本不是方法上的矛盾问题，而是"对人们在力求实现思想结果时想要得到的正确性标准的不同看法"，*AöR*，第 3 卷（1888），页 3—86，前注 1。

[106]　Loening，前注 105，页 118。

偏爱——这种偏爱为了绝对化的法律形式而淡化目的。

在这种背景下，他对**奥托·迈耶**把行政法降为法律形式的态度只能是消极的。**勒宁**令人信服地证明，在**奥托·迈耶**那里没有目的观点的帮助也是行不通的，比如他在划分主权活动和其他行政活动，以及在定义公法营造物的时候都是以它们的"目的"来进行的。**勒宁**深刻地指出，**奥托·迈耶**以夸大体系和形式主义的方式确认法国所运用的行政法："受所谓纯粹法学方法的引诱，他迷上了与现实法律制度毫无共同之处的概念。"[107] 在这一点上，**拉班德**要比**勒宁**更富远见卓识。**拉班德**强调指出，在**奥托·迈耶**的《法国行政法理论》中，人们发现，他"对法律塑造的阐述深刻，并带来了丰硕的科学知识，虽然这些法律塑造的数量不多，内容却十分丰富全面。这些法律塑造又同样回到不同的行政管辖范围，因为它们发现能应用于最不相同的事实构成（Thatbestand）"[108]。**拉班德**在这里领会到与他有本质相近的因素，并提前暗示行政法下一步该走向何方。

7. K. Frhr. v. 施滕格尔

行政法发展何去何从仍未见分晓，各流派都无定论。虽然可以确认在所有国家法和行政法著作中，历史和政治因素明显减少，但在 1880 年代中期，仍然有大量作者并未拆断行政法与宪法的政治起点以及与行政学说专业之间的连接线索，而行政学说专业被理解为"政治上的"行政政策。**格奥尔格·迈尔**明确这样宣称，**勒宁**和**施滕格尔**也同样如此。**施滕格尔**解释说，行政法和行政学说应该"统一到一定程度，相互渗透，这最终取决于人们是把重点更多地放在法律方面，还是突出经济、社会、技术、警察等其他方面，并使各项

---

[107]　前引书，页 135；在拉班德的评述中有类似看法，见 *AöR*，第 2 卷（1887），页 149—150。但他对该著作的评价在总体上非常正面。

[108]　前引书，页 151。

法律规范都建立在这些方面的基础上"[109]。

在行政法被设置为教学专业（1881）后，**施滕格尔**[110] 成为行政法教职上的第一位普鲁士教授。该教职只为行政法设置。他写了许多有关行政审判的文章，[111] 接着撰写了纲领性文章《行政法的概念、范围及体系》，[112] 之后还写了一部教材。[113] 这部教材首次非常清楚地区分了总则与分则。**施滕格尔**尝试以 459 页小开纸的篇幅，解决所有基础原则和具体细节的问题。此外，还要在帝国行政法与邦行政法之间[114]，以及抽象与具体之间保持平衡。

施滕格尔一方面得益于**勒宁**和**萨韦**所完成的体系工作，另一方面避免像格奥尔格·迈尔那样堆积材料。他在教材开头写了一个内容丰富的"导论"（行政法与其他法律领域以及与行政学说之间的界线、法律渊源、公法权利、公共物权法），接着是总则部分（国

---

[109]　K. Frhr. v. Stengel, *Lehrbuch des Deutschen Verwaltungsrechts* (Stuttgart 1886)，页 21。

[110]　生平介绍，见 W. Zils, *Geistiges und künstlerisches München in Selbstbiographien* (München 1913)，页 351。也可比较本书第 7 章，注 157。

[111]　K. Baron v. Stengel, »Der Uebergang der Verwaltungs-Rechtssprechung an die ordentlichen Gerichte«, *(Hirths) Annalen* (1875)，页 1313—1380；»Das öffentliche Recht und die Verwaltungsgerichtsbarkeit in Elsaß-Lothringen«, *(Hirths) Annalen* (1876)，页 808—839，页 897—930；*Die preußische Verwaltungsreform und die Verwaltungsgerichtsbarkeit* (1883)。

[112]　K. Baron v. Stengel, »Begriff, Umfang und System des Verwaltungsrechts«, *ZgStW*，第 38 卷（1882），页 220 及以下。

[113]　另外，值得强调的还有：*Die Organisation der preußischen Verwaltung nach den Reformgesetzen* (Leipzig 1884)；»Deutsches Kolonialstaatsrecht«, *(Hirths) Annalen* (1887)，页 309—397（有改动，题目为 *Die deutschen Schutzgebiete, ihre rechtliche Stellung, Verfassung und Verwaltung* [München 1889；第 3 版，1895]）；*Deutsche Kolonialpolitik* (Berlin 1900；第 2 版，1907)，以及流行的 *Wörterbuch des deutschen Verwaltungsrechts* (5 卷本，1890–1897)，后来是 Stengel / Fleischmann (Hg.), *Wörterbuch des deutschen Staats- und Verwaltungsrechts*（第 2 版，3 卷本，Tübingen 1922–1924)。

[114]　*Lehrbuch*，页 23："类似人们在德国私法教科书中习惯的那样，对德国不同行政机构发展起来的法律基本规范进行阐释，可以开辟一条中间道路。其中首先考虑的自然是较大邦国的行政法。"

家行政和自治组织、官府组织、行政法上的行为形式——即警察命令、处分、协议、问讯、审讯等——行政程序、强制手段以及行政法院的行政控制和其他方式的行政控制）。

分则部分，包括行政各个领域以及社会保险法和贫困救济。它是该书的第三部分，控制为最简要的论述，并在脚注中用最重要的文献加以补充。这部教材把论述重心明显转移到"总则"部分，颇具学术水准。

（四）奥托·迈耶对"总则"的完成

在**施滕格尔**的教材出版两年后即 1888 年，要主编一部成体系的德国法学手册的莱比锡大学刑法学家**宾丁** [115]，委托斯特拉斯堡大学教授**奥托·迈耶** [116] 撰写德国行政法条目。1895 年到 1896 年，**奥托·迈耶**完成了这项任务。[117] 其创作方法早已在他的《法国行政法理论》（1886）和其他著作特别是书评 [118] 中清晰可见了。各方人士都承认，

---

[115]　D. Westphalen, *Karl Binding (1841–1920). Materialien zur Biographie eines Strafrechtsgelehrten* (1989).

[116]　有关生平，主要比较其自传，见 H. Planitz, *Die Rechtswissenschaft in Selbstdarstellungen* (1924)，页 153—176。现可主要参见 E. V. Heyen, *Otto Mayer. Studien zu den geistigen Grundlagen seiner Verwaltungsrechtswissenschaft* (1981)；同作者，»Otto Mayer«, *NDB*，第 16 卷（1990），页 550—552；M. Fioravanti, «Otto Mayer e la scienza del diritto amministrativo», *Rivista trimestrale di diritto pubblico* (1983)，页 600；A. Hueber, *Otto Mayer. Die »juristische Methode« im Verwaltungsrecht* (1981)；同作者，»Otto Mayer«, *HRG*，第 3 卷（1984），页 402—405，内有更多文献。

[117]　O. Mayer, *Deutsches Verwaltungsrecht* (2 卷本，München, Leipzig 1895/1896；第 2 版 1914/1917；第 3 版，1924). 奥托·迈耶自己翻译整理的法文本名为 *Le droit administratif allemand*，第 1—4 卷（Paris 1903/1906）。

[118]　名单见 Heyen，前注 116，页 210 及以下；Hueber，前注 116，附录。E. V. Heyen (Hg.), *Otto Mayer. Kleine Schriften zum öffentlichen Recht*，第 1 卷（1981），前言中的说法非常合理，认为这些评论"对奥托·迈耶的学术作品进行了生动而又新颖的探究，发现没有哪一本有他的手册那么干净利落"。

他因此作成为"现代行政法方法真正的开山鼻祖和经典人物"。[119]顺带提及，意大利的**奥兰多**（Vittorio Emanuele Orlando）同时也做出了相应成就。[120]

1846 年，**奥托·迈耶**出生于菲尔特，1864 年起在埃朗根大学学习，1869 年获博士学位，博士论文为《财产转移之法律原因及因使用而占有财产的学说》（»Die Lehre von der iusta causa bei Tradition und Usukapion«），这是一个经典的罗马法题目。接着，他从 1872 年到 1881 年在阿尔萨斯的米卢斯做律师，1881 年完成了教授资格论文《不正当竞争》（»Die concurrence déloyale«）。1882 年，他成为斯特拉斯堡大学编外教授，1887 年成为正式教授，讲授法国民法、国际私法、一般国家学说和行政法。因此，他与**格贝尔**和**拉班德**一样起初是民法学家。成为埃朗根大学校长（1902）翌年，**奥托·迈耶**去了莱比锡大学。彼时的他已是行政法研究的著名人物。他从事地方的各种行政管理工作和新教教会管理事务，[121]还从事纯文学研究（笔名**迪普雷**［Eduard Dupré］），是一位思想深刻、幽默风趣的大学教师——就像他那鲜明的文风所体现的那样。

---

[119] E. Forsthoff, *Lehrbuch des Verwaltungsrechts*，第 10 版，第 1 卷（1973），页 51；W. Meyer-Hesemann, »Die paradigmatische Bedeutung Otto Mayers für die Entwicklung der deutschen Verwaltungsrechtswissenschaft«, *Rechtstheorie*，第 13 卷（1982），页 496—502。

[120] V. E. Orlando, *Principi di diritto amministrativo* (Palermo 1891；第 5 版，1921)；同作者，*Primo trattato completo di diritto amministrativo italiano* (Milano 1897)。见 M. S. Giannini, «Profili storizi della scienza del diritto amministrativo (1940)», *Quaderni fiorentini*，第 2 期（1973），页 179—274；G. Rebuffa, *La formazione del diritto amministrativo in Italia* (Bologna 1981)；M. Fioravanti, «La scienza italiana di diritto pubblico del dicianovesimo secolo: bilancio della ricerca storiografica», *Jus Commune*，第 10 期（1983），页 201—243。

[121] E. V. Heyen, »Die Verwaltungspraxis Otto Mayers in Straßburg und Leipzig. Kommunalpolitik auf dem Wege vom liberalen zum sozialen Rule of law«, *Verwaltungsarchiv*，第 71 卷（1980），页 44 及以下。

奥托·迈耶在1895年到1896年完成的《德国行政法》（*Deutschen Verwaltungsrecht*）有力地终结了我们已看到的"总则"的逐步成长过程，并且类似二十年前拉班德所做的国家法工作，"建构"起了行政法教义学。其"富有意义的多样性""纯粹的法学思考"很快就被认识接受。[122] 它实现了人们不断提出的主张，即"材料的法学渗透，行政法制度的法学建构"。[123] 奥托·迈耶在1888年解释说："如果行政法学要想成为与其姊学科一样同等资格的法学学科，那么，它必须是国家行政特有的法律制度体系。"但是，他发现这种"特有的"形式完全只是针对"被统治者"的主权命令。[124]

他展示的《德国行政法》是政府独断权力领域内国家行为形式的全面"体系"。奥托·迈耶首先进行清晰的领域划分——有他把握简单线索的能力和优雅、雄辩的论述天赋作支持——他做到了这一点。在他看来，行政法只能是公法，它是"国家为了实现自己的目的而进行国家行动"的法律，是政府独断权力行为的法律。[125] 行政法教义学因此仅限于发展典型的行政法法律制度，即"确定的、相同种类的公权力现象"[126]。他进行这样的发展工作，就像他自己所说的，其支撑来自"信奉一般法权理念（Rechtsidee）的力量。它在现实法律多样性中显现和发展，同时，在历史中也会发生变化，并向前发展。我的观点与黑格尔的法哲学有关，或许还与所有非法学的东西有关。但我早就有一种非常强烈的感受，使我敢于在分散

---

[122]　G. Meyer, »Grundbegriffe, Wesen und Aufgabe der Verwaltungslehre«, Schönberg (Hg.), *Handbuch der Politischen Ökonomie*，第4版，第3卷，第2章，页197。也可比较 Jellinek, *Verw. Arch.*，第5卷（1897），页305。

[123]　Meyer, 前注89。

[124]　O. Mayer, »Zur Lehre vom öffentlichrechtlichen Vertrage«, *AöR*，第3卷（1888），页3。

[125]　Mayer, 前注117，第2版，第1卷，页3；比较 Heyen, 前注116，第9节。

[126]　Mayer, 前注117，第2版，第1卷，页135（第3版，第1卷，页114）。

的和还未完善的德国行政法中潜心研究这些思想"[127]。这部作品完全被有意识地当作奠基性著作："我们行政法学的不完善状况，"他一有机会就说，"造成了……特有的困难——人们总要以'基本概念的修正'作为论述的开头。"[128]

要进入**奥托·迈耶**系统的方法，颇为复杂，因为他经常抹去自己的痕迹。[129]人们不能把他经常潇洒自诩为"**黑格尔**主义者"当真，姑且不谈这个标签的空洞内容。[130]唯一可以确信的是，它建基于对"概念""制度""理念"的理解之上，当中带进了德国唯心主义哲学的片段。对这些术语的法学处理，他利用流行的"理念"谈论方式，其目的是为了刻画出一个略微高于实证法的抽象层面。在这个抽象层面上的"概念"应该——尽管思想上的建构没有真正的效力基础——被证明是有效力的。在这些概念的有效和无效之间，唯心主义哲学充当着桥梁作用，因为它似乎能够证明概念对不相同的现实来说是内在的。在某种程度上，行政行为的"概念"潜藏在所有针对国民的现实国家命令之中，而处于显要位置的行政行为在公共生活中能够主张法律效力。

还有几点对**奥托·迈耶**的论述很重要：首先是他那著名的联系实践的观点。这种观点力图同时对行政法治国和行政效率的需求不断进行反馈。[131]其次是他精通法国行政法、德国民法和法国民法，遂充分利用和改造其概念特性毫不犹豫。在这个意义上，他不是一

---

[127]　Mayer，前引书，1914，第 2 版，前言，页 VIII。

[128]　罗辛的评述见 *AöR*，第 1 卷（1886），页 717。

[129]　尤其参见 Heyen，前注 116，第 13 节。

[130]　E. V. Heyen，»Positivistische Staatsrechtslehre und politische Philosophie. Zur philosophischen Bildung Otto Mayers«，*Quaderni Fiorentini*，第 8 期（1979），页 275—305；Hueber，前注 116，页 160 及以下。

[131]　比较前注 121。

个思辨家，而是一个建构家。他服膺实证法律题材，并在那里寻找用于建构的法学元素。

奥托·迈耶把行政法降为法律形式，其核心是宪治的法治国，"在这些法律形式中，依照客观法，意思支配出现在所关注的法律主体之间"[132]。法治国在进行主权干预活动时要受一般法律的约束，并且在法律适用的具体情况下接受独立法官的审查："法治国意味着行政司法化。"[133] 如果行政法具有清晰的概念性和体系性特征，那么各种各样的主权行为措施就能在形式上得以规范；在认为是否要提供法律保护的观点之下，情况也是如此。奥托·迈耶的观点完全是当时的典型观点，认为只有稳定的概念才能提供"稳固的均势，并在这种均势基础之上建立起共同体的法律庇护"[134]。

这种思想的核心是"行政行为"（Verwaltungsakt）。这个词汇是奥托·迈耶确定的，它指"归属于行政的独断权力主张，在个案中为被统治者确定什么是合法的"[135]。这种说法本身并无新颖之处——弗里德里希·迈尔和其他人都说过类似的话，[136] 尽管大多数人用的是"独断权力处分"（obrigkeitliche Verfügung）这一词汇——但奥托·迈耶更明确强调对"臣民"（Untertan）的影响作用。"臣

---

[132] Laband, *AöR*，第 2 卷（1887），页 149—162，奥托·迈耶的评述见 O. Mayer, *Theorie des französischen Verwaltungsrechts* (1886)。

[133] Mayer，前注 117，第 2 版，第 1 卷，页 64。

[134] O. Mayer, »Die juristische Person und ihre Verwertbarkeit im öffentlichen Recht (1908)«，见同作者，*Kleine Schriften zum öffentlichen Recht*, E. V. Heyen (Hg.)，第 1 卷（1981），页 284。

[135] Mayer，前注 117，第 2 版，第 1 卷，页 95。

[136] 有关弗里德里希·迈尔，见前注 83；G. Meyer, *Lehrbuch des Deutschen Verwaltungsrechts* (1883)，第 11 节；E. Loening，前注 102，页 240："处分……是国家单方面的意志体现，国家并以此根据其认可的统治权力的法律效力产生某种法律影响"；持同样观点的还有 v. Stengel，前注 109，以及 E. Bernatzik, *Rechtsprechung und materielle Rechtskraft. Verwaltungsrechtliche Studien* (Wien 1886)。奥托·迈耶对此激烈批评，见 *AöR*，第 1 卷（1886），页 720—725。

民"指的是服从权力的公民，而公民先要服从政府权力主张，即使主张是违反法律的。**奥托·迈耶**把这种主张与法院判决相提并论，以此为行政法院宣判行政无效提供一个明确的形式连接点。

　　奥托·迈耶以类似方式对**拉班德**引入的"特别的权力关系"[137]、"公共财产"[138]、共同使用（Gemeingebrauch）和特殊使用（Sonder-nutzung）[139]、税（Steuer）与费用（Gebühr）和会费（Beitrag）之间的区别[140]，尤其是公法营造物[141]打上了烙印。他借助以前塑造的词汇来指代公法营造物，但他通过强调形式要素以及勾销目的的方式，使公法营造物的轮廓更为明确。[142]有人说得有道理，他的方法与"运用到行政法理论上的、符合公民社会的法治国观点没有什么两样。因为自由主义理性法的法律概念是形式上的，所以针对这个概念的法学方法也必须是形式主义的，而不是目的论的"[143]。

　　由此可见，采取这种紧缩方法，并非没有经过思考，而是有意识的选择，以便能够推进到法律的核心领域。把行政法降为"进行行政的国家与涉及的臣民间之关系的特有法律"[144]。这种做法在两个方向产生影响：第一，它集中于独断因素，这会导致当时已经不

---

　　[137]　Mayer，前注 117，第 1 卷，页 104；见 W. Loschelder, *Vom besonderen Gewaltverhältnis zur öffentlichrechtlichen Sonderbindung* (1982)，页 7 及以下，内有详细文献；以及后注 182—184。

　　[138]　Mayer，前注 117，第 2 卷，页 71 及以下；同作者，»Neues vom öffentlichen Eigentum«, *AöR*，第 39 卷（1920），页 77—95，其中对该制度又做了原创性的辩护。

　　[139]　Mayer，前注 117，第 2 卷，页 137 及以下，页 180 及以下。

　　[140]　编纂进了 1919 年的帝国税收条例。

　　[141]　Mayer，前注 117，第 2 卷，页 468 及以下，页 598 及以下。比较后注 206 及以下。

　　[142]　亦可比较奥托·迈耶对 H. Rosin, »Das Recht der öffentlichen Genossenschaft« (Freiburg, 1886) 的评述，见 O. Mayer, *AöR*，第 1 卷（1886），页 719。

　　[143]　P. Badura, *Verwaltungsrecht*，前注 80，页 56；亦可参见 W. Meyer-Hese-mann, *Methodenwandel in der Verwaltungsrechtswissenschaft* (1981)，页 32 及以下。

　　[144]　Mayer，前注 117，第 3 版，第 1 卷，页 14。

是什么新鲜的社区和其他给付行政失灵，而公法营造物制度的形成也不能解决这种失灵；第二，随着独断行为的合法化，它会中断与国家学尤其是与行政学说的联系，这是人们经常抱怨的。**奥托·迈耶**经常研究行政学说，这使他有时强调该门学科的本身价值。

（五）1914 年前的发展

奥托·迈耶出版这部著作之后所掀起的学术争论接受了该著作的卓越意义。[145] 偶尔能听到民族主义的弦外之音，认为他强烈效仿"世仇"的行政法，这种声音没有引起多大回响。[146] 最后一批抵制把行政法建成一门独立"科学"学科的声音也销声匿迹了，就连像**拉班德**那样的权威人士也不反对了。**拉班德**在 1887 年还曾说："行政法不存在专门的和特有的法律原则。"[147] **奥托·迈耶**本人在这部著作的第三版中也认识到了其工作的成功，该专业同仁一致认为，这是一件非同寻常的成果。[148] "很少有学术著作能像**奥托·迈耶**在 1885 年到 1896 年撰写的《德国行政法》所论述的行政法那样，产生如此深远和重大的推动力"，**考夫曼**（Erich Kaufmann，1880—1927）如此总结道。之后，**考夫曼**对自**格贝尔**以来占主导地位的民法学抽象化和法律化——不反思奠基"法学性的东西"的选材标

---

[145]　H. Rehm, *AöR*, 第 12 卷（1987），页 590—595；G. Jellinek, *Verw. Arch.*, 第 5 卷（1897），页 304—314；M. v. Seydel, *KrVjschr.*, 第 38 卷（1896），页 262—272；有关第 2 版，见 如 O. Bühler, »Otto Mayers deutsches Verwaltungsrecht«, *Verw. Arch.* (1917), 页 283 及以下。完整文献，见 Hueber, 前注 116, 页 187—188。

[146]　比 较 E. V. Heyen, »Otto Mayer, Frankreich und das Deutsche Reich«, *Der Staat*, 第 19 卷（1980），页 444—460。

[147]　Laband, 前注 132, 页 156；同作者, *Staatsrecht*, 第 1 版, 第 2 卷, 页 205—206；同前书, 第 2 版, 第 1 卷（1888），页 684。

[148]　Mayer, 前注 117, 第 3 版, 第 11 节, 该处有关帝国法院判决的变化。比较 Bühler, 前注 145, 页 293；E. Kaufmann, »Otto Mayer«, *Verw. Arch.*, 第 30 卷（1922），页 381；H. Triepel, *DJZ* (1925), 页 125。

准——进行了强烈谴责，并提醒世人不要忘记，"今天被不公正地谴责为异端的行政学说"以及"历史研究"。[149] 这些警告并未起到明显效果，它们没有真正改变其所依靠的法律形式的原则，尽管在人们还没有清楚地意识到这种非连贯性之下，目的论的思考方法逐渐重新获得基础。

从 1900 年到第一次世界大战，**奥托·迈耶**被认作无可争议的权威。"**奥托·迈耶**的行政法具有卓尔不群的学术意义"，这看来"毋庸置疑"。[150] **弗莱纳**（Fritz Fleiner，1867—1937）、**科尔曼**（Karl Kormann）、**舍恩**（Paul Schoen）、**安许茨**、**W. 耶利内克**、**托玛**、**比勒**、**克尔罗伊特**（Otto Koellreutter）以及瑞典的**雷乌特舍尔德**（Carl-Axel Reuterskjöld，1870—1944）[151] 在他们的行政法著作中和奥地利的批评家**施皮格尔**（Ludwig Spiegel）一样，都受到**奥托·迈耶**的影响。比如，1905 年出版小书《行政法教学大纲》[152] 的**弗莱纳**在 1906 年回顾学科史时，对这门新专业的优越感再次总结道："从一种掺杂了历史、政治和国民经济等五花八门的混合学说中，德国行政法学取得了成功，成长为一门法学学科，它以曾使民法学成为伟大科学的和严格的法学方法，为评判公共行政关系获取了法律基

---

[149]　E. Kaufmann, »Verwaltung, Verwaltungsrecht«, v. Stengel / Fleischmann, *Wörterbuch des Deutschen Staats- und Verwaltungsrechts*，第 2 版，第 3 卷（1914），页 717—718。

[150]　L. Spiegel, *Die Verwaltungsrechtswissenschaft. Beiträge zur Systematik und Methodik der Rechtswissenschaften* (Leipzig 1909)，页 VII。

[151]　Stig Jägerskjöld, "Public Law and Administrative Law", *Faculty of Law at Uppsala University* (Uppsala 1976)，页 165—178，该处描述了开始于 1891 年的行政法讲座，首任主讲是布隆贝里（Hugo Blomberg，1850—1909）和雷乌特舍尔德，两人都在斯特拉斯堡大学学习过，1935 年起后者被松德贝里（Halvar G. F. Sundberg，1894—1972）接替，1962 年起耶格舍尔德（Stig Jägerskjöld）又接替了松德贝里。

[152]　F. Fleiner, *Grundriß zu Vorlesungen über Verwaltungsrecht* (Tübingen 1905); 略见 C. Bornhak, *Grundriß des Verwaltungsrechts in Preußen und dem Deutschen Reiche* (Leipzig, 1906; 第 4 版，1912; 第 8 版，1925)。

本原则。"[153]

　　弗莱纳出生于阿劳，1887年起在苏黎世大学的**G. 福格特**（Gustav Vogt）那里求学，接着辗转到莱比锡大学和柏林大学。在柏林，他的论文《法定世俗婚姻与天主教教会》（»Obligatorische Zivilehe und katholische Kirche«）获过奖。[154] 他把该论文作为博士论文（1890）的基础。他的教授资格论文也是教会法领域中有关特伦托宗教会议的婚姻法（tridentinische Eherecht）问题（1892）。他在巴塞尔大学（1897）开始其学术生涯，之后前往图宾根大学（1906）、海德堡大学（1908）[155]，最后又返回到苏黎世大学（1915—1936）。[156]

　　弗莱纳在1911年发表了《德国行政法制度》，[157] 该书题目就揭示了他的意图，即探求把丰富的法律资料和司法资料牵引到以比较方法从邦行政法和帝国行政法中发展出来的基本原则上来。他获得了巨大成功，并赢得赞美。该著作是"迄今为止最好的德国行政法教科书"。[158] 在瑞士，这部教科书"几乎是法律性质"[159]，持续长达数十年之久。该著作在语言上确实堪称典范，结构划分也清晰

---

　　[153]　F. Fleiner, *Über die Umbildung zivilrechtlicher Institute durch das öffentliche Recht* (Tübingen 1906)，页8。

　　[154]　Berlin 1889.

　　[155]　Drüll，页70。

　　[156]　其生平和书目，见 Z. Giacometti, »Fritz Fleiner. 24. Januar 1867–1826. Oktober 1937«, *Schweizer Juristen-Zeitung*，第34期（1937），页145—149；A. Im Hof, »Zum Andenken an Fritz Fleiner«, *Zeitschr. f. Schweizer. Recht*，新系列第57卷（1938）；同作者，»Fritz Fleiner«, H. Schultheß, *Schweizer Juristen d. letzten hundert Jahre* (Zürich 1945); Dennewitz，页164；Meyer-Hesemann，前注143，页53及以下。

　　[157]　F. Fleiner, *Institutionen des deutschen Verwaltungsrechts* (Tübingen 1911；第3版，Tübingen 1913；第4版，1919；第5版，1920；第6版、第7版，1922；第8版，1928；再版，1963；翻译成法文、西班牙文、希腊文和日文）。

　　[158]　F. Stier-Somlo, *AöR*，第29卷（1912），页494（页500）；亦见 M. Schulzenstein, *Verw. Arch.*，第20卷（1912），页273及以下。

　　[159]　A. Kölz, »Von der Herkunft des schweizerischen Verwaltungsrechts«, *Im Dienst an der Gemeinschaft. Festschr. f. D. Schindler*，1989，页597—616（页607）。

明了。其总则部分包含核心观点（基本概念、公共行政主体、公共行政与公民之间的基本关系、法律保护）。分则部分又分为两部分，一部分论述行政工作（公营造物法），另一部分则论述公民的行政法义务。今天，人们认为这部著作吸引人的品质在于，它专注于基本问题的论述，并充满自由主义的、顾及公民法律保护的观点，而且十分谨慎地松动和更新**奥托·迈耶**的构想。[160]尤其重要的是，还以瑞士的民主和实用主义为底色，[161]这使得该书分外受瞩目。比如，它可以和当时**博恩哈克**撰写的《大纲》媲美。[162]

　　一战前的二十年是行政法的巩固时期。人们普遍接受法治国思想，认为它是行政法的当然基础，以至于人们在 1910 年甚至谈到以"民族创造力和社会思想"去"克服"法治国思想的个人主义基础。[163]但在实践中，行政法与法治国之间的联系已建立在保护公法权利的基础之上。[164]这促使**科尔曼**为整个公法策划一个总则，使它高于行政法和行政行为更精微的归类；[165]同时也促使**舍恩**再对"一般学说"

---

[160]　注意 1928 年最后一版（第 8 版）的改动，第 8 节："新的组织形式"，而这些组织形式处于在此设定的时间范围之外。

[161]　Kölz，前注 159，页 606 及以下有关奥托·迈耶和弗莱纳对瑞士行政法的影响。

[162]　前注 152。

[163]　R. Thoma, »Rechtsstaatsidee und Verwaltungsrechtswissenschaft«, *JöR*, 第 4 期（1910），页 196、199。比较 H. D. Rath, *Positivismus und Demokratie, Richard Thoma 1874–1957* (1981)。

[164]　主要参见 G. Jellinek, *System der subjektiven öffentlichen Rechte*，第 2 版（Tübingen 1905）。

[165]　K. Kormann, *System der rechtsgeschäftlichen Staatsakte*, Berlin, 1910 (1962 年再版)；同作者, »Grundzüge eines allgemeinen Teils des öffentlichen Rechts«, *(Hirths) Annalen des Deutschen Reichs*, 第 44 卷（1911），页 850 及以下；第 45 卷（1912），页 36 及以下，页 195 及以下（比较 K. Wolzendorff, *PrVwBl 36* [1914/1915]，页 2 及以下，以及 W. Merk, »Streifzüge durch den allgemeinen Teil des öffentlichen Rechts«, *Zeitschr. f. Badische Verwaltung, Verwaltungsrechtspflege* [1912]，页 211、223）。更多文献见 Dennewitz，页 162。

和行政法的组织法部分——**奥托·迈耶**有意识地疏忽了——进行论述。[166] 此外，对司法源源不断的评注力度加大了，[167] 对民事司法审判的界定也精细了。[168] 人们沿袭**格奈斯特**、**恩斯特·迈尔**、**勒宁**和**奥托·迈耶**的传统，还关注英国、意大利和法国的行政法，并与自身的法律状况进行比较。[169] 国际行政法初露端倪。[170] 行政法完成了从民法概念特性中解放出来的工作，[171] 同时也完成了与国家法的分离，这些正如布拉格行政法学者**施皮格尔**在 1909 年的典范性总结文章中所体现出来的一样。[172] 教科书、短篇论纲 [173]、独自的教学课程都证明行政法已建立起来。它"熬出头"了。

---

[166]　P. Schoen, »Deutsches Verwaltungsrecht. Allgemeine Lehren und organisation«, *Kohlers Encyklopädie der Rechtswissenschaft*，第 4 卷（1914），页 193 及以下。见 Dennewitz，页 166—167。

[167]　K. Parey, *Die Rechtsgrundsätze des kgl. preußischen Ober-Verwaltungsgerichts* (7 卷本，Berlin 1887；第 4 版，3 卷本，Berlin 1905–1906)，比较 C. Bornhak, *AöR*，第 3 卷（1888），页 189—192；G. Anschütz, »Allgemeine Begriffe und Lehren des Verwaltungsrechts nach der Rechtsprechung des Oberverwaltungsgerichts«, *PrVwBl 22* (1900/1901)。

[168]　F. Stier-Somlo, *Die Einwirkung des bürgerlichen Rechts auf das preußisch-deutsche Verwaltungsrecht* (Berlin 1900)；O. Bühler, »Die Zuständigkeit der Zivilgerichte gegenüber der Verwaltung im württembergischen Recht« (博士论文，Tübingen 1911)。

[169]　O. Koellreutter, *Verwaltungsrecht und Verwaltungsrechtsprechung im modernen England*, Tübingen, 1912. 有关奥托·迈耶《德国行政法》的法文翻译，比较前注 117。

[170]　K. Neumeyer, *Internationales Verwaltungsrecht*，4 卷本（1910–1936；再版，1980）。

[171]　Fleiner, *Über die Umbildung*，前注 153。

[172]　Spiegel，前注 150，页 33 及以下。奥托·迈耶的评论，*AöR*，第 25 卷（1909），页 489—490。

[173]　比较如 A. v. Kirchenheim, *Einführung in das Verwaltungsrecht; nebst Grundriß* (Stuttgart 1885)，174 页，这是一本简短的课堂辅助书，划分了 142 节，里面列举有文献。有关基尔兴海姆（Arthur v. Kirchenheim, 1855—1924），比较 Drüll，页 134。他在海德堡教了 44 年书；Bornhak，前注 152。

二、教义立场

（一）行政行为、特别权力关系、公法协议

（1）行政行为（Verwaltungsakt）这个法律形态是在分权和法治国学说背景下形成的。而只有分权基本思想才使行政活动明显成为独立的和有调整能力的领域。那些因君主制原则占强势而拒绝分权的地方也是如此。在那里，因议会和政府二元制以及司法事务与警察事务的分离，也出现了权力分离路线。1850 年以后，法治国要求正确确定公民的权利和义务。公民绝不阻止国家多形式和多方面的活动，但关涉到自由和财产时，则要求有安全保障。**奥托·迈耶**踌躇满志地指出，"我们的法治国"和以前的"警察国家"相比，不仅"用法律阻止了行政活动的泛滥，还在行政活动中不断地确定下稳固的要点，这些要点为个体提供庇护所，并保证行政活动将向何处去。法律机关的这种活动就是行政行为，它是归属于行政的独断权力主张，并在个案中为臣民确定什么是合法的"。[174]

行政行为这个法律形态与法院判决对个人权利的塑造确定同时进行。与进行判决的司法权这个第三权力一样，行政在行政行为中似乎也找到了自己特有的表现形式。这符合法国大革命以来一贯的分权政治信条。[175] 当人们认真对待它，这种信条其实不容许对"行政行为"（actes administratifs）进行真正的法院控制。如何才能真正限制行政活动的主权要素，仍不明确。人们很快认识到，如果这种不明确状态继续下去，将会导致"行政暴政"。[176] 因此，在关系

---

[174]　Mayer，前注 117，第 2 版，第 1 卷，页 95。

[175]　O. Mayer, *Theorie des französischen Verwaltungsrechts* (Strassburg 1886)，页 91；同作者，前注 117，第 2 版，第 1 卷，第 5 节，II。

[176]　G. v. Weiler, *Ueber Verwaltung und Justiz und ueber die Gränzlinie zwischen beiden* (Mannheim 1826；第 2 版，1830)，页 41。

到自由和财产的侵犯时，无论如何在一定程度上规定行政活动受法律的约束限制，就显得越发急迫。在该领域甚至还有民法上的建构帮助，比如把征收资格化为强制购买。对个案进行单方面的主权调整所使用的词语"行政行为"，直到19世纪末才得到普遍接受。[177]对这个术语，**奥托·迈耶**在1914年指出："一直有人企图抵制它。"[178]

但这个法律形态在1850年以后就获得了更为稳固的轮廓。作为最早论述行政行为的作者之一，**弗里德里希·迈尔**在《警察活动形式》[179]标题下论述它，还列举了有利的行政行为，而这些行政行为以特权形式拥有悠久的来历。[180]**勒宁**把行政行为定义为，"国家的意志表达……这种意志表达不含法律规范，而是根据现存的法律规范调整具体关系"。[181]这抓住了问题的实质。**奥托·迈耶**在一定程度上做了一个总结，他不仅在语言上，还在教义上把行政行为与其他非主权的以及与具体案件无关的行政活动形式明确地划分开来。**W. 耶利内克**的专著《有缺陷的国家行为及其影响》（*Der fehlerhafte Staatsakt und seine Wirkungen*，1908）和**科尔曼**的专著《法律行为的国家行为体系》（*System der rechtsgeschäftlichen Staatsakte*，1910）进一步推动行政行为教义向前发展，尤其为各类案件和行政实践具体内容相互磨合做出了贡献。在方法上，这两本专著仍保持**奥托·迈耶**所确立的框架。

---

[177]　"行政行为"这个词汇首次出现在 F. Schmitthenner, *Grundlinien des allgemeinen oder idealen Staatsrechtes* (Gießen 1845) 页 499 上，其中有举例，如 "修建道路、建立文化机构"。比较 W. Pauly, »Verwaltungsakt«, *HRG V* (1992)，内有更多文献。

[178]　Mayer，前注 117，第 2 版，第 1 卷，页 95，注 1。

[179]　F. F. Mayer, *Grundsätze*，前注 72，页 114 及以下。

[180]　H. Mohnhaupt, »Vom Privileg zum Verwaltungsakt. Beobachtungen zur dogmengeschichtlichen Entwicklung in Deutschland seit der Mitte des 18. Jahrhunderts«, E. V. Heyen, *Wissenschaft und Recht der Verwaltung seit dem Ancien Régime. Europäische Ansichten* (1984)，页 41—58。

[181]　Loening，前注 102，页 226。

（2）如果行政行为调整与国家"一般权力关系"（allgemeines Gewaltverhältnis）中的公民的权利和义务，那么，此外还存在着"特别权力关系"（Besonderes Gewaltverhältnis）。这是一种"被强化的依赖性，它为所有进入设定的特殊关系中的个体而建立，有利于某种公共行政目的"。[182] 法律化的普遍气候也在这里起到了加固和概念澄清的作用。**拉班德**为帝国官吏法所发展的这一形态在 1914 年之前就上升为个人与国家之间的普遍的公法特殊关系。[183] 直到今天，必要时通过基本权利的分阶段有效和法律调整的推进，这种特别权力关系形态能得以修正。[184]

（3）人们接受公法协议（öffentlichrechtlicher Vertrag）形态要困难得多。在行政法中运用这一形态遇到了许多障碍。比如像**格贝尔**和**拉班德**设计的国家主要形象，即国家是进行主权"统治"并行使意志权力，基本上排除了国家与公民－臣民按照协议"订立条约"。[185] 集所有主权权利于一身的国家与公民相比，是具有更高尊严的实体，而契约层面上的东西对它不合适。另外，专注于危害防止的自由主义国家可以满足于警察命令，同时为非主权活动的共同法也已经具备。这也是**奥托·迈耶**反对公法协议的原因所在。此外，

---

[182]　Mayer，前注 117，第 3 版，第 1 卷，页 101—102。

[183]　主要参见 L. Wenninger, *Geschichte der Lehre vom besonderen Gewaltverhältnis* (1982)，该书对"特别权力关系"的实际形式和尤其自拉班德（页 106）以来的理论研究进行了精微的描绘。

[184]　H. Krüger / C. H. Ule, »Das besondere Gewaltverhältnis«, *VVDStRL 15* (1957)，页 109 及以下；对 BVerfGE 33, 1（刑事执行判决）的回应激发了学术讨论。只比较 H. U. Evers, *Das besondere Gewaltverhältnis* (1982)；W. Loschelder, *Vom besonderen Gewaltverhältnis zur öffentlich-rechtlichen Sonderbindung. Zur Institutionalisierung der engeren Staat/Bürger-Beziehungen* (1982)；D. Merten (Hg.), *Das besondere Gewaltverhältnis* (1985)，都有更多文献。

[185]　Mayer, *Theorie*, 前注 175，页 292："协议当事人主权性质排除了存在于概念中的法律平等"；拉班德对此表示反对，见 *AöR*，第 2 卷（1887），页 149（页 157 及以下）。

他的反对还建立在这样的基础之上，即这种协议缺少不可放弃的法律效力基础。契约是民法的核心范畴，这一范畴极不情愿培育被认为是从民法那里解放出来的幼稚的行政法学。这种情况也产生了阻碍性作用。最后，协议的情形在19世纪末还完全稀罕少见。[186] 典型的例子是对官吏的任命（国家工作合同），[187] 这种任命起初被塑造成具有私法性质，接着具有纯粹主权性质，而到了19世纪末则主要被塑造成对官职进行主权转移的服从合同（Unterwerfungsvertrag）。[188] 所谓征收协议也有类似问题。在这种协议中，对赔偿形式和额度达成的一致性合约补充了征收的主权行为。

尽管有这些阻碍因素，在**奥托·迈耶**前后，人们还是完全接受了公法协议。**奥托·迈耶**也绝不是严格的反对者，支持者毕竟占多数。[189] 在世纪之交，这个问题基本上得到了解决，因为就连地方法实践也不能放弃公法协议形态。**阿佩尔特**（Willibalt Apelt）在1920年做了相应结论。[190]

---

[186]　O. Mayer, »Zur Lehre vom öffentlichrechtlichen Vertrage«, *AöR*, 第3卷(1888)，页3—86（页4）："理由很简单——现存的素材不足够。在行政与臣民的关系中，国家影响只有唯一独特的公法形式，那就是命令。"

[187]　P. Laband, *Das Staatsrecht des Deutschen Reiches*, 第2版，第1卷（Freiburg 1888），页404及以下（页413有更多文献）。

[188]　H. Rehm, »Die rechtliche Natur des Staatsdienstes nach deutschem Staatsrecht historisch-dogmatisch dargestellt«, *(Hirths) Annalen des Deutschen Reichs* (1884), 页565及以下；1885，页65及以下；M. Bullinger, *Vertrag und Verwaltungsakt* (1962)，页179及以下。

[189]　K. Stern, »Zur Grundlegung einer Lehre des öffentlich-rechtlichen Vertrages«, *Verw. Arch.*, 第49卷（1958），页106（页114及以下）。

[190]　W. Apelt, *Der verwaltungsrechtliche Vertrag. Ein Beitrag zur Lehre von der rechtswirksamen Handlung im öffentlichen Recht* (Leipzig 1920; 再版，1964); G. Grosch, »Der Staat als Kontrahent«, *JöR*, 第5期（1911），页267（页269及以下）；M. Layer, *Zur Lehre vom öffentlich-rechtlichen Vertrag* (Graz 1916); H. Maurer, »Der Verwaltungsvertrag-Probleme und Möglichkeiten«, *DVBl* (1989)，页798（页799—801），提供了很好的历史回顾。更新文献见 H. Meyer / H. Borgs-Maciejewski, *Verwaltungsverfahrensgesetz*, 第2版（1982），页484—485；H. J. Wolff / O. Bachof, *Verwaltungsrecht*, 第9版，第1卷（1974），第44节。

除了国家与公民关系中的公法协议外，在平等地位的公法法
人之间还存在合作法律关系的公法协议，尤其像城乡行政合并协
议 [191]；还有在铁路国有化时的赔偿协议，以及地区团体之间的城镇
联合协议和合作协议。这些协议范畴相对无问题。在国家法和国家
教会法层面上也无原则上的困难。

（二）公共财产

"分化的德国私法为我们（行政法学家）发展出大量现在所需
要的法律制度。除了公法协议之外，还向我们提供了公法财产、公
法地役权、公法赔偿等制度。" [192] 在这个意义上，**奥托·迈耶**支持
承认特别的公法财产范畴。[193] 他在晚年的一篇文章中，还回到了这
个问题。[194] 他企图以法国的"公产"（domaine public）为目标，但
未成功，尽管1904年之前有许多人发出和**奥托·迈耶**同样的声音。[195]
今天的公共物权法原则上坚持私法财产，并把它与特别的、公法上
的物支配权（Sachherrschaft）相结合。这种公法上的物支配权通过

---

[191]　在 1914 年前的丰富文献中只需提：G. Strutz, *Die Kommunalverbände in Preußen* (Berlin 1888)；P. Schoen, *Das Recht der Kommunalverbände in Preußen* (Leipzig 1897)；A. Gleitsmann, »Vereinbarung und Gesamtakt«, *Verw. Arch.*, 第 10 卷（1902），页 395；Stephan, »Die Veränderung von Gemeindegrenzen und ihre Rechtsfolgen«, *Verw. Arch.*, 第 11 卷（1903），页 317—335；E. Loening, »Eingemeindung und Eingemein-dungsverträge«, *PrVwBl*, 第 29 卷（1908），页 657—662；H. Dittmar, »Das Recht der Eingemeindung in Preußen«（法学博士论文，Rostock 1908）；F. Stier-Somlo, »Zum Eingemeindungsrecht in Preußen«, *Festschr. Zitelmann* (1913)；M. Queis, »Begriff und Wirkung der Eingemeindung nach preußischem Verwaltungsrecht«（法学博士论文，Greifs-wald 1913）。

[192]　O. Mayer, »Zur Lehre«, 前注 186, 页 86。

[193]　比较 O. Mayer, 前注 117, 第 2 卷, 第 35—36 节；O. Mayer, »Der gegenwärtige Stand der Frage des öffentlichen Eigentums«, *AöR*, 第 21 卷（1907），页 499—522, 其中的结束语值得深思："我们的后人将会看到它。"

[194]　O. Mayer, »Neues vom öffentlichen Eigentum«, *AöR*, 第 39 卷（1920），页 77—95。

[195]　F. Fleiner, *Über die Umbildung*, 前注 153, 页 16。

公用宣示（Widmung）而促成。[196]

（三）行政活动的法律约束

　　法治国的模范形象要求行政法中的概念尽可能清晰明确，并在司法上能进行审查。谁想让议会确立的普遍意志能在行政中得以实施，谁就会把行政看成狭义上的"行政"（Exekutive），即把它看成法律实施机构。这种观点认为，不确定的法律概念和裁量规范（Ermessensnormen）是以往不受限制的、受君主制统治的行动自由的遗留物，是不受欢迎的。反对这种观点的人则把行政活动的法律约束理解成一种限制。在这种限制中，"真正的"和"富有创造性的"行政——原则上不受立法和司法约束——的活动是有目的指向的。自从有了行政司法控制，尤其 1875 年以来这种控制范围扩大之后，不能再回避具体解决这个基本原则问题。长期以来，人们知道民法和刑法存在着语言上的不明晰，并让法官对此进行约束性规定。[197]这种语言上的不明晰在行政法中处于另一种语境，它在此产生了行政与司法之间的权限冲突。[198]

　　对裁量学说的学术讨论，如世纪之交所体现的，[199]上升为包含警察事务与司法事务之间、行政与司法之间、君主制原则与议会立

---

　　[196]　文献罗列见 H. J. Papier, *Recht der öffentlichen Sachen*, 第 2 版（1984），第 1 节；H. J. Wolff-O. Bachof, *Verwaltungsrecht*, 第 9 版，第 1 卷（1974），第 55、57 节。

　　[197]　O. Bülow, *Gesetz und Richteramt*（Leipzig 1885；再版，1972）；比 较 R. Ogorek, *Richterkönig oder Subsumtionsautomat? Zur Justiztheorie im 19. Jahrhundert*（1986），页 257 及以下。

　　[198]　依笔者之见，概述这些争论的最好文献是 O. v. Sarwey, *Das öffentliche Recht und die Verwaltungsrechtspflege*（Tübingen 1880），第 11 节。它区分了三派：（1）原则上拒绝对国家进行司法控制；（2）在法律"每次"遭到破坏时，都要提供保护；（3）法律保护限制于个人权利不受损害。

　　[199]　U. Held-Daab, *Das freie Ermessen. Von den vorkonstitutionellen Wurzeln zur positivistischen Auflösung der Ermessenslehre*（1996）.

法之间的旧政治阵线。交给司法来控制的东西，就是行政活动能力失去的东西。从行政那里"努力争取的"东西，可以被结算为具有法治国特征的收获。这实际上关涉到"公法巨大的自由问题。这个问题……不久前就已经深入社会意识中了"，"涉及司法和行政与法律规范的关系"。[200]

法律情况与实践使这些阵线一目了然。行政法院只审查对法律审判产生影响的实质法律问题和形式法律问题以及陈述的事实，而不审查行政的裁量判决。而事实问题、法律问题以及裁量问题被认为可以清楚区分。在对规范（警察条例）或乡镇决议的适用进行审查时，由于分权的原因，也不允许行政法院对"有用性和合乎目的性"进行判决。在这两个方向上因此也就有了界线划分。

但进一步的研究表明，行政和司法都不能屈从于真正令人信服的法律约束。必须约束于在语义上一直都不准确的语言、对已确定的与未确定的裁量概念的区分，以及从法律内容到法律规范的形成并由此到对个案的涵摄（Subsumtion）这条道路上的认识理论问题，在行政审判建立之前都需要更为准确的分析，因为直接的权限变动取决于此。对行政法院审查国家的立法活动和行政活动必须划清界限。这不但符合宪法状况，也符合当时典型的时代观点，即行政当局自己有权进行判决。

相当多的学术精力转而研究这些问题。就上文提到的问题进行真正的讨论开始于**贝尔纳齐克**[201]。**贝尔纳齐克**是**拉班德**和**奥托·迈耶**的学生，其撰写的教授资格论文题为《司法与实质性的终审判决效力》（»Rechtsprechung und materielle Rechtskraft«，1886），是一部

---

[200]　Jellinek，前注 164，页 1。

[201]　L. Adanovich, *NDB*, 第 2 卷（1955），页 103；W. Brauneder, *Juristen in Österreich 1200–1980* (1987)，页 141，页 312—313。

有关上述问题的专著。此后不久，**特茨纳**（Friedrich Tezner，1856—
1925）[202] 出版了《作为不属于行政法院管辖原因之行政机关自由裁
量的学说研究》（*Zur Lehre von dem freien Ermessen der Verwaltungs-
behörden als Grund der Unzuständigkeit der Verwaltungsgerichte*）。[203]
特茨纳后来成为维也纳行政法院的首席法官。随后几年，教材、杂
志文章以及书评对这些问题的讨论越来越多，**施蒂尔－绍姆洛**（Fritz
Stier-Somlo）（1908）、**劳恩**（Rudolf von Laun）（1910）、**厄尔特曼**（Paul
Oertmann）（1912）相继出版著作，尤其是 **W. 耶利内克**（1913）[204]
和**比勒**（1914）[205] 出版了内容全面的宏大专著。由此形成的讨论状况
为人们——停止了几十年之后——大约从 1950 年以来再次阐述裁量
和不确定的法律概念奠定了基础。例如，在 1955 年纪念 **W. 耶利内克**

---

　　[202]　N. Schwärzler, »Friedrich Tezner«, Brauneder，前注 201，页 242—247，页
361—362，内有更多文献。

　　[203]　Wien 1888；同作者，»Die deutschen Theorien der Verwaltungsrechtspflege«,
Verw. Arch.，第 8 卷（1900），页 220 及以下，页 475 及以下；第 9 卷（1901），页
159 及以下，页 515 及以下。

　　[204]　E. Bernatzik, *Rechtsprechung und materielle Rechtskraft. Verwaltungsrechtliche
Studien* (Wien 1886)；F. Tezner, *Zur Lehre von dem freien Ermessen der Verwaltungsbe-
hörden als Grund der Unzuständigkeit der Verwaltungsgerichte* (1888)；Mayer，前注 117，
第 2 版，第 1 卷，页 165 及以下；F. Stier-Somlo, »Das freie Ermessen in Rechtspre-
chung und Verwaltung«, *Staatsrechtliche Abhandlungen, Festg. f. P. Laband*，第 2 卷（1908），
页 443 及以下；R. v. Laun, *Das freie Ermessen und seine Grenzen* (Wien 1910)；P. Oert-
mann, *Die staatsbürgerliche Freiheit und das freie Ermessen der Behörden* (1912)；W.
Jellinek, *Gesetz, Gesetzesanwendung und Zweckmäßigkeitserwägung. Zugleich ein System
der Ungültigkeitsgründe von Polizeiverordnungen und -verfügungen* (Tübingen 1913)，内
有详细文献。最后一本，比较 J. Ziekow, »Die Einhelligkeit der Rechtsentscheidung. Zu
Leben und Werk Walter Jellineks«, *AöR*，第 111 卷（1986），页 219—230（页 221）。

　　[205]　O. Bühler, *Die subjektiven öffentlichen Rechte und ihr Schutz in der deutschen
Verwaltungsrechtsprechung* (Berlin et al. 1914)，页 21 及以下，尤其参见页 40 及以下对 W.
耶利内克的批判研究，续见 »Altes und Neues über Begriff und Bedeutung der subjektiven
öffentlichen Rechte«, *Forschungen und Berichte aus dem öffentlichen Recht. Gedächtnisschr. f.
W. Jellinek* (1955)，页 269 及以下。

的作品中就有这方面的阐述。[206]

（四）组织形式

由**阿尔布雷希特**引导的把国家刻画成法人的讨论（1837），在 19 世纪下半期不得不一直涉及不同的新问题。起初从主权在君与主权在民的相互对峙中找到的巧妙的教义出路，现在必须转化为君主立宪制的联邦关系。不仅联邦自身，而且各个邦都是"法人"。19 世纪初期和晚期的地方改革赋予乡镇自治保障、人事主权和财政主权，以至于这些乡镇也主张自己拥有法人特征。地区以及其他所有拥有管辖权和财政权的"行政体"[207]、公法社团法人、营造物、基金会、公法组织的教会、1883 年以来建立的社会保险机构等也都如此。[208] 要普遍解释，这些或多或少独立的下属单位是否该以"公法法人"身份出现？是否应具有法律行为能力？这主要取决于对国家权力的理解：公法法人是统一的国家权力的分离物，因此在原则上是同等的？或者存在着公法法人等级，从而使真正的统治权力只掌握在国家手里？例如从国家向下直到乡镇，以及乡镇自己的公法营造物。公法法人是否能被概括为拥有共同标志的类别，并具有典型特征，从而使它们具有教义的可操作性？这依然是一个悬而未决的问题。19 世纪末，《民法典》的诞生促成了这项整理工作。《民法典》

---

　　[206]　H. Reuß, »Das Ermessen«, *DVBl* (1953)，页 585；同作者，»Der unbestimmte Rechtsbegriff«, *DVBl* (1953)，页 649 及以下；C. H. Ule, »Zur Anwendung unbestimmter Rechtsbegriffe im Verwaltungsrecht«, *Gedächtnisschrift f. W. Jellinek*，前注 205，页 309 及以下；O. Bachof, »Beurteilungsspielraum, Ermessen und unbestimmter Rechtsbegriff«, *JZ* (1955)，页 97 及以下。

　　[207]　见 Mayer，前注 117，第 2 版，第 2 卷，页 571。

　　[208]　W. Weber, *Die Körperschaften, Anstalten und Stiftungen des öffentlichen Rechts* (1940；第 2 版，1943). 比较 H. Schneider / V. Götz (Hg.), *Festschr. W. Weber, Im Dienst an Recht und Staat* (1974)，内有更多文献。

塑造了民法法人，并规定（《民法典》第 89 条）第 31 条和第 42 条第 2 款也可以适用于公法法人（公法社团法人、基金会、营造物）。

　　这显然是根据某种事物规律性进行的教义分类。因此，乡镇与一定地域相联系，这把它和其他"社团法人"区分开来；在营造物那里主要是公共目的和被使用的整个设施；在基金会那里主要是被公用宣示的特殊财物。

　　所有这些都不是什么新创造。在"社团"（Körperschaft）这领域中存在国家内部社团（乡镇、地方协会、教会、大学）的分类讨论，这种讨论起源于旧制度的自然法传统。[209] 在宪治关系下，该讨论现在形成了公法社团和私法社团的典型二元制。[210] 基金会同样如此，现在同样共同存在着公法基金会和私法基金会，[211] 而私法基金会在某种程度上作为"私法营造物"（Anstalt des Privatrechts）存在。[212]

　　至于公法营造物，**奥托·迈耶**对其有经典定义：公法营造物是一种"手段存在物，它是物的，也是人的，它被确定为在公共行政主体手中连续服务于特殊公共目的"[213]。这个定义在形式上结束了人们长期为各种各样的国家"营造物"（Veranstaltung）寻找一个合适的上位概念的工作，而这些不同的国家"营造物"在组织上是独立的，

---

　　[209]　F. Schikorski, *Die Auseinandersetzung um den Körperschaftsbegriff in der Rechtslehre des 19. Jahrhunderts* (1978).

　　[210]　杰出的论述，见 K.-J. Biback, *Die öffentliche Körperschaft. Ihre Entstehung, die Entwicklg. ihres Begriffs u. die Lehre v. Staat u. den innerstaatlichen Verbänden in der Epoche des Konstitutionalismus in Deutschland* (1976)。

　　[211]　F. F. Mayer, *Grundsätze*，前注 72，页 315 及以下（第 78 节）。

　　[212]　H. Rosin, *Das Recht der öffentlichen Genossenschaft* (Freiburg 1886)，页 21、48; 有关基金会，见 H. Ebersbach, *Die Stiftung des öffentlichen Rechts* (1961); 同作者，*Handbuch des Stiftungsrechts* (1972); G. Todenhöfer-Just, *Öffentliche Stiftungen* (1973)。

　　[213]　Mayer，前注 117，第 2 版，第 2 卷，页 318; 在后两版中也如此，如第 3 版，第 2 卷（1924），页 268。见 W. Krebs, »Die öffentlichrechtliche Anstalt«, *NVwZ* (1985)，页 609—616。

但在其目的中很少谈到主权要素。所有警察学教科书以及第一批行政法教科书，都论述过这些"营造物"——学校、银行、邮政电讯、剧院、公墓、铁路、监狱、医院、文化机构、军队——但直到总则形成，才开始标记连接各种营造物的法律要素。1857 年到 1862 年，**弗里德里希·迈尔**第一次成功地完成了这项工作，[214] 他详细论述了公共目的、公用宣示（Widmung）、共同使用（Gemeingebrauch）、公共使用权、使用费用、被授权的经营者（beliehene Unternehmer）、公法上的维护义务（öffentlichrechtliche Unterhaltungspflichten）、相邻第三人权利（Rechte der Angrenzer）等。一代人之后，**奥托·迈耶**接着在此基础上教义性地创作出"具有权利能力的公法营造物"，[215] 从而确立了教学传统，长达数十年。"呈大规模和彻底突破的著作出版态势……这要归功于**奥托·迈耶**及其对公法营造物的建构。"[216]

三、刊物

1880 年代以来，在稳固基础上对行政法进行平稳扩充的需求巨大，这体现在出现了新的跨地区的行政法专业刊物。这些刊物也成了最可靠的证据，证明在行政和大学中人们想获取有关最新法律、法规法令、司法、实践报告以及新出版的学术著作方面的信息。"行政法领域的立法很难像现在这样硕果累累，理论和实践处理工作也很少像现在这样多"，首次在 1893 年出版的《行政档案》的编辑们

---

[214]　F. F. Mayer, *Grundsätze*，前注 72，页 194 及以下。

[215]　Mayer，前注 117，第 2 卷，第 56 节（第 2 版，页 598 及以下）。

[216]　R. Breuer, »Die öffentlichrechtliche Anstalt«, *VVDStRL 44* (1986)，页 214。K. Lange，前引书，页 170 及以下。比较 H. Jecht, *Die öffentliche Anstalt* (1963)。

如此写道。[217] 除已谈到的各个邦拥有的刊物外，现在登场的有《公法档案》（1885）[218]、刚提到的《行政档案：行政法与行政审判杂志》（1893）[219]、《行政法年鉴》（1905—1912）[220]、《当代公法年鉴》（1907）[221]、《政治学杂志》（1907）[222]。《施莫勒年鉴》尽管名称还是"行政"，但在**施莫勒**的领导下，其重心转移到国民经济和社会政治主题，尤其在 1890 年之后更是如此，而行政法方面的文章则转向新创办的专业杂志。[223]

　　特别是《行政档案》采纳行政法文章。这本杂志由普鲁士行政法的实践者们创办和经营，其目的是实际的清理，并结合学术透彻研究。因此，它的内容划分为学术论文、实践通报 [224] 以及文献与立法讨论。世纪之交后，国家法文章逐渐增多，其原因或许是《行政档案》更为开放，也可能是其他地方发表国家法文章的空间变得更狭小了。**施蒂尔 – 绍姆洛** [225] 编辑出版的《行政法年鉴》也提出了与

---

[217]　*Verwaltungsarchiv*，第 1 卷（1893），舒尔岑施泰因和凯尔撰写前言。

[218]　E. V. Heyen, »Die Anfangsjahre des ›Archivs für öffentliches Recht‹. Programmatischer Anspruch und redaktioneller Alltag im Wettbewerb«，见同作者编，*Wissenschaft und Recht der Verwaltung seit dem Ancien Régime* (1984)，页 347—373；同作者，»Herkunftsprofile des ›Archivs für öffentliches Recht‹, im kaiserlichen Deutschland«，见同作者编，*Historische Soziologie der Rechtswissenschaft* (1986)，页 173—197；同作者，»Verwaltungsrechtswissenschaft im ›Archiv für öffentliches Recht‹«，见同作者，*Profile der deutschen und französischen Verwaltungsrechtswissenschaft 1880–1914* (1989)，页 51—53。

[219]　见本书第 8 章，注 391。

[220]　见本书第 8 章，注 393。

[221]　见本书第 8 章，注 392。

[222]　见本书第 8 章，注 394。

[223]　Heyen, »Verwaltungsrechtswissenschaft in den Fachzeitschriften des Deutschen Reichs«，见同作者，*Profile*，前注 218，页 55—112。

[224]　出版两年后就停了。

[225]　有关他的情况，见 J. Bolten, *Hochschulstudium für kommunale und soziale Verwaltung in Köln 1912–1929. Eine Studie zur Wiedererrichtung der Universität zu Köln* (1987)；I. Gienow, »Leben und Werk von Fritz Stier-Somlo«（法学博士论文，Köln 1990）。

此相并行的全面任务，它只存在于 1905 年到 1912 年。《当代公法年鉴》取代了**马夸德森**和**赛德尔**主编的《当代公法手册》（*Handbuch des öffentlichen Rechts der Gegenwart*），它以法律比较方法系统论述各个国家法和公法的知识领域，并且对各个国家的立法进行连续不断的报道。[226] 由于这本杂志一开始就非常注重强调国际性的特点——比如一半的员工来自国外——它给德国行政法留的位置并不多。

除了这些重要的的杂志和年鉴之外，还有众多跨地区的专业杂志。这些杂志涉及地方法 [227]、警察法 [228]、税法 [229] 和矿业法 [230]，其中大多数杂志还保留至今。这些类型的杂志很稳定，其主要原因是它们顺应日益专业化的总趋势，同时它们能在整个德语区找到读者和订阅者。

因此，可以下这样的结论，即行政法的主要出版物明显是各个邦的杂志。其中，《普鲁士行政简报》由于拥有广大地域而处在绝对领先的位置。在帝国层面上，有《公法档案》和《行政档案》，但没有行政法分则主题的专业杂志。在狭义国家法的杂志和年鉴中，

---

[226]　比较第 1 版前言（1907）。

[227]　《德意志乡镇报》（*Deutsche Gemeindezeitung*，1862—1930），由施托尔普（Hermann Stolp）主编，1876 年创立了一个副刊：《行政法档案》（*Archiv für Verwaltungsrecht*，1876—1930），由施托尔普、克林克米勒（K. Klinckmüller）和鲁索（H. Rousseau）主编。《地方年鉴》（*Kommunales Jahrbuch*，1908—1913/1914）、《战争绶带》（*Kriegsband*，1919），由林德曼（H. Lindemann）和聚德库姆（A. Südekum）主编。《德国城市协会总部通报》（*Mitteilungen der Zentralstelle des deutschen Städtetages*，1907/1909—1919/1920；1921 年起改为《德国城市协会通报》（*Mitteilung des deutschen Städtetages*）；1927—1933 年又改为《德国城市协会》（*Deutscher Städtetag*）

[228]　《警察》(*Die Polizei*），1904 年及以后，由同志会和福利有限责任公司主编，由特耶西（W. Tejessy）创办。

[229]　《德国税务报》（*Deutsche Steuer-Zeitung*），1912/1913 年及以后，起初由里特尔（R. Ritter）主编。

[230]　《矿业法杂志》（*Zeitschrift für Bergrecht*），1860 年及以后，由布拉塞特（H. Brassert）和阿亨巴赫（H. v. Achenbach）创办。

以及在转向国民经济和社会政治的国家学刊物（《共同国家学杂志》[*Zeitschrift für die gesamte Staatswissenschaft*]、《施莫勒年鉴》）中，行政法杂志占领了一席之地。

四、行政学说

（一）警察学的终结

行政学说学科处于劣势。"近几十年，行政学说在德国学术和德国高校中跟不上行政法的发展步伐，现代行政学说创立者**洛伦茨·施泰因**的伟大著作直到现在还没有后续之作，也无人效仿。"[231] **费迪南德·施密德**（Ferdinand Schmid，1862—1925）在 1909 年这样总结道。当时他作为统计学和行政学说专业代表刚被任命到莱比锡大学任职。他的总结符合事实，因为除了**伊纳玛 – 施特内格**[232] 严格效仿**洛伦茨·施泰因**而写的行政学说外，在维也纳大学把行政学说作为必修科目的学习条例中，就只有**贡普洛维奇**出版的书了。[233]

---

[231]　F. Schmid, »Über die Bedeutung der Verwaltungslehre als selbständiger Wissenschaft«, *ZgStW*, 第 65 卷（1909），页 194。

[232]　K. Th. v. Inama-Sternegg, *Verwaltungslehre in Umrissen* (Innsbruck 1870)；同作者，»Die Entwicklung der Verwaltungslehre und des Verwaltungsrechts seit dem Tode von Lorenz von Stein«, *Zeitschr. f. Volkswirtschaft, Sozialpolitik und Verwaltung*，第 11 卷（1902），页 137—152。

[233]　L. Gumplowicz, *Verwaltungslehre mit besonderer Berücksichtigung des öster-reichischen Verwaltungsrechts* (Innsbruck 1882). 在奥地利，人们也对它表示怀疑。贡普洛维奇在 1889 年 11 月 18 日写给洛伦茨·施泰因的信中说道："很遗憾，我担心作为独立学科的行政学说在政府的眼里不受欢迎……人们只想把'行政学说'当作'法学'的行政法学科不定期的入门介绍——仅仅如此——就像把一般国家法当作奥地利实证国家法的入门介绍一样。为了给国家法令和行政立法创造一统天下的地位，一般国家法和行政学说一样肯定会完全枯萎凋落。"（引自 H. Taschke, *Lorenz von Steins nachgelassene staatsrechtliche und rechtsphilosophische Vorlesungsmanuskripte* [1985]，页 19。）

在德意志帝国，只有少数几篇文章提醒人们这门专业还存在。[234] 要求加深研究行政学说的呼声没有产生效果。

把警察学改称为"行政学说"是适应行政法突飞猛进的做法。行政法在 1850 年以后再也不适应"警察学"了，因为它在许多领域取得了成功，而这些领域再也不属于传统"警察"，即不再属于内政部的管辖范围（外交事务、司法行政管理、军事行政管理和财政管理）。因此，建构应运而生，把广义全面的"行政学说"塑造成屋顶，在这个屋顶下聚集平等地位的行政法和狭义行政学说（行政政治学）两个分支领域。[235] 其中，涉及法律问题的分派给行政法，涉及行政活动合目的性问题的则分派给行政政治学。

这种分派似乎简单且令人信服，但在实际中的分派比重却不一样。正如已经表明的那样，[236]1850 年以后，在德意志诸邦法律教育中的警察学迅速失势。对行政官吏进行的国家学特殊培训也被取消。法教义学专业则处于显要地位。同时，19 世纪末期在相邻院系中，国民经济学上升为显学。国民经济学和财政学研究经济问题，社会问题则催生了"社会政治学"这门新学科。像在奥地利那样在教学

---

　　[234] S. Gargas, »Verwaltungslehre und Verwaltungsrecht. Eine methodologische Untersuchung«, *ZgStW*, 第 59 卷（1903），页 426 及以下；I. Jastrow, *Sozialpolitik und Verwaltungswissenschaft* (Berlin 1902)；同作者，»Das Studium der Verwaltungs-wissenschaft nach dem Krieg«, *Archiv für Sozialwissenschaft und Soialpolitik*, 第 42 卷（1916/1917），页 966；同作者编, *Die Reform der Staatswissenschaftlichen Studien. Fünfzig Gutachten (Schr. d. Vereins f. Socialpolitik 160)* (1920)，页 313 及以下；F. Stier-Somlo, »Die Zukunft der Verwaltungswissenschaft«, *Verw. Arch.*, 第 25 卷（1917），页 89—132；F. Schmid, 前注 231；同作者, *Eine deutsche Zentralstelle zur Pflege der Verwaltungswissenschaft und Verwaltungspraxis* (1916)；同作者, »Zur Förderung der Verwaltungswissenschaft«, *Verw. Arch.*, 第 26 卷（1918），页 288；同作者, »Warum sollen unsere Juristen Verwaltungsgeschichte studieren?«, *Fischers Zeitschrift für Verwal-tungsrecht*, 第 47 卷（1918），页 177。

　　[235] Meyer, 前注 91，页 687—698；K. Frhr. v. Stengel, »Begriff, Umfang und System des Verwaltungsrechts«, *ZgStW*, 第 38 卷（1882），页 221 及以下。

　　[236] 见本书第 5 章，第 1 部分，第 2 节。

课程安排中把行政法和行政学说结合在一起的地方，一般都是突出行政法。而行政学说"成为奥地利行政法学习的一般法学导论……法学家们放弃了**洛伦茨·施泰因**意义上的行政学说"。[237] 与当时全面的"政治学"差不多，行政学说在自然科学、历史主义和法学实证主义的压力下分化成汇集各种科学和艺术的学科。知识方面的专业化变得比持续存在的行动方面的统一更为强烈。

（二）洛伦茨·施泰因及其后继者

行政学说的困境在于，**洛伦茨·施泰因**那部杰作含有大量思辨哲学，以至在催生新**康德**主义的哲学背景发生变化后，[238] 该著作就丧失了权威性。[239] 哲学和**黑格尔**的范畴紧密联系在一起，该著作的范式功能式微。因此，当行政学说的代表们一方面尝试宣称**黑格尔**哲学过时了，另一方面又捍卫**洛伦茨·施泰因**的重要思想，[240] 同时还要与行政法的"法学方法"划清界限，这时他们就陷入了困境。**洛伦茨·施泰因**的阴影笼罩着他们。

从这个阴影中产生出来并游离于哲学思辨语句——没有了以前吸引人的唯心主义哲学背景——与实证行政法话语之间的思想，在**贡普洛维奇**[241] 那里清楚地表现了出来。他先是在《法治国和社会主义》（*Rechtsstaat und Socialismus*，1881）一书中把国家理解成统治集团的

---

[237]　v. Inama-Sternegg，前注 232，»Die Entwicklung«，页 149。

[238]　E. Winter, *Ethik und Rechtswissenschaft. Eine historisch-systematische Untersuchung zur Ethik-Konzeption des Marburger Neukantianismus im Werke Hermann Cohens* (1980).

[239]　R. Smend, *Staatsrechtliche Abhandlungen*，第 2 版（1968），页 340："他那新的思辨尝试注定了绝不会有影响。"这种说法太极端，却是典型评价。

[240]　L. Gumplowicz, *Verwaltungslehre*，前注 233，页 6 及以下；v. Inama-Sternegg, *Verwaltungslehre*，前注 232，该书也是如此；同作者，»Die Entwicklung«，前注 232。

[241]　见本书第 10 章，注 118 及以下。

实际强力形式。之后，他在《行政学说》中重新向**洛伦茨·施泰因**的思想靠拢，但没有接受**洛伦茨·施泰因**唯心主义的基本构想。[242]
贡普洛维奇一向认为，国家是通过"自然的必然性过程"形成的。[243]
其行政学说的坚实核心是行政法部分，然而与**奥托·迈耶**成体系意义的行政法相比，那更多是行政法志（Verwaltungsrechtskunde）意义上的行政法。**贡普洛维奇**认为那种体系完全不可能，因为在他看来，公法和民法不一样，它体现的是公共的政治规则领域，而这个领域的活力来自"公共利益"。[244] 他认为这是成问题的，即"整个行政法是否能完全把自己置于某些最高的、起领导作用的概念之下，从这个行政法中产生出像从民法的最高原则和概念中产生出的民法体系一样的东西……它会是……一个非常强制性的体系，人们弄不明白学术从这种体系中能有什么收获。行政法也不会从中受益"[245]。在该书中，把法律各个部分连接在一起的一般原则，要么具有描述性质，要么具有非常模糊的规范性质。它按自我维护（国防管理、财政管理、外交事务管理）、国内秩序（人口政策、司法政策、领土及组织机构、交通）、福利促进这些范畴来整理材料，而游离于行政学和行政法的两性特征似乎无法克服。

但在**洛伦茨·施泰因**的所有后继者那里，行政学说与行政法的分离也没法阻挡。这使"专业学科思想取得了对**洛伦茨·施泰因**整合思想"的胜利。[246] 这在统计学家**伊纳玛–施特内格**那里尤其如

---

[242] Gumplowicz, *Verwaltungslehre*，前注 233，第 11 节，该处对洛伦茨·施泰因进行详细批判。

[243] Gumplowicz, *Verwaltungslehre*，前注 233，页 7。

[244] Gumplowicz，前注 233，页 30—31，页 52。

[245] 前引书，页 30—31。

[246] Brauneder，前注 201，页 165。

此。[247] **伊纳玛 – 施特内格**与**洛伦茨·施泰因**很接近，他在 1870 年发表了《行政学说论纲》（*Verwaltungslehre in Umrissen*）。但三十年后，他也不得不认定行政学说与行政法的专业化趋势以及它们的分离趋势。[248]

费迪南德·施密德 [249] 把行政学说当作"政治学"，与国民经济学和社会学并排在一起，赋予它的任务首先是，能以描述和比较的方法研究与经济史和法律史并行的行政发展史，[250] 最终能担当起批判角色，在"经验的价值概念"基础上对行政实践进行批判。[251] **费迪南德·施密德**以这种方式把行政学说与行政法彻底地分开了。他想整合所有相关的社会科学，并以此形成一种思想，去协调技术人员和法学家关于高级行政人员教育培训的争吵，期盼以此能从行政学说中获取关于整个行政领域（明显扩张的）的一般性陈述。[252] 在这个问题上，他比**洛伦茨·施泰因**要谦逊一些。**福斯特霍夫**说得好，**费迪南德·施密德**事实上"最大程度地牺牲了**洛伦茨·施泰因**的构

---

[247]　O. Haussleiter, »Verwaltungssoziologie«, *Politik und Verwaltung* (1968).

[248]　Inama-Sternegg, *Entwicklung*，前注 232，页 137—152；比较同作者，*Staatswissenschaftliche Abhandlungen* (Leipzig 1903)。

[249]　生平介绍，见 *HdWBStaatswiss.* (1910/11)，第 3 版，第 7 卷，页 308—309。

[250]　F. Schmid, »Warum sollen unsere Juristen Verwaltungsgeschichte studieren?«, *Fischers Zeitschrift für Verwaltungsrecht*，第 47 卷（1918），页 177。

[251]　F. Schmid, »Über die Bedeutung der Verwaltungslehre als selbständiger Wissenschaft«, *ZgStW*，第 65 卷（1909），页 194。

[252]　R. Mohl, »Über die wissenschaftliche Bildung der Beamten in den Ministerien des Innern. Mit bes. Anwendung auf Württemberg«, *ZgStW*，第 2 卷（1845），页 268；L. J. Gerstner, »Ueber staatswissenschaftliche Seminarien an den deutschen Universitäten mit bes. Rücksicht auf die bayerischen«, *ZgStW*，第 15 卷（1859），页 639—664；E. Richter, »Ueber die Vorbildung der höheren Verwaltungsbeamten in Preußen«, *Preußische Jahrbücher* XVII (1866)，页 1—19；E. Nasse, *Über die Universitätsstudien und Staatsprüfungen der preussischen Verwaltungsbeamten* (Bonn 1868)；A. E. F. Schäffle, »Zur Frage der Prüfungsansprüche an die Candidaten des höheren Staatsdienstes«, *ZgStW*，第 22 卷（1868），页 601；*Die Vorbildung zum höheren Verwaltungsdienst in dem deutschen Staat, Österreich und Frankreich* (1887)，社会政治学协会编。

想"。[253] 结果，尤其是**耶利内克**的方法评论影响也为行政建立起了"两面理论"（Zwei-Seiten-Theorie）。[254] 行政学说和行政法的连接被看成"不自然的混合联姻"。行政学说被当成实然科学，它对应着被当成应然科学的行政法，只有它们共同的行政基底才能把它们松散地结合在一起。行政学说是否在法律之外也能拥有规范性的一面，这还不清楚。这门学科在大学教育中没有了意义，因此起的作用不大。在奥地利，行政学说这门学科在学习计划中得到了保证，尚能保持边缘性存在；在一战前的三十年里，这门学科在德国"几乎销声匿迹"了[255]。

---

[253]　E. Forsthoff, *Lehrbuch des Verwaltungsrechts*，第 10 版，第 1 卷（1973），页 46。

[254]　Gargas，前注 234，其中特别提到了耶利内克。

[255]　Gargas，前注 234，页 427。

第十章
一般国家学说（1850—1914）

一、德意志同盟的最后岁月

（一）转向"事实"

19 世纪下半叶，法学的实证化、科学化和去政治化趋势 [1] 给一般国家学说带来巨大后果。这门专业在有效法律之上研究"不受时间限制"的国家基础。当有效（宪法法律）法律处于显要地位时，对国家基础进行反思的需求就变小了，尤其在帝国成立时期，以及紧接着在政治上风平浪静、有效法律具有很大正当性的时期更是如此。

其背后或许存在着某种规律性。欧洲国家理论的伟大思想路标（**马基雅维利、博丹、霍布斯、洛克、孟德斯鸠、卢梭**）形成于危难之中，这些思想路标力图建立起稳固的支撑，它们或许是危机的思想先兆。生死攸关的生存环境必然导致根本性东西，而政治和平阶段往往潜在地更有利于有效法律的文化。如果从这个角度观察 19 世纪的情况，那么这个浅显道理便得以证实。我们不能忽视整个三月革命前的一般国家学说的重要意义。在那里，而不是在德意志同

---

[1]　J. Blühdorn / J. Ritter (Hg.), *Philosophie und Rechtswissenschaft. Zum Problem ihrer Beziehung im 19. Jahrhundert* (1969)；同作者编，*Positivismus im 19. Jahrhundert. Beiträge zu seiner geschichtlichen und systematischen Bedeutung* (1971)。

盟和各个邦国的法律中，进行了决定性的殊死较量；在那里，政治思想被转化成能实施的法律原则，而这些能形变的法律原则又可以转化成宪法规范。

19世纪下半期，人们对一般国家学说的兴趣一直延续到德意志同盟成立（1866）。之后便出现一个较大的真空，时间大约从1860年代中期到世纪之交。整整一代人都在潜心从事民族统一大业，学术范式从"国家学方法"向"法学方法"转变，行政和行政审判中的实证法大量增加，这些都在某种程度减少人们进行一般性反思的写作精力，而把这种精力引到"具有实证性的东西"上。要在有效法律与因遭嘲讽而声誉受损的"哲学天空的前奏"（**格贝尔语**）之间划出更明确的界线，对于一般国家学说而言，这是一件困难的事。尽管"法学方法"的代表人物建构法学的工具取自哲学，但他们仍竭力贬斥对国家的哲学思考。他们那种坚定态度把国家的非法学理论反思看成一种随心所欲和无关痛痒的东西。与此同时，在严格历史主义方法的要求下，历史因素脱离出来，独立存在。认识国家和社会现实的理论思想同样如此，它们开始在新的"社会学"中进行联合。一言以蔽之，法律的、历史的、经验的和哲学的内容分道扬镳。

至于哲学，其整体背景发生了变化。当时，自然法在方法上受到诋毁（在形式上也受到诋毁，而这种形式本身吸收了**康德**的批判主义[2]），"唯心主义"体系，尤其是**黑格尔**体系已不再适用。[3] 人们

---

[2]　D. Klippel, *Politische Freiheit und Freiheitsrechte im deutschen Naturrecht des 18. Jahrhunderts* (1976)，尤其参见页159及以下；同作者，»Naturrecht als politische Theorie. Zur politischen Bedeutung des deutschen Naturrechts im 18. und 19. Jahrhundert«, H. E. Bödeker / U. Herrmann (Hg.), *Aufklärung als Politisierung. Politisierung der Aufklärung* (1987)，页267—293。

[3]　比较 K. Rosenkranz, *Hegel als deutscher Nationalphilosoph* (Leipzig 1870)；K. Köstlin, *Hegel in philosophischer, politischer und nationaler Beziehung für das deutsche Volk dargestellt* (Tübingen 1870)；A. Lasson, »Ueber die Natur des Rechts«, J. Bergmann (Hg.), *Philosophische Monatshefte*，第6卷（Berlin 1870/1871），页1—63；（转下页）

谈论着唯心主义的"破灭"。"很快，经验主义者、实证主义者、现实主义者、历史主义者、自然主义者和形形色色的专家们可以胜利地宣称，自然哲学和精神哲学的梦想已结束。"[4] **耶林**在 1861 年发表的一篇匿名文章中说，"人类常识停止的地方，也是思辨开始的地方；为了能献身思辨，人们必须要么不曾拥有理智，要么已丧失了理智。"这句话恰好符合反哲学的、追求"现实"的基本氛围。在历史主义洪流中，反思自身过去的哲学史方兴未艾（**库诺·菲舍尔**［K. Fischer］、**文德尔班**［W. Windelband］、**狄尔泰**）。哲学一旦将自身视为历史现象，它本身就成了问题。由于真理问题被历史相对化，哲学在某种程度上宣告破产。19 世纪末，"法哲学几乎处于混乱状态"。[5]

"在这个伟大时代之后，"**文德尔班**这样总结唯心主义，"哲学的秋冬降临了。从一个体系到另一个体系的创造源泉枯竭了，沉醉于思辨之后是头脑的清醒。此外，复辟时代的雾霭笼罩着欧洲，而在德国又最为浓厚。当这昏暗的氛围开始烟消云散，显露亮光，并重新恢复清新和光彩时，哲学思想与普遍主义知识之间的联系丢失了——少数伟大传统的担当者除外，而普遍主义知识对这个繁荣时代的秘密至关重要。时代已迅速变化。"[6]

诚然，自然科学和人文科学的实证主义统治了 19 世纪后半期。人们相信，思辨的时代一去不复返，现在重要的是"事实"[7]、现

（接上页）见同作者，»Von der Natur des Staates«，见前引书，页 105—171。

[4]　施米特为 L. v. Stein, *Zur Preußischen Verfassungsfrage* (1940) 再版撰跋，页 62。

[5]　E. Lingg, »Wesen und Aufgaben der Rechtsphilosophie«, *Grünhuts Zeitschrift*, 第 18 卷（1891），页 42—63（页 45）。亦见 U. Scheuner, »Hegel und die deutsche Staatslehre des 19. und 20. Jahrhunderts«，见同作者，*Staatstheorie und Staatsrecht* (1978)，页 81—100。

[6]　W. Windelband, *Die Geschichte der Neueren Philosophie*，第 3 版，第 2 卷（Leipzig 1904），页 408。

[7]　L. Grunicke, *Der Begriff der Tatsache in der positivistischen Philosophie des 19. Jahrhunderts* (1930).

实政治和有效"实证的"法律。但是，这并不意味着人们所关注的唯心主义哲学消失得无影无踪，一点残余都没有。隐含在唯心主义哲学中的道德观念在 1848 年到 1849 年之后式微，但仍以变化和肤浅的方式——尤其在法学家那里——继续存在着。一个重要的动力来自政治情况：在新的复辟时期（1850—1860）又产生了三月革命前的局势。自由主义这个反对派据理力争，从规范角度谈论政治的道德化和对立的协调，以此对抗浓厚的复辟气氛。在这几年所撰写的一般国家学说在风格特征上是自由主义的。**阿伦斯**（Heinrich Ahrens，1808—1874）、**黑尔德**、**伯伦知理**和**弗朗茨**（Constantin Frantz，1817—1891）都变成了温和的、"现实主义的"自由主义者。他们把君主立宪制当作具有改革能力的模式加以接受，一方面通过个体之间的道德联系，另一方面把国家思考为有机的、对社会各种力量开放的，以便推动矛盾冲突的克服。然而，他们把"自由精神"的自由主义与他们厌恶的唯物的实证主义和理解为技术上的进步乐观主义相区分。他们停留在唯心的"有机自由主义"这条路线上，但以各自方式对这时发生变化的时代情况进行回应。

（二）术语和界分

在 17 世纪进入 18 世纪的过程中，形成了独立的"普遍公法"（ius pulicum universale）。[8] 自那以后，该术语和界分一直不确定。18 世纪末被称为"依照理性的国家法""自然的国家法""国家学说"或"一般国家学说"的，[9] 在三月革命前与"德意志共同国家法"和处在法学之外的"政治学"划清了界限。可以明确的是，它们不涉

---

[8]　*Geschichte*，页 291 及以下。

[9]　H. Kuriki, »Die Rolle des Allgemeinen Staatsrechts in Deutschland von der Mitte des 18. bis zur Mitte des 19. Jahrhunderts«, *AöR*, 第 99 卷（1974），页 556—589。

及有效的国家法。国家一般性反思的效力主张和效力基础仍处于不确定状态，因为在 1850 年以后这种一般性反思开始分叉为各个学科，其数量在那时还不曾为人所知。民族学、人类学、社会学、国民经济学、统计学、人口学、财政学以及历史上的全部学科都贡献出"与国家有关"的知识。能对这些所有知识进行归类整理的概念框架才是真正的问题所在。

　　"19 世纪上半叶，国家学说（Staatslehre）要么被看成一门与国家法和政治学相并列的独立学科，即国家的自然学说（Naturlehre），要么被当成和实践相对的理论国家学的总和。19 世纪下半叶，**莫尔**把它当作独立的国家学学科进行讲授，在其影响下，其他人也如此处理。但仍普遍缺少一个固定的、彻底的、被承认的以及把国家学说与国家法和政治学分割开的标志，相关论述也充满着含混与矛盾。"**耶利内克**对过去的 19 世纪这样总结道。[10] 他区分了对国家进行社会学的经验性思考和规范性思考，把规范性思考分成"作为国家法基本概念"[11] 的一般国家法学说和有效的国家法学说。因此，再一次清楚地划出了长久以来可辨的分界线。实然和应然、经验性的和规范性的思考方法被分开了。国家规范性学说与各种国家"社会学说"相对。按照这种模式，**耶利内克**对历史内容进行整理，并高屋建瓴地对几乎所有材料提出从古至今的发展线索。其中引人注目的是，尽管不断引用最新作者的论述，他在 19 世纪后半期仍记录下了某种程度的材料空缺。在 1900 年的《一般国家学说》（*Allgemeine Staatslehre*）前言中，**耶利内克**指出："在逾一代人的岁月里，这个领域没有诞生出一部可以超越狭小同行圈子的总结性著作。"

---

[10]　G. Jellinek, *Allgemeine Staatslehre* (1900；第 3 版，第 6 次再版，1959)，页 61 及以下。

[11]　前引书，页 64 及以下。

如果强调把时间限定在 1865 年到 1900 年这几十年，那么可以赞同他的这种论断。从北德意志同盟到世纪之交，打算撰写一般国家学说的不多，[12] 那些为数不多的尝试也没有起到对讨论产生影响的作用。其中，内外原因明显在共同发挥作用，对各著作研究基本规范问题的内在"质量"产生了影响，这与影响研究国家法学说和社会的普遍意愿大幅度下降一样。

但 1850 年到 1865 年的情况却是另一番景象。当时流行的一般国家学说著作的大量再版和翻译，证明了与自然法和唯心主义传统有关系的著作明显有很大反响。那些著作尝试抵抗学科独立化和专业化的总趋势。

二、自然法与晚期唯心主义

（一）K. Ch. F. 克劳泽与 H. 阿伦斯

建立在形而上学基础上的自然法传统在 19 世纪尽管变得更为薄弱，但并未完全中断。[13] 在实证法背后不断出现"法权理念"和"正

---

　　[12]　除文中论述到的赛德尔、加赖斯、雷姆和博恩哈克的著作外，还可参见 A. Affolter, *Grundzüge des Allgemeinen Staatsrechts* (Stuttgart 1892)；同作者，*Naturgesetze und Rechtsgesetze* (München 1904)；以及同作者的大量国家理论文章：»Der Positivismus in der Rechtswissenschaft«, *AöR*，第 12 卷（1897），页 23—43；»Studien zum Staatsbegriff«, *AöR*，第 17 卷（1902），页 93—140；»Zur Lehre von der Persönlichkeit des Staates«, *AöR*，第 20 卷（1906），页 374—414；»Rechtsbegriff und Wirklichkeit«, *AöR*，第 21 卷（1907），页 410—436；»Staat und Recht«, *(Hirths) Annalen* (1907)，页 51—70，页 113—128，页 161—193，页 811—848；»Zur Normentheorie«, *AöR*，第 23 卷（1908），页 361—418；»Rechtsvorschrift und Verwaltungsvorschrift. rechtliche und technische Verwaltung«, *AöR*，第 27 卷（1911），页 367—385。勿把该作者与海德堡的公法学家阿福尔特（F. X. Affolter）相混淆（Drüll，页 2）。

　　[13]　Klippel, »Naturrecht als politische Theorie«，前注 2，页 277 及以下。

确的""永恒的""真正的"法。人们也不断谈论某些法律形态的"本质"，并不断寻找处于实证法之上的科学体系。**黑格尔**的概念性就属于这种情况，它明显从事物本身性质发展出来，并带有"必然性"的规范主张。把所有这些变因联系在一起的是法效力层面的加倍。实证法因宪法条件下的立法程序或法律认可（习惯法），或因被承认的法律塑造权力（法官造法）而具有效力。而在这种实证法之上还存在着第二层面的有效法，它通过诉求于宗教、形而上学或事物的内在逻辑而使自身正当化。人们有时试图磨合这两种效力层面，也就是尽可能拉拢实证法和超验法，有时又明确回避这种磨合，目的是为了在糟糕的现实与理想之间划定距离。由此产生的紧张局势随时会被政治工具化，但在 18 世纪末和 19 世纪初完全具有批判统治权力的意义。诉求于自然法被认为是有革命嫌疑的政治信号，这不无道理。

这明显体现在**克劳泽**（Karl Christian Friedrich Krause，1781—1832）的"唯心主义"法律学说中。该法律学说充满了乌托邦因素，颇具影响。不仅在追问上帝概念——**克劳泽**的"泛神论"——中的法律理由和效力问题上，而且在因人的"理性自觉"而具有的本能的可认识性问题上，这种法律学说都是前**康德**主义的。其语言外衣是唯心主义的，所含的政治信息与**费希特**和**黑格尔**把国家理解成整体对个体占有利用相差甚远，就像与**罗特克**和**阿雷廷**启蒙的个人主义相差很远一样。

克劳泽认为，法律是从人群形成中产生出来的。因此，他赋予国家的角色只是一个受限制的法律秩序的担保者。他期望自由的个体能够和谐发展，但他所理解的个体是以社会契约的义务约束来塑造的。他鼓吹妇女享有完全的平等地位。总之，他认为，走向自由的共和国并最终迈向世界国家中，是一个长期的有机发展过程。对和谐的强烈需求使他不仅把人类世界和自然看成同等的，而且认为，当大家都能参与国家中，社会冲突得到圆满解决时，性别之间、社会群体之间和种族之间的不平等最终都会消失。[14]

除**莱昂哈尔迪**（Hermann von Leonhardi，1809—1875）[15] 和海德堡的**勒德尔** [16] 外，**克劳泽**最重要的学生是**阿伦斯** [17]。他在哥廷根大学聆听过**克劳泽**的教诲，他的学术生涯开始于1830年法国七月革命。他在有关德意志同盟的著作中敦促召开国民代表大会，[18] **胡果**认为该作品幼稚而加以拒绝。1831年，**阿伦斯**参加了哥廷根的"讲师造反"（Privatdozentenputsch），[19] 因此不得不逃往巴黎。他在那里开始讲授哲学课程。接着在1834年受聘前往布鲁塞尔担任哲学和自然法教职。[20]1848年，**阿伦斯**被选进保罗教堂国民议会，代表他的家乡萨尔茨吉特（Salzgitter）。他在国民议会中支持大德意志方案，并警

[14]　P. Landau, »Karl Christian Friedrich Krauses Rechtsphilosophie«, K.-M. Kodalle (Hg.), *Karl Christian Friedrich Krause (1781–1832). Studien zu seiner Philosophie und zum Krausismo* (1985)，页 80—92；同作者，»Karl Christian Krause und Christian Wolff. Zu den Wurzeln des ›Krausismo‹ im deutschen Naturrecht«, L. Philipps / R. Wittmann (Hg.), *Rechtsentstehung und Rechtskultur, H. Scholler z. 60. Geb.* (1991)；E. M. Urena, *K. C. F. Krause. Philosoph, Freimaurer, Weltbürger. Eine Biographie* (1991)；S. Wollgast, *Karl Christian Friedrich Krause* (1990)。

[15]　莱昂哈尔迪，在哥廷根大学（1827）和慕尼黑大学（1829）学习，1838 年在图宾根获哲学博士学位。1848 年起在布拉格的卡尔·斐迪南大学任教授。在那里，他组织了 1868 年首次国际哲学大会（感谢卡尔本的菲利普·莱昂哈尔迪男爵［P. Frhr. v. Leonhardi］所提供的信息资料）。

[16]　见本书第 3 章，注 337，以及 Drüll，页 221。

[17]　R. Schröder, »Zur Rechtsphilosophie des Krause-Schülers Heinrich Ahrens (1808–1874)«，载 Kodalle，前注 14，页 93—111；E. Herzer, *Der Naturrechtsphilosoph Heinrich Ahrens (1808–1874)* (1993)。

[18]　H. Ahrens, *De confoederatione germanicarum civitatum* (Göttingen 1830).

[19]　Huber II (1960)，页 88。

[20]　H. Ahrens, *Cours de droit naturel* (Paris 1838；第 8 版，Leipzig 1892)；德文版题目为 *Naturrecht oder Philosophie des Rechts und des Staates. Auf dem Grunde des ethischen Zusammenhanges von Recht und Cultur*，第 6 版，2 卷本（Wien 1870–1871）。国家学说在第 2 版中，第 103 节及以下。

告普鲁士霸权。[21] 因此，他在 1849 年到 1850 年去了格拉茨大学，并开始怀着饱满的乐观主义精神，就不足为奇了。[22] 但当"奥地利把法哲学从国家考试内容中删除"时，[23] 他转而去了莱比锡大学，并担任实践哲学和政治学教授。

阿伦斯的《哲学教程》（*Cours de philosophie*, 1836—1838）、《自然法教程》（*Cours de droit naturel*, 1838）、《自然法或法哲学》（*Naturrecht oder die Philosophie des Rechts*）以及《法律百科全书》（*Juristische Encyklopädie*, 1855—1857）广为流传，并被翻译成多种文字。[24] 在布鲁塞尔，他把**克劳泽**的哲学传授到法语和西班牙语世界，甚至还传授到了南美。[25] **克劳泽**和**阿伦斯**思想的广泛流传在今天看来匪夷所思，如果不考虑到相关国家的文化和政治气候的话更是如此。人们应该注意到，他们的思想涉及严格学术性的哲学并不多，而涉及更多的是带有开放与和谐原则的人道生活学说。这种学说进而把可接受的信仰中立的宗教基础与温和的自由主义影响联

---

[21] 他属于"符腾堡旅馆"成员，18487 月起属于分离的"韦斯滕德哈尔"成员。比较 Landsberg III/2，页 655，注 281—282；W. Siemann, *Die Frankfurter Nationalversammlung 1848/49 zwischen demokratischem Liberalismus und konservativer Reform* (1976)，内有更多文献。

[22] W. Brauneder, »Formen und Tragweite des deutschen Einflusses auf die österreichische Verwaltungsrehctswissenschaft (1850–1914)«, E. V. Heyen (Hg.), *Wissenschaft und Verwaltung seit dem Ancien Régime* (1984)，页 269—270。

[23] Schröder，前注 8，页 97。这在比利时时也发生过，有关其暗示，见 Ahrens, *Naturrecht*，第 1 卷（Wien 1870），序，页 9。有关格拉茨时代，见 Brauneder，前注 22，页 249 及以下（页 269—270）。阿伦斯在莱比锡大学的继任者是弗里克。参见 K. Bücher, »Karl Viktor Fricker«, *ZgStW*，第 64 卷（1908），页 193—200。

[24] 阿伦斯在序（前注 23）中说："除第二个法文版本和不同版次的德文译本外，在意大利有四个译本，在西班牙有三个译本，在葡萄牙和巴西有两个译本，在匈牙利有一个译本，该书到目前为止共有二十个版本。"

[25] 有关西班牙和阿根廷的"克劳泽主义"，比较 G. Klaus / M. Buhr (Hg.), *Philosophisches Wörterbuch*，第 6 版，第 2 卷（1969），页 612—623，以及科达勒（Kodalle）的论文，前注 14，页 133 及以下。

系在一起，走的是介于教条自由主义与保守主义之间的中间路线。
阿伦斯与**谢林**和**黑格尔**明显不同；对他来说，这两位哲学家象征着
"统一哲学"（Einheitsphilosophie）、"泛神论"、政治上的单一
制和国家神圣化。在世纪之交，普遍确认的唯心主义哲学的终结与
阿伦斯的自身发展发生对撞。

　　他的法哲学与国家哲学第二部分是"哲学与人类学基础之上的
有机国家学说"。[26] 在该学说中，**阿伦斯**发展出"国家唯心主义"，
这种主义把客观性与主观性、规范性与现实性、过去与现在、民族
与人类相互联系在一起，其主要论调是自由主义的。国家应该是有
机发展的，它应该把其组成部分的多样性联系起来，应该以法权原
则为目标，并保障自由——当然还有秩序。在总论部分，**阿伦斯**从
人的理念及其规定性出发进行论述，把法描述为独立的生活理念，
还描述了"发展力量"以及社会结构。谁要想象**阿伦斯**在这里尝试
以经验为指向并含有事实内容的社会学描述，他准会失望；**阿伦斯**
的分析眼光不能与**马克思**和**洛伦茨·施泰因**相比。社会现实不是他
要谈的东西。

　　这也体现在分论部分，他在里面描述了国家的本质、目的及其
来源。与**克劳泽**的论述一样，国家的范围受到了限制。国家充当实
现法权的手段，是"依赖于人的意志行为并在理性自由中实现人的
规定性的条件有机整体"。[27] 国家的行为形式和机构，以及国家的
自然条件被放在了总论部分。**阿伦斯**的学说可以被运用到君主立宪
制上，但对共和制的未来也是开放的。总之，这是一部"调和的"、

---

　　[26]　第 1 卷（Wien 1850）。后来的文本被放进 *Naturrecht oder Philosophie des Rechts und des Staates*，第 6 版，前注 20，第 2 卷。

　　[27]　前引书，页 102。*Juristische Encyklopädie*（Wien 1855），页 105，该处同样
把国家看作"按照特殊法律方式实现人类目的"的营造物（Anstalt）。

人道的、非民族主义的和中庸的作品，它想为社会问题及其经济和
社会政治的解决性建议开始出现的伦理化，提供一定的论证帮助。

（二）L. J. 格斯特纳、H. 比朔夫

符腾堡的国家经济学家**格斯特纳**（Ludwig Joseph Gerstner，
1830—1883）[28] 撰写的《国家行政的基本学说》[29] 也提供了"有机
的和基督教的"一般国家学说。顺便说一下，他撰写这本书受到了"巴
伐利亚官府重组"（前言）的鼓舞。在**格斯特纳**看来，国家不仅是
历史的产物，还是"统一体和整体"，它是上帝的馈赠，有着广泛
目的，是"上帝意志的、有机的存在。这种存在是在大多数人中确
定的领土上，依照自然法和自由法则产生的独立权力和人格体，其
目的是依照确定的规范在一个最高主权意志的领导下，使其归属者
的身体物质和精神道德得以完善"。[30] 尽管这听起来像是传播到 19
世纪的 18 世纪自然法学说，但**格斯特纳**的基本思想框架并未脱离他
所处的时代。在国家与社会的分离以及认为宪法与行政法相互影响
的问题上，他跟随**莫尔**。以"国家主权"来克服主权在君与主权在
民这种二分法，也完全合乎时宜。他尝试进一步起草一本全面的"国
家行政学说"，使其成为所有"实质领域的行政学说"之地。[31] 这
种尝试在内容上和时间上直接与**洛伦茨·施泰因**的《行政学说》接近。

---

[28] 格斯特纳出生于阿本贝格（中弗兰肯），1849 年起在埃朗根大学学习，
1856 年在图宾根大学获国家学博士学位，1857 年在埃朗根大学完成教授资格论文（《资
本理论研究》［»Beitrag zur Lehre vom Capital«］），1862 年在维尔茨堡大学任编外
教授，1863 年任教授。1869 年成为邦国议会成员，1871 年到 1874 年任帝国议会议员。
除文中谈到的著作外，他还出版有两本巴伐利亚法律评论和几本短篇幅的国民经济学
著作（*Univ. Arch. Würzburg, ARS 486*）。

[29] L. J. Gerstner, *Die Grundlehren der Staatsverwaltung*，第 1 卷，*Einleitung in
die gesamte Staatsverwaltungslehre* (Würzburg 1862)。

[30] 前引书，页 53。

[31] 前引书，页 222。

格斯特纳再没有对他最后起草的体系进行更为详细的展开。

吉森大学的哲学家、法学家，**费希特**的学生，**比朔夫**（Hermann Bischof）与**格斯特纳**相差不远。[32] 他也认为，法权不是人的产物，而是"上帝世界秩序的体现，包含在人、事物及状态之中"。[33] 因此，国家不是建立在契约基础上的意志创造物，而是历史形成的产物，并承载着理念。与民族一样，它具有"道德个性"。它的基础是历史和理性。与**格斯特纳**一样，**比朔夫**的著作也贯穿着**莫尔**意义上的国家科学与社会科学相分离的思想。

（三）J. C. 伯伦知理

在保罗教堂国民议会之后的二十年中，德意志一般国家学说的代表人物不是活动在比利时和奥地利的**阿伦斯**，甚至也不是次要人物**格斯特纳**和**比朔夫**，而是瑞士人**伯伦知理**。[34] **伯伦知理**先后在苏黎世、柏林[35] 和波恩求学，1829 年在波恩大学完成一篇关于罗马法主题的博士论文。尔后，他先是在苏黎世做法院书记员和法律顾问，接着从 1833 年起在新成立的苏黎世大学任编外教授，从 1838 年起任罗马法、德意志私法和苏黎世地方法教授。他在那里撰写了《苏

---

[32]　H. Bischof, *Allgemeine Staatslehre, gestützt auf geschichtliche Grundlage und christliche Prinzipien zur Lösung der socialen Probleme des 19. Jahrhunderts für die Träger der allgemeinen deutschen Bildung und als Leitfaden bei akademischen Vorlesungen* (Gießen 1860)。比较同作者，*Nothrecht des Staates* (Gießen 1859)；同作者，*Grundzüge eines Systems der Volkswirtschaftslehre* (Graz 1876)。

[33]　Bischof, 前注 32，页 143。

[34]　Meyer v. Knonau, *ADB*, 第 47 卷（1903），页 33；H. Fritsche,»Johann Caspar Bluntschli«, *Schweizer Juristen der letzten hundert Jahre* (Zürich 1945), 页 135 及以下；H. Mitteis, *NDB*, 第 2 卷（1955），页 337—338；E. Forster, 载 Kleinheyer / Schröder, 页 43—46；Drüll, 页 23，内有更多文献。

[35]　伯伦知理听萨维尼讲座所做的笔录收藏在美国的约翰·霍普金斯大学。伯伦知理与萨维尼、尼布尔、兰克、格林以及 F. 迈尔的书信集，由厄克斯利（Wilhelm Oechsli）编辑出版（Frauenfeld 1915）。

黎世城市和乡村的国家史与法律史》，这部名著在某种程度上是历史法学派在瑞士的产物。[36]1840 年起，他参与苏黎士民法典的制订工作，并成为该民法典的实际创造者。此时，他已是苏黎世州议会成员。"**伯伦知理**的民法典语言清晰，为人民喜闻乐道，它放弃了总则部分，自成一体，并有意识地把传统制度和法律规范与现代法律思想结合在一起，体现了日耳曼派现代主义－自由主义支系的首次伟大胜利。"[37]

由于在政治上遭受了一次本身并不重要的失败，[38]1848 年，**伯伦知理**转到慕尼黑。在那里，他成为德意志私法[39]和国家法教授，并从那时起其工作重心转移到一般国家法和国际法。[40]1851 年到 1852 年，他在那里出版了《一般国家法》。[41]与 1849 年以后在自由主义中弥漫的低沉情绪不同，该书充满了乐观主义精神，并受到积极的评价："在政治消沉时期，信奉我们的民族在国家上向前发展，

---

[36]　J. C. Bluntschli, *Staats- und Rechtsgeschichte der Stadt und Landschaft Zürich* (2 卷本，Zürich 1838/1839；第 2 版，1856)；同作者，*Geschichte des schweizerischen Bundesrechtes von den ersten ewigen Bünden bis auf die Gegenwart*，2 卷本（Zürich 1849, 1852）。

[37]　H. Peter, *HRG* (1971)，第 1 卷，页 456—458（页 456）。

[38]　1844 年，他在市长选举中败北，但在 1845 年被选为上议员主席。有关那次选举失利，见凯勒（Gottfried Keller）写的讽刺诗《一顶帽子下的三个傻瓜》（»Drei Narren unter einem Hut«）。

[39]　J. C. Bluntschli, *Deutsches Privatrecht*，2 卷本（1853–1854；第 3 版，München 1864，达恩［F. Dahn］主编）。

[40]　J. C. Bluntschli, *Geschichte des allgemeinen Staatsrechts und der Politik* (München 1864；后来改为 *Geschichte der neueren Staatswissenschaften*，第 3 版，1881；再版，1964)；同作者，*Das moderne Völkerrecht der zivilisierten Staaten als Rechtsbuch dargestellt* (Nördlingen 1868)。

[41]　J. C. Bluntschli, *Allgemeines Staatsrecht, geschichtlich begründet* (München, 1851/1852；第 2 版，2 卷本，1857；第 3 版，1863；第 4 版，München 1868；第 5 版，1875，主标题为 *Lehre vom modernen Staate*，并对第 3 部分 "政治学" 进行了补充；第 6 版，2 卷本，Stuttgart 1886，由勒宁修订，题为 *Allgemeine Staatslehre*；再版，1965).

相信国家具有更高的道德本质，都彻底失去了根基，而极富思想的**伯伦知理**撰写的这部著作却使我们耳目一新。"[42]

伯伦知理在该著作中发展成为百科全书式学者，与三月革命前如**卡尔·察哈里埃**或**施米特黑纳**所做的一样。在占据第一卷的"一般国家学说"中，他从国家形成的人类学、种族和地理前提出发，[43]以透彻形式论述了国家目的、国家形式、主权和国家任务这些古典论题。其论述承载着三月革命前典型的历史有机的自由主义思想，而这一思想现在以"温和"的、顺应 1849 年以后复辟条件的形式出现。国家目的的主要侧重点现已不再放在政治参与和自由权利上，而是放在自由与秩序的协调上。国家的任务是"发展人民的天分，完善民众的生活，最终达到"与"人的规定性相一致"。[44]典型的是，个人的和政治的自由权利在该著作的末尾才出现；它们不再是"组织构成的"（konstitutiv）了。

在紧接着的"一般国家法"部分，**伯伦知理**把君主立宪制理解为德意志的特有形式，与英国和法国的模式不同。君主权力与代议制宪法在这里被牢牢地连在一起——只进行了浅显的分权。稳定的因素尤其包括了国家文化管理和经济管理在内的行政。在他看来，五六十年代的德意志君主立宪制显然不是理想的国家形式，但这对改良的自由主义来说却是充分的思想观点。[45]**伯伦知理**的变革观点

---

[42]　H. Schulze (1853)，引自勒宁为第 6 版写的序（Stuttgart 1886；再版，1965），页 VIII。

[43]　有关伯伦知理与弗里德里希·罗默的关系，比较 H. Schulthess, *Zu J. C. Bluntschlis Leben und Wirken vom Rohmerschen Standpunkte aus* (Nördlingen 1882); S. D. Schmidt, »Die allgemeine Staatslehre Johann Caspar Bluntschlis« （法学博士论文，München 1966)，页 136 及以下。莫尔说，伯伦知理从弗里德里希·罗默那里接受了"把国家与人及其器官进行非常疯狂的比较"（Mohl, *Lebenserinnerungen*, II，页 153）。

[44]　第 6 版，第 1 卷，页 362。

[45]　比较他为特殊行政司法所进行的辩护（第 2 卷，页 351 及以下）："或许将来会实现公法法院判决所有公法纠纷的理想"（页 351）；J. C. Bluntschli,（转下页）

也是有局限性的，就像他偶尔表达的反犹主义所体现的那样。[46]因此，他在文献中基本上被划为"保守的自由主义者"。

　　然而，或许正是因为这些符合民族自由主义的基本感觉和完全接受政治现实的论调，也因为文本在语言上通俗易懂，这部著作才如此成功。[47]它始终反思历史 – 有机的发展，从而以温和的形式传授三月革命前的传统，但没有了这传统的革命因素。"现代国家"这个套语在这种语境中建立起来。它被理解为由宪法建立起来的、由代表治理的法治国，最晚在1848年蜕却旧制度的最后残余，是人权的担保者；它还意味着私法与公法的明确分离。"现代国家拥有自我意识。它依照原则行事。它的理性比本能要多。制定法是最重要的法律渊源。"[48]

　　该著作旨在资产阶级阵营内部发挥广泛政治影响，它能被多数人接受。**伯伦知理**和已提到的**布拉特**[49]主编的《德意志国家词典》[50]是集体创作的学术著作，与**罗特克**和**韦尔克**在三月革命前主编的《国

（接上页）»Verwaltungsrecht und Verwaltungsrechtspflege. Eine Studie betreffend die neueste Gesetzgebung in Baden«, *Krit. Viertelj. schr. f. Gesetzgebung und Rechtswissenschaft* (1864)，页257—291。

　　[46]　比较如 J. C. Blunschli, *Die Neueren Rechtsschulen der deutschen Juristen* (Zürich 1839；第2版，Zürich 1862)，页70，该处对施塔尔进行了反驳，认为在施塔尔那里，整个体系贯穿着"神权的犹太特征，像一根红线一样"，"这个体系对我们这个时代的欧洲雅利安世界没有一点用处"。

　　[47]　译本：*Le Droit public général* (1880；第2版，1885)；*Dottrina generale dello Stato moderno* (Naples 1883)；*The Theory of State*，第1卷（London 1885）。有关德文版次，见前注41。

　　[48]　第2卷，页68。第1篇，第6章有一个"现代国家概念与古代和中世纪国家概念的主要区别"的简要对比。见 J. Vontobel, *Die liberal-konservative organische Rechts- und Staatslehre Johann Caspar Bluntschlis 1808–1881* (Zürich 1956)，尤其是页65及以下；M. Bullinger, »Johann Kaspar Bluntschli«, *JZ* (1958)，页560；Schmidt，前注43。

　　[49]　Th. Schieder, *NDB*，第2卷（1955），页538。见本书第7章，注19。

　　[50]　*Deutsches Staatswörterbuch. In Verbindung mit deutschen Gelehrten*, J. C. Bluntschli (Hrsgg.), 布拉特参与编辑，11卷本（Leipzig, Zürich 1857–1870）。

家辞典》所理解的自由主义相似。它传达了自由主义的、"现代"
法治国的和立宪国家的信息，承载着资产阶级中间派的愿望。这些
资产阶级中间派已经告别了过高的政治期许和思辨哲学，他们转向
经济和政治现实，看到逼近的社会危险，但如何应付这种危险，他
们却没有恰当的方法。

　　1861 年，**伯伦知理**接受聘用前往海德堡，成为**莫尔**的接班人。
他成为上议院议员（1861—1871、1879—1881），1873 年起成为下
议院议员，最后成为下议院主席、国家宗教会议成员，还担任了其
他职务。其中最重要的是，他是那个时期南德意志的自由主义代表
人物。[51]

（四）J. v. 黑尔德

　　黑尔德[52] 的《一般国家法的基本特点》写于 1868 年，[53] 明显受
伯伦知理论著的影响。但**黑尔德**进行的历史思考比（法）哲学思考
要少。他的目标是论述奠基所有公法的法律原则。在此意义上，他
把一般国家法的任务看成"从法律观点出发，对一般概念和一般关
系以及正确的一般科学规则进行阐释。一般概念和一般关系是实证
法建立的基础，制定法不确定这些概念和关系；而没有正确的一般
科学规则，就不可能运用实证法"[54]。政治、哲学和历史虽然应该
同样被提出来，但对**黑尔德**的纲领来说，法律的特征、逻辑演绎的
作用、"公共生活的法律因素与所有非法学成分"分离的必然性，

---

　　[51]　J. C. Bluntschli, *Denkwürdiges aus meinem Leben*, R. Seyerlen (Hg.)，3 卷本
（Nördlingen 1884）。

　　[52]　见本书第 8 章，注 26。

　　[53]　J. v. Held, *Grundzüge des Allgemeinen Staatsrechts oder Institutionen des öffentlichen Rechts* (Leipzig 1868；再版，1975).

　　[54]　前引书，页 111。

以及摈弃"所有错误的私法类比"的必然性才是确定的。[55] 在这里能清晰地听到**格贝尔**在 1865 年提出的方法准则。

但**黑尔德**为兑现这项纲领所做出的阐述却是矛盾的。那些基本原则具有法律效力的理由产生了困难。一方面对**黑尔德**来说，要紧的是"一般的、永恒的、确立公法的国家原则"，并用这些原则来衡量实证法；[56] 另一方面，他"不怀疑，作为一门法学学科的一般国家法应该主要建立在制定法以及实证习惯法……的基础上"[57]。可见，**黑尔德**的"法律原则"徘徊于自然法的效力主张与实证法的推演之间。这与他介于褪色的唯心主义哲学和新"法学方法"之间典型的中间道路有关。他完全明白唯心主义哲学已经穷途末路。

当然，这本书在内容上同样也相互抵牾。它首先论述自然人和法人，把国家当作"公共人格"（persona publica），然后阐述"一般国家法的概念"及其法律渊源，按其性质论述实证法的法律渊源（契约、制定法）。在涉及"制定法"时，**黑尔德**几乎是杂乱无章地论述"重要问题"，讨论了公法与其他法律领域之间的界线，还讨论了宪法与行政法在公法上的划分。在最后两章，他才涉及核心问题（主权、国家形成、国家目的学说和国家形式学说、国家继承），但在这里充满了一定的含混模糊。他解释说，总论中的国家权力正当性阐述"对抽象的国家来说……完全是多余的；而对具体的国家来说，法学研究（是）不允许的"。[58] 但他紧接着说："因此，对建立在法律基础之上的国家权力的研究只对具体的国家来说才可想象。"接下来的论述囿于这样的简单问题上，即国家权力的行使和掌握者是

---

[55]　前引书，页 112。
[56]　前引书，页 17。
[57]　前引书，第 195 节。
[58]　前引书，第 217 节。

否与"有效实证国家法"相一致。可见，一般国家学说相对国家实践的批判距离基本上被放弃了。

1868 年，当这部一般国家学说出版时，人们对以这种方式阐述法哲学的兴趣明显下降。现实政治和"有效实证国家法"变成真正具有活力的因素。国家法学家评注《北德意志同盟宪法》，并在**格贝尔**发表《基本特点》（1865）之后转向了"法学方法"。他们放弃所有"思辨"，心甘情愿把自己限制在这种法学方法的活动空间中。

想维护这种活动空间的人已不再撰写"依照理性的国家法"，而是转向政治的公法学。法政的讨论在日报和周刊上大规模地展开。就普鲁士的宪法冲突、帝国的建立以及帝国宪法发表见解，这对许多大学老师来说是理所当然的。**拉班德**阐述国家法的首篇文章就发表在《十字报》上。[59] 除学术名人外，高级行政官吏、外交官和自由学者都参与了进来。其中，**弗朗茨** [60] 脱颖而出。**弗朗茨**在思想上反**俾斯麦**，坚持大德意志方案和联邦制。在关于联邦制的主要著作中，他提出了超越民族主义的欧洲民族共同体的想法，同时企图阻止日益加大的学科独立与分化。这两项都"不合时宜"，确实有着近乎堂吉诃德式的尊严。

---

[59]　见本书第 8 章，注 154。

[60]　他曾在哈雷大学学习，随后在普鲁士外交部门工作数年，1856 年起从公职中隐退，成为一名自由学者，起初到柏林，后来又去了德累斯顿的布拉泽维茨。其著作有：*Vorschule der Physiologie der Staaten* (Berlin 1857)；*Kritik aller Parteien* (Berlin 1862)；*Föderalismus als das leitende Prinzig für die soziale, staatliche und internationale Organisation unter besonderer Bezugnahme auf Deutschland kritisch nachgewiesen und konstruktiv dargestellt* (Mainz 1879)。比较 R. Schnur, »Mitteleuropa in europäischer Sicht. Constantin Frantz«, *Der Staat*，第 25 卷（1986），页 545—573；W. Becker, »Der Föderalist Constantin Frantz. Zum Stand seiner Biographie, der Edition und der Rezeption seiner Schriften«, *Hist. Jahrb.*，第 117 期（1997）。

三、现实主义国家观

（一）转向自然主义

1872 年，**耶林**发表了短文《为法权而战》（»Der Kampf um's Recht«）。在对法权的平庸化唯心主义观念支配的法学语境下，这篇文章是唯心主义向自然主义、"梦想向行动"转向的信号。[61] 人们兴高采烈地接受**耶林**的基本思想，即法权具有目的性和利益确定性。这表明人们的神经受到了触动。"在人类科学的整条路线上，现实观念不断向前强劲地推进。"1873 年，符腾堡的年轻讲师**赛德尔**在**耶林**文章的影响下写道，"因此，若法学想取得成功而不甘落后于姊妹科学的话，它必须也选定这条道路向前腾飞。"[62] 尔后，**贡普洛维奇**完全以同样的观点说道："我们这个时代的自然科学飞速发展，在哲学领域产生了一种现实主义世界观，其他所有哲学学科如果不想遭受被排除出现代科学圈子的危险，那么它们都必须跟随这种哲学方向。这尤其适用于哲学的或所谓一般的国家法……和这种普遍成功推进的现实主义世界观靠得更近些，便是本书的任务。"[63]

在唯物主义和实证主义大规模挺进的过程中，向"现实主义的"国家观的转变对理解国家法，尤其是对国家权力的正当性产生了影响。国家权力现在在某种程度上被理解为劳动和斗争的自然产物。这种转变最终导致介于社会学理解的"事实"（Tatsache）与实证法效力主张之间的一般国家学说的规范有效性请求被磨碎了。例如，**赛德尔**在他 1873 年简短的一般国家学说[64]中激烈反对自然法，反对

---

[61]　Wieacker，页 451。

[62]　M. Seydel, *Grundzüge einer allgemeinen Staatslehre* (Würzburg 1873)，页 V。

[63]　L. Gumplowicz, *Philosophisches Staatsrecht* (Graz 1877)，前言。

[64]　25 年后，赛德尔出版了一系列受人欢迎的《一般国家法讲座》（*Vorträge aus dem allgemeinen Staatsrecht*）。比较 (Hirths) *Annalen des Deutschen Reiches*（转下页）

"**普赫塔**的民族精神阴魂不散"，反对器官学上的国家观以及把国家当作法人的国家学说。在他看来，国家是人类意志的产物，是一个"事实"，它没有自己的意志能力，而是受君主意志的统治。国家是前法权的（vorrechtlich）客观事实，这就像权力在法律之前就已存在并授予法律正当性一样。[65] **赛德尔**和建构各个法律形态的公法纯粹论者一样，是一位坚定的实证主义者。在他看来，只有在道德视野下才存在"不公正的"实证法，而区分公法与私法是立法者的事情，所有公法权利[66]都是不带自然法特征的实证法产物。

尽管**赛德尔**对国家喜欢自然主义的思考，这又与神化统治者意志联系在一起，但他这种国家思考并不缺乏制衡力量。统治者否认整体人民的利益，将受到革命威胁。而对立法机关来说，议会是按照职业等级划分构成的。[67]对行政机关的控制应该是普通法院的职责，在这个问题上，**赛德尔**的想法完全是当时的流行观念。这种观念认为，这种控制是技术的、非政治的和"纯粹逻辑的行为"。[68]

（二）公法中的法律比较

赛德尔象征着向"现实主义的"国家法论证转变，这种论证把权力因素推到显要位置。而这种转变是回应唯心主义国家观走向终结的可能道路中的一条，它在由此产生的论证真空中获取了更坚实

（接上页）(1898)，页321—335，页481—492，页746—758；1899，页249—263；1900，页177—194，页351—368。

[65]　E. Loening, »Der Staat«, *HdWB Staatswiss.*，第3版，第7卷（1911），页692—727（页696），该处把赛德尔和林格（Lingg）（后注69）一起划为"权力论"代表。

[66]　税收权、征收权、公共机构使用权、贫困救济权、个人服务权利（荣誉官职、兵役、义务教育）、官吏权利与义务、国家惩罚权、统治者的权利、选举权、议员权利等。

[67]　赛德尔在此区分了精神活动和物质活动（农业、制造业、手工业，商业）。

[68]　前引书，页94。

的基础。它迟早都必须注意到如此困境，即从权力关系并不能令人信服地推演出规范性原则。否定"客观的共同意志"和国家作为"有机体"与"法人"的品质，同时把所有这些比喻追溯到个体人的及其各个意志的现实中，这固然能解释人类社会化的实际基础，但法律秩序的论证问题却并不能因此得到解决。[69]19 世纪末，哲学的和法哲学的新**康德**主义粉墨登场，这恰好又强化了实然与应然的二元论意识。[70]

　　发展出具有普遍效力的一般国家学说原则的第二条道路，是长期以来为人所知的历史道路。在历史法学派基本原则的延续中，国家被理解为历史事实和社会形成物。这种社会形成物是经过漫长时间形成的，它不再需要实际申辩。其中，历史知识向欧洲以外的空间延伸得越广，民族学的研究补充得越多，从一种全面的历史学和民族学的法律比较中对此种法则的认识就越明显，即法律比较需要一个一般国家学说。与**达尔文**从大量"自然发展史的"事实中看出普遍的建立法则的做法并行，历史学的和民族学的法律比较也可在这里表明，人类的社会行为和国家形成服从于何种规律。哲学抽象的国家论证与历史学的和民族学的经验具体思想因此相得益彰，相互确证。[71]

　　"是否应该在哲学或历史法律比较的基础上，或者在这二者的基础上阐明一般国家学说？"**博恩哈克**在 1896 年对此还拿不定主意，

　　[69]　E. Lingg, *Empirische Untersuchungen zur allgemeinen Staatslehre* (Wien 1890). 比较特茨纳的评述，见 F. Tezner, *Grünhuts Zeitschr.*，第 18 卷（1891），页 530—543。

　　[70]　H. L. Ollig, *Der Neukantianismus* (1979)（*Sammlung Metzler*，第 187 卷）。

　　[71]　亦即 Seydel, *Grundzüge*，前注 62；H. Rosin, »Grundzüge einer allgemeinen Staatslehre nach den politischen Reden und Schriftstücken des Fürsten Bismarck«, *Annalen des Deutschen Reiches* (1898)，页 81—126。对这部作品的赞扬，见 A. Hollerbach, »Heinrich Rosin (1855–1927). Pionier des allgemeinen Verwaltungs- und des Sozialversicherungsrechts«, Heinrichs et al. (Hg.), *Deutsche Juristen jüdischer Herkunft* (1993)。

但他自己决定进行历史学的法律比较。[72] 不久，**雷姆**完全支持法律比较，并要求："我们必须竭力使自己站到这样的立场上来，即通过哲学思辨获取的国家知识，远比不上通过对现实国家的比较观察获取的知识那样有可靠保证。"[73]

民法中的法律比较在某种程度上是想弥补因欧洲共同法遭受破坏所失去的东西。[74] 公法中的法律比较更多的是充当经验替代品，替代旧哲学体系信仰提供的支撑。公法因此进入普遍扩展的法学视野，展望其他法律文化。

早在 19 世纪初，在广泛的科学分支中就可以确认出超越以欧洲为中心的眼光。那时的文献牵涉波斯、印度和东亚的资料，并扩展为"世界文献资料"，而语言科学延伸到世界语言，古埃及语、古波斯语、亚述语以及梵语得到开发研究，大量游记文献资料促成全新民族学内容的形成。1851 年，伦敦首次规模宏大的世界博览会在"文化比较"展览中把艺术与科技结为一体。[75] 紧接着建立的艺术创作博物馆以比较和教育目的收集了来自所有国家和文化的作品。[76] 同样，当时正兴起民族志的收集，其初衷不仅要归功于殖民主义，还要归功于迎合世界尺度的"新奇"视野。

[72]　C. Bornhak, *Allgemeine Staatslehre* (Berlin 1896)，前言。

[73]　H. Rehm, *Allgemeine Staatslehre* (Freiburg 1899)，页 5。

[74]　W. Hug, "The History of Comparative Law", *Harvard Law Review*，第 45 卷（1932），页 1027; L. J. Constantinesco, «Les débuts du droit comparé en Allemagne», *Miscellanea W. J. Ganshof van der Meersch*，第 2 卷 (1972)，页 737; K. Zweigert / H. Kötz, *Einführung in die Rechtsvergleichung auf dem Gebiete des Privatrechts*，第 2 版，第 1 卷（1984），第 4 节，内有更多文献; M. Rheinstein, *Einführung in die Rechtsvergleichung* (1987)，页 37 及以下。

[75]　U. Haltern, *Die Londoner Weltausstellung von 1851* (1971); W. Plum, *Weltausstellungen im 19. Jahrhundert. Schauspiel des sozio-kulturellen Wandels* (1975); E. Kroker, *Die Weltausstellungen im 19. Jahrhundert* (1975).

[76]　B. Mundt, *Die deutschen Kunstgewerbemuseen im 19. Jahrhundert* (1974).

与此同时，通过对当时还不为人所知的大量文献资料进行编辑挖掘，扩大了历史科学的研究领域。[77] 法律理论和一般国家学说试图在法律辞典、百科全书以及博大的专著中，对欧洲和欧洲外的国家急剧增加的国家学信息进行研究整理。在这方面，**卡尔·察哈里埃**是三月革命前最有趣和最典型的作者。[78] 19 世纪中期，人们满怀信心地发展"法律生物学"（**阿马里**［Emerico Amari］）[79] 观念，似乎能为世界民族的不同文化阶段描绘出法律秩序和国家形成的阶段结构。如果国家不再是上帝意志在尘世的显现，或者不再是道德理念现象，而是从权力斗争中上升的自然之物，那么国家的生物学演进理论就成为可能。

欧洲学术交流条件的变化带来这种视野的内部改变。欣欣向荣的刊物，不断更新和新出版发行的百科辞典、法律辞典以及百科全书，也对法律比较进行编录整理。**米特迈尔**对新闻信息报道的收集扩展到整个欧洲，这使海德堡大学成为法律比较的中心。[80] 19 世纪中叶以后，各种法律专业的会议逐渐流行起来——人们现在可以舒适惬意地坐火车旅行，这使在欧洲层面上探讨某些实质问题、做总结或召开工作会议都成为可能。相应地，翻译活动也增多了；拉丁语失去学术语言地位后，人们必须不断进行艰苦的翻译工作。[81] **阿伦斯**、

---

[77] N. Hammerstein, »Die Moderne in der deutschen Wissenschaft im 19. Jahrhundert. Zum Wandel einer Vorstellung«, *Annali/Jahrbuch des italienisch-deutschen historischen Instituts in Trient*，第 16 期（1990），页 9—42（页 34—35）。

[78] 见本书第 3 章，第 2 部分，第 4 节。

[79] E. Amari, *Critica di una scienza delle legislazioni comparate*，第 2 卷（Palermo 1969; 新版由弗罗西尼［Frosini］编辑），页 161。在此感谢海德堡大学雅伊梅（E. Jayme）教授的指点。

[80] E. Jayme, »Mittermaier und Italien«, W. Küper (Hg.), *Karl Joseph Anton Mittermaier* (1988)，页 7—20。

[81] 据笔者所知，19 世纪从德语翻译成其他语言的法学文献还缺少一个全面的书目。

伯伦知理、贡普洛维奇、耶利内克等人的一般国家学说著作都被翻译成欧洲最重要的语言。

（三）"荒芜时期"：从北德意志同盟到世纪之交

唯心主义国家观向"现实主义"国家观的转变，以及通过法律比较来寻找一般法律原则，这同时也是法学实证主义的结果和表征。相信可以认识像正义和国家目的这样的终极价值消失得越多，一般法律学说就更多地取代进行实质性理解的法哲学。[82] **默克尔**（Adolf Merkel，1836—1896）[83]、**宾丁** [84]、**比尔林**（Ernst Rudolph Bierling，1843—1919）[85]、**贝格博姆**[86]、**施达姆勒**（Rudolf Stammler，1856—1938）[87] 以及早期的**宾德尔**（Julius Binder，1870—1939）[88] 和**绍姆**

[82]　H. Klenner, »Rechtsphilosophie im Kaiserreich«, G. Sprenger (Hg.), *Deutsche Rechts- und Sozialphilosophie um 1900* (ARSP, 增刊第 43 期［1991］)，页 11—17。

[83]　G. Dornseifer, *Rechtstheorie und Strafrechtsdogmatik Adolf Merkels* (1979).

[84]　K. Binding, *Die Normen und ihre Übertretung*，第 1 卷（第 4 版，1922），第 2 卷（第 2 版，1914，1916），第 3 卷（1918）；第 4 卷（1919）。比较 Armin Kaufmann, *Lebendiges und Totes in Bindings Normentheorie* (1954; 扩充再版，1988); D. Westphalen, *Karl Binding (1841–1920)* (1989)。

[85]　E. R. Bierling, *Juristische Prinzipienlehre*，5 卷本（Freiburg, Leipzig, Tübingen 1894–1917）；同作者，*Zur Kritik der juristischen Grundbegriffe*，第 2 部分（Gotha 1883）。

[86]　K. Bergbohm, *Jurisprudenz und Rechtsphilosophie*，第 1 卷（1892；再版，1973）。

[87]　R. Stammler, *Die Lehre von dem richtigen Rechte*，（1902；第 2 版，1926；再版，1964 年再版）；同作者，*Wirtschaft und Recht nach der materialistischen Geschichtsauffassung. Eine sozialphilosophische Untersuchung*，第 3 版 (Leipzig 1914)；同作者，*Theorie der Rechtswissenschaft* (Halle 1911；第 2 版，1923)。恰如其分的赞扬，见 J. Schröder, Kleinheyer-Schröder，第 3 版（1989），页 269—271；最新的，见 L. Lotze, »Rudolf Stammlers Marx-Kritik«, Sprenger，前注 82，页 91—100。

[88]　J. Binder, *Rechtsbegriff und Rechtsidee. Bemerkungen zur Rechtsphilosophie Rudolf Stammlers* (Leipzig 1915)。有关宾德尔的发展，见 Stolleis, *Gemeinwohlformeln im nationalsozialistischen Recht* (1974)，页 50—58；R. Dreier, »Julius Binder (1870–1939). Ein Rechtsphilosoph zwischen Kaiserreich und Nationalsozialismus«, F. Loos (Hg.), *Rechtswissenschaft in Göttingen. Göttinger Juristen aus 250 Jahren* (1987)，页 435—455。

洛（Félix Somló，1873—1920）[89] 等，是这个时期的法律理论家。他们尤其为塑造法治的刑法和刑事诉讼法做出了贡献。其中，他们对国家谈论得不多，而谈论更多的是，认为国家体现最高的、正当的、以法律形式发号施令的权力，法律秩序效力要么建立在国家命令的基础上，要么建立在公民认可的基础上。

因此，一般国家学说陷入停滞阶段。观察该景象的人都赞同此种说法。**舒尔策**在 1867 年指出，据他所知，只有海德堡大学设置了一般国家法课程 [90]——显然是指**伯伦知理**的教学活动。十年后，**贡普洛维奇**说，1870 年代以来成了一段"完全荒芜"时期。[91]1896 年，**博恩哈克**重申："这几十年，德国在一般国家学说领域几乎毫无建树。"[92]

无论如何，这种说法大致正确。1883 年起，**马夸德森**主持编写的《当代公法手册》继承了传统。其中的导言是吉森大学的公法学家**加赖斯**撰写的一般国家法论述，[93]但那只是一篇关于"一般学说"的"引言"，"这些一般学说作为一种思想氛围形式萦绕着实证国家的形成"，无中心主题。不仅仅是"政治学"，国家教会法（**欣席乌斯**）、国家法（**布尔梅林克**［A. M. v. Bulmerincq］）以及一般行政法（**萨韦**）都被分裂了。

加赖斯论述的东西也很简洁，并与这种论调相符，正如**马夸德**

[89]　F. Somló, *Juristische Grundlehre*，第 2 版（1927；再版，1973）。

[90]　H. Schulze, »Ueber Princip, Methode und System des deutschen Staatsrechts«, *Aegidis Zeitschrift*，第 1 卷（1867），页 435—436。

[91]　L. Gumplowicz, *Allgemeines Staatsrecht*，第 3 版（Innsbruck 1907），页 20。

[92]　Bornhak，前注 72，第 2 版（Berlin 1909），前言。

[93]　C. Gareis, *Allgemeines Staatsrecht* (Freiburg, Tübingen 1883)(= *Handbuch des Oeffentlcihen Rechts, Erster Band, Allgemeiner Theil*)，页 1—186。有关加赖斯，比较他的自传，见 *Geistiges und künstlerisches München in Selbstbiographien* (München 1913)，页 104—109，以及 J. v. Gierke, *Zeitschr. f. Handelsrecht*，第 87 期（1924），页 239—240。

森所言，"最近，在该领域的论述建立在更现实主义的思考方式之上，而这种思考方式转向法律规定的实际目的和国家机构"[94]。一般国家法明确与（哲学的）一般国家学说相区分，它再也不主张它是有效法律。它把国家概念和国家目的的思想内容驱赶到一般国家学说中，此外，还把自己限制在理论的"法律基本规范思考上……统治共同体根据这些基本规范而存在，为其利益代表之目的而进行组织，并为此目的而活动"（第5章）。

加赖斯整个论述的特点是，其国家观完全务实理智。国家被看成受法律"统治"影响的"利益共同体"。它是自然而然形成的，通过统治机构的教育对它进行塑造和驯化，最初的一人统治逐渐允许人们"参与行使统治权"，并创设宪法保障以及合乎宪法的权利。倘若国家处在这个阶段，那么相应的主权权利[95]就应该归入主要利益[96]，并体现为理想类型的权利和义务，体现为组织规则和程序规则，**加赖斯**就是这样认为的。他在论述时的主要论调总体上显得心平气和，不带政治色彩。国家处于平静状态，对其基础的探讨再也没有引发可以和三月革命前相比的政治激情。

这些情况同样适用于**雷姆**的《一般国家学说》。[97]该著作建立在1896年出版的《国家法学史》的历史基础之上。《国家法学史》勾画了从前苏格拉底主义者（Vorsokratikern）一直到近代的学术发展史轮廓。[98]但是，这个历史与一般国家学说没有联系。《一般国

---

[94]　Marquardsen, *Handbuch*，前注93，页 VIII。

[95]　最高代表权、最高军事权、最高司法权、最高警察权和最高财政权。

[96]　代表利益、国防利益、法律利益、安全和促进利益及财产利益。

[97]　H. Rehm, *Allgemeine Staatslehre* (Freiburg 1899).

[98]　H. Rehm, *Geschichte der Staatsrechtswissenschaft* (Freiburg, Leipzig 1896). 他的其他著作值得强调的主要是《现代诸侯法》（*Modernes Fürstenrecht* [München 1904]）。该书是这个内容的最后全面论述，但它在君主权利与宪法之间的关系问题上和主流观点有出入。

家学说》提供了丰富的人文知识，越接近近代，论述越简略。其重点在古代，而 19 世纪这段时间只用了两页半的篇幅。历史论据、政治论据和法律论据被分开。雷姆踌躇满志地断定，通过国家法实证主义，实现了国家法学说的独立和中立；同时还认为，现在可以——在方法上进行分离——重新把国家法史和"国家法政治"挪到更为显要的位置。

他自己的一般国家学说观以论述"作为整体的国家"的"概念和本质"为目标。[99] 为了深入探讨这个"本质"，除历史比较的方法外，他还使用"科学的政治学"手法。[100] 因此，大量历史的、政治的和法律比较的内容又进入这部《一般国家学说》中。它不仅再次广泛阐释主权概念，还为自古代以来的国家理论史以及国家发展史提供巨大空间，相互对照欧洲和美国的解决办法。因此，在雷姆那里，没有发生剔除历史和政治的实证主义做法。但他也没有把它们混合在一起，而是讨论——在体系建立上有一定弱点——国家概念和主权概念[101]、国家联合、国家权力的主体、国家机构、国家目的、国家理论、国家形成与发展，最后还讨论代议制民主和代议制君主制，

---

[99]　Rehm，前注 97，页 7。

[100]　比较 F. v. Holtzendorff, *Die Prinzipien der Politik*，第 2 版（1879）；K. Walcker, *Politik der konstitutionellen Staaten* (Karlsruhe 1890)；G. Ratzenhofer, *Wesen und Zweck der Politik. Als Theil der Sociologie und Grundlage der Staatswissenschaften*，3 卷本（Leipzig 1893）；H. Treitschke, *Politik*, Cornicelius (Hg.)，第 1 卷（Leipzig 1897）；A. Schäffle, »Über den wissenschaftlichen Begriff der Politik«, *ZgStW*，第 53 卷（1897），页 593；F. van Calker, *Politik als Wissenschaft. Rede zur Feier des Geburtstages Sr. Maj. d. Kaisers* (Straßburg 1898).

[101]　其中引人注意的是，雷姆把国家定义为"被组织起来的、有固定地域的、实现世俗目标的、拥有国际法人格权的、许多人的联合体"（第 9 节），这个定义回避主权概念，从而避免了在阐述国家联合时常常出现"主权被削弱"的困难。更重要的是，他反对主流学说（如拉班德的学说），认为君主主权和人民主权是同等的相互存在，也就是试图强化议会制。见 H. Rehm, »Das rechtliche Wesen der deutschen Monarchie«, *AöR*，第 25 卷（1909），页 393；同作者，»Das politische Wesen der deutschen Monarchie«, *Festschr. O. Mayer* (1916)，页 60—90。

后者带有君主与议会伙伴关系平衡的二元制。在**雷姆**看来，代议制君主制能为"秩序原则"提供更大保障。他以清晰的文字说明，"秩序原则"优越于摇摆不定的民主的"自由原则"。

雷姆的《一般国家学说》代表了在世纪之交前夕走向平静的一般学说。[102] 政治问题似乎一劳永逸地得以解决，至少在那里，立宪君主二元制中的"自由"和"秩序"保持着和谐关系。历史考察和欧洲的宪法法律比较证实了这一点。自**格贝尔**和**拉班德**以来，变为"独立的"国家法学说在规范整理着真正的法律问题。而一般国家学说不再具有创造性和变革性，这倒不是因为它是"实证主义的"，而是由于棘手的政治问题似乎已经消失了。

这样一来，相对于实证国家法，一般国家学说完全失去了规范性主张，变成了入门的辅助学科。它能提供的东西要么是去政治化的（entpolitisiert）法律理论，研究法律效力问题和规范的逻辑严密性（"法律秩序的阶梯结构"），要么是在其历史化的变因中，对历史形成物的实际临摹，并希望在历史发展的洪流中能发现同样存在的因素。

对历史形成物进行实际临摹，是弗莱堡大学的刑法学家、刑事诉讼法学家**里夏德·施密特**[103] 以他在 1901 年撰写的《一般国家学说》开辟的道路。[104] 在该著作中，国家的哲学反思不再是中心，而是陪伴在国家学说的左右，它本身就是辅助学科。占主导地位的是

---

[102]　勒宁在一篇收录于辞典的专题性文章《国家》（»Der Staat«）中也有类似看法，见 Edgar Loening，前注 65。

[103]　A. Hollerbach, »Rechtsphilosophie in Freiburg (1805–1930)«, *Kultur-Krimi-nalität-Strafrecht. Festschr. f. Thomas Würtenberger*, R. Herren et al. (Hrsgg.) (1977)，页 9—37。

[104]　R. Schmidt, *Allgemeine Staatslehre*：第 1 卷，*Die gemeinsamen Grundlagen des politischen Lebens* (Leipzig 1901)；第 2 卷，第 1 部分，*Die verschiedenen Formen der Staatsbildung* (Leipzig 1903)。第 2 卷所空缺的两部分未出版。

历史。在对一般国家学说进行引导性归类之后，**里夏德·施密特**开始论述从古代一直到 19 世纪的"旧国家学说成果"（**萨维尼**的国家学说，**达尔曼、伯伦知理、罗雪尔**和**特赖奇克**的"政治学"）。通览过这历史发展后，他得出如此结论：国家学说已经拥有了最好的成果，它的代表们与"形而上学的和历史－哲学－社会学的阐述保持着最大距离"。[105] 一般国家学说因此应该从哲学中走出来，"有节制地"撤回"到我们经历的历史世界领域中"；它是经验的政治专门学科。它的方法是归纳的，它的材料是历史的。**里夏德·施密特**以这种方式探讨了国家的形成条件及其组织、国家目的学说、法律秩序的功能以及与权力的关系、立宪国家的建立和主权问题、国家形式以及国家的下属结构。作为该领域首批理论家之一，**里夏德·施密特**还为"塑造国家的社会生活力量"的政党献上了内容丰富并饶有远见卓识的一节内容。[106] 这部著作的第二部分气势磅礴，论述了从古至今"国家形成的各种形式"，拥有大量历史内容。[107] **里夏德·施密特**留下的未完成的作品，尝试坚持不懈地把国家描绘成历史事实，为它打探到归纳性规律，并以这种方式发展出科学的政治学。[108] 在这种政治学中，法律不是"法权理念"的体现，而是

---

[105] Schmidt，前注 104，第 1 卷，页 99。

[106] 在他之前，在德国就只有弗里德里希·罗默的（奇特的）作品 F. Rohmer, *Lehre von den politischen Parteien* (Zürich, Frauenfeld 1844)；在他之后有 J. C. Bluntschli, *Charakter und Geist der politischen Parteien* (Nördlingen 1869)。此外还有 F. J. Stahl, *Die gegenwärtigen Parteien in Staat und Kirche* (Berlin 1863)；H. Treitschke, »Parteien und Fraktionen«, *Historisch-politische Aufsätze*，第 3 版，第 3 卷（Leipzig, 1886），页 563—628；A. Merkel, *Fragmente zur Sozialwissenschaft* (1898)。

[107] 空缺的部分是：现代国家的组织划分（第 2 章），现代国家的政府形式和宪法形式（第 3 章），现代国家的行政和司法（第 4 章）。

[108] 比较 R. Schmidt, »Wege und Ziele der Politik«, *Zeitschrift für Politik*，第 1 期（1908），页 1—60。该文是一篇基础的纲领性文章。

实现务实理解的"功能"。[109]

（四）边缘人

真正的创新来自外部，来自确立国家法学说的地理和学术边缘地带。他们是来自奥地利的作者，一般都拥有犹太人血统。这些作者很少把国家理解为权威性的法律秩序，而更多把它看成最强大的政治集团、阶层或阶级的统治工具。他们（**贡普洛维奇**、**拉岑霍费尔**、**奥本海默**［Oppenheimer］、**门格尔**、**耶利内克**、**凯尔森**）的个人反抗在某种程度上也可以被解释为对一个更大问题的回应。德意志帝国和多瑙河地区的君主制是古老的中欧秩序力量，它们只在外部解决了自身的内部冲突。在德国仍然潜藏着社会问题，对波兰人和阿尔萨斯人加以德意志化的政策未取得多大成功。在奥地利，这种情形变得越来越明显，即民族主义思想随时会使这个多民族国家分崩离析。为了苟延残喘，这两个国家尤其是奥地利必须选择"秩序"。国家的真正基础存在于权力问题之中以及——与这个问题相区分——在权力冲突之上建立的法律秩序被理解为人为建构，还被理解为有一定期限的合约，这些在奥地利对来自争取解放和平等的少数民族作者来说，是不言而喻的。就此而言，这些作者正是丢掉幻想的、"现实的"和"自然主义的"学人。为社会学思考和法学思考所划出的界线，比当时的学说划出的界线更为清晰，这对他们来说也是易事。

"自然主义的"、反唯心主义的国家思考方式，是对**费尔巴哈**

---

[109]　O. Westphal, »Bemerkungen über die Entwicklung einer allgemeinen Staatslehre in Deutschland«, *Vom staatlichen Werden und Wesen, Festschr. f. E. Marcks* (1921), 页 25—42；P. Badura, *Die Methoden der neueren allgemeinen Staatslehre* (1959), 页 127—132。

唯物主义以及**马克思**和**恩格斯**历史唯物主义后来的反映，同时也是对自然科学的胜利进行的国家理论应答，它为进一步发展提供了一系列进路和出路。它可以成为以经验为指向、研究人群组织的学科群中的一门学科。[110] 但这种国家思考方式对民族学和人类学的体系化努力也是开放的，而这些体系化努力导致比较"法律民族学"[111] 的建立。属于这种情况的不仅有**耶林**的晚年作品《罗马法的发展史》（*Entwicklungsgeschichte des römischen Rechts*）和《印欧人的史前史》（*Vorgeschichte der Indoeuropäer*，1894），还有"地缘政治学"的开始，[112] 尤其是像**拉策尔**（Friedrich Ratzel）创立的地缘政治学。[113]

"地缘政治学"对瑞典的保守主义者**克吉伦**（Rudolf Kjellén）产生了重大影响。[114] 把国家与土地联系在一起，并把国家理解成自

---

[110] D. Käsler, *Die frühe deutsche Soziologie 1909 bis 1934 und ihre Entstehungs-milieus. Eine wissenschaftssoziologische Untersuchung* (1984).

[111] A. H. Post, *Das Naturgesetz des Rechts, Einleitung in eine Philosophie des Rechts auf Grundlage der modernen empirischen Wissenschaft* (Bremen 1867)；同作者，*Einleitung in eine Naturwissenschaft des Rechts* (Oldenburg 1872)；同作者，*Prolegomena zu einer allgemeinen vergleichenden Rechtswissenschaft* (1876)；同作者，*Die Grundlagen des Rechts und die Grundzüge seiner Entwicklungsgeschichte* (Oldenburg 1884)；同作者，*Grundriß der ethnologischen Jurisprudenz*，2 卷本（Oldenburg 1894–1895）。波斯特（Albert Hermann Post，1839—1895）律师，1874 年起任不来梅高等法院法官，有关他的情况，比较 F. Stoerk, »Studien zur sociologischen Rechtslehre«, *AöR*，第 1 卷（1886），页 541—586；T. Achelis, *A. H. Post und die vergleichende Rechtswissenschaft* (Hamburg 1896)，以及 R. M. Kiesow, »Der Rechtsbiologismus in der zweiten Hälfte des 19. Jahrhunderts«（法学博士论文，Frankfurt 1992）。

[112] Kapp, *Vergleichende allgemeine Erdkunde* (1868)；F. Ratzel, *Politische Geographie* (München, Leipzig 1897；第 2 版，1903)；E. Schöne, *Politische Geographie* (Leipzig 1911), *Aus Natur- und Geisteswelt*，第 33 卷。

[113] F. Ratzel, *Politische Geographie*（第 3 版，1923，奥伯胡默［E. Oberhummer］修订并补充）。

[114] R. Kjellén, *Staaten som lifsform* (1916；德文版，*Der Staat als Lebensform* [Leipzig 1917])；同作者，»»Der Staat als Lebensform«. Antwort an Herrn Dr. Radnitzky«, *AöR*，第 39 卷（1920），页 1—10；同作者，*Stormakterna* (1905；第 2 版，*Die Großmächte* [1910–1913])。有关克吉伦的国家学说，见 O. Hausleiter, »Rudolf Kjelléns empirische Staatslehre und ihre Wurzeln in politischer Geographie und Staaten-（转下页）

然有机体和"地理上的个体"，这两种观念的结合把他引向由经验确定的国家学说。该学说把国家解释为权力本质（Machtwesen）。倘若撇开有机体比喻，并把民族和人种的生物基因物质作为历史运动的承载者（民族政治学），[115] 这种学说就与真正唯生物论的基础相去不远了。在此，与业余研究的界线尤其模糊。**张伯伦**[116] 和**施宾格勒**（Oswald Spengler，1880—1936）[117] 也属该类学者，其影响极为深远。

1. L. 贡普洛维奇

贡普洛维奇 [118] 在波兰做过律师、公证员和记者。在度过最初的艰难岁月之后，他转而去了格拉茨大学。在那里，他从 1882 年起任编外教授；1893 年到 1909 年任教授，讲授一般国家法、奥地利国家法、行政法和行政学说。[119] 他主要以"自然主义社会学"的创立

（接上页）kunde«, *Archiv für Sozialwissenschaft und Sozialpolitik*，第 54 期（1925），页 157—198；P. Badura, *Die Methoden der neueren allgemeinen Staatslehre* (1959)，页 119—124；有关他的政治立场，见 K. v. See (Hg.), *Die Strindberg-Fehde* (1987)，页 126。

[115]　L. Woltmann, *Politische Anthropologie* (Eisenach 1903); K. Rietzler, *Die Erforderlichkeit des Unmöglichen. Prolegomena zu einer Theorie der Politik* (München 1913).

[116]　H. St. Chamberlain, *Die Grundlagen des Neunzehnten Jahrhunderts* (München, 1898；第 2 版，1900；第 7 版，1901 et al.).

[117]　O. Spengler, *Der Untergang des Abendlandes. Umrisse einer Morphologie der Weltgeschichte*，2 卷本（München 1918, 1922），到 1924 年出版了 50 版。比较 A. M. Koktanek, *Oswald Spengler in seiner Zeit* (1968)。

[118]　全面的著作目录，见 B. Zebrowski, *Ludwig Gumplowicz, eine Bio-Bibiographie* (Berlin 1926); N. Schwärzler, »Ludwig Gumplowicz«, W. Brauneder (Hg.), *Juristen in Österreich 1200–1980* (1987)，页 201—205，页 319—320。

[119]　L. Gumplowicz, *Einleitung in das Staatsrecht* (Berlin 1889；第 2 版作为奥地利法律史大纲，Berlin 1896); 同作者，*Das österreichische Staatsrecht* (Wien 1891；第 2 版，1902；第 3 版，1907）；同作者，*Verwaltungslehre mit bes. Berücksichtigung des österreichischen Verwaltungsrechts* (Innsbruck 1882)。

者而闻名于世。[120] 这种社会学主要通过他的《人种抗争》（1882）[121]
和《社会学纲要》（*Grundriß der Soziologie*，1885）得以建立起来。
他的主要思想是，力图从"现实主义的"角度思考国家和社会，认
为像对自然现象一样，必须对国家和社会进行科学论述。在《哲学
的国家法》（1877）[122] 和《社会学的国家思想》（1892）中，国家
被看成"自然生成的统治组织，其目的是维护某种法律秩序"。它
是自然法中必然进行群落斗争的结果，而从斗争和奴役中诞生出法
权与文化，原始部落和种族转变成阶级和等级，产生了拥有国家上
层建筑的民族，便形成了国家形式和拥有相应法律秩序划分的国家
行政。**贡普洛维奇**对这些现象提出的学术问题是经验社会学所提的
问题，尽管其方法与现代方法还相去甚远。他相当厌恶德国的"法
学方法"。用他的话说，对国家进行法学"建构"无异于"人们想
用汤勺来喝**贝多芬**的奏鸣曲"。[123]

2. G. 拉岑霍费尔

拉岑霍费尔曾是奥地利将军，后来还担任过最高军事法院主席。
他发表过大量认识论的和社会学的作品。在这些作品中，他一方面
想阐释科学的政治学，认为其基本内容是群体斗争，但另一方面他

---

[120]　G. Mozetic, »Ludwig Gumplowicz. Das Programm einer naturalistischen
Soziologie«, *Tradition und Herausforderung, 400 Jahre Universität Graz* (Graz 1985); E.
Brix (Hg.), *Ludwig Gumplowicz oder Die Gesellschaft als Natur* (Wien 1986).

[121]　L. Gumplowicz, *Rasse und Staat* (Wien 1875；第 2 版，1909）；同作者，
Der Rassekampf (Innsbruck 1883；第 2 版，1909；第 3 版，1928）。

[122]　L. Gumplowicz, *Philosophisches Staatsrecht* (Graz 1877；第 2 版和第 3 版改
为 *Allgemeines Staatsrecht* [Innsbruck 1897, 1907]；再版，1972）；同作者，*Rule of law
und Socialismus* (Innsbruck 1881)；同作者，*Die soziologische Staatsidee* (Graz 1892；
第 2 版，1902）。

[123]　*Allgemeines Staatsrecht*，第 3 版（Innsbruck 1907），页 450。对拉班德的
批判，见 Gumplowicz, *Rule of law*，前注 122，页 542—548。就连拉班德的对手基尔
克也称此为"错误达登峰造极之地步"（O. Gierke, *Labands Staatsrecht*，页 1104，见
本书第 8 章，注 275）。

又亲近**张伯伦**，接受后者的反犹思想。[124] 他呼吁对非犹太民族进行道德革新，从而征服犹太教。他还呼吁从事"政治活动"的领袖们"谋求共同幸福，鞠躬尽瘁，自觉献身于自由的社会化运动，并减少个体多样性，把有组织的文明大众"团结起来。[125] 这些呼吁预示着后来发生的事情。

3. A. 门格

门格 [126] 是完全不同类型的"边缘人物"。他是维也纳的民事诉讼法教授，是一位"清心寡欲的怪人"。[127] **门格**不仅是**洛伦茨·施泰因**的学生，在某种程度上还是**洛伦茨·施泰因**在青年时代作为社会主义作家的传人。[128] 与许多同时代人一样，他相信，暴力行为历史地造成了社会不公，尤其是失业者的收入状况："迄今为止，所有的法律秩序都形成于权力关系，因此它们都遵循如此目的，即牺

---

[124]　G. Ratzenhofer, *Soziologie. Positive Lehre von den menschlichen Wechselbeziehungen* (Leipzig 1907)，页 34 及以下。亦见同作者，*Wesen und Zweck der Politik*，3 卷本（Leipzig 1898）；同作者，*Der positive Monismus und das einheitliche Prinzip aller Erscheinungen* (Leipzig 1899)；同作者，*Die Kritik des Intellekts. Positive Erkenntnistheorie* (Leipzig 1902)。

[125]　G. Ratzenhofer, *Soziologie*，前注 124，页 228。

[126]　门格尔，1841 年出生于马尼沃（西加利西亚），1860 年到 1865 年在维也纳学习法学，1872 年在那里完成民事诉讼法教授资格论文，1875 年任编外教授，1877 年任教授。1899 年退休，1906 年在罗马逝世。有关他的生平和著作，见 E. Ehrlich, »Anton Menger«, *Süddeutsche Monatshefte* (1906)，第 3 期，页 285—318；C. Grünberg, »Anton Menger, sein Leben und Lebenswerk«, *Zeitschr. f. Volkswirtschaft, Sozialpolitik und Verwaltung*，第 18 卷（1909），页 29—77；K.-H. Kästner, *Anton Menger. Leben und Werk* (1974)；E. Müller, *Anton Mengers Rechts- und Gesellschaftssystem* (1975)；D. Willrodt / v. Westernhagen, *Recht und soziale Frage. Die Sozial- und Rechtsphilosophie Anton Mengers* (1975)；H. Hörner, *Anton Menger, Recht und Sozialismus* (1977)；P. Caroni, »Anton Menger«, Brauneder，前注 118，页 212—216，页 337—338，内有更多文献。

[127]　D. v. Westernhagen, »Anton Menger (1841–1906). Sozialist, Naturrechtler, Weltverbesserer«, Kritische Justiz (Hg.), *Streitbare Juristen* (1988)，页 81。

[128]　A. Menger, *Das Recht auf den vollen Arbeitsertrag in geschichtlicher Darstellung*, (Stuttgart 1886).

性大多数人的利益而谋求少数人的好处。"[129] 门格并不反对暴力反抗，而是反对用法律来调整社会国（Sozialstaat）的想法。他因此批评《德国民法典》的草案，认为它具有阶级局限性而不具有社会性。[130] 门格指责形式的司法，认为其结果同样具有阶级局限性。他对以实质公正为目标、具有立法和司法实际结果的国家哲学进行辩护。[131]

这些准备性研究引导他起草了全面的《新国家学说》（Neuen Staatslehre，1903），提出了"大众化的劳动国家"（volkstümlichen Arbeitsstaats），尝试把社会政治主张转化成以法律为基础的要求。这导致人道希望、"现实主义"观、民主思想以及福利国家的幸福主义的独特结合。门格不愿假定"新型人"、个人的自私自利会继续存在。他只想理性地平衡大多数人的利益，降低富人的影响力，提高下层阶级的地位。在他的"劳动国家"中包含了生存权、劳动权以及充分享受劳动成果的内容，缓解不平等，打破社会等级，宗教包含的"重要性更小"。[132] 这是改良主义的、"伦理的"、在形式上远离实践的社会主义，而不是像讲坛上的社会主义者所宣扬的那种资产阶级的社会改革。然而，马克思主义者坚决拒斥这部著作，因为门格对马克思做出了不合适的批评。同时，同时代的私法学说以及主流的国家法学说都反对门格的论题。作为受传统影响的一般国家学说成果，"大众化的劳动国家"的人道主义乌托邦不具传播性，但在工人的教育中却并未排除对它的宣传。

---

[129]　A. Menger, *Neue Staatslehre* (Jena 1902；第 2 版，1904)，页 3。该书因是"未来社会民主国家的论述"而被科塔出版社拒绝，后来在古斯塔夫·菲舍尔（Gustav Fischer）出版社出版（v. Westernhagen，前注 127，页 86）。

[130]　A. Menger, *Das Bürgerliche Recht und die besitzlosen Volksklassen* (Tübingen 1890). 比较 P. Caroni, »Das ›demokratische Privatrecht‹ des Zivilgesetzbuches. A. Menger und E. Huber zum Wesen eines sozialen Privatrechts«, *Festgabe H. Deschenaux* (Fribourg 1977)，页 37—62。

[131]　A. Menger, *Die sozialen Aufgaben der Rechtswissenschaft* (Wien 1895).

[132]　*Neue Staatslehre*，第 2 版（Jena 1904），页 208—209。

4. F. 奥本海默

奥本海默（Franz Oppenheimer, 1864—1943）[133] 最终完全剔除其学说中的法学因素，其学说是"同时反资本主义的、民族主义的和激进自由主义的"。[134] 他"只从社会学的，也就是从历史哲学的和经济学的理论观点出发"来思考"国家"。[135] **奥本海默**对法律问题不感兴趣。他认为，每一个国家都是阶级国家，迄今为止的国家理论都是阶级理论。[136] 在他眼里，这些理论与"利益"掺和在一起，这使它们在学术上没有用处。国家是"一人群对另一人群的征服"，其目的是为了在经济上剥削他们。在论述完这些信条之后，**奥本海默**考察了世界史。粗放开发利用自然之后是精耕细作的"农业生产"，这保养着被征服者，并形成不同阶段的封建国家、货币经济的商业国家，最后产生了拥有公务员的"立宪国家"，统治权行使的内部差异逐渐加大。在方法上，他的学说是"社会学的国家学说"，是对公共统治进行历史论述的社会学，这就像**施特克**早在 1886 年所做的论述一样。[137] 可以说，他的学说是对以前带有世界史主张的历史哲学思辨的延续，而这又是一种反形而上学的冷静延续。人们能察

---

[133]　奥本海默在大学学习药物学，后来在柏林的施莫勒和阿道夫·瓦格纳那里完成教授资格论文，1919 年在新建的法兰克福大学任社会学和理论国民经济学的讲席教授（Stiftungsprofessur）。有关他的简要生平介绍，见 B. Schefold (Hg.), *Wirtschafts- und Sozialwissenschaften in Frankfurt am Main* (1989)，页 43—45；A. Gysin, »Franz Oppenheimer (1864–1943). Sein Beitrag zum freiheitlichen Sozialismus«, *Freiheitlicher Sozialismeus, Festschr. f. G. Weisser* (1973)；D. Haselbach, *Franz Oppenheimer. Soziologie, Geschichtsphilosophie und Politik des »liberalen Sozialismus«* (1985). 奥本海默的回忆录 *Erlebtes, Erstrebtes, Erreichtes* 于 1964 年出版。

[134]　D. Haselbach, »Franz Oppenheimer«, H. Steinert (Hg.), *Die (mindestens) zwei Sozialwissenschaften in Frankfurt und ihre Geschichte* (1989)，页 55—71（页 58）。

[135]　Franz Oppenheimer, *Der Staat*, (Frankfurt 1907), M. Buber (Hg.)，页 5。被翻译成了法文、英文、匈牙利文和塞尔维亚文。收录在 F. Oppenheimer, *System der Soziologie*，第 2 卷，*Der Staat* (Jena 1926)。

[136]　Oppenheimer, 前注 135，页 6。

[137]　F. Stoerk, »Studien zur soziologischen Rechtslehre«, *AöR*, 第 1 卷（转下页）

觉出，这在思想上接近**韦伯**，对所有能获取的文化予以广泛比较，并对概念形成进行类型化。

四、世纪末

毋庸置疑，**奥本海默**的思想是如此的"科学"，以至于人们很少认识到，他在把所有可能的"因素"（气候、地理环境、人民素质、人种、语言、经济、文化发展程度等）结合在一起的时候，对所有规范性目标的放弃带进了武断因素。规范性因素在这里又从后门闯了进来，并相互掺杂在一起，成为由观点结成的、无法解开的线团，这是因为缺少稳定的科学传统和规范原则。在世纪末的氛围（Die Fin-de-Siècle-Stimmung）[138] 中回响着进步的号角，弥漫着文化悲观主义，充斥着对历史的批判和对权力的颂扬，蔓延着世界末日与没落之感。这种氛围也影响着一般国家学说。早在 1914 年 8 月前的十年间，欧洲的知识分子明显感觉到，社会问题和技术革命瓦解了当时的国家和社会秩序结构，传统的政治目标模式实现不了其秩序功能，大众时代已到来，用 19 世纪的范畴已经无法解释这个时代。"反资产阶级组织的实验如火如荼，殖民地和公社产生了。在那里，反商业的艺术热情、对联合共同体的向往、田园牧歌般的风格交相辉映。"[139] 对资产阶级时代哲学和艺术的反对，象征着躁动不安和末

（接上页）（1886），页 541—586。亦见 E. Fulvius, *Der Zukunftsstaat* (Cologne-Ehrenfeld 1892)；J. Popper (Lynkeus), *Fundamente eines neuen Staatsrechts* (Dresden 1905)。

　　[138]　R. Bauer et al. (Hg.), *Fin de Siècle* (1977).

　　[139]　H. Schulze, U. Linse, *Barfüßige Propheten. Erlöser der zwanziger Jahre* (1983), 页 16。亦见 R. v. Bruch et al. (Hg.), *Kultur und Kulturwissenschaften um 1900* (1989)。

日气氛。这就像在尼采哲学中，在社会批判的和反资产阶级的自然主义以及早期文学表现主义中，在各种反学院的油画"分离派"中，在"青年运动"[140]和"新生活运动"[141]的开始中，以及在其他形形色色的"运动"[142]中所体现的那样。素食生活、母系社会的复苏、人类学、裸体文化、神秘主义和其他许多东西一起，形成了寻找"意义"和寻求脱离已变得枯燥乏味的资产阶级生活方式的模式。越来越多自称先知的人、江湖骗子以及社会改革的空想家，相会在维也纳、柏林和慕尼黑的咖啡馆[143]里交头接耳，或在类似于宗教的团体里聚集。[144]这个世界变得越杂乱不清，先知们的听众就会越多。他们声称自己掌握了打开"世界之谜"（**海克尔语**）的钥匙。[145]

（一）离心趋势

绝大多数人自信地认为，君主立宪制的地位是不可非议的，对一般国家学说基本原则的思考完全多余。这种自信此时遭到破坏。国家法实证主义早在一战爆发前十年就走向了危机。把君主制简单地介绍为秩序因素，就像我们在**雷姆**那里看到的，已不再充分了。

为了把握国家的"本质"，现在必须做决断。1914 年的前十五

---

[140]　U. Linse, »Die Jugendkulturbewegung«, K. Vondung (Hg.), *Das wilhelminische Bildungsbürgertum* (1976), 页 119—137。

[141]　J. Frecot, »Die Lebensreformbewegung«, Vondung, 前注 140, 页 138—152。

[142]　U. Linse (Hg.), *Zurück, o Mensch, zur Mutter Erde, Landkommunen in Deutschland 1890–1933* (1983).

[143]　A. Janik / S. Toulmin, *Wittgensteins Vienna* (New York 1973; 德文新修订本, 1987)。

[144]　K. Hutten, *Seher, Grübler, Enthusiasten* (1982), 第 12 版; Linse, 前注 142; J. H. Knoll / J. H. Schoeps (Hg.), *Geschichtspropheten im 19. und 20. Jahrhundert* (1983)。

[145]　C. Chr. Bry, *Verkappte Religionen. Kritik des kollektiven Wahns* (1924), M. Gregor-Dellin (Hg.) (1979). 格雷戈尔－德林（Gregor-Dellin）的功劳是重新推出被人们完全遗忘的布里（C. Chr. Bry, 1893—1926）。

年间可以发现所有最重要的方法定向的开端，这绝非偶然。[146] 其中，有些人选择了激进的社会学观（**贡普洛维奇**、**拉岑霍费尔**、**奥本海默**），从而退出法学争论。

另一些人则寻求——他们没有离开法学阵地——融合法学和社会学观点的道路，比如**特里佩尔**[147]、**考夫曼**[148]、**斯门德**[149] 在他们的早期作品中就是这样做的。这些著者后来发展的道路是如此之不同，以至于他们认为，对"法学因素"不进一步追问剖析是不够的，在根本上不能丢弃政治的、社会学的、历史的和法律比较的论据。这是他们特有的确信。[150] 1896 年，**里克尔**也在这个意义上发表一般国家学说见解。[151] 萦绕在他脑海里的是，通过综合的思考方式和相应的方法多元化去"克服"实证主义。这首先导致一种政治反思的实证主义；其次，从"唯心主义有机论思考和**黑格尔**辩证法"[152] 回到自然法；其三，构思面向未来的"整合学说"。

---

[146]　H. Lübbe, *Politische Philosophie in Deutschland (1963)* (1974).

[147]　U. Scheuner, »Triepel«, *Staatslexikon*，第 6 版，第 7 卷（1962），页 1044—1045；A. Hollerbach, »Zu Leben und Werk Heinrich Triepels«, *AöR*，第 91 卷（1966），页 417—441，页 537 及以下；W. Kohl, »H. Triepel«, W. Benz / H. Graml (Hg.), *Biographisches Lexikon zur Weimarer Republik* (1988)，页 345—346。

[148]　E. Castrucci, *Tra organicismo e «Rechtsidee». Il pensiero giuridico di Erich Kaufmann* (1984); K. Rennert, *Die »geisteswissenschaftliche Richtung« in der Staatsrechtslehre der Weimarer Republik. Untersuchungen zu Erich Kaufmann, Günther Holstein und Rudolf Smend* (1987)，页 160 及以下。

[149]　S. Korioth, *Integration und Bundesstaat. Ein Beitrag zur Staats- und Verfassungslehre Rudolf Smends* (1990)，页 16 及以下。

[150]　典型的，如 E. Kaufmann, »Verwaltung, Verwaltungsrecht«, v. Stengel-Fleischmann, *Wörterbuch*，第 2 版，第 3 卷（1914），页 688—718（页 718）。亦见施普伦勒（Sprengler）文集（前注 82）：席尔德（W. Schild）写的关于克勒的文章（页 46—65）和 A. 考夫曼（A. Kaufmann）写的关于早期拉德布鲁赫（Gustav Radbruch）的文章（页 101—110）。

[151]　K. Rieker, »Über Begriff und Methode des allgemeinen Staatsrechts«, *Vierteljahresschrift für Staats- und Volkswirtschaft*，第 4 期（1896），页 250—268。

[152]　Rennert，前注 148，前引书。

施米特同样在这些年代中起步。他虽然想摆脱这种教规化学说，但起初仍不坚定。在他的第二本书中，施米特研究这样的问题，即以武断因素进行的司法判决如何被正当化为国家行为。[153] 决断论因素即结束争端的"决定"首次突显，而例外即法律漏洞成为普遍批判实证主义的出发点。另一方面，他在 1914 年完成的教授资格论文中，[154] 明确把"作为纯粹价值判断的、在事实中不能申辩的规范"的法律，与作为在经验世界中法律执行者的国家区分开来。对于该著作的反个人主义论调，人们容易忘记它在方法上接近新康德主义。在施米特看来，当时还敞开着两条道路，即决断论（Dezisionismus）和规范论（Normativismus）。

凯尔森一开始就完全坚定地专注于规范论。[155]1908 年，他在海德堡停留期间撰写了《国家法学说的主要问题——源自法律规范学说》。[156]这部著作是那种探究进程的宣言。在格贝尔之后五十年，一位更激进地捍卫国家法学说"科学性"的人在此登台亮相了。"相对于自然，或相对于按照自然形式而确定的社会现实，为了获取法律的独立性"，[157] 他此时想真正坚定不移地依照新康德主义的科

---

[153]　C. Schmitt, *Gesetz und Urteil. Eine Untersuchung zum Problem der Rechtspraxis* (Berlin 1912).

[154]　C. Schmitt, *Der Wert des Staates und die Bedeutung des einzelnen* (Hellerau 1917).

[155]　主要参见 R. A. Métall, *Hans Kelsen. Leben und Werk* (Wien 1968)。

[156]　*Hauptprobleme der Staatsrechtslehre* (Tübingen 1911；Tübingen 1923，第 2 版，增加了序)。

[157]　Kelsen, *Hauptprobleme*，前注 156，序，页 VI。作为一位奇特的信奉概念的"先驱"，比较 A. Zuckschwerdt, *Die Grundlinien einer Reinen Rechtslehre* (Berlin 1879)。

学范式[158]剔除非法学因素。[159]**凯尔森**隐蔽了权力与法律、社会学的国家概念与法学的国家概念、主观法与客观法之间的二元论。国家不是保障法律秩序，它**是**人们行为的规范强制秩序，即法律秩序本身。

在这里就不再论述**特里佩尔、斯门德、考夫曼、施米特**和**凯尔森**著作的进一步发展。这些作者的生平与实质性重点在魏玛共和国时期。在他们起步的年代就已经清楚地显示出清晰的离心运动。只要政治环境一发生变化，并强迫人们选择立场，这种运动就势必导致国家法"方法争论"的两极化。[160]

1900年左右爆发的内部骚动使大学开设的"一般国家学说"课程显著加强，大多数与"政治学"结合在一起。1900年前后，不但出版了大量相关著作，而且开设了相应的课程。1897年，弗莱堡率先开设了这方面的课程，接着在柏林（1899）、图宾根（1902—1903）、莱比锡（1908）、维也纳（1911—1912）、哥廷根（1914）和慕尼黑（1918）也相继开设。[161]

---

[158]　比较评述：Oscar Ewald, *Kant-Studien*，第17卷（1912），页396—397；Franz Weyr, »Eine neue Theorie des Staatsrechts«, *Sbornik ved pravnich a statnich*，第13卷，页185及以下。有关新康德主义，比较 H. L. Ollig, *Der Neukantianismus* (1979)；同作者编, *Materialien zur Neukantianismus-Debatte* (1987)；E. Winter, *Ethik und Rechtswissenschaft. Eine historisch-systematische Untersuchung zur Ethik-Konzeption des Marburger Neukantianismus im Werke Hermann Cohens* (1980)；K. Chr. Köhnke, *Entstehung und Aufstieg des Neukantianismus. Die deutsche Universitätsphilosophie zwischen Idealismus und Positivismus* (1986)。作为早期例子，要提及 M. Lefkovits *Die Staatslehre auf kantischer Grundlage* (Bern 1899)。

[159]　H. Kelsen, *Über Grenzen zwischen juristischer und soziologischer Methode* (Tübingen 1911)；同作者, »Zur Soziologie des Rechts«, *Archiv für Sozialwissenschaft und Sozialpolitik*，第34卷（1912），页601及以下；同作者, »Die Rechtswissenschaft als Norm- oder als Kulturwissenschaft«, *Schmollers Jahrbuch*，第40卷（1916），页1181及以下。

[160]　伦纳特（Rennert）建议划分为"四个方向"（前注148，页51及以下），其好处是层次分明、条理清楚，尽管解答所提出的问题是完全正确的，但潜在的政治性选择却消失了。

[161]　Kuriki, 前注9，内有更多文献。

（二）综合：G. 耶利内克

耶利内克是这样的一个人，他力图阻止被关注的离心运动，并在他的《一般国家学说》（1900）中对此进行了总结。**耶利内克** 1851 年出生于莱比锡，1855 年起在维也纳长大成人。他先后在维也纳、海德堡和莱比锡求学，选修了大量课程，广泛摄取了知识。[162] 这位年轻讲师先在维也纳崭露头角，但遇到了麻烦——在他即将取得国际法教职时，当地教会警告人们当心"维也纳大学被犹太化"。但其声名在外，赢得了大家的承认。柏林大学先把他抢到手，接着他在巴塞尔大学（1889—1990）待了很短一段时间，然后就应聘去了海德堡，并在那里度过了余生，发展成为国家法和国际法尤其是一般国家学说的领袖人物，饮誉海外。[163] 在那里，他与**韦伯**的个人关系最重要。由于常年疾病缠身，**耶利内克**于 1911 年在海德堡辞世，刚过花甲之年。

---

[162] 有关其生平，比较 »Georg Jellinek. Ein Lebensbild«，由其夫人卡米拉·耶利内克（Camilla Jellinek）所起草，见 *G. Jellinek, Ausgewählte Schriften und Reden* (Berlin 1911；再版，1970)；同作者，*Neue Österr. Biographie ab 1815*，第 7 卷（1931），页 136 及以下；H. J. Herwig，»Georg Jellinek«，M. J. Sattler (Hg.)，*Staat und Recht* (1972)，页 72—99，页 191，页 201 及以下；H. Ridder，*HRG*，第 2 卷（1978），页 295—299；A. Fijal / R.-R. Weingärtner，»Georg Jellinek. Universalgelehrter und Jurist«，*JuS* (1987)，页 97—100；H. Hof, Kleinheyer-Schröder，第 3 版（1989），页 141—145；H. Hofmann，*Staatslexikon*，第 7 版，第 3 卷（1987），页 212—214。上述著作都有更多文献。

[163] G. Jellinek，»Die Weltanschauung Leibniz' und Schopenhauers« (1872)，见 *Ausgewählte Reden und Schriften*，第 1 卷（Berlin 1911），页 3 及以下；同作者，*Die sozialethische Bedeutung von Recht, Unrecht und Strafe* (Wien 1878)；同作者，*Die Beziehungen Goethes zu Spinoza* (Wien 1878)；同作者，*Die Erklärung der Menschen- und Bürgerrechte* (Leipzig 1895；第 2 版，1904；第 4 版，1927；再版，见 R. Schnur [Hg.]，*Zur Geschichte der Erklärung der Menschenrechte* [1964]，页 1—77)；同作者，»Die Zukunft des Krieges« (1890)，*Ausgewählte Reden und Schriften*，第 2 卷，页 515 及以下；同作者，*Die Lehre von den Staatenverbindungen* (Wien 1882；再版 1969)；同作者，*System der subjektiven öffentlichen Rechts* (Freiburg 1892；第 2 版，Tübingen 1919；再版，1964)；同作者，*Adam in der Staatslehre* (Heidelberg 1893)(= *Neue Heidelberger Jahrbücher* [1894])。著作目录见 W. Jellinek，*AöR*，第 27 卷（1911），页 606—619。

耶利内克具有自由和唯心主义气质，擅长于综合与协调。1895
年，他对人们认为基本权利发展的核心在信仰自由的《人权和公民
权宣言》（»Erklärung der Menschen- und Bürgerrechte«）进行了历史
研究，这补充了他的基本教义著作《公法权利体系》（1892）。[164]
该著作本质是自由主义论题，用法律划清国家权力的界限，并在必
要的国家干预权与公民独立的法律地位之间保持理性平衡。耶利内
克在《一般国家学说》中重新阐释他的思想内容。[165]

对《一般国家学说》的评价主要在于他的方法立场。正如耶利
内克所说，这部著作力图总结体系统一的学术发展成果。它与"德
国西南部的康德主义"一样，区分了实然与应然、国家规范性的一
面和经验性的一面，但它通过把二者理解成人类意识现象而把它们
结合在一起。[166] 耶利内克著名的国家"两面理论"，区别了"一般
国家社会学说"和"一般国家法学说"，这是对那种区分的真实写
照。"两面理论"实现了双重目的：顾及承认经验社会科学的压力，
同时也捍卫了法律的独立畛域。[167] 这种需要是普遍的，也符合日常
观点，认为关于国家问题存在着"两种可能性观念……这两种观念
都一样正确，都该受到同样重视，但二者绝不可相互混淆"。[168]

---

[164] K. Pfeifer, »Die Idee der Grundrechte in der deutschen Literatur von 1790 bis
Georg Jellinek«（博士论文，1892；Jena 1930）；G. Zimmermann, »Religionsgeschicht-
liche Grundlagen des modernen Konstitutionalismus«, *Der Staat*，第 30 卷（1991），页
393—413。

[165] G. Jellinek, *Allgemeine Staatslehre* (Berlin 1900, 1905, 1914)；第 3 版第 5
印，W. Jellinek (Hg.), 1928 (1959 年及以后再版)，页 409—424。

[166] R. Holubek, *Allgemeine Staatslehre als empirische Wissenschaft* (1961).

[167] 如 B. Schmidt, *Der Staat. Eine öffentlich-rechtliche Studie* (Leipzig 1896)。
作者把国家当作社会有机体，并赋予它可以经验理解的现实性，同时把它理解成由意
志决定并具有意志能力的"法律有机体"。塞德勒也同样认为，他明确区分了作为"社
会现象"的国家和作为"法律概念"的国家，并把人、领土和机构主权放在后者之中，
见 G. Seidler, *Das juristische Kriterium des Staates* (Tübingen 1905)。

[168] Schmidt，前注 167，页 106。布鲁诺·施密特（Bruno Schmidt，（转下页）

国家的社会理论建立在人际关系以及"由人际关系的客体聚集起来的"某种"心理功能"的基础上。统治者和被统治者的意志关系受时空限制，同时与目的相关。这使**耶利内克**得出这样的原则："国家是由最初的统治者权力装备起来的居民联合体。"[169] 与人类其他联合体一样，这个联合体是事实－历史的形成；与那些联合体唯一不同的是，它是被最高地组织和分异的联合体。在这里，**耶利内克**完全着迷于当时自然科学的进化论。他还从历史形而上学的角度确证该理论："优胜劣汰，人类力量的形成更加丰富。不管愿意与否，根据我们现代的、由全部科学确定的世界观，这是必然的且必须承认的历史内容。"[170] 就其自己命名的"历史的形而上学"而言，**耶利内克**完全还停留在 19 世纪的传统当中。道德上的改过自新、个人的个体性以及人类的最终发展——但没有人格性上帝在神学上的归责点——在这里是哲学的目的用语。

与此相对应，国家是法律意义上的法律主体，是公法上的领土团体。这个团体依赖于法，通过保障法律秩序[171] 和遵循不断发展的国家目的来辨明自身。其传统要素是国家领土、国家人口和国家权力。[172] 而国家权力与会发生历史变化的主权是同一样东西。因此，国家不是最高的，它只是能进行自我组织和自我统治，它本身必须受法的约束。如果国家是这样的存在，那么人们可以——**耶利内克**在他的《一般国家学》中就是这样操作的——采取比较的方法对国家宪

（接上页）1865—1905），主要作为国际法学家在海德堡工作，因此和耶利内克有直接紧密关系，他们不仅在"两面理论"上，而且在其他问题上都接近（赋予国家"法律有机体"资格、国家是法律的创造者、基于社会认可的法律形成学说等）。耶利内克和格奥尔格·迈尔还是文集系列的主编。

[169]   *Allgemeine Staatslehre*，前注 165，第 3 版，页 181。

[170]   *Allgemeine Staatslehre*，前注 165，第 3 版，页 262。

[171]   *Allgemeine Staatslehre*，前注 165，第 3 版，页 334 及以下。

[172]   勒宁也同样论述，见 Loening，前注 65，页 710—711。

法和"国家形式"进行类型化，[173] 可以对国家机构、分权学说或功能学说、行政结构进行分析，最终可以超越界线对国家的约束进行法律范畴化。人们尤其能够把国家与个人之间的关系理解为法律关系，并赋予个人明确的权利与义务（地位学说）。[174]

耶利内克如何区分国家经验性的一面和规范性的一面，同时又如何把它们结合在一起，这不仅体现在两面理论上，还体现在法律效力问题上。**耶利内克**注意到，人的观念承认事实存在的东西，积习已久之物同时在规范上也是应然之物。在这里，是"事实性的规范力量"[175]——他的著名用语——在发挥作用。同时也存在着相反趋势，驱使人想办法反抗、改变或推翻规范的应然之物，因为这些应然之物和保存在意识中的正义观念不一致。在这两个方向之间，人的观念搭建起了实然与应然之间的桥梁。因此人们可以说，在**耶利内克**那里这是一种"心理实证主义"。[176] 他和当时正在形成中的心理学，特别是和**冯特**（Wilhelm Wundt）有紧密关系，这也证实了这一点。这种实证主义既不是坚定的自然法学说，也不是坚定的法律实证主义，而是想在经验上把法律效力理解成意识现象。在马堡的新**康德**主义看来，这是一种混淆界线的理论，因此也对它进行了批判，尤其是**凯尔森**。[177]

但在科学策略上，两面理论和法律效力学说都是完整的、无缺陷的。把经验研究与规范研究的各个领域区分开，同时又坚持把它

---

[173]　有关"国家学说内容类型"，比较 *Allgemeine Staatslehre*，前注 165，第 3 版，页 34 及以下。

[174]　服从义务（被动地位），自由领域（主动地位），向国家主张（主动地位），政治参与权（积极地位）。*Allgemeine Staatslehre*，前注 165，第 3 版，页 416 及以下。

[175]　*Allgemeine Staatslehre*，前注 165，第 3 版，页 337 及以下。

[176]　W. Ott, *Der Rechtspositivismus* (1976)，页 65。

[177]　H. Kelsen, *Hauptprobleme*，前注 156；同作者，*Der soziologische und der juristische Staatsbegriff*（第 2 版，1928；再版，1962）。

们紧密地联系起来，似乎也有道理。整个 19 世纪基本上都是这样度过的，即人们把进行描述的（beschreibend）国家自然学说（国家学、国家历史）与进行价值评判（wertend）并指向未来的"政治学"区分开来，同时又把这种"政治学"与规范的、转向"当下有效法律"的国家法学说相区分。在其背后不仅存在着过去、现在和未来这种三分法，还存在着现实的宪法状况。国家完全被看成是前法权的（vorrechtlich）的社会现象，在 19 世纪期间才被套上宪法的缰绳。作为官僚的、按照国家理性而行动的机构国家（Anstaltsstaat），不仅是在私法上所理解的社会的相对物，也是法律的相对物。法律阙如的地方，比如像在宪法冲突时，权力及其有能力进行决策的人就会去填补缺漏。因此，19 世纪的历史教导人们，国家能违反法律，它完全可以在没有法律的权力基础上得以存在。

凯尔森关于国家和法律在认识理论上的统一论题[178]恰好与这些人的人生阅历不相符合，即仍对前法权的权力国家（Machtstaat）记忆犹新并奋力把它塑造成法治国（Rechtsstaat）的人们。**凯尔森**认为，不同的认识方法建构不同的东西，因此不适用于"某一个"东西。诚然，这些人在思想上能理解他的这些原则，[179]但把法律和国家等量齐观，从而暗示国家只因它们存在便是"法治国"，他们认为这是不可理解的。法律规范只能从法律规范中推演出来，**凯尔森**的原则同样遭到内部反对，因为 19 世纪的历史还告诫人们，在内心深处接受权力政治决断和接纳有效法律特征是多么的迅速。

耶利内克一气呵成地完成了其一般国家学说的全面论述纲领，

---

[178]　特别有启发性的，见 *Hauptprobleme*，前注 156，第 2 版序，页 XVI 及以下，页 XIX—XX，其中有关两面理论。

[179]　比较 H. J. Koch, *Die juristische Methode im Staatsrecht* (1977)，页 67 及以下。作者理性地重新建构了耶利内克和凯尔森之间的讨论，并解释说，凯尔森尝试"证明耶利内克所谓（国家的）社会学说是不可能的"，但他的尝试失败了。

语气均衡而又集中，高屋建瓴，纵览国家和国家理论的历史发展。历史、观念史、法律比较和教义在此被整合在一起，其方法令人赞叹，这使该著作很快被翻译成外文。诚然，对该著作的一般国家学说的效力主张，以及似乎返回到**特茨纳**把法律和非法律观点相互混淆的路数，[180] 存在着批评。就像已说到的那样，**凯尔森**批判它，因为它的实证主义不够连贯一致；"伦理社会主义者"**内尔松**（Leonard Nelson）批评它，因为在他看来，该著作的实证主义和实质正义无关，因此是危险的。[181] 但是，**耶利内克**被普遍刻画成"我们这个时代无可争议的并且一直是最有声望、最有影响的国家法导师"（**内尔松**语），人们认为他的《一般国家学说》是对 19 世纪的深刻"总结"。这些刻画和看法在当时很普遍，并流传至今。[182] **耶利内克**调和了最终不能调和的东西，即一直都富有生机活力的哲学唯心主义及其实质法权理念、历史形而上学、法学实证主义——但没有**凯尔森**登台亮相时具有的思想家的那种深度与连贯性——以及自然科学的实证主义，尤其是当时还正在形成的心理学知识。他的成功就是建立在这些调和成果的基础之上。在这里，似乎不仅成功地阻止了国家法、国家

---

[180] F. Tezner, »Die wissenschaftliche Bedeutung der allgemeinen Staatslehre und Jellineks Recht des modernen Staates«, *(Hirths) Annalen des Deutschen Reichs* (1902)，页 638—671。

[181] L. Nelson, *Die Rechtswissenschaft ohne Recht. Kritische Betrachtungen über die Grundlagen des Staat- und Völderrechts, insbesondere über die Lehre von der Souveränität* (1917；第 2 版，1949)，以及见 L. Nelson, *Recht und Staat* (*Ges. Schr.*，第 9 卷) (1972)，页 123—324。见 W. Link, *Die Geschichte des Internationalen Jugendbundes und des Internationalen Sozialistischen Kampfbundes* (1964)；K.-H. Klär, »Zwei Nelson-Bünde. Internationaler Jugend-Bund (IJB) und Internationaler Sozialistischer Kampfbund (ISK) im Lichte neuer Quellen«, *Internat. wiss. Korr. z. Geschichte der deutschen Arbeiterbewegung*，第 18 期（1982），页 310—360；S. Lemke-Müller, *Ethischer Sozialismus und soziale Demokratie* (1988)；H. Franke, *Leonard Nelson* (1991)。

[182] Herwig，前注 162，其论述是非历史的，明显忙于批判，并有一些错误理解，因此说服力不强。

学说、政治学以及社会学学科分化的离心趋势，还成功地提出了抵制政治化损害专业独立性的纲领。

经典的国家法实证主义所培育起来的希望，即想通过法学因素与所有"非法学的"存在物彻底分离，以及通过逻辑的概念操作以获取这种以前公法所缺少的独立性和"科学性"，在 1900 年前后变得更加渺茫。历史论据和政治论据重新回到国家（法）学说中。与此同时，在形式上进行统计学和社会学整理的事实世界已在场，它现在作为法律的效力基础而突显。而那种整理方式在当时还不为大多数人所知。

最后要谈一个很难表明但又确实"既存"的基本情况：在世纪之交，德国和奥地利的政治等级失去了内部安全。虽然立宪和代议制君主制的门面被打造成亘古不变的，但人们的担忧还是在悄然增长，资产阶级和封建的生活方式好像在即将到来的工业时代和被政治化的大众时代中也不复存在。[183] 在这个时代的知识分子看来，所有另类的反抗宣言都意识到，哈布斯堡王朝和德国**威廉**统治的晚期封建主义及军国主义现象，与现代世界之间的差异已变得多么巨大。哈布斯堡王朝和德国**威廉**统治的政治体制都没有在内部做好准备向真正的议会化转化，把君主制带回到总统制模式（Präsidialmodell）上去。"君主制原则"尽管在形式上发生了变化，但仍安然无恙。资产阶级立宪国家被卡在半路上，毫无进展，普鲁士尤为明显。但在奥地利和南部及中部德意志诸邦中没有了三月革命前意义上的宪法运动。政治精力为实现法治国而消耗殆尽。在资产阶级看来，为

---

[183]　Vondung，前注 140；J. Kocka (Hg.), *Bildungsbürgertum im 19. Jahrhundert, Teil IV Politischer Einfluß und gesellschaftliche Formation* (1989)，其中特别参见韦勒的文章，页 215 及以下；丰富文献，见 G. Besier (Hg.), *Die Mittwochs-Gesellschaft im Kaiserreich. Protokolle aus dem geistigen Deutschland 1863–1919* (1990)。

了能建立共同阵地对付第四等级，而不卷入一场两面开战的社会战争，向统治权力妥协是更精明之举。

五、民族国家还是工业社会国家？

对德国社会来说，"民族统一"和"法治国"是19世纪下半叶的伟大成就。与之相对，社会对政治权力的"参与"只实现了小部分，其实这种参与愿望也不像1848年前那么强烈。资产阶级大多数人在思想上是民族主义的和自由主义的，他们或多或少有意向统治精英频送秋波，并达成一种协议：一方面，保证市民阶层在经济上繁荣并受法律保护，而资产阶级则承诺尊重权力的传统范围——法院、行政、军队和外交；另一方面，在此基础上人们达成一致，共同采取措施防止因社会问题而带来的危险和不稳定因素。

帝国就这样走向了统一，并解决了正当性问题。政治安全和经济安全似乎长期有了保障。"经济崩溃"*很快得以解决。工业的生产力极大地提高。工资收入稳定增加，社会保险逐渐发挥作用，排除了社会问题所带来的威胁。帝国是欧洲的领导强国，就像在1878年提出召开柏林会议所体现的那样。"我们今天，"**耶利内克**在1906年如此写道，"是一个丰衣足食的民族，低头想一想那曾造成我们痛苦不堪的国家生活的重大问题，我们因此就会满足于以日常方式处理日常政治工作。"[184]

然而，参与权力的阶层并不十分满意。而这种不满在**俾斯麦任**

---

[184]　G. Jellinek, *Verfassungsänderung und Verfassungswandlung. Eine staatsrechtlih-politische Abhandlung* (Berlin 1906)，序，页 VI。

* 译者按：指1873年到1875年的经济危机。

首相期间就已滋生，并在**威廉二世**统治下加剧了。其原因是多方面的。那些具有"大德意志"思想并经历了 1848 年革命的人们对帝国只是一个"小德意志"的解决方案仍痛心疾首，尽管人们也认识到，哈布斯堡王朝的君主制就像它当时那样不能被统一到德意志民族国家中来；政治天主教没有忘记"文化斗争"；对西部的阿尔萨斯和东部的波兰也只是部分统一；[185] 工人运动现在在政党和工会两个机构组织中真正得到加强，并成为被排除在政治权力之外的最重要的力量因素。在这些原因谱系的另一面存在着对"国际地位"、殖民地和海洋扩张的经久不息的愿望，以及债务累累的农业大国所面临的实质问题。资产阶级尽管有很大的（自我）满足感，但对权势阶层的军国主义及封建主义作风心存芥蒂。与此同时，人们对大众时代出现的均平化也忧心忡忡。

宪法的现实变化也是其中原因。帝国的重要性起初还很微弱，但它逐渐建立起了全面的行政机构，并通过立法方式继续促进"内部的帝国建立"。帝国议会、联邦议会和帝国政府通力合作——常常和占主导地位的普鲁士利益紧密结合在一起——朝着缓慢发展的议会化方向发展，但君主立宪制的传统模式在原则上好像不受怀疑。在**俾斯麦**继任者的统治下，出现了使问题复杂化的皇帝"个人领导"因素。帝国宪法仍是组织制定法，但静悄悄的宪法变化和不成文宪法法律对其进行不断的补充和修正。

在公法文献中，尽管存在着我们所揭示的边缘断层、躁动不安和变化，但论调基本上与现实状况一致。在这里著书立说的人士属

---

[185]　有关大学，比较 H. Hammer-Schenk, »»Wer die Schule hat, hat das Land!‹ Gründung und Ausbau der Universität Straßburg nach 1870«；L. Burchardt, »Hochschulpolitik und Polenfrage. Der Kampf um die Gründung einer Universität in Posen«。均见 E. Mai / S. Waetzold (Hg.), *Kunstverwaltung, Bau- und Denkmal-Politik im Kaiserreich* (1981)，页 121 及以下，页 147 及以下。

于行政公务员和大学教师的资产阶级上层。在一般情况下他们不存
在愤懑，1870 年后的第一代国家法和行政法学者尤其如此。他们的
思想是典型的民族自由主义，拼命坚持科学实证主义和法律实证主
义，并把这种见解与来自历史法学派和唯心主义哲学多样的方法前
提结合在一起。人们普遍认为，所谓格贝尔 – 拉班德的实证主义把
历史、政治和哲学因素从法学中驱逐出去，这种观点还得到不断的
强调和维护，但这种驱逐并没有真正存在过。它更多是一种传说。
在 20 世纪，这种传说回到了实证主义的对手身上。然而，1870 年到
1900 年，人们对国家秩序基本问题的讨论倒是销声匿迹了。亲身经
历和共同塑造北德意志同盟与帝国建立的那一代人在 1890 年前后离
开了人世，之后，新兴力量才活跃起来。后起之秀（**耶利内克**、**特
里佩尔**、**安许茨**、**考夫曼**、**施米特**、**凯尔森**、**斯门德**、**托玛**）以其
各自方式脱离"主流意见"。他们更多从"历史"和"政治"上思
考问题，或者与哲学、社会学以及心理学在无拘无束的对话中增强
自己的方法意识。[186]

这体现出，就在 1900 年前后，在看上去是如此稳固的帝国和帝
国国家法的基础上存在着一张有裂缝的网。社会学的国家学说坚定
地以"非法学"角度来思考国家。更年轻的一代国家法学家在寻找
一个新的**阿基米德**阐释点，其目的要么是把国家和法律秩序融合在
一起，要么是把国家理解成法律与法律以外因素相互作用的社会心
理现象（**耶利内克**、**斯门德**），或理解成权力的体现（**考夫曼**），
或理解成为存在的"决断"（**施米特**）。

可以明确地把出现的新方向理解成对"国家"标准形象发生变

[186] S. Korioth, »Erschütterungen des staatsrechtlichen Positivismus im ausgehenden
Kaiserreich«, *AöR*，第 117 卷（1992），页 212—238。

化的反映，并且可以在封闭的民族国家向开放的工业社会国家过渡中对这种变化进行描述。我们可以从各种角度来观察这种过渡。

（1）如果人们从自由主义法治国和立宪国的标准形象出发，那么德国在 1878 年前后就开始了一个新时代。这种国家为社会提供一个"空间"，保障安全和秩序，并防止危险，但又尽可能节制地进行干预。随着关税保护、社会保险、公司法、竞争法、交通法和科技法的出现，干预型国家（Interventionsstaat）产生了。直到划时代的 1914 年为止，它以不显眼的方式不断扩张，战争管理法使它获得了一个新的强劲推动力。[187] 与自由主义告别，对在传统上以国家为指向的德国社会来说并非难事，这促进了国家权力的稳固和庞大官僚体制的建立。与此相关的是，公法大量增加，这尤其为行政法学提供了最为强大的动力。

（2）如果留意政治意志的形成机制，那么这种转变的特征主要表现为，君主制顶端的决策权力转移到了政党和政党领袖以及联合会和其负责人身上。有产阶层和有教养市民阶层的社会名流被政党职业政治家推进议会越多，政党就必须在模糊的标语下联结越多完全不同的利益。对民族的政治路线方针越发由政党之间的谈判来决断，而不是由君主与他的首相之间的谈话来定夺。政党与利益之间的约束性相应提高了。但为了不从一开始就失去自己的支持者，这些政党一直被迫代表较大范围的政治愿望。

因此，从 1880 年代起，针对国家的特殊愿望形成了工会和联合会。它们一点一滴地开展工作，并只为自己的成员而不必顾及选民

---

[187]　M. Stolleis, »Die Entstehung des Interventionsstaates und das öffentliche Recht«, *ZNR* (1989), 页 129—147；同作者，»»Innere Reichsgründung‹ durch Rechtsvereinheitlichung 1866–1880«, Chr. Starck (Hg.), *Rechtsvereinheitlichung durch Gesetze, Bedingungen, Ziele, Methoden* (1992)。

愿望。它们体现了工业社会典型的、组织利益追求的形式，形成了一个内隐的等级；处在这个等级顶端的是"立法机器把大部分果实投到他们怀里"（瑙曼［F. Naumann］）的联合体。

与这种情况结合在一起的变化是，君主立宪制条件下封闭的"国家"意志形成程序，向政府、政党和联合会之间开放的、不可预知的相互影响过程转变。这种变化势必深深地激怒了传统的国家法学说。"超越利益"的国家明显是社会利益竞争的"赃物"。在这里，不仅仅是它的完整性和谋求共同幸福的目的受到腐蚀危险，和主权概念结合在一起的统一"意志"观念也会遭到解体危险。对**格贝尔**和**拉班德**来说，这种观念曾扮演过重要角色。

（3）社会有机体自身的征兆也并非风平浪静。尽管 19 世纪发生了重大转折，但旧制度的等级分层长期表现较为稳定。在世纪之交，这种等级分层的外部出现了解体。[188] 在大都市和工业区已失去了明显的旧等级划分。工人阶层失去了无产阶级特征，[189] 在其身边形成了职员阶层。[190] 新的交通和通信工具，广告和消费世界，机械为"所有等级"生产的廉价商品，预示着一个大众时代即将来临，人们获取的财产和教育、消费商品和社会地位不存在着原则上的差别。1895 年，首次出版**勒庞**（Gustave Le Bon）的《大众心理研究》（*Psychologie des foules*）。作者在书中写道："人民大众进入政治生活的入场券使他们翻身成了领导阶级，这是我们这个转折时期最显著的特征之一。"

---

[188]　比较 J. Kocka (Hg.), *Bürgertum im 19. Jahrhundert*，第 2 卷（1988）。

[189]　H. U. Wehler, *Das deutsche Kaiserreich 1871–1918* (1973)，页 41 及以下；M. Stürmer, *Das ruhelose Reich. Deutschland 1866–1918* (1983)，内有更多文献。

[190]　U. Kadritzke, *Angestellte- die geduldigen Arbeiter* (1975); J. Kocka, *Die Angestellten in der deutschen Geschichte* (1981); T. Pierenkemper, *Arbeitsmarkt und Angestellte im Deutschen Kaiserreich 1880–1913* (1987).

（4）最后，特别重大的是——尤其对指向资产阶级的国家法学说的集体意识来说——国家正当性基础在总体上逐步发生更换。如果说 19 世纪的"君主制原则"只是最初统治神圣性的廉价代用品，[191]那么，在**威廉**显现形式中的神恩就几乎是一种讽刺。此外，还具讽刺意味的现象是，民族主义尽管在 1914 年再次庆祝了它的胜利，但作为统一工具，时间一长它似乎就不敷用了。交通流、通讯和财政的国际性预示着，民族主义这个 19 世纪的社会粘合剂此时正在消失。

但什么东西能够取代爱国主义和对世袭统治王朝忠诚的位置呢？显然只能是对现代"服务型国家"（Leistungsstaat）的信赖。这种信赖是从感激之情和倚赖感中产生出来的奇特混合物，它与从民主程序中生成的正当性联系在一起。自从人们开始推行关税保护和建立社会保险（1883—1889）来缓解为集体进行社会服务所产生的社会危机以来，[192] 国家开始从重新分配的服务中获取它的正当性。它通过税收和收取社会保险费用来提高生产力，并重新回到国家"服务"的道路上，服务型国家因此变成物质繁荣的巨大保障，而"大众忠诚"倚赖于这种繁荣。

所有这些在世纪之交只有少数人看得清楚，但是许多敏感的思想家还是注意到了不安全的征兆。陶冶情操的艺术、音乐和文学给予了最敏感的回应。很难说，在 1914 年之前的国家法学说和国家哲学应该记录下将要到来的灾难的可能性。但是从 1900 年到 1914 年，可以清楚看见社会分裂成了各种党团派系，这种分裂表明社会进入

---

　　[191]　O. Brunner, »Vom Gottesgnadentum zum monarchischen Prinzip«，见同作者，*Neue Wege der Verfassungs- und Sozialgeschichte*，第 2 版（1968），页 160—186。

　　[192]　F. Tennstedt, *Sozialgeschichte der Sozialpolitik in Deutschland* (1981); V. Hentschel, *Geschichte der deutschen Sozialpolitik 1880–1980* (1983); P. A. Köhler / H. F. Zacher (Hg.), *Ein Jahrhundert Sozialversicherung in der Bundesrepublik Deutschland, Frankreich, Großbritannien, Österreich und der Schweiz* (1981).

一个新时代，在这个新时代，国家应该被解释成为"决断"者、"整合"的容器或纯粹的"法律秩序"。1914 年 8 月大战爆发时，所有差异似乎都消失了，所有文化悲观主义的不安好像也被忘掉了。大战之初的大学教师宣言闻名于世，它结束了德国这段学科史时代。[193]这个宣言记录了真实的愤怒与正直，以及根深蒂固的怨恨，一方面具有好战思想，另一方面也充满了对"光明"和"进步"的幻想。从这两代人的距离来看，不管人们如何看待这些情绪激昂的言论，对于公法史来说，这些言论意味着一个重大的转捩点。

---

[193] K. Böhme (Hg.), *Aufrufe und Reden deutscher Professoren im Ersten Weltkrieg* (1975). 其中尤其比较基尔克的讲话，页 65—80。

参考文献

以下书目仅限文中引用的文献以及与公法相关的文献。一般都是
第一版。杂志和司法汇编，请参阅 F. Ranieri (Hg.), *Gedruckte Quellen
der Rechtsprechung in Europa (1800–1945)*，2 卷本（Frankfurt 1992）。

Affolter, A., *Grundzüge des Allgemeinen Staatsrechts*, Stuttgart 1892
Affolter, A., *Naturgesetze und Rechtsgesetze*, München 1904
Affolter, F. X., *System des badischen Verwaltungsrechts*, Karlsruhe 1904
Ahrens, H., *De confoederatione germanicarum civitatum*, Göttingen 1830
Ahrens, H., *Cours de droit naturel*, Paris 1838 (dt. *Naturrecht oder Philosophie des Rechts
    und des Staates*, 6. Aufl. 2 Bde Wien 1870–1871)
Albrecht, W. E., *Die Gewere als Grundlage des älteren deutschen Sachenrechts*, Königsberg
    1828
Albrecht, W. E., »Rezension«, in: *Göttingische gelehrte Anzeigen 1837*, 1489ff. (Nachdr.
    1962)
An. *Was lehrt die Constitution dem Landmanne?* Leipzig 1831
An. *Ueber das Prinzip, die Grenzen und den Umfang der Polizei*, Leipzig 1808
An. (= H. A. Zachariä), *Die Reform der deutschen Bundesverfassung auf der Basis des Beste-
    henden und ohne Ausschluß Österreichs, von einem norddeutschen Publicisten*, Erlangen
    1859
An. (= J. E. Reitemeier), *Die Ständeverfassung in den Germanischen Ländern, insbesondere
    in Dänemark und Preußen*, Kiel 1815
An. (= C. Th. Welcker), *Deutschlands Freyheit*, Gießen 1814
An. (= F. K. Beck), *Das Hessische Staatsrecht*, Darmstadt und Leipzig 1831–1835
An. (= J. G. Fichte), *Versuch einer Kritik aller Offenbarung*, Königsberg 1792
An. (= G. F. Fischer), *Die landständischen Verirrungen in Württemberg*, Stuttgart 1835
An. (= N. Th. Gönner), *Ueber den Umsturz der teutschen Staatsverfassung und seinen Ein-
    fluß auf die Quellen des Privatrechts in den neu souveränen Staaten der rheinischen Con-
    föderation*, Landshut 1807
An. (= J. K. I. Buddeus), *Die Ministerverantwortlichkeit in constitutionellen Monarchien*,
    Leipzig 1833

An., *Deutschlands höchst nothwendige politisch-publizistische Regeneration, wegen der aus dem Entschädigungs-System und dessen Folgen hervorgegangenen Umwandlung seiner wichtigsten staatsrechtlichen Verhältnisse*, Leipzig 1803

An., *Grundzüge zu einem Entwurfe einer Deutschen Reichsverfassung*, o. O. 1814

An., *Ist bey der Deutschen Staatsverfassung eine allgemeine Volksempörung möglich? In Beziehung auf Frankreich*, o. O. 1794

Ancillon, F., *Ueber Souveränität und Staats-Verfassungen*, Berlin 1815

Ancillon, F., *Über die Staatswissenschaft*, Berlin 1820

Ancillon, F., *Nouveaux essais de politique et de philosophie*, 2 Bde Paris und Berlin 1824

Anclllon, F., *Über den Geist der Staatsverfassungen und dessen Einfluß auf die Gesetzgebung*, Berlin 1825

Ancillon, F., *Pensées sur l'homme, ses rapports et ses intérets*, Berlin 1829

Anschütz, G., *Kritische Studien zur Lehre vom Rechtssatz und formellen Gesetz*, Leipzig 1891

Anschütz, G., *Die gegenwärtigen Theorien über den Begriff der gesetzgebenden Gewalt und den Umfang des königlichen Verordnungsrechts nach preußischem Staatsrecht*, Tübingen und Leipzig 1900

Anschütz, G., *Die Verfassungs-Urkunde für den Preußischen Staat vom 31. Januar 1850. Ein Kommentar für Wissenschaft und Praxis*, Bd. 1, Berlin 1912

Anschütz, G., »Deutsches Staatsrecht«, in: F. v. Holtzendorff-J. Kohler, *Encyklopädie der Rechtswissenschaft*, Bd. 4 (1914) 1–92

Apel, E., »Die landesherrliche Gewalt des Kaisers in Elsaß-Lothringen«, Diss. Greifswald, Spandau 1895

Apelt, K., *Das Königlich sächsische Gesetz über die Verwaltungsrechtspflege vom 19. Juli 1900*, Leipzig 1901

Aretin, J. Chr. FRHR. v., *Abhandlungen über wichtige Gegenstände der Staatsverfassung und Staatsverwaltung*, München 1816

Aretin, J. Chr. FRHR. v., *Staatsrecht der constitutionellen Monarchie*, 3 Bde Altenburg 1824–1828, beendet von K. v. Rotteck

Arndt, (G.) A., *Das Verordnungsrecht des Deutschen Reiches*, Berlin und Leipzig 1884

Arndt, (G.) A., *Die Verfassungs-Urkunde*, Berlin und Leipzig 1886

Arndt, (G.) A., *Das selbständige Verordnungsrecht*, Berlin 1902

Arnstedt, O. v., *Das Preußische Polizeirecht*, 2 Bde Berlin 1907

Auerbach, L., *Das neue Deutsche Reich und seine Verfassung*, Berlin 1871

Bachmann, J. H., *Pfalz-Zweibrückisches Staats-Recht*, Tübingen 1784

Bähr, O., *Der Rechtsstaat: Eine publizistische Skizze*, Kassel 1864

Balck, C. W. A., *Verwaltungsnormen in Mecklenburg-Schwerin*, 4 T. Schwerin 1883–1908

Bartels, J. H., *Einige Abhandlungen über Gegenstände der hamburgischen Verfassung*, Hamburg 1835

Barth-barthenheim, J. L. Graf v., *Das Ganze der österreichischen politischen Administration mit vorzüglicher Rücksicht auf das Erzherzogtum Österreich unter der Enns*, 3 Bde Wien 1838–1846

Bazille, W., *Königreich Württemberg*, Hannover 1908

Beck, Ch. A. v., *Specimen Iuris Publici Austriaci*, Wien 1750

Beck, J. S., *Grundsätze der Gesetzgebung*, Leipzig 1806

Becke, Fr. A. v. D., *Von Staatsmännern und Staatsdienern*, Heilbronn 1797

Becker, H., *Das Staatsrecht des Großherzogthums Oldenburg*, Freiburg, Tübingen 1888

Behr, W. J., *System der allgemeinen Staatslehre zum Gebrauche für seine Vorlesungen*, Bamberg 1804

Behr, W. J., *Der Organismus des rheinischen (deutschen) Bundes*, Altona 1807

Behr, W. J., *Systematische Darstellung des rheinischen Bundes aus dem Standpunkte des öffentlichen Rechts*, Frankfurt 1808

Behr, W. J., *Das Teutsche Reich und der Rheinische Bund*, Frankfurt 1808

Behr, W. J., *System der allgemeinen angewandten Staatslehre oder Staatskunst (Politik)*, Frankfurt 1810

Behr, W. J., *Darstellung der Bedürfnisse, Wünsche und Hoffnungen deutscher Nation*, Aschaffenburg 1814

Behr, W. J., *Versuch des Grundrisses einer Constitution für Monarchien*, Bamberg 1816

Behr, W. J., *Staatswissenschaftliche Erörterung der Fragen: 1. Inwieferne ist der Regent eines Staats an die Handlungen seines Regierungsvorfahren gebunden?... Bamberg und Leipzig 1818

Behr, W. J., *Die Lehre von der Wirthschaft des Staats*, Leipzig 1822

Behr, W. J., *Von den rechtlichen Grenzen der Einwirkung des deutschen Bundes auf die Verfassung, Gesetzgebung und Rechtspflege seiner Glieder-Staaten*, Würzburg 1820

Behr, W. J., *Bedürfnisse und Wünsche der Baiern*, Stuttgart 1830

Behr, W. J., *Allgemeine Polizei-Wissenschaftslehre oder pragmatische Theorie der Polizei-Gesetzgebung und Verwaltung*, 2 Bde Bamberg 1848

Berg, G. H. v., *Handbuch des Teutschen Policeyrechts*, 7 Bde Hannover 1799–1809

Berg, G. H. v., *Abhandlungen zur Erläuterung der rheinischen Bundesacte*, Hannover 1808

Bergbohm, K., *Jurisprudenz und Rechtsphilosophie. Kritische Abhandlungen*, Leipzig 1892

Bergius, C. J., *Preußen in staatsrechtlicher Beziehung*, Münster 1838

Bergius, C. J., *Preussische Zustände*, Münster 1844

Bergius, J. H. L., *Kameralisten-Bibliothek*, Nürnberg 1762

Bernatzik, E., *Rechtsprechung und materielle Rechtskraft. Verwaltungsrechtliche Studien*, Wien 1886

Berneys, K. L., *Deutschland und seine fränkischen Repräsentativ-Verfassungen*, Mannheim 1841

Beschorner, J. H., *Die Ministerverantwortlichkeit und der Staatsgerichtshof im Königreich Sachsen*, Berlin 1877

Beseler, W., *Staats- und Verwaltungsrecht des Fürstentums Schaumburg-Lippe*, Hannover 1910

Besser, K. M., *System des Naturrechts*, Halle 1830

Biedermann, F. K., *Erinnerungen aus der Paulskirche*, Leipzig 1849

Binding, K., *Die Verfassungs-Urkunde für den preußischen Staat*, Leipzig 1893

Bischof, *Das Sächsisch-Schönburgische Staatsrecht der Gegenwart*, Dresden 1870

Bischof, H., *Ministerverantwortlichkeit und Staatsgerichtshöfe in Deutschland*, Gießen 1859

Bischof, H., *Nothrecht des Staates*, Gießen 1859

Bischof, H., *Allgemeine Staatslehre*, Gießen 1860

Bisinger, J. C., *Vergleichende Darstellung der Staatsverfassungen der europäischen Monar-

chien und Republiken, Wien 1818

Bitter, R. v., *Handwörterbuch der Preußischen Verwaltung*, Leipzig 1906

Bitzer, F., *Das Recht auf Armenunterstützung und die Freizügigkeit, ein Beitrag zu der Frage des allgemeinen deutschen Heimathrechts*, Stuttgart 1863

Bitzer, F. v., *Regierung und Stände in Württemberg, ihre Organisation und ihr Recht*, Stuttgart 1882

Bluntschli, J. C., *Staats- und Rechtsgeschichte der Stadt und Landschaft Zürich*, 2 Bde Zürich 1838–1839

Bluntschli, J. C., *Allgemeines Staatsrecht, geschichtlich begründet*, München 1851–1852

Bluntschli, J. C., *Geschichte des Allgemeinen Staatsrechts und der Politik*, München 1864

Bluntschli, J. C., *Das moderne Völkerrecht der zivilisierten Staaten als Rechtsbuch dargestellt*, Nördlingen 1868

Bluntschli, J. C. / Brater, K. (Hg.), *Deutsches Staats-Wörterbuch*, 11 Bde Stuttgart 1856–1868, 12. Bd. Leipzig 1870

Bodmann, F., *Code de Police administrative. Sammlung sämmtlicher Gesetze in Betreff des Polizeiamtes der Prefekten...* 3 Bde Mainz 1810–1815

Bollmann, J., *Bremisches Staats- und Verwaltungsrecht*, Bremen 1904

Bollmann, J., *Das Staatsrecht der Freien Hansestädte Bremen und Lübeck*, Tübingen 1914

Bömers, K., *Das Staatsrecht des Fürstentums Schaumburg-Lippe*, Freiburg und Tübingen 1888

Bonnin, Ch., *Droit public français, ou Code politique*, Paris 1809

Bonnin, Ch., *Principes d'administration publique pour servir à l'étude des lois administratives*, Paris 1809

Bopp, F., *Der Hessische Rechtsfreund*, Darmstadt 1835–1837

Bornhak, C., *Geschichte des Preußischen Verwaltungsrechts*, 3 Bde Berlin 1884–1886

Bornhak, C., *Preußisches Staatsrecht*, 3 Bde Freiburg 1888–1890

Bornhak, C., *Allgemeine Staatslehre*, Berlin 1896

Bornhak, C., *Grundriß des Deutschen Staatsrechts*, Leipzig 1906

Bornhak, C., *Grundriß des Verwaltungsrechts in Preußen und dem Deutschen Reiche*, Leipzig 1906

Bornhak, C., *Staats- und Verwaltungsrecht des Großherzogtums Baden*, Hannover 1908

Borowski, G. H., *Abriß des praktischen Cameral- und Finanz-Wesens... in den Königlich Preußischen Staaten*, Berlin 1795

Bosse, H. A. v., *Kgl. sächsische revidierte Städteordnung für mittlere und kleinere Städte*, 3. Aufl. Leipzig 1878

Bosse, H. A. v., *Leitfaden für Gemeindevorstände des Königreichs Sachsen*, Leipzig 1874

Brauer, J. N. F., *Beyträge zu einem allgemeinen Staatsrecht der Rheinischen Bundes-Staaten*, Karlsruhe 1807

Brauer, J. N. F., *Erläuterungen über den Code Napoléon und der großherzoglich Badenschen bürgerlichen Gesetzgebung*, 6 Bde Karlsruhe 1809–1812

Braun, K., *Bilder aus der deutschen Kleinstaaterei*, 4 Bde Leipzig 1869, Berlin 1870

Brendel, S., *Die Geschichte, das Wesen und der Werth der Nationalrepräsentation*, 2 Bde Bamberg 1816

Breyer, J. G., *Elementa iuris publici Wirtembergensi*, 2. Aufl. Tübingen 1787

Brie, S., *Der Bundesstaat: Eine historisch-dogmatische Untersuchung*, Leipzig 1874

Bruck, E., *Das Verfassungs- und Verwaltungsrecht von Elsaß-Lothringen*, 3 Bde Straßburg 1908–1910

Brückner, W., *Staats- und Verwaltungsrecht der freien und Hansestadt Lübeck*, Hannover 1909

Bruns, F., *Verfassungsgeschichte des Lübeckischen Freistaates 1848–1898*, Lübeck 1898–1899

Buchholz, F., *Gemälde des gesellschaftlichen Zustandes im Königreich Preussen*, Berlin und Leipzig 1808

Buchholz, F., *Vertheidigung der Urheber des Preußischen Landrechts gegen die Beschuldigungen eines Ungenannten*, Berlin 1828

Buchner, K., *Das Großherzogthum Hessen in seiner politischen und sozialen Entwickelung vom Herbst 1847 bis zum Herbst 1850*, Darmstadt 1850

Buchner, K., *Der Herr Fürst Ludwig zu Solms-Lich und die Repräsentativverfassungen*, Darmstadt 1838

Buek, F. G., *Handbuch der Hamburgischen Verfassung und Verwaltung*, Hamburg 1828

Buhl, L., *Die Verfassungsfrage in Preußen nach ihrem geschichtlichen Verlaufe*, Zürich und Winterthur 1842

Bühler, O., *Die subjektiven öffentlichen Rechte und ihr Schutz in der deutschen Verwaltungsrechtsprechung*, Berlin, Stuttgart und Leipzig 1914

Bülau, F., *Darstellung der Verfassung und Verwaltung des Königreichs Sachsen*, Leipzig 1833

Bülau, F., *Nonulla de dynastis in Saxonia regia*, Leipzig 1833

Bülow, F. v., *Bemerkungen, veranlaßt durch des Hn. Hofraths Rehberg Beurtheilung der königlich preussischen Staatsverwaltung und Staatsdienerschaft*, Frankfurt und Leipzig 1808

Bülow, G. Ph. v., *Zur Erläuterung der Landschaftsordnung des Herzogthums Braunschweig von 1820*, Braunschweig 1831

Bülow-Cummerow, E. G. G. v., *Preußen, seine Verfassung, seine Verwaltung, sein Verhältniß zu Deutschland*, 2 Bde Jena 1842–1843

Burckhard, Ch. W., *Handbuch der Verwaltung im Großherzogtum Sachsen-Weimar-Eisenach*, Neustadt a. d. O. 1844

Burke, E., *Reflections on the French Revolution*, 1790, Ausg. London 1953 (dt. als *Betrachtungen über die französische Revolution...* bearb. v. F. Gentz, Berlin 1793)

Butte, W., *Versuch der Begründung eines endlichen und durchaus neuen Systems der sogenannten Polizeywissenschaft*, Landshut 1807

Calker, W. van, *Das badische Budgetrecht in seinen Grundzügen*, T. 1, Tübingen 1901

Calker, W. van, *Das Staatsrecht des Großherzogtums Hessen*, Tübingen 1913

Christern, J. W., *Geschichte der freien Stadt Hamburg und ihrer Verfassung*, Hamburg und Leipzig 1843

Cölln, F. v., *Vertraute Briefe über die innern Verhältnisse am preußischen Hofe seit Friedrichs II. Tode*, Leipzig 1807–1809

Constant, B., *De la responsabilité des Ministres*, Paris 1814

Cosack, K., *Das Staatsrecht des Großherzogtums Hessen*, Freiburg und Leipzig 1894

Crome, A. F. W.–Jaup, K. (Hg.), *Germanien*, Gießen 1808–1811

Cucumus, K. v, *Lehrbuch des Staatsrechts der constitutionellen Monarchie Baierns*, Würzburg 1825

Dabelow., Ch. Ch., *Über Souverainität, Staats-Verfassung und Repräsentativ-Form*, Marburg 1816

Dabelow., Ch. Ch., *Ueber den dreyzehnten Artikel der deutschen Bundesacte, die landständischen Verfassungen betreffend*, Göttingen 1816

Dacheröden, E. L. W. v., *Versuch eines Staatsrechts, Geschichte und Statistik der freien Reichsdörfer in Deutschland*, Leipzig 1785

Dahlmann, F. C., *Urkundliche Darstellung des dem Schleswig-Holsteinischen Landtage kraft der Landesgrundverfassung zustehenden anerkannten Steuerbewilligungsrechtes*, Kiel 1819

Dahlmann, F. C., *Die Politik, auf den Grund und das Maß der gegebenen Zustände zurückgeführt*, Göttingen 1835

Dahlmann, F. C. (Hg.), *Vertheidigung des Staatsgrundgesetzes für das Königreich Hannover*, Jena 1838

Dahlmann, F. C. (Hg.), *Gutachten der Juristen-Fakultäten in Heidelberg, Jena und Tübingen*, Jena 1839

Darjes, J. G., *Erste Gründe der Kameralwissenschaften*, Jena 1756

Demian, J. A., *Handbuch der Geographie und Statistik des Herzogtums Nassau*, Wiesbaden 1823

Dönniges, W., *Die Land-Kultur-Gesetzgebung Preußens*, 5 Bde Berlin u. Frankfurt/O. 1842–1850

Dresch, L. v., *Betrachtungen über den Deutschen Bund*, Tübingen 1817

Dresch, L. v., *Öffentliches Recht des deutschen Bundes und der deutschen Bundesstaaten*, Tübingen 1820

Dresch, L. v., *Die Schlussakte der über Ausbildung und Befestigung des deutschen Bundes zu Wien gehaltenen Ministerial-Conferenzen in ihrem Verhältnisse zur Bundesakte betrachtet*, Tübingen 1821

Dresch, L. v., *Naturrecht*, Tübingen 1822

Dresch, L. v., *Grundzüge des bayerischen Staatsrechtes*, Ulm 1823

Dresch, L. v., *Abhandlungen über Gegenstände des öffentlichen Rechts sowohl des deutschen Bundes überhaupt, als auch einzelner Bundesstaaten*, München 1830

Eckert, L., »Das badische Beamtenrecht, jur«. Diss. Freiburg 1897

Eichhorn, K. F., *Deutsche Staats- und Rechtsgeschichte*, Göttingen 1808 ff.

Eichhorn, K. F., *Einleitung in das deutsche Privat-Recht*, Göttingen, 1824

Eigenbrodt, K. Chr., *Handbuch der Großherzoglich Hessischen Verordnungen vom Jahre 1803 an*, 4 Bde Darmstadt 1816–1818

Eigenbrodt, C. G., *Das Verhältniß der Gerichte zur Verwaltung im Großherzogthum Hessen*, Darmstadt 1840

Eiselen, J. F. G., *Handbuch des Systems der Staatswissenschaften*, Breslau 1828

Elvers, Chr. F. *Die Hauptquellen des deutschen Bundes-Staatsrechts*, Göttingen 1824

Emmermann, F. W., *Ueber Polizei, ihren vollständigen Begriff und ihr eigenthümliches Verfahren*, Dillenburg und Siegen 1811

Emmermann, F. W., *Die Staatspolizei in Beziehung auf den Zweck des Staats und seine Behörden*, Wiesbaden 1819

Emminghaus, G., *Corpus iuris germanici, tam publici quam privati, academicum*, 2 Bde Jena 1824

Epplen, J. F. X. v., *Über das Prinzip der deutschen Territorialverfassung*, Frankfurt 1803

Erdmann, J. E., *Philosophische Vorlesungen über den Staat*, Halle 1851

Escher, H., *Ueber die Philosophie des Staatsrechts, mit besonderer Beziehung auf die Haller' sche Restauration*, Zürich 1821

Estor, J. G., *Jus publicum Hassiacum hodiernum*, Jena 1739

Estor, J. G., *De Comitiis et Ordinibus Hassiae praesertim Cassellanae provincialibus*, 2. Aufl. Frankfurt 1752

Estor, J. G., *Origines juris publici Hassiaci*, Jena 1738

Falck, N., *Das Herzogthum Schleswig in seinem gegenwärtigen Verhältniß zu dem Königreich Dännemark und zu dem Herzogthum Holstein*, Kiel 1816

Falck, N., *Juristische Encyklopädie, auch zum Gebrauch bei academischen Vorlesungen*, Kiel 1821

Falck, N., *Handbuch des Schleswig-Holsteinischen Privatrechts*, Altona 1825–1848

Falck, N., *Die historischen Landes-Rechte in Schleswig und Holstein urkundlich*, Vorwort von Etatsrath Falck, nebst einer Zugabe von Prof. Dahlmann, Hamburg 1847

Falck, N., *Sammlung der wichtigsten Urkunden, welche auf das Staatsrecht der Herzogthümer Schleswig und Holstein Bezug haben*, Kiel 1847

Falkmann, A., *Das Staatsrecht des Fürstentums Lippe*, Freiburg und Tübingen 1888

Fessmaier, J. G., *Grundriß des baierischen Staatsrechts*, Ingolstadt 1801

Feuerbach, P. J. A. v., *Themis oder Beyträge zur Gesetzgebung*, Landshut 1812

Fichte, J. G., *Grundlage der gesamten Wissenschaftslehre*, Jena und Leipzig 1794–1795

Fichte, J. G., *Grundlage des Naturrechts nach Prinzipien der Wissenschaftslehre*, Jena und Leipzig 1796–1797

Fichte, J. G., *Das System der Sittenlehre nach den Prinzipien der Wissenschaftslehre*, Jena und Leipzig 1798

Fichte, J. G., *Die Bestimmung des Menschen*, Berlin 1800

Fichte, J. G., *Die Grundzüge des gegenwärtigen Zeitalters*, Berlin 1806

Fichte, J. G., *Die Anweisung zum seligen Leben oder auch die Religionslehre*, Berlin 1806

Fichte, J. G., *Reden an die Deutsche Nation*, Berlin 1808

Fichte, J. G., *Die Wissenschaftslehre. Vorgetragen im Jahre 1804*, Bonn 1834

Fischbach, O., *Das öffentliche Recht des Reichslandes Elsaß-Lothringen*, Tübingen 1914

Fischer, C. A., *Leitfaden zur theoretischen und practischen Kenntniß der Gemeinheitstheilungen und Ablösungen...* Meissen 1839

Fischer, F. Ch. J., *Kurzer Begriff des Kameralrechts*, Halle 1796

Fischer, F. Ch. J., *Lehrbegriff und Umfang der deutschen Staatswirthschaft oder von der Verbindung mit dem Verhältnisse der Kameralwissenschaften zum teutschen Staatsrechte*, Halle 1783

Fischer, F. Ch. J., *Lehrbegriff sämmtlicher Cameral- und Policey-Rechte von Deutschland*, 3 Bde Halle 1784–1786

Fischer, G. E., *Ueber die Errichtung staatswissenschaftlicher Seminarien an den deutschen*

Universitäten, Jena 1857

Fischer, O., *Das Verfassungs- und Verwaltungsrecht des Deutschen Reiches und des Königreiches Sachsen in seinen Grundzügen gemeinfaßlich dargestellt*, Leipzig 1882

Flath, C. E., *Systematische Darstellung des im Königreiche Sachsen geltenden Polizei-Rechts*, I–III, Leipzig 1841–1842

Fleiner, F., Über die Umbildung zivilrechtlicher Institute durch das öffentliche Recht, Tübingen 1906

Fleiner, F., *Staatsrechtliche Gesetze Württembergs*, 2. Aufl. Tübingen 1907

Fleiner, F., *Institutionen des Deutschen Verwaltungsrechts*, Tübingen 1911

Frank, J. P., *System einer vollständigen medicinischen Polizey*, 4 Bde Mannheim 1779–1788

Frankenberg, H. v., *Das Staats- und Verwaltungsrecht des Herzogtums Braunschweig*, Hannover 1909

Frantz, C., *Föderalismus als das leitende Prinzip...* Mainz 1879

Freimund, J. (Ps.), *Kritische Bemerkungen über die kurhessische Verfassungs-Urkunde*, Leipzig 1831

Fricker, K. V. (Hg.), *Die Verfassungsurkunde für das Königreich Württemberg*, Tübingen 1865

Fricker, K. V., *Grundriß des Staatsrechts des Königreichs Sachsen*, Leipzig 1891

Friedemann, F. T., *Die Verfassung und Verwaltung des Herzogtums Nassau*, Wiesbaden 1841

Fröbel, J., siehe JUNIUS, C.

Fulda, F. K. v., *Grundsätze der ökonomisch-politischen oder Cameralwissenschaften*, Tübingen 1816

Fulda, F. K. v., *Ueber das Cameralstudium in Württemberg*, Tübingen 1808

Funke, G. L., *Die Verwaltung in ihrem Verhältniß zur Justiz, die Grenzlinie zwischen beiden und die Verwaltungsjustiz*, Zwickau 1838

Gaertner, G., *Ueber die wissenschaftliche Behandlung des deutschen Staatsrechtes*, Bonn 1839

Gaertner, G., *Die Rechts- und Staatslehre*, Bonn 1839

Gagern, H. v., *Rechtliche Erörterung über Inhalt und Bestand der der Provinz Rheinhessen landesherrlich verliehenen Garantie ihrer Rechts-Verfassung...* Worms 1847

Gareis, K., *Allgemeines Staatsrecht*, Freiburg und Tübingen 1883

Gareis, K., *Das Staatsrecht des Großherzogtums Hessen*, Freiburg und Leipzig 1884

Gaupp, L., *Das Staatsrecht des Königreichs Württemberg*, Freiburg und Tübingen 1884

Gentz, F. v., *Sendschreiben*, Berlin 1797

Gentz, F. v., *Ueber den politischen Zustand von Europa vor und nach der französischen Revolution*, 2 Th. Berlin 1801–1802

Gentz, F. v., *Ueber den Ursprung und Charakter des Krieges gegen die französische Revolution*, Berlin 1801

Gentz, F. v., *Authentische Darstellung des Verhältnisses zwischen England und Spanien*, Riga und Leipzig 1806

Gentz, F. v., »Über den Unterschied zwischen den landständischen und repräsentativen Verfassungen« (1819), in: C. v. Welcker (Hg.), *Wichtige Urkunden über den Rechtszustand der deutschen Nation*, Mannheim 1844

Gerber, C. F. v., *Das wissenschaftliche Princip des gemeinen deutschen Privatrechts*, Jena

1846

Gerber, C. F. v., *System des deutschen Privatrechts*, Jena 1848–1849

Gerber, C. F. v., *Ueber öffentliche Rechte*, Tübingen 1852

Gerber, C. F. v., *Zur Charakteristik der deutschen Rechtswissenschaft*, Tübingen 1851

Gerber, C. F. v., *Grundzüge eines Systems des deutschen Staatsrechts*, Leipzig 1865

Gerstäcker, K. F. W., *Dissertatio inauguralis Juris Politiae ex uno securitatis jurisque custodiarum principio*, Leipzig 1813

Gerstäcker, K. F. W., *System der innern Staatsverwaltung und der Gesetzpolitik*, 3 Abth. Leipzig 1818–1820

Gerstner, L. J., *Die Grundlehren der Staatsverwaltung, I: Einleitung in die gesamte Staatsverwaltungslehre*, Würzburg 1862

Gierke, O. v., *Das Deutsche Genossenschaftsrecht. Erster Band: Rechtsgeschichte der deutschen Genossenschaft*, Berlin 1868

Gierke, O. v., *Die soziale Aufgabe des Privatrechts*, Berlin 1889

Gierke, O. v., *Deutsches Privatrecht*, Bd. 1, Leipzig 1895

Gierke, O. v., *Das Wesen der menschlichen Verbände*, Leipzig 1902

Giese, F., *Die Grundrechte*, Tübingen 1905

Glaubrech, J., *Über die gesetzlichen Garantien der persönlichen Freiheit in Rheinhessen*, Darmstadt 1834

Glockner, K., *Badisches Verfassungsrecht*, Karlsruhe 1905

Gneist, R. v., *Budget und Gesetz*, Berlin 1867

Gneist, R. v., *Das heutige englische Verfassungs- und Verwaltungsrecht*, 2 Teile Berlin 1857–1863

Gneist, R. v., *Die confessionelle Schule*, Berlin 1869

Gneist, R. v., *Verwaltung, Justiz, Rechtsweg, Staatsverwaltung und Selbstverwaltung nach englischen und deutschen Verhältnissen*, Berlin 1869

Gneist, R. v., *Der Rechtsstaat*, Berlin 1872 (2. Aufl. u. d. T. *Der Rechtsstaat und die Verwaltungsgerichte in Deutschland*, Berlin 1879)

Gneist, R. v., *Die Nationale Rechtsidee von den Ständen und das Preußische Dreiklassen-Wahlsystem*, Berlin 1894

Göckel, F. v., *Sammlung Großherzogl. Sachsen-Weimar-Eisenachischer Gesetze...* 10 Bde, 1811–1850, Eisenach 1828–1854

Goldmann, W., *Die Gesetzgebung des Großherzogthums Hessen in Beziehung auf Befreiung des Grundeigenthums und der Person*, Darmstadt 1831

Gönner, N. Th., *Teutsches Staatsrecht*, Landshut 1804

Gönner, N. Th., *Ueber das rechtliche Princip der deutschen Territorialverfassung*, Landshut 1804

Gönner, N. Th. (Hg.), *Archiv für die Gesetzgebung und Reforme des juristischen Studiums*, Landshut 1808–1814

Gönner, N. Th., *Der Staatsdienst aus dem Gesichtspunkt des Rechts und der Nationalökonomie betrachtet*, Landshut 1808

Görres, J., *Teutschland und die Revolution*, Coblenz 1819

Gössel, F, *Geschichte der kurhessischen Landtage*, Kassel 1837

Göz, K., *Die Verwaltungsrechtspflege in Württemberg*, Tübingen und Leipzig 1902

Gräff, H., *Die Verfassungs-Urkunde des Kurfürstenthums Hessen*, Kassel 1848

Gräff, H., Die *Verfassungs-Urkunde des preußischen Staats*, 2. Aufl. Breslau 1857

Grävell, M. C. F. W., *Anti-Platonischer Staat, Oder welches ist die beste Staatsverwaltung? (1808)*, 2. Aufl. Berlin 1812

Grävell, M. C. F. W., *Die Quellen des allgemeinen deutschen Staatsrechts seit 1813–1829*, Leipzig 1820

Grävell, M. C. F. W., *Ueber höhere, geheime und Sicherheits-Polizei*, Sondershausen und Nordhausen 1820

Grävell, M. C. F. W., *Der Regent*, 2 Bde Stuttgart 1823

Groote, A., *Der Norddeutsche Bund, das Preußische Volk und der Reichstag*, Leipzig 1876

Grotefend, G. A., *System des öffentlichen Rechts der deutschen Staaten*, 2 Abth. Cassel 1860–1865

Grotefend, G. A., *Das deutsche Staatsrecht der Gegenwart*, Berlin 1869

Grotefend, G. A., *Lehrbuch des Preußischen Verwaltungsrechts*, 2 T. Berlin 1890–1892

Grünler, J., *Beiträge zum Staatsrecht des Königreichs Sachsen (Auswärtiges Staatsrecht)*, Dresden und Leipzig 1838

Gumplowicz, L., *Rasse und Staat*, Wien 1875

Gumplowicz, L., *Philosophisches Staatsrecht*, Graz 1877 (2. u. 3. Aufl. als *Allgemeines Staatsrecht*, Innsbruck 1897, 1907)

Gumplowicz, L., *Rechtsstaat und Socialismus*, Innsbruck 1881

Gumplowicz, L., *Verwaltungslehre mit besonderer Berücksichtigung des österreichischen Verwaltungsrechts*, Innsbruck 1882

Gumplowicz, L., *Einleitung in das Staatsrecht*, Berlin 1889

Gumplowicz, L., *Das österreichische Staatsrecht (Verfassungs- und Verwaltungsrecht)*, Wien 1891

Gumplowicz, L., *Die soziologische Staatsidee*, Graz 1892

H., Z. A., *Das Wirken der Staatsregierung und Stände im Königreich Sachsen*, Leipzig 1834

Haas, F J., *Grundriß des Deutschen Staatsrechts*, Bonn 1827

Haase, *Handbuch zur Kenntnis des Preußischen Polizei- und Kameralwesens*, 3 Bde Magdeburg 1794–1797

Häberlin, C. F., *Handbuch des Teutschen Staatsrechts nach dem System des Geheimen Justizrath Pütter*, Bde 1, 2, Berlin 1794, Bd. 3, Berlin 1797

Häberlin, C. F., »Ueber die Güte der Deutschen Staatsverfassung«, in: *Deutsche Monatsschrift*, 1793, 3ff.

Hagemeister, E. F., *Versuch einer Einleitung in das Mecklenburgische Staatsrecht*, Rostock und Leipzig 1793

Hahn, L., *Zwei Jahre preussisch-deutscher Politik 1866–1867*, Berlin 1868

Hahn, L., *Fürst Bismarck. Sein politisches Leben und Wirken*, 4 Bde Berlin 1878–1886, 5. Bd. v. C. Wippermann, Berlin 1891

Haller, F. (Hg.), *Handwörterbuch der Württembergischen Verwaltung*, Stuttgart 1915

Haller, K. L. v., *Ueber die Nothwendigkeit einer andern obersten Begründung des allgemeinen Staatsrecht*s, Bern 1807

Haller, K. L. v., *Handbuch der allgemeinen Staatenkunde*, Winterthur 1808

Haller, K. L. v., *Restauration der Staatswissenschaft oder Theorie des natürlich-gesellingen Zustands, der Chimäre des künstlich-bürgerlichen entgegengesetzt*, 4 Bde Winterthur

1816–1825

Haller, K. L. v., *Lettre à sa famille, pour lui déclarer son retour à l'Eglise catholique*, Paris 1821

Haller, K. L. v., *Satan oder die Revolution*, Luzern und Augsburg 1834

Haller, K. L. v., *Staatsrechtliche Prüfung des preussischen Vereinigten Landtags, nebst redlichem Rathe an den König zur Behauptung seines guten Rechts*, Schaffhausen 1847

Hälschner, H., *Die Staatserbfolge der Herzogtümer Schleswig, Holstein und Lauenburg*, Bonn 1846

Hamburger, G., *Die staatsrechtlichen Besonderheiten der Stellung des Reichslandes Elsaß-Lothringen im Deutschen Reich*, Breslau 1901

Hänel, A., *Studien zum Deutschen Staatsrechte*, 3 Bde Leipzig 1873, 1880, 1888

Hänel, A., *Deutsches Staatsrecht*, Bd. 1: *Die Grundlagen des deutschen Staates und die Reichsgewalt*, Leipzig 1892

Harl, J. P., *Vollständiges Handbuch der Polizey-Wissenschaft, ihrer Hülfsquellen und Geschichte*, Erlangen 1809

Harl, J. P., *Vollständiges Handbuch der Kriegs-Polizei-Wissenschaft, und Militär-Oekonomie*, Landshut 1812

Harl, J. P., *Entwurf eines Polizei-Gesetzbuchs*, Erlangen 1822

Harscher v. Almendingen, L., *Vorträge über den ganzen Inhalt des Code Napoléon*, 3 Bde Gießen 1812

Harscher v. Almendingen, L., *Ansichten über Deutschlands Vergangenheit, Gegenwart und Zukunft*, o. O. 1814

Hässelbarth, *Das Staats- und Verwaltungsrecht des Herzogthums Sachsen-Altenburg*, Hannover 1909

Hauke, F., *Die Lehre von der Ministerverantwortlichkeit*, Wien 1880

Hauke, F., *Grundriß des Verfassungsrechts*, Leipzig 1905

Hauser, L., *Die Verfassung des Deutschen Reiches in den Grundzügen und Verhältnissen zu den Einzelstaaten, insbesondere zu Bayern*, Nördlingen 1871

Hebenstreit, E. B. G., *Lehrsätze der medicinischen Polizeywissenschaft*, Leipzig 1791

Heckel, F. E., *Sachsens Polizei*, Dresden und Leipzig 1840

Heeren, A. H. L., *Der Deutsche Bund in seinen Verhältnissen zu dem Europäischen Staatensystem; bey Eröffnung des Bundestages dargestellt*, Göttingen 1816

Heffter, A. W., *Beiträge zum deutschen Staats- und Fürstenrecht*, Berlin 1829

Hegel, G. W. F., *Werke in 20 Bden*, Frankfurt 1971

Heise, G. A., *Grundriß eines Systems des gemeinen Civilrechts*, Heidelberg 1807

Held, J. v., *System des Verfassungsrechts der monarchischen Staaten Deutschlands mit besonderer Rücksicht auf den Constitutionalismus*, 2 Teile, Würzburg 1856–1857

Held, J. v., *Staat und Gesellschaft vom Standpunkt der Geschichte der Menschheit und des Staats*, 3 Th. Leipzig 1861–1865

Held, J. v., *Grundzüge des Allgemeinen Staatsrechts oder Institutionen des öffentlichen Rechts*, Leipzig 1868

Held, J. v., *Die Verfassung des Deutschen Reiches vom staatsrechtlichen Standpunkt aus betrachtet*, Leipzig 1872

Henrici, G., *Grundzüge zu einer Theorie der Polizeiwissenschaft*, Lüneburg 1808

Hermsdorf, E., *Die Verfassungsurkunde für das Königreich Sachsen vom 4. September 1831 mit den sie ergänzenden Bestimmungen*, Leipzig 1839

Hesse, F. H., *Die Preußische Preßgesetzgebung, ihre Vergangenheit und Zukunft*, Berlin 1843

Hesse, W., *Rheinhessen in seiner Entwickelung von 1798 bis Ende 1834*, Mainz 1835

Heumann von Teutschenbrunn, J., *Initia iuris politiae Germanorum*, Nürnberg 1757

Heuser, O. L., *Systematisches Handbuch des kurhessischen Straf- und Polizei-Rechtes*, Kassel 1853

Heydenreich, K. H., *Grundsätze des natürlichen Staatsrechts und seiner Anwendung*, Leipzig 1795

Hiersemenzel, K., *Die Verfassung des Norddeutschen Bundes*, 3 Bde Berlin 1867–1870

Hingenau, O. v., *Handbuch der Bergrechtskunde*, 7 Th. Wien 1852–1855

Hingenau, O. v., *Das Allgemeine Berggesetz für die Preußischen Staaten vom 24. Juni 1865*, Wien 1866

Hinüber, G. H., *Beyträge zum Braunschweigischen und Hildesheimschen Staats- und Privatrecht*, Hannover 1772, Braunschweig und Wolfenbüttel 1778

Höck, J. D. A., *Grundlinien der Polizeiwissenschaft*, Nürnberg 1809

Hoffer, J. B., *Beyträge zum Policeyrecht der Teutschen*, 2 Bde Altdorf 1764–1765

Hoffmann, J. G., *Das Verhältnis der Staatsgewalt zu den Vorstellungen ihrer Untergebenen*, Berlin 1842

Hoffmann, K. H. L., *Die Domanialverwaltung des Württembergischen Staates nach den bestehenden Normen und Grundsätzen*, Tübingen 1842

Hoffmann, K. H. L., *Das gesamte württembergische Polizeirecht*, Tübingen 1846

Hoffmann, K. H. L., *Das Württembergische Finanzrecht*, Tübingen 1857

Hofmann, A. C. Frhr. v., *Beiträge zur näheren Kenntniss der Gesetzgebung und Verwaltung des Großherzogthums Hessen*, Gießen 1832

Hohenthal, P. C. W. Graf v., *Liber de Politia*, Leipzig 1776

Holtzendorff, F. v., *Die Prinzipien der Politik*, 2. Aufl. Berlin 1879

Hormayr, J. v., *Abhandlungen aus dem österreichischen Staatsrechte*, Wien 1808

Hübner, O., *Die Banken. Nach den neuesten statistischen Notizen und Berichten*, Leipzig 1846

Hubrich, E., *Preußisches Staatsrecht*, Hannover 1909

Hue de Grais, R. Graf, *Handbuch der Verfassung und Verwaltung in Preußen und dem Deutschen Reiche*, Berlin 1881

Hue de Grais, R. Graf, *Grundriss der Verfassung und Verwaltung in Preußen und dem Deutschen Reiche*, Berlin 1884

Hue de Grais, R. Graf, *Staatsbürgerkunde. Führer durch das Rechts- und Wirtschaftsleben in Preußen und dem Deutschen Reiche*, Berlin 1913

Hugo, G., *Lehrbuch eines civilistischen Cursus*, 1, 5. Aufl. Berlin 1817

Hugo, G. W., *Die Grundgesetze und Verfassungsurkunden älterer und neuerer Zeit*, Karlsruhe 1836

Hugo, G. W., *Die Mediatisierung der deutschen Reichsstädte*, Karlsruhe 1838

Hundeshagen, J. Chr., *Lehrbuch der Forstpolizei*, 2. Aufl. Tübingen 1831

Illing, J., *Handbuch für preußische Verwaltungsbeamte*, 2. Aufl. 2 Bde Düsseldorf 1869–1870

Inama-sternegg, K. Th. v., *Verwaltungslehre in Umrissen*, Innsbruck 1870

Jacobson, H. F., *Der Preußische Staat*, Leipzig 1854

Jakob, L. H., *Ueber Cursus und Studien-Plan für angehende Cameralisten*, Halle 1805

Jakob, L. H., *Grundsätze der Policeygesetzgebung und der Policeyanstalten*, 2 Bde Charkow, Halle und Leipzig 1809

Jakob, L. H., *Aus dem Naturrechte*, Halle 1796

Jarcke, C. E., *Die französische Revolution von 1830, historisch und staatsrechtlich beleuchtet*, Berlin 1831

Jarcke, C. E., *Vermischte Schriften*, 3 Bde München 1839

Jarcke, C. E., *Prinzipienfragen*, Paderborn 1854

Jastrow, I., *Sozialpolitik und Verwaltungswissenschaft*, Berlin 1902

Jellinek, G., *Die Lehre von den Staatenverbindungen*, Wien 1882

Jellinek, G., *Gesetz und Verordnung. Staatsrechtliche Untersuchungen auf rechtsgeschichtlicher und rechtsvergleichender Grundlage*, Freiburg 1887

Jellinek, G., *System der subjektiven öffentlichen Rechte*, Freiburg 1892

Jellinek, G., *Die Erklärung der Menschen- und Bürgerrechte*, Leipzig 1895

Jellinek, G., *Allgemeine Staatslehre*, Berlin 1900, 6. Nachdr. d. 3. Aufl. 1959

Jellinek, G., *Verfassungsänderung und Verfassungswandlung*, Berlin 1906

Jellinek, G., *Ausgewählte Schriften und Reden*, Berlin 1911

Jellinek, W., *Gesetz, Gesetzesanwendung und Zweckmäßigkeitserwägung...* Tübingen 1913

Jordan, S., *Versuche über allgemeines Staatsrecht in systematischer Ordnung und mit Bezugnahme auf Politik*, Marburg 1828

Jordan, S., *Lehrbuch des allgemeinen und deutschen Staatsrechts*, Kassel 1831

Jung-Stilling, J. H., *Lehrbuch der Staats-Polizeywissenschaft*, Leipzig 1788

Junius, C. (= Julius Fröbel), *System der sozialen Politik*, 2 Bde Mannheim 1847

Just, H., *Geschichte der Sächsischen Verfassung. Nebst einer Würdigung des Inhalts der Verfassungsurkunde*, Zittau 1832

Justi, J. H. G. v., *Grundsätze der Polizeywissenschaft in einem vernünftigen, auf den Endzweck der Polizey gegründeten Zusammenhang*, Göttingen 1756

Kahr, G., *Das bayerische Gesetz über die Errichtung eines Verwaltungsgerichtshofes und das Verfahren in Verwaltungsrechtssachen vom 8. August 1878*, Nördlingen 1879

Kaim, I., *Revision der Sächsischen Recesse von 1740 und 1835 mit dem Hause Schönburg*, Leipzig 1860

Kalkreuth, H. W. A. Graf v., *Die Legitimität*, Leipzig 1823

Kaltenborn v. Stachau, K. Baron v., *Geschichte der deutschen Bundesverhältnisse und Einheitsbestrebungen von 1806–1857 unter Berücksichtigung der Entwicklung der Landesverfassungen*, 2 Bde Berlin 1857

Kaltenborn v. Stachau, K. Baron v., *Einleitung in das constitutionelle Verfassungsrecht*, Leipzig 1863

Kaltenborn v. Stachau, K. Baron v., *Die Volksvertretung und die Besetzung der Gerichte, besonders des Staatsgerichtshofes*, Leipzig 1864

Kamptz, K. A. H. Chr. v., *Beiträge zum mecklenburgischen Staats- und Privatrechte*, Neustrelitz 1795–1805

Kamptz, K. A. H. Chr. v., *Civilrecht der Herzogthümer Mecklenburg*, 2 Th. Schwerin 1805–1806

Kamptz, K. A. H. Chr. v., *Beyträge zum Staats- und Völkerrecht*, Berlin 1815

Kamptz, K. A. H. Chr. v., *Prüfung der landschaftlichen Rechte der bürgerlichen Grundbesitzer in Mecklenburg*, Berlin 1844–1845

Kamptz, K. A. H. Chr. v., *Die Deutsche constituirende National-Versammlung in Frankfurt vor der Kritik des Staatsrechts*, Berlin 1849

Kelsen, H., *Über Grenzen zwischen juristischer und soziologischer Methode*, Tübingen 1911

Kelsen, H., *Hauptprobleme der Staatsrechtslehre*, 2. Aufl. Tübingen 1923

Kelsen, H., *Allgemeine Staatslehre*, Berlin 1925

Kirchenheim, A. v., *Einführung in das Verwaltungsrecht*, Stuttgart 1885

Kircher, W., *Das Staatsrecht des Herzogtums Sachsen-Meiningen*, Freiburg 1884

Kjellén, R., *Der Staat als Lebensform*, Leipzig 1917

Kleinwächter, F., *Die rechts- und staatswissenschaftlichen Fakultäten in Oesterreich*, Wien 1876

Kletke, G. M., *Das norddeutsche Bundes-Indigenat in seinen rechtlichen Konsequenzen*, Berlin 1871

Klewitz, W. v., *Einige Worte über die im Preußischen A. L. R. ausgesprochenen staatsrechtlichen Grundsätze*, Berlin 1828

Klüber, J. L., *Einleitung zu einem neuen Lehrbegriff des deutschen Staatsrechts*, Erlangen 1803

Klüber, J. L., *Staatsrecht des Rheinbundes. Lehrbegriff*, Tübingen 1808

Klüber, J. L., *Akten des Wiener Congresses in den Jahren 1814 und 1815*, 9 Bde Erlangen 1815–1835

Klüber, J. L., *Uebersicht der diplomatischen Verhandlungen des Wiener Kongresses überhaupt und insonderheit über wichtige Angelegenheiten des teutschen Bundes*, 3 Bde Frankfurt 1816

Klüber, J. L. (Hg.), *Staatsarchiv des teutschen Bundes*, Erlangen 1816–1818

Klüber, J. L., *Öffentliches Recht des Teutschen Bundes und der Bundesstaaten*, Frankfurt 1817, 4. Aufl. Frankfurt 1840

Klüber, J. L., *Droit des gens moderne de l'Europe*, 2 Bde Stuttgart 1819

Klüber, J. L., *Europäisches Völkerrecht*, Stuttgart 1821

Klüber, J. L., *Quellensammlung zu dem öffentlichen Recht des deutschen Bundes*, Erlangen 1830 (Fortsetzung 1833)

Klüber, J. L., *Die Selbständigkeit des Richteramtes und die Unabhängigkeit seines Urtheils im Rechtsprechen*, Frankfurt 1832

Klügmann, K., *Das Staatsrecht der freien und Hansestadt Lübeck*, Freiburg und Leipzig 1884

Knetsch, A., *Das Staats- und Verwaltungsrecht von Sachsen-Weimar-Eisenach*, Hannover 1909

Koller, A. (Hg.), *Archiv des Norddeutschen Bundes und des Zollvereins*, 6 Bde Berlin 1868–1873

Kopetz, W. G., *Oesterreichische politische Gesetzeskunde oder systematische Darstellung der politischen Verwaltung in den deutschen, böhmischen und galizischen Provinzen des oesterreichischen Kaiserthums*, 2 Bde Wien 1807–1819

Kormann, K., *System der rechtsgeschäftlichen Staatsakte*, Berlin 1910

Kraus, A., *Die Garantie der französischen Einrichtungen in der Provinz Rheinhessen*, Darmstadt 1847

Krauss, A. v., *Das christliche Staatsprinzip*, Wien 1840

Kreittmayr, W. X. A. Frhr. v., *Grundriß des Allgemeinen, Deutsch- und Bayerischen Staatsrechts*, 3 Th. Frankfurt und Leipzig 1769

Krieken, A. Th. van, *Ueber die sogenannte organische Staatstheorie*, Leipzig 1873

Kries, K. G., *Die englische Armenpflege*, Berlin 1863

Kropatschek, J., *Oesterreichs Staatsverfassung*, 10 Bde Wien 1794, Supplementbände 1804, 1810

Krug, W. T., *Die Staatswissenschaft im Restaurazionsprozesse der Herren von Haller, Adam Müller und Consorten*, Leipzig 1817

Krug, W. T., *Dikäopolitik oder neue Restaurazion der Staatswissenschaft mittels des Rechtsgesetzes*, Leipzig 1824

Krug, W. T., *Verhandlungen des ersten Landtags im Königreiche Sachsen nach der neuen Verfassung: Ein Beitrag zur Geschichte der Entwicklung des konstituzionalen Lebens in Deutschland*, Leipzig 1833

Krünitz, J. G., *Oekonomisch-technische Encyklopädie, oder allgemeines System der Staats-, Stadt-, Haus- und Landwirthschaft in alphabethischer Ordnung*, 242 Bde Berlin 1769–1858, fortges. v. J. J. und H. G. Flörke

Küchler, E, *Das Verfassungs- und Verwaltungsrecht des Großherzogtums Hessen*, 3. Aufl. hrsgg. v. A. E. Braun und A. K. Weber, 4 Bde und 1 Erg. Bd. Darmstadt 1894–1896

Küchler, F. A., *Handbuch der Lokal-Staatsverwaltung im Großherzogthum Hessen*, Heidelberg 1854

Kuhn, O., *Die Trennung der Justiz und Administration*, Leipzig 1840

Kuntze, J. E., *Der Wendepunkt der Rechtswissenschaft*, Leipzig 1856

Laband, P., *Das Magdeburg-Breslauer Systematische Schöffenrecht aus der Mitte des 14. Jahrhunderts*, Berlin 1863

Laband, P., *Die Magdeburger Rechtsquellen*, Königsberg 1869

Laband, P., *Die vermögensrechtlichen Klagen. Nach sächsischen Rechtsquellen des Mittelalters dargestellt*, 1869

Laband, P., *Das Budgetrecht nach den Bestimmungen der Preußischen Verfassungs-Urkunde*, Berlin 1870

Laband, P., *Das Staatsrecht des Deutschen Reiches*, 3 Bde Tübingen 1876–1882

Laband, P., *Deutsches Reichsstaatsrecht*, Tübingen 1894

Laband, P., *Die Bedeutung der Rezeption des römischen Rechts für das deutsche Staatsrecht*, Straßburg 1880

Laband, P., *Lebenserinnerungen* (als Mskr. gedruckt), 1918

Lamprecht, G. F., *Versuch eines vollständigen Systems der Staatslehre, mit Inbegriff der Polizei*, Berlin 1784

Lancizolle, C. W. v., *Geschichte der Bildung des preußischen Staates*, Berlin 1828

Lancizolle, C. W. v., *Grundzüge der Geschichte des deutschen Städtewesens*, Berlin und Stettin 1829

Lancizolle, C. W. v., *Uebersicht der deutschen Reichsstandschafts- und Territorial-Verhältnisse vor dem französischen Revolutionskriege...* Berlin 1830

Lancizolle, C. W. v., *Ueber Ursachen, Charakter und Folgen der Julitage*, Berlin 1831

Lancizolle, C. W. v., *Über Königtum und Landstände in Preußen*, Berlin 1846

Lancizolle, C. W. v., *Rechtsquellen für die gegenwärtige landständische Verfassung in Preußen*, Berlin 1847

Landgraff, Th., *Das Bundes- und Staatsbürgerrecht im norddeutschen Bunde*, Leipzig 1870

Langbein, A., *Das Staats- und Verwaltungsrecht des Fürstentums Schwarzburg-Sondershausen*, Hannover 1909

Laun, R. v., *Das freie Ermessen und seine Grenzen*, Wien 1910

Lederle, A., *Das Recht der Gemeindebeamten in Baden*, Borna und Leipzig 1909

Leist, J. Ch., *Lehrbuch des teutschen Staatsrechts*, Göttingen 1803

Leo, H., *Studien und Skizzen zu einer Naturlehre des Staates*, Halle 1833

Leoni, A., *Das öffentliche Recht des Reichslandes Elsaß-Lothringen,* Erster Teil. *Das Verfassungsrecht*, Freiburg 1892, Zweiter Teil zus. m. K. Mandel, *Das Verwaltungsrecht*, Freiburg und Leipzig 1895

Leuthold, C. E., *Das Königlich Sächsische Baupolizeirecht*, Leipzig 1872

Leuthold, C. E., *Die Verwaltungsgesetze für das Königreich Sachsen seit der Neuorganisation der Verwaltung*, 2 Bde Leipzig 1875

Leuthold, C. E., *Das Königlich Sächsische Verwaltungsrecht mit Einschluß der reichsrechtlichen Bestimmungen systematisch dargestellt*, Leipzig 1878

Liebhaber, E. D. v, *Beiträge zur Erörterung der Staatsverfassung der Braunschweig-Lüneburgischen Churlande*, Gotha 1794

Liebhaber, E. D. v., *Vom Fürstenthum Blankenburg und dessen Staatsverfassung*, Wernigerode 1790

Liesching, Th., *Zur Geschichte der württembergischen Verfassungsreform im Landtag 1901–1906*, Tübingen 1906

Lindelof, F. Frhr. v., *Grundriss des deutschen Staatsrechts nebst beigefügten Quellen- und Litteratur-Belegen*, Gießen 1828

Lindgren, W. E. v., *Grundbegriffe des Staatsrechts. Versuch einer juristischen Construktion des Staates und der Staatsgewalt*, Leipzig 1869

Lingg, E., *Empirische Untersuchungen zur allgemeinen Staatslehre*, Wien 1890

Loening, E., *Die Verwaltung des General-Gouvernements im Elsaß*, Straßburg 1874

Loening, E., *Lehrbuch des Deutschen Verwaltungsrechts*, Leipzig 1884

Lornsen, U. J., Über das Verfassungswerk in Schleswig-Holstein, Kiel 1830

Lotichius, M., *Die königlich sächsischen Gesetze und Verordnungen über die Verhältnisse der Civilstaatsdiener*, Leipzig 1878

Lotz, J. E. E., *Ueber den Begriff der Polizei und den Umfang der Staats-Polizei-Gewalt*, Hildburghausen 1807

Luca, I. de, *Vorlesungen über die österreichische Staatsverfassung*, Wien 1792

Lüders, M., *Mecklenburgische Zustände*, Leipzig 1844

Maissen, J., *Die Verfassungs-Urkunde für den Preußischen Staat vom 31. Januar 1850*, Köln 1863

Malchus, C. A. Frhr. v., *Der Organismus der Behörden für die Staatsverwaltung*, 2 Bde Heidelberg 1821

Malchus, C. A. Frhr. v., Politik der innern Staatsverwaltung, Heidelberg 1823

Mallet du Pan, J., *Ueber die französische Revolution und die Ursachen ihrer Dauer*, übersetzt von F. Gentz, Berlin 1794

Mandel, K.–Grünewald, O., *Die Verfassung und Verwaltung von Elsaß-Lothringen*, Straßburg 1905

Martin, S., *Ueber die Verfassungs-Urkunde Kurhessens*, Kassel 1831

Martitz, F. v., *Betrachtungen über die Verfassung des Norddeutschen Bundes*, Leipzig 1868

Marx, K., »Zur Kritik der Hegelschen Rechtsphilosophie«, in: Marx-Engels-Werke 1/2, 1958

Maurenbrecher, R., *Grundsätze des heutigen deutschen Staatsrechts*, Frankfurt 1837

Maurenbrecher, R., *Die deutschen regierenden Fürsten und die Souveränität*, Frankfurt a. M. 1839

Mayer, F. F., *Grundzüge des Verwaltungsrechts und Rechtsverfahrens*, Tübingen 1857

Mayer, F. F., *Grundsätze des Verwaltungs-Rechts...* Tübingen 1862

Mayer, O., *Theorie des französischen Verwaltungsrechts*, Straßburg 1886

Mayer, O., *Deutsches Verwaltungsrecht*, 2 Bde Leipzig 1895–1896

Mayer, O., *Das Staatsrecht des Königreichs Sachsen*, Tübingen 1909

Mayer, O., *Die Kaiser-Wilhelms-Universität Straßburg. Ihre Entstehung und Entwicklung*, Berlin und Leipzig 1922

Mayer, O., *Kleine Schriften zum öffentlichen Recht*, hrsgg. v. E. V. Heyen, 2 Bde 1981

Mayerhofer, E., *Handbuch für den politischen Verwaltungsdienst bei den Landes-, Kreis- und Bezirksbehörden im Kaiserthum Oesterreich*, Wien 1855–1856

Meex, R. J. A. v., *Handbuch zur näheren Kenntniß der Verfassung und Verwaltung des Herzogtums Nassau*, Wiesbaden 1838

Meier, E. v., *Hannoversche Verfassungs- und Verwaltungsgeschichte 1860–1866*, 2 Bde Leipzig 1898–1899

Meisel, A. H., *Quaestiones de jure civitatum foederi Rhenano adscriptarum*, Leipzig 1811

Meisterlin, F., *Die Verhältnisse der Staatsdiener nach rechtlichen Grundsätzen entwickelt*, Kassel 1838

Mejer, O., *Einleitung in das deutsche Staatsrecht*, Rostock 1861

Melle, W. v., *Das Hamburgische Staatsrecht*, Hamburg und Leipzig 1891

Menger, A., *Neue Staatslehre*, Jena 1902

Metzel, *Die Verfassung des Norddeutschen Bundes*, Berlin 1867

Meyer, G., *Grundzüge des Norddeutschen Bundesrechts*, Leipzig 1868

Meyer, G., *Staatsrechtliche Erörterungen über die deutsche Reichsverfassung*, Leipzig 1872

Meyer, G., *Das Studium des öffentlichen Rechts und der Staatswissenschaften in Deutschland*, Jena 1875

Meyer, G., *Lehrbuch des Deutschen Staatsrechtes*, Leipzig 1878

Meyer, G., *Lehrbuch des Deutschen Verwaltungsrechts*, 2 Bde Leipzig 1883–1885

Meyer, G., *Staatsrecht des Großherzogtums Sachsen-Weimar-Eisenach*, Freiburg 1884

Meyer, G., *Die staatsrechtliche Stellung der deutschen Schutzgebiete*, Leipzig 1888

Meyer, Ph. A. G. v. (Hg.), *Corpus juris Confoederationis Germanicae*, Frankfurt 1822–1824

Michaelis, A., *Entwurf einer Darstellung des öffentlichen Rechts des Deutschen Bundes und der Deutschen Bundesstaaten*, Tübingen 1820

Michaelis, A. (Hg.), *Corpus iuris publici germanici academicum*, Tübingen 1825

Michaelis, A., *Die staatsrechtlichen Verhältnisse der Fürsten und Grafen, Herren von Schönburg*, Gießen 1861

Michel, A., *Die Gemeindeordnung und die Bezirksordnung für das Königreich Württemberg*, 1909

Michelsen, A. L. J., *Polemische Erörterung über die schleswig-holsteinische Staatssuccession*, Leipzig 1844

Milhauser, F., *Das Staatsrecht des Königreichs Sachsen*, 2 Bde Leipzig 1839

Mirus, A., *Uebersichtliche Darstellung des Preussischen Staats-Rechts*, Berlin 1833

Mohl, R., *Dissertatio inauguralis sistens discrimen ordinum provincialium et constitutionis repraesentativae*, Tübingen 1821

Mohl, R., *Die öffentliche Rechtspflege des deutschen Bundes*, Stuttgart 1822

Mohl, R., *Das Bundes-Staatsrecht der Vereinigten Staaten von Nord-Amerika*, Stuttgart 1824

Mohl, R., *Das Staatsrecht des Königreichs Württemberg*, 2 Bde Tübingen 1829

Mohl, R., *Die Polizei-Wissenschaft nach den Grundsätzen des Rechtsstaates*, 2 Bde Tübingen 1832–1833

Mohl, R., *System der Präventiv-Justiz oder Rechts-Polizei*, Tübingen 1834

Mohl, R., *Die Verantwortlichkeit der Minister in Einherrschaften mit Volksvertretung*, Tübingen 1837

Mohl, R., *Vorschläge zu einer Geschäftsordnung des verfassungsgebenden Reichstags*, Heidelberg 1848

Mohl, R., *Die Geschichte und Literatur der Staatswissenschaften*, 3 Bde Erlangen 1855–1858

Mohl, R., *Enzyklopädie der Staatswissenschaften*, Tübingen 1859

Mohl, R., *Staatsrecht, Völkerrecht und Politik*, 3 Bde Tübingen 1860–1869

Mohl, R., *Das deutsche Reichsstaatsrecht. Rechtliche und politische Erörterungen*, Tübingen 1873

Mohl, R., *Lebenserinnerungen*, 2 Bde Stuttgart und Leipzig 1902

Mosel, C. v. d. (Hg.), *Handwörterbuch des Verwaltungsrechts unter besonderer Berücksichtigung des sächsischen Landesrechts*, 12. Aufl. Leipzig 1912

Mosel, C. v. d., *Repertorium des Königl. Sächsischen Verwaltungsrechts*, 6. Aufl. Leipzig 1891

Mosel, J. J., *Compendium Juris Publici Moderni Regni Germanici*, Frankfurt und Leipzig 1738

Moser, J. J., *Allgemeine Einleitung in die Lehre des besonderen Staats-Rechts aller einzelnen Stände des Heil. Röm. Reichs*, Frankfurt und Leipzig 1739

Moser, J. J., *Einführung in das kurfürstl. Baiersche Staatsrecht*, Frankfurt und Leipzig 1754

Moser, J. J., *Von der teutschen Reichs-Stände Landen*, Frankfurt und Leipzig 1769

Moser, J. J., *Beiträge zu dem markgräflich-badischen Staatsrechte*, Frankfurt und Leipzig 1772

Moser, J. J., *Von der Landeshoheit in Policeysachen*, Frankfurt und Leipzig 1773

Mounier, J. J., *Entwicklung der Ursachen, welche Frankreich gehindert haben, zur Freiheit zu gelangen. Mit Anm. von F. Gentz*, 2 Bde Berlin 1794

Moy, E. v., *Das Staatsrecht des Königreichs Bayern*, Regensburg 1840–1846

Müller, A., *Die Lehre von Gegensätzen*, Berlin 1804

Müller, A., *Die Elemente der Staatskunst*, 3 Bde Berlin 1809

Müller, A., *Einleitung zum Studium der Verfassungsgeschichte der vier freien Städte des Teutschen Bundes*, Hamburg 1826

Müller, A., *Meine Ansichten wider das deutsche Repräsentativsystem, und über die Hauptursachen der zunehmenden Volksunzufriedenheit, insbesondere über manches, was päpstelt*, Ilmenau 1828

Murhard, F., *Die unbeschränkte Fürstenherrschaft*, Kassel 1831

Murhard, F., *Das Recht der Nationen zur Erstrebung zeitgemäßer, ihrem Kulturgrade angemessener Staatsverfassungen*, Frankfurt 1832

Murhard, F., *Der Zweck des Staates*, Göttingen 1832

Murhard, F., *Ueber Widerstand, Empörung und Zwangsübung der Staatsbürger, gegen die bestehende Staatsgewalt*, Braunschweig 1832

Murhard, F., *Die Volkssouverainität im Gegensatz der sogenannten Legitimität*, Kassel 1832

Murhard, F., *Die Initiative bei der Gesetzgebung*, Kassel 1833

Murhard, F., *Grundlage des jetzigen Staatsrechts des Kurfürstenthums Hessen*, 2 Bde Kassel 1834–1835

Nawiasky, H., *Der Bundesstaat als Rechtsbegriff*, Tübingen 1920

Nelson, L., *Die Rechtswissenschaft ohne Recht*, 1917, in: Ges. Schr. Bd. 9, 1972

Nibler, J. B., *Der Staat aus dem Organismus des Universums entwickelt*, Landshut 1805

Niebuhr, B. G., *Ueber geheime Verbindungen im preußischen Staat und deren Denunciation*, Berlin 1815

Nienholdt, A., *Das Königlich Sächsische Gesetz, das Vereins- und Versammlungsrecht betr. vom 22. Nov. 1850*, Leipzig 1884

Oberländer, O., *Verfassung und Verwaltung des Herzogtums Sachsen-Meiningen*, Hannover 1909

Oesterreicher, P. (Hg.), *Archiv des rheinischen Bundes,* Bamberg 1806–1808, ergänzt durch *Kriegsarchiv des rheinischen Bundes*, 1806–1807

Oesterreicher, P. (Hg.), *Denkwürdigkeiten der Staaten-Kunde Teutschlands, besonders des Rheinbundes*, Bamberg 1809

Ompteda, D. H. L. Frhr. v., *Literatur des gesamten, sowohl natürlichen als auch positiven Völkerrechts*, 2 Theile, Regensburg 1785, erg. u. fortges. v. K. A. H. Ch. v. Kamptz, Berlin 1817

Opitz, H. G., *Das Staatsrecht des Königreichs Sachsen*, 2 Bde Leipzig 1884–1887

Oppenheim, H. B., *Philosophie des Rechts und der Gesellschaft*, Stuttgart 1850

Oppenheim, H. B., *System des Völkerrechts*, Frankfurt 1845

Oppenheimer, F., *Der Staat*, Frankfurt 1907

Oppermann, H. A., *Zur Geschichte des Königreichs Hannover von 1832–1860*, 2 Bde Leipzig 1860–1862

Ostermann, W., *Grundsätze des Preußischen Staatsrechts*, Dortmund 1841

Otto, A., *Das Staatsrecht des Herzogthums Braunschweig*, Tübingen und Freiburg 1884

Pahl, J. G., *Über das Einheitsprincip in dem Systeme des Rheinischen Bundes*, Nördlingen 1808

Parey, K., *Handbuch des Preußischen Verwaltungsrechts*, 2 Bde Berlin 1887

Pass, A., *Das Zustandekommen der elsaß-lothringischen Verfassungsreform von 1911*, Köln 1911

Pauli, C. W., *Abhandlungen aus dem Lübischen Rechte*, 3 Th. Lübeck 1837–1841

Paulsen, P. D. Chr., *Über Volksthümlichkeit und Staatsrecht des Herzogthums Schleswig; nebst Blicken auf den ganzen Dänischen Staat*, Kiel 1832

Perthes, Cl. Th., *Der Staatsdienst in Preußen, ein Beitrag zum Deutschen Staatsrecht*, Hamburg 1838

Perthes, Cl. Th., *Das deutsche Staatsleben vor der Revolution: Eine Vorarbeit zum deutschen Staatsrecht*, Hamburg und Gotha 1845

Pfeiffer, B. W., *Einige Worte über den Entwurf einer Verfassungsurkunde für Kurhessen vom 7. Oktober 1830*, Kassel 1830

Pfeiffer, B. W., *Geschichte der landständischen Verfassung in Kurhessen*, Kassel 1834

Pfeiffer, J. F. v., *Natürliche, aus dem Endzwecke der Gesellschaft entstehende allgemeine Polizeywissenschaft*, 2 Bde Frankfurt 1779

Pfister, E. J. J., *Geschichtliche Darstellung der Staatsverfassung des Großherzogthums Baden und der Verwaltung desselben*, Heidelberg 1829

Pfizer, C. J. G. v., *Ueher die Gränzen zwischen Verwaltungs- und Civil-Justiz, und über die Form bei Behandlung der Verwaltungsjustiz*, Stuttgart 1828

Pfizer, C. J. G. v., *Prüfung der neuesten Einwendungen gegen die Zulässigkeit der Verwaltungsjustiz und gegen ihren Umfang*, Stuttgart 1833

Pfizer, P. A., *Briefwechsel zweier Deutschen*, Stuttgart und Tübingen 1831

Pfizer, P. A., *Gedanken über das Ziel und die Aufgabe des deutschen Liberalismus*, Tübingen 1832

Pfizer, P. A., *Über das staatsrechtliche Verhältniss Württembergs zum Deutschen Bunde*, Straßburg und Tübingen 1832

Pfizer, P. A., *Über die Entwicklung des öffentlichen Rechts in Deutschland durch die Verfassung des Deutschen Bundes*, Stuttgart 1835

Pfizer, P. A., *Das Recht der Steuerverwilligung nach den Grundsätzen der württembergischen Verfassung*, Stuttgart 1836

Pfizer, P. A., *Gedanken über Recht, Staat und Kirche*, 2 Bde Stuttgart 1842

Piloty, R., »Ein Jahrhundert bayerische Staatsrechts-Literatur«, in: *Festgabe f. P. Laband*, Bd. 1, Tübingen 1908

Planitz, G. A. Edler v. d., *Justiz und Verwaltung. Ein Beitrag zur Feststellung der Grenzen beider Gewalten*, Jena 1860

Pölitz, K. H. L., *Geschichte und Statistik des Rheinbundes*, Leipzig 1810

Pölitz, K. H. L., *Handbuch der Geschichte der souveränen Staaten des Rheinbundes*, Leipzig 1811

Pölitz, K. H. L., *Der Rheinbund, historisch und statistisch dargestellt*, Leipzig 1811

Pölitz, K. H. L., *Handbuch der Geschichte und Statistik des Rheinbundes*, Leipzig 1816

Pölitz, K. H. L., *Die Constitutionen der europäischen Staaten seit den letzten 25 Jahren*, 4 Bde Leipzig und Altenburg 1817–1825

Pölitz, K. H. L., *Die Staatswissenschaften im Lichte unserer Zeit*, 5 Bde Leipzig 1823–1824

Pölitz, K. H. L., *Andeutungen über den staatsrechtlichen und politischen Charakter des Grundgesetzes für das Herzogthum Sachsen-Altenburg vom 29. August 1831...* Leipzig 1831

Pölitz, K. H. L., *Das constitutionelle Leben, nach seinen Formen und Bedingungen dargestellt*, Leipzig 1831

Pölitz, K. H. L., *Votum über den Entwurf der revidirten Landschaftsordnung des Herzogthums Braunschweig*, Leipzig 1831

Pölitz, K. H. L., *Staatswissenschaftliche Vorlesungen für die gebildeten Stände in consti-*

tutionellen Staaten, 3 Bde Leipzig 1831–1833

Pölitz, K. H. L., *Die europäischen Verfassungsurkunden seit dem Jahre 1789 bis auf die neueste Zeit*, 2. Aufl. Leipzig 1847

Pözl, J. v., *Bayerisches Staats-Verfassungsrecht*, Würzburg 1847

Pözl, J. v., *Lehrbuch des bayerischen Verfassungsrechts*, München 1851

Pözl, J. v., *Lehrbuch des bayerischen Verwaltungsrechts*, München 1856

Posselt, E. L., *Staats-Geschichte Europas*, Bd. 6, Tübingen 1808

Preuss, H., *Gemeinde, Staat, Reich als Gebietskörperschaften. Versuch einer deutschen Staatskonstruktion auf Grundlage der Genossenschaftstheorie*, Berlin 1889

Preuss, H., *Das deutsche Volk und die Politik*, Jena 1915

Pütter, J. S., *Historisch-politisches Handbuch von den besonderen Teutschen Staaten*, 1. Th. Göttingen 1758

Pütter, J. S., *Institutiones iuris publici germanici*, Göttingen 1770

Pütter, J. S., *Litteratur des Teutschen Staatsrechts*, 4 Teile, Göttingen 1776–1791, fortges. v. C. F. Häberlin

Radowitz, J. M. v., *Das patrimoniale Princip*, Berlin 1851

Ratzenhofer, G., *Wesen und Zweck der Politik*, 3 Bde Leipzig 1893

Ratzenhofer, G., *Soziologie*, Leipzig 1907

Rau, K. D. H., *Über die Kameralwissenschaft. Entwicklung ihres Wesens und ihrer Theile*, Heidelberg 1823–1825

Rehberg, A. W., *Untersuchungen über die Französische Revolution*, 2 Th. Hannover und Osnabrück 1793

Rehberg, A. W., *Über die Staatsverwaltung deutscher Länder und die Dienerschaft des Regenten*, Hannover 1807

Rehberg, A., *Die Erwartungen der Deutschen von dem Bunde ihrer Fürsten*, Jena 1835

Rehm, H., *Geschichte der Staatsrechtswissenschaft*, Freiburg und Leipzig 1896

Rehm, H., *Unitarismus und Föderalismus in der deutschen Reichsverfassung*, Dresden 1898

Rehm, H., *Allgemeine Staatslehre*, Freiburg 1899

Reichard, H. G., *Monarchie, Landstände und Bundesverfassung in Deutschland*, Leipzig 1836

Reimar, F., *Die Verfassung des Königreichs Sachsen. Für den Bürger und Landmann*, Leipzig 1831

Reinhard, W., *Die Bundesakte. Über Ob, Wann und Wie Deutscher Bundesstände*, Heidelberg 1817

Rettig, F. Ch., *Die Polizeigesetzgebung des Großherzogthums Baden*, Karlsruhe 1826

Reyscher, A. L. (Hg.), *Vollständige historisch und kritisch bearbeitete Sammlung der württembergischen Gesetze*, Stuttgart und Tübingen 1828–1851

Reyscher, A. L., *Publicistische Beiträge*, Stuttgart 1832

Rhamm, A., *Das Staatsrecht des Herzogtums Braunschweig*, Tübingen 1908

Richter, M. A., *Erklärungen der Verfassungsurkunde des Königreichs Sachsen*, Zwickau 1832

Riecke, C. V. v., *Beiträge zur Staats- und Verfassungs-Geschichte Württembergs*, 1879

Riecke, C. V. v., *Verfassung, Verwaltung und Staatshaushalt des Königreichs Württemberg*, Stuttgart 1882

Riedel, A. F. J., *Hallers staatsrechtliche Grundsätze*, Berlin 1842

Riedel, E., *Die Reichsverfassungsurkunde vom 16. April 1871 und die wichtigsten Administrativgesetze des deutschen Reichs*, Nördlingen 1871

Rinne, J. Ch., *Handbuch der Preußischen inneren Staatsverwaltung*, 3 Bde Liegnitz 1840

Rochau, L. A. v., *Grundsätze der Realpolitik. Angewendet auf die staatlichen Zustände Deutschlands*, 2 Teile, Stuttgart 1853, 1869

Röder, K. D. A., *Grundzüge einer Politik des Rechts, Teil I: Allgemeine Staatsverfassungslehre*, Darmstadt 1837

Roesler, H., *Lehrbuch des Deutschen Verwaltungsrechts*, 2 Bde Erlangen 1872–1873

Roller, C. N., *Grundgesetze der Stadt Bremen*, Leipzig 1802

Roller, G., *Versuch eines Grundrisses des württembergischen Polizeirechts*, 2 Bde Tübingen 1800

Roller, G., *Das württembergische Polizei-Recht*, Stuttgart 1833

Romagnost, G. D., «Principi fondamentali di diritto amministrativo in Italia», in: *Opere I–XIX*, Firenze 1832–1839, Bd. IV

Römer, K. H. v., *Staatsrecht und Statistik des Churfürstenthums Sachsen und der dabei befindlichen Lande*, 2 Bde Halle 1787–1788

Römer, R., *Die Verfassung des Norddeutschen Bundes und die süddeutsche, insbesondere die württembergische Freiheit*, Tübingen 1867

Rönne, L. V.–Simon, H. A., *Die Verfassung und Verwaltung des Preußischen Staates*, Breslau 1840–1854

Rönne, L. v., *Die Preußischen Städte-Ordnungen vom 19. November 1808 und vom 17. März 1831...* Breslau 1840

Rönne, L. v., *Die Gemeinde-Verfassung des Preußischen Staates*, Breslau 1843

Rönne, L. v., *Kritische Bemerkungen über den Entwurf des Verfassungsgesetzes für den preußischen Staat*, Berlin 1848

Rönne, L. v., *Die Gemeinde-Ordnung und die Kreis-, Bezirks- und Provinzialordnung für den Preußischen Staat*, Brandenburg 1850

Rönne, L. v., *Die Verfassungs-Urkunde für den Preußischen Staat vom 31. Januar 1850*, Berlin 1850, m. Nachtrag 1852

Rönne, L. v., *Die Landes-Kulturgesetzgebung des Preußischen Staates*, Berlin 1854

Rönne, L. v., *Das Staatsrecht der preußischen Monarchie*, Leipzig 1856 (4. Aufl. in 4 Bden 1881–1885)

Rönne, L. v., *Das Verfassungs-Recht des Deutschen Reiches, historisch-dogmatisch dargestellt*, Leipzig 1872

Rönne, L. v., *Das Staatsrecht des Deutschen Reiches*, 2 Bde Leipzig 1876–1877

Roscher, W., *System der Volkswirtschaft*, Stuttgart 1854

Rosenberg, W., *Die staatsrechtliche Stellung von Elsaß-Lothringen*, Metz 1896

Rosin, H., *Das Polizeiverordnungsrecht in Preußen*, Breslau 1882

Rosin, H., *Das Recht der öffentlichen Genossenschaft. Eine verwaltungsrechtliche Monographie*, Freiburg 1886

Rosin, H., »Grundzüge einer allgemeinen Staatslehre nach den politischen Reden und Schriftstücken des Fürsten Bismarck«, in: *(Hirths) Annalen*, 1898

Rössig, C. G., *Lehrbuch der Polizei-Wissenschaft*, Jena 1786

Rössig, C. G., *Die neuere Literatur der Polizei und Kameralistik, vorzüglich vom Jahre 1762–1802*, 2 Bde Chemnitz 1802

Rosshirt, K. F., *Ueber den Begriff und die eigentliche Bestimmung der Staatspolizey sowohl an sich als im Verhältnisse zu den übrigen Staatsverwaltungszweigen*, Bamberg und Würzburg 1807

Roth, B., *Vermischte Abhandlungen meistens über Gegenstände des Rechts und der Rechtspolizei*, Karlsruhe 1823

Roth, J. R. v., *Staatsrecht deutscher Reichslande*, 2 Bde Mainz 1788

Roth, J. Th., *Beiträge zum teutschen Staatsrecht und zur Literatur desselben*, Nürnberg 1791

Rotteck, K. v., *Ideen über Landstände*, Karlsruhe 1819

Rotteck, K. v., *Allgemeine Geschichte*, 9 Bde Freiburg 1812–1826

Rotteck, K. v., *Lehrbuch des Vernunftrechts und der Staatswissenschaften*, 4 Bde Stuttgart 1829–1835

Rotteck, K. v., *Sammlung kleiner Schriften meist historischen oder politischen Inhalts*, 5 Bde Stuttgart 1829–1837

Rotteck, K. v., *Gesammelte und nachgelassene Schriften*, 5 Bde Pforzheim 1841–1843

Rotteck, K. v.–Welcker, K. (Hg.), *Das Staats-Lexikon. Encyclopädie der sämmtlichen Staatswissenschaften für alle Stände*, 15 Bde Altona 1834–1843

Ruck, E., *Verwaltungsrechtliche Gesetze Württembergs*, 2 Bde Tübingen 1911

Rudhart, I. v., *Uebersicht der vorzüglichsten Bestimmungen verschiedener Staats-Verfassungen über Volks-Vertretungen*, Würzburg 1818

Rudhart, I. v., *Das Recht des deutschen Bundes. Ein Lehrbuch zu dem Gebrauche bei Vorlesungen an deutschen Universitäten*, Stuttgart und Tübingen 1822

Rudhart, I. v., *Ueber den Zustand des Königreichs Baiern nach amtlichen Quellen*, 3 Bde Stuttgart und Tübingen bzw. Erlangen 1825–1827

Rudhart, I. v., *Ueber die Censur der Zeitungen im Allgemeinen und besonders nach dem baierischen Staatsrechte*, Erlangen 1826

Rühs, F., *Das Verhältniss Hollsteins und Schleswigs zu Deutschland und Dänemark*, Berlin 1817

Rumpf, J. D. F., *Der preußische Secretär: Ein Handbuch zur Kenntnis der preußischen Verfassung und Verwaltung*, 9. Aufl. Berlin 1823

Rumpf, J. D. F., *Dienst- und Rechts-Verhältnisse der Preußischen Staatsbeamten*, Berlin 1833

Runde, J. F., *Über die Erhaltung der öffentlichen Verfassung in den Entschädigungs-Landen, nach dem Deputations-Hauptschlusse vom 25. Februar 1803*, Göttingen 1805

Salat, J., *Auch die Aufklärung hat ihre Gefahren*, München 1801

Salat, J., *Auch ein paar Worte über die Frage: Führt die Aufklärung zur Revolution?* München 1802

Salza und Lichtenau, C. v., *Handbuch des Polizeirechtes, mit besondrer Berücksichtigung der im Königreiche Sachsen geltenden Polizeigesetze*, 2 Th. Leipzig 1825

Sames, W. C. F., *Delineatio iuris publici Münzenbergensis*, Gießen 1781 m. Vorrede von J. S. Pütter

Samuely, A., *Das Prinzip der Ministerverantwortlichkeit in der constitutionellen Monarchie*, Berlin 1869

Samwer, K., *Die Staatserbfolge der Herzogtümer Schleswig-Holstein*, Hamburg 1844

Sanftenberg, G.–Knorr, W., *Das Staats- und Verwaltungsrecht des Herzogtums Anhalt*, Hannover 1909

Sarwey, O. v., *Das öffentliche Recht und die Verwaltungsrechtspflege*, Tübingen 1880

Sarwey, O. v., *Allgemeines Verwaltungsrecht*, Freiburg 1884

Sarwey, O. v., *Staatsrecht des Königreichs Württemberg*, Tübingen 1883

Savigny, F. C. v., *System des heutigen römischen Rechts*, Bd. 1, Berlin 1840

Schalfejew, E., *Die staatsrechtliche Stellung Elsaß-Lothringens nach dem neuen Verfassungs-gesetz*, Berlin 1913

Scheidemantel, H. G., *Das allgemeine Staatsrecht überhaupt und nach der Regierungsform*, Jena 1775

Scheidemantel, H. G., *Das Staatsrecht nach der Vernunft und den Sitten der vornehmsten Völker betrachtet*, Jena 1770–1773

Schelling, F. W., *Ideen zu einer Philosophie der Natur*, Leipzig 1797

Schelling, F. W., *Von der Weltseele*, Hamburg 1798

Schelling, F. W., *Erster Entwurf eines Systems der Naturphilosophie*, Jena und Leipzig 1799

Schelling, F. W., *System des transzendentalen Idealismus*, Tübingen 1800

Schelling, F. W., *Bruno oder über das göttliche und natürliche Princip der Dinge. Ein Gespräch*, Berlin 1802

Schelling, F. W., *Vorlesungen über die Methode des academischen Studium*, Tübingen 1803

Schenkel, K., *Das Staatsrecht des Großherzogthums Baden*, Freiburg 1884

Scheurlen, C. F., *Der Staatsgerichtshof im Königreich Württemberg*, Tübingen 1835

Schicker, K., *Das Polizeistrafrecht und Polizeistrafverfahren im Königreich Württemberg*, 4. Aufl. Stuttgart 1907

Schilling, E. M., *Handbuch des Landwirthschafts-Rechts der deutschen Bundesstaaten*, Leipzig 1829

Schlegel, F. (Hg.), *Concordia. Eine Zeitschrift*, Wien 1823

Schlegel, J. F. W., *Staatsrecht des Königreichs Dänemark und der Herzogthümer Schleswig, Holstein und Lauenburg. Aus dem Dänischen von F. H. W. Sarauw*, Schleswig 1829

Schleiermacher, F., *An den Herrn Geheimrat Schmalz*, Berlin 1815

Schlesinger, E., *Staats- und Verwaltungsrecht des Großherzogtums Mecklenburg-Schwerin*, Berlin 1909

Schlosser, J. G., *Vier Briefe über die Gesetzgebung überhaupt und den Entwurf des preussischen Gesetzbuches insbesondere*, Frankfurt 1789

Schlotter, P., *Das Staats- und Verwaltungsrecht der Fürstentümer Reuß älterer und jüngerer Linie*, Hannover 1909

Schlözer, A. L., *Allgemeines StatsRecht und StatsVerfassungsLere*, Göttingen 1793

Schmalz, Th., *Berichtigung einer Stelle in der Bredow-Venturinischen Chronik für 1808. Über politische Vereine und ein Wort über Scharnhorsts und meine Verhältnisse zu ihnen*, Berlin 1815

Schmalz, Th. v., *Das Recht der Natur*, 2. Aufl. Königsberg 1795–1804

Schmalz, Th. v., *Das teutsche Staats-Recht: Ein Handbuch zum Gebrauche academischer Vorlesungen*, Berlin 1825

Schmalz, Th. v., *Grundgesetze des deutschen Bundes*, Berlin 1825

Schmelzing, J., *Einige Betrachtungen über den Begriff und die Wirksamkeit der Landstände*, Rudolstadt 1818

Schmelzing, J., *Staatsrecht des Königreichs Baiern*, 2 Bde Leipzig 1820–1821

Schmid, K. E., *Lehrbuch des gemeinen und deutschen Staatsrechts*, Jena 1821

Schmidlin, W., *Ueber die Vorbereitung zum Staatsdienste im Verwaltungsfache*, Stuttgart 1834

Schmidt, B., *Der Staat: Eine öffentlich-rechtliche Studie*, Leipzig 1896

Schmidt, L. H., *Repetitorium des allgemeinen Verwaltungsrechts*, Leipzig 1883

Schmidt, R., *Allgemeine Staatslehre*, 2 Bde Leipzig 1901–1903

Schmitt, C., *Der Wert des Staates und die Bedeutung des Einzelnen*, Hellerau 1917

Schmitt, C., *Gesetz und Urteil. Eine Untersuchung zum Problem der Rechtspraxis*, Berlin 1912

Schmitthenner, F., *Zwölf Bücher vom Staate oder systematische Encyklopädie der Staatswissenschaften*, 3. Bde, Buch VII: *Grundlinien des allgemeinen oder idealen Staatsrechtes*, Gießen 1843–1845

Schnaubert, A. J., *Anfangsgründe des Staatsrechts der gesammten Reichslande*, Jena 1787

Schnaubert, A. J., *Lehrbuch des deutschen Staatsrechts*, Jena 1805

Schoen, P., *Das Recht der Kommunalverbände in Preußen*, Leipzig 1897

Schön, Th. v., *Woher und wohin?* 2. Aufl. Straßburg 1842

Schrötter, F. F. v., *Abhandlungen aus dem Oesterreichischen Staatsrechte*, Wien 1762–1766

Schrötter, F. F. v., *Grundriß des österreichischen Staatsrechtes*, Wien 1775

Schücking, W., *Das Staatsrecht des Großherzogtums Oldenburg*, Tübingen 1911

Schulze, C., »Die staatsrechtliche Stellung des Statthalters von Elsaß-Lothringen«, Diss. Tübingen, Frankenberg 1904

Schulze, H., *Der Staatshaushalt des neuen deutschen Reichs*, Jena 1848

Schulze, H., *Der Freiherr vom Stein und seine Bedeutung für Deutschlands Wiedergeburt*, Jena 1850

Schulze, H., *Das Recht der Erstgeburt in den deutschen Fürstenhäusern*, Leipzig 1851

Schulze, H., *Die Hausgesetze der regierenden deutschen Fürstenhäuser*, 3 Bde Jena 1862–1883

Schulze, H., *Einleitung in das deutsche Staatsrecht*, Leipzig 1865

Schulze, H., *Die Krisis des deutschen Staatsrechts im Jahre 1866*, Leipzig 1867

Schulze, H., *Das Preußische Staatsrecht. Auf Grundlage des Deutschen Staatsrechts dargestellt*, 2 Bde Leipzig 1872–1877

Schulze, H., *Lehrbuch des Deutschen Staatsrechtes*, 2 Bde Leipzig 1881–1886

Schulze, H., *Das Staatsrecht des Königreichs Preußen*, Freiburg und Tübingen 1884

Schunck, Fr. Chr. K., *Staatsrecht des Königreichs Baiern*, Erlangen 1824

Schürmayer, J. H., *Handbuch der medicinischen Policei. Nach den Grundsätzen des Rechtsstaates...* Erlangen 1848

Schwartz, E., *Die Verfassungs-Urkunde*, Breslau 1896

Schwartz, H., *Das Staats- und Verwaltungsrecht des Fürstentums Schwarzburg-Rudolstadt*, Hannover 1909

Schwarzkopf, E. H. de, *Exposé du droit public de l'Allemagne*, Genf und Paris 1821

Schweitzer, Ch. W., *Das Öffentliche Recht des Großherzogthums Sachsen-Weimar-Eisenach*, Weimar 1825

Seelig, G., *Hamburgisches Staatsrecht auf geschichtlicher Grundlage*, Hamburg 1902

Seidler, G., *Budget und Budgetrecht im Staatshaushalte der constitutionellen Monarchie*, Wien 1885

Seidler, G., *Das juristische Kriterium des Staates*, Tübingen 1905

Seiffert, C. H., *Die Verfassungs-Grundgesetze des Herzogthums Braunschweig*, Braunschweig 1833

Seitz, E., *Die rheinhessischen Rechtsinstitutionen*, Regensburg 1847

Seligmann, E., *Der Begriff des Gesetzes im materiellen und formellen Sinne*, Berlin und Leipzig 1886

Seuffert, J. M., *Von dem Verhältnisse des Staats und der Diener des Staats gegen einander im rechtlichen und politischen Verstande*, Würzburg 1793

Seydel, M. v., *Commentar zur Verfassungs-Urkunde für das deutsche Reich*, Würzburg 1873

Seydel, M. v., *Grundzüge einer allgemeinen Staatslehre*, Würzburg 1873

Seydel, M. v., *Bayerisches Staatsrecht*, 7 Bde Freiburg 1884–1894

Siebenpfeiffer, Ph. J., *Handbuch der Verfassung, Gerichtsordnung und gesammten Verwaltung Rheinbayerns*, 5 Bde Speyer 1831–1833, fortges. v. Luttringshausen, 2 Bde Speyer 1846

Sievers, H., *Das Staatsrecht der freien und Hansestadt Bremen*, Freiburg 1884

Simon, H., *Die Preußischen Richter und die Gesetze vom 29. März 1844*, Leipzig 1845

Smend, R., *Staatsrechtliche Aufsätze*, 2. Aufl. Berlin 1968

Soden, J. Graf v., *Die Nazional-Ökonomie*, 5 Th. Leipzig 1805–1811, Th. 6, 7 Aarau 1816–1817, Th. 8 Aarau 1820, Th. 9 Nürnberg 1824

Soden, J. Graf v., *Die Staats-Polizei*, Aarau 1817

Solms-Hohensolms-Lich, L. Fürst zu, *Deutschland und die Repräsentativverfassungen*, Gießen 1838

Sonnenfels, J. v., *Grundsätze der Polizei, Handlung und Finanzwissenschaft*, 3 T. Wien 1765–1776

Souchay, E. F., *Anmerkungen zu der Reformation der freien Stadt Frankfurt*, 2 Bde Frankfurt 1848–1849

Spiegel, L., *Die Verwaltungsrechtswissenschaft. Beiträge zur Systematik und Methodik der Rechtswissenschaften*, Leipzig 1909

Spiller v. Mitterberg, C. H. L. W., *Neue Beiträge zum Staats-Rechte und zur Geschichte von Sachsen*, Eisenach 1801

Sporschill, J., *Bemerkungen über die Verfassungs-Urkunde des Königreichs Sachsen*, Leipzig 1832

Stahl, F. J., *Die Philosophie des Rechts nach geschichtlicher Ansicht*, 3 Bde Heidelberg 1830–1837

Stahl, F. J., *Das monarchische Princip. Eine staatsrechtlich-philosophische Abhandlung*, Heidelberg 1845

Stahl, F. J., *Der christliche Staat und sein Verhältnis zu Deismus und Judenthum*, Berlin 1847

Stahl, F. J., *Die Staatslehre und die Principien des Staatsrechts*, 3. Aufl. Heidelberg 1856

Stein, L. v., *Der Socialismus und Communismus des heutigen Frankreichs*, Leipzig 1842

Stein, L. v., *Der Begriff der Gesellschaft und die sociale Geschichte der französischen Revolution bis zum Jahre 1830*, Leipzig 1850

Stein, L. v., *System der Staatswissenschaft*, 2 Bde Stuttgart und Aschaffenburg 1852–1856

Stein, L. v., *Zur preußischen Verfassungsfrage* (1852), hrsgg. v. W. Kelper m. Nachw. von C. Schmitt, 1940

Stein, L. v, *Lehrbuch der Volkswirthschaft*, Wien 1858

Stein, L. v., *Lehrbuch der Finanzwissenschaft*, Leipzig 1860

Stein, L. v., *Die Verwaltungslehre*, 7 Teile Stuttgart 1865–1868, 8. T. 1884

Stein, L. v., *Handbuch der Verwaltungslehre und des Verwaltungsrechts*, Stuttgart 1870

Stengel, K. Frhr. v., *Lehrbuch des Deutschen Verwaltungsrechts*, Stuttgart 1886

Stengel, K. Frhr. v., *Das Staatsrecht des Königreichs Preußen*, Freiburg und Leipzig 1894

Stieber, W. *Die Gesetzgebung des Preußischen Staats seit Einführung der constitutionellen Regierungsform*, Berlin 1850

Stier-Somlo, F., *Preußisches Staatsrecht*, Berlin und Leipzig 1906

Stoerk, F., *Handbuch der deutschen Verfassungen*, Leipzig 1884

Stoerk, F., *Zur Methodik des öffentlichen Rechts*, Wien 1885

Stroebe, C., *Die gesetzgeberische Entwicklung der badischen Gemeindeverfassung*, Freiburg 1894

Strombeck, K. v, *Staatswissenschaftliche Mittheilungen, vorzüglich mit Beziehung auf das Herzogthum Braunschweig*, Braunschweig 1831

Strube, D. G., *Dreyzehnte Abhandlung von Regierungs- und Justizsachen, in: Nebenstunden*, 3. Th. Darmstadt 1789

Struve, G. v., *Das öffentliche Recht des deutschen Bundes*, 2 Th. Mannheim 1846

Struve, G. v., *Grundzüge der Staatswissenschaft*, 4 Bde Mannheim und Frankfurt 1847–1848

Struve, G. v., *Kritische Geschichte des allgemeinen Staatsrechts in ihren Haupt-Trägern dargestellt*, Mannheim 1847

Stubenrauch, M. v., *Handbuch der österreichischen Verwaltungs-Gesetzkunde nach dem gegenwärtigen Standpunkte der Gesetzgebung*, 2 Bde Wien 1851–1852

Stüve, J. K. B., *Aktenstücke zur neuesten Geschichte Deutschlands* (mit besonderer Beziehung auf Hannover), Hannover 1848

Sutner, C. A. v., *Das Staats- und Verwaltungsrecht des Königreichs Bayern*, Hannover 1909

Tezner, F., *Über Verwaltungsrechtspflege mit Hinblick auf das neue sächsische Verwaltungsgerichtsgesetz*, Dresden 1901

Tezner, F., *Zur Lehre von dem freien Ermessen der Verwaltungsbehörden als Grund der Unzuständigkeit der Verwaltungsgerichte*, Wien 1888

Thoma, R., *Der Polizeibefehl im badischen Recht, dargestellt auf rechtsvergleichender Grundlage*, Tübingen 1906

Thudichum, F., *Verfassungsrecht des norddeutschen Bundes und des deutschen Zoll- und Handelsvereins*, 2 Bde Tübingen 1869–1870

Tittmann, F. W., *Darstellung der Verfassung des deutschen Bundes*, Leipzig 1818

Treitschke, H., *Die Gesellschaftswissenschaft, ein kritischer Versuch*, Leipzig 1859

Treitschke, H., *Politik*, Bd. 1, hrsgg. v. Cornicelius, Leipzig 1897

Triepel, H., *Das Interregnum*, Tübingen 1882

Triepel, H., *Der Streit um die Thronfolge im Fürstentum Lippe, Kritische Beiträge*, Tübingen 1903

Triepel, H., *Die neuesten Fortschritte auf dem Gebiete des Kriegsrechts*, Tübingen 1894

Triepel, H., *Völkerrecht und Landesrecht*, Tübingen 1899

Triepel, H., *Quellensammlung zum Deutschen Reichsstaatsrecht*, 2. Aufl. Tübingen 1907

Triepel, H., *Die Reichsaufsicht. Untersuchungen zum Staatsrecht des Deutschen Reiches*, Berlin 1917

Triepel, H., *Staatsrecht und Politik*, Berlin 1927

Triepel, H., *Unitarismus und Föderalismus im Deutschen Reiche*, Tübingen 1907

Ubbelohe, J. G. L. W., *Statistisches Repertorium über das Königreich Hannover*, Hannover 1823

Ubbelohe, J. G. L. W., *Ueber die Finanzen des Königreiches Hannover und deren Verwaltung*, Hannover 1834

Ulbrich, J., *Grundzüge des österreichischen Verwaltungsrechts*, Prag und Leipzig 1884 (2. Aufl. als *Lehrbuch des österreichischen Verwaltungsrechts*, Wien 1903–1904)

Ulbrich, J., *Lehrbuch des österreichischen Staatsrechtes*, Berlin und Wien 1883

Ulbrich, J., *Staatsrecht der österreichisch-ungarischen Monarchie*, Freiburg und Tübingen 1884

Venturini, C., *Das Herzogthum Braunschweig in seiner vormaligen und gegenwärtigen Beschaffenheit...* Helmstedt 1826

Villers, Ch. de., *Constitutions des trois villes anséatiques*, Leipzig 1814

Vogel, Ch. D., *Historische Topographie des Herzogtums Nassau*, Herborn 1836

Vollgraff, K., *Gibt es noch einen hohen deutschen Adel...?* Darmstadt 1823

Vollgraff, K., *Die deutschen Standesherren*, Gießen 1824

Vollgraff, K., *Ueber den heutigen Begriff, Umfang und Gegenstand der Staatswissenschaften*, Marburg 1825

Vollgraff, K., *Die Systeme der praktischen Politik im Abendlande*, 4 Th. Gießen 1828–1829

Vollgraff, K., *Die historisch-staatsrechtlichen Grenzen moderner Gesetzgebungen*, Marburg 1830

Vollgraff, K., *Über die Täuschungen des Repräsentatif-Systems, oder Beweis: dass dieses System nicht das geeignete, rechte und zeitgemäße Mittel ist, den Bedürfnissen unserer Zeit zu begegnen*, Marburg 1832

Vollgraff, K., *Über die Unverletzlichkeit der standesherrlichen Eigenthums-Rechte*, Marburg 1837

Vollgraff, K., *Erster Versuch einer (wissenschaftlichen) Begründung sowohl der allgemeinen Ethnologie durch die Anthropologie, wie auch der Staats- und Rechts-Philosophie durch die Ethnologie oder Nationalität der Völker*, 3 Th. Marburg 1851–1855

Wagner, J. J., *Ueber die Trennung der legislativen und executiven Staatsgewalt. Ein Beitrag zur Beurtheilung des Werthes landständischer Verfassungen*, München 1804

Waitz, G., *Grundzüge der Politik*, Kiel 1862

Walther, O. A., *Hand-Lexikon der juristischen Literatur des neunzehnten Jahrhunderts*, Weimar 1854

Walz, E., *Das Staatsrecht des Großherzogtums Baden*, Tübingen 1909

Weber, F. B., *Handbuch der ökonomischen Literatur*, 6 Th. Berlin, Breslau und Leipzig 1803–1832, 7. Th. Grimma 1842

Wehnert, G. J. M., *Über den Geist der preußischen Staatsorganisation und Staatsdienerschaft*, Potsdam 1833

Weiler, G. v., *Ueber Verwaltung und Justiz und ueber die Gränzlinie zwischen beiden*, Mannheim 1826

Weiss, K. E., *System des deutschen Staatsrechts*, Regensburg 1843

Weiss, K. E., *System des öffentlichen Rechts des Großherzogthums Hessen*, Darmstadt 1837

Weisse, C. E., *Lehrbuch des Königlich Sächsischen Staatsrechts*, 2 Bde Leipzig 1824, 1827

Welcker, C. Th., *Die letzten Gründe von Recht, Staat und Strafe*, Gießen 1813

Welcker, C. Th., *Die vollkommene und ganze Preßfreiheit*, Freiburg 1830

Welcker, C. Th., *Begründung der Motion für eine constitutionellere, weniger kostspielige und mehr sichernde Wehrverfassung*, Karlsruhe 1831

Welcker, C. Th., *Wichtige Urkunden für den Rechtszustand der deutschen Nation mit eigenhändigen Anmerkungen von Johann Ludwig Klüber...* Mannheim 1844

Westerkamp, J. B., *Ueber die Reichsverfassung*, Hannover 1873

Westphalen, N. A., *Hamburgs Verfassung und Verwaltung in ihrer allmählichen Entwickelung bis auf die neueste Zeit*, 2 Bde Hamburg 1841

Westphalen, N. A., *Geschichte der Haupt- und Grundgesetze der hamburgischen Verfassung*, 3 Bde Hamburg 1844–1846

Wielandt, F., *Das Staatsrecht des Großherzogthums Baden*, Freiburg 1895

Wiggers, J., *Das Verfassungsrecht im Großherzogthum Mecklenburg-Schwerin*, Berlin 1860

Wiggers, J., *Staatskunde der beiden Großherzogthümer Mecklenburg*, Wismar und Ludwigslust 1861

Wimpfen, C. v., *Ueber die staatsrechtlichen Verhältnisse der Herzogthümer Schleswig und Holstein*, Kiel 1831

Wippermann, C. W., *Kurhessen seit den Freiheitskriegen*, Kassel 1850

Wippermann, E., *Über die Natur des Staates*, Göttingen 1844

Witzleben, C. D. v., *Die Entstehung der konstitutionellen Verfassung des Königreichs Sachsen*, Leipzig 1881

Wolffson, J., *Das Staatsrecht der freien Hansestadt Hamburg*, Freiburg und Leipzig 1884

Wurm, Ch. F., *Verfassungs-Skizzen der freien Städte*, Hamburg 1841

Wurm, Ch. F., *Kritische Versuche über die öffentlichen Rechtsverhältnisse in Deutschland, seit der Mitte des Jahres 1832*, Leipzig 1835

Zachariä, H. A., *Deutsches Staats- und Bundesrecht*, 3 Abth. Göttingen 1841–1845

Zachariä, K. S., *Iuris publici germanici in artis formam redacti delineatio*, Leipzig 1797

Zachariä, K. S., *Geist der deutschen Territorialverfassung*, Leipzig 1800

Zachariä, K. S., *Ueber die vollkommenste Staatsverfassung*, Leipzig 1800

Zachariä, K. S., *Janus*, Leipzig 1802

Zachariä, K. S., *Ueber die Erziehung des Menschengeschlechts durch den Staat*, Leipzig 1802

Zachariä, K. S., *Die Wissenschaft der Gesetzgebung als Einleitung zu einem allgemeinen Gesetzbuche*, Leipzig 1806

Zachariä, K. S., *Jus publicum civitatum quae foederi rhenano adscriptae sunt*, Heidelberg 1807

Zachariä, K. S., *Handbuch des französischen Civilrechts*, 2 Bde Freiburg 1808

Zachariä, K. S., *Das Staatsrecht der rheinischen Bundesstaaten und das rheinische Bundesrecht*, Heidelberg 1810

Zachariä, K. S., *Entwurf zu dem Grundvertrage des durch den Pariser Frieden vom 30. Mai 1814 verheissenen deutschen Staatenbundes*, Heidelberg 1814

Zachariä, K. S., *Vierzig Bücher vom Staate*, 4 Bde Heidelberg 1820–1832 (2. Aufl., 7 Bde 1839–1843)

Zangen, G. L. v., *Die Verfassungsgesetze deutscher Staaten in systematischer Zusammenstellung*, 3 Bde Darmstadt 1828–1836

Zelle, R., *Handbuch des geltenden öffentlichen und Privatrechtes für das Gebiet des preußischen Landrechts*, Berlin 1888

Zeller, W., *Handbuch der Verfassung und Verwaltung im Großherzogtum Hessen*, 2 Bde Darmstadt 1885–1886, Erg. Bd. 1893

Zitelmann, E., *Begriff und Wesen der sog. juristischen Personen*, Leipzig 1873

Zöpfl, H., *Altertümer des deutschen Reichs und Rechts*, 3 Bde Leipzig 1860 ff.

Zöpfl, H., *Deutsche Staats- und Rechts-Geschichte*, 2 Bde Heidelberg 1834–1836

Zöpfl, H., *Deutsche Union und deutsches Reich. Entwurf einer allgemeinen Reichsverfassung mit Inbegriff der deutschen Union*, Erfurt 1850

Zöpfl, H., *Die neuesten Angriffe auf die staatsrechtliche Stellung der deutschen Standesherren*, Donaueschingen 1867

Zöpfl, H., *Die Regierungs-Vormundschaft im Verhältnisse zur Landes-Verfassung*, Heidelberg 1830

Zöpfl, H., *Grundsätze des allgemeinen und deutschen Staatsrechts*, Heidelberg 1841 (5 Aufl. m. wechselndem Titel)

Zöpfl, H., *Über hohen Adel und Ebenbürtigkeit*, Stuttgart 1853

Zöpfl, H., *Über Mißheiraten in den deutschen regierenden Fürstenhäusern überhaupt und im Oldenburgischen Gesamthause insbesondere*, Stuttgart 1853

Zorn, Ph., *Lehrbuch des deutschen Reichsstaatsrechts*, 2 Bde Berlin 1880–1881